中國社會科學院經濟研究所 編
封越健 主編
徐衛國 王大任 樊果 參編

中國社會科學院經濟研究所藏
徽州文書類編・散件文書

（一）

SSAP
社會科學文獻出版社
SOCIAL SCIENCES ACADEMIC PRESS (CHINA)

國家清史編纂委員會・文獻叢刊

圖書在版編目(CIP)數據

中國社會科學院經濟研究所藏徽州文書類編・散件文書；全4册 ／中國社會科學院經濟研究所編. -- 北京：社會科學文獻出版社，2017.10
（國家清史編纂委員會・文獻叢刊）
ISBN 978-7-5201-1636-7

Ⅰ.①中… Ⅱ.①中… Ⅲ.①文書檔案－史料－匯編－徽州地區 Ⅳ.①G279.275.42

中國版本圖書館CIP數據核字(2017)第261028號

ISBN 978-7-5201-1636-7

・國家清史編纂委員會・文獻叢刊・
中國社會科學院經濟研究所藏徽州文書類編・散件文書（全四册）

編　　者／中國社會科學院經濟研究所
主　　編／封越健
參　　編／徐衛國　王大任　樊　果

出 版 人／謝壽光
項目統籌／宋月華　范　迎
責任編輯／李建廷　韓瑩瑩

出　　版／社會科學文獻出版社・人文分社 (010) 59367215
地址：北京市北三環中路甲29號院華龍大厦　郵編：100029
網址：www.ssap.com.cn
發　　行／市場營銷中心 (010) 59367081　59367018
印　　裝／三河市東方印刷有限公司

規　　格／開 本：787mm×1092mm 1/16
印 張：152.75　字 數：2172千字
版　　次／2017年10月第1版　2017年10月第1次印刷
書　　號／ISBN 978-7-5201-1636-7
定　　價／2680.00圓（全四册）

國家清史編纂委員會出版委員會

總序

戴逸

二〇〇二年八月，國家批准建議纂修清史之報告，十一月成立由十四部委組成之領導小組，十二月十二日成立清史編纂委員會，清史編纂工程於焉肇始。

清史之編纂醞釀已久。清亡以後，北洋政府曾聘專家編寫《清史稿》，歷時十四年成書。識者議其評判不公，記載多誤，難成信史，久欲重撰新史，以世事多亂不果。中華人民共和國成立後，中央領導亦多次推動修清史之事，皆因故中輟。新世紀之始，國家安定，經濟發展，建設成績輝煌，而清史研究亦有重大進步，學界又倡修史之議，國家採納衆見，决定啓動此新世紀標誌性文化工程。

清代爲我國最後之封建王朝，統治中國二百六十八年之久，距今未遠。清代衆多之歷史和社會問題與今日息息相關。欲知今日中國國情，必當追溯清代之歷史，故而編纂一部詳細、可信、公允之清代歷史實屬切要之舉。

編史要務，首在採集史料，廣搜確證，以爲依據。必藉此史料，乃能窺見歷史陳跡。故史料爲歷史研究之基礎，研究者必須積累大量史料，勤於梳理，善於分析，去粗取精，去僞存真，由此及彼，由表及裏，進行科學之抽象，上昇爲理性之認識，纔能洞察過去，認識歷史規律。史料之於歷史研究，猶如水之於魚，空氣之於鳥，水涸則魚逝，氣盈則鳥飛。歷史科學之輝煌殿堂必須巋然聳立於豐富、確鑿、可靠之史料基礎上，不能構建於虛無飄渺之中。吾儕於編史之始，即整理、出版『文獻叢刊』、『檔案叢刊』，二者廣收各種史料，均爲清史編纂工程之重要組成部分，一以供修撰清史之用，提高著作質量；二爲搶救、保護、開發清代之文化資源，繼承和弘揚歷史文化遺產。

清代之史料，具有自身之特點，可以概括爲多、亂、散、新四字。

一曰多。我國素稱詩書禮義之邦，存世典籍汗牛充棟，尤以清代爲盛。蓋清代統治較久，文化發達，學士才人，比肩相望，傳世之經籍史乘、諸子百家、文字聲韻、目録金石、書畫藝術、詩文小説，遠軼前朝，積貯文獻之多，如恒河沙數，不可勝計。昔梁元帝聚書十四萬卷於江陵，西魏軍攻掠，悉燔於火，人謂喪失天下典籍之半數，是五世紀時中國書籍總數尚不甚多。宋代印刷術推廣，載籍日衆，至清代而浩如煙海，難窺其涯涘矣。《清史稿·藝文志》著録清代書籍九千六百三十三種，人議其疏漏太多。武作成作《清史稿藝文志補編》，增補書一萬零四百三十八種，超過原志著録之數。彭國棟亦有《重修清史藝文志》，著録書一萬八千零五十九種。近年王紹曾更求詳備，致力十餘年，遍覽群籍，手抄目驗，成《清史稿藝文志拾遺》，增補書至五萬四千八百八十種，超過原志五倍半，此尚非清代存留書之全豹。王紹曾先生言：『余等未見書目尚多，即已見之目，因工作粗疏，未盡鈎稽而失之眉睫者，所在多有。』清代書籍總數若干，至今尚未能確知。

清代不僅書籍浩繁，尚有大量政府檔案留存於世。中國歷朝歷代檔案已喪失殆盡（除近代考古發掘所得甲骨、簡牘外），而清朝中樞機關（內閣、軍機處）檔案，秘藏內廷，尚稱完整。加上地方存留之檔案，多達二千萬件。檔案爲歷史事件發生過程中形成之文件，出之於當事人親身經歷和直接記録，具有較高之真實性、可靠性。大量檔案之留存極大地改善了研究條件，俾歷史學家得以運用第一手資料追踪往事，瞭解歷史真相。

二曰亂。清代以前之典籍，經歷代學者整理、研究，對其數量、類別、版本、流傳、收藏、真僞及價值已有大致瞭解。清代編纂《四庫全書》，大規模清理、甄别存世之古籍。因政治原因，查禁、篡改、銷燬所謂『悖逆』、『違礙』書籍，造成文化之浩劫。但此時經師大儒，聯袂入館，勤力校理，盡瘁編務。政府亦投入鉅資以修明文治，故所獲成果甚豐。對收録之三千多種書籍和未收之六千多種存目書撰寫詳明精切之提要，撮其內容要旨，述其體例篇章，論其學術是非，叙其版本源流，編成二百卷《四庫全書總目》，洵爲讀書之典要、後學之津梁。乾隆以後，至於清末，文字之獄漸戢，印刷之術益精，故而人競著述，家嫻詩文，各握靈蛇之珠，衆懷崑岡之璧，千舸齊發，萬木争榮，學風大盛，典籍之積纍遠邁從前。惟晚清以來，外强侵凌，干戈四起，國家多難，人民離散，未能投入力量對大量新出之典籍再作整理，而政府檔案，深藏中秘，更無由一見。故不僅不知存世清代文獻檔案之總數，即書籍分類如何變通、版本庋藏應否標明，加以部居舛誤，界劃難清，亥豕魯魚，訂正未遑。大量稿本、鈔本、孤本、珍本，土埋塵封，行將澌滅。殿刻本、局刊本、精校本與坊間劣本混淆雜陳。我國自有典籍以來，其繁雜混亂未有甚於清代典籍者矣！

三曰散。清代文獻、檔案，非常分散，分别庋藏於中央與地方各個圖書館、檔案館、博物館、教學研究機構與私人手中。即以清代中央一級之檔案言，除北京中國第一歷史檔案館所藏一千萬件以外，尚有一大部分檔案在戰争時期流離播遷，現存於臺北故宫博物院。此外，尚有藏於深瀋陽遼寧省檔案館之聖訓、玉牒、滿文老檔、黑圖檔等，藏於大連市檔案館之内務府檔案，藏於江蘇泰州市博物館之題本、奏摺、録副奏摺。至於清代各地方政府之檔案文書，損毁極大，但尚有劫後殘餘，璞玉渾金，含章藴秀，數量頗豐，價值亦高。如河北獲鹿縣檔案、吉林省邊務檔案、黑龍江將軍衙門檔案、河南巡撫藩司衙門檔案、湖南安化縣永曆帝與吴三桂檔案、四川巴縣與南部縣檔案、浙江安徽江西等省之魚鱗册、徽州契約文書、内蒙古各盟旗蒙文檔案、廣東粤海關檔案、雲南省彝文傣文檔案、西藏噶厦政府藏文檔案等等分别藏於全國各省市自治區，甚至清代兩廣總督衙門檔案（亦稱《葉名琛檔案》），被英法聯軍搶掠西運，今藏於英國倫敦。

清代流傳下来之稿本、鈔本，數量豐富，因其從未刻印，彌足珍貴，如曾國藩、李鴻章、翁同龢、盛宣懷、張謇、趙鳳昌之家藏資料。至於清代之詩文集、尺牘、家譜、日記、筆記、方誌、碑刻等品類繁多，數量浩瀚，北京、上海、南京、廣州、天津、武漢及各大學圖書館中，均有不少貯存。豐城之劍氣騰霄，合浦之珠光射日，尋訪必有所獲。最近，余有江南之行，在蘇州、常熟兩地圖書館、博物館中，得見所存稿本、鈔本之目録，即有數百種之多。

某些書籍，在中國大陸已甚稀少，在海外各國反能見到，如太平天國之文書。當年在太平軍區域内，爲通行之書籍，太平天國失敗後，悉遭清政府查禁焚燬，現在中國，已難見到，而在海外，由於各國外交官、傳教士、商人競相搜求，攜赴海外，故今日在外國圖書館中保存之太平天國文書較多。二十世紀内，向達、蕭一山、王重民、王慶成諸先生曾在世界各地尋覓太平天國文獻，收穫甚豐。

四曰新。清代爲傳統社會向近代社會之過渡階段，處於中西文化衝突與交融之中，産生一大批内容新穎、形式多樣之文化典籍。清朝初年，西方耶穌會傳教士來華，攜來自然科學、藝術和西方宗教知識。乾隆時編《四庫全書》，曾收録歐几里得《幾何原本》，利瑪竇《乾坤體義》，熊三拔《泰西水法》、《簡平儀説》等書。迄至晚清，中國力圖自强，學習西方，翻譯各類西方著作，如上海墨海書館、江南製造局譯書館所譯聲光化電之書，後嚴復所譯《天演論》、《原富》、《法意》等名著，林紓所譯《茶花女遺事》、《黑奴籲天録》等文藝小説。中學西學，摩蕩激勵，舊學新學，鬥妍争勝，知識劇增，推陳出新，晚清典籍多别開生面，石破天驚之論，數千年來所未見，飽學宿儒所不知。突破中國傳統之知識框架，書籍之内容、形式，超經史子集之範圍，越子曰詩云之牢籠，發生前所未有之革命性變化，出現衆多新類目、新體例、新内容。

清朝實現國家之大統一，組成中國之多民族大家庭，出現以滿文、蒙古文、藏文、維吾爾文、傣文、彝文書寫之文書，構成爲清代文獻之組成部分，使得清代文獻、檔案更加豐富，更加充實，更加絢麗多彩。

一 總序

清代之文獻、檔案爲我國珍貴之歷史文化遺産，其數量之龐大、品類之多樣、涵蓋之寬廣、内容之豐富，在全世界之文獻、檔案寶庫中實屬罕見。正因其具有多、亂、散、新之特點，故必須投入鉅大之人力、財力進行搜集、整理、出版。吾儕因編纂清史之需，賈其餘力，整理出版其中一小部分；且欲安裝網絡，設數據庫，運用現代科技手段，進行貯存、檢索，以利研究工作。惟清代典籍浩瀚，吾儕汲深綆短，蟻銜蚊負，力薄難任，望洋興嘆，未能做更大規模之工作。觀歷代文獻檔案，頻遭浩劫，水火兵蟲，紛至沓來，古代典籍，百不存五，可爲浩嘆。切望後來之政府學人重視保護文獻檔案之工程，投入力量，持續努力，再接再厲，使卷帙長存，瑰寶永駐，中華民族數千年之文獻檔案得以流傳永遠，霑溉將來，是所願也。

二〇〇四年

總目録

第一册

一 總目録

一 總目録

總目録

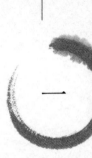

總目録

前言

中國社會科學院經濟研究所（以下簡稱經濟所）及其前身向有重視契約文書的學術傳統，是收藏、研究徽州文書最早也是最重要的學術機構之一。早在一九四八年至一九四九年間，在南京的中央研究院社會研究所（經濟所前身）即由梁方仲先生經手，購入契券、票據、簿記等史料三〇六件，原保藏者據説是國立編譯館一職員。(一) 除少量古籍殘葉外，這批史料絶大多數是徽州文書。一九五〇年代徽州文書甫一流出，中國科學院經濟研究所即率先購藏。筆者曾在二〇一四年秋訪問經濟所魏金玉先生，據魏先生告知，他征得副所長嚴中平先生同意後，前往屯溪購買徽州文書。當他到屯溪時，尚無其他機構前往購買。因簿册文書較散件文書史料價值更高，可以做長時間多方面的研究，因此他將一間屋子的簿册文書『竭澤而漁』，悉數購入，散件文書則未購。此後，經濟所通過屯溪市古籍書店和徽專文物商店寄來的資料目録，繼續選購徽州文書。經濟所中國經濟史研究室現在尚存部分屯溪市古籍書店及徽專文物商店編印的資料目録，(二) 從這些目録上可以看到，嚴中平、李文治先生曾選勾擬購文書，是否還有其他先生選勾，則已不得而知；彭澤益先生曾負責保管目録。此外，經濟所還從北京中國書店選購了部分徽州文書。對文書的選擇，則根據經濟所的科研需要，時段上以清代爲主，兼有部分明代、民國文書，内容偏重經濟史方面，在注重簿册文書

(一) 據《契券票據簿記等史料》記載，此份目録是中國科學院社會研究所一九五二年底從南京遷至北京前所編，中國社會科學院經濟研究所圖書館藏。

(二) 經濟所中國經濟史研究室現存一九五九年至一九六一年屯溪市古籍書店油印的各種書目、資料目録十八期（其中一九五九年第十三期有兩册），複寫書目兩份；徽專文物商店一九六一年和一九六四年油印書目各兩期，鋼筆手寫書目一份。

前言

的同時，也選購了部分散件文書，總數約貳千五百件。一九五〇年代以後，經濟所内部一直將所藏徽州文書稱爲『屯溪資料』。

二〇一〇年，『中國社會科學院經濟研究所藏徽州土地文書選編』課題獲得國家清史編纂委員會批准立項。我們經過認真考慮研究，決定將經濟所所藏『屯溪資料』中的全部散件文書和全部九十三册置産簿整理出版，最終成果編爲《中國社會科學院經濟研究所藏徽州文書類編·散件文書》和《中國社會科學院經濟研究所藏徽州文書類編·置産簿》兩部書。

關於徽州文書的價值及其收藏整理和研究狀況，已經有不少論述，本文不擬重複這些論述。這裏僅就本書收録的散件文書基本狀況、主要内容以及本書的編纂情況作一簡略介紹。

一

編纂《中國社會科學院經濟研究所藏徽州文書類編·散件文書》，首先需要確定收入的散件文書範圍。

關於『徽州文書』的範圍，筆者讚同這樣的看法，即徽州文書包括徽州人在本地形成的官私文書，徽州人在外地形成的文書，及外地人在徽州形成的文書。經濟所現存『屯溪資料』散件文書，包括這三類文書，但並非全部屬於徽州文書。

如上所説，經濟所『屯溪資料』的來源包括一九四〇年代末梁方仲先生在南京購入，從屯溪市古籍書店及徽專文物商店、北京中國書店購入。屯溪市古籍書店及徽專文物商店出售文書時均貼有各自價簽。中國書店出售的文書多貼有『北京市圖書業同業公會』印製的價簽，也有鈐蓋『中國書店』定價簽章者。幸運的是，這些價簽或定價簽章在歷次整理中多數被保留下來了，我們可以據此追溯文書的出售者。有些文書没有價簽或定價簽章，但背面或正面有鉛筆或紅色蠟筆寫的價格，應爲從北京中國書店購入，如『明正德至清乾隆年間分析墳山田地房屋合同』十二件，每件文書正面或背面有鉛筆或紅色蠟筆所寫價格1.00圓，前輩整理時注明『北京中國書店購』。

據記載，當年屯溪市古籍書店等書店收售契約文書時，收集的範圍以當時的徽州地區爲主，當時的徽州地區包括歷史上不屬於徽州一府六縣的旌德、太平等地。此外，還到安徽青陽、銅陵，浙江金華、淳安、衢縣，江西婺源、景德鎮等地收集文書。[一] 經濟所從屯溪市古籍書店和徽專文物商店購入的『屯溪資料』，亦有不屬於明清時期徽州一府六縣的文書。以下散件文書係從屯溪市古籍書店購入：

『清嘉慶至民國年間絶賣田蕩契約』（屬浙江安吉等縣，共十一件）；

『清光緒九年青陽縣審理客民楊萬卉控陶萬春牽豬抵欠案案卷』（四件）；

『清光緒年間青陽縣審理客民田萬春錢債糾紛案殘卷』（二十六件）；

《清嘉慶元年七月（浮梁縣）汪趙夏黄等姓立給趙黑子山憑執照附某姓瀚立賣茶窠批》；

《清嘉慶十八年正月（浮梁縣）趙汪王朱等姓立給王舜十公分山文憑》；

《清光緒元年寧國縣爲清釐田糧給任廣才細號執照聯單》；

《清光緒三年九月寧國縣給任廣亮承種官地應交本年租銀收條》；

（一）嚴桂夫、王國健：《徽州文書檔案》，安徽人民出版社二〇〇五年版，第一〇頁。

一 前言

《〔清光緒三十二年某月〕虞廷等請飭金衢嚴三府官紳籌款選生赴日學習鐵路專科文含批文暨光緒三十二年七月遂安縣統計學費學生照會》。

另外，《清池州幫李鏡禦等四十六船立籌款存公例貼頭船議約》、《清光緒三年二月湖北省給潛江縣甘恒豐絲繭行牙帖》、《清光緒二十四年閏三月安徽鑄造銀圓總局劄旌德縣飭典商籌款解鑄領銷銀圓文》、《清光緒二十四年十二月寧國府飭旌德縣出示嚴禁不准錢鋪壓低龍洋兑價劄》、《清宣統三年二月湖廣總督兼湖北巡撫瑞〔澂〕頒發復准湖北省變通牙帖章程》五件，有書店價簽而無書店名稱。據其他文書顯示，這些有書店價簽而無書店名稱的文書係徽專文物商店收購出售。這些文書涉及安徽旌德、青陽、寧國、池州，浙江安吉、遂安，江西浮梁以及湖北等地，亦無證據顯示是徽州人在外地所形成，不應屬於徽州文書，但因購自屯溪市古籍書店或徽專文物商店，本書亦作爲附編收入。

從北京中國書店購入的文書，亦有其他地區文書，如『清乾隆至民國年間福建江西契約契尾』（四件）。『明隆慶至民國年間出賣田地屋宇契約及監照等文書』一包六十六件中，多數爲徽州文書，但其中二十七件係山西靈石縣及北京大興、宛平等地契約文書。這些非徽州文書，本書均不收。另有一件《清光緒二十二年十一月江蘇省牙釐總局給徐厚德丹徒縣隆泰行牙貼》有北京市圖書業同業公會價簽，亦係從北京中國書店購入，無法確認爲徽州文書，亦不予收入。

散件文書中還有兩包不知書店來源的文書，分別爲『北京契約文書』（二件）及『咸豐至民國年間江蘇浙江等地執照公文』（十四件），均非徽州文書，本書均不收。另有一包『明洪武至民國契約文書』（二十三件）應是整理者歸併爲一包，並非書店整理爲包（套），其中有梁方仲先生經手購入徽州文書十二件，民國年間中和煤礦公司檔案等十一件。十二件徽州文書中，八件爲簿册文書或古籍殘葉，本書僅收入散件文書四件。

經濟所『屯溪資料』散件文書中，有三包會書文書，分別爲『明萬曆至咸豐年間會書借票』（四十件）、『清康熙至光緒年間會書』（十三件）及『清康熙至民國年間會書』（七件）。這三包會書文書中，有散件會書，但均有較多簿册會書，因此本書暫不收入，留待以後歸入簿册文書出版。

一般契約、訴訟文書等在形成時僅有一份一件，但有的文書如合同、分家書和官府告示在形成時即出現一份兩件或多件的情況。經濟所所藏散件徽州契約文書中，十五份文書各有兩件：

《明萬曆十年九月某某縣謝廷謨等立鬮分産業資本鬮單合同》，其中一件有『准照管業』批；

《明崇禎十二年十月（休寧縣）吴一漳等立議鬮分祖地合同》；

《清康熙四十三年正月某某縣吴阿傳立分單鬮書》，其中一件有附文『康熙四十八年二月因二房身故重鬮再批』；

《清康熙四十五年六月某某縣汪振祖等立鬮分房屋園地竹山議約合文》；

《清雍正十一年十二月某某縣張光旭等立分糧清累議墨附雍正十二年正月張光旭等立新置園業税畝清單》；

《清乾隆九年正月某某縣胡志林等立鬮單》；

《清乾隆十三年三月（祁門縣）康啓登等立爲墳山被害鳴官控理同心協力束心文約》；

《清乾隆二十九年五月（祁門縣）康啓琰等立爲謝氏毁界阻佃鋤害青苗合族鳴官費用照丁均出誠心合同文約》；

《清乾隆二十九年七月（祁門縣）方黍等將房屋基地繪圖拈鬮管業鬮書》有草底和定稿各一件，内容相同；

《清嘉慶七年七月某某縣吴應法等立分關約》；

《清同治八年四月休寧縣爲買賣茶觔務須憑牙行議價過秤完繳税釐請領休照方准販運出境告示》；

《清同治十一年八月徽州府爲休寧縣屯溪李新成等八茶行照舊在榆村地方代客買茶他行毋得藉端阻誤告示》；

《清光緒五年十一月徽州府經廳曉諭歙縣鮑南堨業佃人等遵奉憲示按畝捐費重修坍堨石磅告示》；

《清光緒十四年六月徽州府曉諭〔歙縣〕鮑南堨業主佃户按畝派捐歸還修堨墊款應交水利之穀照常交納告示》；《〔民國某年某月〕休寧縣不准斗山黄矛一帶旅店窩賭窩贓佈告》。

另有一份文書《明嘉靖三十三年五月〔祁門縣〕鄭岳等立分基地合同文約》有三件，内容全同，唯紙張、字體、數字爲大寫漢字或小寫漢字有別，其中一件附圖基地圖線條爲紅色，另一件簽名下有『號』字，其餘兩件無『號』字。對於一份兩件或三件的文書，凡有不同者，即使僅爲文字或格式不同，本書亦一併收録，我們還不清楚爲何有此不同。而文字寫法或字體不同，亦可作爲文字學的研究材料。契約文書是研究文字演變或俗字的第一手資料，漢語史界已經出現不少根據徽州文書研究俗字的成果。或文字、格式雖完全一致，但如殘損或字迹不清部位不同，亦一併收入，以助於辨認文字。如文字、格式完全一致，又無殘損或字迹不清之處，則僅收一件，此種情況僅《清同治八年四月休寧縣爲買賣茶觔務須憑牙行議價過秤完繳税釐請領休照方准販運出境告示》一份，此份告示在成包〔套〕文書『清同治至民國年間官府告示及出抵股份合同』中有一件，其他散件中亦有一件，兩者完全一致，且均完好無損，本書衹收録前者。

考慮到上述情況，本書收録經濟所所藏『屯溪資料』散件文書共一四二二件，其中徽州文書一三七一件，屯溪市古籍書店或徽專文物商店收售的徽州以外各地文書五十一件。這裏的文書計量單位『件』，既考慮物理獨立存在性，又考慮内容完整性。(一) 如『清光緒九年七月十四日青陽縣提訊楊萬卉等二人點名單、驗傷單、供單、堂諭及

(一) 關於物理獨立存在性與内容完整性之先後，有不同意見。劉伯山認爲，應以徽州文書形成及保存方式的内容完整性與獨立物理存在性爲計量單位標準確定的基礎，由之確認以『份』和『部』爲基本計量單位，『份』的概念多運用於以頁、張等形式存在的文書，而『部』的概念多運用於以卷、册等形式存在的文書，參見《『伯山書屋』一期所藏徽州文書的分類與初步研究》（上），載《徽學》二〇〇〇年卷，安徽大學出版社二〇〇一年版，第四〇六頁；《關於徽州文書的計量標準》，載《安徽大學學報》（哲學社會科學版）二〇〇六年第二期。嚴桂夫、王國健認爲應首先尊重歷史基礎，在考慮物理獨立存在性後纔能考慮内容完整性，見《徽州文書檔案》，第三〇頁。本書讚同後者意見。

七月十五日青陽縣給差役李得等查明調息稟復行稿』，在我們整理前即係五份文件黏連而成，我們將它作爲一件文書。而『清咸豐年間徽州府爲防禦太平軍公文附清河縣八約抄稿』共有七份公文，除兩份公文外，其餘五份均寫於兩張或三張大小不同的紙上且未黏連爲一紙，亦未裝訂爲一册，仍可作爲散件文書，考慮到内容的完整性，我們仍將一份公文作爲一件文書。又如《清乾隆四十八年六月〔歙縣〕戴景榮立出替怡盛面坊替約附怡盛磨坊傢伙交單》，《替約》稱：『今將黎陽怡盛面坊内自置夥伙物件豬牛一切等項另立清單挽中出替與胡允超名下』，而替約與『怡盛磨坊傢伙交單』分别寫於兩張大紙上，兩張大紙並不黏連合訂，我們也作爲一件文書。除了一份文書有兩件或三件的情況外，還有物理形態爲一紙，而其所抄録的内容卻有七份文書的情況，『清嘉慶元年十一月至咸豐六年六月某某縣〔項氏〕鬮書當房契抄白收租産業單暨項崇通等立按股承管里役合同抄白』一紙抄録了七份文書，從文書類型來看，既有分家書，又有契約、合同，這種情況也作爲一件文書。

二

本書收録的一四二三件文書中，排除一份兩件或三件重複者，不重複的文書共一四〇六件，其中徽州文書一三五五件，屯溪市古籍書店或徽専文物商店收售的徽州以外各地文書五十一件。這一四〇六件文書中，朝代不明六件；明代三五八件，其中永樂朝一件，正統朝二件，景泰朝一件，天順朝一件，成化朝四件，弘治朝三件，正德朝七件，嘉靖朝六十三件，隆慶朝十四件，萬曆朝一五三件，天啓朝十五件，崇禎朝九十四件；清代九五一件，其中南明弘光年號五件，順治朝二十六件，康熙朝一一二件，雍正朝二十六件，乾隆朝一六六件，嘉慶朝六十九件，道光朝一二五件，咸豐朝七十一件，同治朝九十七件，光緒朝二二〇件，宣統朝三十一件，朝年不明二件，另有一件抄録自嘉慶至咸豐年間七份文書；民國九十一件（含『洪憲』年號一件）。除不知朝代的文書外，最早爲《明永樂十七年三月（祁門縣）鄭詵立賣山赤契》，最晚是《民國三十五年十月某某縣汪增啓立租賃住屋並菜園字》。從地域看，包括徽州府及所屬歙縣、休寧、祁門、黟縣、績溪、婺源六縣，以及徽州以外的安徽青陽、寧國、池州、旌德，浙江安吉、遂安，江西浮梁，湖北潛江等縣。在徽州文書中，有少數是徽州人在外地形成的文書，如《明萬曆三十二年七月祁門縣王諤卿等立出佃山地約》，係祁門縣廿三都王諤卿同其侄子三清將浮梁縣梓舟都山地出佃與當地黄天準等六人的契約；『清嘉慶年間休寧縣張氏商人承租基地水碓石山契約』共有五份，係休寧縣張氏商人在江西浮梁縣承租山地、水碓的契約。又如《清同治十一年四月署兩江總督江蘇巡撫何（璟）給黟縣商人仁記販運皖茶落地税照》等。也有少數外地人在徽州形成的文書，如《清咸豐九年九月（潛山縣）胡年勝立承種看守茶山約》，係胡年勝向祁門縣倪氏承種茶山所立契約；嘉慶三年湖口縣張文廣在徽州承租土地山場，『屯溪資料』中藏有他的五份租地契約（《清嘉慶三年三月某某縣邵彩明等立出租地約》、《清嘉慶三年八月某某縣汪大興立出租地批》、《清嘉慶三年二月某某縣汪有公户立出租坦地山場約》、《清嘉慶三年三月某某縣汪祖法户等立出租地坦約》、《清嘉慶三年十一月某某縣汪永吉立出租土地約》）。還有立契人跨越府縣者，如《清乾隆十八年三月黄氏元和公秩下人等立收回焚毁貪賄賣宗摻收僞派宗譜如有此弊同心理論合墨》，簽訂人包括休寧、石邑（石埭）、建邑（建德）、婺源、歙縣、黟縣、池邑（池州）各地黄氏元和公秩下族人。

本書所收契約文書，絶大多數是原件，也有少量『抄白』，如《明嘉靖三年八月（歙縣）胡光等立鬮分山場議單抄白》、《清康熙二十八年十一月某某縣程瑞先等立鬮分産業分單抄白》等。

屯溪市古籍書店、徽專文物商店和中國書店在出售前，已經將部分散件文書整理爲包（套），每包包括文書二件至一百餘件不等。前輩在整理時保留了書店出售時的成包形態，未加拆散。我們目前不清楚書店按何種原則將若干文書整理爲包，但可以確定很多包中的文書具有同一性質或屬相同内容，這從本書目録中就可看出，本書目録第二層以漢字數字加頓號的標題即是書店整理之包。（一）

以下爲屯溪市古籍書店整理出售，書店均擬有包題名：

書店擬題爲『〔正德—宣統〕明清民間佃約』一包五十二件文書均係『明正德至清宣統年間佃山地田皮等契約』，其中有『明正德至天啓年間〔祁門縣〕十五都汪氏租佃山地契約』、『明嘉靖至清乾隆年間〔祁門縣〕康氏租佃山地契約』各四件，『明萬曆年間〔祁門縣〕桃源洪氏出租山地契約』、『明崇禎至弘光年間〔祁門縣〕十三都汪氏出租田山契約』各兩件；

書店擬題爲『同治光緒諭』一包八件爲『清同治至光緒年間績溪縣諭』；

書店擬題爲『嘉萬乾甘服文約』一包六件係『明嘉靖至清乾隆年間〔祁門縣〕甘服還文約』；

書店擬題爲『明嘉靖—清光緒商業合同議約』一包二十九件均係『明嘉靖至清光緒年間商業經營文書』；

書店擬題爲『明清民間典當契約』一包三十三件均係『明萬曆至清宣統年間典當田地房屋等契約』，其中『清乾隆至道光年間〔歙縣〕二十二都程氏典當田地房屋契約』四件；

（一）只有『明正德至清乾隆年間分析墳山田地房屋合同』是否書店整理爲一包不能確定。該包現無書店價簽，但有一九六〇年代本所整理者的説明：『明清陰陽宅地合同等共十二張（每張壹元共十二元，每張有寫的單價）。北京中國書店購。』每張契約背面有鉛筆所寫價格。若是書店整理爲一包出售，一般有總價，而不是每張單獨定價。

書店擬題爲『清乾隆—光緒民間轉當契約』一包十四件均係『清乾隆至光緒年間轉當田地房屋契約』；

書店擬題爲『明清民間借約（崇禎—宣統）』一包三十件均係借貸契約；

書店擬題爲『嘉慶—民國民間租約』一包五件均係租賃田地房屋等契約；

書店擬題爲『清禁約』一包十二件均係『清康熙至民國年間禁約文書』；

書店擬題爲『明清齊心束身合同』一包四十九件均係『明萬曆至民國年間協力保産及訴訟束心合同文書』，其中『明萬曆（祁門縣）奇峰鄭氏保護祖墳齊心文約』三件，『清康熙乾隆年間（祁門縣）康氏齊心保山文書』七件，『清康熙至乾隆年間（祁門縣）韓溪汪氏集資訴訟齊心文書』三件；

書店擬題爲『民間鬮書分單合同』一包四十六件均係『明正統至民國年間財産分割對换合同』，其中『明成化至萬曆年間（祁門縣）程氏遺囑鬮書』二件，『明正德嘉靖年間（祁門縣）奇峰鄭氏分單合同』七件，『明嘉靖年間（祁門縣）桃墅汪氏對换摽分合同』、『清順治至嘉慶（祁門縣）黄氏鬮書』各四件，『明萬曆年間（祁門縣）龍源汪氏契約分單』三件，『明萬曆三十四年某某縣張元時分家分派税糧合同』、『清乾隆年間某某縣汪氏鬮書合同』、『清乾隆年間（祁門縣）凌氏分單合同』各二件。

以下爲徽專文物商店整理出售並有擬題：

商店擬題爲『道光—民國當票十張』，均係當票；

商店擬題爲『明萬曆—清光緒民間借約』一包五十件均係『明萬曆至清光緒年間借貸銀錢借田地等契約』，其中『明崇禎年間某某縣李君美出借銀約』三件，『清光緒年間某某縣方濟源出借光洋字』、『清光緒年間祁門縣方德明出借洋字』各兩件；

商店擬題爲『清嘉慶—光緒加價增找契約』一包十三件文書，其中有四件屬於清道光至光緒年間某某縣曹氏家族文書；

商店擬題爲『告示』一包十六件係『清嘉慶至光緒年間徽州府及休寧縣等官府告示』。

價簽上有書店擬題而無書店名稱，但疑爲徽專文物商店出售的：

擬題爲『崇禎—道光出賣神會契』一包十四件爲『明崇禎至清道光年間出賣會社田租股份契約』；

擬題爲『康熙—光緒商業合同契約』一包二十六件除兩件爲『清道光至光緒年間某某縣王氏等合股建造小窯燒灰合同』外，其餘均係商業合夥合同；

擬題爲『萬曆—光緒衆族合同文約』一包十六件（實存十四件）均係『明嘉靖至清光緒年間祠堂祭祀等宗族事務文書』。

以下爲北京中國書店出售：

北京市圖書業同業公會價簽上題爲『明地契』的一包六件文書均係『明永樂至崇禎年間出賣山地契約』；

有北京市圖書業同業公會價簽的一包文書（無擬題）七件，除一件爲《清順治七年九月某某縣八甲里長方禄稟爲叩恩金批償照以便揭貱早完國課事附縣批》外，其餘六件均爲順治十年十月祁門縣給三十四都二圖八甲謝廷光户户丁謝讓的業户執票。

有的包内文書還具有歸户性。如屯溪市古籍書店擬題爲『明正德—萬曆僕人應主文書』的一包四件均係『明正德至萬曆年間（祁門縣）桃源洪氏僕人應主文書』，屯溪市古籍書店擬題爲『天啓萬曆斷骨契』一包七件均係『明萬曆至天啓年間（休寧縣）三十三都汪氏斷骨出賣山地契約』，北京市圖書業同業公會前門區議價簽上擬題爲『明

一 前言

契』的一包二十二件均係『明萬曆年間休寧縣十二都汪氏買賣田地山林等契約』。

由於書店整理的成包狀態很多具有這樣的關聯性或歸户性，我們在編輯時決定保留書店形成的包（套）狀態，不予拆開打亂。有的歸户文書分屬幾個包，如清光緒年間（祁門縣）歷溪塢王氏帖八公出租山場契約分見于『明嘉靖至民國年間租田地山場房屋等契約』（徽專文物商店出售，原擬題『明—民國民間租約』）、『明萬曆至民國年間租田地山場屋基契約』（徽專文書商店出售，原擬題『明萬曆—民國民間租約』）、『明崇禎至清光緒年間承佃田皮山場契約』（徽專文物商店出售，原擬題『明崇禎—清光緒民間承佃約』）、『清康熙至民國年間租田地山場房屋等契約』（疑爲徽專文物商店出售，原擬題『康熙—民國租約』）四個包。又如民國年間（歙縣）芳村謝氏出租産業契約，既見於『明嘉靖至民國年間租田地山場房屋等契約』（徽專文物商店出售，原擬題『明—民國民間租約』），又見於『清康熙至民國年間租田地山場房屋等契約』（疑爲徽專文物商店出售，原擬題『康熙—民國租約』）。這種情況不止上述兩例，我們均不予歸併。一包文書内常有若干文書具有歸户性，我們則將這些歸户文書集中編排，置於其他文書之前。

按照成包文書的主要内容，我們將本書的徽州文書分爲買賣文書及加價增找契約、土地税契憑證文書、佔用對換基地及合造房屋合同、典當文書、租佃文約、借貸文書、商業文書、承攬文書、宗族財産和宗族事務文書、鄉規民約和社會關係文書、官府公文告示十一卷。另有六包文書因每包文書内容龐雜，無法單獨歸入某一主題，故單獨編爲卷十二。未整理爲包的文書則歸爲『其他散件』，編爲卷十三。徽州以外的散件文書作爲附編，原有的成包狀態亦予以保存。

本書所收文書涉及内容廣泛，包括土地關係和財産文書、賦役文書、商業文書、宗族文書、官府文書、會社文書、社會關係文書等。

一四二二件文書中，數量最多的是土地關係和財産文書，標的物有田地山塘、菜園茶園竹園、房屋基地、水碓土碓、道路、墳塋、厠所、商業傢伙、樹木、耕牛等。土地關係文書中，標的物既有土地所有權，又有土地使用權，即所謂田底權與田面權。不同的地權形態在文書中有多種不同表述，如《明萬曆四十四年十一月某某縣吴應祖立出佃佃作田約》、《清康熙五十年八月某某縣胡佛奇立出佃佃脚田約》、《清雍正八年七月〔歙縣〕汪蘊文立出佃佃頭田約》、《清乾隆十九年正月某某縣汪阿項等立出佃佃皮田約》、《清乾隆四十六年十月〔歙縣〕吴子耀立出佃田皮約》、《清道光三年二月歙縣姚吉祥立杜賣大買田赤契》、《清道光十年八月某某縣周观慶立租大買並小頂地批》、《清咸豐八年九月某某縣章天河立轉當小頂地約》、《清咸豐九年三月某某縣胡成松立租大買並頂田批》、《清咸豐九年八月〔歙縣〕吴曉平立杜賣小買田赤契》、《清光緒二十四年二月歙縣程招海立杜賣大買山税赤契》、《民國二年十二月歙縣吴章氏等立杜賣大小買地成田税赤契暨民國某年某月歙縣吴章氏等賣契執照》、《民國二十年八月〔歙縣〕張義源立承攬租大小田及大小買田批》，等等。

本書收録的土地和財産文書交易轉移方式有買賣、租佃租賃、典當抵押、分割對換、出拼承拼、借貸等。買賣契約基本上是由業主寫立出賣契約，偶爾也有買者寫立契約的情況，如《明萬曆二十二年四月某某縣汪惟功立收買全業山骨包約》一例。買賣契約既有赤契也有白契。租佃契約既有由出租者寫立的，也有由承租者寫立的，兩種情況均很普遍。土地和財産關係文書還有清業清白合同、共業合同、合夥建造合同、保業合同、加價增找契和税契憑證以及業主執照土地證書等。税契憑證、業主執照及土地證書有清代的業户執照、税票、業户識册清單、契尾，民國年間的驗契紙、補契執照、繳費登記由等，如《民國某年某月歙縣驗契紙》、《民國四年四月歙縣給仇雲瑞田塘補契執照》、《民國廿三年二月休寧縣政府給彼字一千四百〇一號地繳費登記由》等。

本書所收宗族文書數量僅次於土地和財産關係文書。宗族文書有不少與財産有關，包括分家書、保産合同、購置修建管理祠堂祀田墳塋合約等。分家書包括鬮書、鬮書、分單等文書，既有對整個家産的分割，也有若干財産的分配。有的遺囑也具有分家書的作用。部分家規家族禁約也是爲了保護宗族産業，如禁止盗賣田産樹木等。還有一部分家規家族禁約是維護風俗習慣，如禁止煙賭、不得打罵妻室等。宗族文書中有一些籌集分認訴訟費用的齊心合同，其訴訟原因部分也是家族財産遭到侵害，還有一部分是『逆僕背主』和外族欺凌等。另有部分宗族文書是有關繼嗣、修譜、嫁妝清單等内容的。

本書收録的官府文書也較多。頒發文書的官府除徽州本地的徽州府及所屬歙縣、休寧、祁門、績溪、婺源縣外，還有工部、兩江總督、湖廣總督、湖南巡撫、湖北省、江蘇省牙釐總局、安徽省鑄造銀圓總局、皖南牙釐總局、皖南茶釐總局、安徽省實業廳、安徽省財政廳，以及寧國府及寧國縣、青陽縣、清河縣等。文書形式有稟文、呈文、告示、劄文、諭單、批文、信牌、門牌和訴訟文書。内容包括征收賦役、興修水利、商業、保護民間産業、風俗習慣、户口門牌、財産錢債訴訟等，還有關於防禦太平軍的公文。

本書收録較多的還有商業文書和社會關係文書。商業文書有合夥經商開店合同、承攬合同、清白結算合同、商店管理合同、出頂商號股份及牙帖、當票等。社會關係文書包括維持風俗、禁止不法活動、保護山場等公益活動文約、鄉規民約，以及伏罪甘罰文約、投主服役文約、僱傭文約、甘結等。

本書收録會社文書僅有一包十四件，均爲出賣會社田租股份契約，因數量較少，不便單獨立卷，故而歸入買賣文書類。

本書收録的賦役文書主要是民間訂立的承役合同。本書還收録了少量其他文書，如捐監執照、書信等。這些文書在書店出售時均未單獨整理成包（套），而摻雜于其他成包文書中。

三

經濟所『屯溪資料』曾在一九六〇年代初經劉宜誠、許鈞、趙曾玖等先生整理，大部分文書被分類、擬題、編號，製作目録卡片，部分殘損文書做了修補托裱。（一）二〇〇六年一至三月，按照經濟所的要求，中國經濟史研究室重新整理『屯溪資料』，由封越健負責其事，王小嘉、史志宏、林剛、紀辛、袁爲鵬、徐建生、徐衛國、高超群、劉蘭兮、蘇金花（按姓氏筆畫爲序）參加了整理工作，工作内容爲清點全部『屯溪資料』，包括部分原未經整理的文書，重新擬定題名，編制流水號（財産登記號），製作新的目録卡片，並彙編所藏『屯溪資料』目録。

二〇一〇年，『中國社會科學院經濟研究所藏徽州土地文書選編』由林剛研究員領銜向國家清史編纂委員會申報文獻整理項目，立項後因林剛研究員另有科研任務，改由封越健研究員實際主持本項目，徐衛國研究員、王大任副研究員、樊果副研究員組成課題組。課題組對經濟所藏『屯溪資料』散件文書的整理編輯，首先是確定收録範圍，包括考訂非徽州文書，除了經屯溪市古籍書店或徽專文物商店收售的非徽州地區文書作爲附編收入本書外，排除其

（一）嚴桂夫、王國健著《徽州文書檔案》説經濟所的徽州文書整理時保留了屯溪市古籍書店的老編號，見第一一頁。其實並非如此，而是另行編號。

他非徽州文書；排查内容相同的文書，確定收入或不收入本書；考訂歸户文書，逐一擬定成包題名、歸户題名和文書題名；按文書内容編排全書目録。工作分工爲徐衛國研究員、王大任副研究員、樊果副研究員擬定文書題名，按照文書定名原則重新擬定了每件文書的題名；封越健研究員負責選編全部文書，考訂歸户文書，擬定成包文書和歸户文書的題名，審定每件文書的題名，編製全書目録，並擬定凡例，撰寫前言。整理過程中，對少量破損嚴重的散件文書請專業機構作了修裱。

對文書所屬地點的考證是文書整理研究的難題。中國社會科學院歷史研究所《徽州文書類目》總結了八種方法和途徑：第一，以官印爲依據；第二，根據文書中的鄉里、村鎮等地名，通過方志和地名録來確定；第三，以都圖字號及都圖分佈爲依據；第四，以上下手契爲依據；第五，利用譜牒進行考證；第六，以文書來源地爲線索；第七，根據方志中的寺院、道觀、書院、牌坊、橋梁、石碣等人文景觀作爲考證依據；第八，利用相關契約彼此印證。上述諸條往往需要互相參補，綜合分析，慎重考證。(一)汪柏樹先生提出可以根據契文中的習慣語進行考證。(二)本書在地點考證中也參用了上述各種方法和途徑。但由於學識有限，資料不足，本書尚有不少散件文書未能考出地點，已經考出的地點也難免錯誤。

本書的立項出版，得到國家清史編纂委員會的經費支持，感謝國家清史編纂委員會文獻組諸位先生，尤其本項目的聯繫專家張研教授。本書的編纂還得到了中國社會科學院經濟研究所的支持。我們深切感謝主持購藏徽州文書

(一) 中國社會科學院歷史研究所收藏編纂《徽州文書類目》「前言」，第七至九頁。
(二) 汪柏樹：《契約習慣與民國徽州土地白契的縣名考證》，《黃山學院學報》二〇一三年第一期。

的梁方仲、嚴中平、李文治、彭澤益、魏金玉等前輩學者，感謝一九六〇年代和二〇〇六年兩次參加整理『屯溪資料』的諸位先生；感謝指導幫助本項目的本所經君健研究員、魏金玉研究員、江太新研究員以及本院歷史研究所欒成顯研究員、阿風研究員，尤其是欒成顯先生對本項目熱情鼓勵，多方指導，每當我們在整理選編中遇到困難，無論電話或是郵件，欒先生均及時解疑答惑，本書目録編排亦經欒先生指教；感謝經濟所圖書館館長王硯峰研究館員和劉益建先生，他們承擔了全部文書的掃描工作。令人痛惜的是，梁方仲、嚴中平、李文治、彭澤益、魏金玉、張研諸位先生不及見到本書的出版，我們在此謹對他們表示深切的懷念追悼。

感謝社會科學文獻出版社人文分社社長宋月華女士和責任編輯李建廷等對本書出版的支持，尤其是李建廷博士承擔了主要編輯工作，費力尤多。感謝該社美編薛卿女士，尤其薛卿女士對圖片的處理盡心盡力，付出尤多。

由於我們學識有限，文書整理經驗不足，在文書選編、地名考訂、題名擬定、目録編排等方面必定存在問題和不足，敬請學界先進不吝批評指正。

封越健

二〇一六年歲末初稿，二〇一七年四月改定

凡例

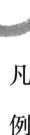

一、本書收録散件文書均收藏於中國社會科學院經濟研究所。絶大多數屬於徽州文書，包括徽州人在外地形成的文書和外地人在徽州形成的文書；亦有少量購自屯溪市古籍書店或徽專文物商店的徽州地區以外文書，置於徽州文書之後作爲附編。

二、本所所藏散件文書多數在購入前已由書店整理成包（套），每包包括二件至一百餘件文書不等；少數文書未整理成包。本書保留書店整理的原始成包狀態，不予分拆打亂。未經書店整理成包的文書歸爲『其他散件文書』，置於成包文書之後。

三、本書目録分爲四個層次，第一層爲卷次；第二層序號以漢字數字加頓號表示，爲書店整理之包；第三層序號以漢字數字加括號表示，爲編者在包内考證之歸户或非歸户散件；第四層爲單件文書。若一卷内僅有一包，或一包内僅有一個歸户，層次相應減少。

四、本書前十三卷爲徽州文書，按内容編排。卷一至卷十二爲成包文書，每卷少則一包，多則十一包，僅有一包者即以該包題名爲卷名。卷十二『其他成包文書』，因每包文書均有多項内容，無法單獨歸入某一主題，故單獨歸爲一卷。不成包之『其他散件』單獨編爲卷十三，按内容分爲六類。附編爲徽州以外散件文書，包括三包文書和其他散件。

五、成包文書由編者根據内容擬定包之題名，要素包括起訖時間、事由、文書性質等。每包文書内經編者考證可歸爲一族一户者，作爲歸户文書置於非歸户文書之前，由編者擬定歸户題名，要素包括起訖時間、地點、姓氏、事由、文書性質等。若該包文書全部屬於某一族〔户〕，即以該歸户題名作爲該包題名。因每包文書和歸户文書的内容較爲繁雜，

一 凡例

成包題名和歸户題名祇能大致擬定。正文中每包文書前均有篇章頁，在正文中列出歸户題名。歸户文書和非歸户文書均分別按時間順序編排。原件僅有朝代而無年月日者，置於該朝代之末；有朝代及年份而無月日者，置於該朝該年之末；有朝代年月而無日者，置於該朝該年該月之末。原件無朝代者，據編者判斷置於適當朝代之後。

六、散件文書原無題名，每件文書均由編者根據内容擬定題名，要素包括時間、地點、事主、事由、文書屬性質等。一件文書在文書主體外包含其他交易或事項時，以『暨』或『附』、『含』、『加』表示其他交易或事項。時間一般精確到月，文書原無月者精確到年；訴訟文書及當票則精確到日。原文未寫年份或月份者，作某年某月；由於文書殘破等導致時間不明者，以□標示。月份有用别稱代稱者，均改爲一至十二月基本名稱。民國年間月份有用農曆者，亦有用公曆者，一仍文書所載，不作統一。時間有用『廿』、『卅』者，保留原樣。地點一般精確到縣。凡文書中寫明縣名者，題名直書之；係編者考證之縣名，則一律加六角括號〔〕；若無法確定縣名，則寫作『某某縣』。事主之確定，先根據契首文字，次依據契尾文字。如契首無當事人或當事人爲某姓某房秩下人等或某某公支下人等者，情況不一，一般根據契尾署名，也有例外。但契首爲某户某堂或商號者，仍作爲立契人。事主有兩個或兩個以上者，題名只書其一，其餘以『等』字代。若文書未寫明事主姓氏，寫作『某姓』。若因文書殘破而姓氏不明，以□標示。事主姓氏由編者考證者，加六角括號〔〕。官府頒佈之票證，如歸户票、稅票、契尾、執照、發票等，另標示文書所受方。

七、少量文書背面有文字，在該文書正面之後另加背面頁，題名括注〔背〕。

八、少量分家書和官府告示同一内容有不止一份文書，凡文字或格式有差異者，或殘損部位不同者，一併收入。

九、部分文書原件過大，爲便於閱讀，分割爲局部圖像數頁，每頁以下端以（一）、（二）……表示。部分文書分割較爲複雜，分割爲（一）上、（一）下、（二）上、（二）下……，則在局部之前加一全圖。由於文書文字排列不甚整齊及便於閱讀，部分局部之間文字有重複。

十、部分文書紙張寬大而文字部分很小，由於版面限制，裁去無文字之空白部分，文書部分放大影印，以便閱讀。

十一、因文書原件紙張顔色、文字深淺不一，爲便於閱讀，對掃描照片做了一些技術性處理。

十二、部分文書有各種官府及私人印章，包括土地買賣赤契上的官印，掃描影印過程中盡量予以保留。但因部分官印原件已經模糊，經掃描後以黑白色彩影印後更難以辨認，有的甚至無法顯示，實爲遺憾。

十三、文書來源是重要信息。本所所藏文書多數保留有書店標簽或定價簽章，部分無書店價簽者有鉛筆或紅色蠟筆所寫價格〔應係從北京中國書店購入，如『明正德至清乾隆年間分析墳山田地房屋合同』十二件，每件文書正面或背面有鉛筆或紅色蠟筆所寫價格 1.00 圓，前輩整理時注明『北京中國書店購』〕，另有部分文書係一九四八年至一九四九年間購於南京，據此可追溯文書來源。因此，在本書最後附上『文書來源信息』，影印書店標籤或列出其他來源信息。

本册目録

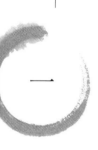

一　本册目録

一 本冊目録

一　本册目録

一　本册目録

一　本册目録

一 本冊目録

一　本冊目録

一 本册目録

一　本册目録

七、明崇禎至清道光年間出賣會社田租股份契約

卷二　土地税契憑證文書

本冊目録

卷三　典當文書　二九七

一　本冊目録

一 本冊目錄

一　本册目録

卷四 租佃文約 三六三

一　本册目録

一

本册目録

一　本册目録

一 本册目録

一　本册目録

一 本册目録

一

本冊目錄

一 本册目録

卷一 買賣文書及加價增找契

一、明永樂至崇禎年間出賣山地契約

一

〔一〕明永樂至萬曆年間〔祁門縣〕十五都鄭氏賣山契約

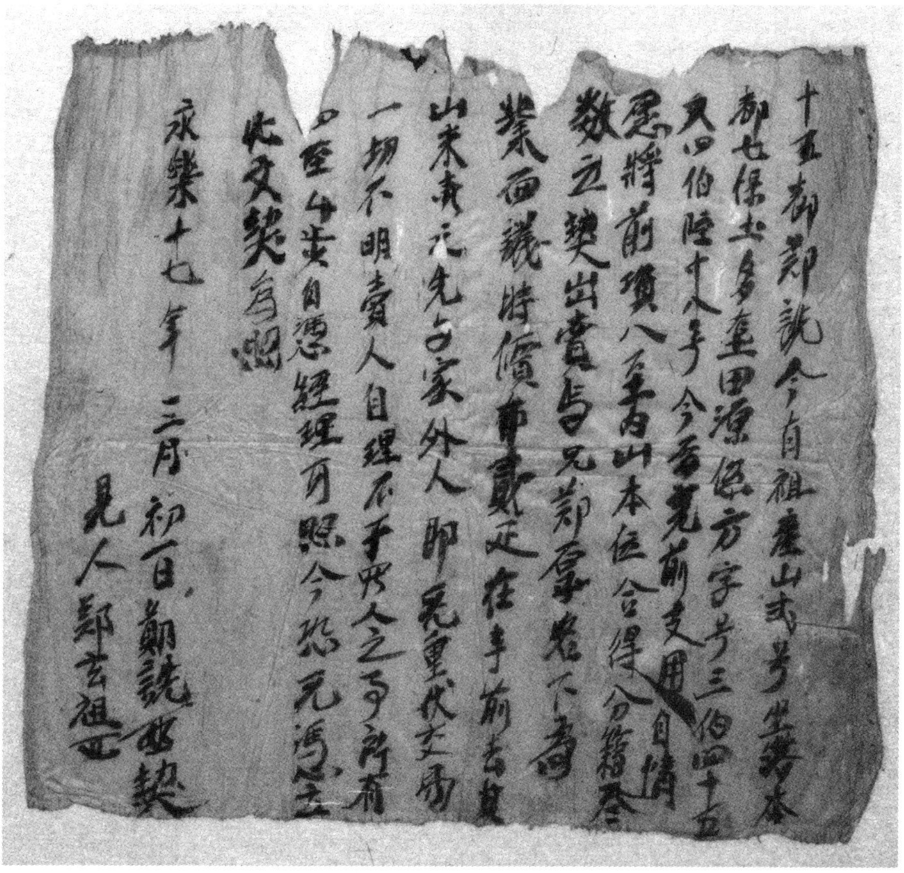

十五都鄭詵，今有祖產山弍號，坐落本
都七保，土名查田源，經理方字号三伯四十五
又四伯陸十八号，今為無鈔支用，自情
愿將前項八至內山本位合得八分籍叁
數，立契出賣與兄鄭享名下為
業，面議時價寶鈔貳疋，在手前去。其
山未賣之先，與家外人即無重複交易，
一切不明，賣人自理，不干買人之事。所有
上手赤契，自憑經理可照。今恐無憑，立
此文契為照。
永樂十七年三月初一日 鄭詵（押）契
見人 鄭玄祖（押）

明永樂十七年三月〔祁門縣〕鄭詵立賣山赤契

一

明嘉靖四十五年八月祁門縣鄭聖云等立賣山赤契

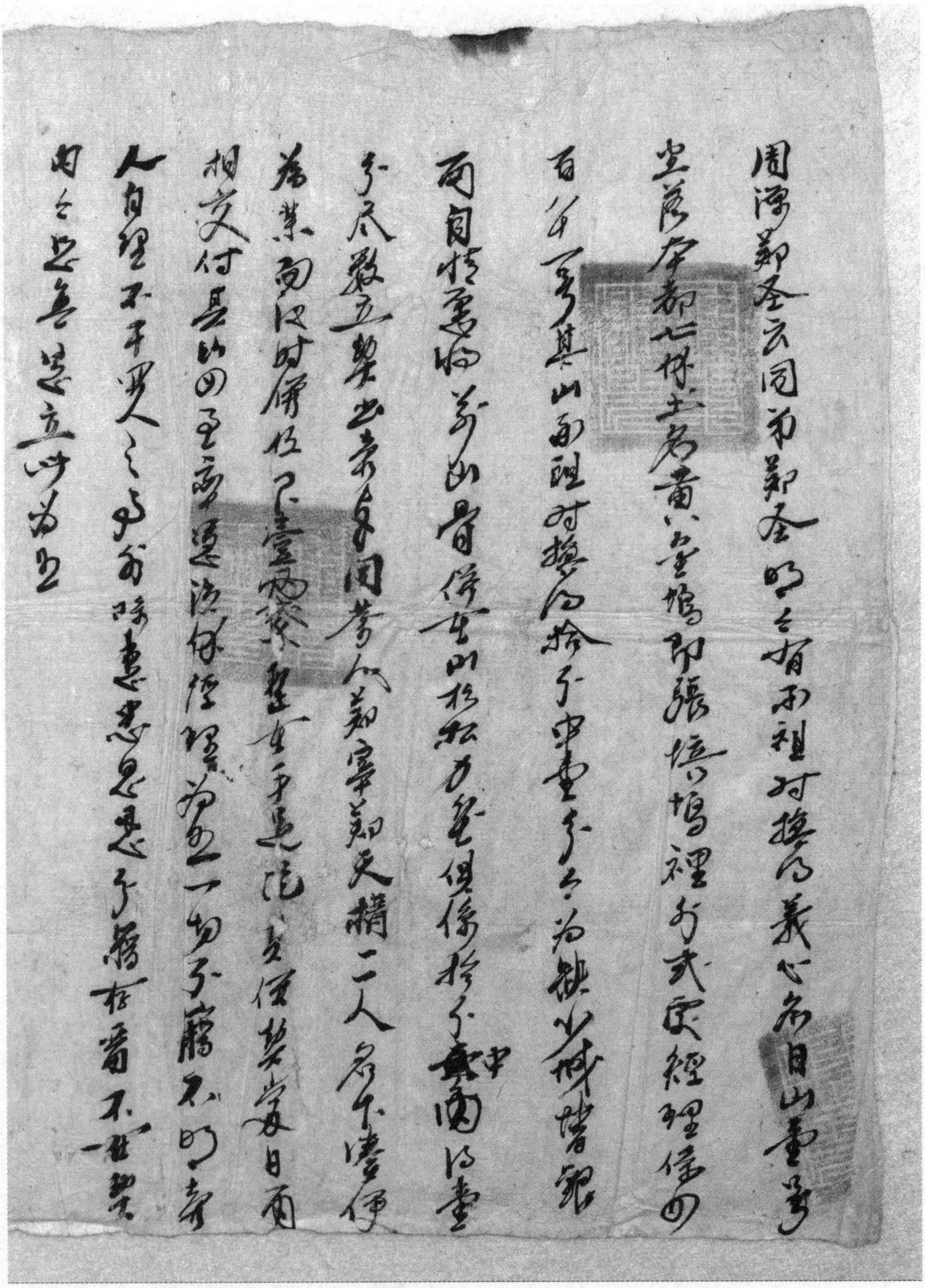

（一）

一

明嘉靖四十五年八月祁門縣鄭聖云等立賣山赤契

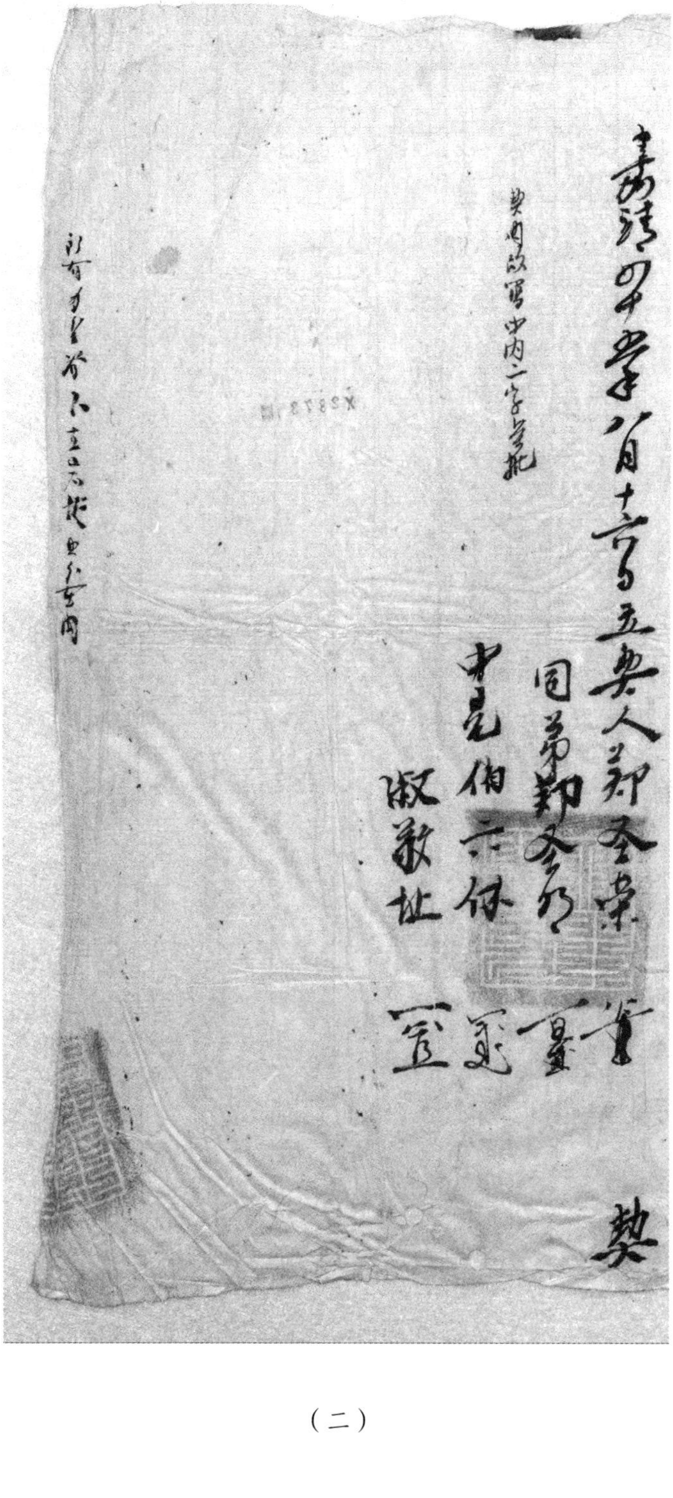
嘉靖四十五年八月十五日立賣契人鄭聖云

（二）

一

明萬曆二十四年十月祁門縣鄭有學立賣田赤契

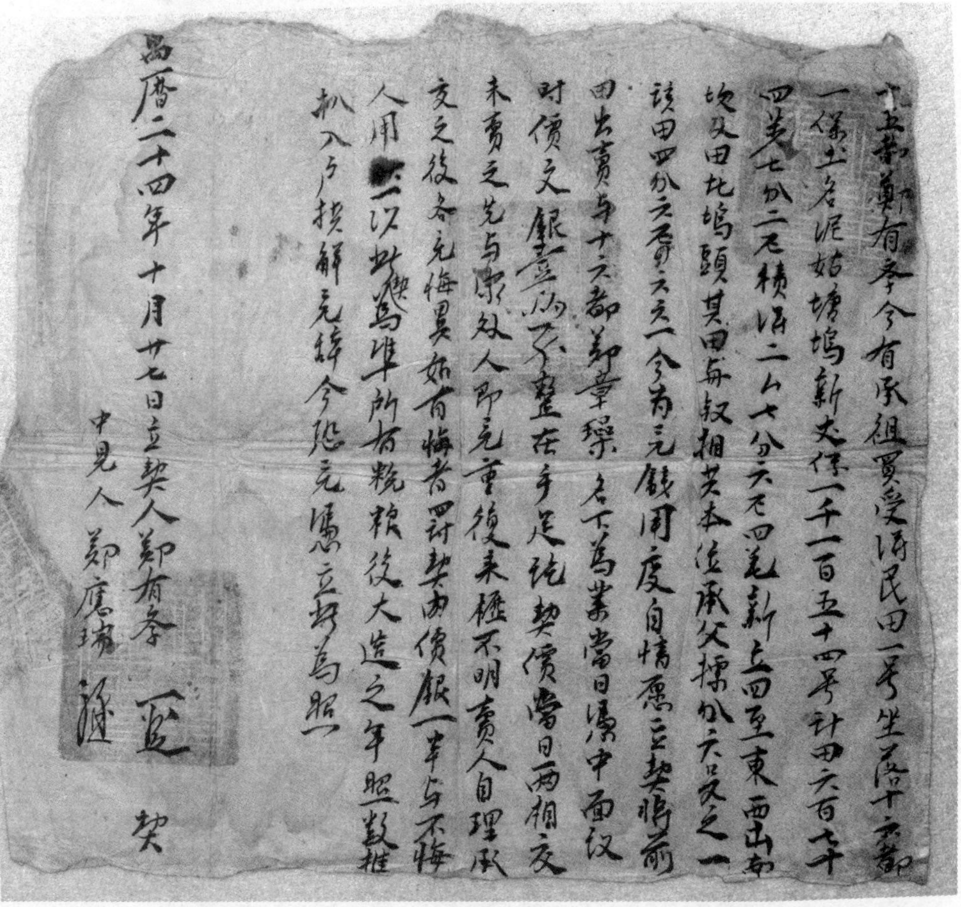

十五都鄭有學今有承祖買受得民田一號，坐落十六都
一保，土名泥姑塘塢，新丈保一千一百五十四號，計田六百七十
四步七分二厘，積稅二畝七分六厘四毛，新立四至：東、西山，南
坑及田，北塢頭。其田與叔相共，本位承父標分六分之一，
該田四分六厘一毛六系六忽。今為無錢用度，自情愿立契將前
田出賣與十六都鄭章璪名下為業，當日憑中面議
時價文銀壹兩正，在手足訖。契價當日兩相交
付。未賣之先與家外人即無重復，來歷不明，賣人自理，承
交之後，各無悔異。如有悔者，罰契內價銀一半與不悔
人用。二家以此契為準。所有稅糧，從大造之年照數推
扒入戶，扶解無辭。今恐無憑，立契為照。

萬曆二十四年十月廿七日立契人鄭有學（押）契

中見人 鄭應瑞（押）

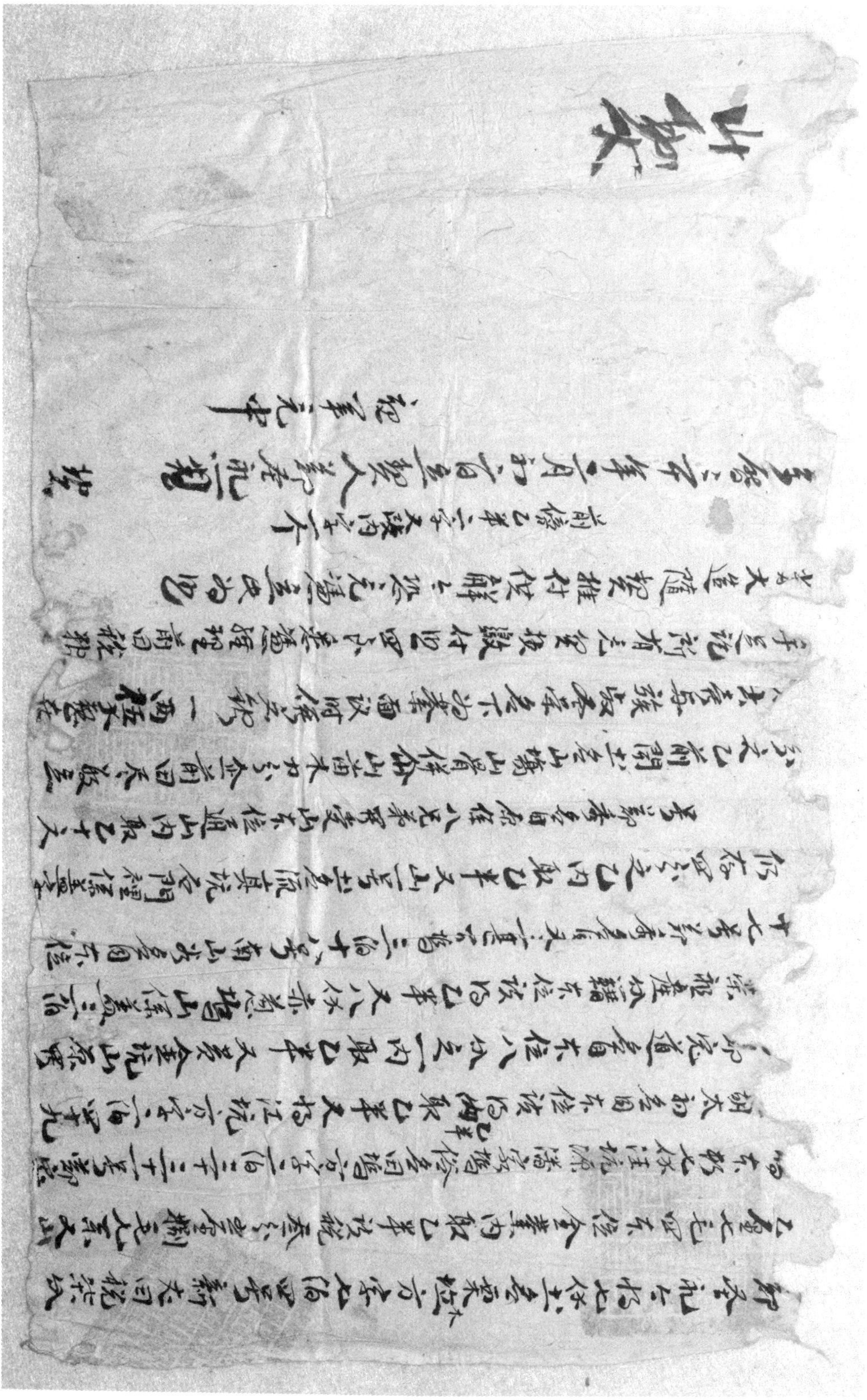

明萬曆三十年二月祁門縣鄭聖禮立賣山赤契

〔二〕明萬曆至崇禎年間其他賣山契約

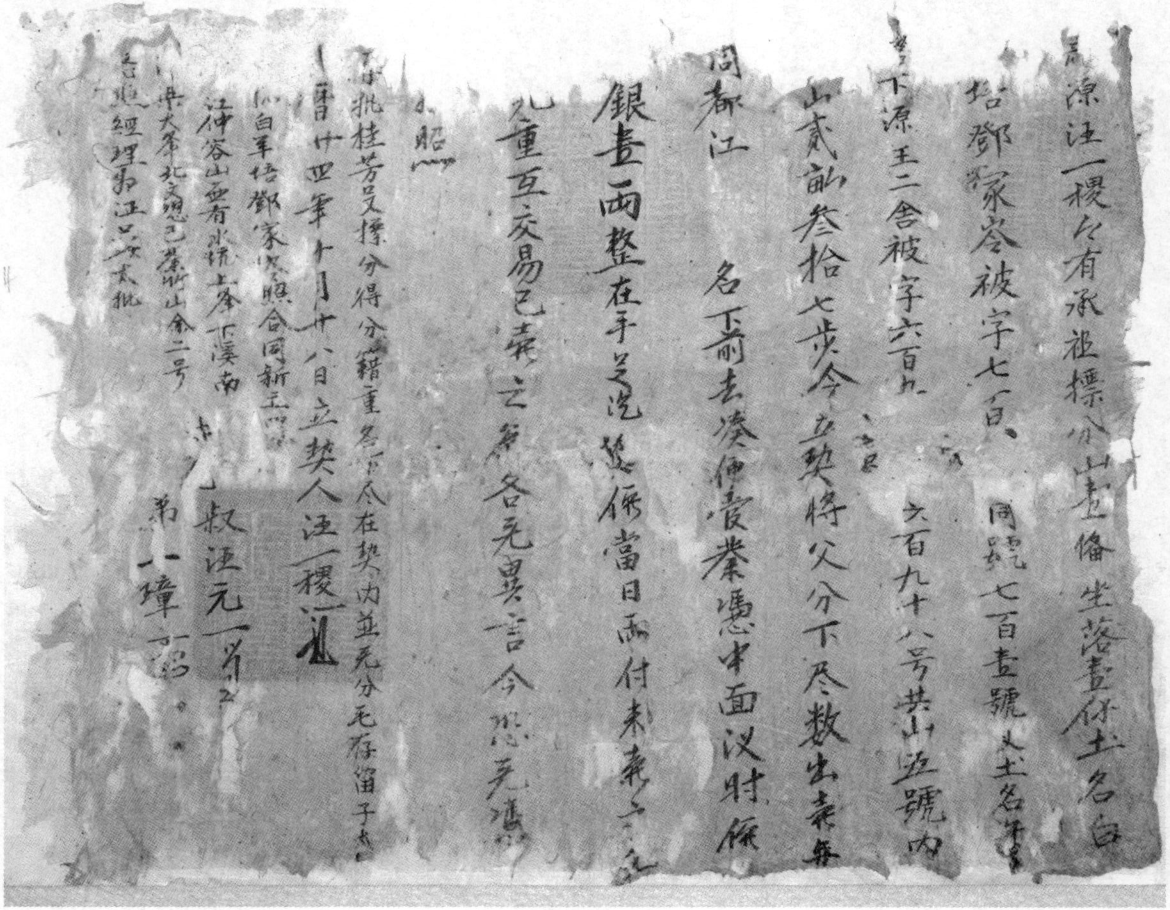
十都汪一稷今有承祖標分山壹備，坐落土名白
培鄧家塢，被字七百、同號七百壹號，又土名[illegible]
下源王二舍，被字六百九[illegible] 六百九十八號，共山五號內
山貳畝叁拾七步，今立契將父分下盡數出賣與
同都汪 名下，前去凑便管業，憑中面議時值價
銀壹兩整，在手足訖，其價當日兩付，未賣之先
並重互交易，已賣之前各無異言，今恐無憑
照
外批桂芳又標分得分籍重名，不在契內，並無分毛存留子[illegible]
萬曆廿四年十月廿八日立契人汪一稷
外白羊培鄧家塢照合同新立四[illegible]
汪仲容山西有水坑，上至降，下[illegible]
[illegible]
叔汪元一
弟汪一璋

一

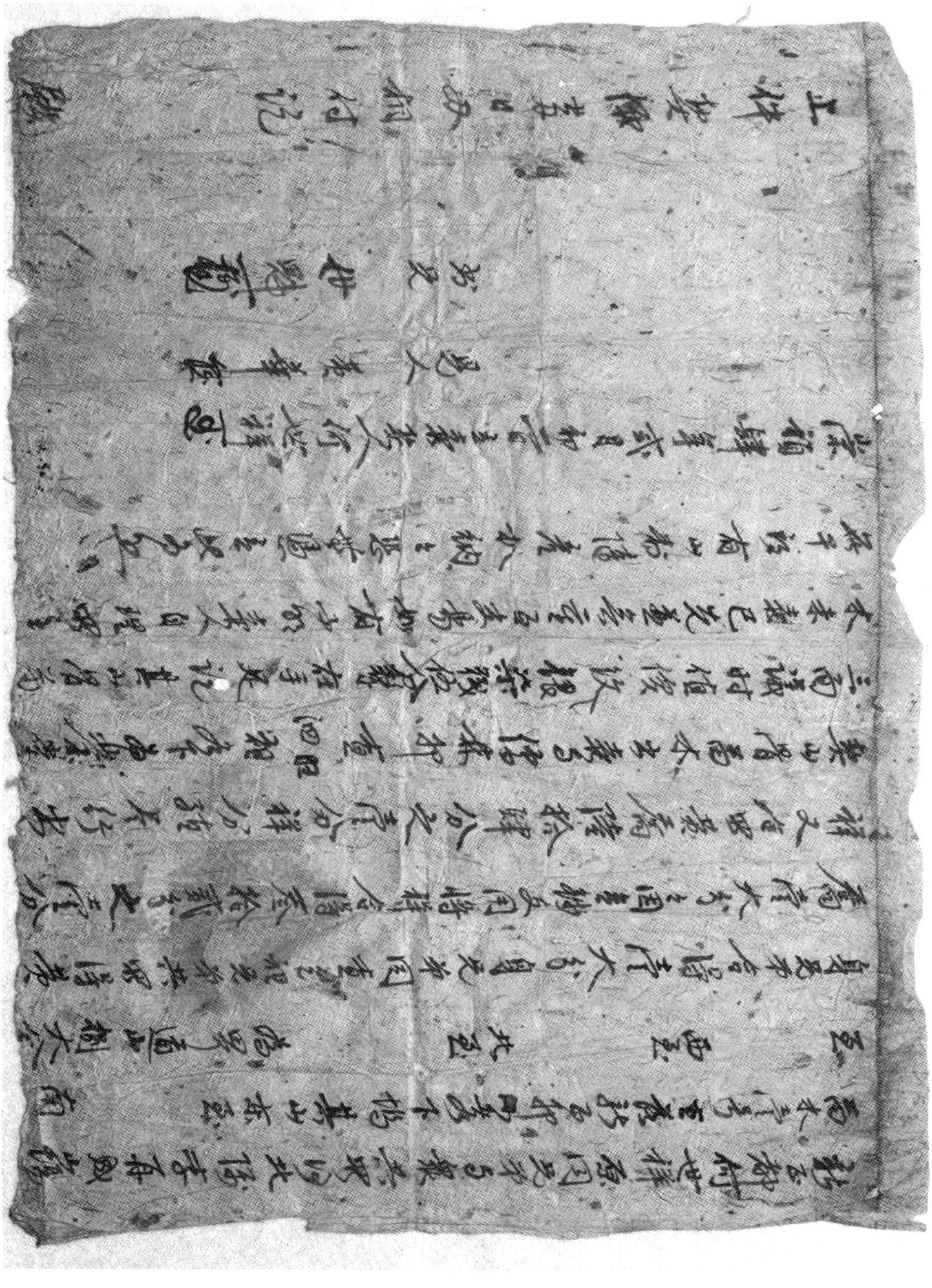

明崇禎四年二月〔婺源縣〕何世祥立賣山骨苗木赤契

二、明嘉靖至清康熙年間出賣出當田地山塘契約

〔一〕明嘉靖至清順治年間休寧縣九都陳氏買賣田地山塘房屋契約

一

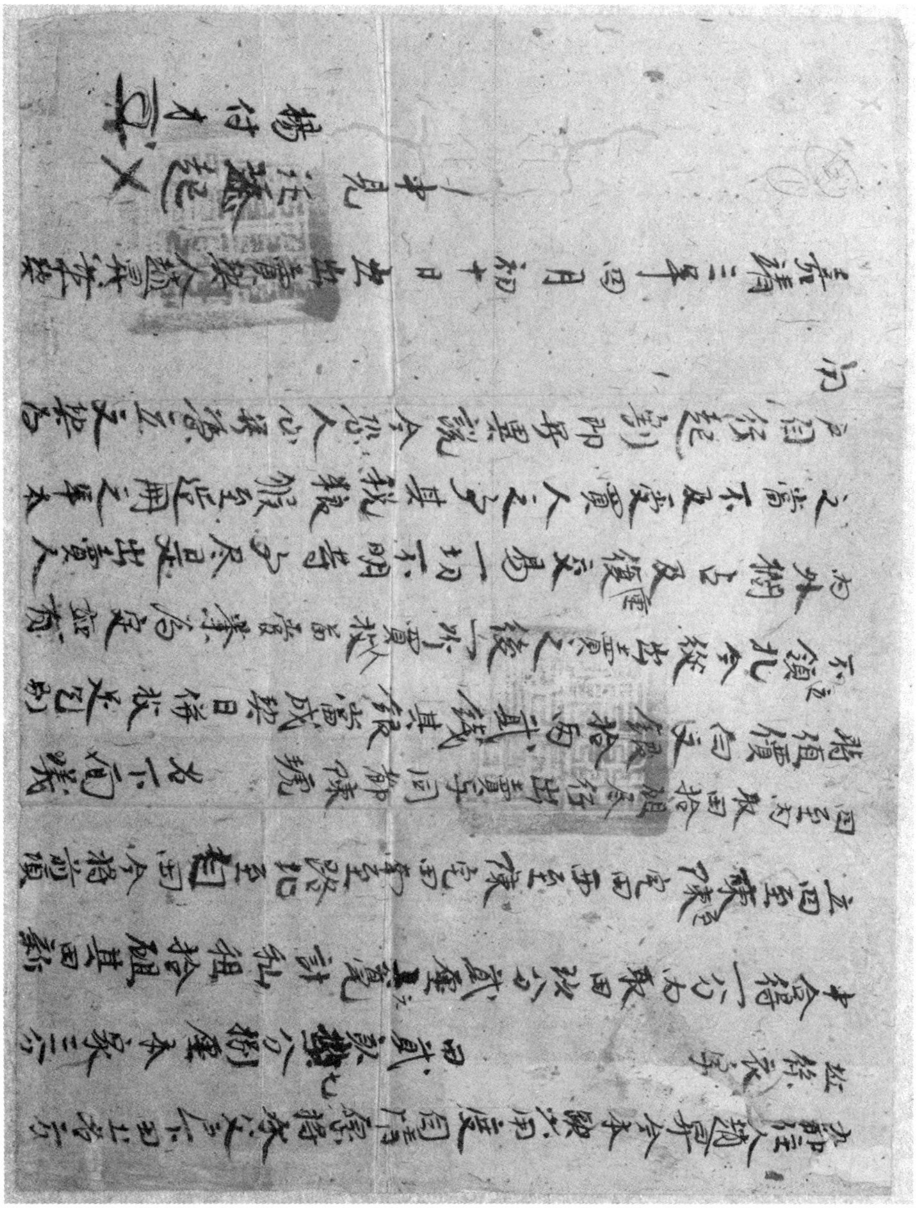

明嘉靖三年四月休寧縣趙昇立賣田赤契

一

明嘉靖九年六月（休寧縣）趙廷積立以鬮分田抵換指賣弟趙廷儀田並貼稅銀推單

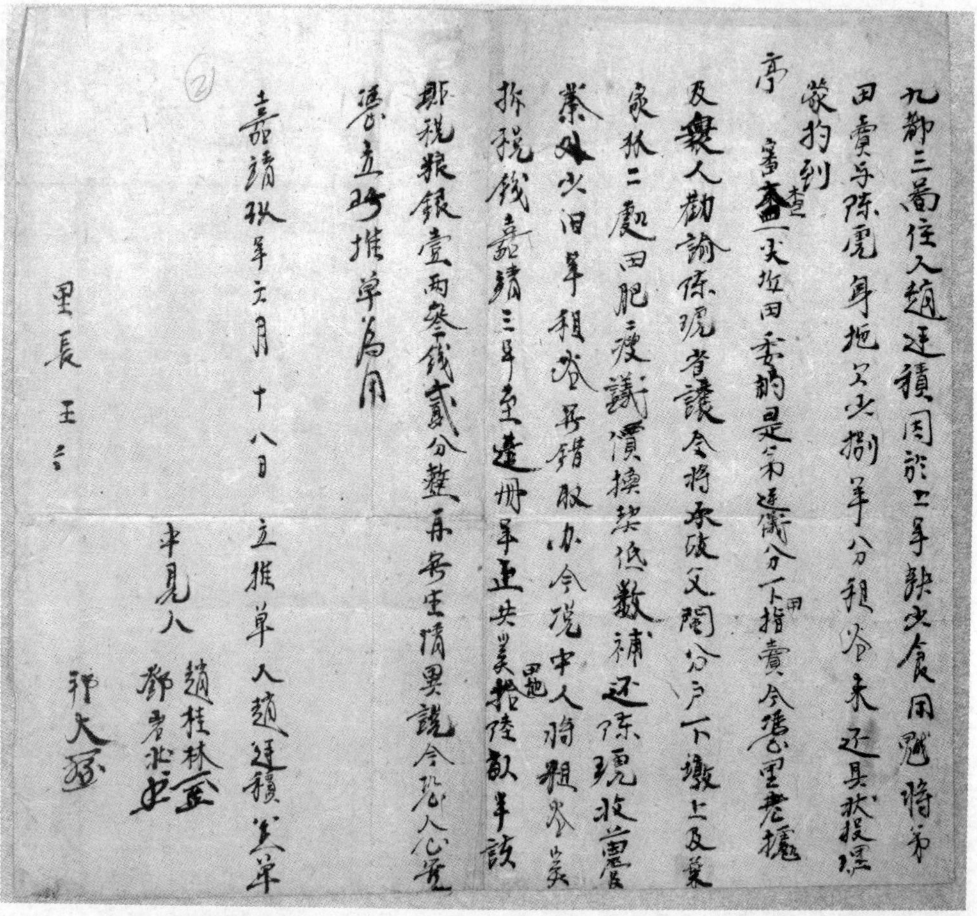

一

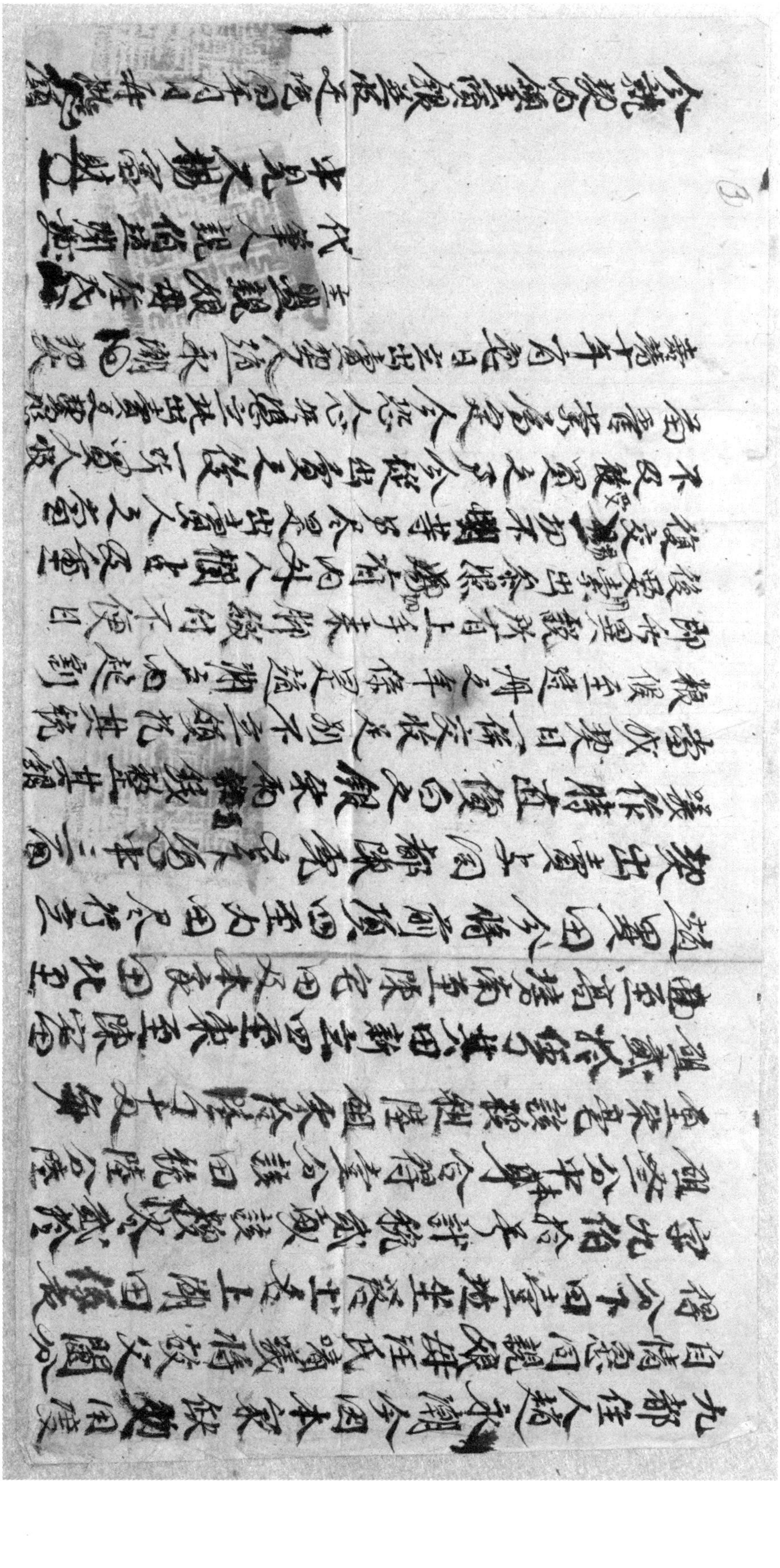

明嘉靖十年二月休寧縣趙永潮等立賣田赤契

一

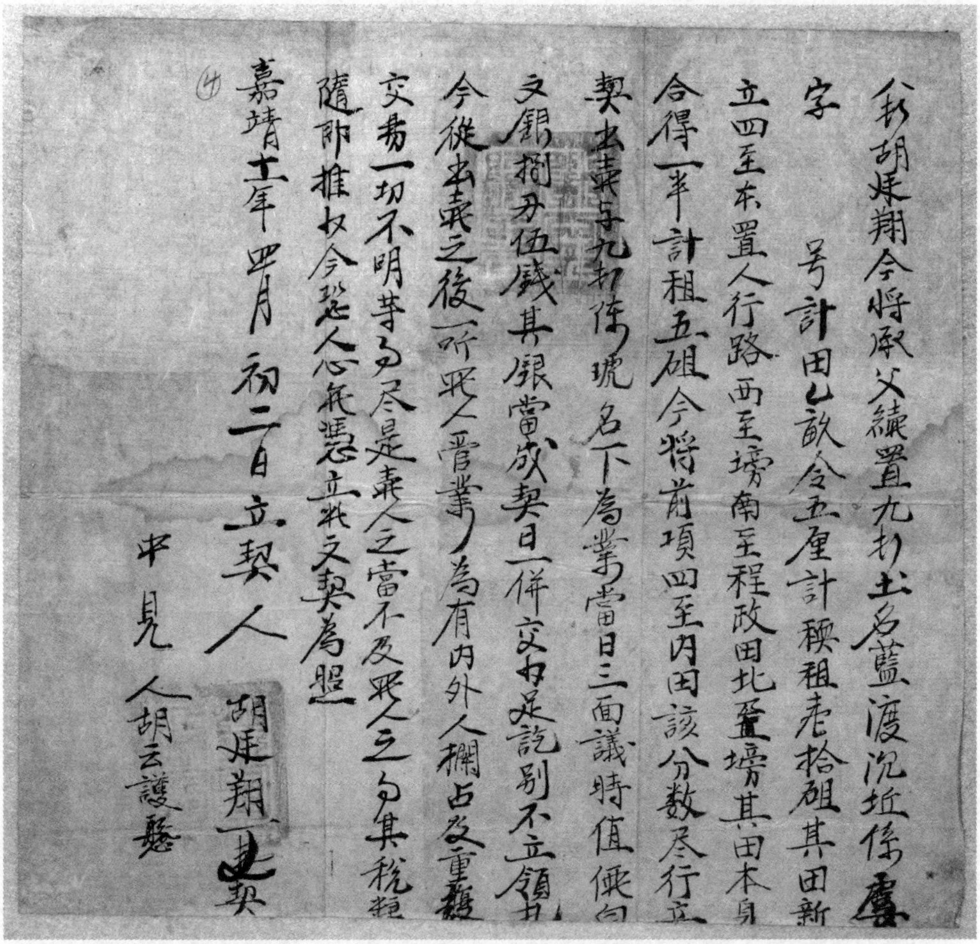

拾都胡廷翔今將承父續置九都土名藍渡沉坵係慶字號，計田乙畝令五厘，計硬租壹拾碩，其田新立四至：東至人行路，西至塝，南至程段田，北至塝。其田本身合得一半，計租五碩，今將前項四至內田該分數盡行立契出賣與九都侄[illegible]名下為業，當日三面議時值價文銀捌兩伍錢，其銀當成契日一併交足訖，別不立領[illegible]。今從出賣之後，一聽買人管業，為有內外人攔占及重複交易，一切不明等事，盡是賣人之當，不及買人之事，其稅糧隨即推收。今恐人心無憑，立此文契為照。

嘉靖十一年四月初二日立契人 胡廷翔（押）契

中見人 胡云護（押）

明嘉靖十一年四月休寧縣胡廷翔立賣田赤契

一

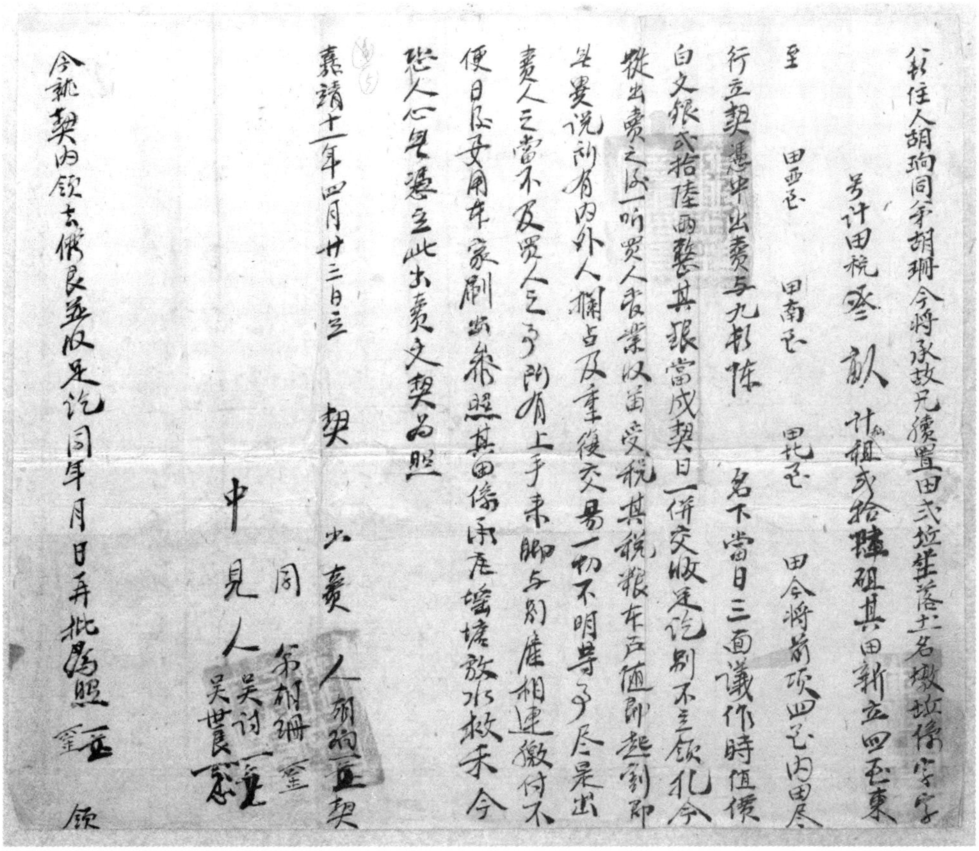
十都住人胡珦同弟胡珊今將承故兄續置田弍坵坐落土名墩坵係字字
號計田稅叁畝　計租弍拾陸砠其田新立四至東
至　田西至　田南至　田北至　田今將前項四至內田盡
行立契憑中出賣與九都陳　名下當日三面議作時值價
白文銀弍拾陸兩整其銀當成契日一併交收足訖別不立領扎今
從出賣之後一聽買人永業收苗受稅其稅糧本戶随即起割即
無異說所有內外人攔占及重復交易一切不明是身盡是出
賣人之當不及買人之事所有上手來腳与別產相連繳付不
便日後要用本家刷出參照其田係承塘堨放水救禾今
恐人心無憑立此出賣文契為照
嘉靖十一年四月廿三日立　契　出賣人胡珦（押）契
同　弟胡珊（押）
中見人　吳討（押）
吳世良（押）
今就契內領去價銀并收足訖同年月日再批為照（押）　領

明嘉靖十一年四月休寧縣胡珦等立賣田赤契

一

明嘉靖十二年二月休寧縣趙淵立賣田赤契

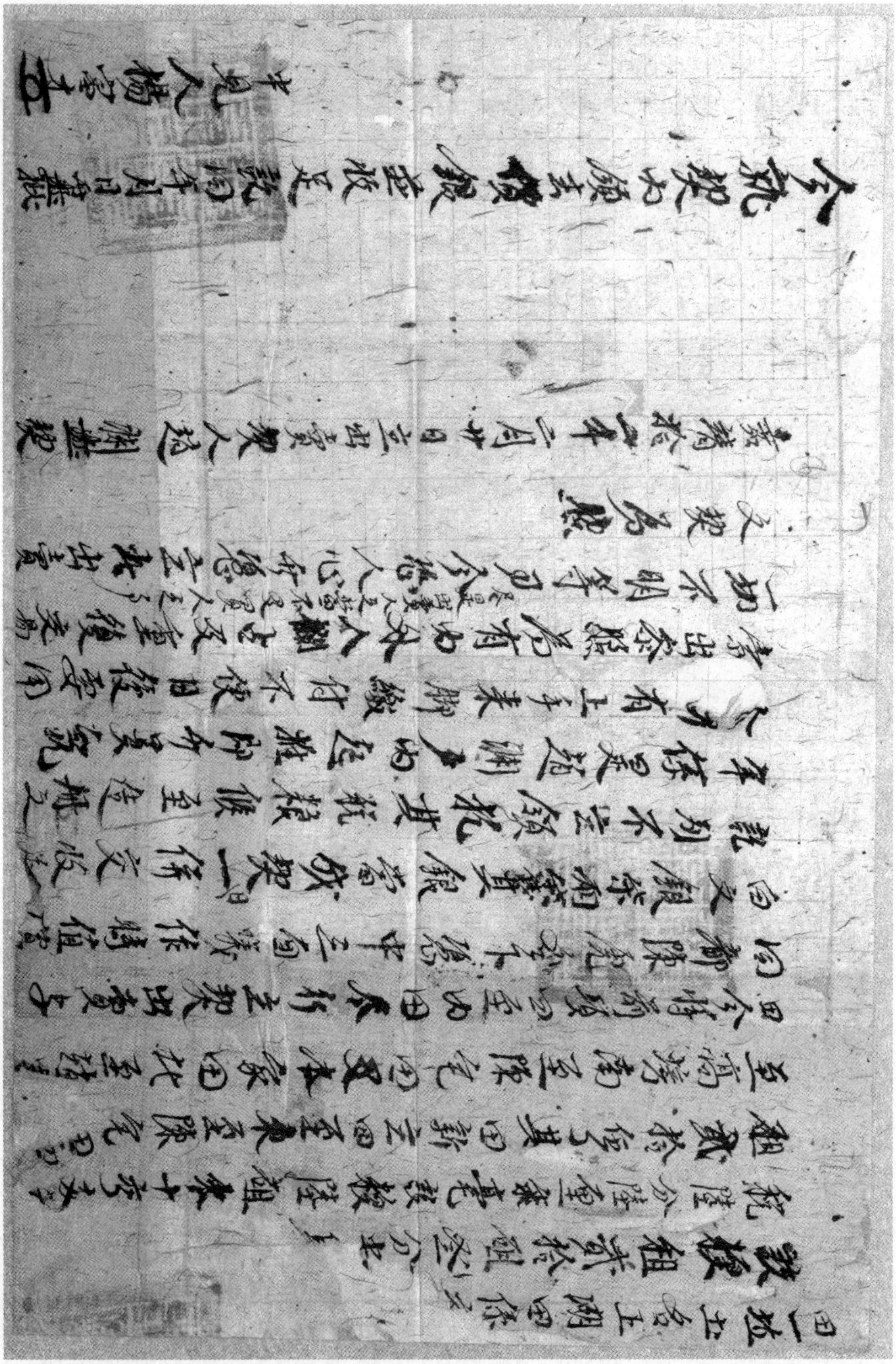

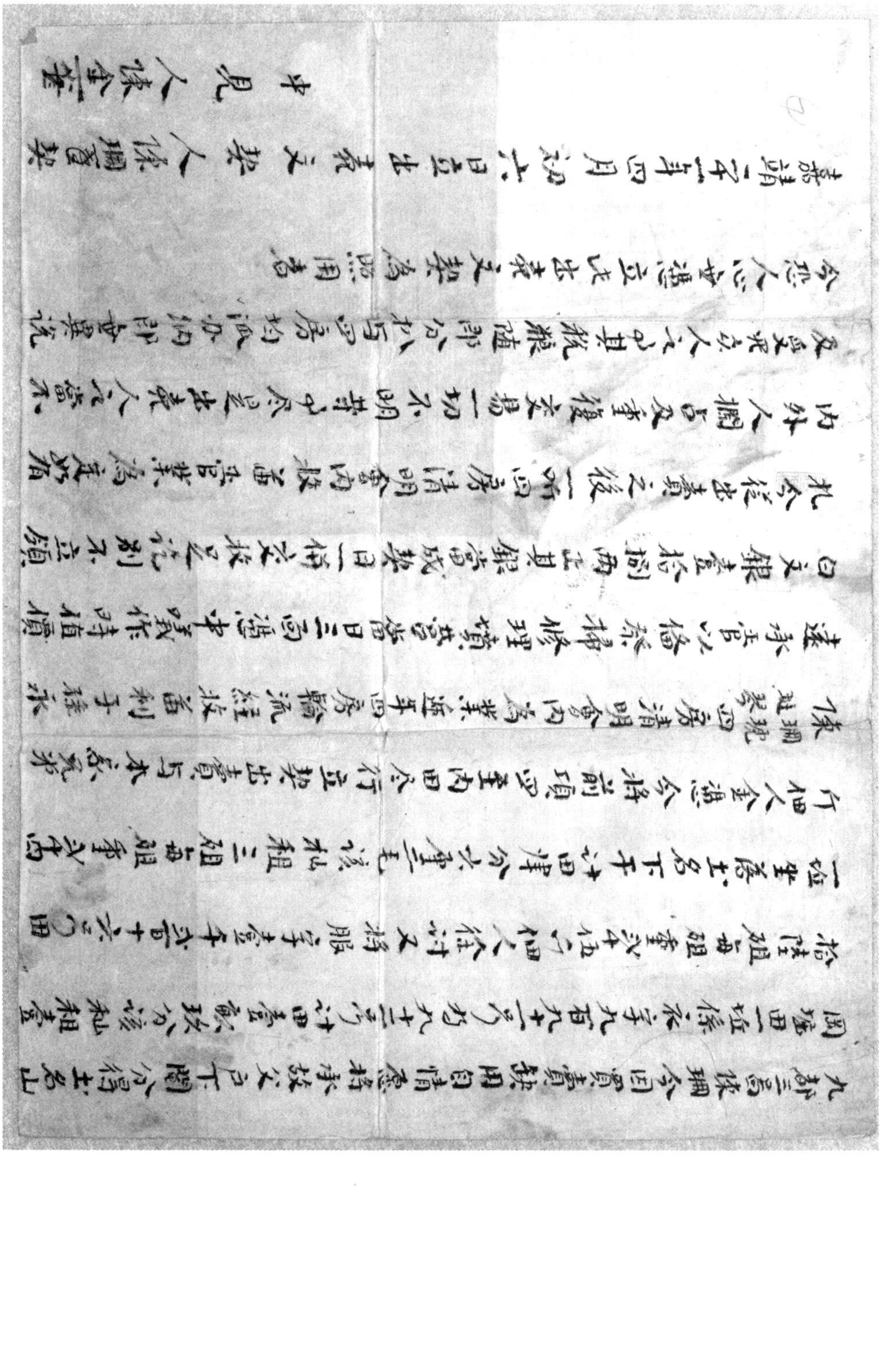
九都三圖陳珊今因買賣缺用自情愿將承故父戶下閹分得土名山
園塢田一坵係衣字九百九十一號為九十二號計田壹畝玖分該私租壹
拾陸砠每砠重弍拾伍斤佃人徐討又將服字壹千弍百十六號田
一坵坐落土名下干計田肆分六厘二毛該私租三砠每砠重弍拾
斤佃人金憑今將前項四至內田合行立契出賣與本家兄弟
陳琥珊璣琴四房清明會內為業逐年四房輪流經收苗利子孫承
遠承管以備祭掃修理墳塋當日三面憑中議作時值價
白文銀壹拾捌兩正其銀當成契日一併交收足訖別不立領
札今從出賣之後一所四房清明會內收苗管業為定如有
內外人攔占及重復交易一切不明等事盡是出賣人之當不
及受界人之事其稅糧隨即分扒與四房均派办納即無異說
今恐人心無憑立此出賣文契為照用者
嘉靖二十一年四月初六日立出賣文契人陳珊（押）契
中見人陳金（押）

明嘉靖二十一年四月〔休寧縣〕陳珊立賣田文契

一

明嘉靖二十一年閏五月休寧縣陳世琦等立賣山成地基並路赤契

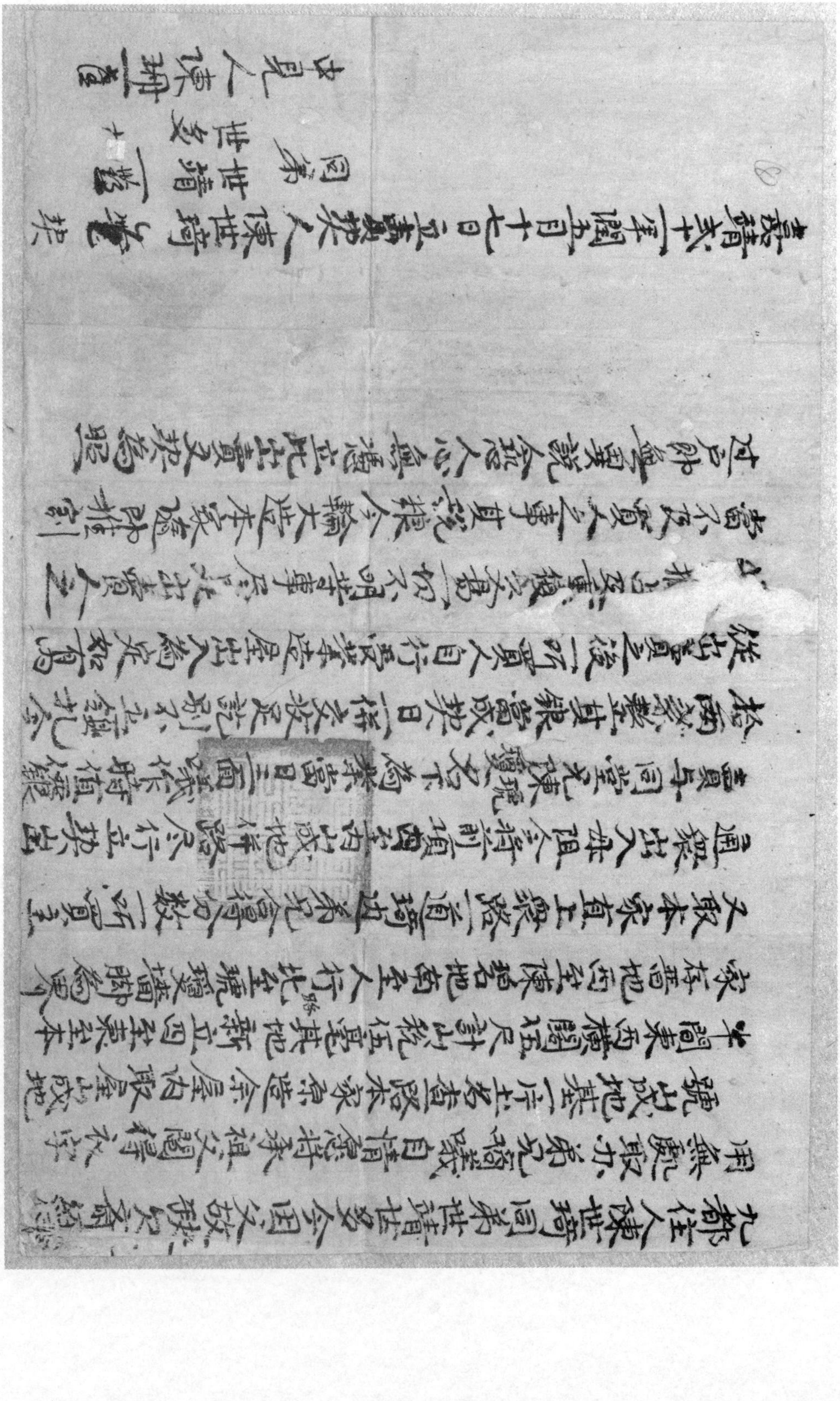

九都住人陳世琦同弟世靖、世多，今因父故缺欠斋紹[illegible]
用無處取办，弟兄商議，自情愿將承祖父闔得衣字
號山成地基一片，土名查路本家原造余屋內取屋山成地
半間，東西横闊伍尺，計山稅伍毫。其地新立四至：東至本
家存晋地，西至陳碧地，南至人行路，北至琥瓊墻脚為界。
又取本家直上衆路一道，琦边弟兄合得分数一听買主
通衆出入，毋阻。今將前項四至內山成地併路尽行立契出
賣与同堂兄陳琥、瓊名下為業。當日三面議作時值價銀
拾兩叁錢整，其銀當成契日一併交收足訖，別不立领紙。今
從出賣之後，一听買人自行管業，造屋出入，為定。如有
內外人攔占及重複交易，一切不明等事，尽是出賣人之
當，不及買人之事。其稅粮今輪大造，本家递即推割
过户，即無異說。今恐人心無憑，立此出賣文契為照。

嘉靖貳十一年閏五月十七日立賣契人陳世琦 契
同弟 世靖
世多
中見人 陳珊

一

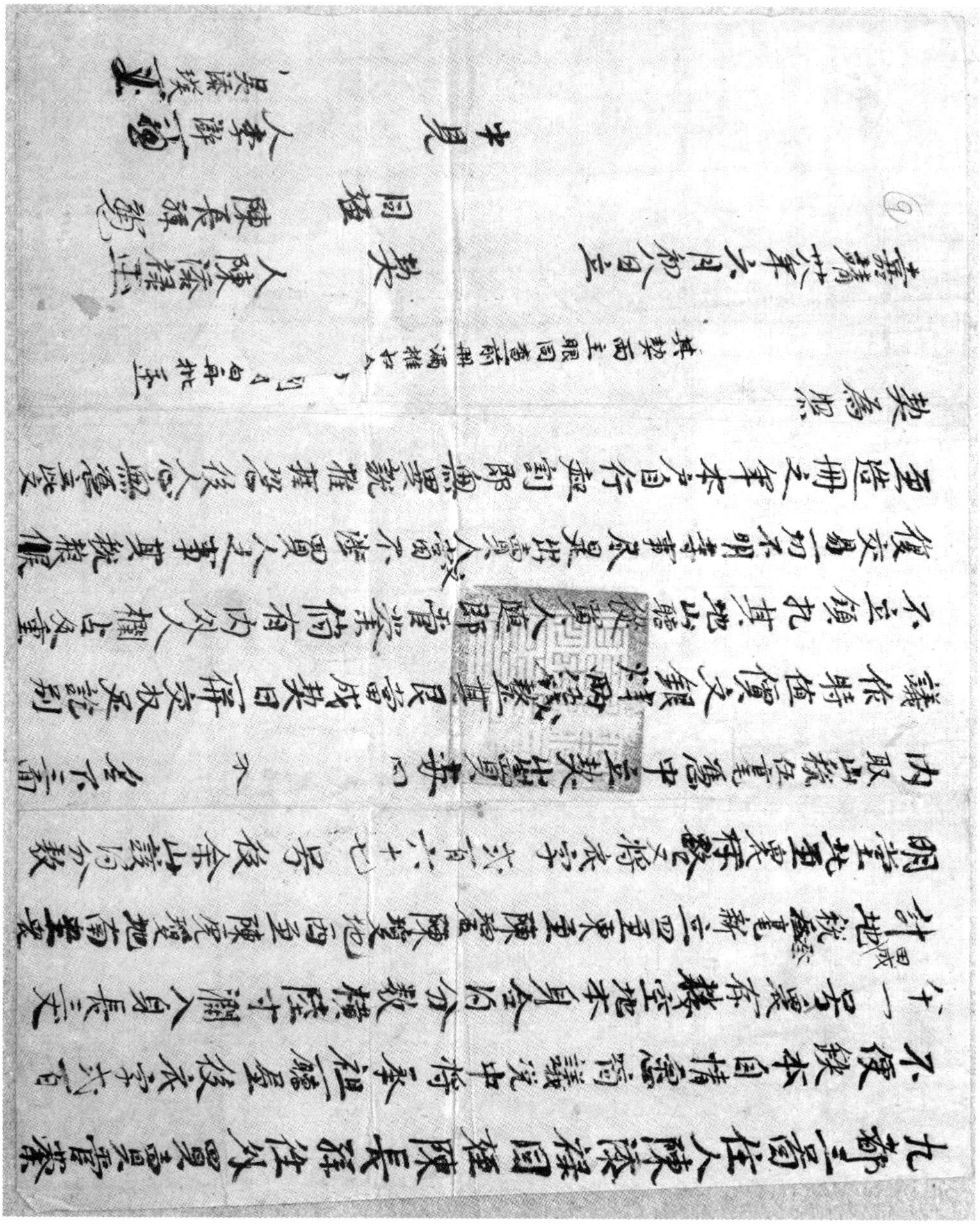

九都三啚住人陳添祿同姪陳長孫住外買賣管業
不便，缺本自情愿商議，說中將承祖廳屋後衣字弍百
六十一号裏存樓空地，本身合得分數，横陸寸，濶入身長三丈
計地（田成）税叁毫，新立四至：東至陳瑠屋、陳瓊地，西至陳虎瓊地，南至裏
明堂，北至裏存路。又將衣字弍百六十七号後余山，該得分數
内取山税伍毫，憑中立契出賣與同　名下。三面
議作時值價文銀肆兩伍錢整，其銀當成契日一併交収足訖，別
不立領扎。其地山聽從買人随即管業。倘有内外人攔占及重
復交易一切不明等事，尽是出賣人之（文）當，不涉買人之事。其税粮候
至造冊之年，本户自行起割即與，無異說推捱。恐後人心無憑，立此文
契為照。

其契兩主眼同查前冊漏推扣入　月　日再批（押）

嘉靖卅八年六月初八日立

契人陳添祿（押）
同姪陳長孫（押）
中見人李謝丁（押）
吳添瑛（押）

明嘉靖卅八年六月休寧縣陳添禄等立賣樓空地及餘山赤契

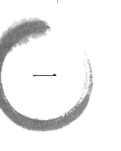

一

明嘉靖四十一年五月休寧縣趙雲旭立賣山赤契

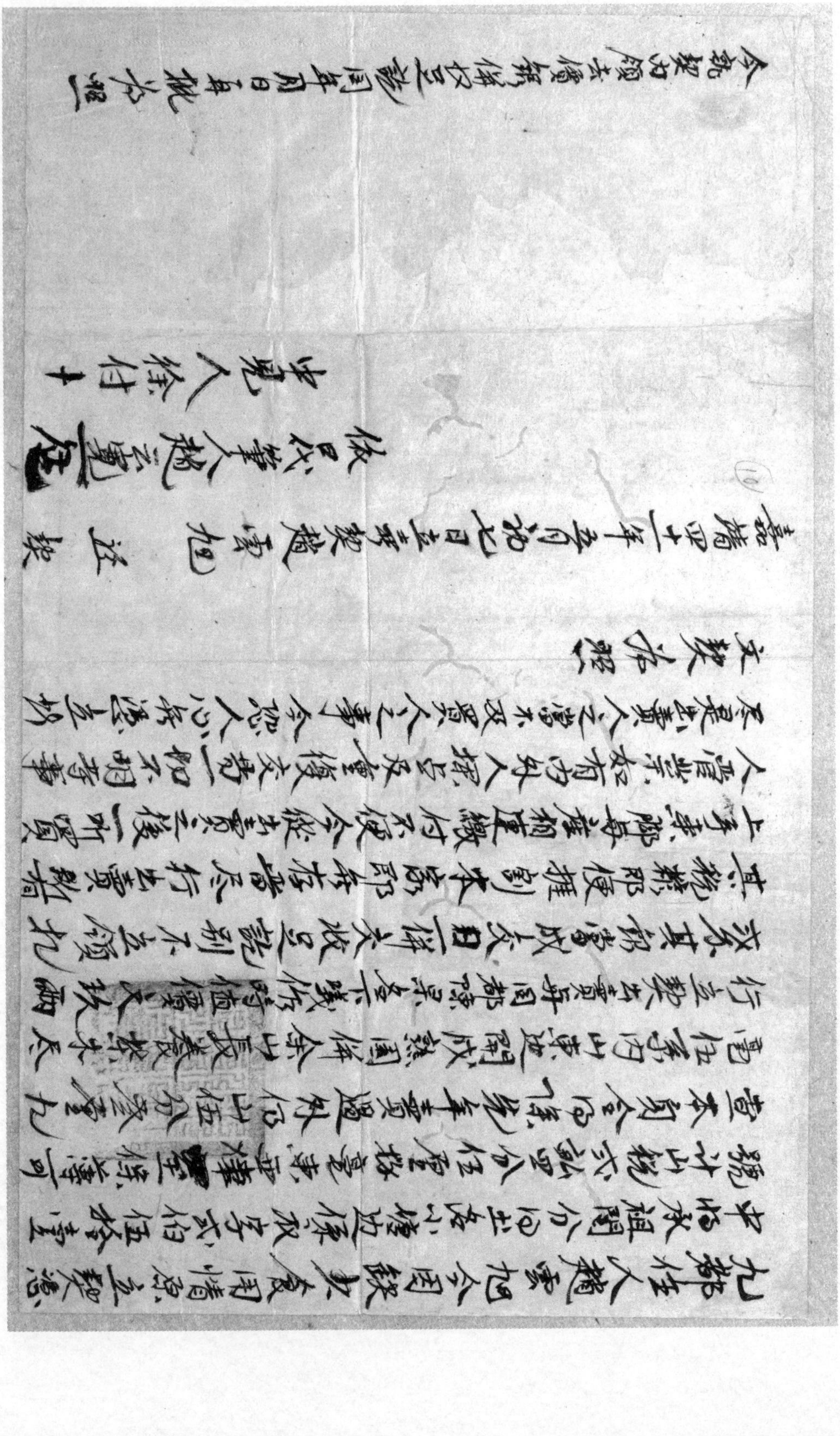

一

明嘉靖四十一年十月休寧縣汪阿戴立賣山塘赤契

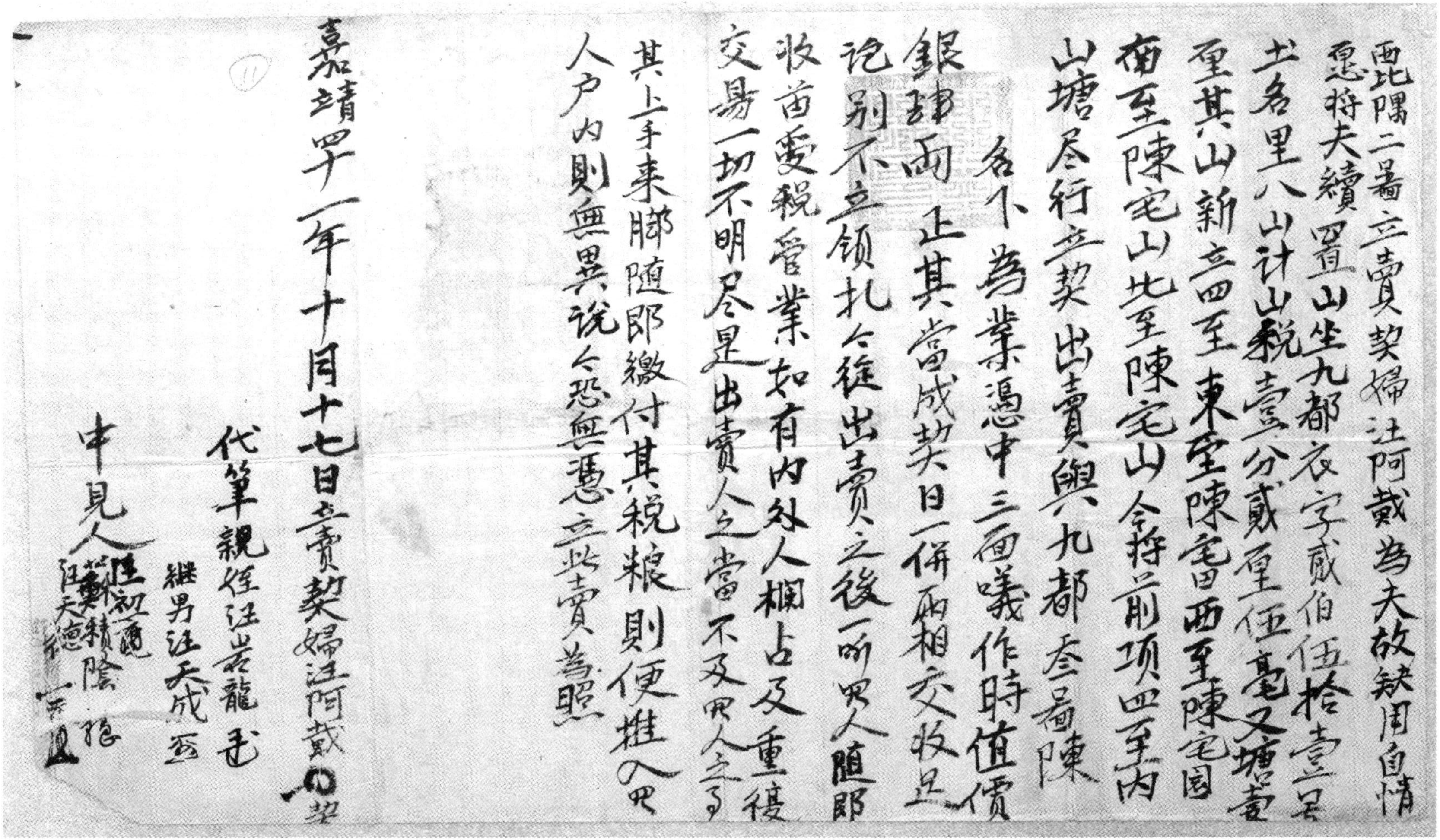
(11)
西北隅二啚立賣契婦汪阿戴，為夫故缺用，自情
愿將夫續買置山，坐九都衣字貳伯伍拾壹号，
土名里八山，計山稅壹分貳厘伍毫，又塘壹
[illegible]其山新立四至：東至陳宅田，西至陳宅園，
南至陳宅山，北至陳宅山。今將前項四至內
山塘盡行立契出賣與九都叁啚陳
名下為業，憑中三面議作時值價
銀肆兩正，其當成契日一併兩相交收足
訖，別不立領扎。今從出賣之後，一聽買人隨即
收苗受稅管業。如有內外人攔占及重複
交易，一切不明，盡是出賣人之當，不及買人之事。
其上手來腳隨即繳付，其稅糧則便推入買
人戶內，則無異說。今恐無憑，立此賣契為照。
嘉靖四十一年十月十七日立賣契婦汪阿戴（押）契
代筆親侄汪山若龍（押）
繼男汪天成（押）
中見人汪初適 汪寅積 [illegible] 汪天德 [illegible]

明隆慶六年九月休寧縣汪宣得等立賣山赤契

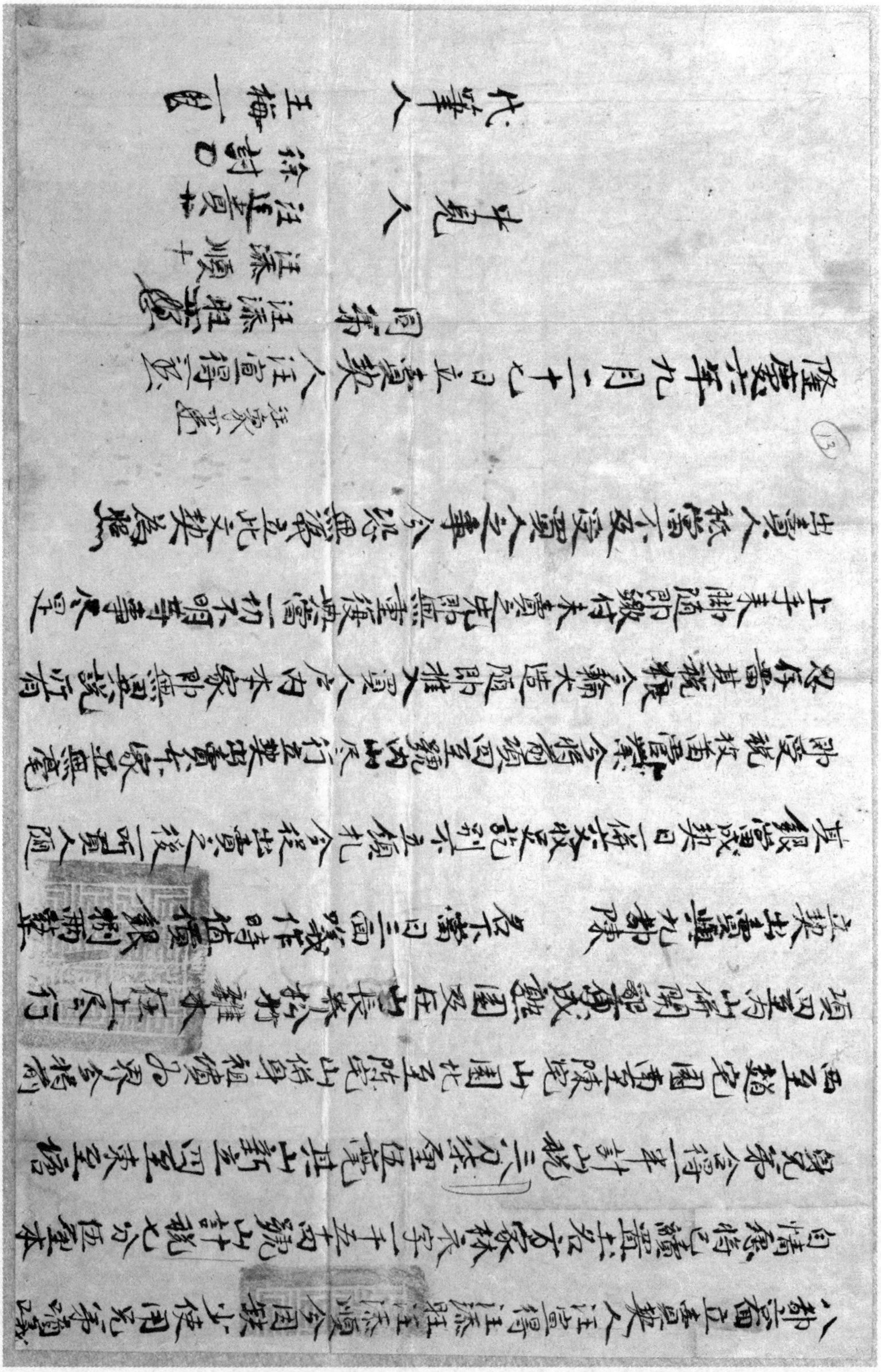
八都立賣契人汪宣得、汪添旺、汪添順，今因缺少使用，兄弟商議
自情愿將已續置土名方家林，衣字一千五十兩號山，計稅七分伍厘，本
身兄弟合得一半，計山稅三分柒厘伍毫。其山新立四至：東至塘，
西至趙宅園，南至陳宅山園，北至陳宅山併身祖墳為界。今將前
項四至內山，併開鑿成熟園及在山長養松杉雜木，在上盡行
立契出賣與九都陳　名下。當日三面議作時值價銀捌兩整，
其銀當成契日一併交收足訖，別不立領札。今從出賣之後，一聽買人隨
即受稅，收苗管業。今將前項四至號內山，盡行立契出賣，本家並無毫
忽存留。其稅糧今輪大造，隨即推入買人戶內，本家即無異說。所有
上手來腳，隨即繳付。未賣之先，即無重復典當，一切不明等事，盡是
出賣人承當，不及受買人之事。今恐無憑，立此文契為照。

隆慶六年九月二十七日立賣契人汪宣得（押）
同弟　汪添旺（押）
汪添順（十）
中見人　汪廷貴（押）
徐討（押）
代筆人　王梅一（押）

明隆慶六年九月休寧縣汪阿范等立賣山赤契

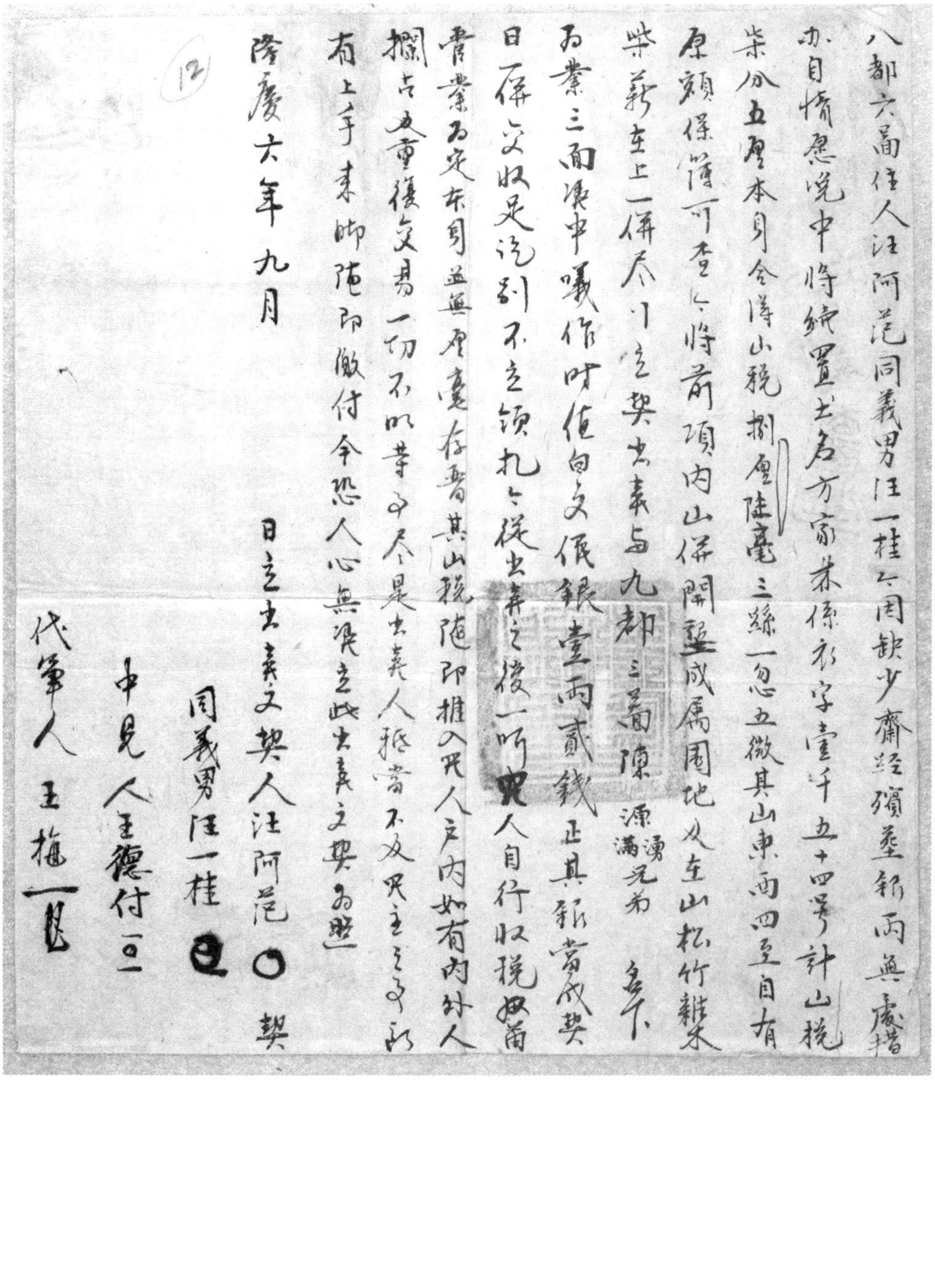

八都六啚住人汪阿范同義男汪一桂，今因缺少齋經殯葬銀兩無處措
辦，自情愿央中將續置土名方家茶係衣字壹千五十四號計山稅
柒分五厘，本身合得山稅捌厘陸毫三絲一忽五微，其山東西四至自有
原額保簿可查，今將前項內山併開墾成熟園地及在山松竹雜木
柴薪在上，一併盡行立契出賣與九都三啚陳源湧、源滿兄弟名下
為業，三面憑中議作時值白文價銀壹兩貳錢正，其銀當成契
日併交收足訖，別不立領，其山稅從出賣之後，一聽買人自行收稅扦苗
賣業為定。來歷並無重處存留，其山稅隨即推入買人戶內，如有內外人
攔占及重複交易，一切不明等事，盡是出賣人承當，不及買主之事。所
有上手來腳，隨即繳付。今恐人心無憑，立此出賣文契為照。

(12)

隆慶六年九月　日立出賣文契人汪阿范（押）契
同義男汪一桂（押）
中見人王德付（押）
代筆人王梅一（押）

一

明萬曆十年三月休寧縣陳豹等立祀産推入族衆陳宗祀名下爲業赤契附價銀助入祀租批

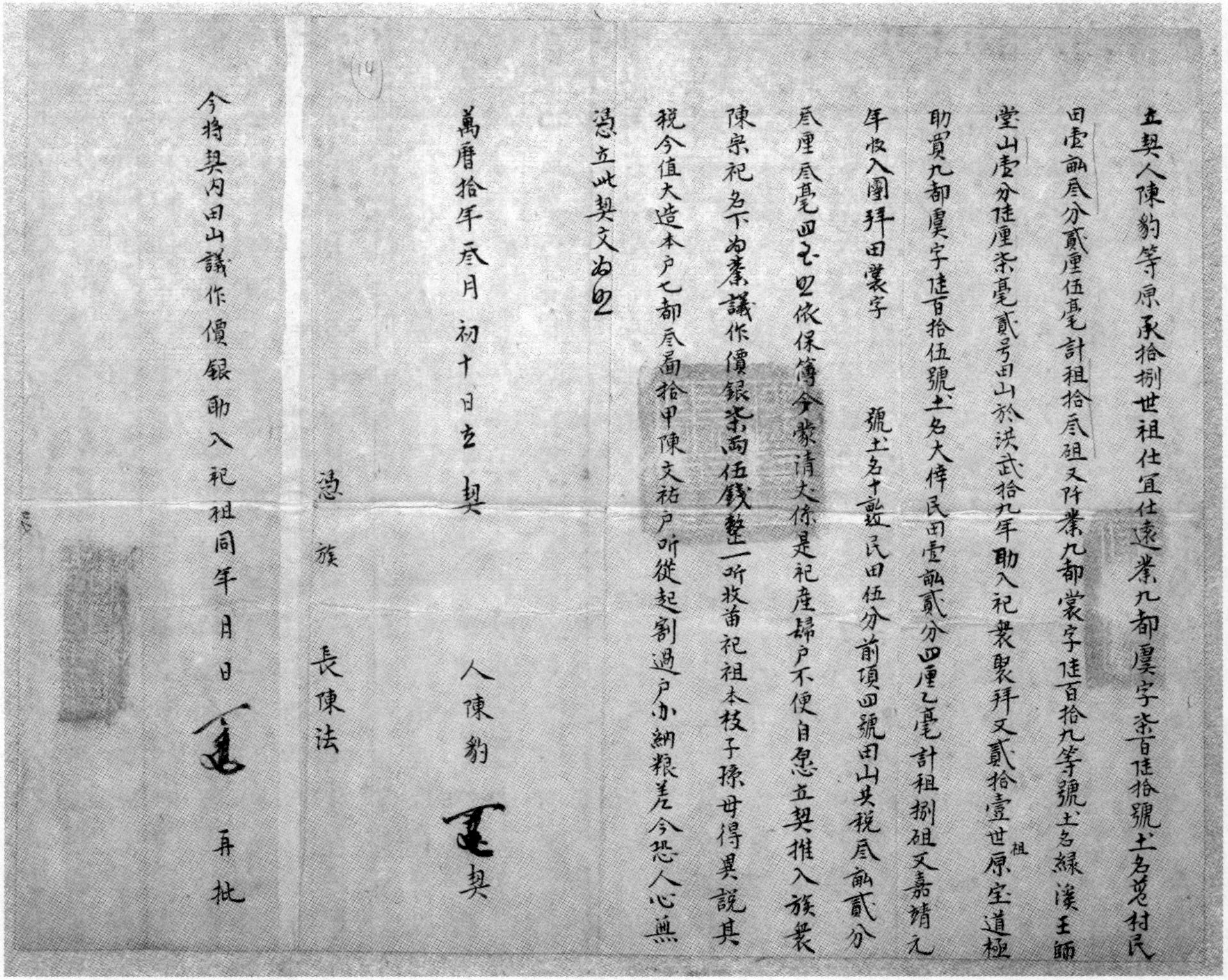

立契人陳豹等原承拾捌世祖仕宜仕遠業九都廛字叁百陸拾號土名苋村民
田壹畝叁分貳厘伍毫，計租拾叁祖。又仵業九都裳字陸百拾九等號土名綠溪王師
堂山壹分陸厘柒毫貳号田山，於洪武拾九年助入祀衆，衆拜又貳拾壹世祖原室道極
助買九都廛字陸百拾伍號土名大倖民田壹畝貳分四厘乙毫，計租捌祖，又嘉靖元
年收入圖拜田裳字　號土名十畝民田伍分，前項四號田山共稅叁畝貳分
叁厘叁毫四乙四，依保簿今蒙清丈，係是祀產，歸戶不便，自愿立契推入族衆
陳宗祀名下為業，議作價銀柒兩伍錢整，一併收苗，祀祖本枝子孫毋得異說。其
稅今值大造，本户乙都叁啚拾甲陳文祐户听從起割過户，办納粮差。今恐人心無
憑，立此契文為照。

萬曆拾年叁月初十日立契人陳豹（押）契

憑族長陳法

今將契內田山議作價銀助入祀祖，同年月日（押）再批

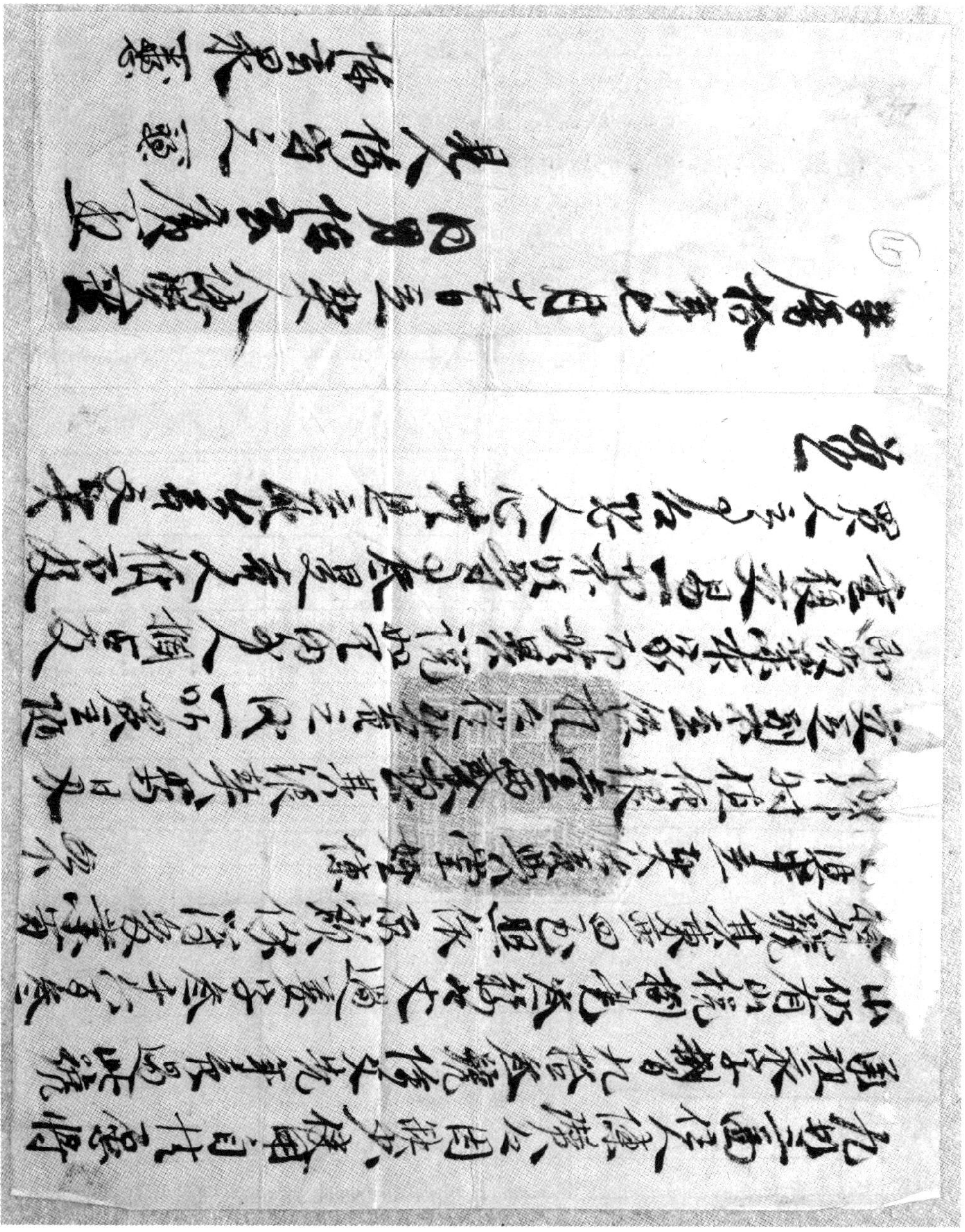

明萬曆十年七月休寧縣陳瓚立賣山赤契

一

明萬曆十二年二月休寧縣陳積立賣園地及鋪屋地赤契

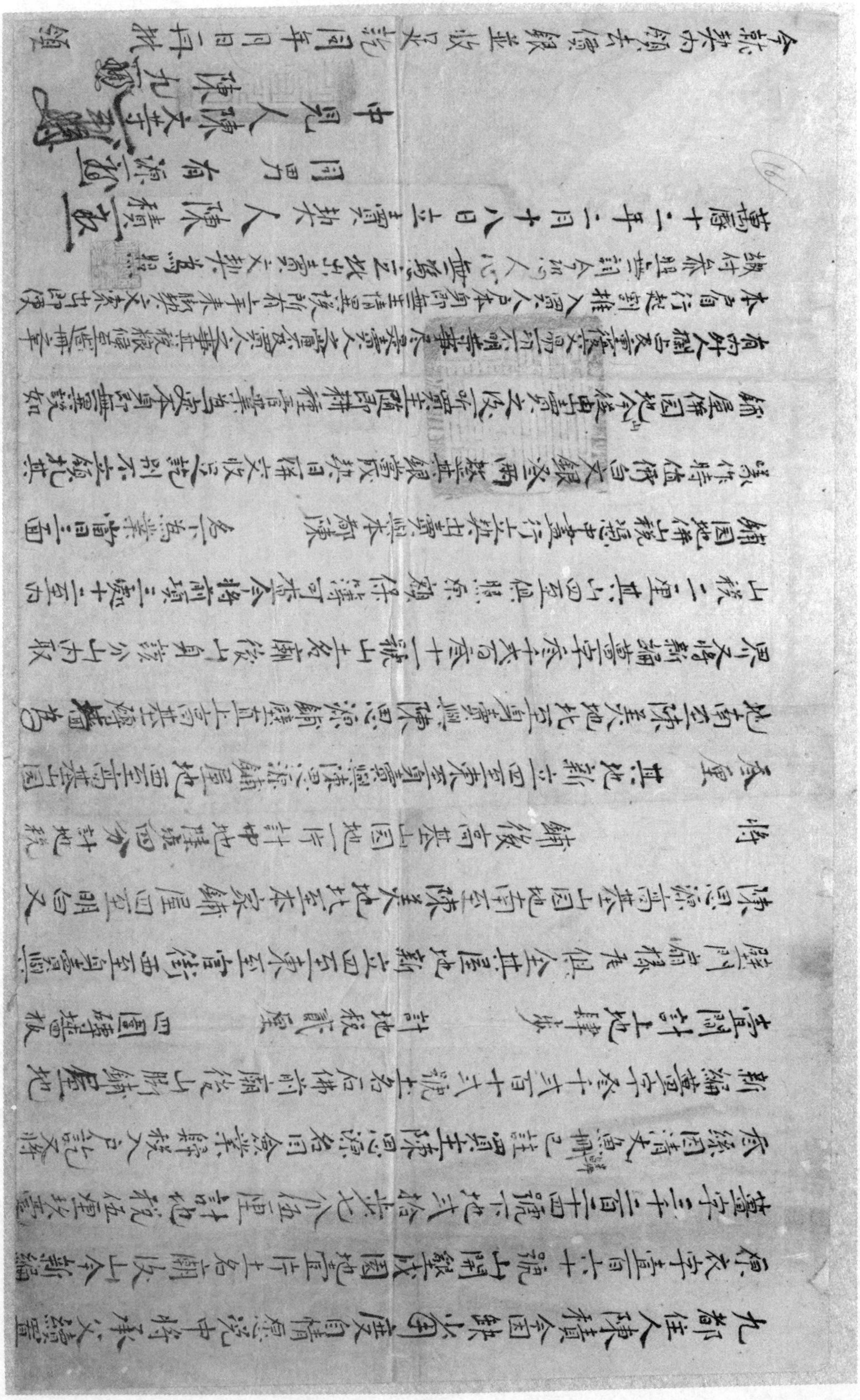

一

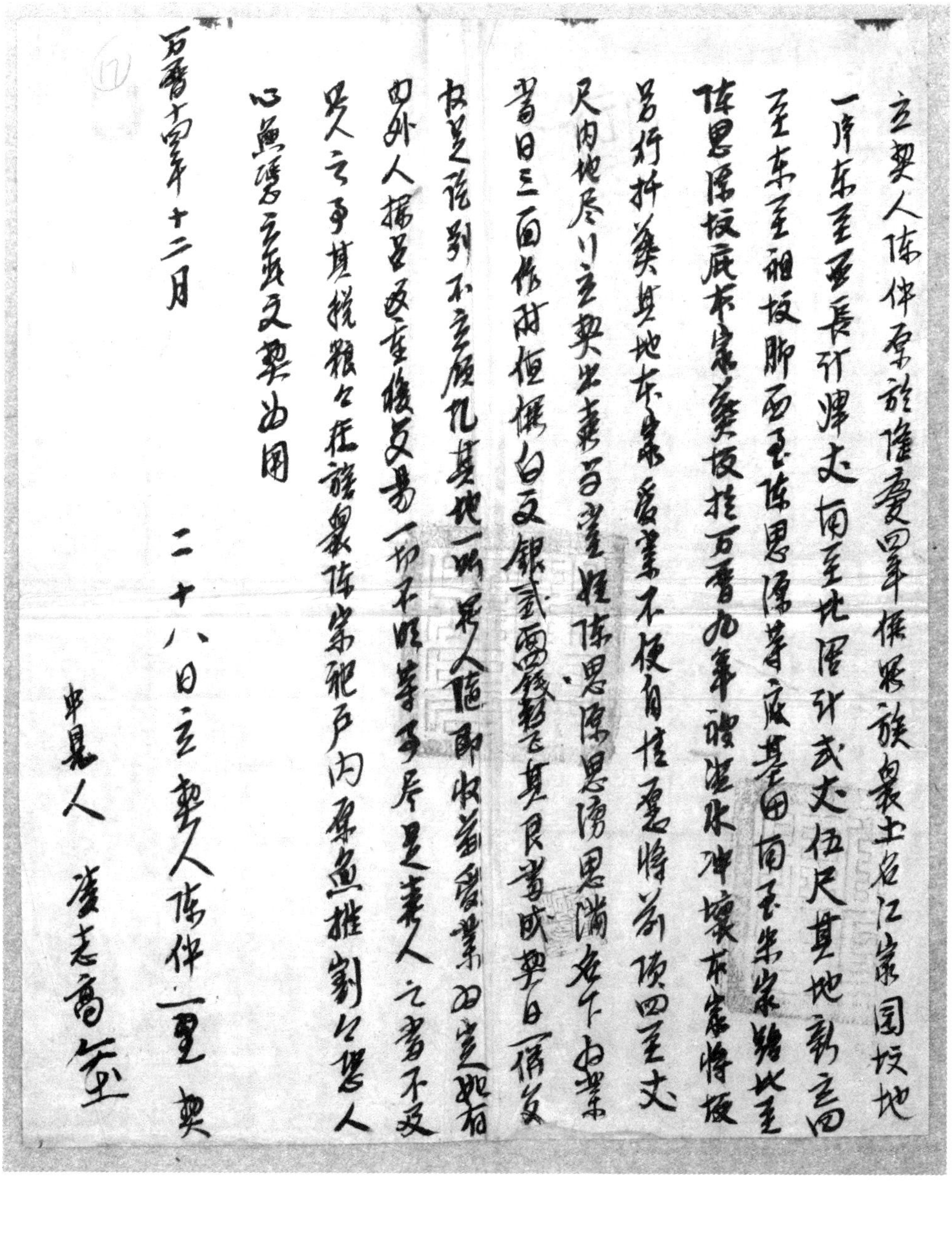
立契人陳仲原於隆慶四年撥眾族自眾土名江家园坟地
一片，東至西長計肆丈，南至北闊計貳丈伍尺，其地高立西
至東至祖坟脚，西至陳思源等底基田，南至朱家路，北至
陳思源坟底本家葬坟。於万曆九年被淫水冲壞，本家將坟
另行扦葬。其地本家管業不便，自情愿將前項四至丈
尺內地尽行立契出賣与堂姪陳思源、思濟、思滿名下為業，
當日三面作时值價白文銀貳兩整。其銀當成契日一併交
收足訖，别不立領。凡其地一聽買人隨即收葬管業，如有
內外人攔占及在後變易一切不明等事，尽是賣人之當，不及
買人之事。其税粮亦在該里陳宗祀戶內聽從推割。今恐人
心無憑，立此文契為用。
万曆十四年十二月　二十八日立契人陳仲(押)契
中見人　黄志高(押)

明萬曆十四年十二月休寧縣陳仲立賣墳地赤契

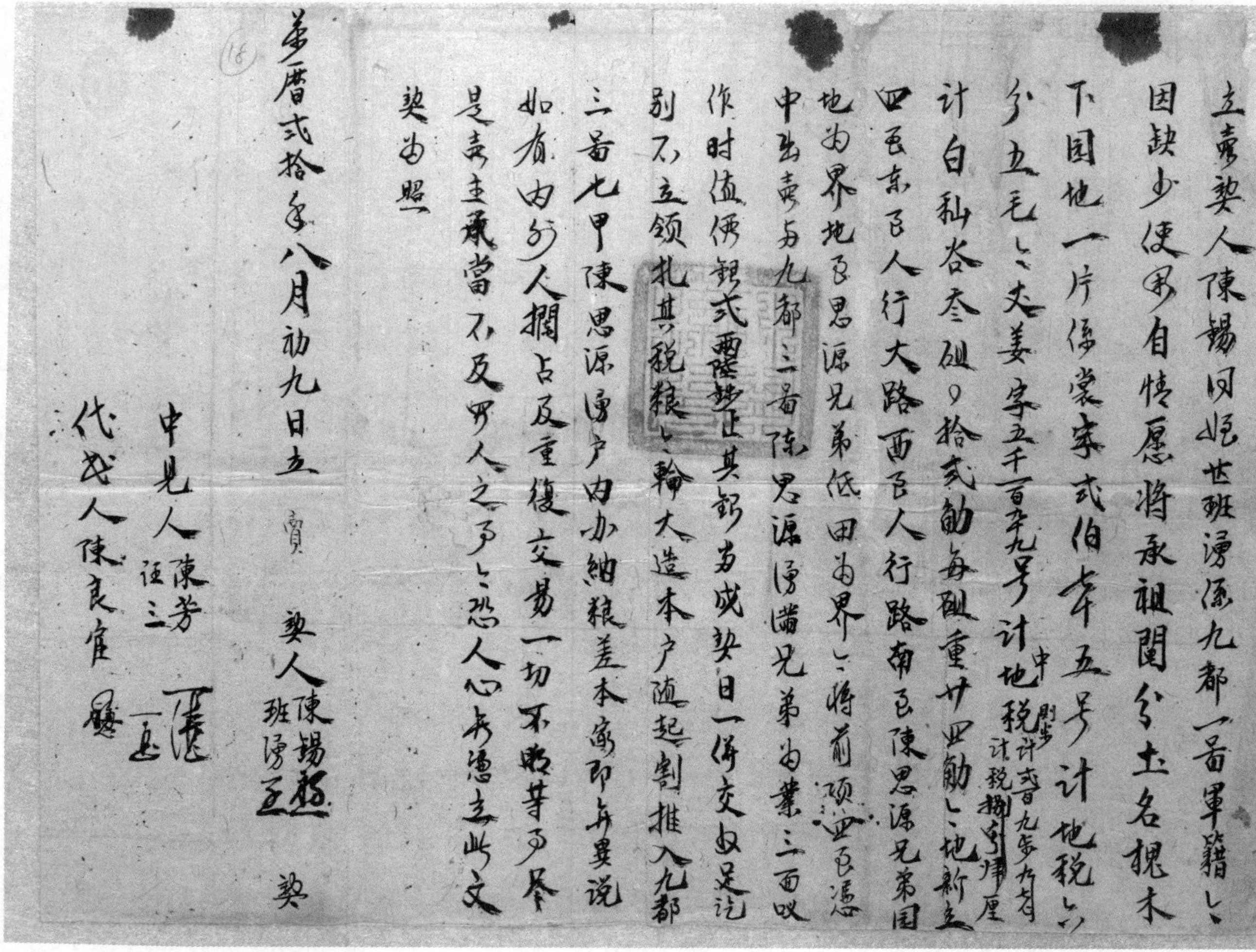
立賣契人陳錫同姪世班、湧源，九都一啚里籍人，
因缺少使用，自情愿將承祖鬮分土名梘木
下園地一片，係裳字弍伯卒五号，計地稅六
分五毛六六；又姜字五千一百卒九号，計地稅中則步計弍百九步九分有，計稅捌分肆厘
計白私谷叁砠〇拾弍觔，每砠重廿四觔，々地新立
四至：東至人行大路，西至人行路，南至陳思源兄弟園
地，北至思源兄弟低田為界。今將前項四至憑
中出賣與九都三啚陳思源、湧湍兄弟為業，三面议
作時值價銀弍兩陸錢正，其銀當成契日一併交收足訖，
別不立領扎。其稅粮々輪大造本户隨起割推入九都
三啚七甲陳思源、湧户內办納粮差，本家即無異説。
如有內外人攔占及重復交易，一切不明等事，盡
是賣主承當，不及買人之事。々恐人心無憑，立此文
契為照。
萬曆弍拾年八月初九日立　賣契人陳錫（押）
班湧（押）　契
中見人陳芳
汪三（押）
代書人陳良宜（押）

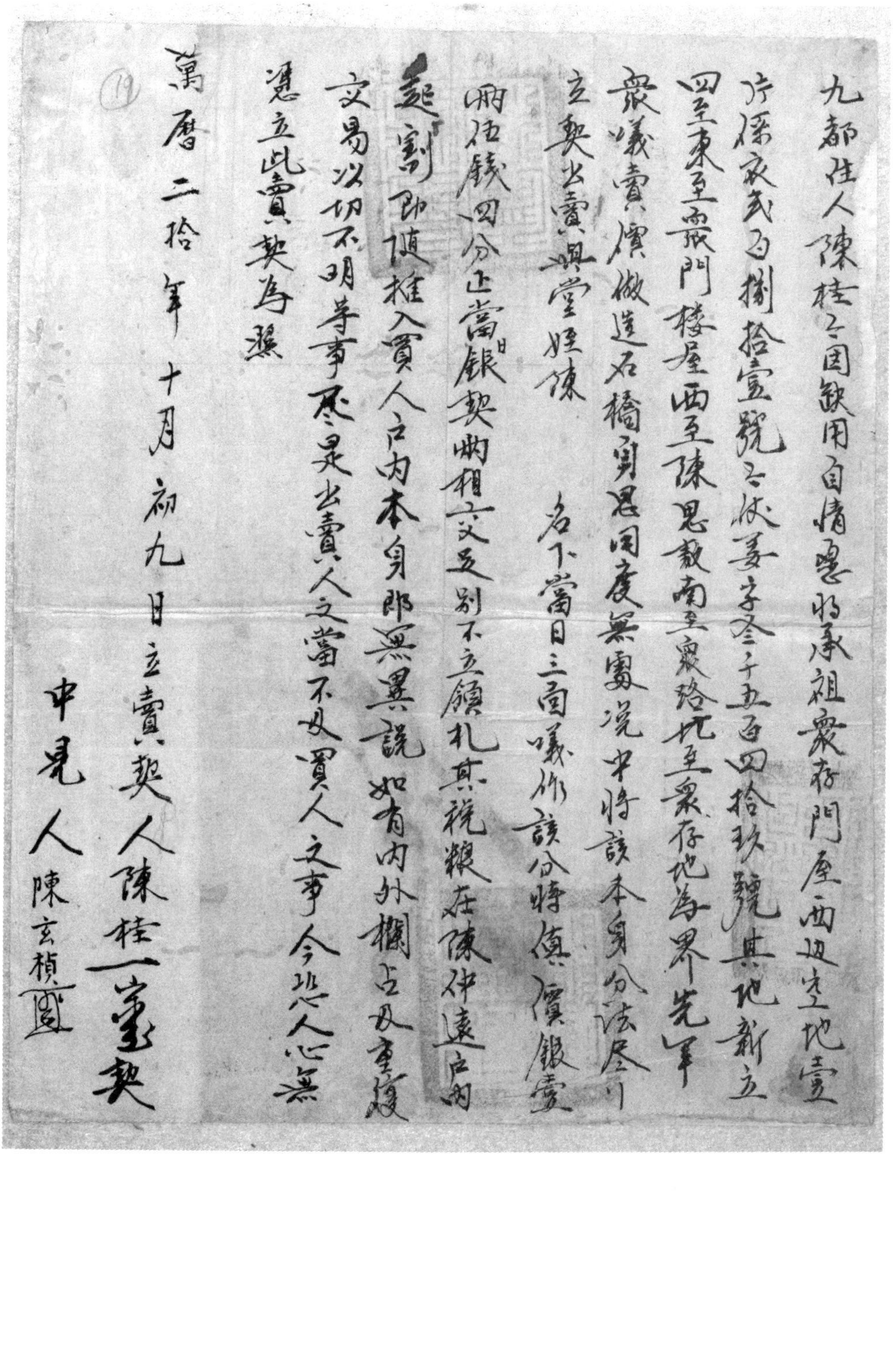
九都住人陳桂今因缺用自情愿將承祖衆存門屋西邊空地壹
片係夜弍百捌拾壹號今改姜字叁千五百四拾玖號其地新立
四至東至衆門樓屋西至陳思毅南至衆路北至衆存地為界先年
衆議賣價做造石橋與思同度無處覔中將該本身分法尽行
立契出賣與堂姪陳　　名下當日三面議作該分時值價銀壹
兩伍錢四分正當日銀契兩相交足別不立領札其稅粮在陳仲遠戶內
起割即便推入買人戶內本身即無異說如有內外攔占及重復
交易以切不明等事尽是出賣人之當不干買人之事今恐人心無
憑立此賣契為照
萬曆二拾年十月初九日立賣契人陳桂契
中見人陳玄楨

(19)

明萬曆二十年十月休寧縣陳桂立賣地赤契

一

明萬曆二十年十一月休寧縣陳仲立賣地赤契

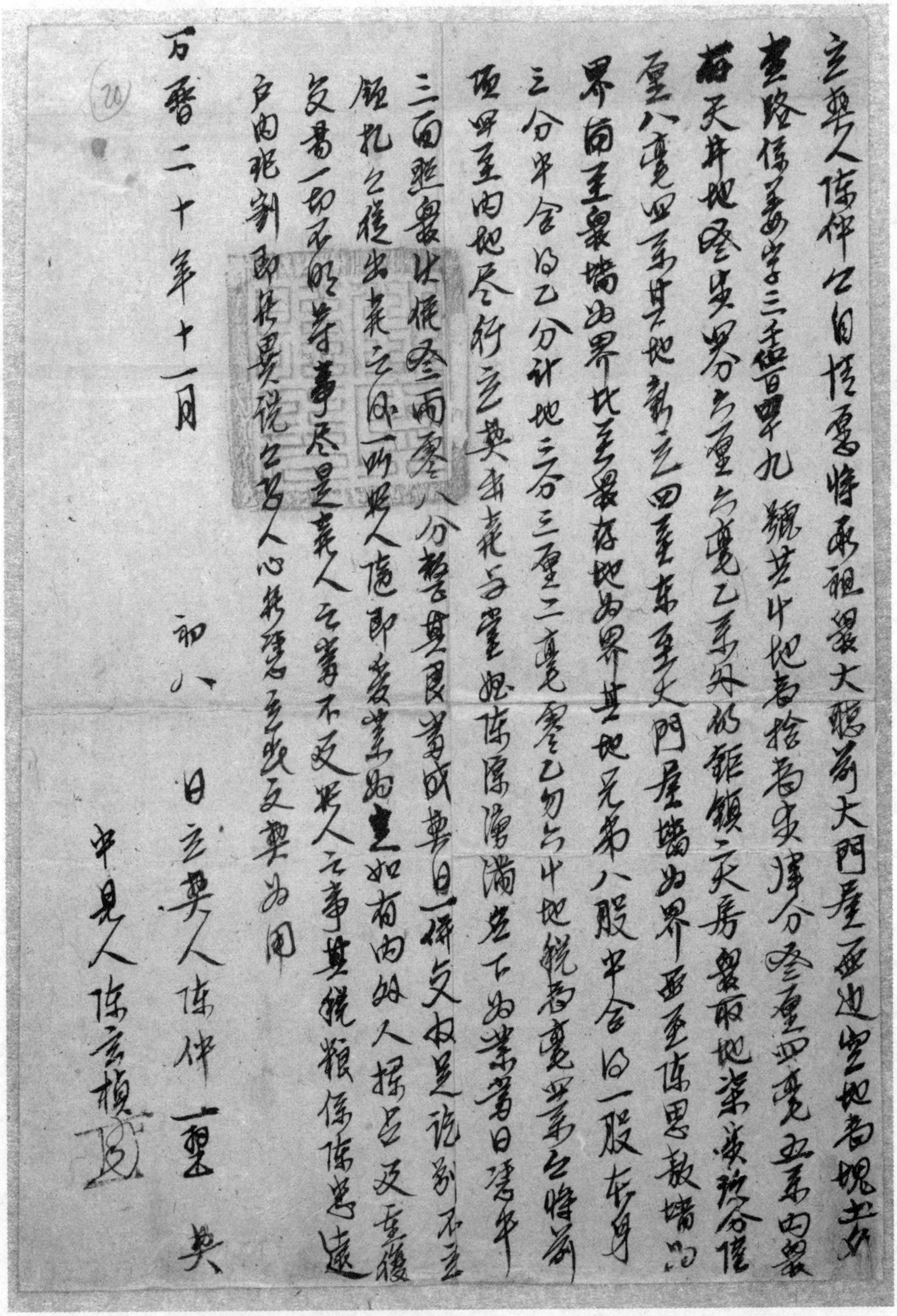
立賣人陳仲立今自情愿將承祖買大聰前大門屋西邊空地名塊土坵
畫路係萬字三千四百四十九號其中地名拾名安律分叁厘四毫五系內買
接天井地叁步將分六厘六毫乙系與兄仲鎮二天房買取地染叁步合陸
厘八毫四系其地四至東至大門屋墻為界西至陳思教墻為
界南至買墻為界北至買存地為界其地兄弟八股中合得一股本身
三分中合得乙分計地二分三厘二毫零乙勿六中地稅各毫四系今將前
項四至內地盡行立契出賣與堂姪陳廖滿名下為業當日憑中
三面議時值價銀叁兩零八分整其銀當成契日一併交收足訖不立
領札今從出賣之後一聽買人隨即受業為主如有內外人攔占及重復
交易一切不明等事盡是賣人之當不及買人之事其稅糧係陳思遠
戶內推割即便恐後無憑立此文契為用
萬曆二十年十一月初八日立賣人陳仲立（押）契
中見人陳應楨（押）

一

明萬曆二十一年四月休寧縣陳思聖等立賣園地赤契

立契人陳思聖、思洋、思寔，今因兄弟商議，自情愿將承
祖買業土名楊林園地壹業，本身合得分數園地，原係衣字
八百陸拾玖號、七拾壹號，又義字四阡肆百肆拾伍號，本
身合得地，計積步叁伯柒拾五步貳分陸厘貳毫五系，計稅
壹畝零柒厘貳毫，內取本身存留蔭堪屋併空地四分，中
合得壹分，計稅伍厘。其地東至陳思聖、思萬地，西至陳昂
地及自地，南至陳權、陳思聖地，北至溪。又將原衣字八百六十八號，
今新丈義字四阡四百號，內本身積地壹拾叁步五分壹厘貳
毫五系，計稅叁厘四毫四系，東至陳興祀等地，西至陳忠遠
墳，南至陳思源等地，北至溪。又將原衣字八百捌拾肆號，今丈義
字四阡四百叁拾伍號，積地伍拾玖步八分，計稅壹分柒厘壹毫，
東至陳思聖地，西至自地，南至自地，北至溪。今將前項叁號地共
計使稅壹畝貳分捌厘壹毫四系，立契出賣與陳興祀名
下為業，三面議作時值價銀貳拾肆兩整。其銀當成契日兩
相交收足訖，別不立領札。其稅粮今輪大造推入陳興祀戶內办
納粮差。其地所從前至今如有內外人攔占及重復交易，一切
不明等事，盡是賣人之當，不及買人之事。今恐無憑，立此為照。

萬曆貳拾壹年四月初六日立契人 陳思聖
思洋
思寔

代筆中人 陳全

今就契內價銀並收足訖，別不立領。同年月日再批。

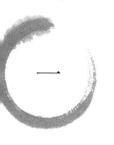

立賣契人陳仲今將承字叁千四百五拾柒號，土名朱家塢本
家護田叁拾貳步肆分，計地四毛，計稅壹分貳厘五毫。其田新立
四至：東至路，西至陳美等山，南至陳玄護等田，北至陳美等山。
今將前項四至內田，憑中立契出賣與陳忠遠衆邊名下
為業。三面言作時值價紋銀壹兩肆錢整。其銀當日收足，別
不立領札。今從出賣之后，一聽買人隨即造屋管業為定。如有內
外人攔占及重複交易，一切不明等事，盡是賣人之當，不及買
人之事。所有上手來脚與別產相連，繳付不便，日后要用，刷
出參照。其稅候至冊年本戶自行起割，無詞。今恐人心無
憑，立此文契為照。

萬曆貳十壹年閏十一月初九日立文契人陳仲立（押）
代書中見人汪純甫（押）

今就契內價銀一并收足訖。同年月日再批（押）領

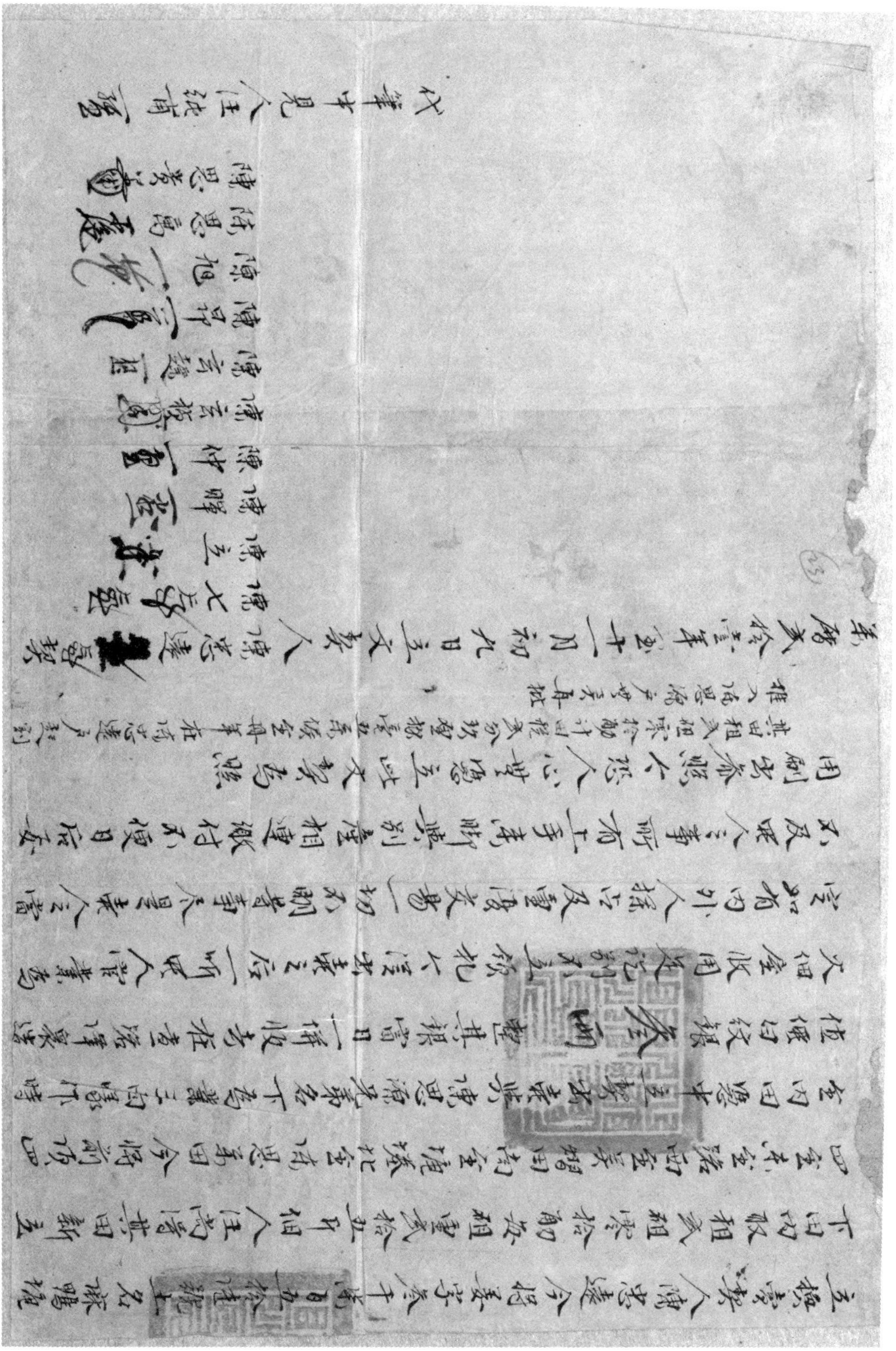

明萬曆二十一年閏十一月休寧縣陳忠遠立賣田赤契

一

明萬曆二十一年閏十一月〔休寧縣〕陳忠遠立賣田契

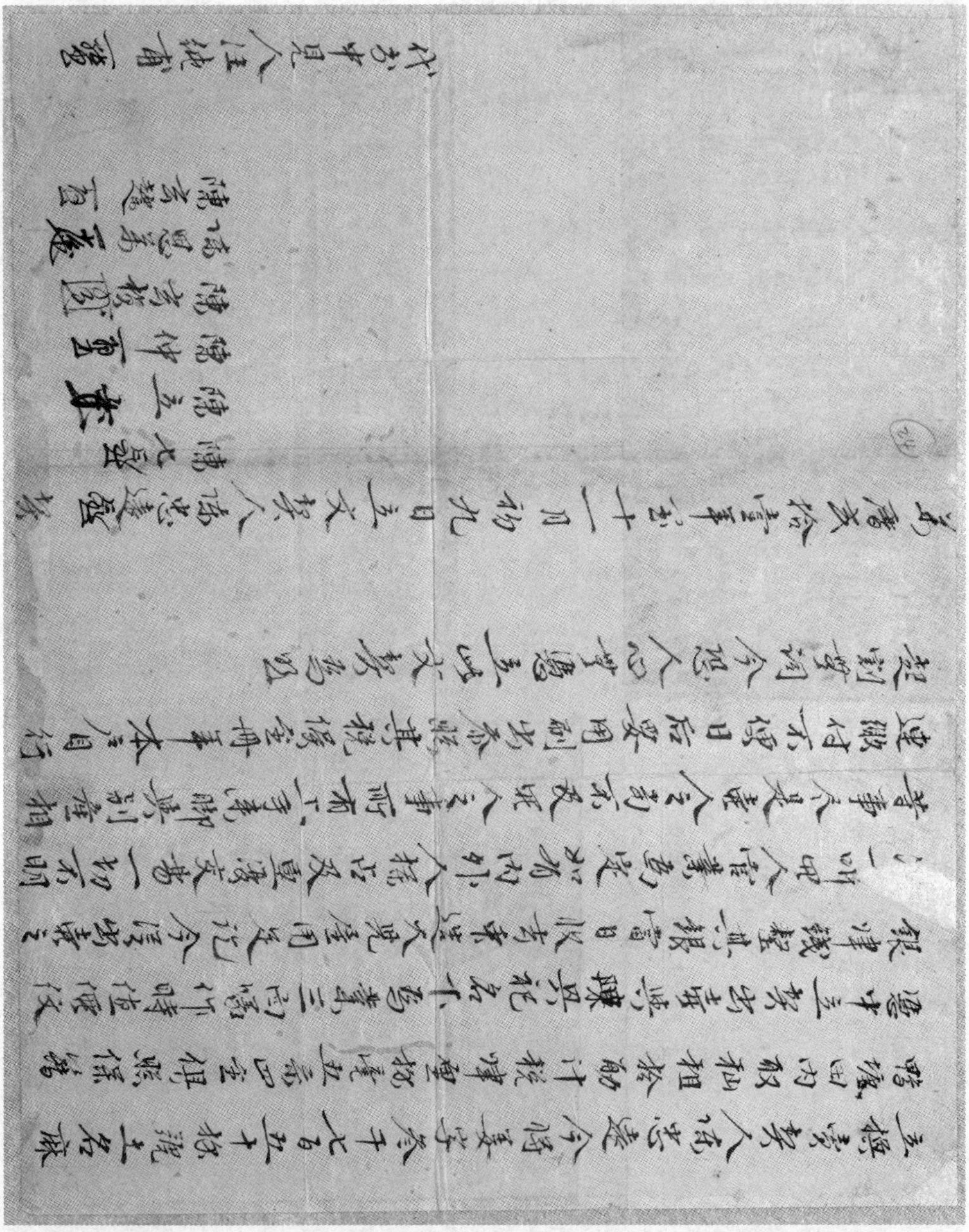

萬曆貳拾壹年閏十一月初九日立文契人陳忠遠

一

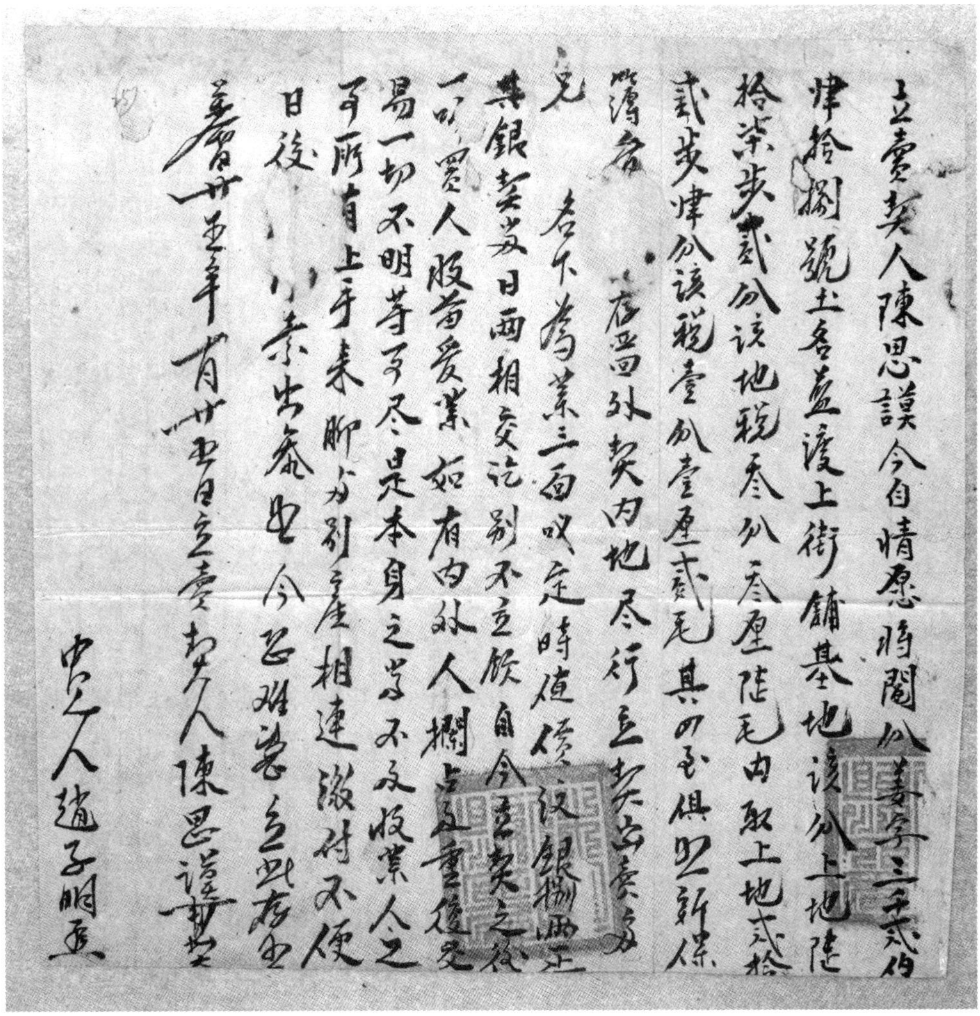
立賣契人陳思謨今自情愿將閭公姜字三千弍佰
肆拾捌號土名益渡上街鋪基地該公上地陸
拾柒步弍分該地税叁分叁厘陸毛内取上地弍拾
弍步肆分該税壹分壹厘弍毛其四至俱照新保
簿名 存四至外契内地盡行立契出賣與
兄 名下為業三面議定時值價紋銀捌兩正
其銀當成日兩相交訖别不立領自今立契之後
一聽買人收苗受業如有内外人攔占及重復交
易一切不明等事盡是本身之當不及收業人之
事所有上手來脚分别之產相連繳付不便
日後 [illegible]出參照今恐難憑立此存照
萬曆廿五年十月廿四日立賣契人陳思謨（押）契
中見人趙子明（押）

明萬曆廿五年十月休寧縣陳思謨立賣鋪基地赤契

一

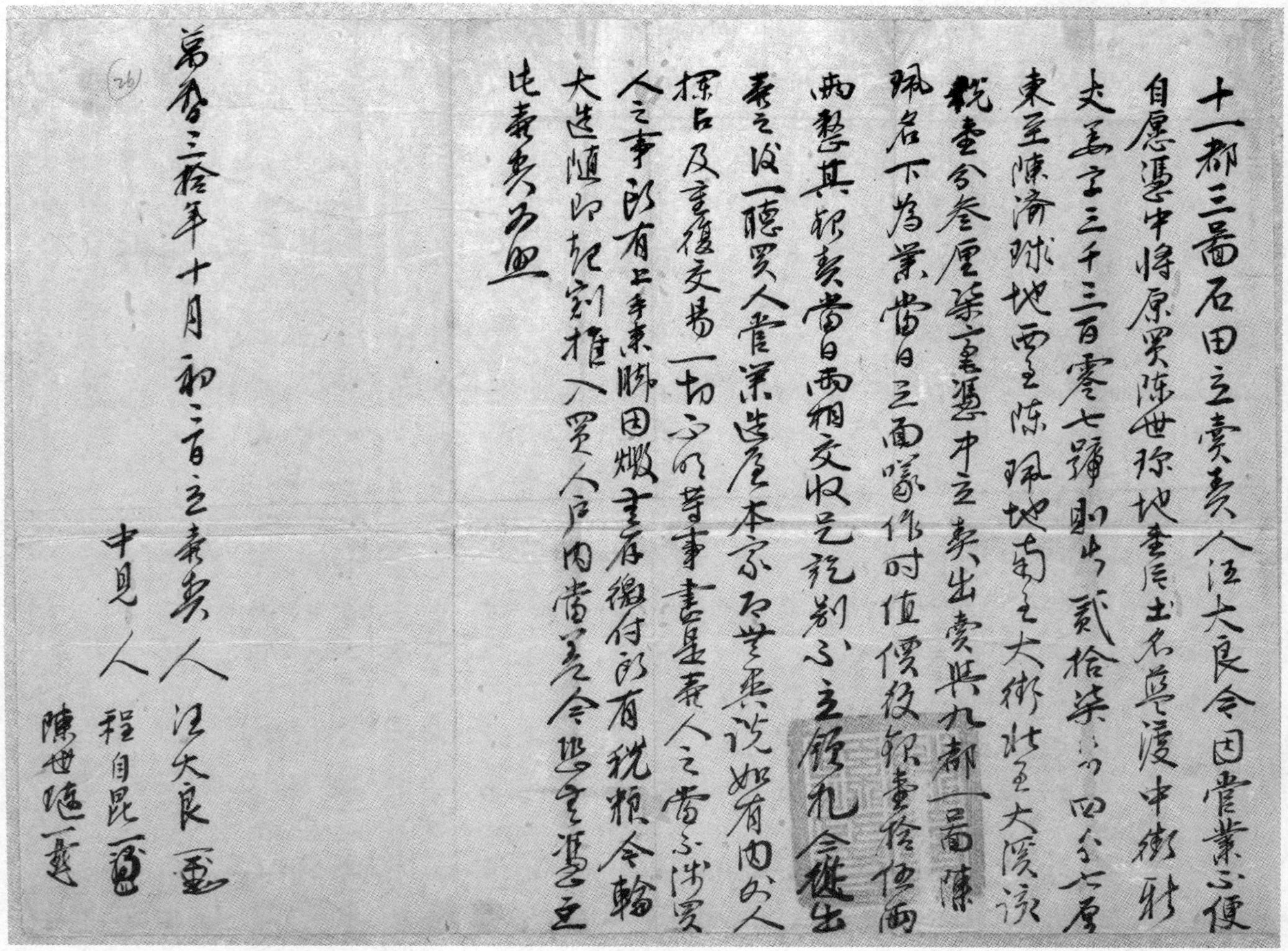
十一都三啚石田立賣契人汪大良，今因管業不便，
自愿憑中將原買陳世琢地壹片，土名莫渡中街，新
丈善字三千三百零七號，計地貳拾柒步四分七厘。
東至陳濟琢地，西至陳琢地，南至大街，北至大溪。該
稅壹分叁厘柒毫，憑中立契出賣與九都一啚陳
琢名下為業。當日三面議作時值價紋銀壹拾伍兩
兩整，其銀契當日兩相交收足訖，別不立領札。今從出
賣之後，一聽買人管業造屋，本家即無異說。如有內外人
攔占及重復交易一切不明等事，盡是賣人之當，不涉買
人之事。所有上手來腳因燬壞，付所有稅糧，今輪
大造，隨即起割推入買人戶內當差。今恐無憑，立
此賣契為照。

萬曆三拾年十月初二日立賣契人　汪大良（押）
中見人　程自昆（押）
陳世璲（押）

一

明萬曆三十一年四月休寧縣吳禪立賣田赤契

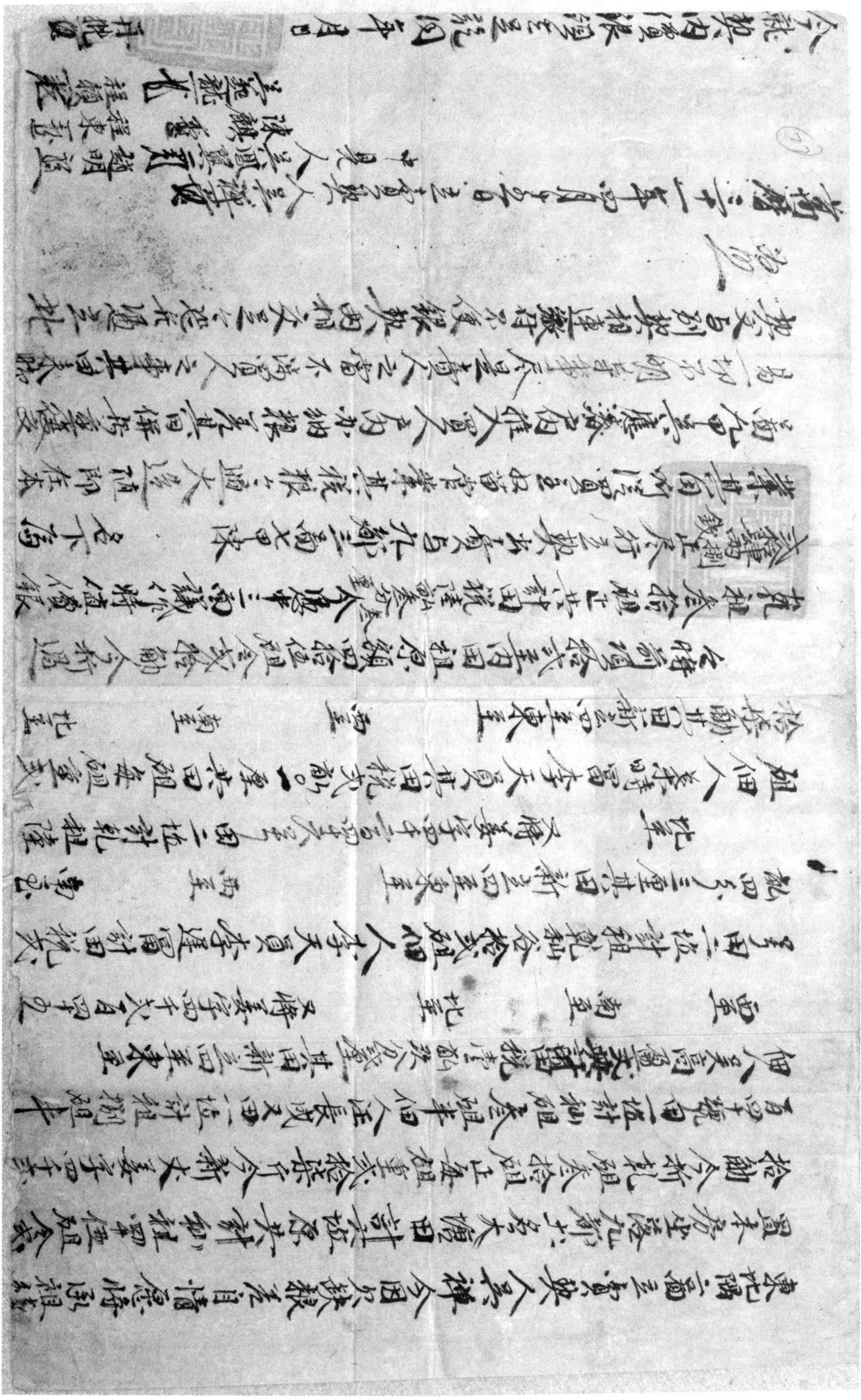

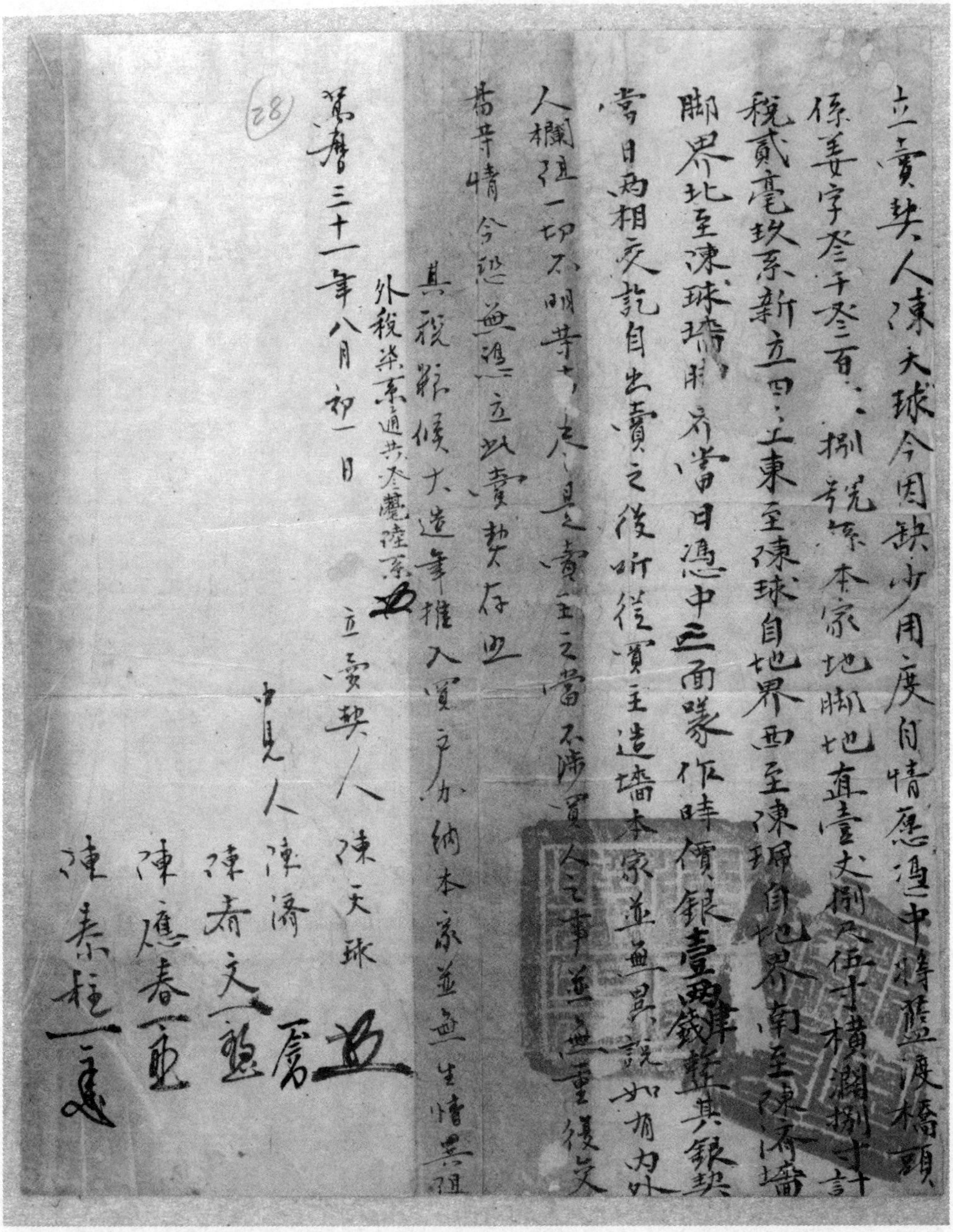
(28)
立賣契人陳天球今因缺少用度自情愿憑中將藍渡橋頭
係善字叁千叁百、、捌號 本家地脚地直壹丈捌尺伍寸横捌尺捌寸計
稅貳毫玖絲 新立四至：東至陳球自地界，西至陳珊自地界，南至陳濟墻
脚界，北至陳球墻脚界，今當日憑中三面議作時價銀壹兩肆錢整。其銀契
當日兩相交訖。自出賣之後，听從買主造墻，本家並無異說。如有內外
人攔阻，一切不明等情，是賣主之當，不涉買人之事。並無重復交
易等情。今恐無憑，立此賣契存照。
其稅聽候大造年推入買户办納，本家並無生情異阻。
外稅柒絲，通共叁毫陸絲。（押）
萬曆三十一年八月初一日
立賣契人 陳天球（押）
中見人 陳濟（押）
陳有文（押）
陳應春（押）
陳泰桂（押）

明萬曆三十一年八月休寧縣陳天球立賣地脚地赤契

一

立賣契人七甲陳思謌，今因管業不便，今自情愿將承父
鬮分善字三千五伯拾弍号，原衣七十九捌拾号，土名查路共私伍
砠半，每砠重弍拾伍觔，共田税柒分壹厘五分中，身合得該租
壹砠零弍觔半，該税壹分肆厘弍毫。其四至：東　　西
南　　北　　俱照新丈經冊管業為定。將前至內身該分尽
行憑中立契出賣与堂姪陳一心名下為業，三面憑中議作
時值真紋價銀壹兩伍錢伍分整。其銀當成契日交足訖。
別不立　倘有來歷不明及外人攔占、重復交易，一切等事，尽
是賣承當，不涉買人之事。倘有上手來脚，与別相連，繳付
不便，日後要用，當出參照，毋得異說。其稅糧本家陳思謌戶植
即自行起割推入買人陳一心戶內辦納糧差。今恐人心無憑，
立此契為照。

萬曆肆拾壹年九月弍十七日立賣契人陳思謌（押）
中見兄陳思詔（押）

明萬曆四十一年九月休寧縣陳思謌立賣田赤契

一

明萬曆四十二年三月休寧縣陳思哲立賣田赤契

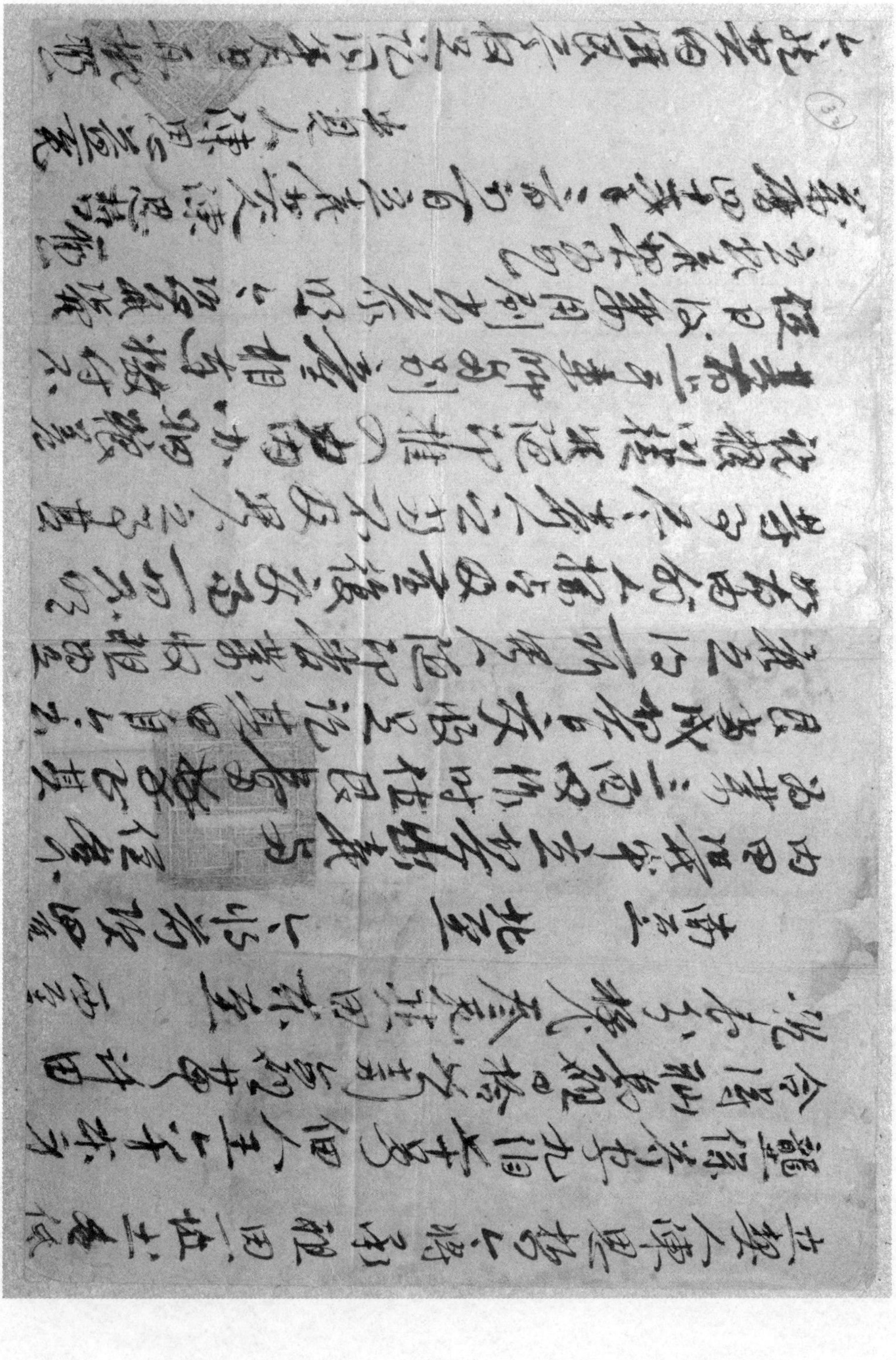

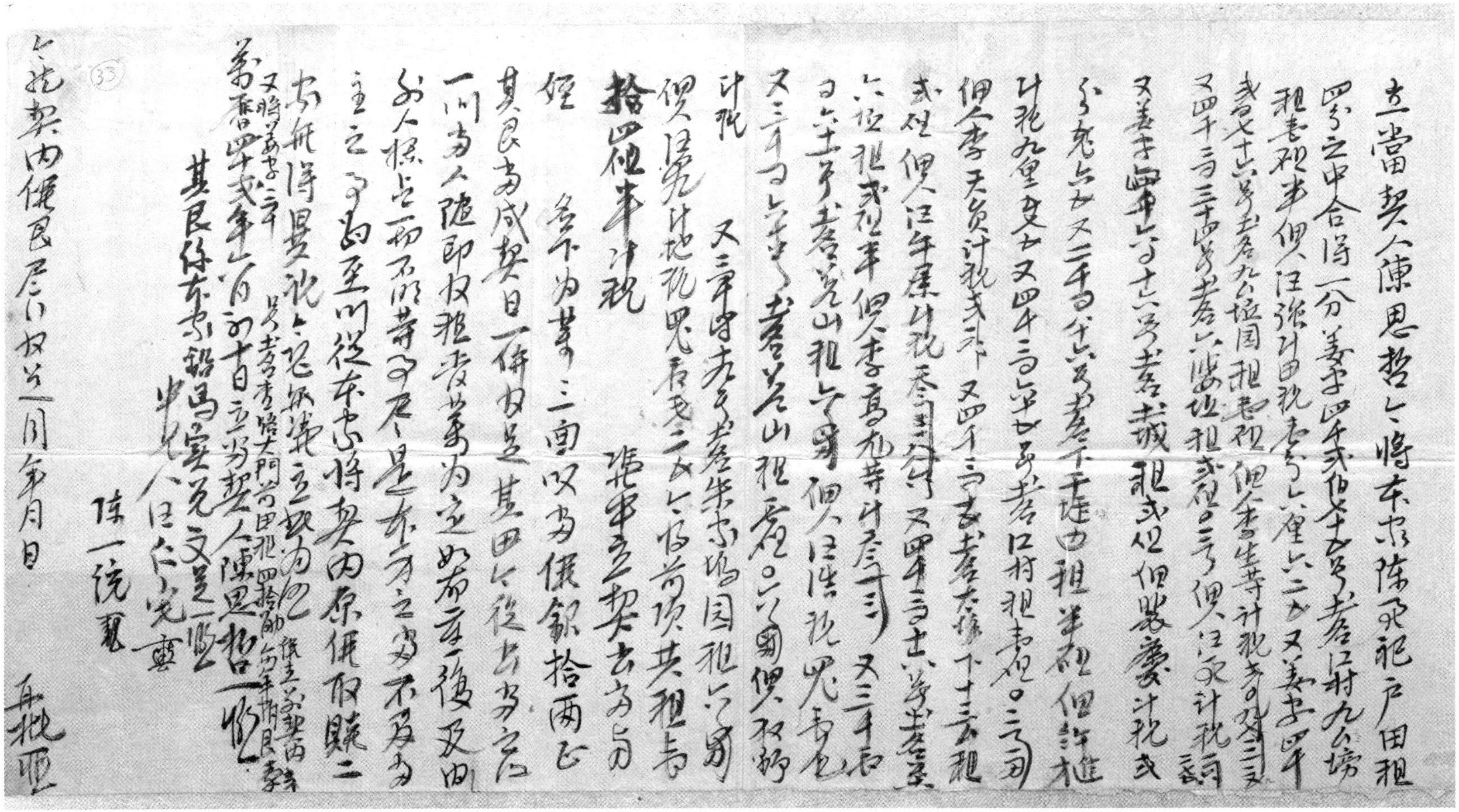

一

明萬曆四十二年六月〔休寧縣〕陳思哲立當田契

一

明崇禎三年十一月休寧縣汪多壽立賣田赤契

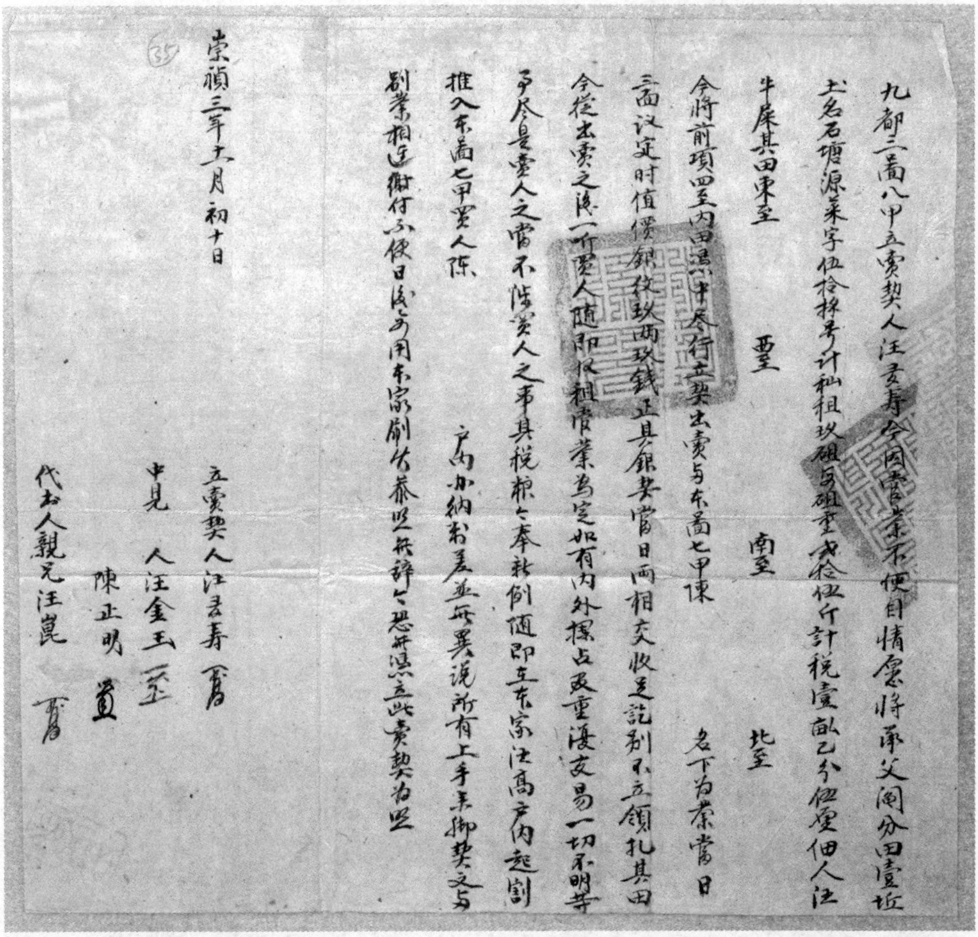

九都三啚八甲立賣契人汪多寿，今因管業不便，自情愿將承父閹分田壹坵，
土名石塘源，菜字伍拾捌号，計租玖砠，每砠重貳拾伍斤，計稅壹畝乙分伍厘，佃人汪
牛保。其田東至　　西至　　南至　　北至
今將前項四至內田盡行立契出賣與本啚七甲陳　　名下為業。當日
三面議定時值價銀玖兩玖錢正，其銀契當日兩相交收足訖，別不立領扎。其田
今從出賣之後，一聽買人隨即收租管業為定。如有內外攔占及重複交易，一切不明等
事，盡是賣人之當，不涉買人之事。其稅糧奉新例隨即在本家汪高戶內起割
推入本啚七甲買人陳　　戶办納，當差並無異說。所有上手來腳契文與
別業相連，繳付不便，日後要用，本家刷出參照無辭。今恐無憑，立此賣契為照。

崇禎三年十一月初十日

立賣契人汪多寿（押）
中見人汪金玉（押）
陳正明（押）
代書人親兄汪崑（押）

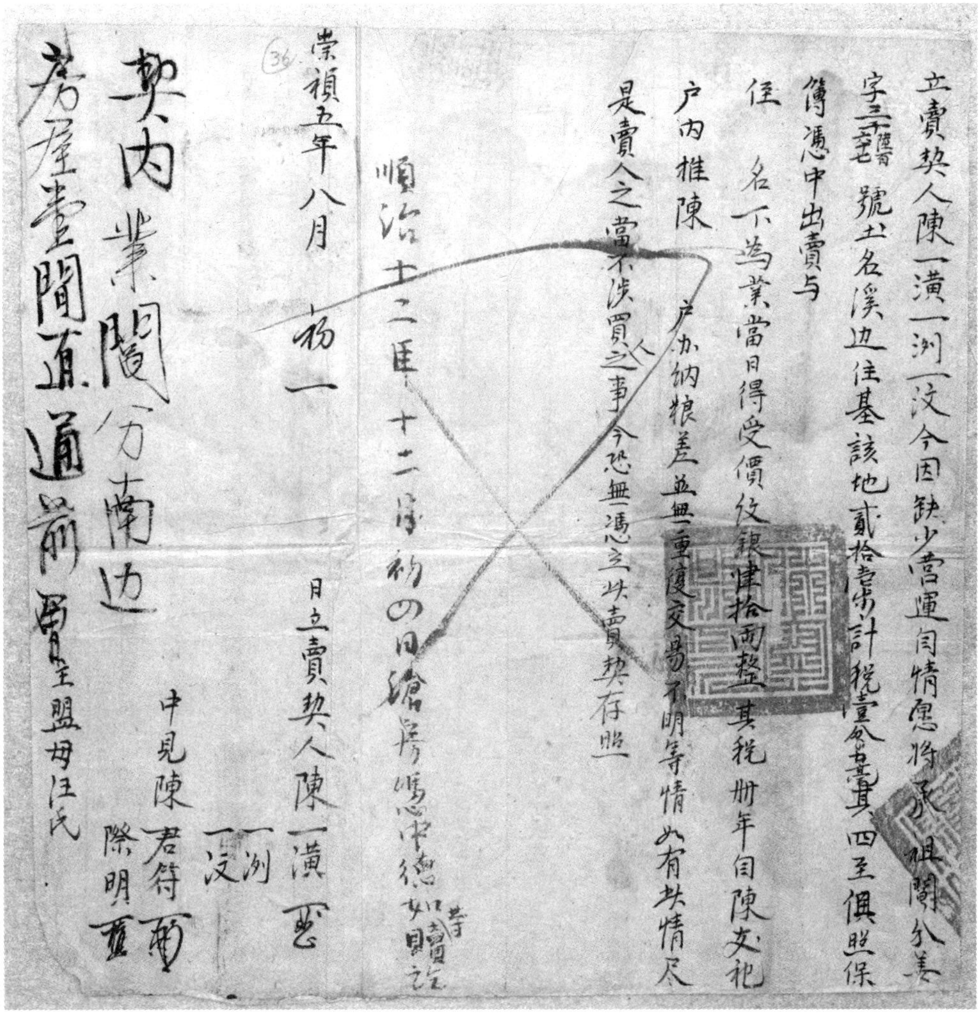
立賣契人陳一潢、一洲、一汶，今因缺少营運，自情愿將承祖閹分姜字三千三百三十七號，土名溪边住基，該地貳拾壹步，計税壹分零壹毫，其四至俱照保簿。憑中出賣与
侄　　名下為業，當日得受價紋銀肆拾兩整。其税册年自陳文祀户内推陳　　户办納粮差。並無重復交易、不明等情，如有此情，尽是賣人之當，不涉買人之事。今恐無憑，立此賣契存照。
崇禎五年八月初一日立賣契人陳一潢（押）
一洲
一汶
中見陳君符（押）
際明（押）
順治十二年十二月初四日滄房憑中德如贖訖（押）
契内業閹分南边房屋壹間直通前　買主盟母汪氏

明崇禎五年八月休寧縣陳一潢等立賣住基赤契附順治十二年十二月滄房贖訖批

一

明崇禎六年二月〔休寧縣〕陳應文立賣屋地契

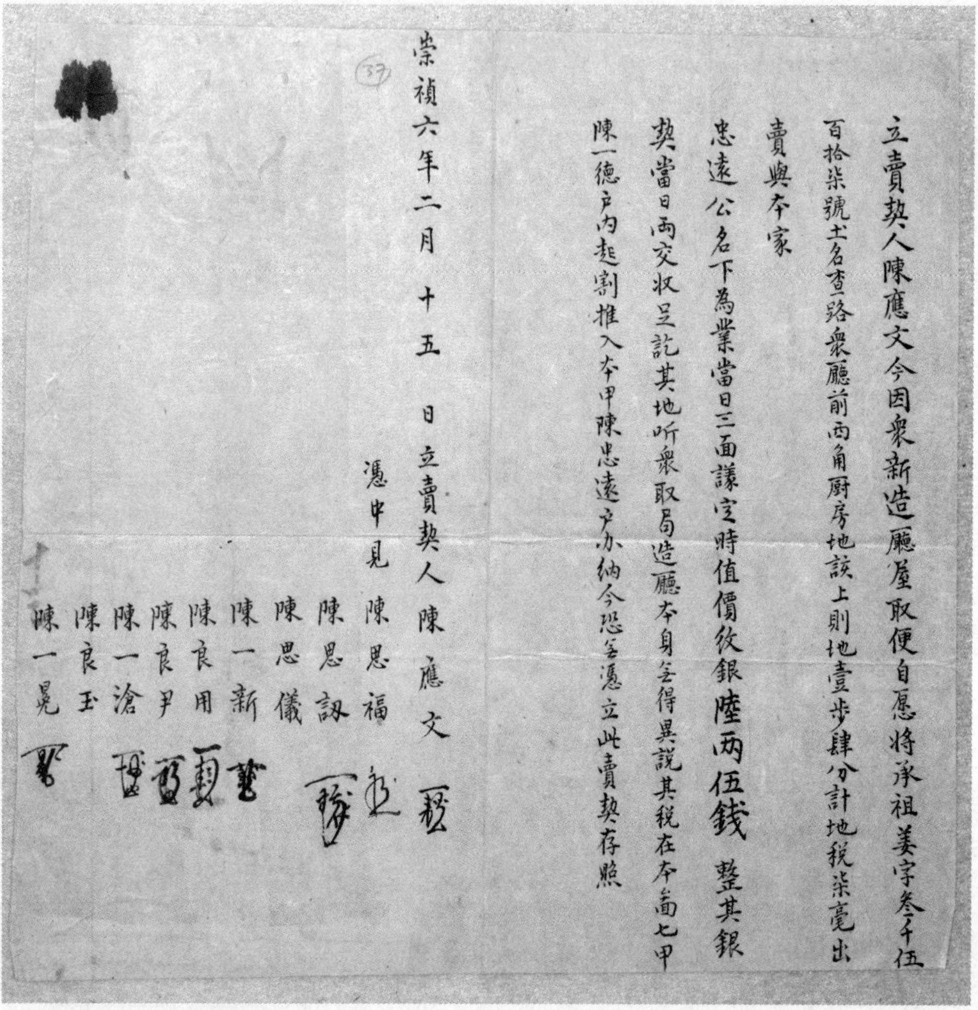
立賣契人陳應文今因衆新造廳屋取便自愿將承祖美字叁千伍
百拾柒號土名查路衆廳前西角厨房地該上則地壹步肆分計地税柒毫出
賣與本家
忠遠公名下為業當日三面議定時值價紋銀陸兩伍錢整其銀
契當日兩交收足訖其地听衆取用造廳本身無得異說其税在本啚七甲
陳一德户內起割推入本甲陳忠遠户办納今恐無憑立此賣契存照
(37)
崇禎六年二月十五日立賣契人陳應文
憑中見陳思福
陳思詠
陳思儀
陳一新
陳良用
陳良尹
陳一滄
陳良玉
陳一晃

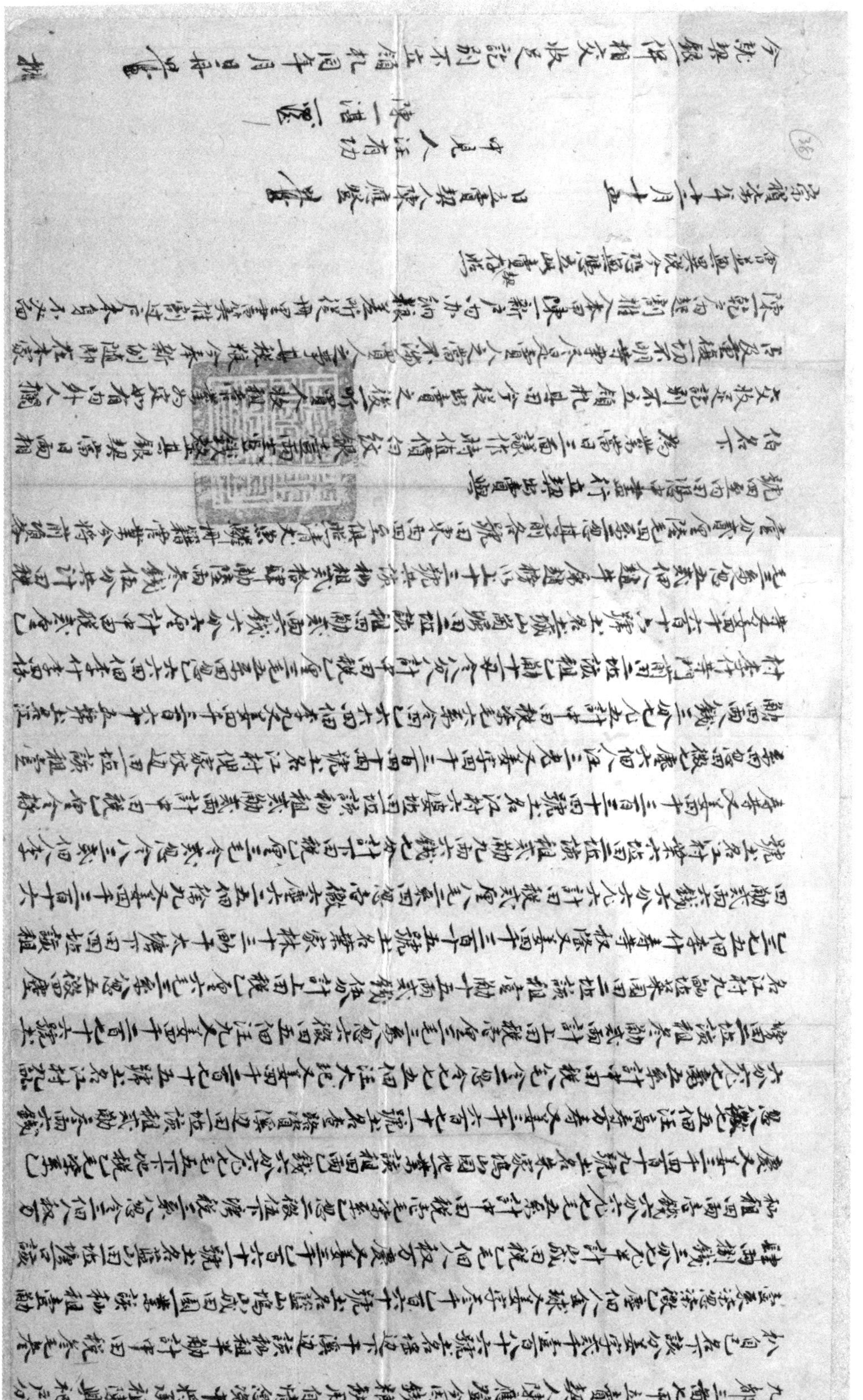

明崇禎七年十二月休寧縣陳應登立賣田赤契

一

明崇禎八年正月休寧縣陳應登立賣屋赤契

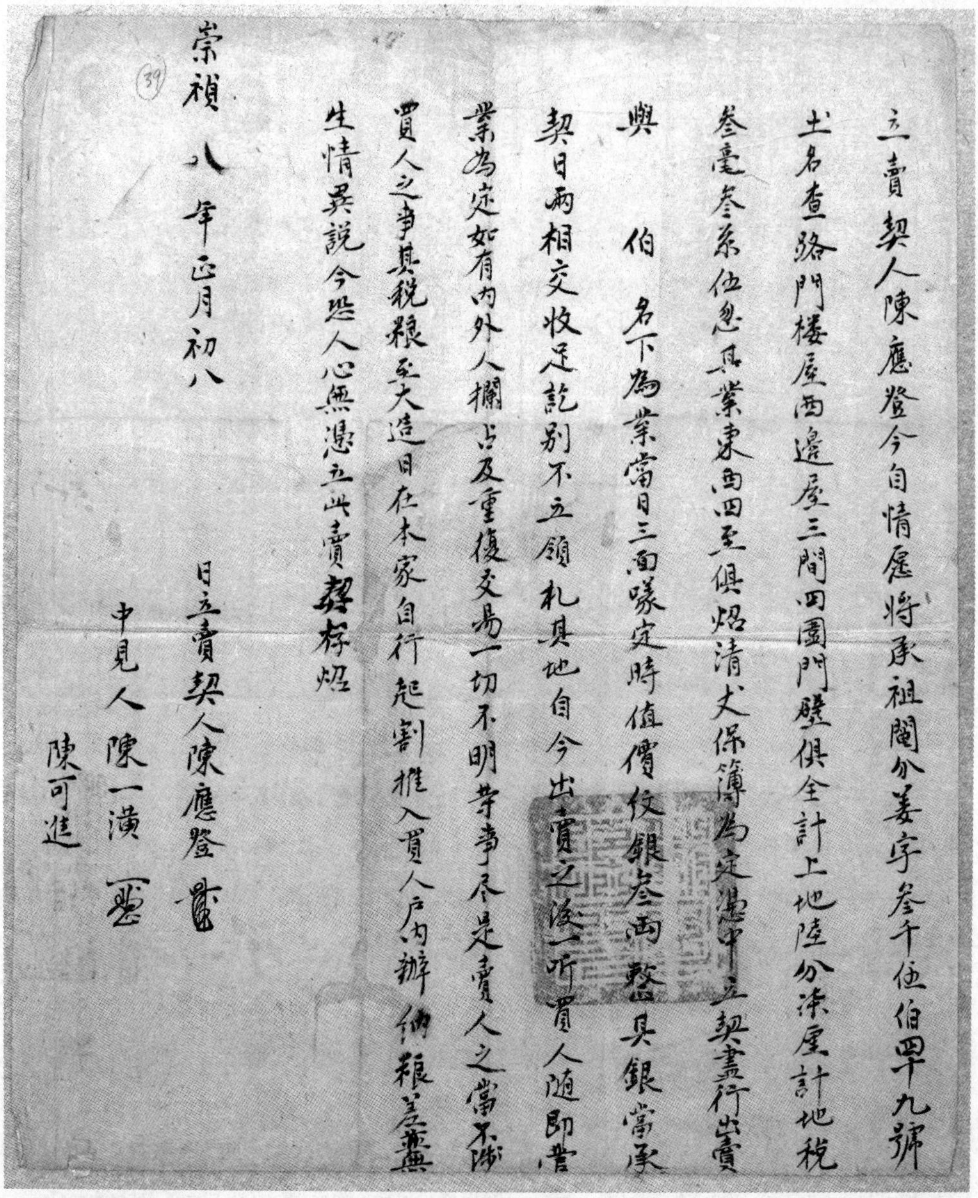

(39)

立賣契人陳應登今自情愿將承祖鬮分姜字叁千伍伯四十九號土名查路門樓屋西邊屋三間田園門壁俱全計上地陸分柒厘計地稅叁毫叁糸伍忽其業東西四至俱照清丈保簿為定憑中立契盡行出賣與　伯　名下為業當日三面嘆定時值價紋銀叁兩整其銀當承契日兩相交收足訖別不立領札其地自今出賣之後一聽買人隨即管業為定如有內外人攔占及重復交易一切不明等事盡是賣人之當不涉買人之事其稅粮奉大造日在本家自行起割推入買人戶內辦納粮差無生情異說今恐人心無憑立此賣契存照

崇禎八年正月初八日立賣契人陳應登（押）

中見人陳一滿（押）

陳可進

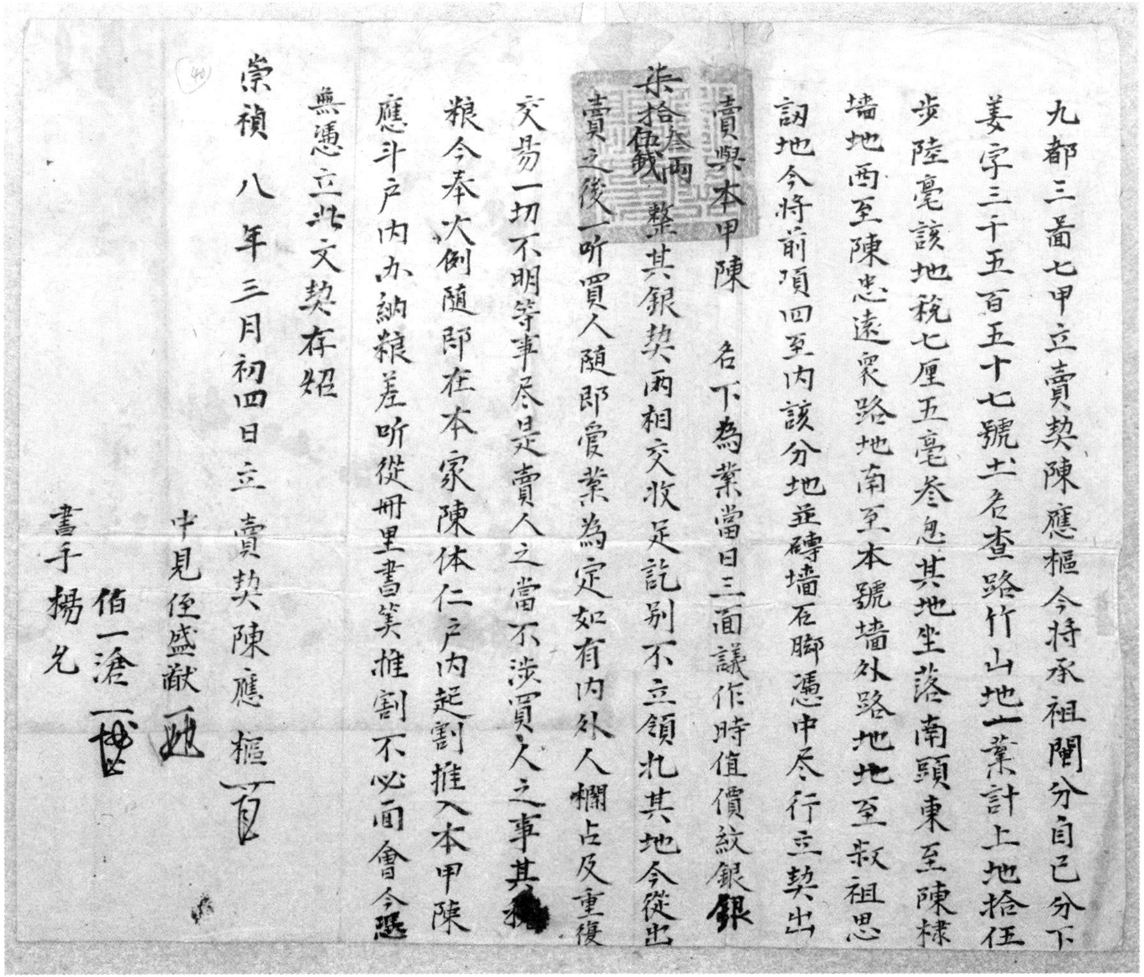

九都三啚七甲立賣契陳應樞今將承祖鬮分自己分下
姜字三千五百五十七號土名查路竹山地一業計上地拾伍
步陸毫該地稅七厘五毫叁忽其地坐落南頭東至陳棣
墻地西至陳忠遠衆路地南至本號墻外路地北至叔祖思
詡地今將前項四至内該分地並磚墻石脚憑中盡行立契出
賣與本甲陳　名下為業當日三面議作時值價紋銀
柒拾叁兩伍錢整其銀契兩相交收足訖別不立領扎其地今從出
賣之後一听買人隨即管業為定如有内外人攔占及重復
交易一切不明等事盡是賣人之當不涉買人之事其稅
粮今奉大例隨即在本家陳体仁户内起割推入本甲陳
應斗户内办納粮差听從冊里書筭推割不必面會今恐
無憑立此文契存炤
崇禎八年三月初四日立　賣契陳應樞（押）
中見侄盛猷（押）
侄一滄（押）
書手楊允

明崇禎八年三月休寧縣陳應樞立賣山地赤契

一

明崇禎八年三月休寧縣許萬欽立賣田赤契

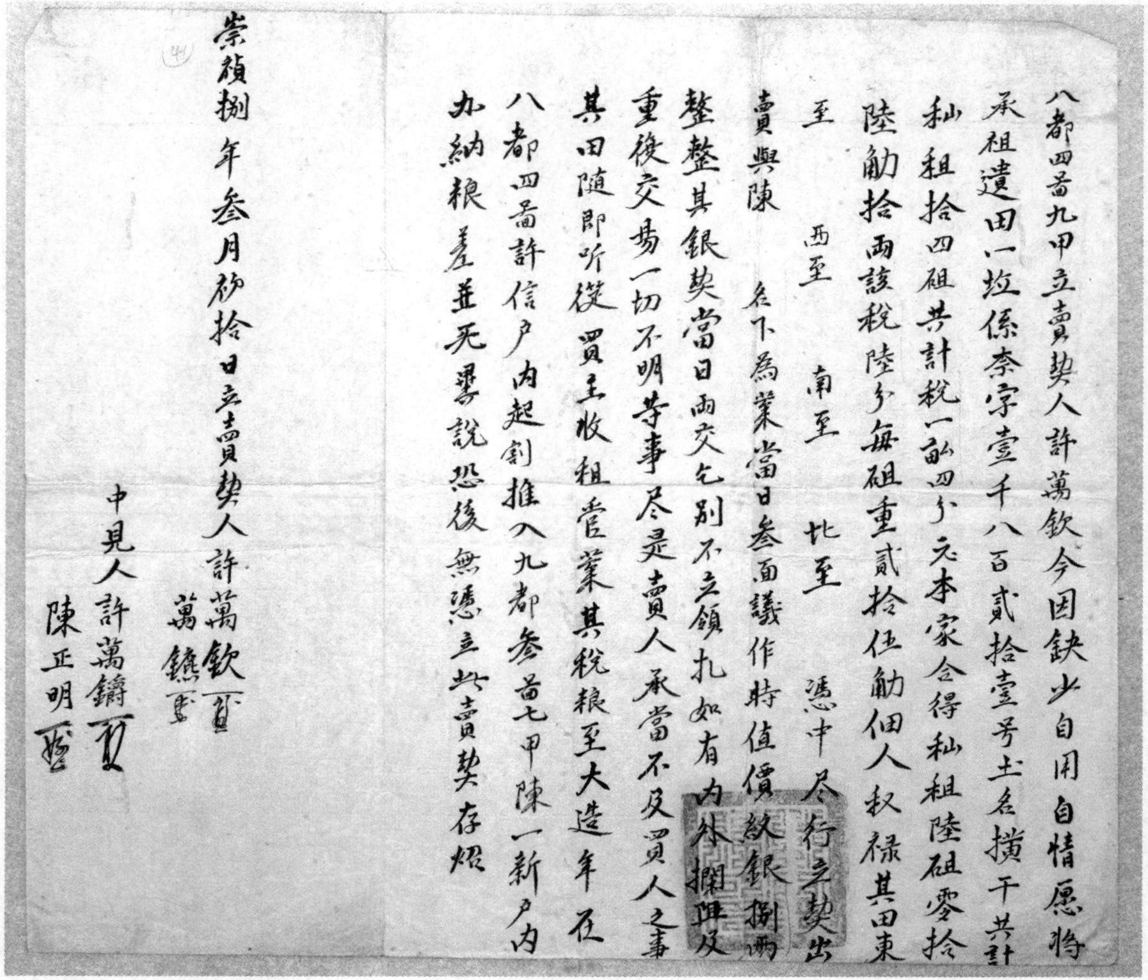

八都四啚九甲立賣契人許萬欽，今因缺少自用，自情愿將
承祖遺田一坵，係柰字壹千八百貳拾壹号，土名攢干，共計
私租拾四秤，共計税一畝四分正，本家合得私租陸秤零拾
陸觔拾兩，該税陸分，每秤重貳拾伍觔，佃人秋祿。其田東
至　西至　南至　北至　憑中盡行立契出
賣與陳　名下為業。當日叁面議作時值價紋銀捌兩
整整。其銀契當日兩交乞，別不立領扎。如有內外攔阻及
重復交易一切不明等事，盡是賣人承當，不及買人之事。
其田隨即听從買主收租管業。其税粮至大造年在
八都四啚許信户內起割，推入九都叁啚七甲陳一新户內
辦納粮差，並无異說。恐後無憑，立此賣契存炤。

崇禎捌年叁月初拾日立賣契人許萬欽（押）
萬鑣（押）
中見人許萬鑄（押）
陳正明（押）

一

明崇禎八年六月休寧縣陳阿程等立賣田赤契

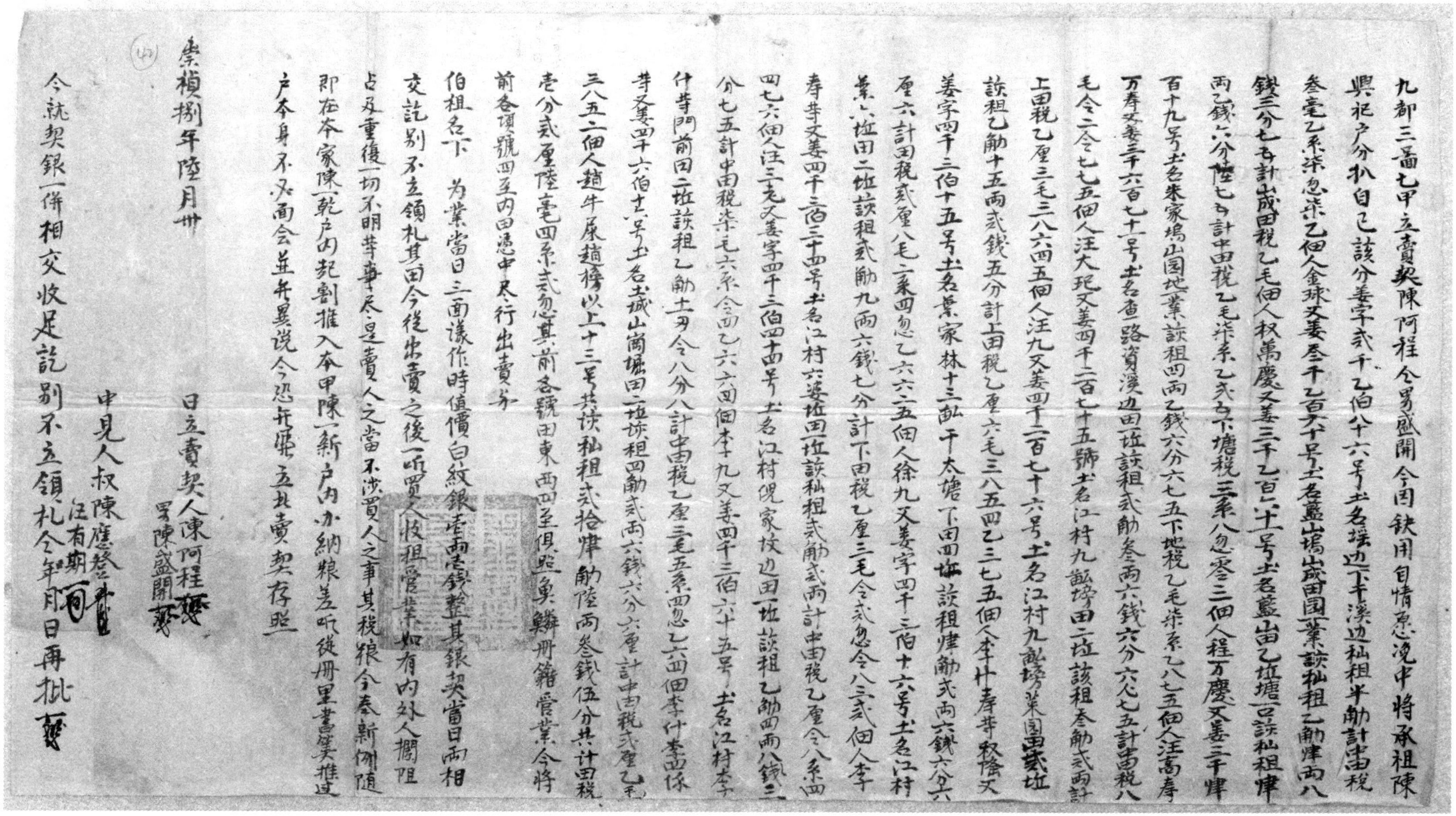

九都三啚七甲立賣契陳阿程仝男盛開，今因缺用，自情愿浼中將承祖陳
興祀戶分扒自己該分姜字弍千乙伯八十六號，土名塘边下半溪边，秈租半觔，計中田稅
叁毫乙系柒忽柒，乙佃人金球。又姜叁千乙百九十□號，土名藍山塢山成田園，業該秈租乙觔肆兩八
錢三分七厘，計山成田稅乙毛，佃人叔萬慶。又姜三千乙百二十□號，土名藍岀乙坵塘一口，該秈租肆
兩乙錢六分陸七厘，計中田稅乙毛柒系乙忽五，下塘稅三系八忽零，三佃人程万慶。又姜三千肆
百十九號，土名朱家塢山園地，業該租四兩乙錢六分六七五，下地稅乙毛柒系乙八七五，佃人汪高壽
万壽。又姜三千六百七十一號，土名查路資溪边田一坵，該租弍觔叁兩六錢六分六八七五，計中田稅八
毛令二令七七五，佃人汪大現。又姜四千二百七十五號，土名江村九畝塝田二坵，該租叁觔弍兩，計
上田稅乙厘三毛三八六四五，佃人汪九。又姜四千二百七十六號，土名江村九畝塝菜園田弍坵
該租乙觔十五兩弍錢五分，計上田稅乙厘六毛三八五四乙三七五，佃人李什壽、兴秋、陰。又
姜字四千三伯十五號，土名葉家林十三畝干太塘下田田坵，該租肆觔弍兩六錢六分六
厘六，計田稅弍厘八毛二系四忽乙六六二五，佃人徐九。又姜字四千三伯十六號，土名江村
葉、坵田二坵，該租弍觔九兩六錢七分，計下田稅乙厘三毛令弍忽令八三弍，佃人李
壽、兴。又姜四千二百三十四號，土名江村六婆坵田一坵，該秈租弍觔弍兩，計中田稅乙厘令八系四
四七六，佃人汪三元。又姜字四千三伯四十四號，土名江村倪家坟边田一坵，該租乙觔四兩八錢三
分七五，計中田稅柒毛六系令四乙六六，田佃李九。又姜四千三伯六十五號，土名江村李
什等門前田二坵，該租乙觔十三兩令八分八，計中田稅乙厘三毛五系四忽乙六四，田李什壽四系
芉。又姜四千六伯十二號，土名土城山蔺堀田二坵，該租四觔弍兩六錢六分六厘，計中田稅弍厘乙毛
三八五二，佃人趙牛原、趙檸。以上十三號共該秈租弍拾肆觔陸兩叁錢伍分，共計田稅
壹分弍厘陸毫四系弍忽。其前各號田東西四至俱照魚鱗冊籍管業。今將
前各項號四至內田，憑中盡行出賣与
伯祖名下為業，當日三面議作時值價白紋銀壹兩陸錢整，其銀、契當日兩相
交訖，別不立領札。其田今後出賣之後，一听買人收租管業。如有內外人攔阻
占及重復一切不明等事，盡是賣人之當，不涉買人之事。其稅粮今奉新例，隨
即在本家陳乾戶內起割推入本甲陳一新戶內办納粮差，听從冊里書算推过
戶本身，不必面会。並無異說。今恐無憑，立此賣契存照。

崇禎捌年陸月卅　日立賣契人陳阿程（押）
男陳盛開（押）
中見人叔陳應登（押）
汪有期（押）

今就契銀一併相交收足訖，別不立領札。仝年月日再批（押）

一

明崇禎九年正月休寧縣陳盛綱等立賣田赤契

九都三啚七甲立賣契人陳盛綱盛維今因缺用自情愿將承　祖阄分與叔應軫兑换姜字四千八百四十六號土名無口
沙坵田大小三坵本身合得秈租弍祖零拾陆觔拾壹两每祖重弍十伍觔計積田稅弍分柒厘伍毫九系佃人陳社護叔來冬程
道高其田東西南北四至俱照清文冊籍管業今憑中盡行出賣與
伯祖　名下為業當日三面議作時值價紋銀叁两整其銀契當两交清足訖别无領扎其田自今出賣之後一聽買人随
即收租管業為定如有内外人攔占及重復交易一切不明等事盡是賣人之當不干買人之事其税粮候至造冊之日在本宗
陳一氣户内起割推入本啚七甲陳一新户内办納粮差本身即無生情異説今恐人心無憑立此賣契存照

崇禎九年正月廿五日立賣契人陳盛綱（押）
盛維（押）
主盟祖母張氏（押）
中見叔陳應登（押）
叔祖陳一功（押）
冊里金昌高

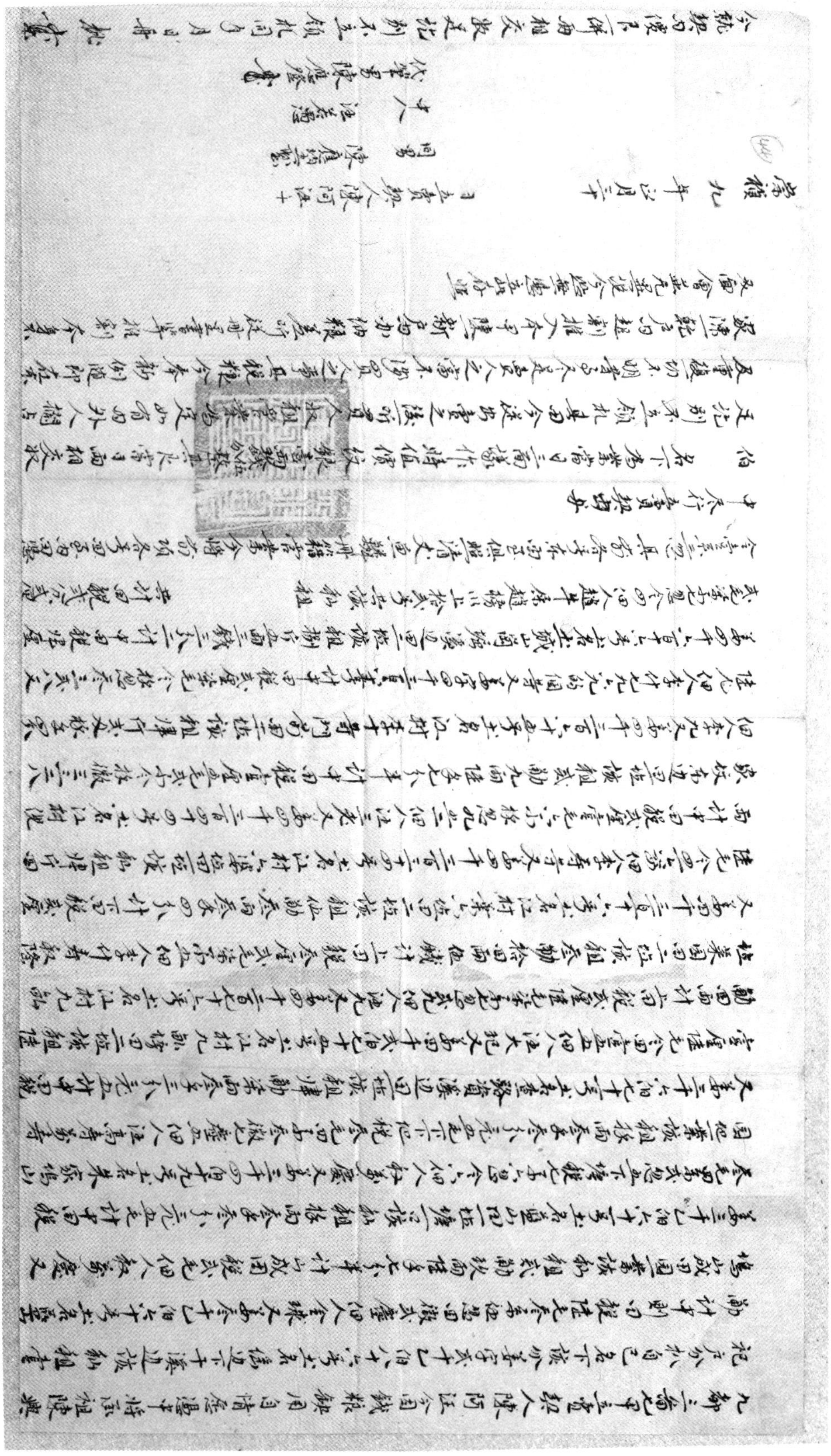

明崇禎九年正月休寧縣陳阿汪立賣田地山塘赤契

一

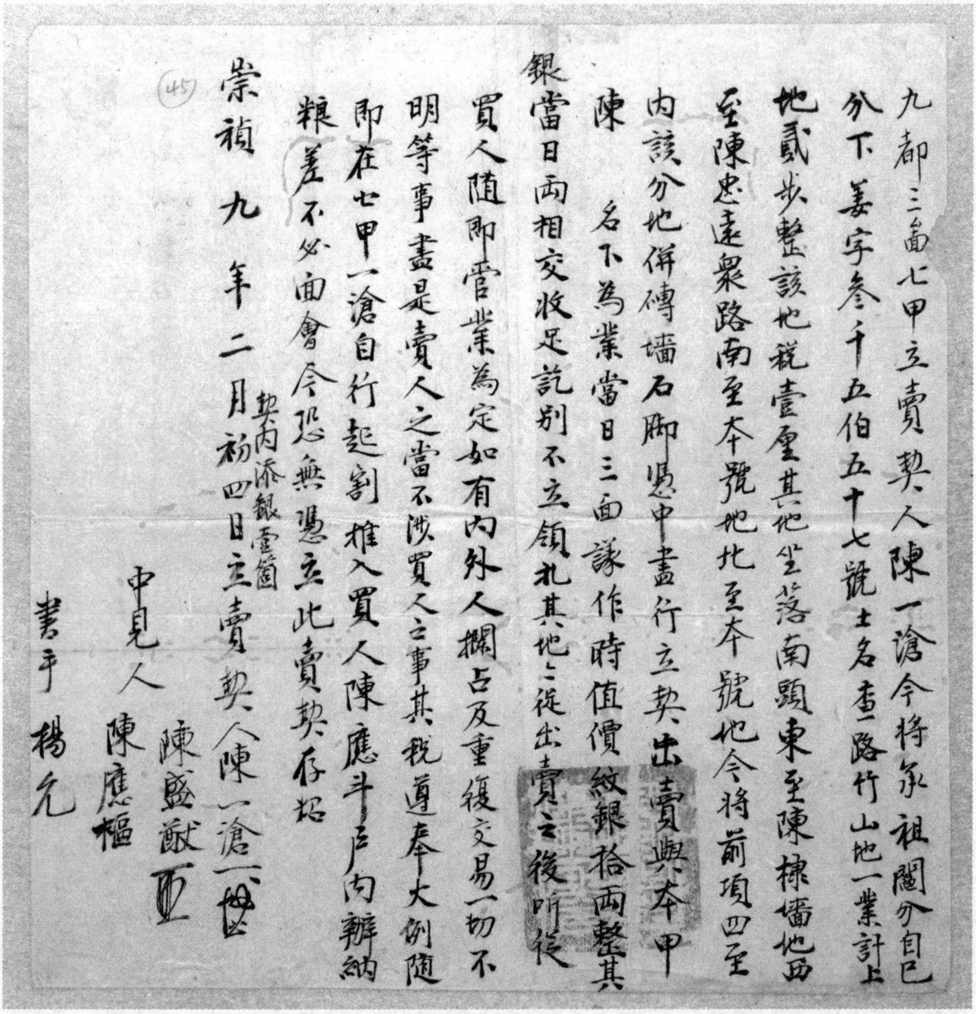
（45）

九都三啚七甲立賣契人陳一滄今將承祖閹分自己
分下姜字叁千五伯五十七號土名查路竹山地一業計上
地貳歩整該地税壹釐其地坐落南𡶶東至陳棣墻地西
至陳忠遠衆路南至本號地北至本號地今將前項四至
内該分地併磚墻石脚憑中盡行立契出賣與本甲
陳　　名下為業當日三面議作時值價紋銀拾兩整其
銀當日兩相交收足訖别不立領札其地之從出賣之後听從
買人隨即管業為定如有内外人攔占及重複交易一切不
明等事盡是賣人之當不涉買人之事其税遵奉大例隨
即在七甲一滄自行起割推入買人陳應斗户内辦納
粮差不必面會今恐無憑立此賣契存炤

契内添銀壹箇

崇禎九年二月初四日立賣契人陳一滄（押）
陳盛猷（押）
中見人　陳應樞
書手　楊元

明崇禎九年二月休寧縣陳一滄立賣山地赤契

明崇禎九年二月休寧縣陳應登立賣田地山塘赤契

九都三啚七甲立賣契人陳應登今因缺少食用自情愿憑中將承祖父鬮分自己名下該分姜字三千乙伯三十九號土名汪六山塔子坪塘
東边山身該山稅伍毫貳系令乙微五又姜字三千乙伯六十號土名蓬山身山稅肆毫貳系壹忽伍微七塵五渺又姜三千乙伯六十二号土名蓬山東係小三
分山身山稅壹毛令令貳微陸塵令三漠八纖七圭五又姜三千乙伯六十四号土名大塘山身山稅陸毛貳系五姜三千乙伯六十八号土名大塘朝山身山稅陸忽陸
微姜三千乙伯九十六号土名蓬山身山稅壹毛四系叁忽貳微二塵五渺五漠姜三千二伯令一号土名石佛前該下下荒地稅貳毛柒系七忽令二塵五姜三千
二伯令二号土名石佛前身山稅玖系七忽五微五塵乙渺一漠八纖八圭七五姜三千二伯十四号土名石佛前身山稅壹系乙忽九微八姜三千二伯二十四號土名廟後山身
下則地稅陸毛貳系六忽二微五該業谷陸両柒錢四姜三千二伯二十七号土名廟後山學地身該下地稅四毛捌系貳姜三千二伯四十号土名蓬渡廟前大佃地身
上地稅肆毛四系壹忽一微四塵四渺三漠該地租銀姜字三千二伯五十一号土名廟後石基山頂菜园身下地稅壹毛貳系七忽五該租銀貳厘五毛佃人吳
云姜三千二伯五十八九號土名蓬渡上衙頭水磨基水碓地身下地稅五毛該租銀肆厘壹毛六系七忽五佃人程泰生姜三千四伯令五号土名陳家山西培
金字面山身稅三毛五系四忽五微九塵三渺七漠五姜三千四伯三十四号土名陳家山西培金字面山脚园地身地稅壹毛貳系該租谷壹両叁錢柒分半佃
人汪福壽又芥字九千八百六十四号土名蓬渡上衙頭冷水堰山身山稅壹毛五系貳忽五姜三千四伯四十五号土名里八山身山稅壹系貳忽一微令九渺三漠
壹纖八姜三千四百四十六号土名里八山小塘山牛路菜园边身山柒系六忽令塵二渺二漠二姜三千四百五十七号土名朱家塢查路降大佃背後山身山
稅壹系四忽四微二塵七渺五又仝號東边下荒地稅貳系七忽二微六塵三渺五姜三千四百七十七号土名查路白虎山頂該下下荒地稅陸系八忽四微七塵
九渺一漠一纖六姜三千四百七十九号土名查路白虎山脚大佃地身中則稅貳系五忽七微二塵一渺八漠七纖五姜三千四百八十一号土名查路白虎山身該下荒
地稅壹毛五系姜三千四伯八十二号土名查路白虎山脚菜园身下地稅柒系一忽八微七塵五姜三千四伯八十四号土名查路西边白虎山身稅山弍系五忽六微
七塵七渺姜四千二百五十七号土名江村九亩塝坟山身山稅捌毛九系四忽八微姜四千二百五十四四千二百五十五号土名庵山姜四千二伯五十六号土名下山三号
山身山稅叁系四忽六微八塵七渺五姜字三千三百九十九四百令二號土名胡前山胡壽鄉陳家祠堂後身园地共一絡散对模姜三千六百四十四号土名土城山頭菜园地身下地
柒分令令叁系五忽地稅弍毛其园在先年賣与陳功劝园地内來分听從分扒種菜當業姜四千六百七十六号土名土城平坦山東塘园身下地稅柒毛五系六

（一）

一

明崇禎九年二月休寧縣陳應登立賣田地山塘赤契

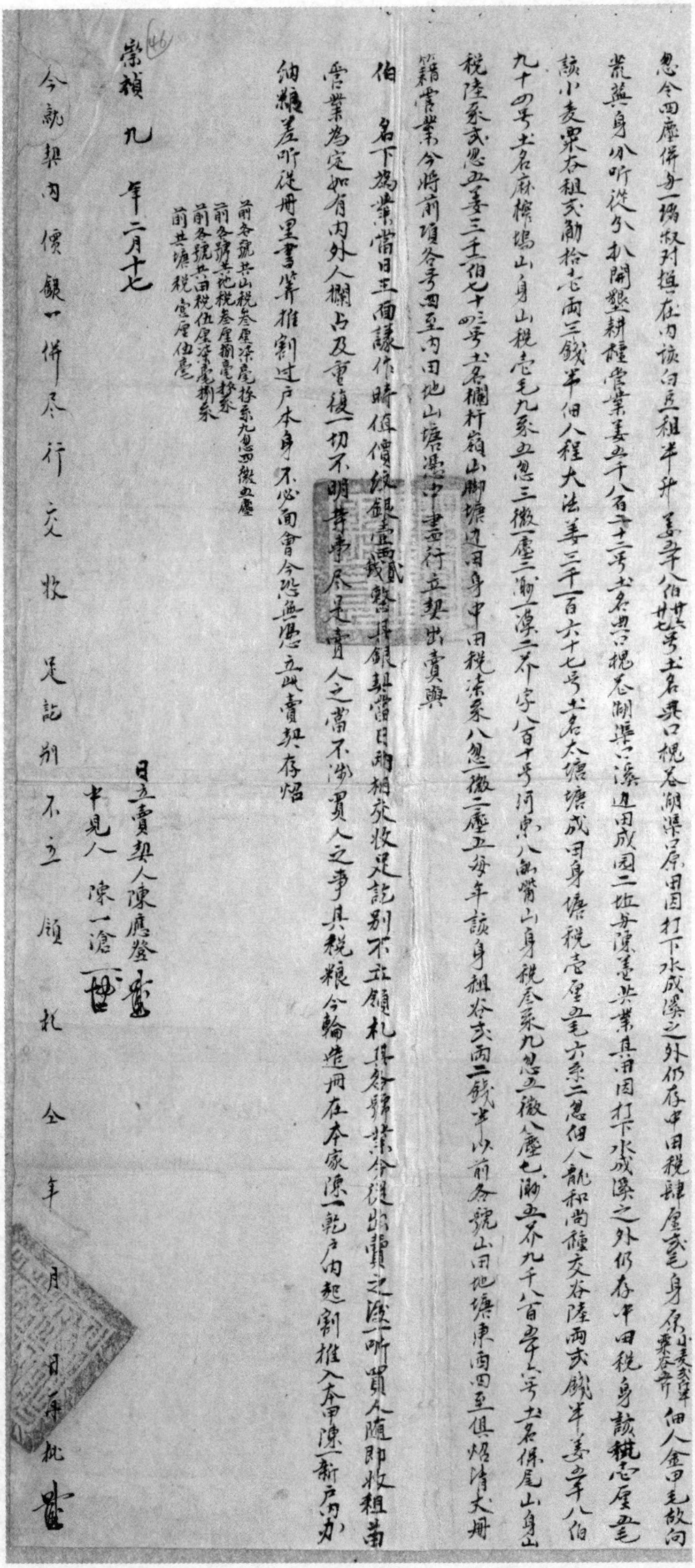
（46）

忽，今回塵併身一號叔对撥在内，該白豆租半升。基二千八伯廿七號土名典口槐卷湖渠口原田因打下水成溪之外仍存中田稅肆厘式毛，身原山麦式斗伯人金田毛故向

荒蕪，身仍听從外扒開墾耕種管業。基五千八百二十二號土名典口槐卷湖渠口溪邊田成園二坵，身陳善共業，其田因打下水成溪之外仍存中田稅，身該稅壹厘五毫

該小麦眾吞租式斛拾壹兩三錢半，佃人程大法。基三千一百六十七號土名太塘塘成田，身塘稅壹厘五毫六系二忽，佃人龍和尚種交谷陸兩式錢半。基二千八伯

九十四號土名麻榨塢山，身山稅壹毛九系五忽三微一塵二渺一漠二芥。字八百十號河東八畝嘴山，身稅叁系九忽五微八塵七渺五芥。九千八百二十六號土名保尾山，身山

稅陸系式忽五。基三千伯七十四號土名欄杆嶺山脚塘邊田，身中田稅柒系八忽二微二塵五，每年該身租谷式兩二錢半。以前各號山田地塘東西四至俱炤清丈冊

籍管業。今將前項各號四至内田地山塘，憑中盡行立契出賣與

伯　名下為業，當日主面議作時值價紋銀壹兩貳錢整，其銀契當日兩相交收足訖，别不立領札。其各號業今從出賣之後，一听買人隨即收租

管業為定。如有内外人攔占及重複一切不明等事，尽是賣人之當，不涉買人之事。其稅粮今輪造冊在本家陳一乾户内起割推入本甲陳一新户内办

納粮差，听從冊里書算推割过户，本身不必面會。今恐無憑，立此賣契存炤。

前各號共山稅叁厘柒毫柒系九忽四微五塵
前各號共地稅叁厘捌毫柒系
前各號共田稅伍厘柒毫捌系
前共塘稅壹厘伍毫

崇禎九年二月十七日立賣契人陳應登（押）
中見人　陳一滄（押）

今就契内價銀一併尽行交收足訖，别不立領札。仝年月日再批（押）

（二）

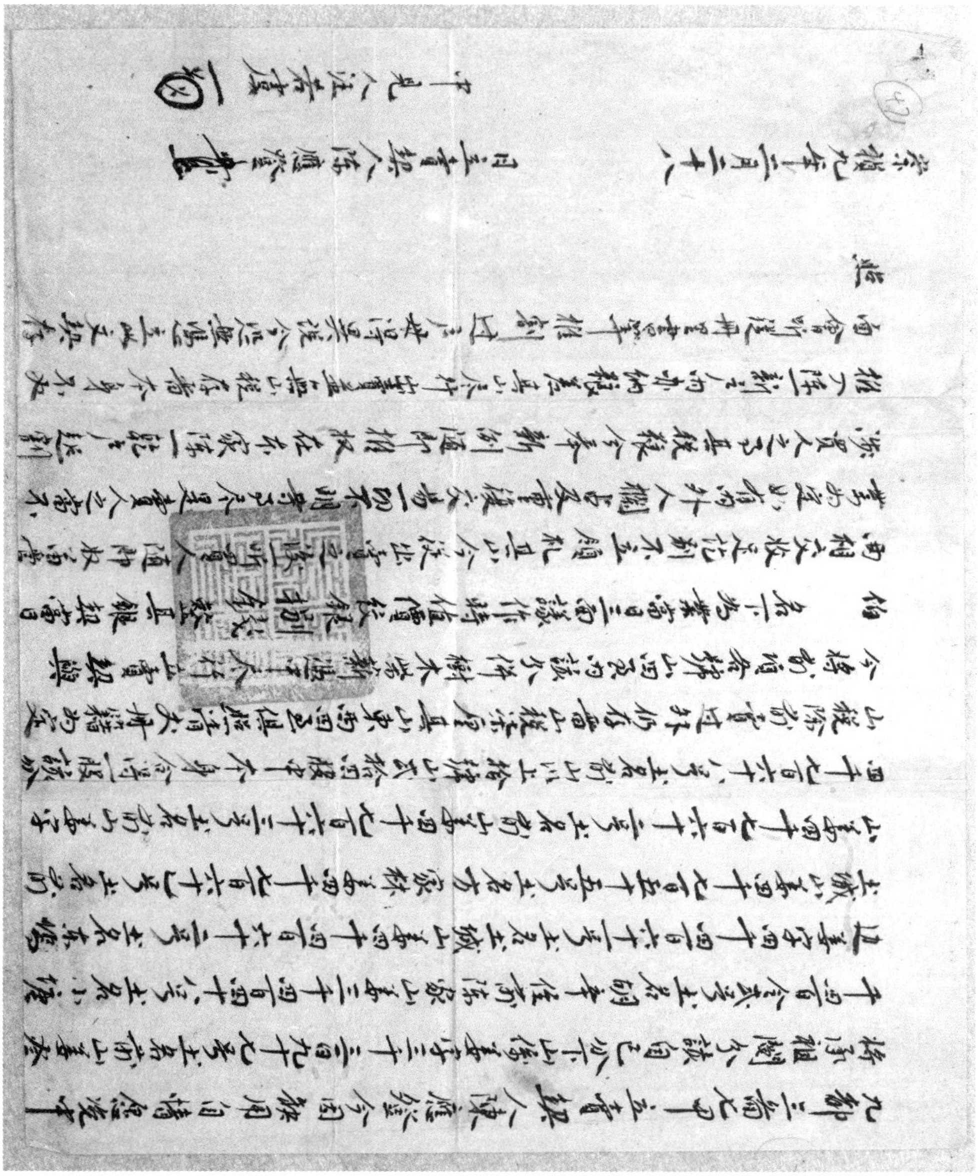

明崇禎九年二月休寧縣陳應登立賣山赤契

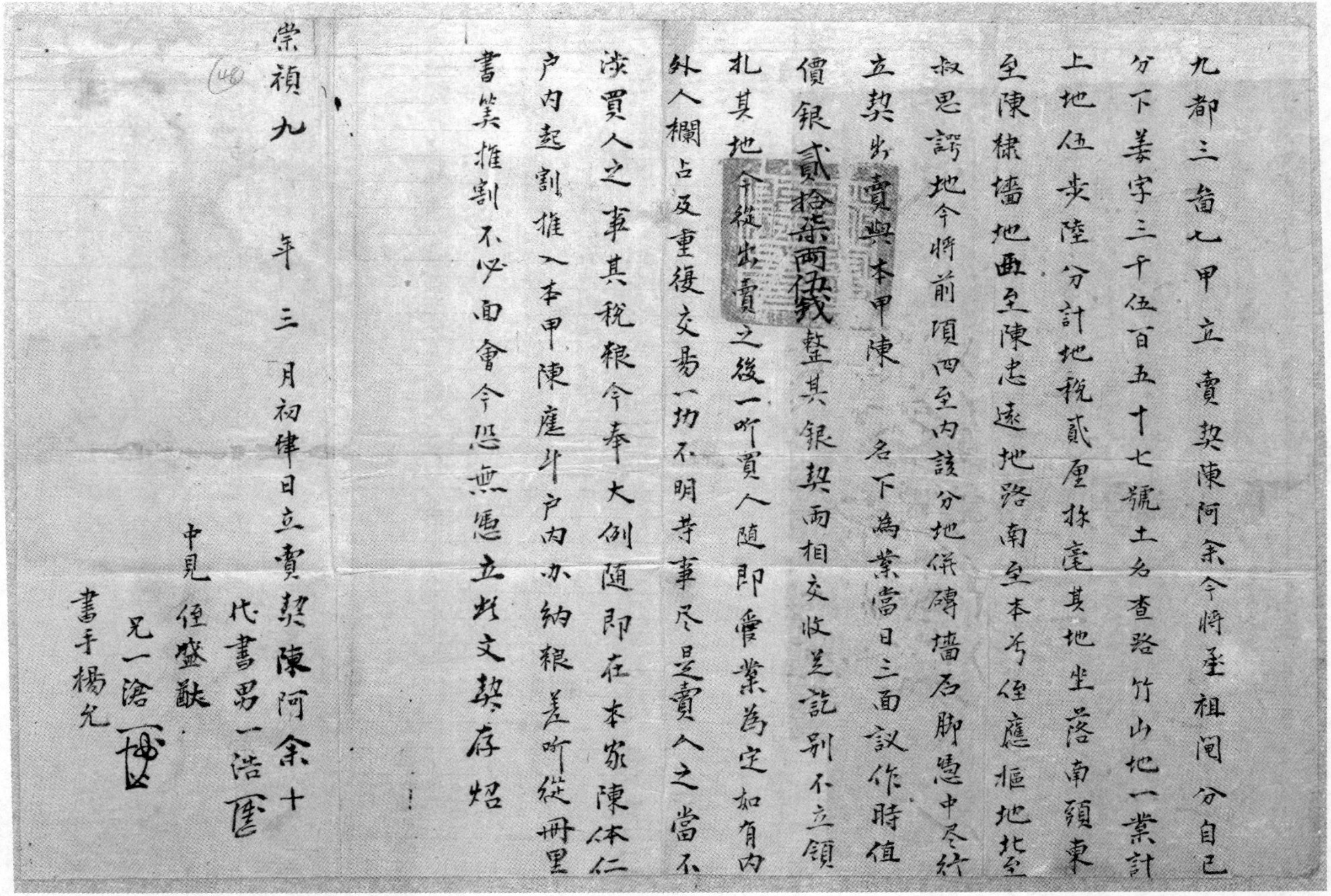
九都三啚七甲立賣契陳阿余今將承祖闾分自己
分下姜字三千伍百五十七號土名查路竹山地一業計
上地伍歩陸分計地稅貳厘柒毫其地坐落南頭東
至陳隸墻地西至陳忠遠地路南至本号侄應樞地北至
叔思謌地今將前項四至内該分地併磚墻石脚憑中尽行
立契出賣與本甲陳　名下為業當日三面議作時值
價銀貳拾柒兩伍錢整其銀契兩相交收足訖別不立領
扎其地今從出賣之後一听買人隨即管業為定如有内
外人攔占及重復交易一切不明等事尽是賣人之當不
涉買人之事其稅粮今奉大例隨即在本家陳体仁
戶内起割推入本甲陳庭斗戶内办納粮差听從冊里
書筭推割不必面會今恐無憑立此文契存炤
(46)
崇禎九年三月初律日立賣契陳阿余（押）
代書男一浩（押）
中見侄盛猷
兄一滄（押）
書手楊允

明崇禎九年三月休寧縣陳良逄等立賣田赤契

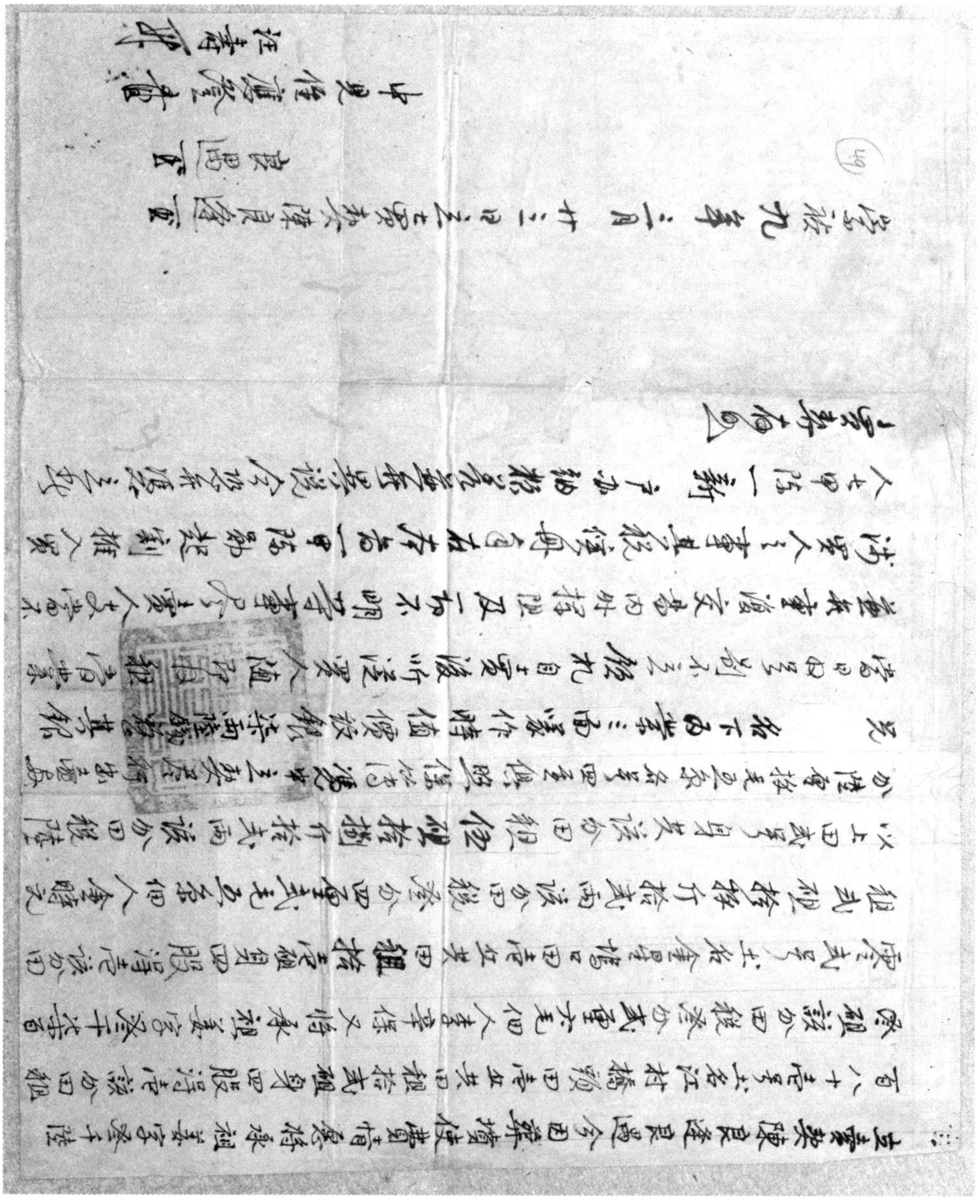

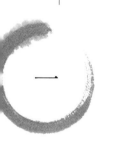

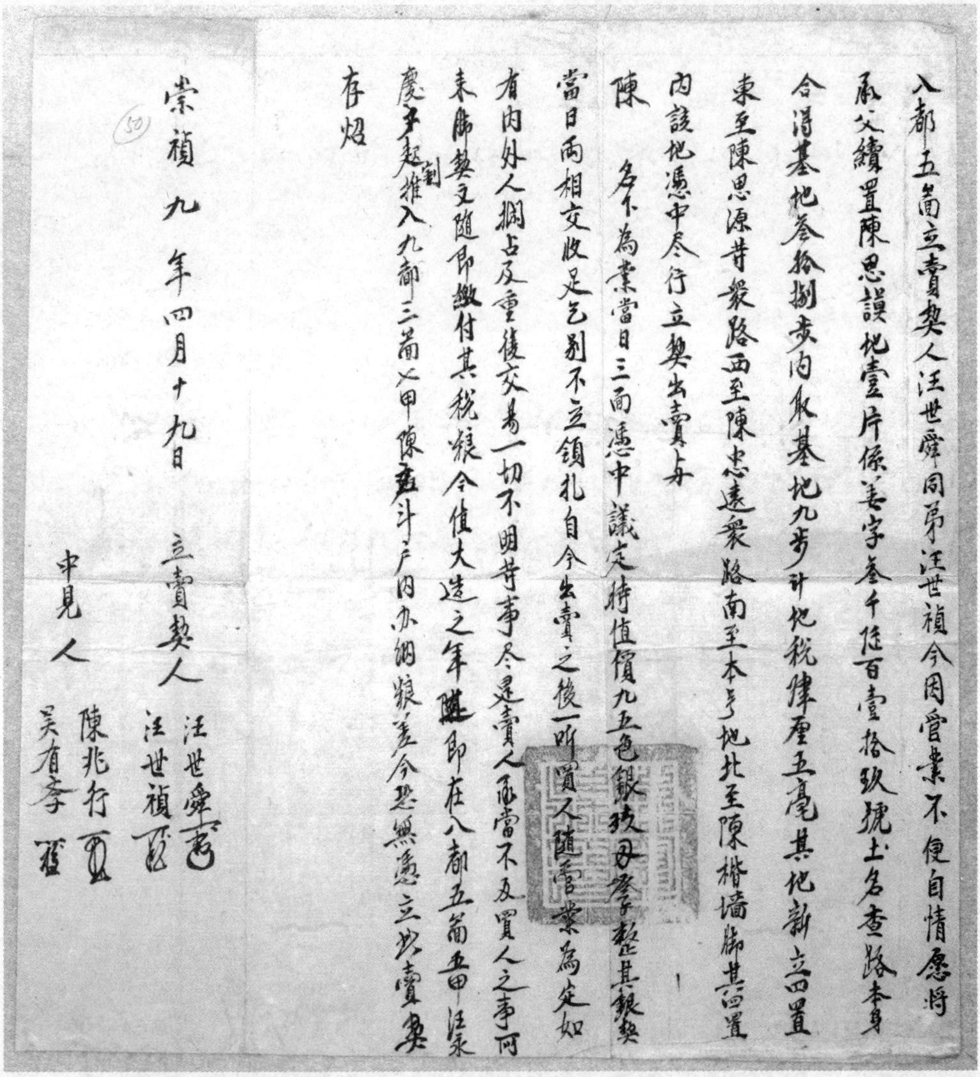

八都五啚立賣契人汪世舜同弟汪世禎今因管業不便自情愿將
承父續置陳思謨地壹片係姜字叁千陸百壹拾玖號土名查路本身
合得基地叁拾捌步內取基地九步計地稅肆厘五毫其地新立四置
東至陳思源并衆路西至陳忠遠衆路南至本身地北至陳楷墻脚其四置
內該地憑中盡行立契出賣與
陳　名下為業當日三面憑中議定時值價九五色銀玖兩整其銀契
當日兩相交收足乞別不立領札自今出賣之後一聽買人隨即管業為定如
有內外人攔占及重複交易一切不明等事盡是賣人承當不及買人之事所
來腳契又隨即繳付其稅糧今值大造之年隨即在八都五啚五甲汪承
慶戶起推入九都三啚八甲陳茲斗戶內办納糧差今恐無憑立此賣契
存炤

（50）

崇禎九年四月十九日　立賣契人　汪世舜（押）
汪世禎（押）
中見人　陳兆行（押）
吴有李（押）

明崇禎九年四月休寧縣汪世舜等立賣基地赤契

明崇禎九年四月（休寧縣）陳兆聖立賣園地契

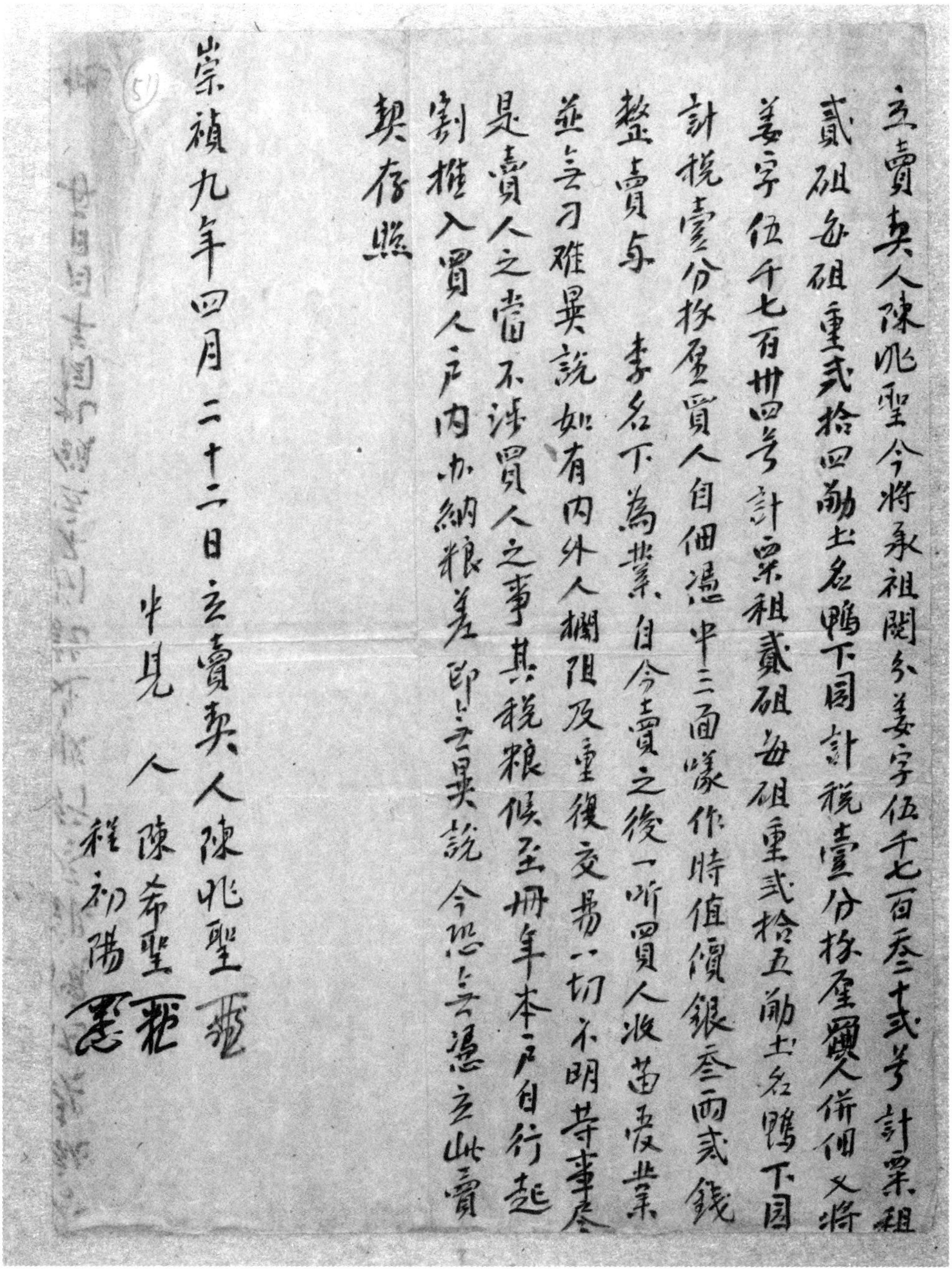

立賣契人陳兆聖今將承祖鬮分姜字伍千七百叁十弍号計累租
貳砠每砠重弍拾四觔土名鴨下园計稅壹分捌厘買人併佃又將
姜字伍千七百卅四号計累租貳砠每砠重弍拾五觔土名鴨下园
計稅壹分捌厘買人自佃憑中三面議作時值價銀叁両弍錢
整賣与　表名下為業，自今賣之後一聽買人收苗受業
並無刁難異說。如有內外人攔阻及重復交易一切不明等事，尽
是賣人之當，不涉買人之事。其稅粮候至冊年本戶自行起
割推入買人戶內办納粮差，即無異說。今恐無憑，立此賣
契存照。

崇禎九年四月二十二日立賣契人陳兆聖（押）

中見人　陳希聖（押）

程初陽（押）

一

明崇禎九年四月〔休寧縣〕陳兆聖立賣園地契〔背〕

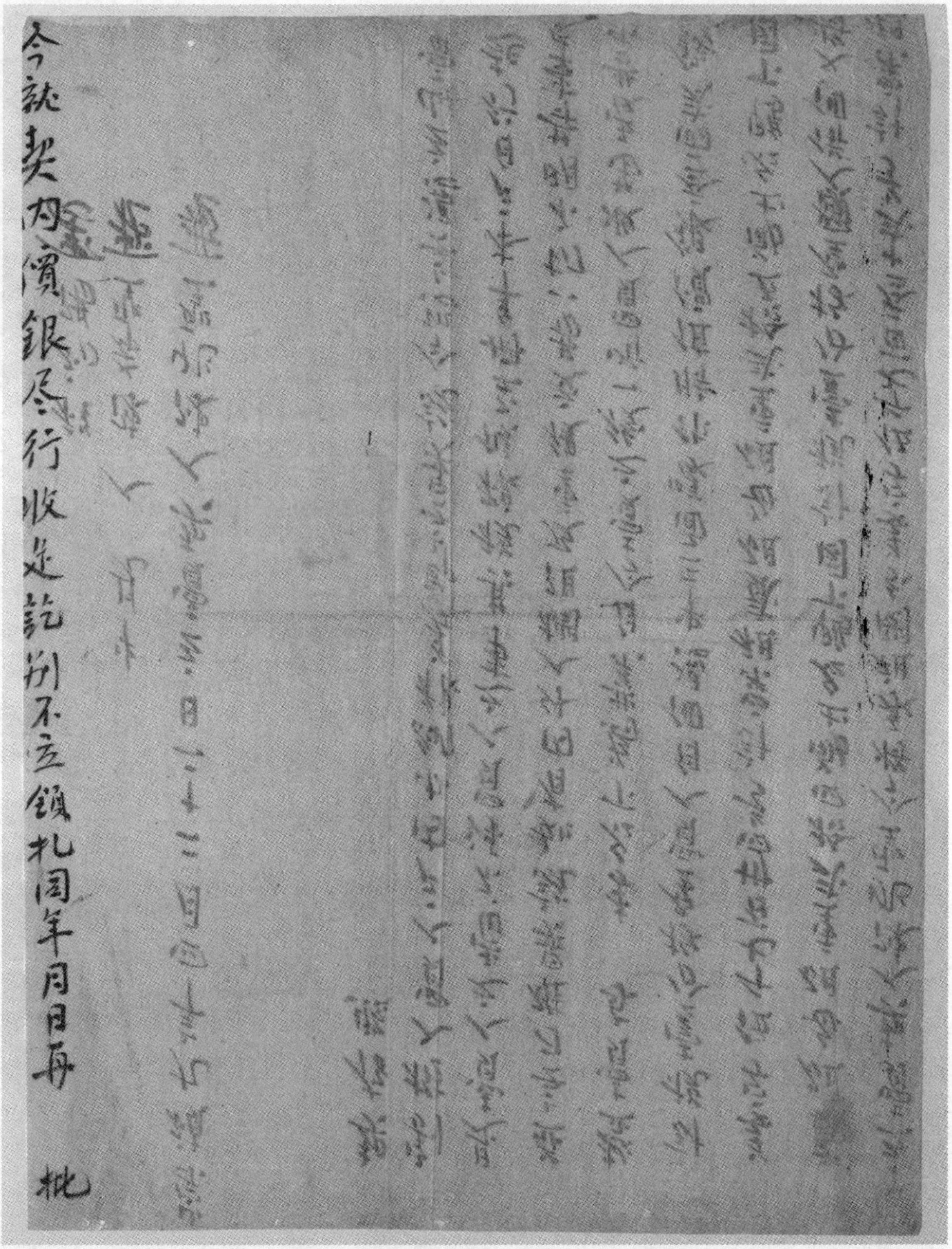
今就契內價銀盡行收足訖別不立領札同年月日再 批

明崇禎九年六月休寧縣陳良逢等立賣田赤契

九都三啚一甲立賣契陳良逢、良遇，今因葬祖墳使費缺用，自情愿浼中將
承祖鬮分自己名下恭字壹百九十叁号，土名六畝塘藍盈塌上邊田壹坵，計秈
租捌硬，每硬廿五斤，該田稅捌分五厘，佃人劉豪。其田東至　　西至
南至溪，北至　　。今將前項四至內田，憑中盡行立契出賣
與兄　　名下為業，當日三面議作時值紋銀捌兩貳錢正。其銀、契當日兩
相交收足明，不立領札。其田今從出賣之後，一聽買人隨即收稅管業為定。
如有內外人攔占及重複交易一切不明等事，盡是賣人之當，不涉買人之
事。其稅糧遇造冊日，聽本甲陳良逢户內起割，推入本啚七甲陳一新户
內办納糧差，毋得阻當異說。今恐無憑，立此賣契存照。

崇禎九年六月初一日立賣契人　陳良逢（押）
良遇（押）
中見侄　應登（押）
汪壽（押）

一

明崇禎九年十月休寧縣陳應登等立賣田園赤契

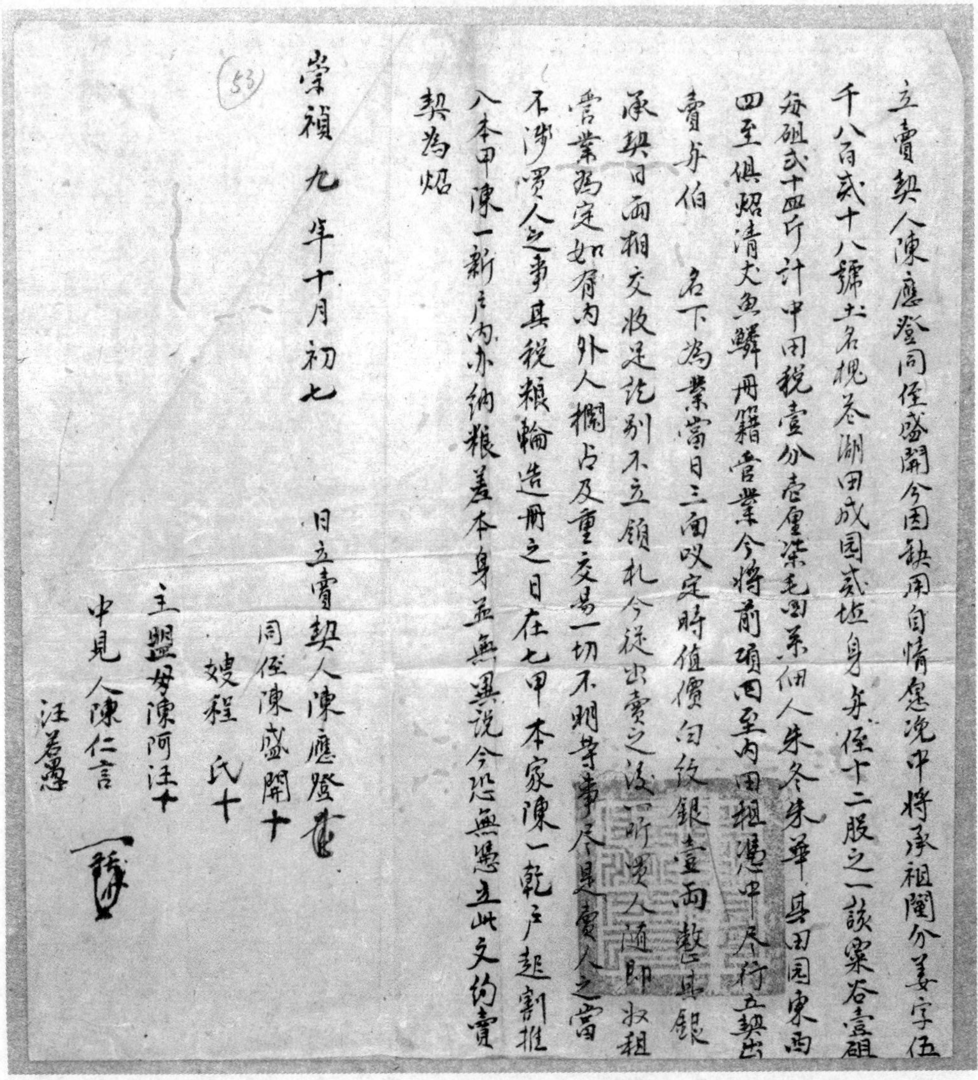
(53)

立賣契人陳應登同侄盛開今因缺用自情愿浼中將承祖閹分姜字伍
千八百貳十八號土名梘巷湖田成園貳坵身分侄十二股之一該粟谷壹碩
每碩貳十四斤計中田稅壹分壹厘柒毛四系佃人朱冬朱華　其田園東西
四至俱照清丈魚鱗冊籍管業今將前項田至內田租憑中盡行立契出
賣與房伯　名下為業當日三面議定時值價白紋銀壹兩整其銀
承契日兩相交收足訖別不立領札今從出賣之後一聽買人隨即收租
管業為定如有內外人攔占及重交易一切不明等事盡是賣人之當
不涉買人之事其稅糧輪造冊之日在七甲本家陳一乾戶起割推
入本甲陳一新戶內亦納粮差本身並無異說今恐無憑立此文約賣
契為炤

崇禎九年十月初七日立賣契人陳應登（押）
同侄陳盛開（押）
嫂程　氏（押）
主盟母陳阿汪（押）
中見人陳仁言
汪若愚

一

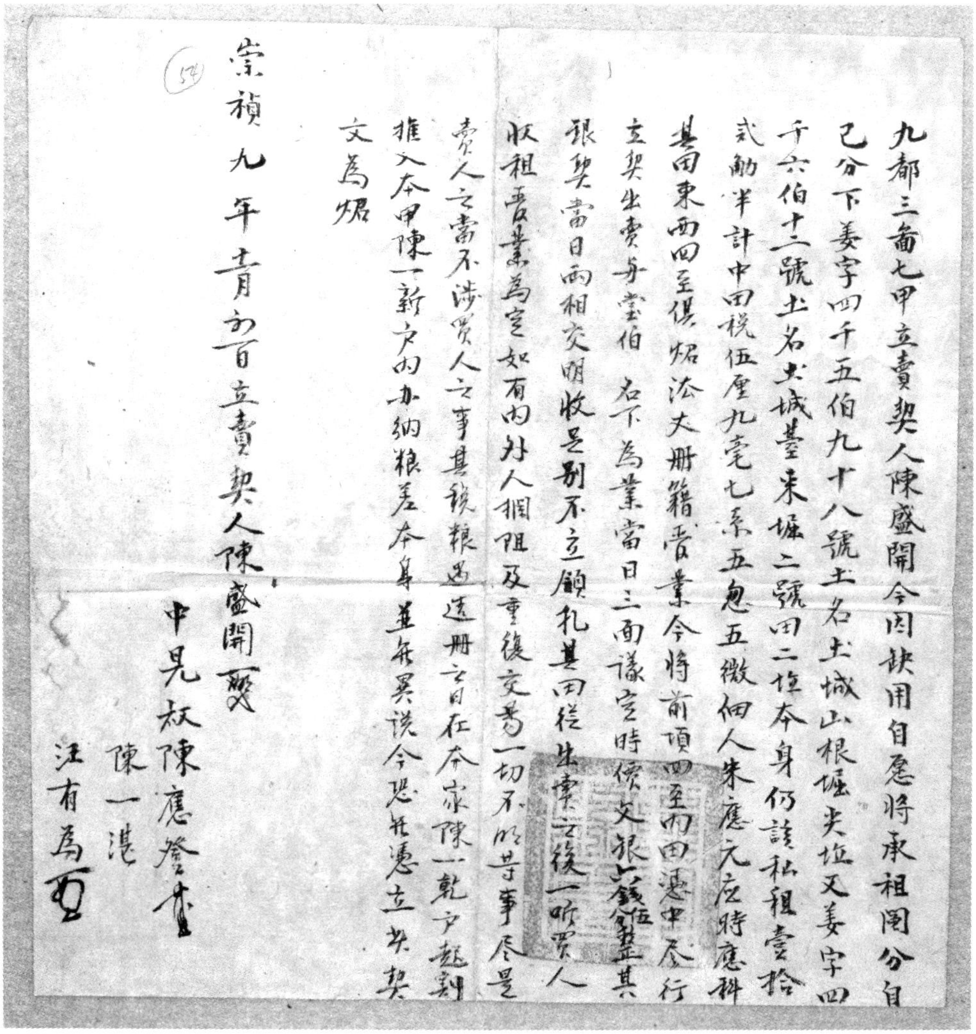
九都三圖七甲立賣契人陳盛開今因缺用自愿將承祖闔分自
己分下姜字四千五伯九十八號土名土城山根塢尖坵又姜字四
千六伯十二號土名大城墓求塢二號田二坵本身仍該私租壹拾
貳觔半計中田税伍厘九毫七系五忽五微佃人朱應元應時應科
其田東西四至俱照清丈冊籍晋業今將前項四至內田憑中啟行
立契出賣與堂伯　名下為業當日三面議定時價文銀一錢伍分整其
銀契當日兩相交明收足別不立領札其田從出賣之後一聽買人
收租晋業為定如有內外人攔阻及重復交易一切不明等事盡是
賣人之當不涉買人之事其稅粮遇造冊之日在本家陳一乾戶起割
推入本甲陳一新戶內办納粮差本身並無異說今恐無憑立此賣契
文為炤

崇禎九年十一月初一日立賣契人陳盛開（押）

中見叔陳應登（押）

陳一湛

汪有為（押）

明崇禎九年十一月休寧縣陳盛開立賣田赤契

一

明崇禎九年十一月休寧縣程進立賣店基地赤契

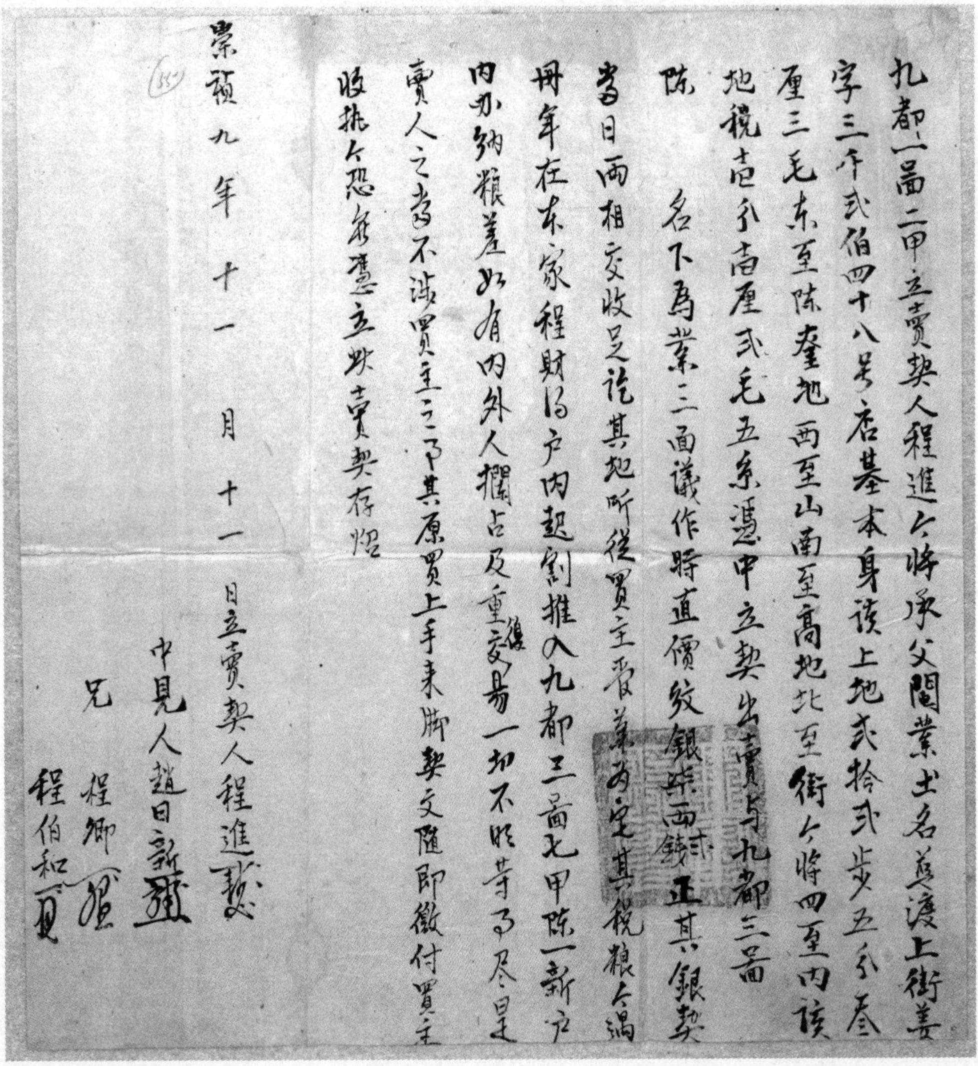
九都一啚二甲立賣契人程進，今將承父鬮業土名遠渡上街姜
字三千貳伯四十八号店基，本身該上地貳拾貳步五分叁
厘三毛，東至陈奎地，西至山，南至高地，北至街。今將四至內該
地稅壹分壹厘貳毛五系，憑中立契出賣與九都三啚
陈 名下為業，三面議作時直價紋銀柒兩貳錢正，其銀契
當日兩相交收足訖。其地所從買主管業為定，其稅粮今編
冊年在東家程財旧户內起割，推入九都三啚七甲陈一新户
內办納粮差。如有內外人攔占及重複交易，一切不明等事，尽是
賣人之當，不涉買主之事。其原買上手來脚契文隨即繳付買主
收執。今恐無憑，立此賣契存照。
崇禎九年十一月十一日立賣契人程進（押）
中見人趙日新（押）
兄 程卿（押）
程伯和（押）

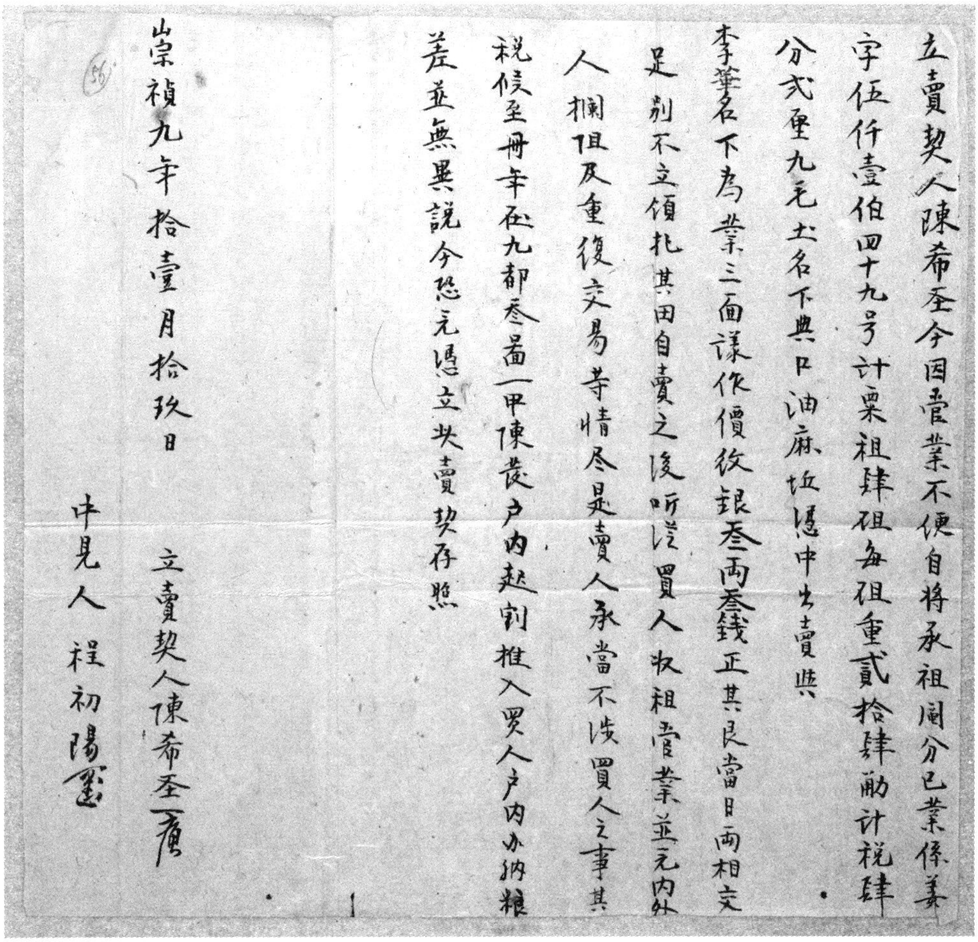

立賣契人陳希聖今因管業不便自將承祖鬮分已業係善
字伍仟壹伯四十九号計槊租肆租每租重貳拾肆觔計稅肆
分弍厘九毛土名下典口油麻坵憑中出賣與
李華名下為業三面議作價紋銀叁兩叁錢正其艮當日兩相交
足訖不立領扎其田自賣之後听從買人收租管業並無內外
人攔阻及重復交易等情尽是賣人承當不涉買人之事其
稅候至冊年在九都叁啚一甲陳岦户內起割推入買人户內办納粮
差並無異說今恐無憑立此賣契存照

崇禎九年拾壹月拾玖日

立賣契人陳希聖（押）

中見人 程初陽（押）

明崇禎九年十一月（休寧縣）陳希聖立賣田契

一

明崇禎九年十二月休寧縣陳應登等立賣園地並田地赤契

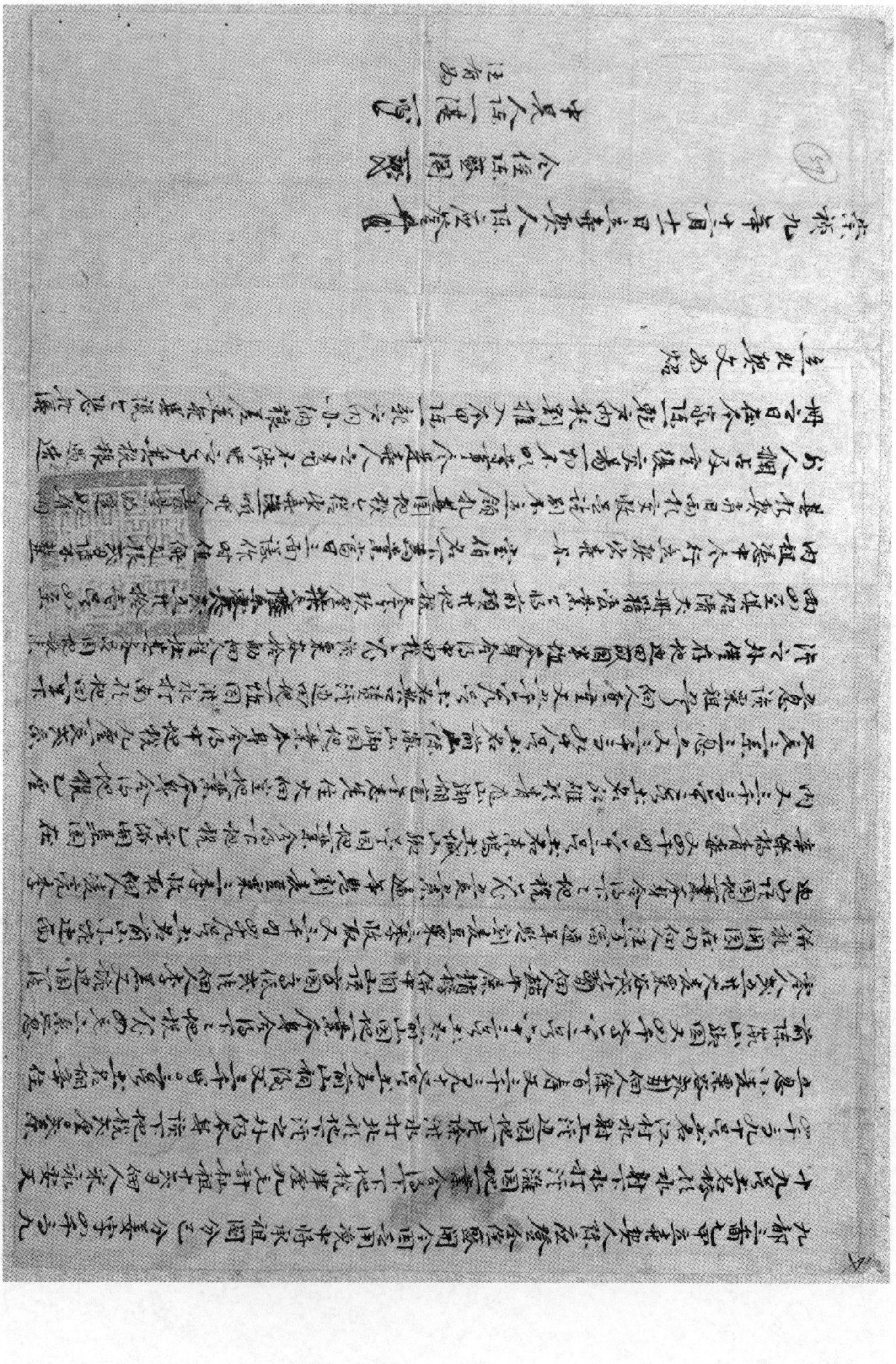

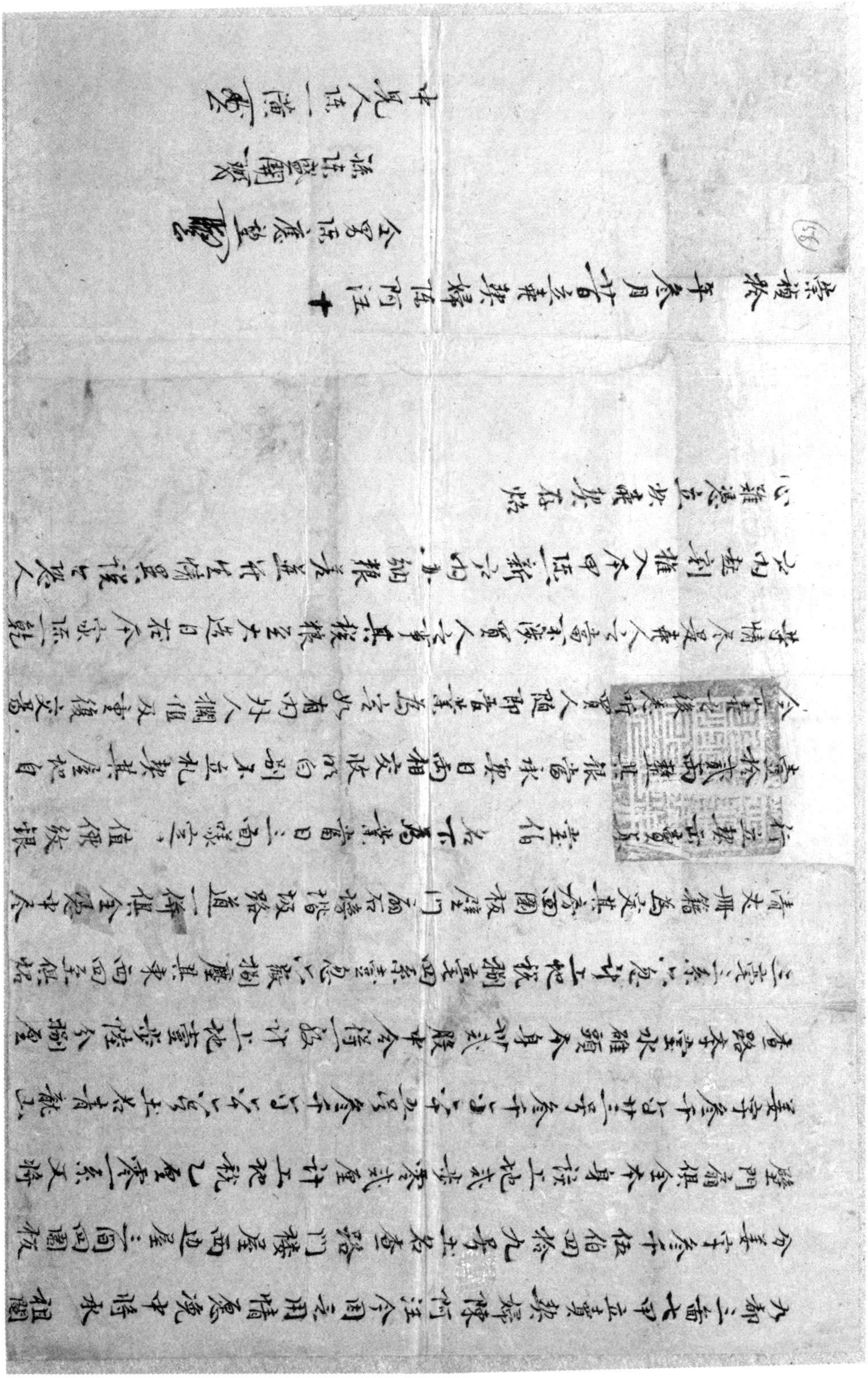

明崇禎十年三月休寧縣陳阿汪立賣屋並水碓地赤契

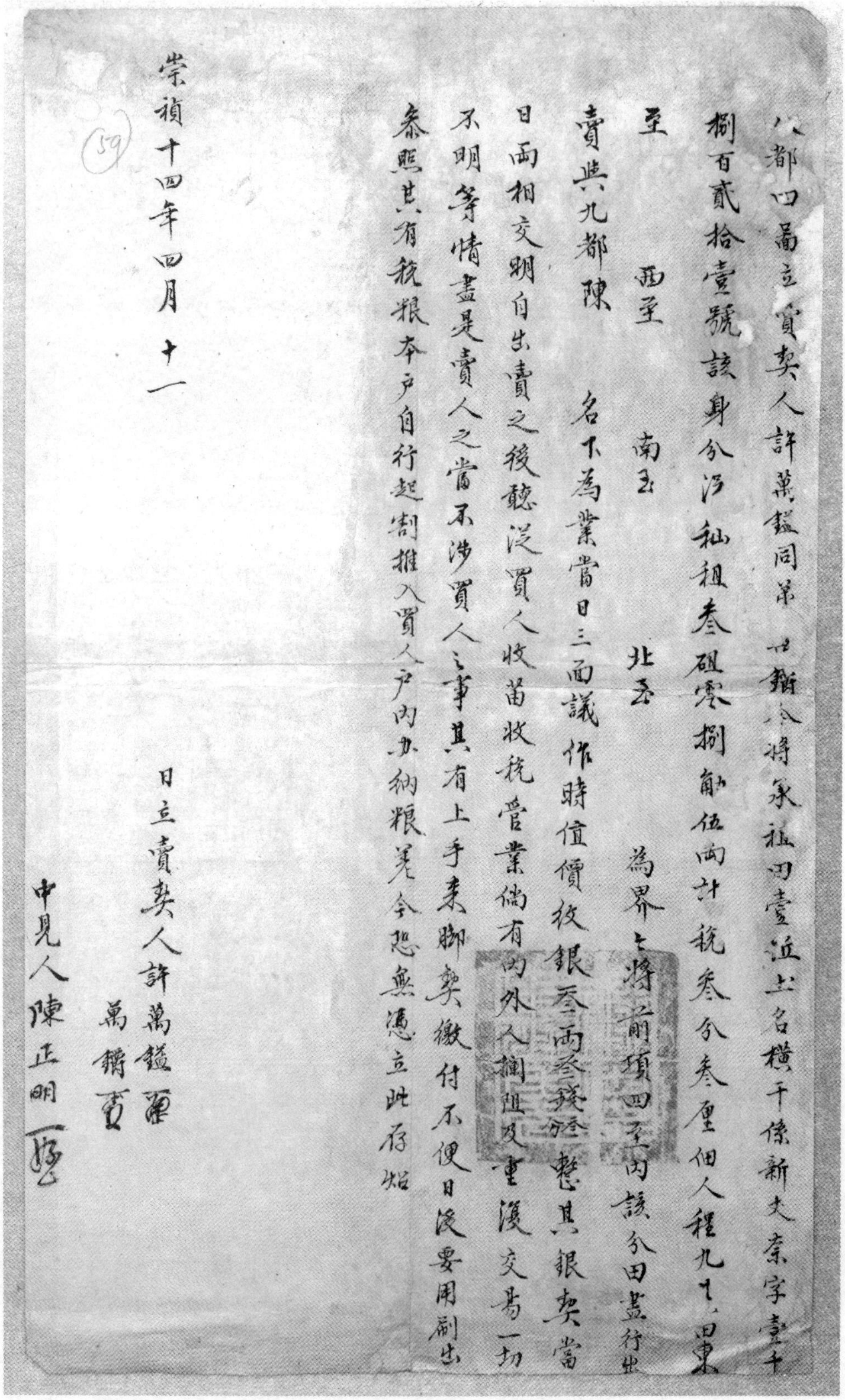

八都四啚立賣契人許萬鎰同弟萬錯，今將承祖田壹坵，土名橫千條，新丈奈字壹千捌百貳拾壹號，該身分得私租叁砠零捌觔伍兩，計稅叁分叁厘，佃人程九九，田東至　西至　南至　北至　為界。今將前項四至內該分田盡行出賣與九都陳　名下為業。當日三面議作時值價紋銀叁兩叁錢叁分整，其銀契當日兩相交明，自出賣之後，聽從買人收苗收稅管業。倘有內外人攔阻及重復交易一切不明等情，盡是賣人之當，不涉買人之事。其有上手來脚契繳付不便，日後要用，刷出參照。其有稅粮本戶自行起割推入買人戶內办納粮差，今恐無憑，立此存炤。

崇禎十四年四月十一　日立賣契人許萬鎰（押）

萬錯（押）

中見人陳正明（押）

明崇禎十四年四月休寧縣許萬鎰等立賣田赤契

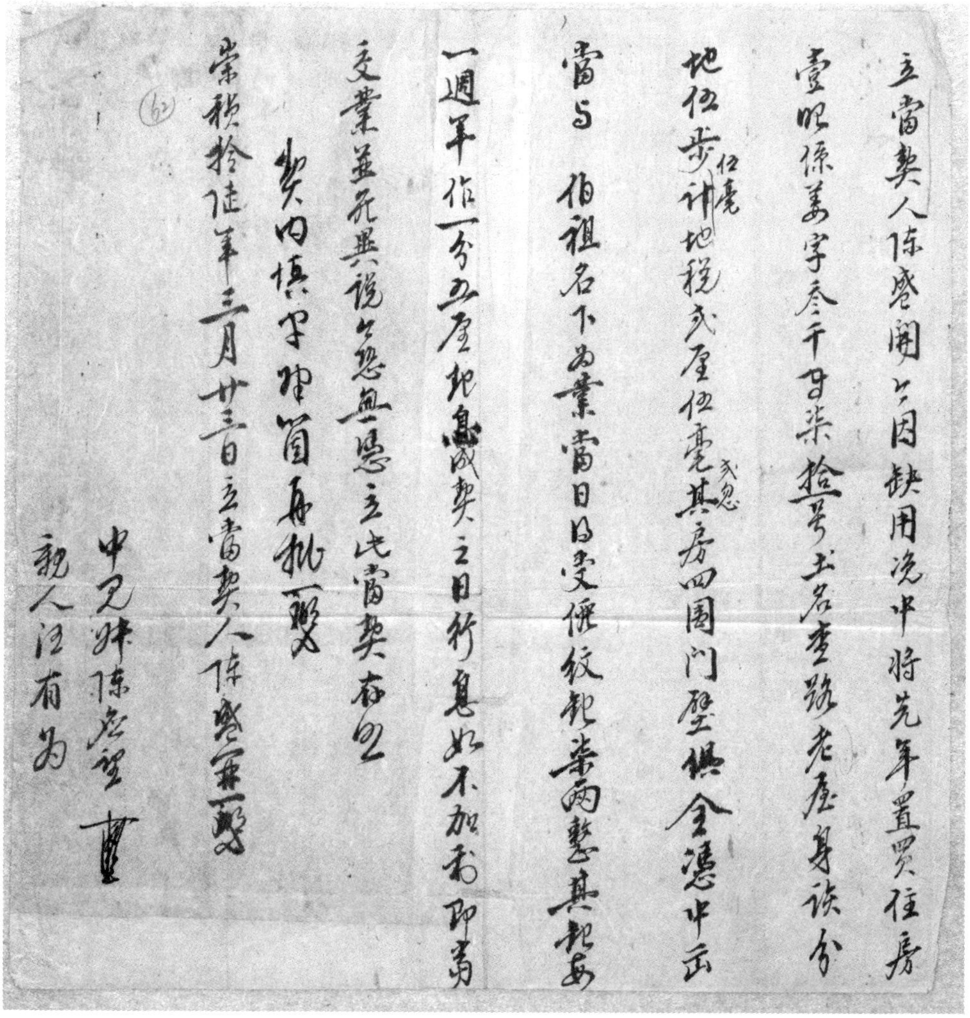
立當契人陳盛開，今因缺用，憑中將先年置買住房
壹眼，係美字叁千廿柒拾號，土名查路老屋，身該分
地伍步伍毫，計地稅貳厘伍毫貳忽，其房四圍門壁俱全，憑中出
當與伯祖名下爲業，當日得受價紋銀柒兩整，其銀每
一週年作一分五厘起息，成契之日行息，如不加利，即憑
受業並屋無異說。今恐無憑，立此當契存照。
契內填字肆箇再批。
崇禎拾陆年三月廿三日立當契人陳盛開（押）
中見叔陳思望（押）
親人汪有爲

一

明崇禎某年十二月〔休寧縣〕陳應登立賣地並屋契

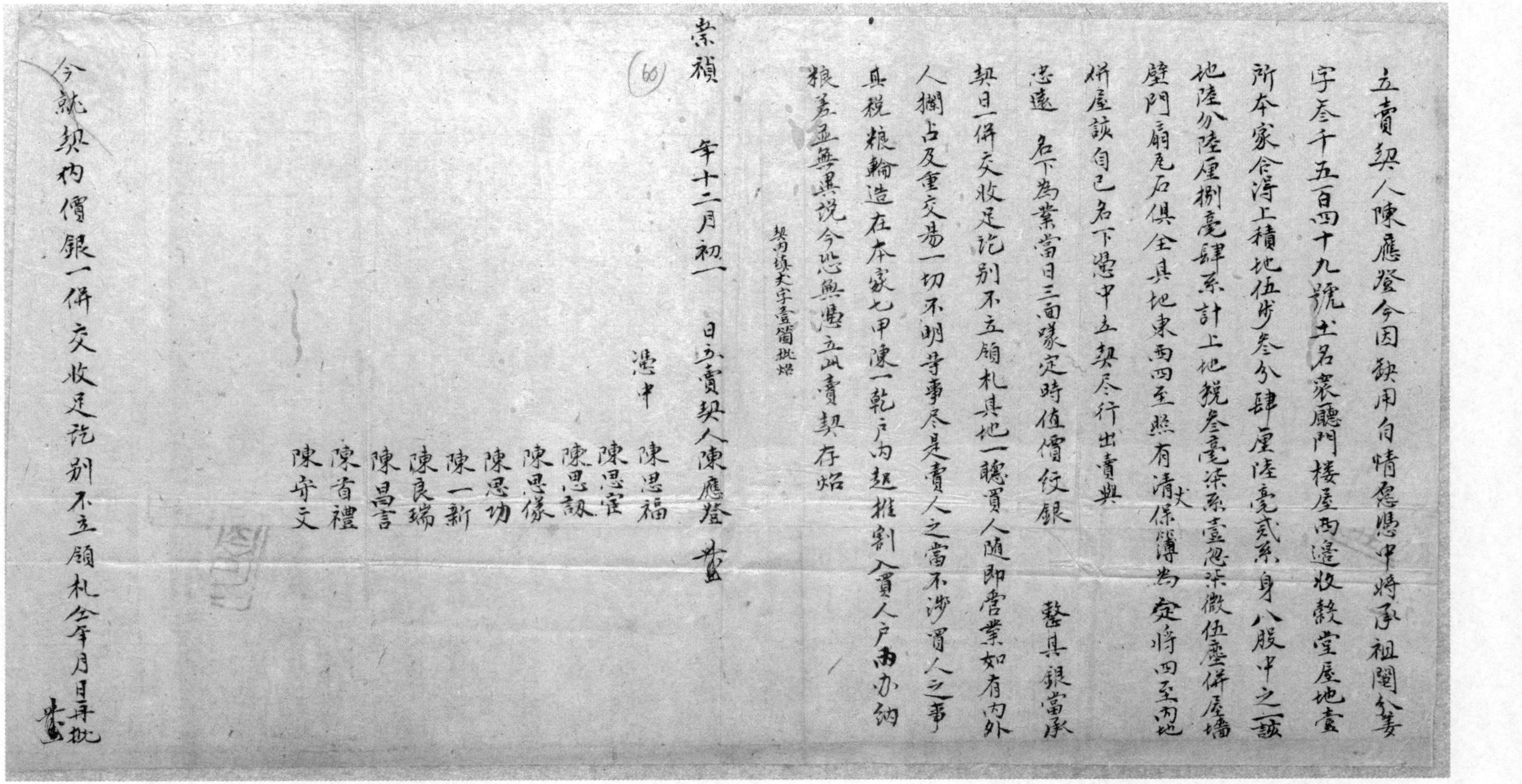
立賣契人陳應登今因缺用自情愿憑中將承祖閹分姜
字叁千五百四十九號土名衆廳門樓屋西邊收穀堂屋地壹
所本家合得上積地伍步叁分肆厘陸毫貳系身八股中之壹
地陸分陸厘捌毫肆系計上地稅叁毫柒系壹忽柒微伍塵併屋墻
壁門扇瓦石俱全其地東西四至照有清丈保簿為定將四至內地
併屋該自己名下憑中立契盡行出賣與
迯遠　名下為業當日三面議定時值價紋銀　整其銀當承
契日一併交收足訖別不立領札其地一聽買人隨即管業如有內外
人攔占及重交易一切不明等事盡是賣人之當不涉買人之事
其稅粮輸造在本家七甲陳一乾户內起推割入買人户內办納
粮差並無異說今恐無憑立此賣契存炤
契內塡丈字壹箇批炤
崇禎　年十二月初一　日立賣契人陳應登（押）
憑中　陳思福
陳思宦
陳思誠
陳思儀
陳思功
陳一新
陳良瑞
陳昌言
陳省禮
陳舟文
今就契內價銀一併交收足訖別不立領札仝年月日再批（押）

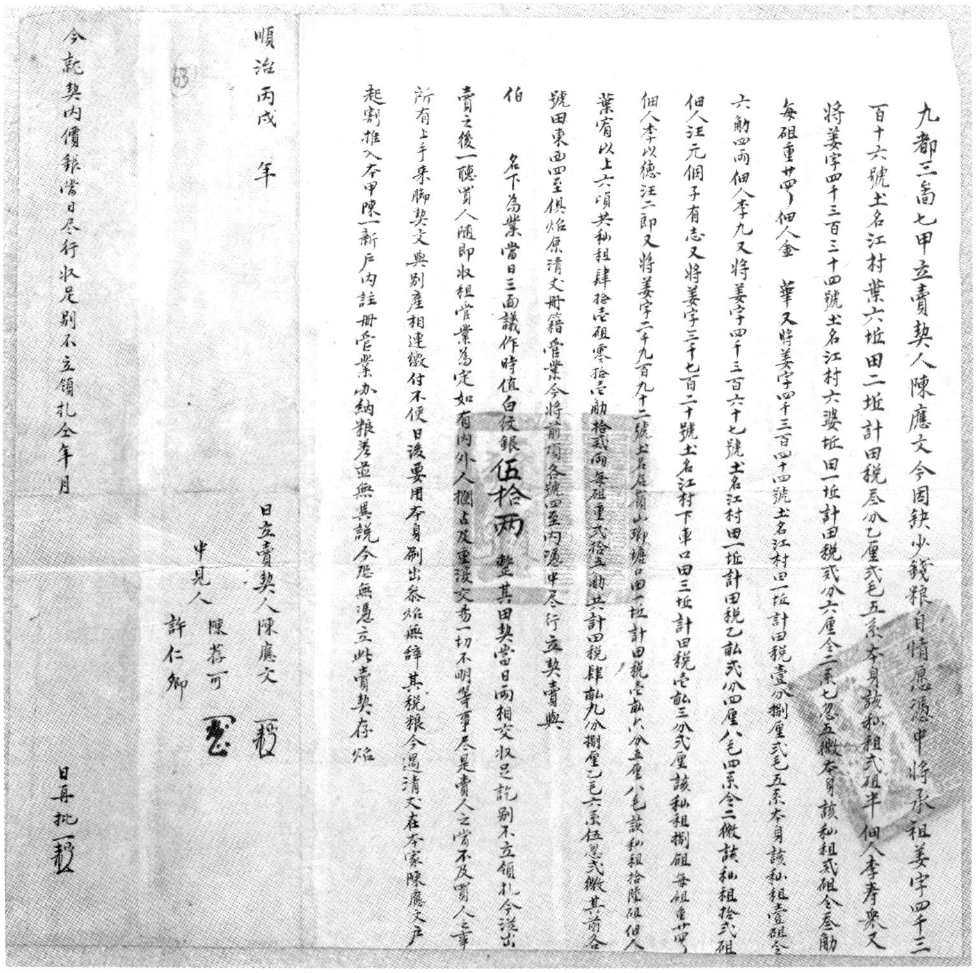

九都三啚七甲立賣契人陳應文，今因缺少錢粮，自情愿憑中將承祖姜字四千三
百十六號，土名江村葉六坵田二坵，計田稅叁分乙厘弍毛五系，本身該私租弍砠半，佃人李壽興；又
將姜字四千三百三十四號，土名江村六婆坵田一坵，計田稅弍分六厘仝二系七忽五微，本身該私租弍砠仝叁觔，
每砠重廿觔，佃人金　華；又將姜字四千三百四十四號，土名江村田一坵，計田稅壹分捌厘弍毛五系，本身該私租壹砠仝
六觔四兩，佃人李九；又將姜字四千三百六十七號，土名江村田一坵，計田稅乙畝弍分四厘八毛四系仝二微，該私租拾弍砠，
佃人汪元佣子有志；又將姜字三千七百二十號，土名江村下車口田三坵，計田稅壹畝三分弍厘，該私租捌砠，每砠重廿觔，
佃人李以德、汪二郎；又將姜字二千九百九十二號，土名居（？）山鄉塘口田一坵，計田稅壹畝六分五厘八毛，該私租拾陸砠，佃人
葉宥。以上六項共私租肆拾壹砠零拾壹觔拾弍兩，每砠重弍拾五觔，共計田稅肆畝九分捌厘乙毛六系伍忽弍微。其前各
號田東西四至俱炤原清丈冊籍管業。今將前項各號四至內，憑中盡行立契賣與
伯　名下為業，當日三面議作時值白紋銀伍拾兩整。其田契當日兩相交收足訖，別不立領札。今從出
賣之後，一聽買人隨即收租管業為定。如有內外人攔占及重複交易一切不明等事，盡是賣人之當，不及買人之事。
所有上手來腳契文，與別產相連，繳付不便，日後要用，本身刷出參炤無辭。其稅粮今遇清丈，在本家陳應文戶
起割，推入本甲陳一新戶內註冊，管業辦納粮差，並無異說。今恐無憑，立此賣契存炤。

順治丙戌　年　日立賣契人陳應文（押）
中見人　陳蕃可（押）
許仁卿

今就契內價銀當日盡行收足，別不立領札。仝年月日再批（押）

清順治三年休寧縣陳應文立賣田赤契

〔一二〕明萬曆至天啓年間休寧縣十八都戴氏買賣田地契約

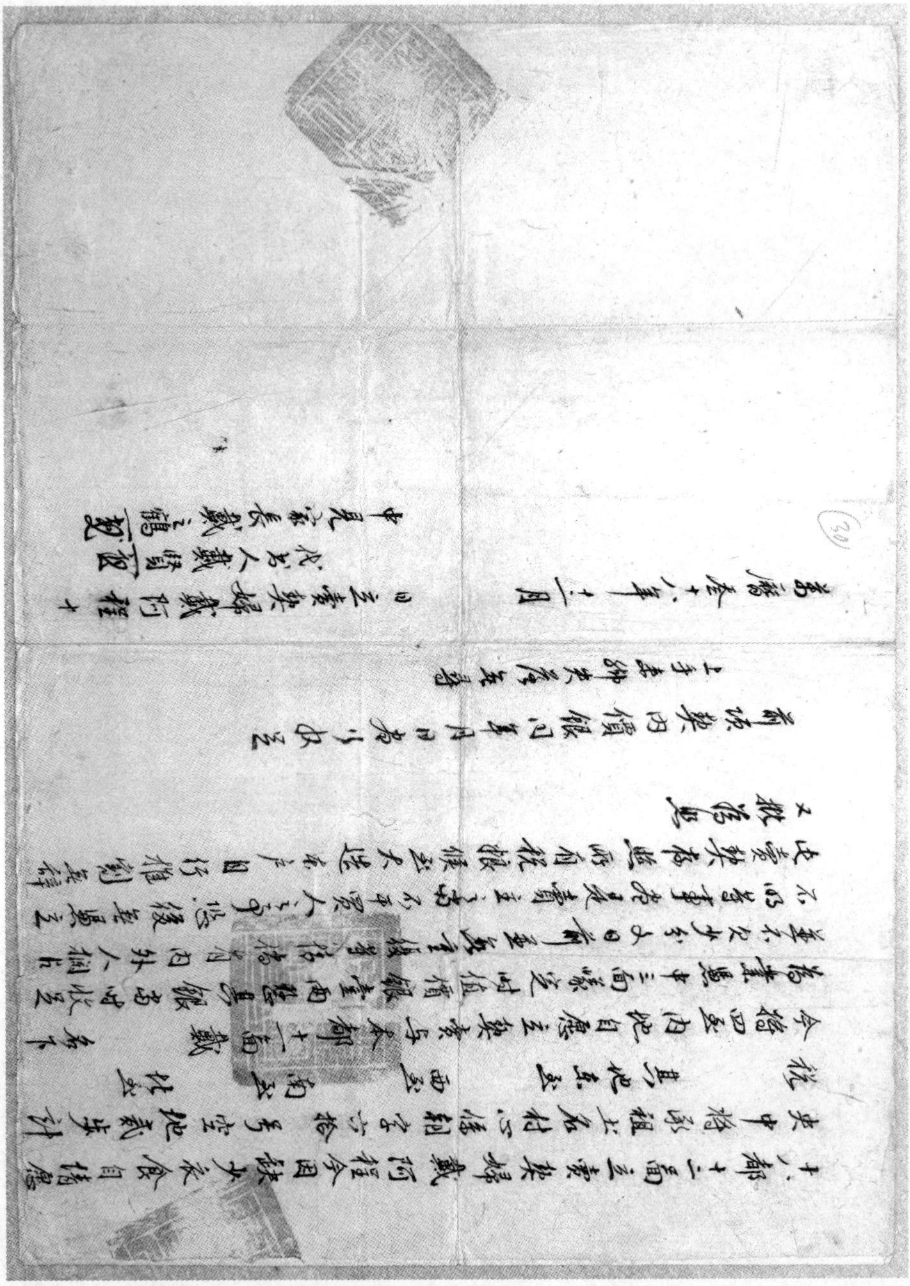

明天啓三年五月休寧縣戴國綱立賣田赤契

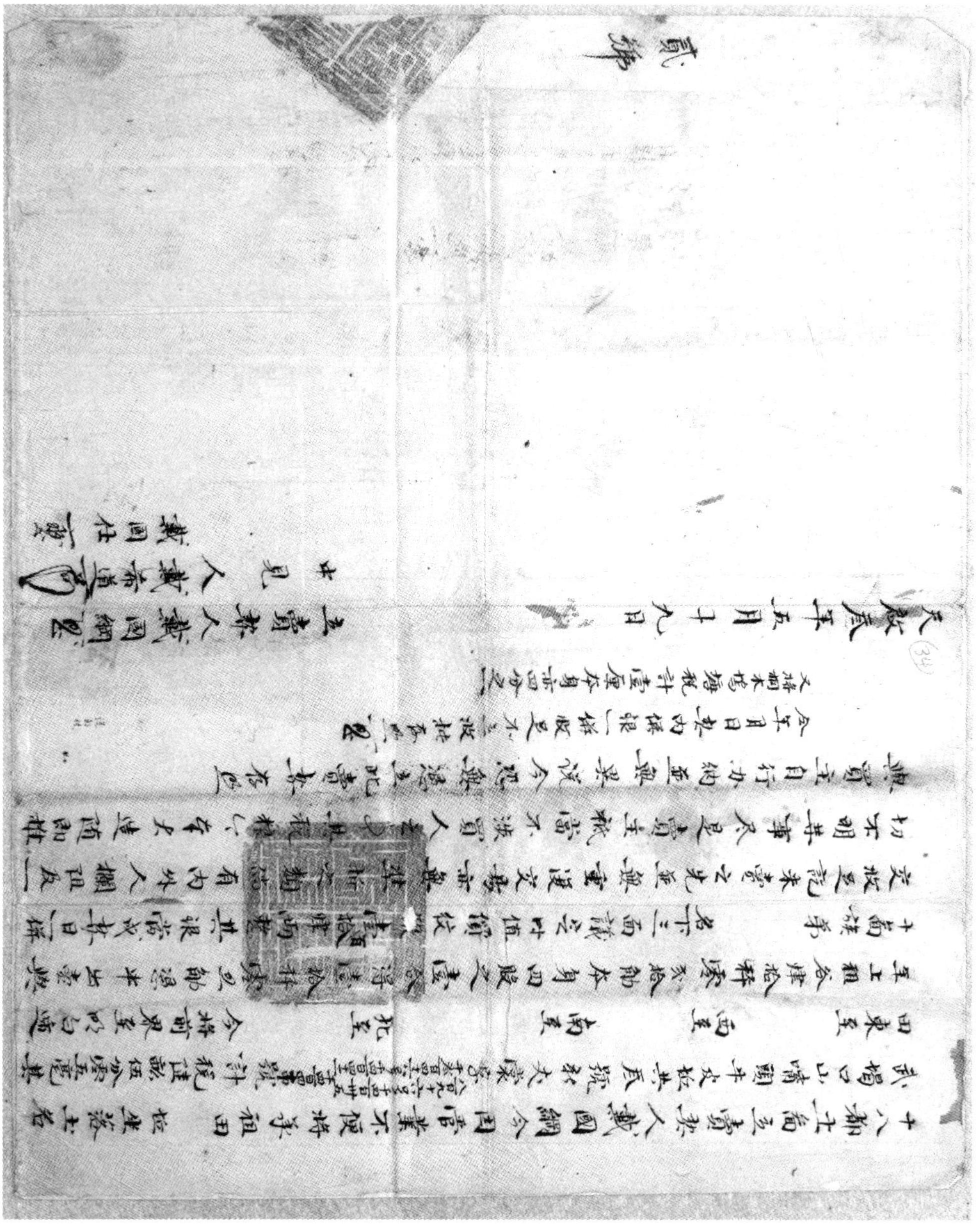

〔三〕明萬曆至清康熙年間其他出賣典當土地契約

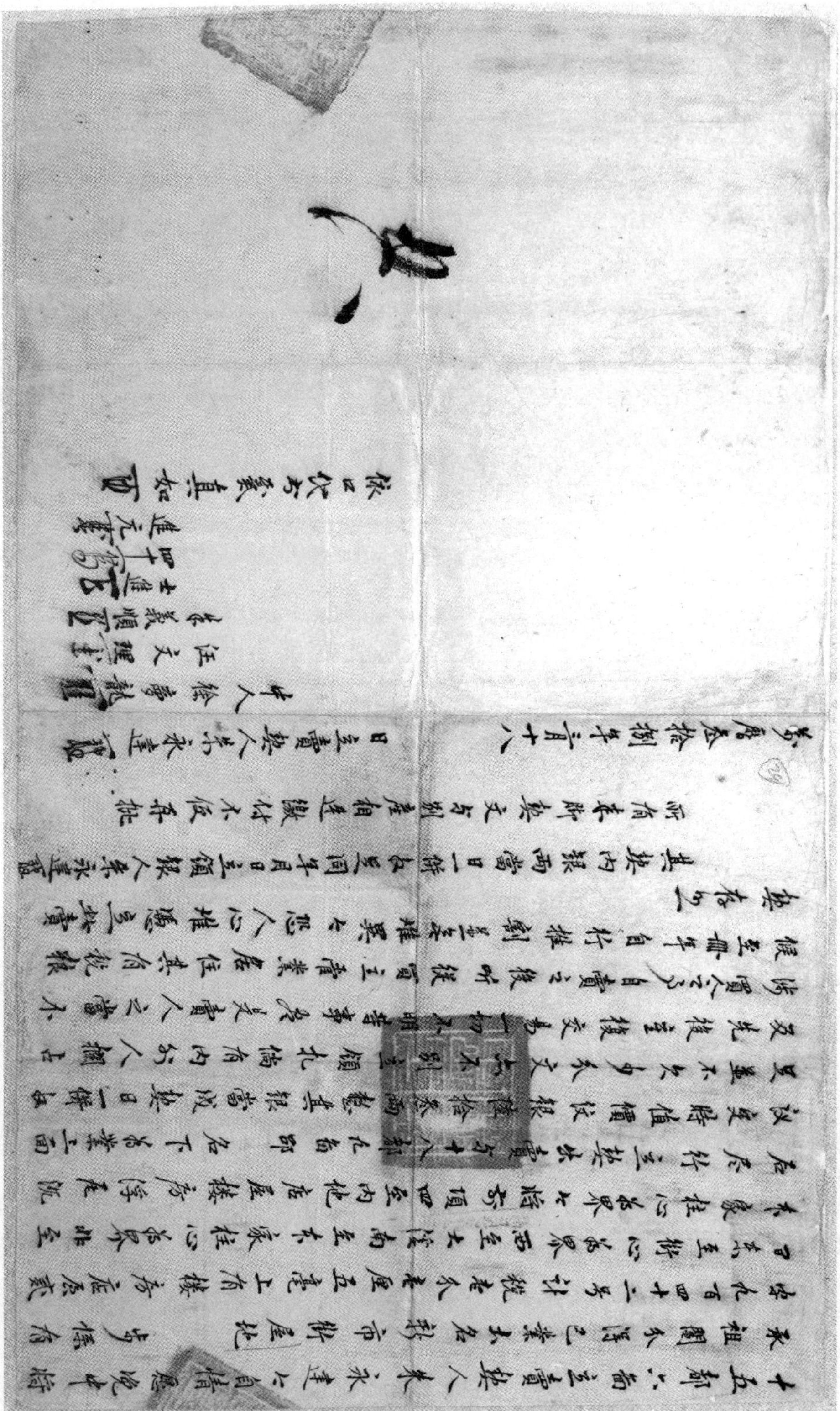

明萬曆三十八年三月休寧縣朱永建立賣店屋地赤契

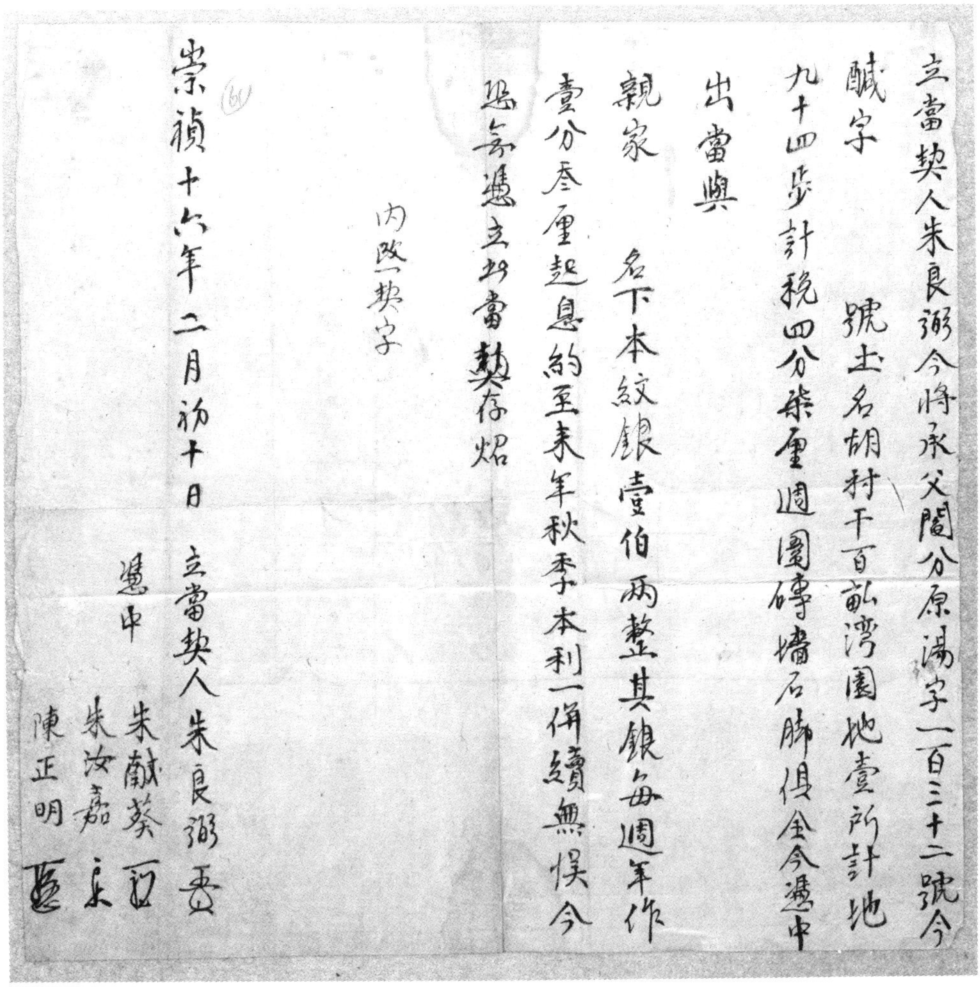

立當契人朱良弼今將承父閹分原湯字一百三十二號今
鹹字　號土名胡村千百畝灣園地壹所計地
九十四步計稅四分柒厘週圍磚墻石脚俱全今憑中
出當與
親家　名下本紋銀壹伯两整其銀每週年作
壹分叁厘起息約至來年秋季本利一併續無悞今
恐無憑立此當契存炤

內改一契字

崇禎十六年二月初十日　立當契人朱良弼（押）

憑中　朱獻葵（押）
朱汝嘉（押）
陳正明（押）

明崇禎十六年二月〔休寧縣〕朱良弼立出當園地契

一

清康熙二十四年十二月某某縣汪瑩石立出當園地契

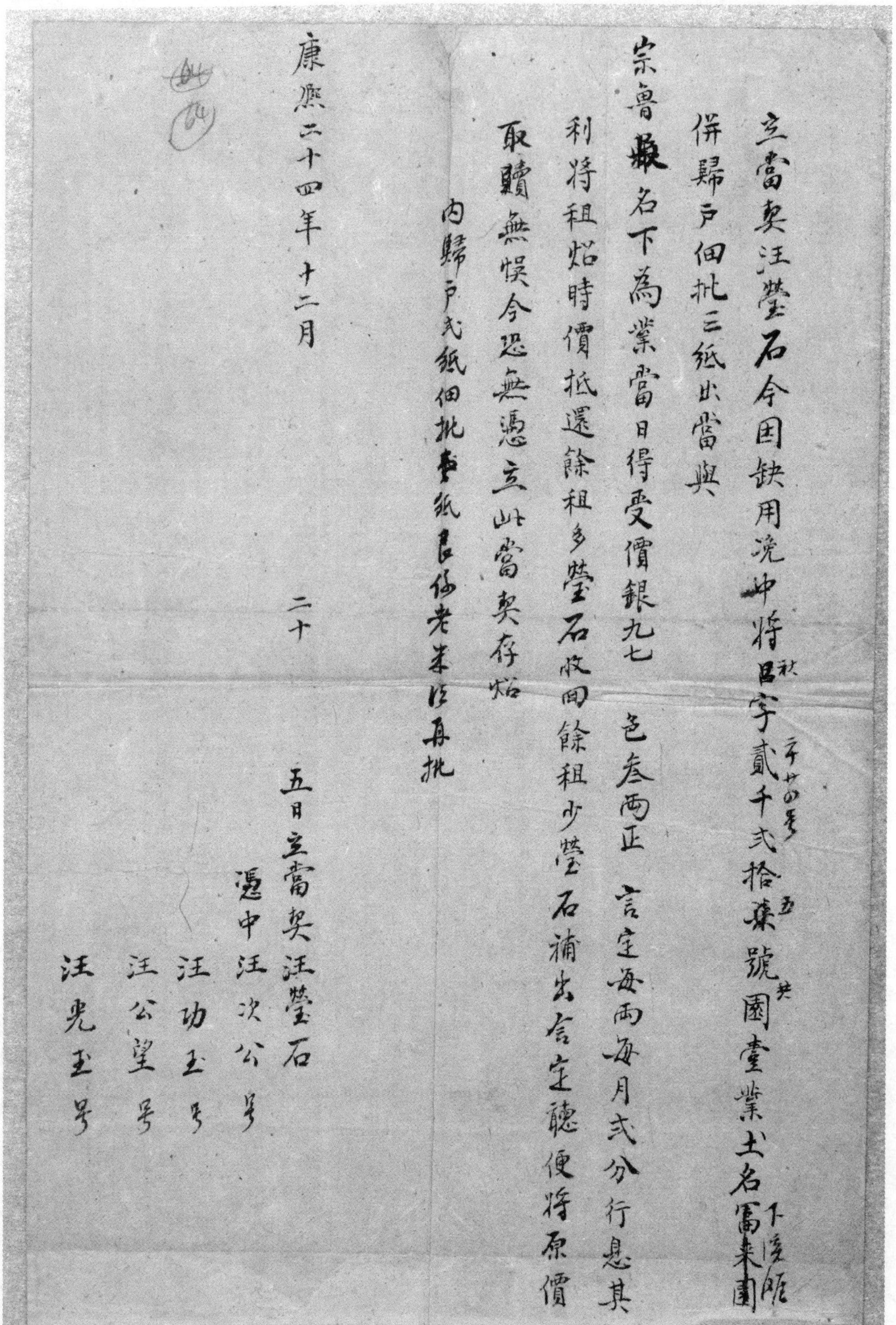

立當契汪瑩石今因缺用浼中将呂(秋)字貳千弍拾柒(五)號(二千廿四号)(共)園壹業土名富來園(下陰阬)
併歸戶佃批三紙出當與
宗魯㬎名下為業當日得受價銀九七色叁两正　言定每两每月弍分行息其
利将租焇時價抵還餘租多瑩石收回餘租少瑩石補出合定聽便将原價
取贖無悞今恐無憑立此當契存焇
内歸戶弍紙佃批壹紙已併老業注再批
康熙二十四年十二月二十五日立當契汪瑩石
憑中汪次公号
汪功玉号
汪公望号
汪光玉号

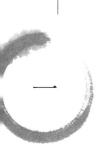

三、明嘉靖至清乾隆年間出賣田地及分家等文書

〔一〕明嘉靖至萬曆年間〔休寧縣〕十二都汪氏買賣田地契約

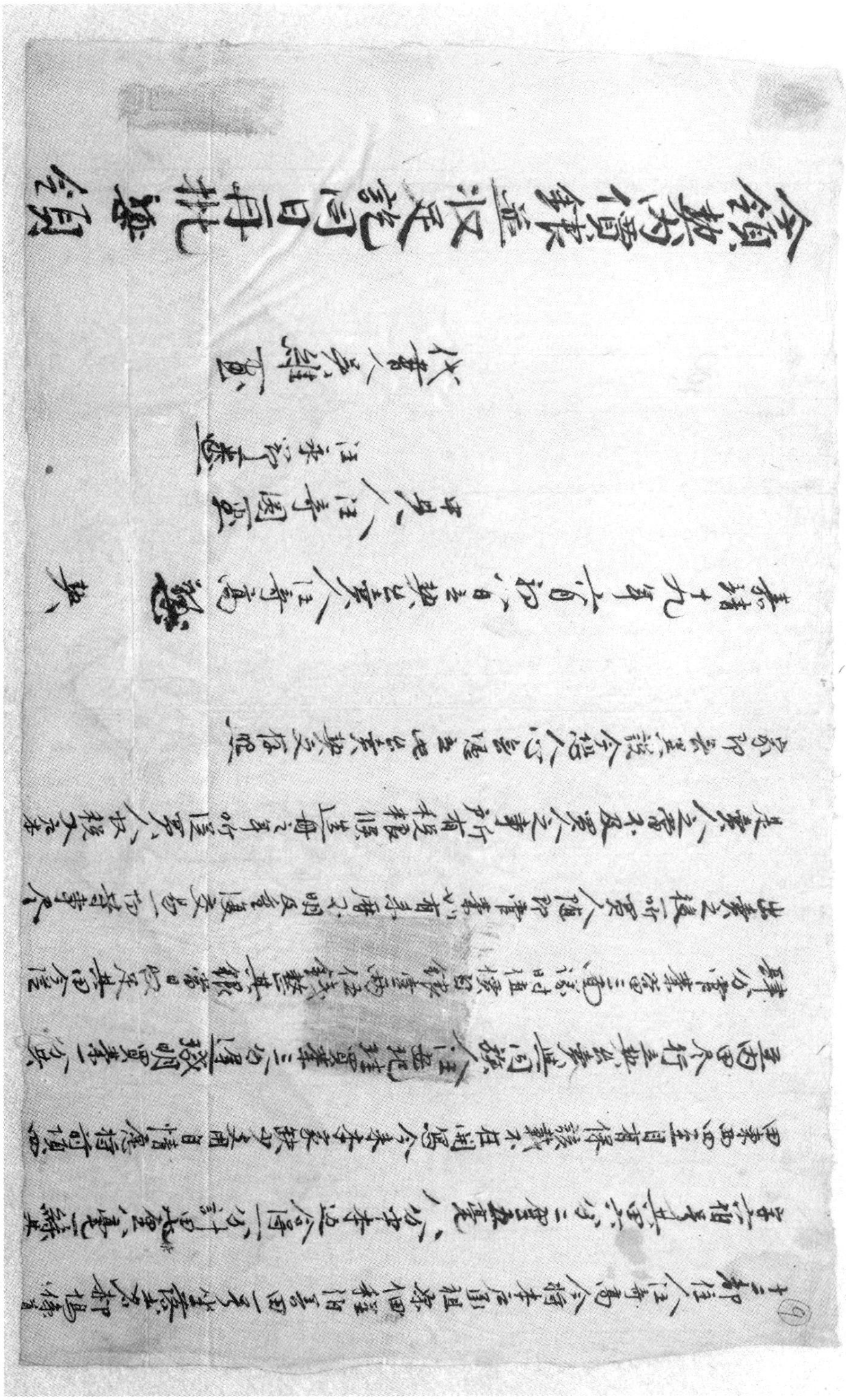

明嘉靖十九年六月〔休寧縣〕汪奇高立賣田赤契

一

明嘉靖十九年九月〔休寧縣〕汪壽定立賣山地赤契

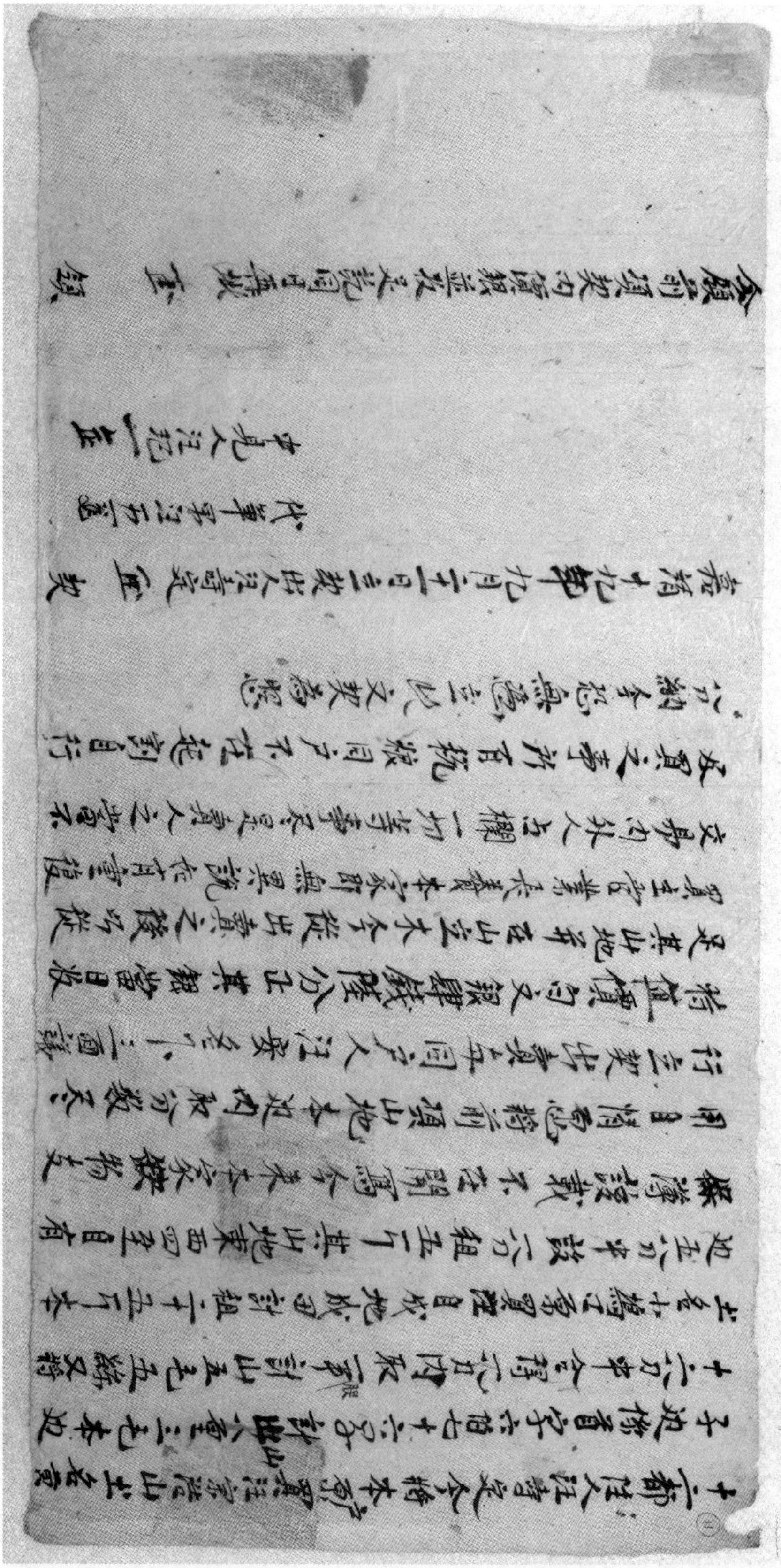
（三）
十二都住人汪壽定今將本户原買汪宗浩山土名黄
子边係首字六佰七十六号計山八畝三毛本边
十六分中合得一分内取一半計山五毛五絲又將
土名小塢口原買汪自成地成田計租二十五斤本
边五分中該一分租五斤其山地東西四至自有
保簿該載不在開寫今來本家缺物支
用自情愿將前項山地本边内取分数盡
行立契出賣與同户人汪安名下三面議
時值價白文銀肆錢陸分正其銀當日收
足其山地并在山立木今從出賣之後一聽從
買主管業長養本家即無異說在有重復
交易内外人占攔一切等事盡是賣人之當不
及買之事所有税粮同户不在起割自行
分納今恐無憑立此文契為照
嘉靖十九年九月二十一日立契出人汪壽定（押） 契
代筆男汪五遥
中見人汪杞一（押）
今領前項契内價銀並收足訖同日再批（押） 領

一

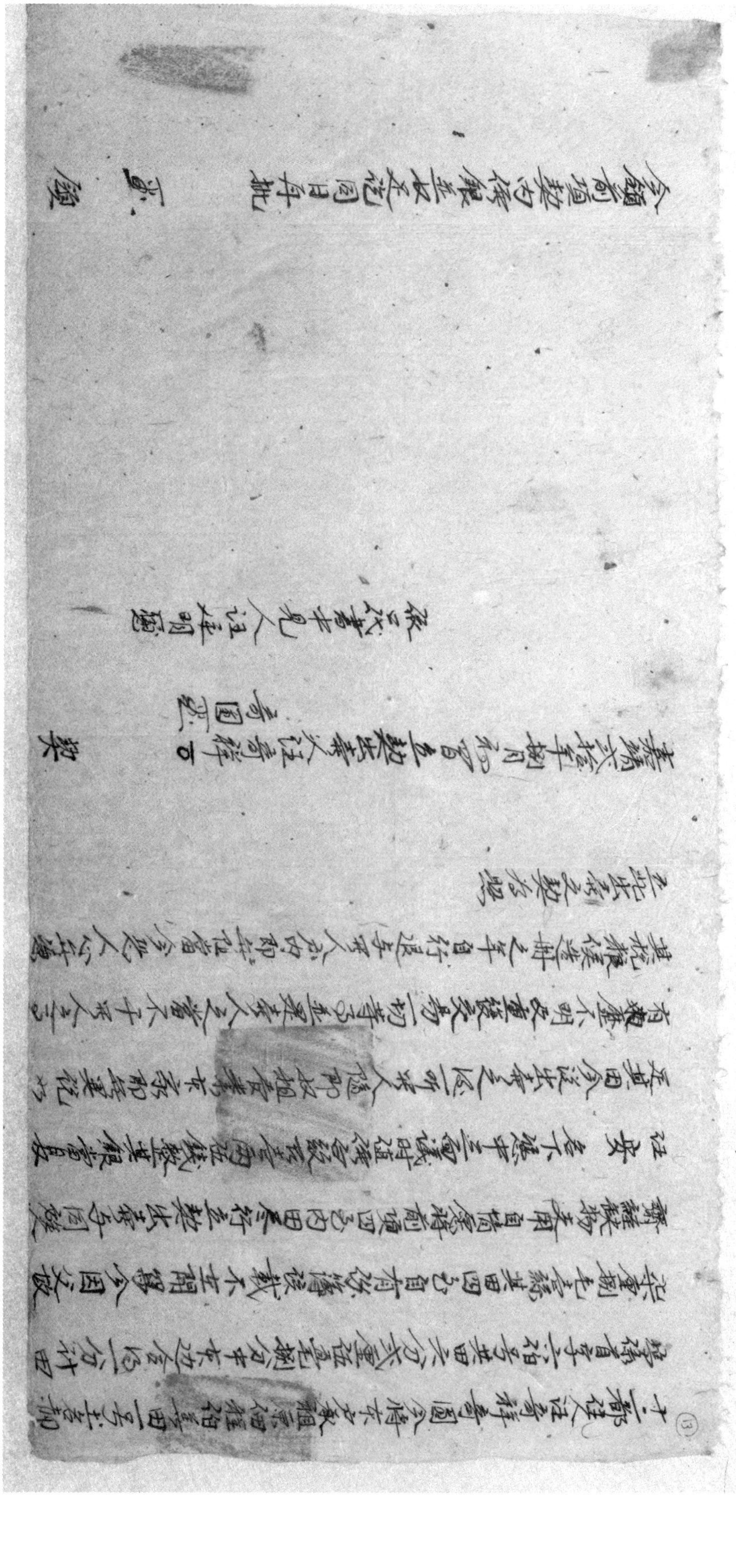

明嘉靖二十年八月〔休寧縣〕汪奇祥等立賣田赤契

明萬曆十五年十一月〔休寧縣〕朱宗元立賣田赤契

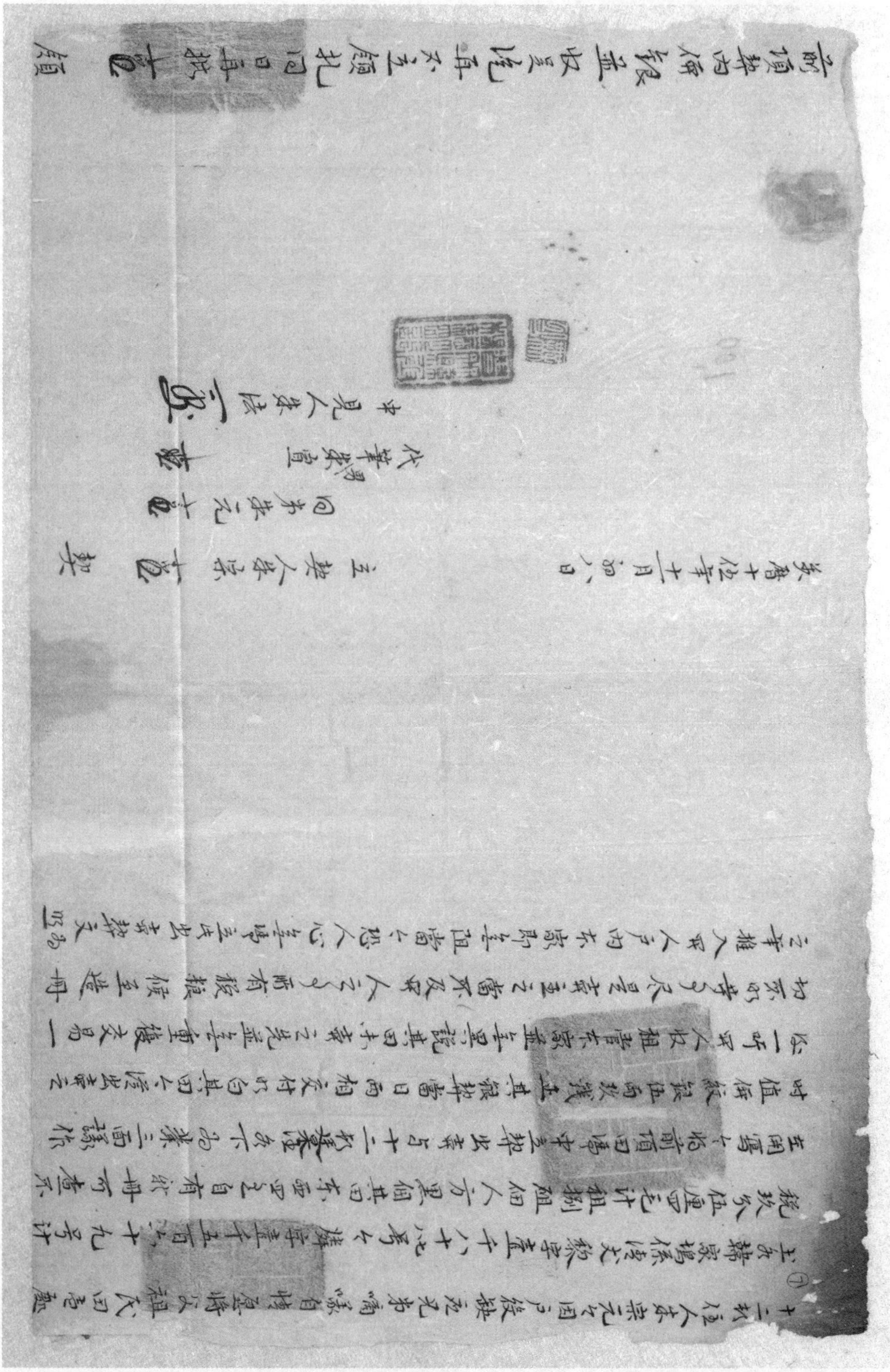

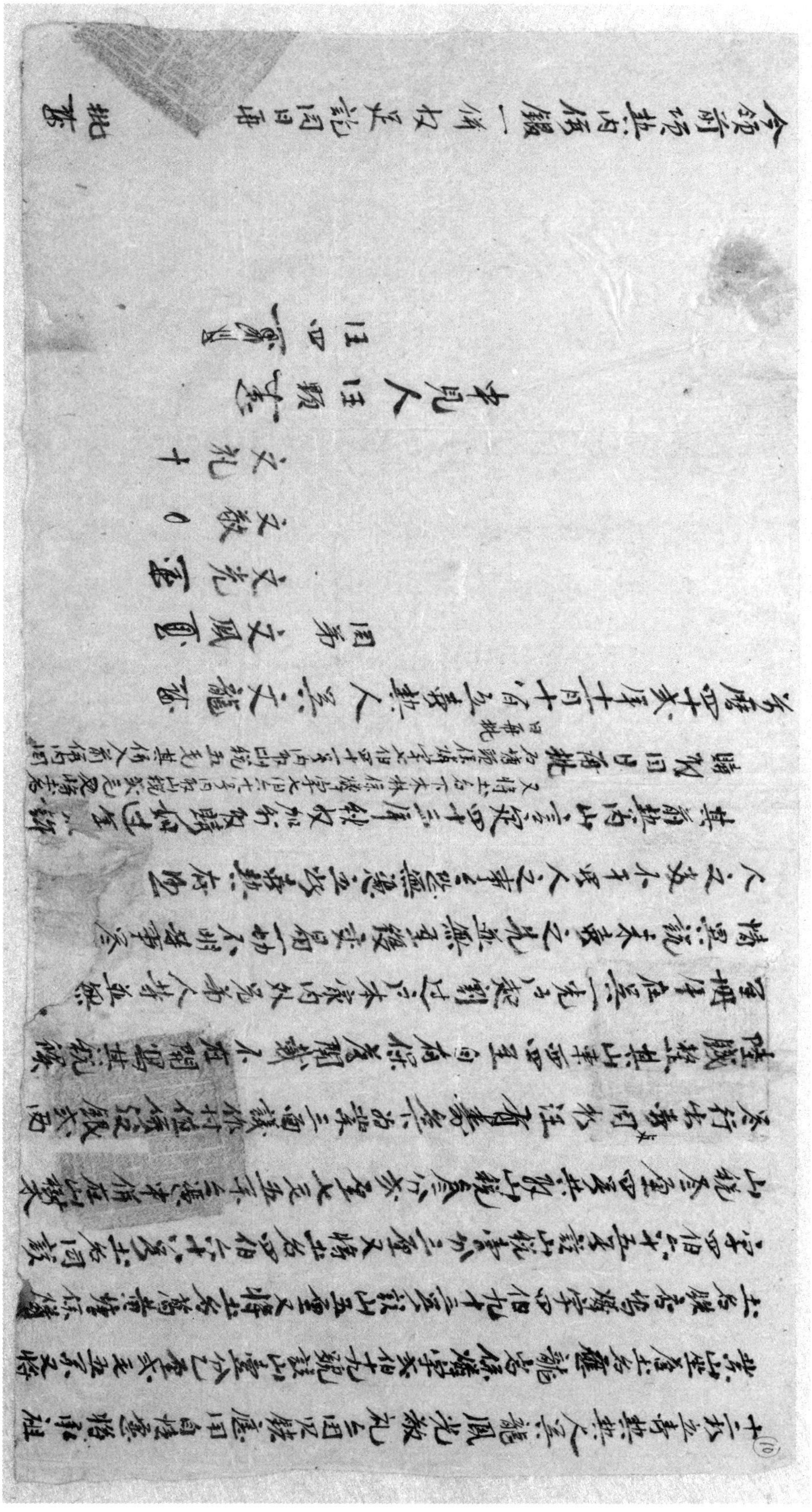

明萬曆四十二年十一月〔休寧縣〕吳文龍等立賣山赤契

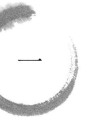

一

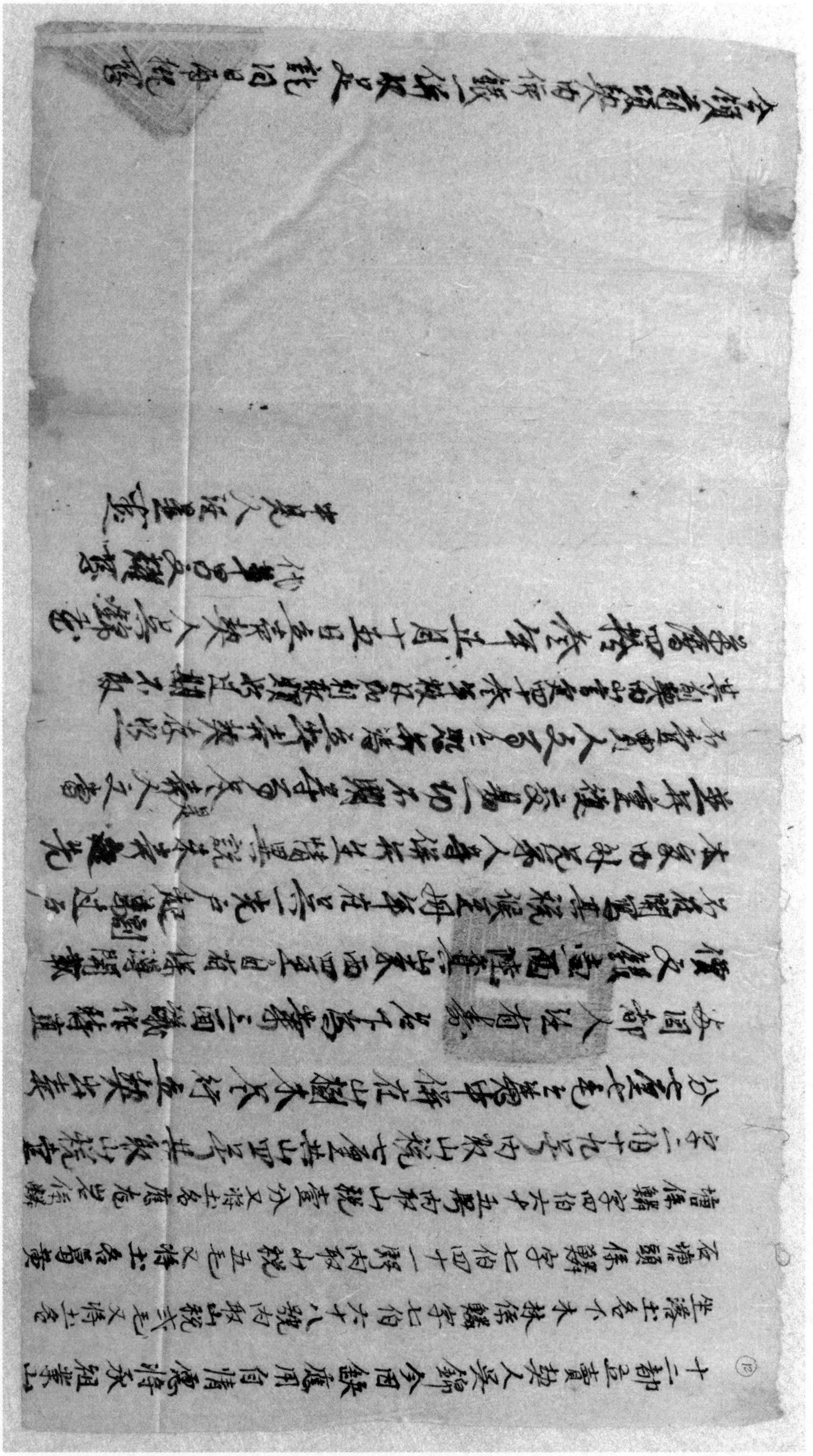

明萬曆四十三年正月〔休寧縣〕吳錦立賣山赤契

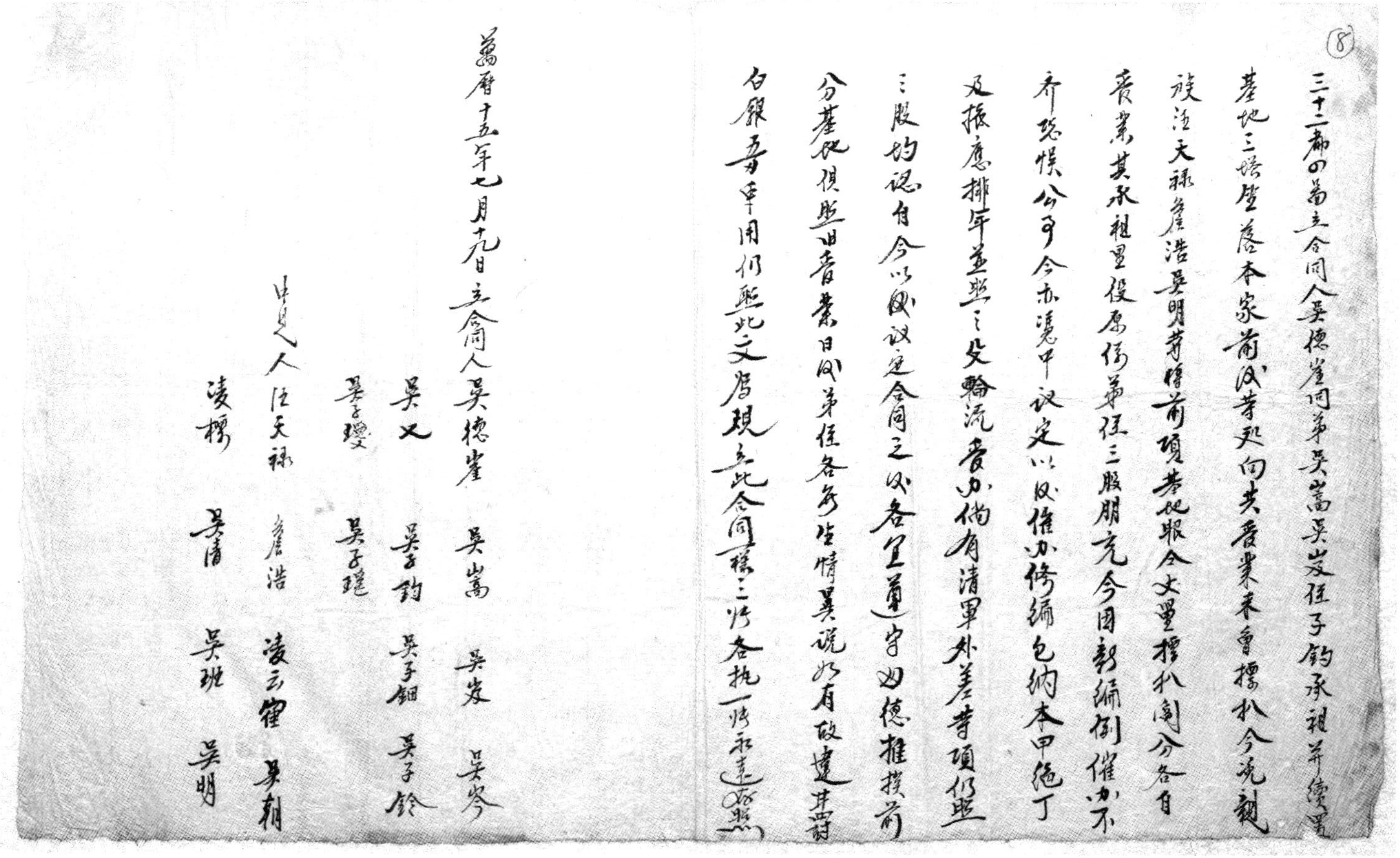

(8)

三十二都四啚立合同人吳德崖同弟吳嵩吳岱侄子鈞承祖并續置
基地三塔坐落本家前後等處向共管業未曾標扒今憑親
族汪天祿詹浩吳明等將前項基地照合文墨標扒鬮分各自
管業其承祖里役原係弟侄三股朋充今因新編催辦不
齊總慎公平今亦憑中議定以後催辦修編包納本甲絕丁
及振應排年並照三股輪流管辦倘有清軍外差等項仍照
三股均認自今以後議定合同之後各宜遵守如德推捱前
分基地俱照田管業日後弟侄各無生情異說如有故違甘罰
白銀五兩與用仍照此文為規立此合同樣三紙各執一紙永遠存照

萬曆十五年七月十九日立合同人吳德崖　吳嵩　吳岱　吳岑
吳文　吳子鈞　吳子鈿　吳子鈴
吳子瓔　吳子琨
中見人汪天祿　詹浩　凌云寶　吳朝
凌標　吳清　吳班　吳明

明萬曆十五年七月某某縣吴德崖等立鬮分基地並三股輪流管辦里役合同

官契

立絶賣文契人徐有林爲因乏用愿将自

徐宅合户名下爲業議定時值價銀叁拾

並無親房並下及原主再言加贖枝節

計開坐落列後 今将大塘

大塘使水

憑立出業杜

乾隆二十二年十二月 十五

乾隆貳拾叁年十月廿九日税

錢回贖文照

田行 孫蔭培

中証 魯達興

芮廣成

芮鄴侯

楊士瑶

魯達禮

魯達遷

李在林

韓廷耀

楊士玉

錢永聖

王廷高

芮廣賜

芮象圖

芮敦才

芮瑞徵

代書

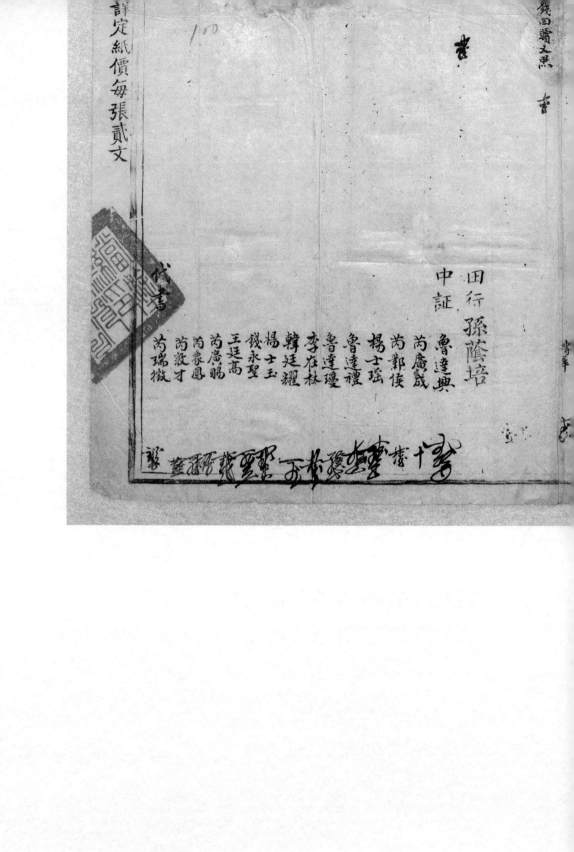

詳定紙價每張貳文

縣官契

在契田價係收完足係足

合同

賣主 尚直侯

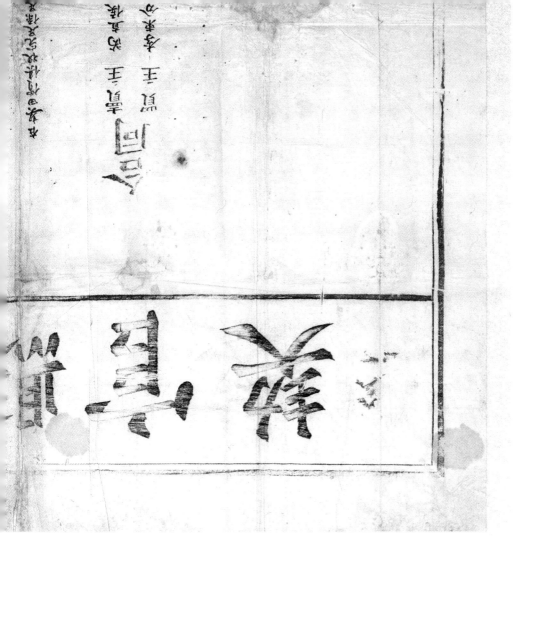

買主 李東分

清乾隆二十二年十二月巢縣徐有林立絶賣田塘赤契附乾隆二十三年十月巢縣給徐楚瑞契尾

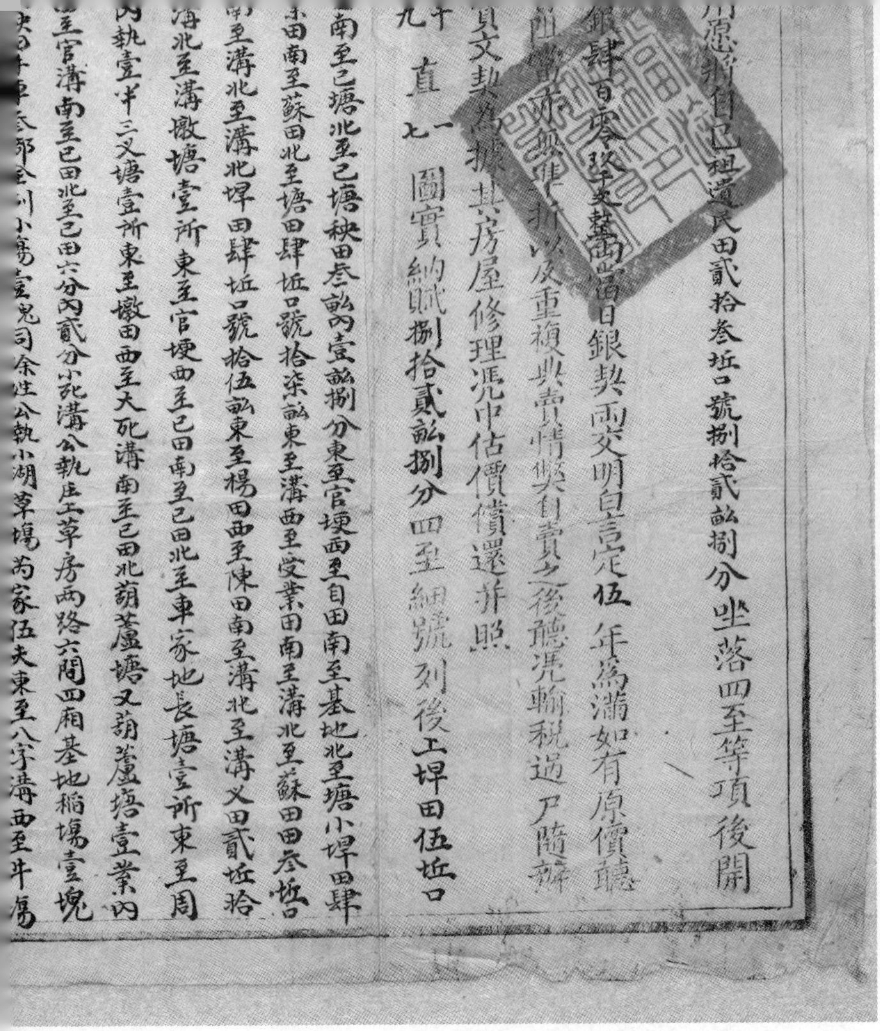
朋愿將自己祖遺民田貳拾叁坵口號捌拾貳畝捌分坐落四至等項後開
銀肆百零玖兩當日銀契兩交明白言定伍　年爲滿如有原價聽
田當亦無准折以及重複典賣情弊自賣之後聽凴輸税過户隨辦
具文契爲據其房屋修理凴中估價償還并照
十九直七一圖實納賦捌拾貳畝捌分四至細號列後工埠田伍坵口
南至己塘北至己塘秧田叁畝内壹畝捌分東至官埂西至自田南至基地北至塘小埠田肆
坵田南至蘇田北至塘田肆坵口號拾柒畝東至溝西至安業田南至溝北至蘇田田叁坵
南至溝北至溝北埠田肆坵口號拾伍畝東至楊田西至陳田南至溝北至溝又田貳坵拾
海北至溝墩塘壹所東至官埂西至己田南至己田北至東家地長塘壹所東至周
内執壹半三叉塘壹所東至墩田西至大死溝南至己田北蒴蘆塘又蒴蘆塘壹業内
至官溝南至己田北至己田六分内貳分小死溝公執庄上草房兩路六間四廂基地稻場壹塊
央田車部小室鬼司余姓公執小湖草塊為家伍夫東至八字溝西至斗

乾隆 年 月 日

肆拾弍號

當塗

(2)

立活賣田正契人 立侯 應曉 天位 轉舉

憑中魯達興等說合出賣與

李東分名下爲活業得受時值田價足錢

憑同贖此係兩相情願並無親房

條銀漕米一併推付恐後無憑立此

計開

坐落 南永豐圩 黃家埠

號拾捌畝東至已塘西

圩號柒畝東至塘西

號拾叁畝東至蘇田西

壹畝東至陳田西至溝

地西至埂南至已田北至

執壹半大死溝壹所東至

受業

立分閹單人胡志林仝弟志相志栢今將承祖
計開
前圩下垯佃頭田叁租又前圩上垯佃頭田捌租又
田捌租又前圩下垯佃頭田捌租又下塢梘頭佃頭
叁觔又將房屋開列于后
楼屋一所合面三间東边地房三间楼房二广西边
廚屋廿橺西半均分廚屋隔壁灰舍一所西半均分
園帶園西半又將𫢸山墓園西半又將滿上園菜
閹得胡志相仝弟志栢一溫坑源佃頭田叁秤又前圩
新置高塝頭田租拾壹觔半
胡志相仝弟志栢今將承祖遺下前圩佃頭田上垯捌

又楼房屋宇東边他房右边一间通頂西边半间

文還兄名下銀叁両正

再批 後山茅園阁分上坂大小四塊潇上園中心一塊前圩埋边一

康熙五十八年正月承祖分有阁单各执一纸

再批下土庫屋前堂楼上阁廳南边一半又

乾隆九年正月

抵作一间通頂志相志栢多分佃頭田壹畝捌分抵还口上

山嶺頭一塊西充荳园理边一塊茶山理边一塊隘見坑荳园外边一塊後山荳园理边一半

分与德序名下為業日後不得争論

日立分闡阜人胡志林

弟　胡志相

胡志栢

中見伯　胡德序

顯邑　吴公祥

代書　胡兆祥

續置佃頭实租屋宇項項各物俱以開列于后

坑源佃頭叁畝又新置西充佃頭田拾肆租半又西充佃頭

租半又温坑源田租陸租零捌觔又新置高塝頭田租叁拾

房半间二广抵作一间楼上楼下通項均作两半又將

將观音堂後灰舍二间菜園地一片均两半分又將後山菜

地两半又將西充陰坑茔園两半又西充茶山两半均分

坵佃頭田捌租又西充佃頭捌租又温坑源田租叁租零四觔又

憑伯德序叔德遇批与長侄永修名下

九茔园外边一塊茶山外边一塊隨峴坑茔园理边一塊

与德序名下為業日後不得争論

日立分鬮單人胡志林（押）

弟　胡志相（押）

胡志栢（押）

中見　伯　胡德序（押）

吳公祥（押）

縣丞

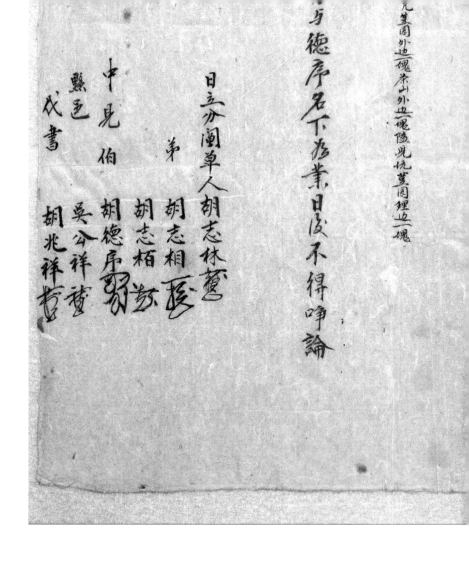

代書　胡兆祥（押）

續置佃頭实租屋宇項項各物俱以開列于後
坑源佃頭叁畝又新置西充佃頭田拾肆租半文西充佃頭
租半文温坑源田租陸租零捌觔又新置高塍頭田租叁拾
房半間二户抵作一間樓上樓下通項均作兩半文將
將观音堂後灰舍二間菜園地一片均兩半分又將後山菜
地兩半文將西充隘見坑菜園兩半又西充茶山兩半均分
佃頭拾肆租半文新置下鴆梘頭佃頭玖租半文温坑源田租

立分閹單人胡志林仝弟志相志栢今將承祖

計開

前圩下坵佃頭田叁秖又前圩上坵佃頭田捌秖又

田捌秖又前圩下坵佃頭田捌秖又下塢梘頭佃

叁斛又將房屋開列于后

樓屋一所合面三間東边他房三間樓房二戶西

厨屋中欄西半均分厨屋隔壁灰舍一所西半均

園学園西半又將後山塋園西半又將滿上園

閹得胡志林一前圩下坵佃頭田叁秖又新置西

叁秖零四斛又新置高塝頭田租拾壹斛半

拾斛批與志相名下

再批 後山亭園閣分下坂大小五塊渚上園理外二塊前件菜園理外二塊旁理一塊外以

康熙五十八年正月承祖分有閣阜各批一帖

再批下土庫屋前堂楼上閣廳南边一半承

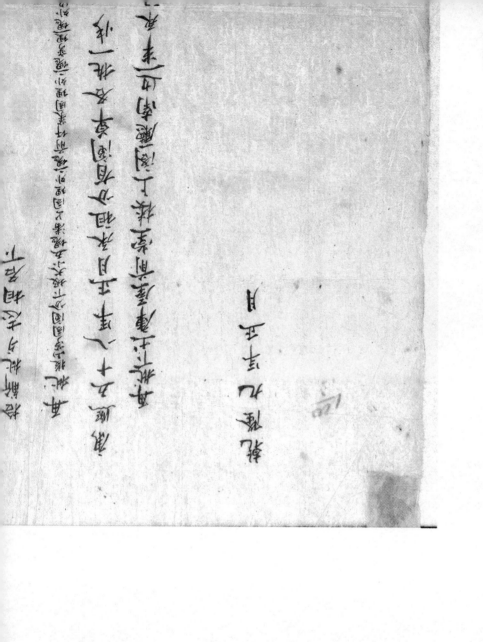

乾隆九年正月

立議墨合同天地人三大房人等

曾祖栢軒公葬於西閬置有衆山一業土名油麻塢係新丈鞠字叁千壹百玖拾

安葬其父於上各房伏羕聽其安葬不許盗賣詎彼支下子孫應壽於

叁年國鉉國欽國錀一第又盗税貳厘賣与朱歆新同僉業親供尽行査

恶不從老幼咸思吐氣少壯孰肯甘心三大房合議彼既貪婪忘　祖作俑

應經　公使費等事将门庭存銀公支公用毋得推委躱避各無異説恐

合壹樣叁紙天地人叁大房各執壹張

康熙肆年　　　　月

遵官私巻墨嚴禁盗葬侵害等情万曆十年清丈虎形山歲字

税分散致起𥠖端三十七年盗葬者經公起葬盗賣者經公責贖

悉收前項地山税併歸總户办納粮差統于一業管於衆庶杜盗葬

沾恩粘单具呈生員吴士進　吴之佳　吴成先　吴淇　吴

康熙五年四月　　日

成二公　菊公房　吴世光一張

福房士敦公　吴宗義堂付貯清明匣一張　吴應申一張　吴文程一張

士原公　吴國儁一張　吴國徽一張　吴和爍一張　吴毓亮一張

士勇公　吴希尧一張

壽公房　吴膳孝付貯清明匣一張　吴邦達一張　吴佛祐一張

成四公房　吴應昌一張　吴澎一張　吴尚德一張

成九公房　吴應箕一張

成十公房　吴文輝一張　吴之錦一張　吴之鐸一張　吴继友一張　吴

字廿七号地税叁亩四分八毫山税壹亩将税分归吴膳彦等十六户因

大造举族协议从立户名吴世业编入三都五图七甲吴惟礼甲下

夙弊为此呈乞　天台钧批册里立户从税杜害保墦九泉戴德百世

吴伯裔　吴必达　吴麒兆　吴徵　吴沛　吴灝　吴大奇　抱呈人吴显达

吴文辉 押　吴士聖 押　吴之锦 押　吴之铎 押

吴之铨 押　吴國儁 押　吴國伸 押　吴应申 押

吴國徵 押　吴天舜 押　吴邦达 押　吴有功

吴应登 押　吴文程 押　吴毓和 押　吴毓亮 押

吴尚元 押　吴朝选 押　吴应昌 押　吴沆 押

吴时泰 押　吴澎 押　吴应箕 押　吴尚德 押

吴國益　吴元酉 押　吴一瀼 押　吴必禄（豫） 押

吴元龙　吴维友　吴佛祐 押　吴洪礼 押

吴泫 押

……酉一张

……一张

計稅壹畝伍分貳厘捌毫叁絲歷来衆存無異後於萬曆拾貳年有應龍房
年間盗稅壹厘賣與畢無逸徒於崇禎年間盗稅叁厘賣与謝誠栄今康熙
屬衆業各房閹書僉票歷証衆念同堂兄弟叔侄情分理諭取贖伊仍圖利恬
衆必抱憤鳴　公敌尤於後凡在支下子孫歃血為盟務宜戮力同心擇穴開用一
憑立此合同一樣叁張天地人三大房各執壹張為照

同照

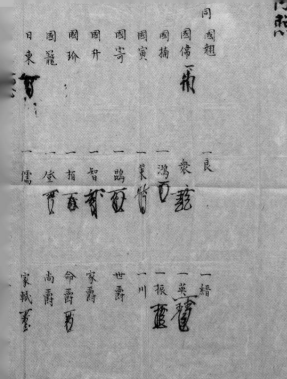

同　國翹　一良　一縉
國倬　衆　一英
國摘　一鴻　一振
國寅　一策　一川
國寄　一鷗　世爵
國升　一智　家爵
國玠　一栢　命爵
國龍　一登　尚爵
日東　一儒　家軾

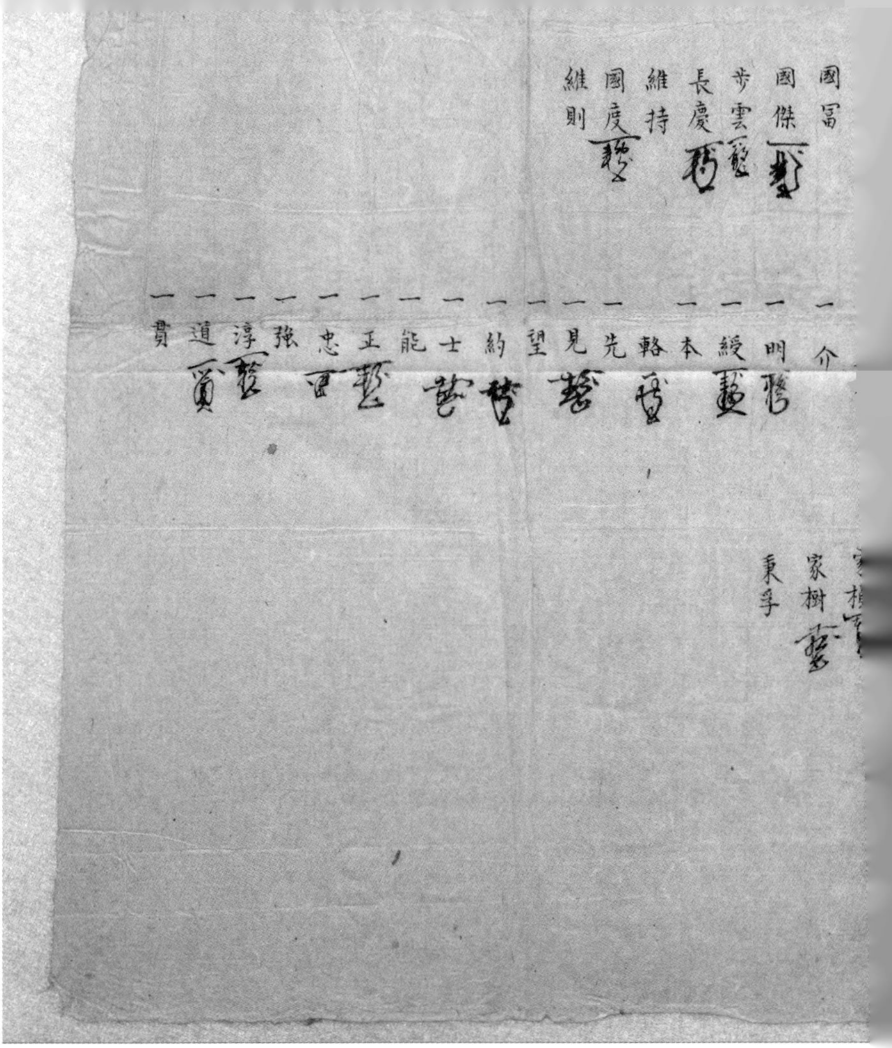

清康熙四年某某縣某姓國翹等立爲衆山擇穴開用經公使費將門庭存銀公支公用議墨合同

公申吳邦達吳時泰吳國益等原承始祖百六公虎形山于上安葬百六安人
曆三十七年以前山稅地稅碎分各户無有統屬節節屢犯蹟經公衆起爭
吳惟礼甲下總收原虎形山地稅三畝四分八毫山稅叁畝共入世業户内使業有
近百年未有犯者此前人識高慮遠杜漸防微之至耳今奉清朝新例清丈歸户
叁畝俱入吳世業户内收苗利當差并用其歸户票總付七甲吳惟礼收貯
永不許盜葬盜賣强占并情子子孫孫目睹心守不敢違犯則有梶弄投獻
可保而數千雲楷可籍以孔昌矣今恐人心不一炤前衆總稅歸户合同
弍十七号虎形山全業也

計開原係万曆三十七年前枝下子孫八股各户分稅单

吳泰節 山稅四厘　　吳廷恩 山稅三厘一毫二系五忽
吳必達 地山稅三分三厘六毛四系　　吳寄会 地山稅六分四厘八毫
吳宗礼 地山稅八厘一毫一系　　吳懋绍 山稅四厘
吳天德 地山稅八厘一毫一系　　吳惟礼 地山稅六分四厘八毫

[illegible]地[illegible]吳文[illegible]納粮當差

③

立合同族衆吳文輝吳士聖吳之錦吳之鐸吳之銓吳應昌吳國儁
汪氏之墓數百餘年向遵祖上官私合同文書並不許侵埊盜賣強
自万曆四十一年族衆吳立耀等具呈本縣立戶吳世業編入三都五啚
管守稅合于一設有盜埊盜賣強占之事以不能盜稅及隱瞞管守者而終止
親供入冊枝下子孫仍焰万曆四十年總稅合同將虎形山地稅三畝四分八毫
枝下子孫各出焰八股出銀請　示候選吉日買石刻勒禁碑立於本山
冨豪貪謀者亦見經　官公立禁碑不敢故違謀獻等情庶數百年
一樣式十五張子子孫孫永遠遵守為炤　虎形山新丈係暑字
今將虎形山地稅二畝四分八毫山稅壹畝從入三都五啚七甲吳世業

吳膳孝山地稅三分二厘四毛　吳宗裔　稅[illegible]分二厘二毫
吳宗義堂地山稅六分四厘八毛　吳許戶地山稅二分四厘二毛九系
吳廷沾　山稅四厘六毛八系　吳世順　山稅三厘一毛三系五忽
吳澤戶地山稅五分六厘八毛　吳廷瀛　山稅一厘五毛六系
吳興樾分稅二厘五毛　已上八股四五啚各甲一十八戶前貢

100

四、明隆慶至民國年間出賣田地屋宇及監照等文書

〔一〕明天啓至民國年間歙縣二十一都四圖鮑氏買賣田地屋宇契約

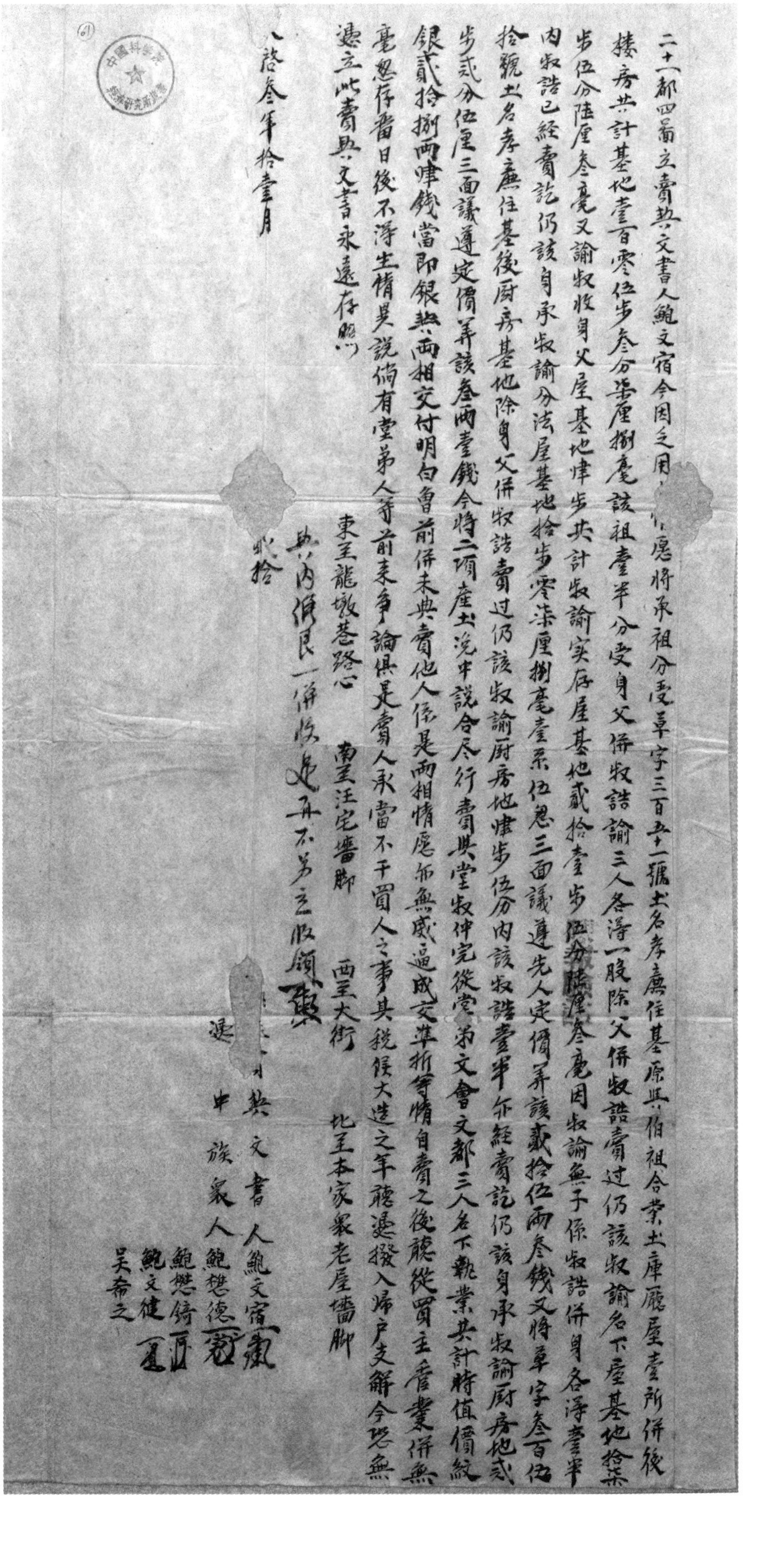

二十一都四啚立賣契文書人鮑文宿，今因乏用，情愿將承祖分受草字三百五十一號，土名孝廣住基，原與伯祖合業土庫廳屋壹所併後樓房，共計基地壹百零伍步叁分柒厘捌毫，該祖壹半分受，身父併叔詰、諭三人各得一股，除父併叔詰賣过，仍該叔諭名下屋基地拾柒步伍分陆厘叁毫，又諭叔收身父屋基地肆步，共計叔諭实存屋基地貳拾壹步伍分陆厘叁毫，因叔諭無子，係叔詰併身各得壹半，内叔詰已經賣訖，仍該身承叔諭分法屋基地拾步零柒厘捌毫壹系伍忽，三面議遵先人定價，弄該貳拾伍兩叁錢，又將草字叁百伍拾號土名孝廣住基後廚房基地，除身父併叔詰賣过，仍該叔諭廚房地肆步伍分，内該叔詰壹半，亦經賣訖，仍該身承叔諭廚房地貳步貳分伍厘，三面議遵定價，弄該叁兩壹錢，今將二項產土説中説合，盡行賣與堂叔仲完、從堂弟文會、文都三人名下執業，共計時值價紋銀貳拾捌兩肆錢，當即銀契兩相交付明白。曾前併未與賣他人，係是兩相情愿，亦無威逼成交准折等情。自賣之後，聽從買主管業，併無毫忽存留。日後不得生情異説，倘有堂弟人等前來爭論，俱是賣人承當，不干買人之事。其稅候大造之年聽從撥入歸户支解。今恐無憑，立此賣契文書永遠存照。

東至龍墩巷路心　南至汪宅墻脚　西至大街　北至本家衆老屋墻脚

契内價銀一併收足，再不另立收領。（押）

天啓叁年拾壹月　　日立賣契文書人鮑文宿（押）

憑中族衆人鮑懋德（押）

鮑懋錡（押）

鮑文健（押）

吴希之

一

明天啓六年三月〔歙縣〕鄭阿鮑等立賣房屋並基地契

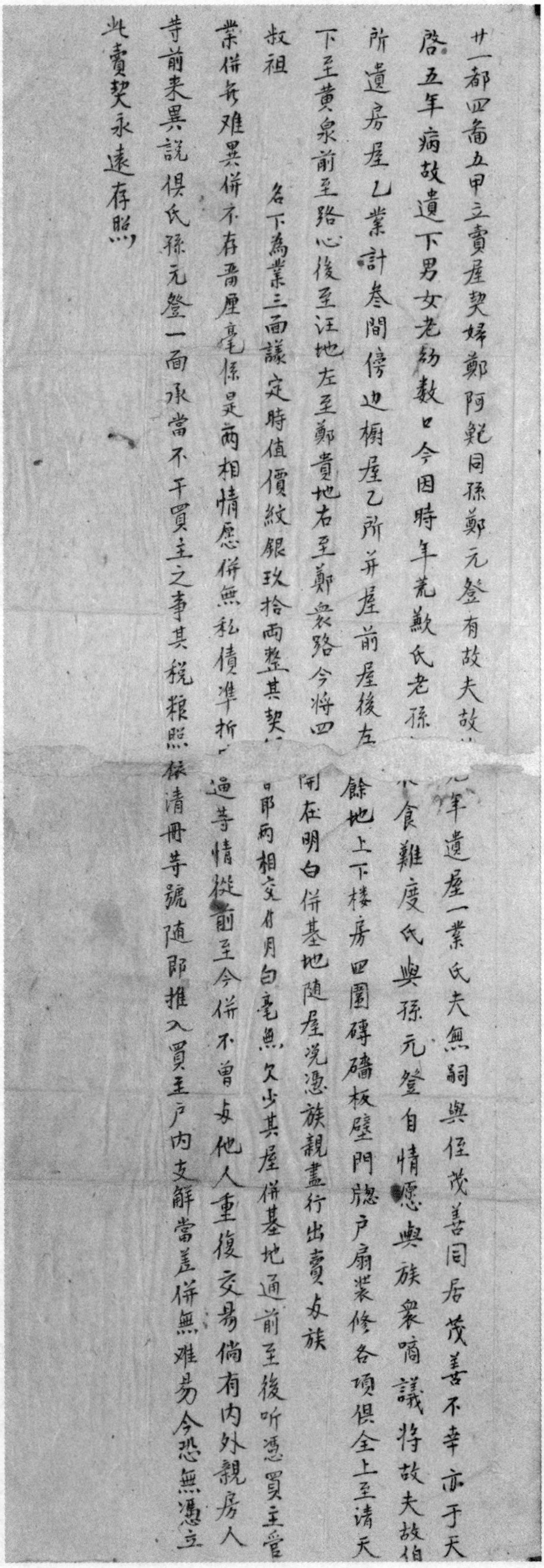

廿一都四啚五甲立賣屋契婦鄭阿鮑同孫鄭元登有故夫故伯□□□年遺屋一業氏夫無嗣與侄茂善同居茂善不幸亦于天
啓五年病故遺下男女老幼數口今因時年荒歉氏老孫□不食難度氏與孫元登自情愿與族衆啇議將故夫故伯
所遺房屋乙業計叁間傍边㕑屋乙所并屋前屋後左□餘地上下楼房四圍磚牆板壁門窻户扇裝修各項俱全上至清天
下至黄泉前至路心後至汪地左至鄭貴地右至鄭衆路今將四□開在明白併基地隨屋央憑族親盡行出賣与族
叔祖　　名下為業三面議定時值價紋銀玖拾兩整其契□日即兩相交付白毫無欠少其屋併基地通前至後听憑買主管
業併無難異併不存啇壓毫係是兩相情愿併無私債準折□逼等情從前至今併不曾与他人重復交易倘有内外親房人
等前來異說俱氏孫元登一面承當不干買主之事其稅粮照依清册等號隨即推入買主户内支解當差併無難易今恐無憑立
此賣契永遠存照

（一）

明天啓六年三月〔歙縣〕鄭阿鮑等立賣房屋並基地契

天啓陸年三月 十一 日立賣契婦鄭阿鮑
同 孫男鄭元登
憑 族長鄭元湢
鄭一梧
鄭應義
憑 親 中 人程明爵
汪文烈
鄭登雲
鄭時憲
鄭萬積
依口代書人鄭應義

（二）

一

明崇禎十一年十一月（歙縣）鮑鼎璋立轉典山地契

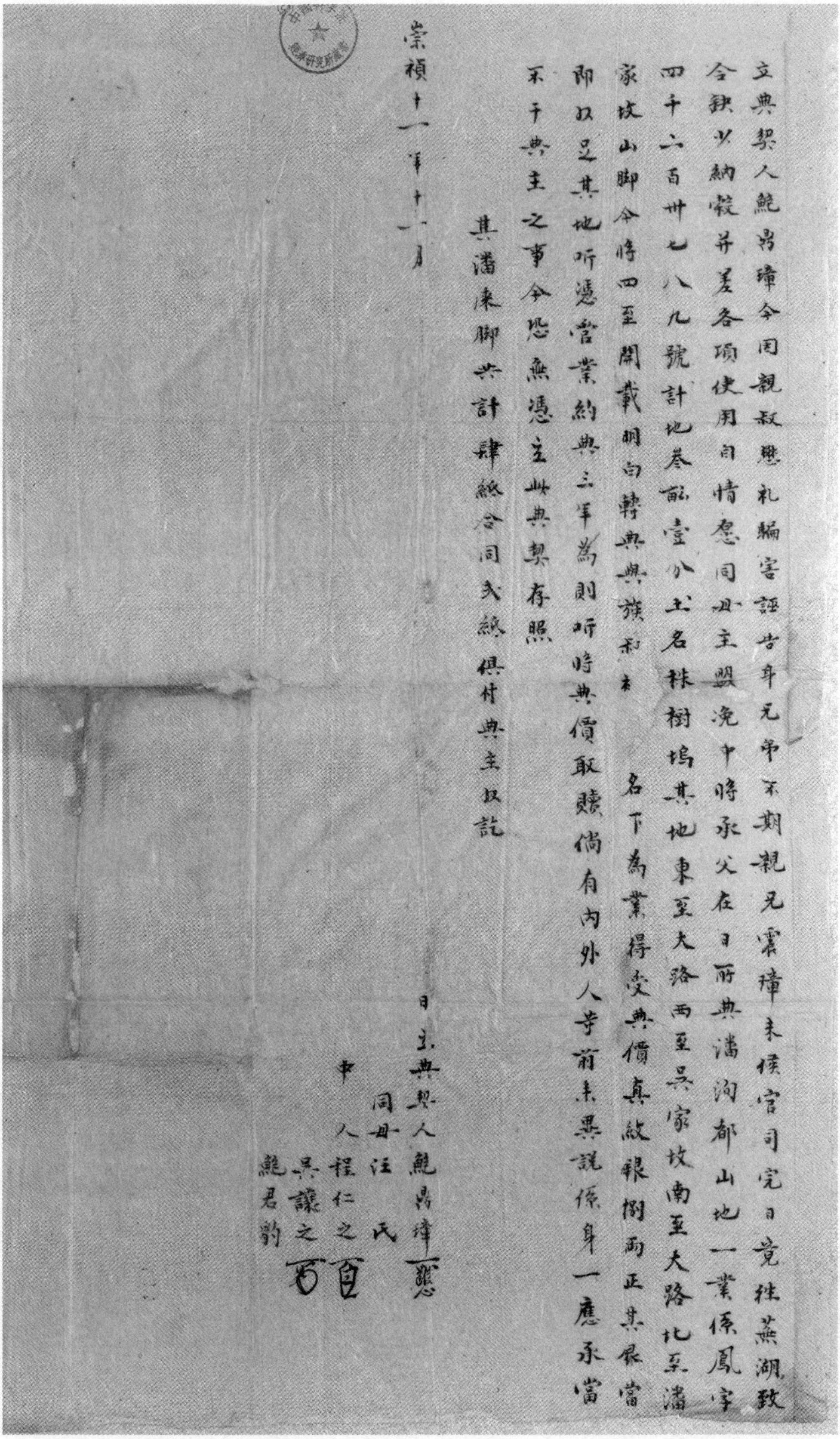

立典契人鮑鼎璋今同親叔懋礼編害誣告身兄弟不期親兄震璋未候官司完日竟往蕪湖致
令鉠以納穀并差各項使用自情愿同母主盟浼中將承父在日所典潘洵都山地一業係鳳字
四千六百卅七八九號計地叁畝壹分土名株樹塢其地東至大路西至吳家坟南至大路北至潘
家坟山脚今將四至開載明白轉典與族叔　名下為業得受典價真紋銀捌兩正其銀當
即收足其地所憑管業約典三年為則所時典價取贖倘有內外人等前來異說係身一應承當
不干典主之事今恐無憑立此典契存照
其潘來脚共計肆紙合同貳紙俱付典主收訖
崇禎十一年十一月　日立典契人鮑鼎璋（押）
同母汪　氏（押）
中　人程仁之（押）
吳讓之（押）
鮑君韵

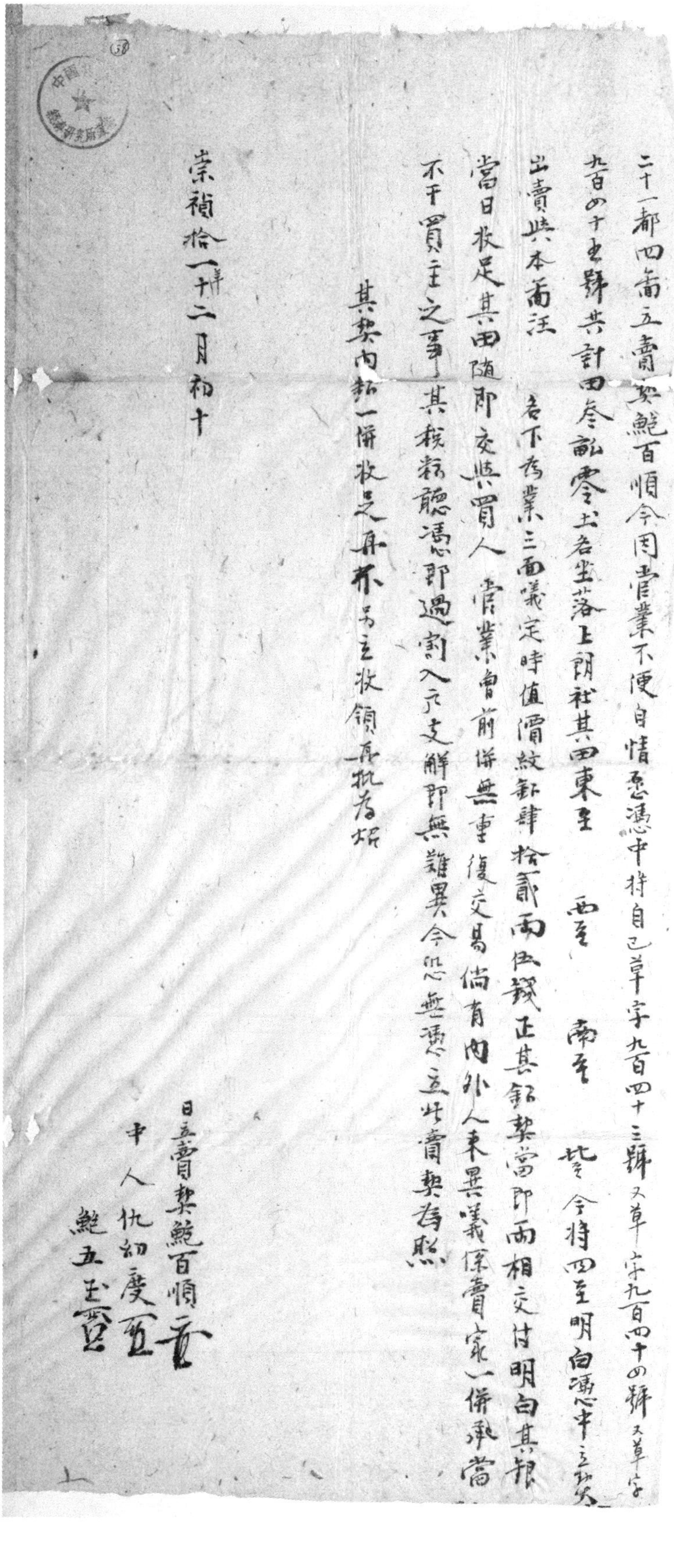
二十一都四啚立賣契鮑百順今因管業不便自情愿憑中將自己草字九百四十三號又草字九百四十四號又草字
九百四十五號共計田叁畝零五名坐落上朗社其田東至　西至　南至　北至　今將四至明白憑中立契
出賣與本啚汪　名下為業三面議定時值價紋銀肆拾貳兩伍錢正其銀契當即兩相交付明白其銀
當日收足其田隨即交與買人管業曾前并無重復交易倘有內外人等異議係賣家一併承當
不干買主之事其稅粮聽憑即過割入戶支解即無難異今恐無憑立此賣契為照
其契內銀一併收足再不另立收領再批為始
崇禎拾一年十二月初十
日立賣契鮑百順（押）
中人　仇細度（押）
鮑五玉（押）

明崇禎十一年十二月〔歙縣〕鮑百順立賣田契

一

明崇禎十五年四月（歙縣）鄭登衢立賣基地並樓屋契

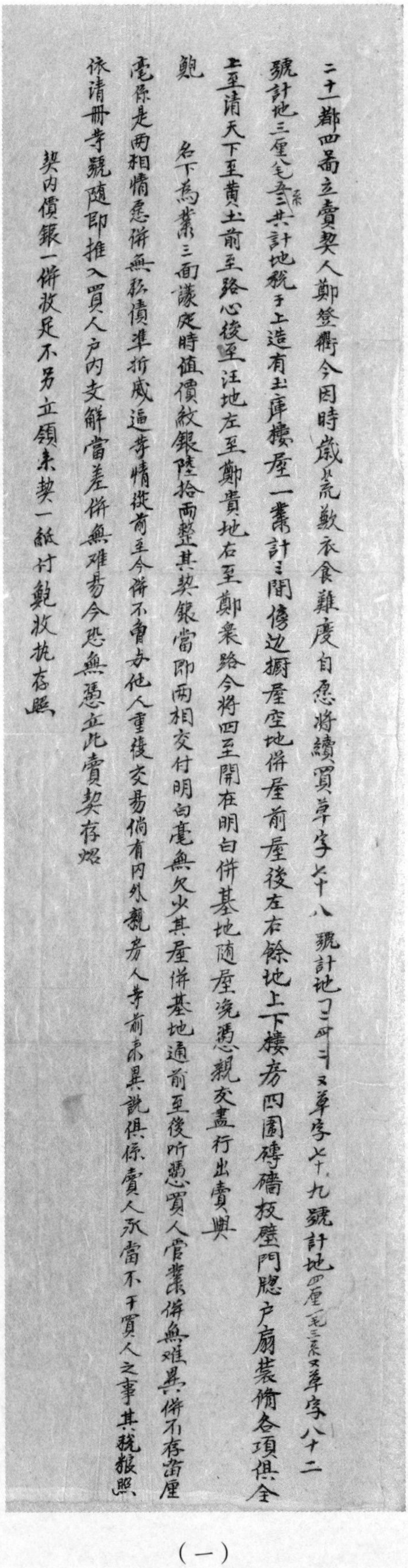
二十一都四啚立賣契人鄭登衢今因時歲荒歉衣食難度自愿將續買草字七十八號計地[illegible]又草字七十九號計地四厘一毛三系又草字八十二
號計地三厘八毛五系三共計地税乎上造有土庫樓屋一業計三間傍边廚屋空地併屋前屋後左右餘地上下樓房四圍磚墻板壁門窓户扇裝脩各項俱全
上至清天下至黃土前至路心後至汪地左至鄭貴地右至鄭衆路今將四至開在明白併基地隨屋逸憑親交盡行出賣與
鄭名下為業三面議定時值價紋銀陸拾兩整其契銀當即兩相交付明白毫無欠少其屋併基地通前至後听憑買人管業併無難異併不存留厘
毫係是兩相情愿併無私債準折威逼等情從前至今併不曾與他人重複交易倘有内外親房人等前來異說俱係賣人承當不干買人之事其税粮照
依清冊等號隨即推入買人户内支解當差併無難易今恐無憑立此賣契存炤
契内價銀一併收足不另立領來契一紙付鄭收執存照

（一）

明崇禎十五年四月（歙縣）鄭登衢立賣基地並樓屋契

崇禎拾伍年四月二十五日立賣契人鄭登衢
憑中人
汪益鄉
汪維揚
鮑百遂
鮑上孚
鄭元登
程士章
鮑日瑞

（二）

清順治十一年九月歙縣方玹珦立賣田赤契

十九都六啚立賣契人方玹珦，今因管業不便，自愿將已分下在字三千零三十五號田壹畝捌分七厘六毫六絲，土名坐落鮮魚墩，其田四至俱照清冊，憑中立契出賣與二十一都四啚鮑　名下為業，三面議定時值價紋銀壹拾兩正，其銀隨即收足，其田隨付買人管業，其稅聽即過割與鮑入戶支解，即無難異。其田從前併不曾與他人重複典當交易，亦無威逼準折等情。倘有親房內外人等異說，俱係賣人支當，不涉買人之事。其夏秋稅粮一併收足，再不另立收領。今恐無憑，立此賣契為照。

順治拾壹年玖月十二日立賣契人方玹珦（押）

經手居間方非馬（押）

方兆玄（押）

方禮興（押）

方爾承（押）

清順治十二年十二月〔歙縣〕汪公蕃等立賣田契

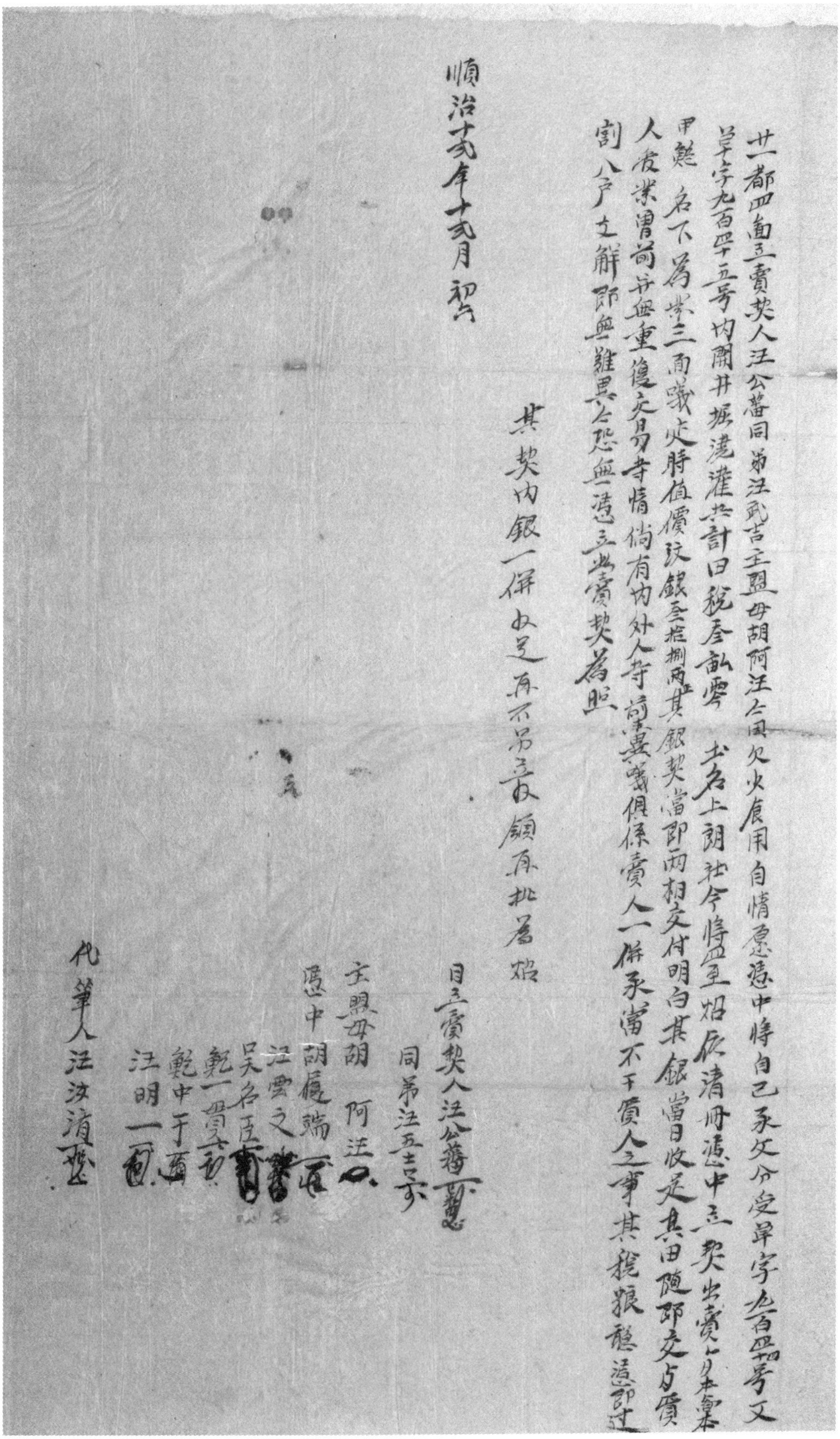

廿一都四啚立賣契人汪公蕃同弟汪武吉、主盟母胡阿汪，今因欠少使用，自情愿央中將自己承父分受吊字九百四十四號又
吊字九百四十五號，內開井堀灌蔭，共計田稅叁畝零，土名上朗社，今將四至照依清冊，憑中立契出賣與本家本
甲魁名下為業，三面議定時值價紋銀叁拾捌兩正，其銀契當即兩相交付明白，其銀當日收足，其田隨即交與買
人受業管業。尚未無重復交易等情，倘有內外人等攔占異議，俱係賣人一併承當，不干買人之事。其稅糧聽從即過
割入戶支解，即無難異。今恐無憑，立此賣契為照。

其契內銀一併收足，原不另立收領，原批為炤。

順治十二年十二月初六

立賣契人汪公蕃（押）
同弟汪武吉（押）
主盟母胡阿汪（押）
憑中胡展端（押）
汪雲之（押）
吳名臣（押）
鮑一貫（押）
鮑中于西（押）
汪明一（押）
代筆人汪汝清（押）

一

清雍正七年八月歙縣鄭廷北立賣田赤契附某某年歙縣契尾

二十一都四啚立賣契人鄭廷北今因管業不便自愿將分受在字三千一伯六十一號田稅壹畝貳分零陸毫七系
土名湖田又在字三千一伯六十二號田稅壹畝壹分叁厘八毛六系土名高墖坪湖田又在字三千一伯六十三號田稅[illegible]
分伍厘陸毫土名仝凭中立契出賣與本都本啚　鮑名下為業三面議定得受時值價銀叁拾捌兩捌錢整其銀當
即收足其田即交買人管業其稅即過割入買人户支解從前至今並未與他人重複交易亦無典當準折等情倘有内外人
等異說俱係賣人承當不干買人之事今恐無凭立此賣契為照

契内改典字一個

其來脚赤契因與別業共號不便付買人收執再批日後倘有契内田赤契言定檢出不在行用又批（押）

雍正七年八月　日立賣契人鄭廷北（押）

凭中　鄭需蒼（押）
鄭麟伍（押）
鄭扶遠（押）
葉華言（押）
程若舟（押）

正堂驗訖

（一）

一

清雍正七年八月歙縣鄭廷北立賣田赤契附某某年歙縣契尾

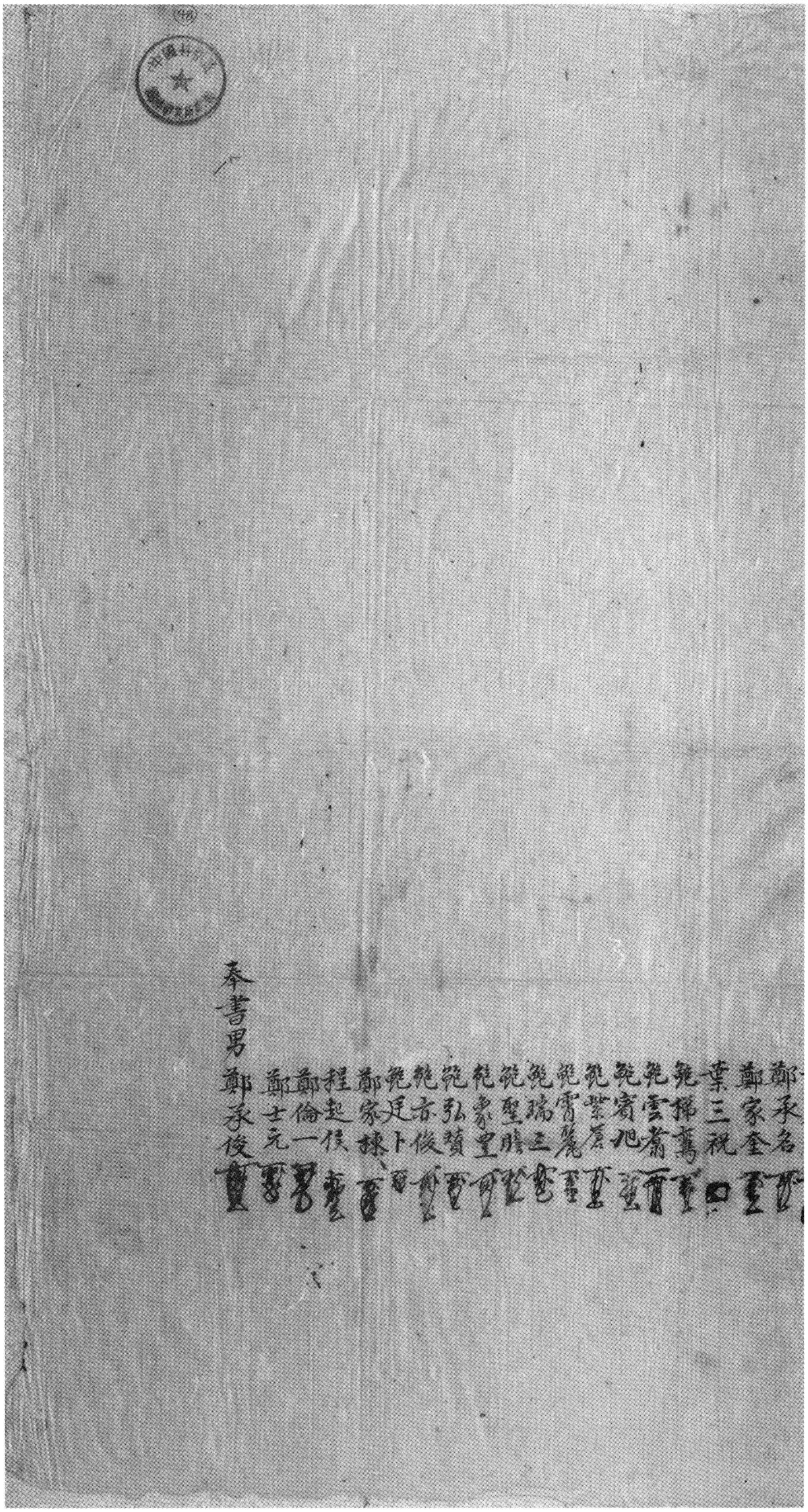

（二）

布政司奉旨頒

（三）

清雍正七年八月歙縣鄭廷北立賣田赤契附某某年歙縣契尾

用契紙
歙
縣

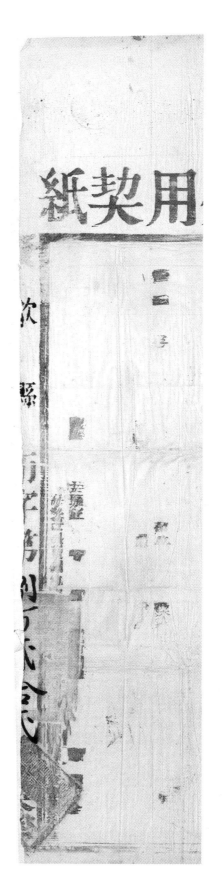

（四）

一

民國二年十二月歙縣吴章氏等立杜賣大小買地成田税赤契暨民國某年某月歙縣吴章氏等賣契執照

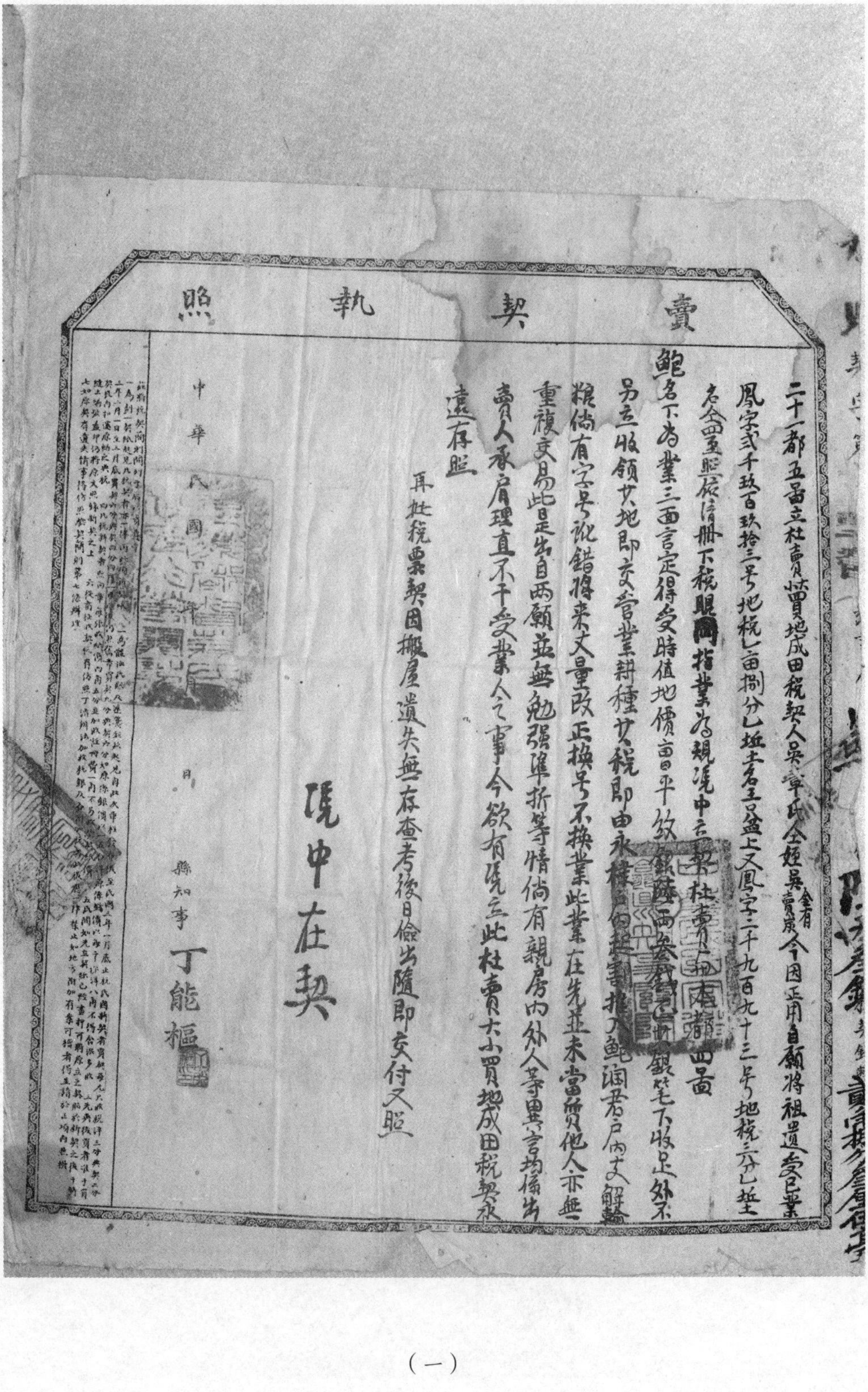
賣契執照

二十一都五啚立杜賣大小買地成田税契人吴章氏仝姪吴金有，今因正用，自願將祖遺受已業鳳字弍千玖百玖拾三号地税七畝捌分七厘，土名王公盆上，又鳳字二千九百九十三号地税三分七厘，土名……依清册下税，眼同指業為規，憑中立契杜賣與四啚鮑名下為業，三面言定得受時值地價……銀……正，其銀筆下收足，外不另立收領。其地即交買業耕種，其税即由永……户起割推入鮑……户内支解粮。倘有字号訛錯，將來丈量改正，換号不換業。此業在先並未當質他人，亦無重複交易，此是出自兩願，並無勉強準折等情。倘有親房内外人等異言，均係出賣人承肩理直，不干受業人之事。今欲有憑，立此杜賣大小買地成田税契永遠存照。

再批：税票契因搬屋遺失無存，查考後日檢出，隨即交付又照。

憑中在契

中華民國　　月

縣知事　丁能樞

（一）

一

民國二年十二月歙縣吴章氏等立杜賣大小買地成田稅赤契暨民國某年某月歙縣吴章氏等賣契執照

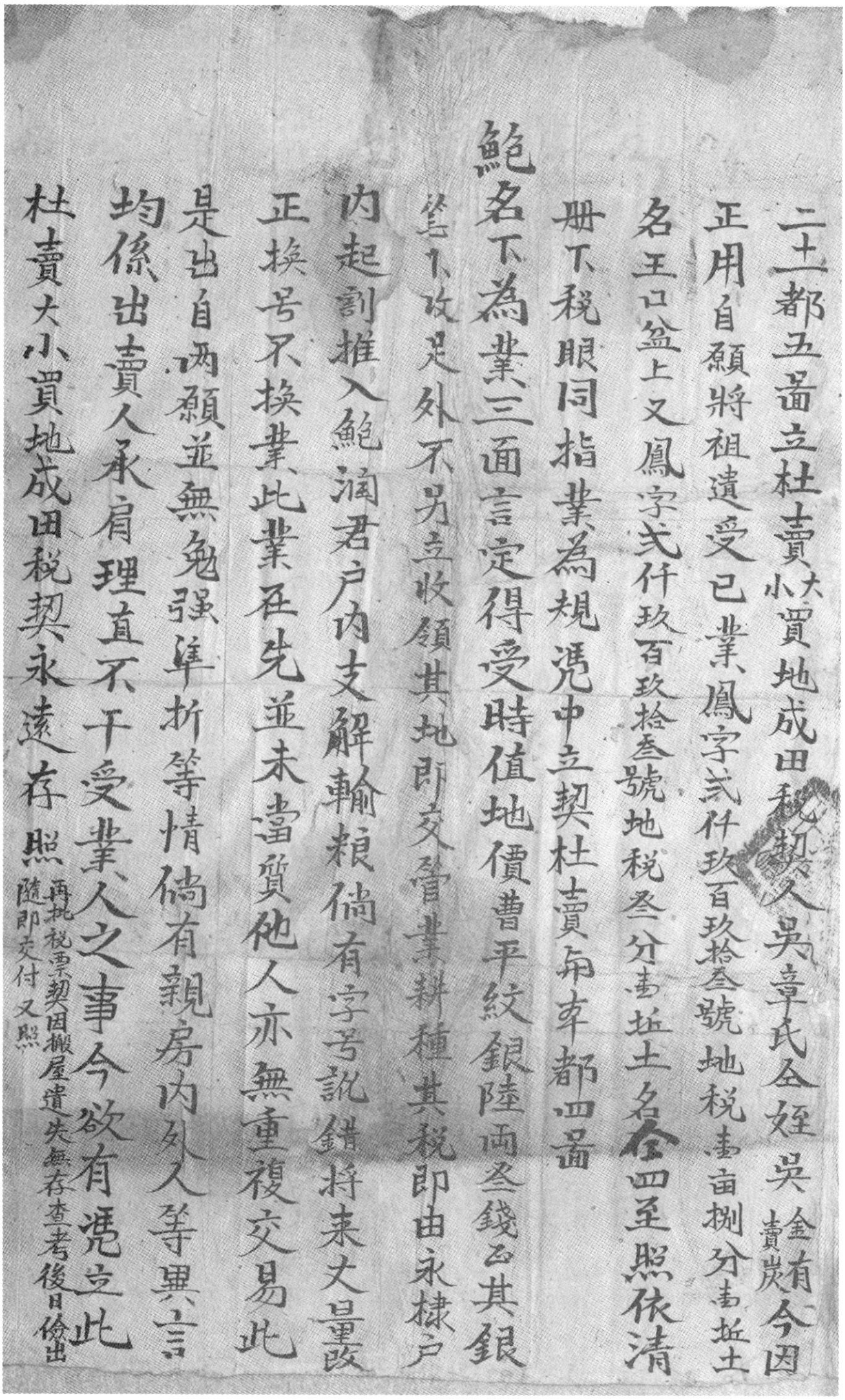
二十一都五啚立杜賣大小買地成田稅契人吴章氏仝姪吴金有賣炭今因
正用自願將祖遺受已業鳳字弍仟玖百玖拾叁號地稅壹畝捌分壹坵土
名王口盆上又鳳字弍仟玖百玖拾叁號地稅叁分壹坵土名仝四至照依清
冊下稅眼同指業為規憑中立契杜賣與本都四啚
鮑名下為業三面言定得受時值地價曹平紋銀陸兩叁錢正其銀
當下收足外不另立收領其地即交管業耕種其稅即由永棣户
內起割推入鮑淵君户內支解輸粮倘有字号訛錯將來丈量改
正換号不換業此業在先並未當賣他人亦無重複交易此
是出自兩願並無逼强準折等情倘有親房內外人等異言
均係出賣人承肩理直不干受業人之事今欲有憑立此
杜賣大小買地成田稅契永遠存照
再批稅票契因搬屋遺失無存查考後日檢出隨即交付又照

（二）

一

民國二年十二月歙縣吳章氏等立杜賣大小買地成田稅赤契暨民國某年某月歙縣吳章氏等賣契執照

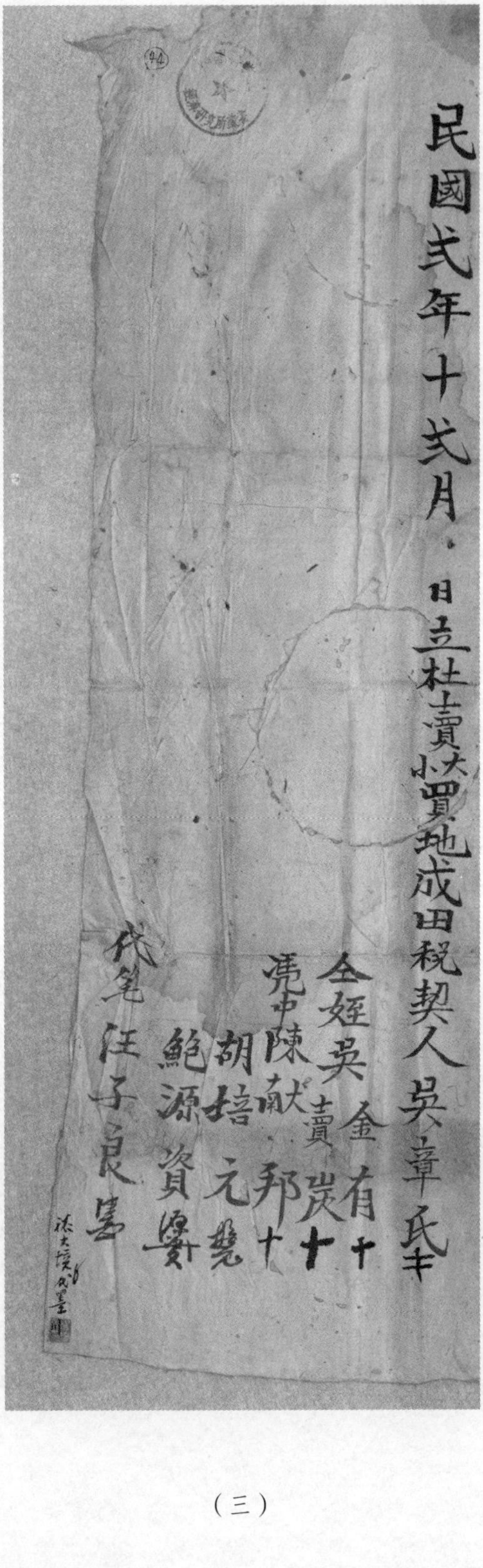
民國弍年十弍月 日立杜賣大小買地成田稅契人吳章氏（押）
仝姪吳金有（十）
吳賣炭（十）
憑中陳献邦（十）
胡培元（押）
鮑源資（押）
代筆汪子良（押）

（三）

一

民國十三年九月歙縣仇卓甫立杜賣大買田塘稅赤契
附民國十三年九月歙縣給鮑從善契尾

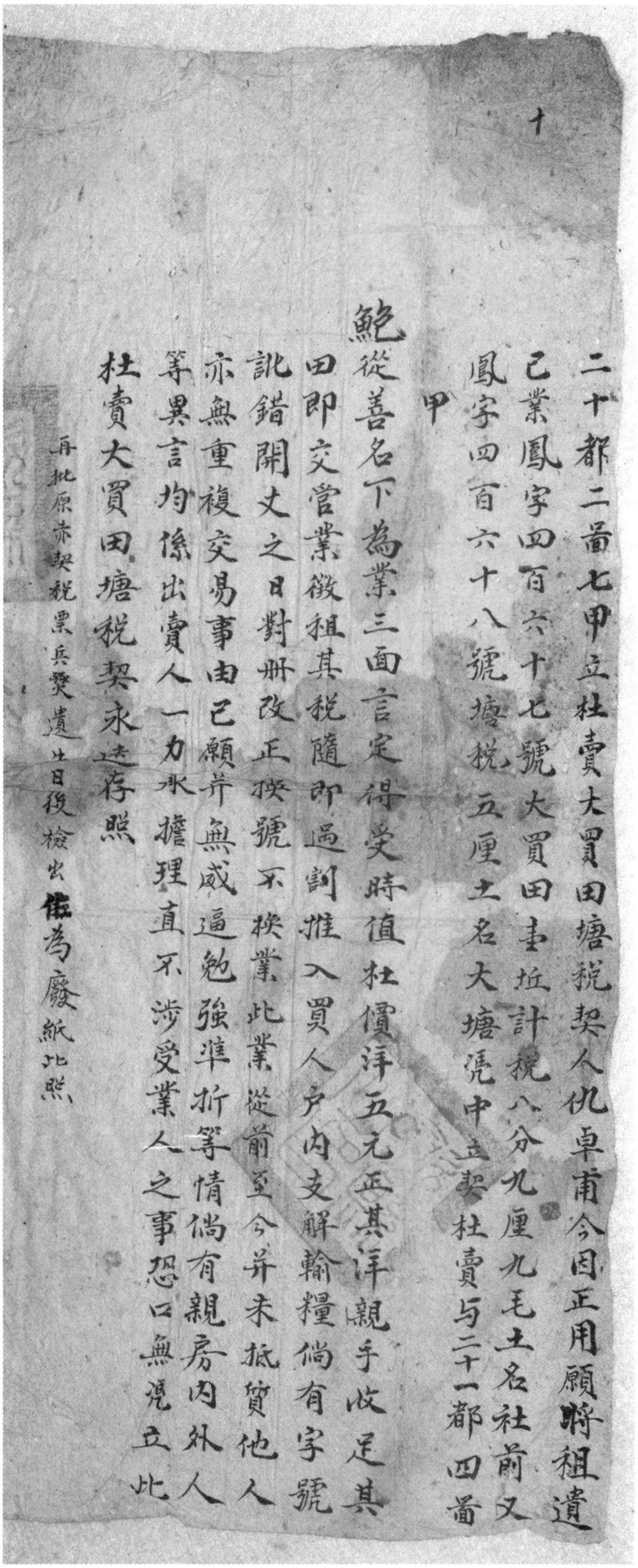

十

二十都二啚七甲立杜賣大買田塘稅契人仇卓甫今因正用願將祖遺
已業鳳字四百六十七號大買田壹坵計稅八分九厘九毛土名社前又
鳳字四百六十八號塘稅五厘土名大塘凴中立契杜賣与二十一都四啚
甲
鮑從善名下為業三面言定得受時值杜價洋五元正其洋親手收足其
田即交管業徵租其稅隨即過割推入買人户內支解輸糧倘有字號
訛錯開丈之日對册改正換號不換業此業從前至今并未抵貿他人
亦無重複交易事由己願并無威逼勉強準折等情倘有親房內外人
等異言均係出賣人一力承擔理直不涉受業人之事恐口無凴立此
杜賣大買田塘稅契永遠存照

再批原赤契稅票兵燹遺失日後檢出作為廢紙不照

（一）

一

民國十三年九月歙縣仇卓甫立杜賣大買田塘稅赤契
附民國十三年九月歙縣給鮑從善契尾

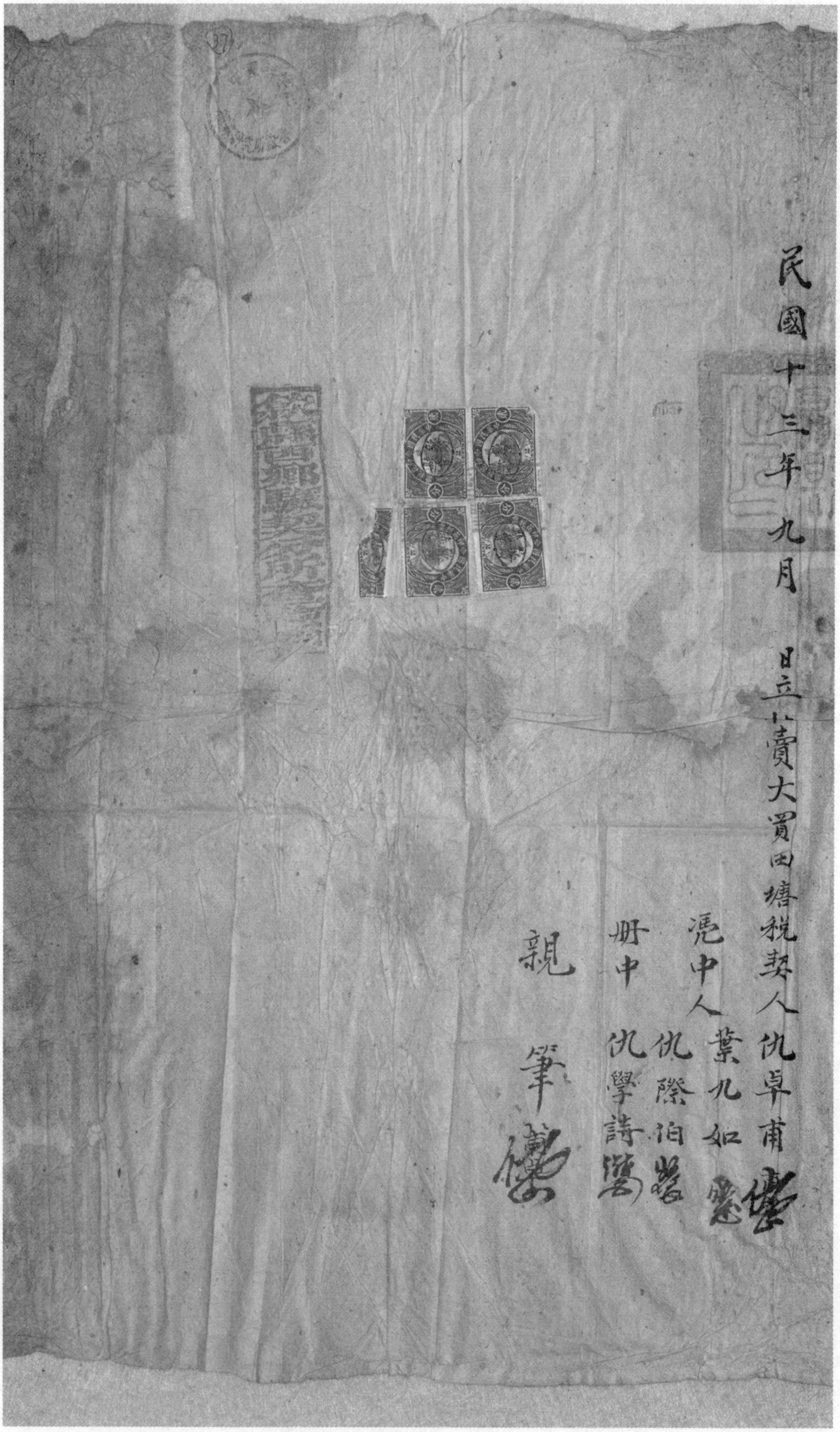
民國十三年九月　日立杜賣大買田塘稅契人仇卓甫
憑中人葉九如
仇際伯
册中　仇學詩
親筆

（二）

一

民國十三年九月歙縣仇卓甫立杜賣大買田塘稅赤契
附民國十三年九月歙縣給鮑從善契尾

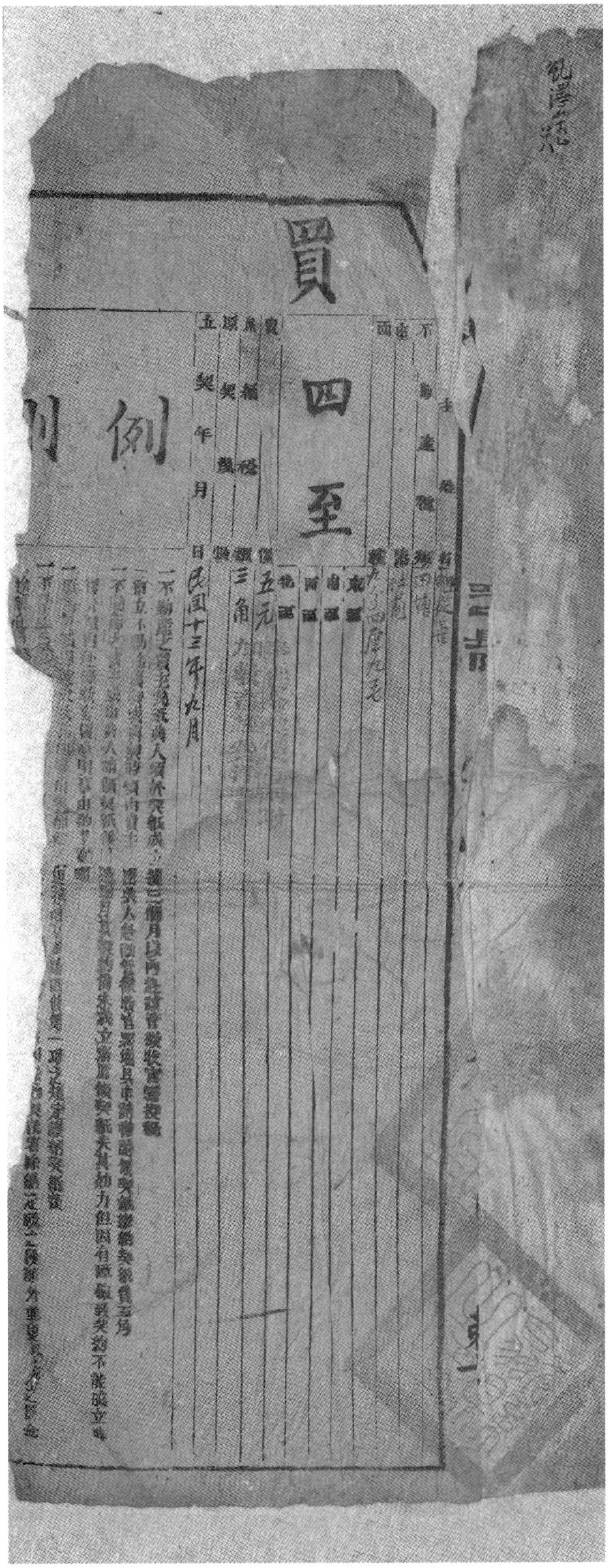

（三）

〔一二〕清順治至雍正年間歙縣十九都八圖程氏土地買賣契約

一

清順治十一年十二月歙縣程仲含等立賣地並屋赤契

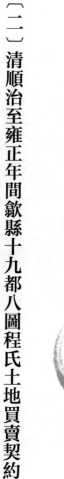

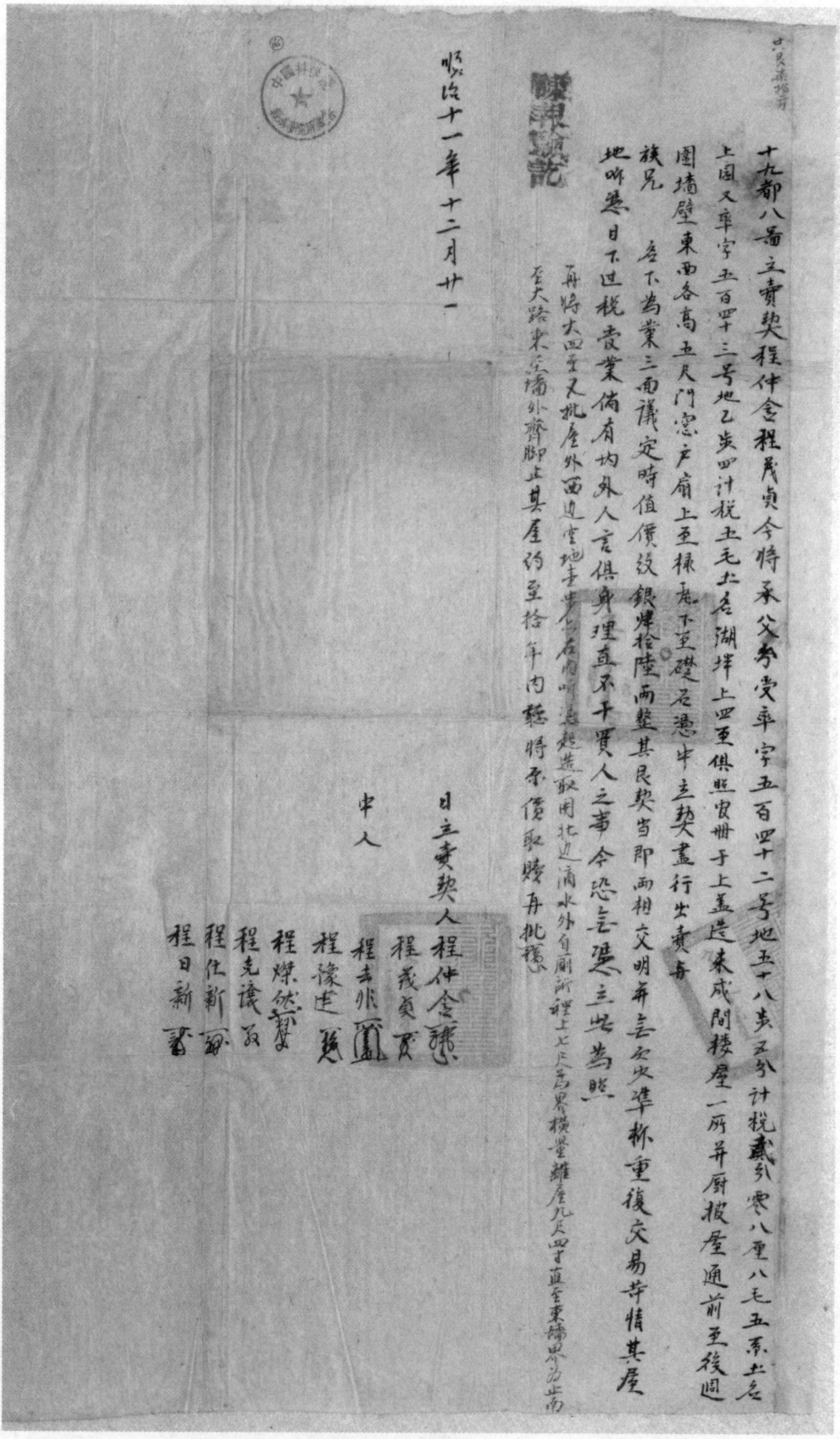
十九都八啚立賣契程仲含、程茂貞，今將承父分受卒字五百四十二號地五十八步五分，計稅貳分零八厘八毛五系，土名上園；又卒字五百四十三號地乙步四，計稅五毛七，各湖坪上。四至俱照清冊，于上蓋造未成間樓屋一所，并廚披屋，通前至後，週圍墻壁，東西各高五尺，門窗户扇，上至椽瓦，下至磉石，憑中立契盡行出賣與族兄　名下為業，三面議定時值價紋銀肆拾陸兩整，其銀契當即兩相交明，并無欠少準折重復交易等情。其屋地聽憑日下過稅受業。倘有內外人言，俱身理直，不干買人之事。今恐無憑，立此為照。

再將大四至又批屋外西边空地壹步，上在內，听憑起造取用，北边滴水外自廁所裡上七尺為界，横量離屋九尺四寸，直至東墙界為止，南至大路，東至墻外齊脚止。其屋约至拾年内聽將原價取贖，再批。

順治十一年十二月廿一日立賣契人　程仲含（押）
程茂貞（押）
中人　程言非（押）
程豫达（押）
程爍然（押）
程克讓（押）
程仕新（押）
程日新（押）

清順治十一年十二月歙縣程仲含等立賣地並屋赤契
〔背〕

一

清康熙二十一年二月歙縣程克讓等立賣地赤契

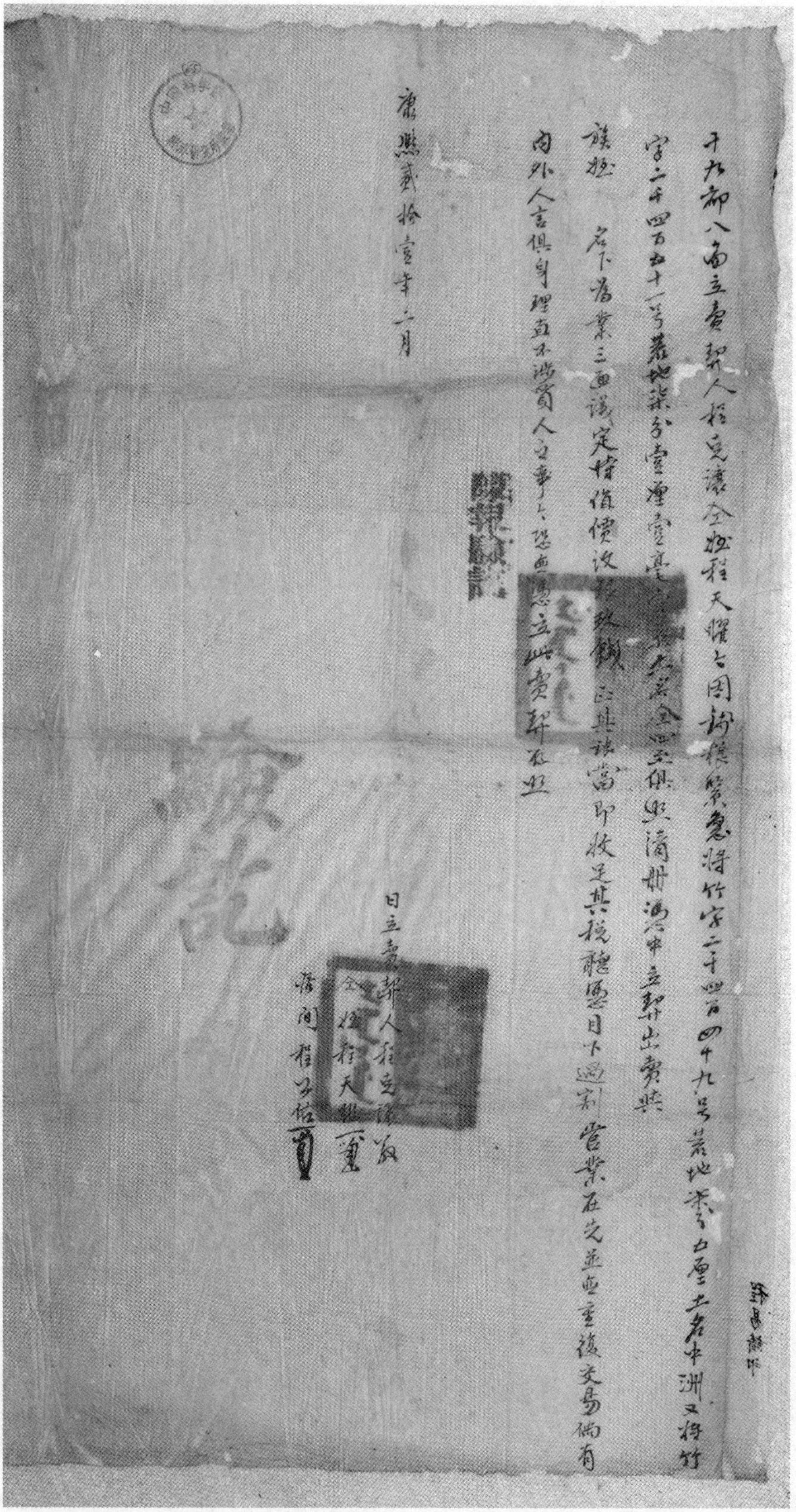

十九都八图立賣契人程克讓仝姪程天耀今因缺粮緊急將竹字二千四百四十九号荒地柒分壹厘土名中洲又將竹
字二千四百五十一号荒地柒分壹厘壹毫土名全四至俱照清册凴中立契出賣與
族姪　名下為業三面議定時值價紋銀　正其銀當即收足其税聽憑目下過割管業在先並無重複交易倘有
内外人言俱身理直不涉買人之事今恐無凴立此賣契存照
康熙貳拾壹年二月　日立賣契人程克讓
仝姪程天耀
凴中　程公佐

一

清康熙二十一年二月歙縣程克讓等立賣地赤契〔背〕

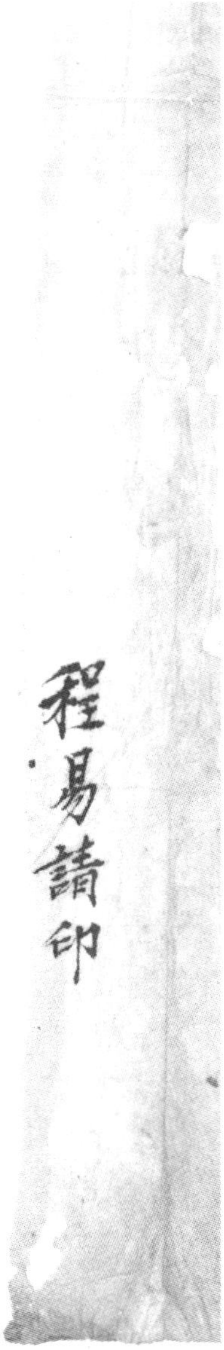
程易請印

一

清雍正四年十月歙縣程景岑立賣地赤契

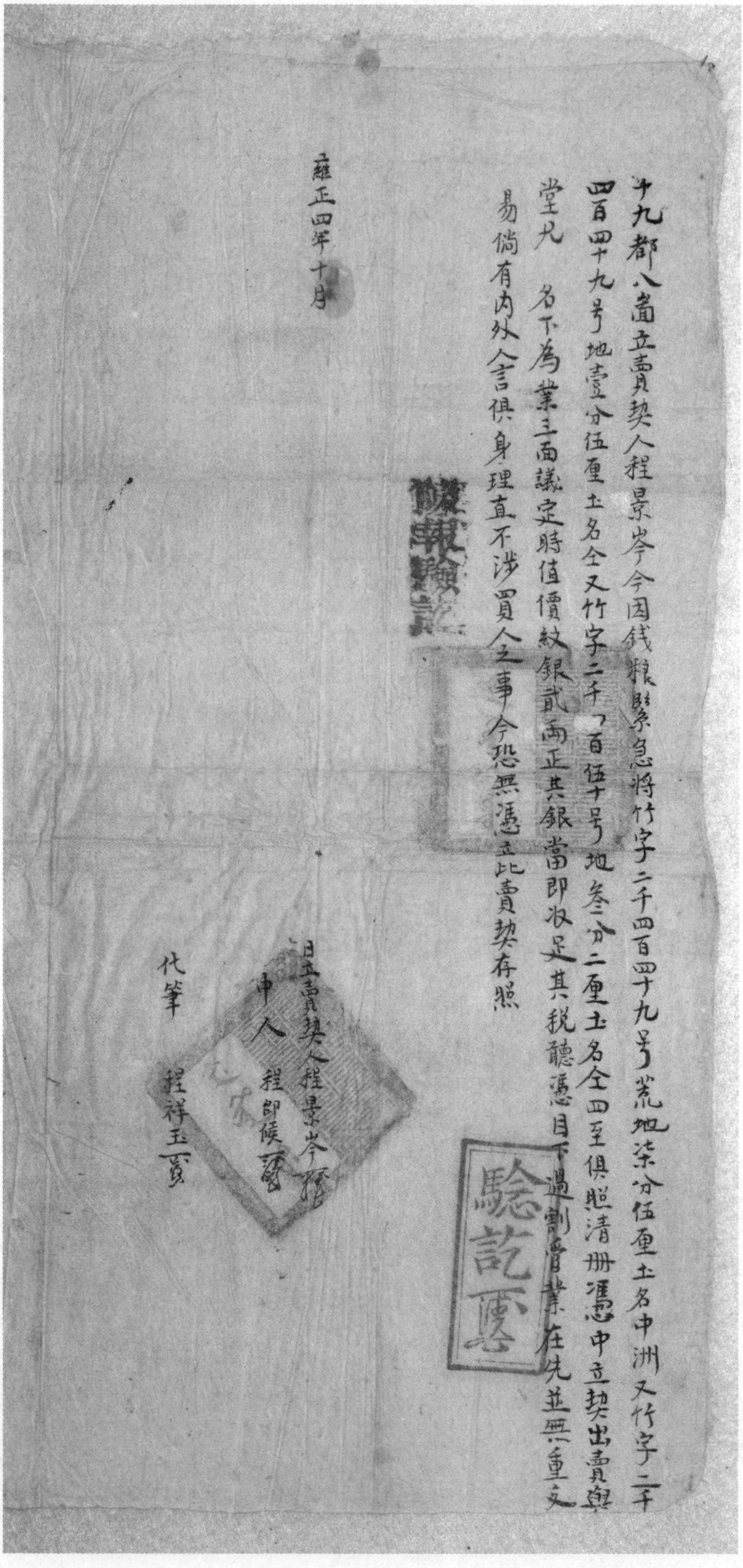
十九都八啚立賣契人程景岑今因钱粮緊急將竹字二千四百四十九号荒地柒分伍厘土名中洲又竹字二千四百四十九号地壹分伍厘土名仝又竹字二千一百伍十号地叁分二厘土名仝四至俱照清册憑中立契出賣與堂兄　名下為業三面議定時值價紋銀貳兩正其銀當即收足其税聽憑目下過割管業在先並無重文易倘有内外人言俱身理直不涉買人之事今恐無憑立此賣契存照

雍正四年十月　日立賣契人程景岑（押）

中人　程卽侯（押）

代筆　程祥玉（押）

（一）

（二）

〔三〕清宣統至民國年間歙縣吴氏買田塘文書

一

清宣統元年十二月歙縣汪門葉氏等立杜賣大買田塘稅赤契

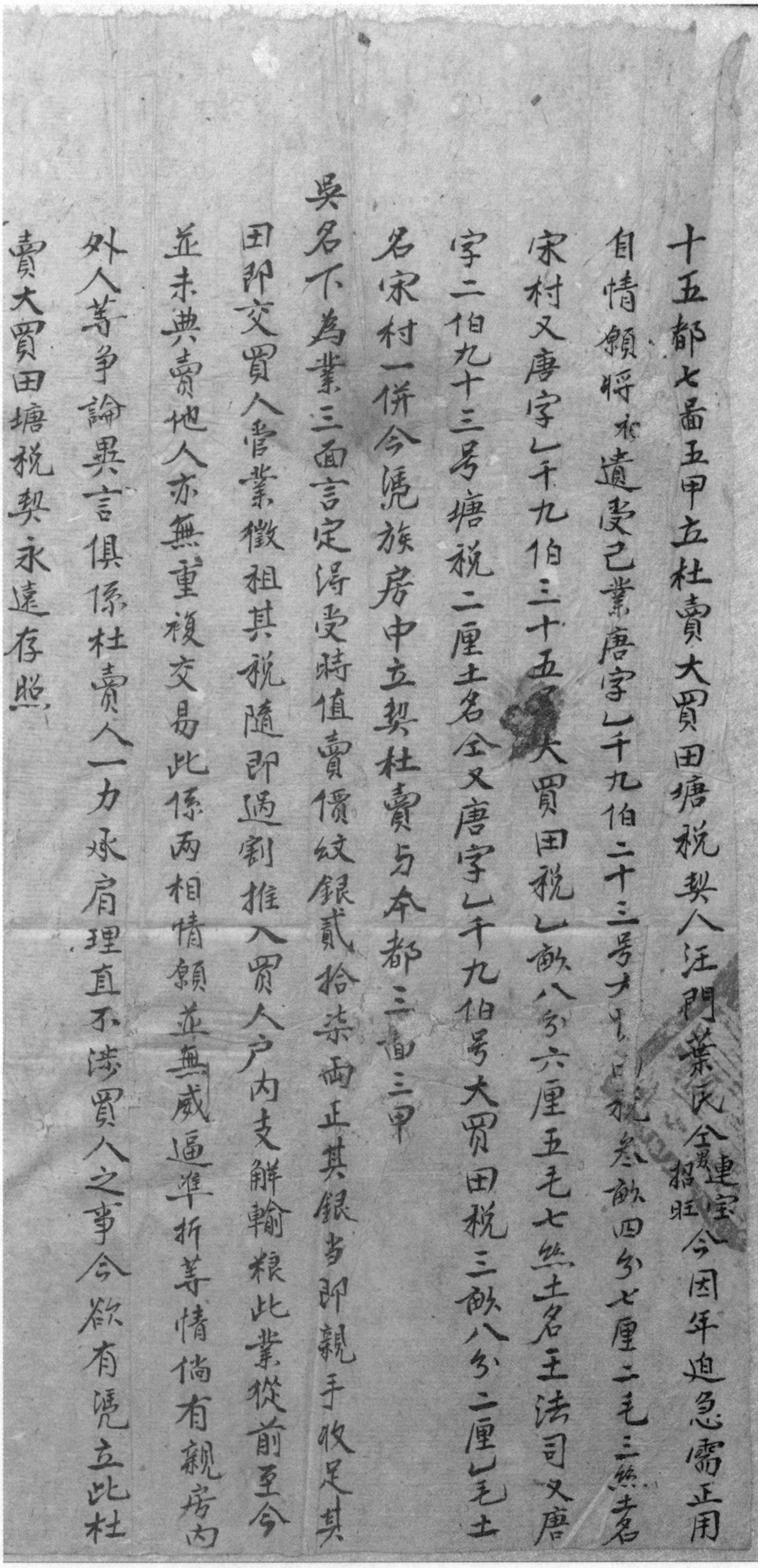
十五都七啚五甲立杜賣大買田塘稅契人汪門葉氏仝男連宝 招旺今因年迫急需正用
自情願將承祖遺受已業唐字乚千九伯二十三号大[illegible]稅叁畝四分七厘二毛三絲土名
宋村又唐字乚千九伯三十五号大買田稅乚畝八分六厘五毛七絲土名王法司又唐
字二伯九十三号塘稅二厘土名仝又唐字乚千九伯号大買田稅三畝八分二厘乚毛土
名宋村一併今憑族房中立契杜賣与本都三啚三甲
吴名下為業三面言定得受時值賣價紋銀貳拾柒兩正其銀当即親手收足其
田即交買人管業徵租其稅隨即過割推入買人户内支觧輸粮此業從前至今
並未典賣他人亦無重複交易此係兩相情願並無威逼準折等情倘有親房內
外人等爭論異言俱係杜賣人一力承肩理直不涉買人之事今欲有憑立此杜
賣大買田塘稅契永遠存照

（一）

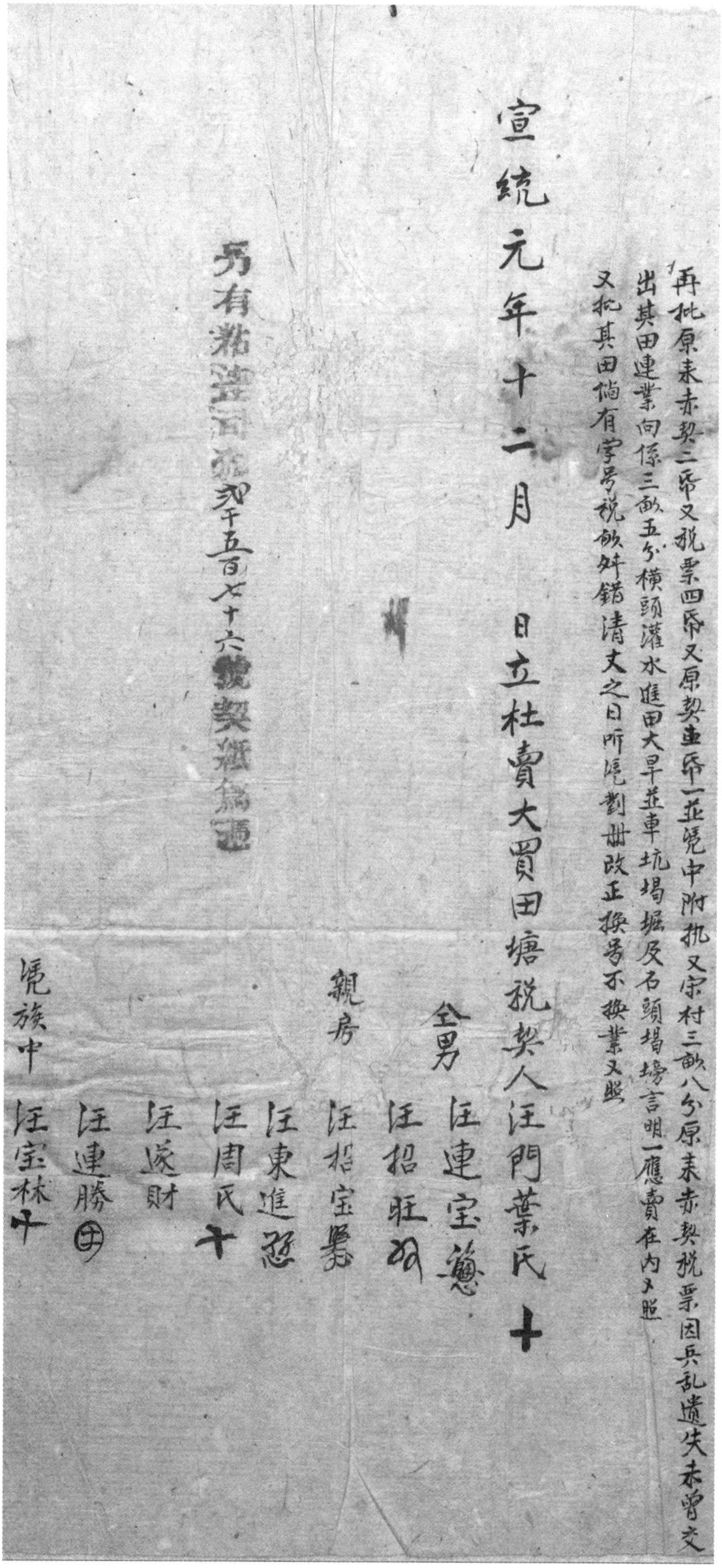

再批原來赤契三帋又稅票四帋又原契壹帋一並凭中附批又宗村三畝八分原來赤契稅票因兵亂遺失未曾交出其田連業向係三畝五分橫頭灌水塍田大旱並車坑埸堀及石頭埸塝言明一應盡在內又照

又批其田倘有字號稅畝舛錯清丈之日所凭冊改正換號不換業又照

宣統元年十二月　日立杜賣大買田塘稅契人汪門葉氏 十

仝男　汪連寶（押）

汪招旺（押）

親房　汪招寶（押）

汪東進（押）

汪周氏 十

汪遂財

汪連勝（押）

凭族中　汪寶林 十

另有粘連□□□契字五百七十六號契紙為憑

（二）

王玉有
王德紅
吳德進
吳國棟
册書 汪灶法十
奉書男 汪建堂
吳錦淋

（三）

一

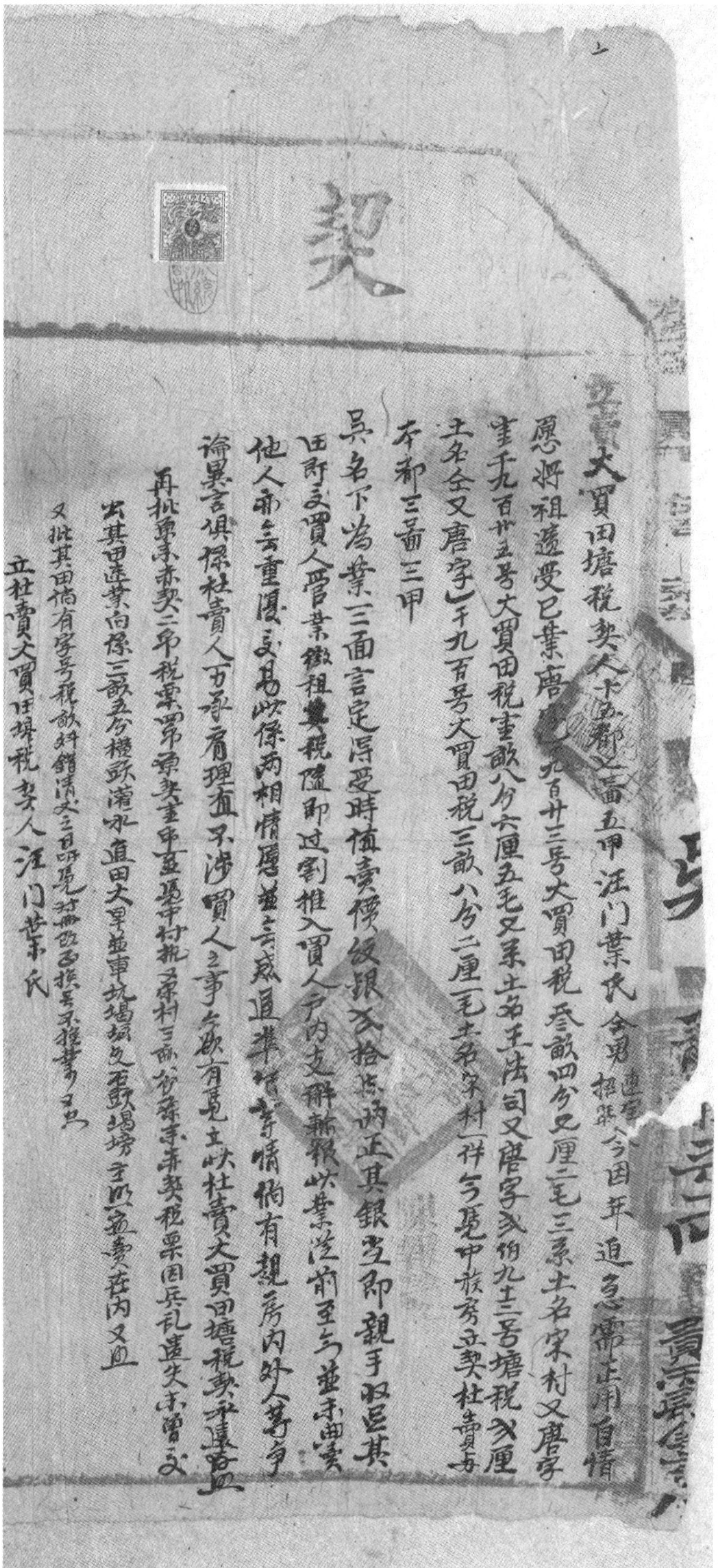
契

立杜賣大買田塘稅契人十五都又啚五甲汪门葉氏仝男[illegible]今因年迫急需正用自情
愿將祖遺受已業唐字[illegible]九百廿三号大買田稅叁畝四分又厘二毛三系土名宋村又唐字
壹千九百廿五号大買田稅壹畝八分六厘五毛又系土名王法司又唐字弍伯九十三号塘稅弍厘
土名仝又唐字一千九百号大買田稅三畝八分二厘一毛土名宋村一併憑中族房立契杜賣與
本都三啚三甲
吴名下為業三面言定得受時值賣價紋銀叁拾[illegible]兩正其銀當即親手收足其
田听受買人管業徵租其稅隨即过割推入買人戶內支冊辦粮此業從前至今並未曲賣
他人亦無重復交易此係兩相情愿並無威逼準折等情倘有親房內外人等爭
論異言俱係杜賣人一力承肩理直不涉買人之事今欲有憑立此杜賣大買田塘稅契永遠存照
再批原來赤契二紙稅票四紙原契壹紙[illegible]村批又宋村三畝八分系來赤契稅票因兵乱遺失未曾交
出其田連業向係三畝五分[illegible]直田大買並車坑塌堨及[illegible]堨塝全收並賣在內 又照
又批其田倘有字号稅畝[illegible] 又照
立杜賣大買田塘稅契人 汪门葉氏

清宣統二年九月歙縣汪門葉氏等立杜賣大買田塘稅赤契

（一）

一

清宣統二年九月歙縣汪門葉氏等立杜賣大買田塘稅赤契

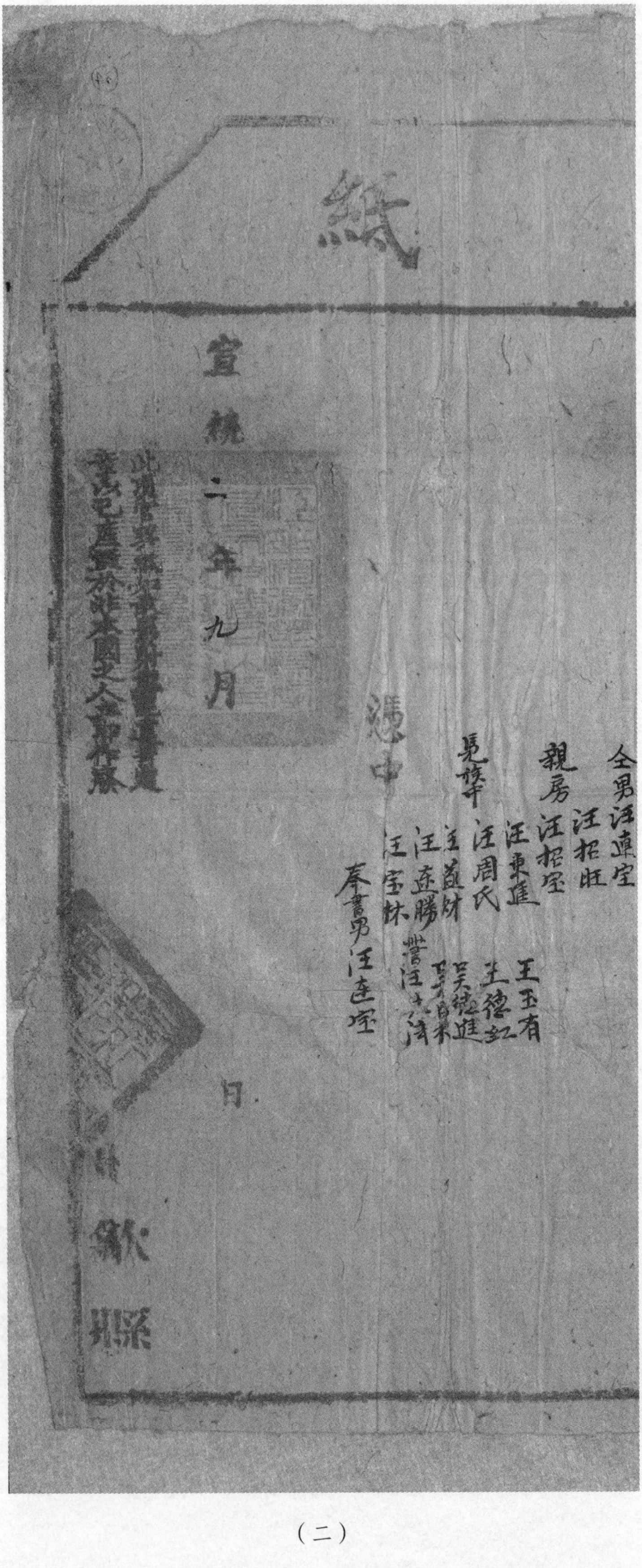
宣統二年九月　日

親房

憑中

（二）

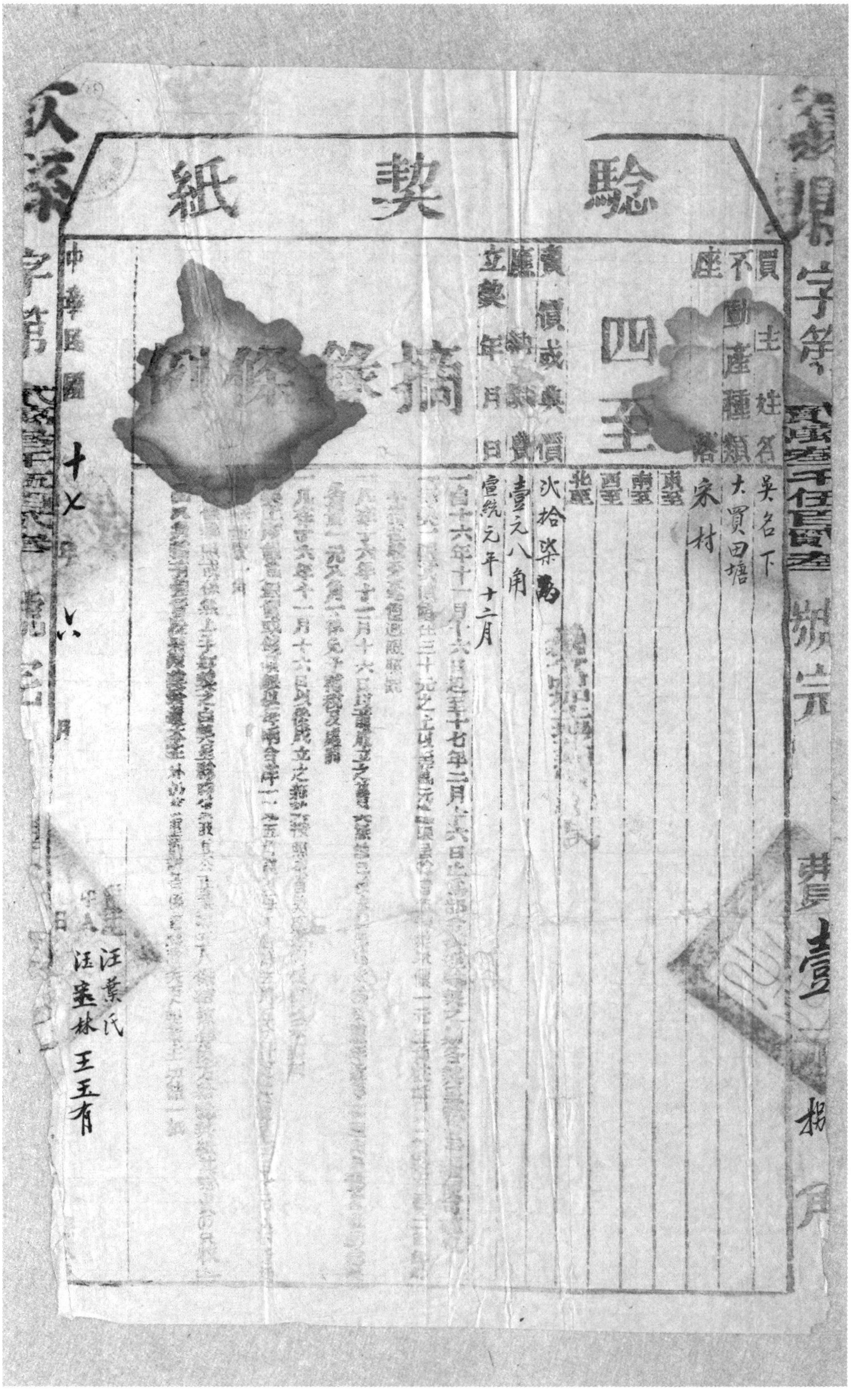
驗契紙
買主姓名 吳名下
不動產種類 大買田塘
座落 宋村
四至
東至
西至
南至
北至
賣價或典價
應納契費 壹元八角
立契年月日 宣统元年十二月
摘錄條例
中華民國 十七 年 六 月
汪葉氏
王玉有

民國十七年六月歙縣給吳某某大買田塘驗契紙

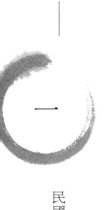

賣契

立賣大買田塘稅契人十五都七

業唐字乚千九百廿三號大買田

字乚千九百叁十五號大買田稅

九百九十三號塘稅弍厘土名仝又

毛土名宋村凭中立契杜賣與本

吳名下為業三面言定得受價銀

今照契內摘由其餘均載原契

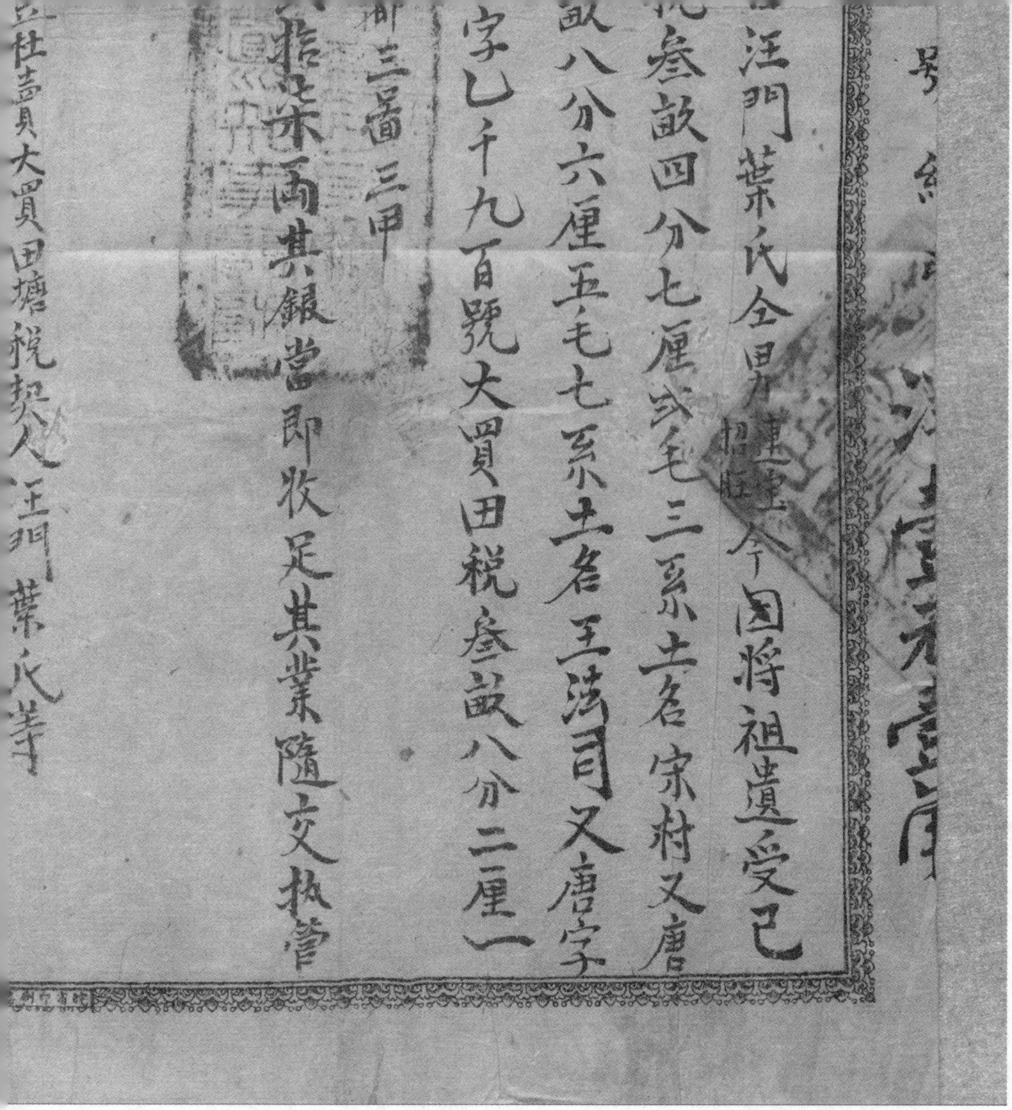
號 紙
汪門葉氏全男連□招旺今因將祖遺受己
稅叁畝四分七厘貳毛三系土名宋村又唐
畝八分六厘五毛七系土名王法司又唐字
字乙千九百號大買田稅叁畝八分二厘一
柳三畝三甲
指業兩其銀當即收足其業隨交執管
立杜賣大買田塘稅契人汪門葉氏等

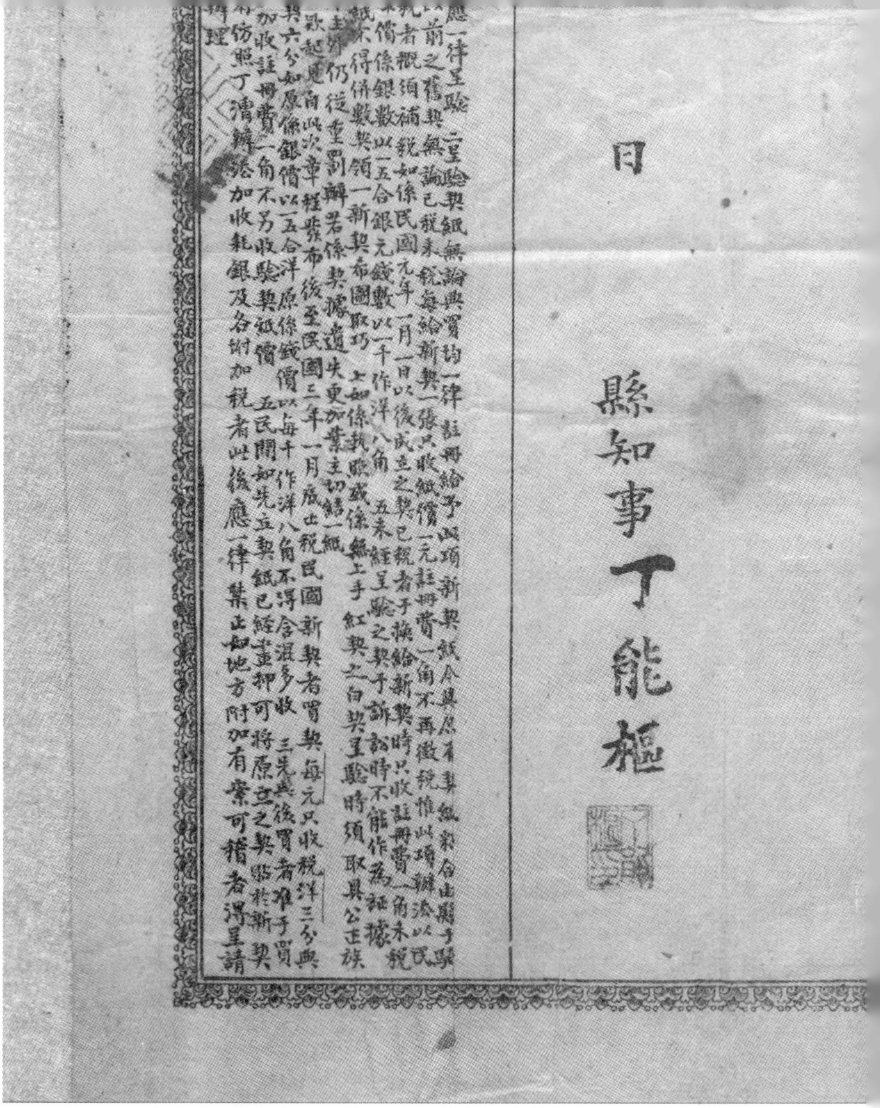

日

縣知事丁能樞

應一律呈驗 二呈驗契紙無論典買均一律註册給予此項新契紙令具原有契紙爰由縣予騐
以前之舊契無論已稅未稅每給新契一張只收紙價一元註册費一角不再徵稅惟此項辦法以民
稅者概須補稅如係民國元年一月一日以後成立之契已稅者予換給新契時只收註册費一角未稅
其價係銀數以一五合銀元錢數以一千作洋八角 五未經呈驗之契于訴訟時不能作為証據
紙不得併數契領一新契希圖取巧 七如係執照或係無上手紅契之白契呈驗時須取具公正族
主外仍從重罰辦若係契據遺失更加業主切結一紙
款起見自此次章程發布後至民國三年一月底止稅民國新契者買契每元只收稅洋三分典
契六分如原係銀價以一五合洋原係錢價以每千作洋八角不得含混多收 三先典後買者准予買
加收註册費一角不另收驗契紙價 五民間如先立契紙已經畫押可將原立之契貼於新契
有彷照丁漕辦法加收耗銀及各附加稅者此後應一律禁止如地方附加有案可稽者渭呈請
辦理

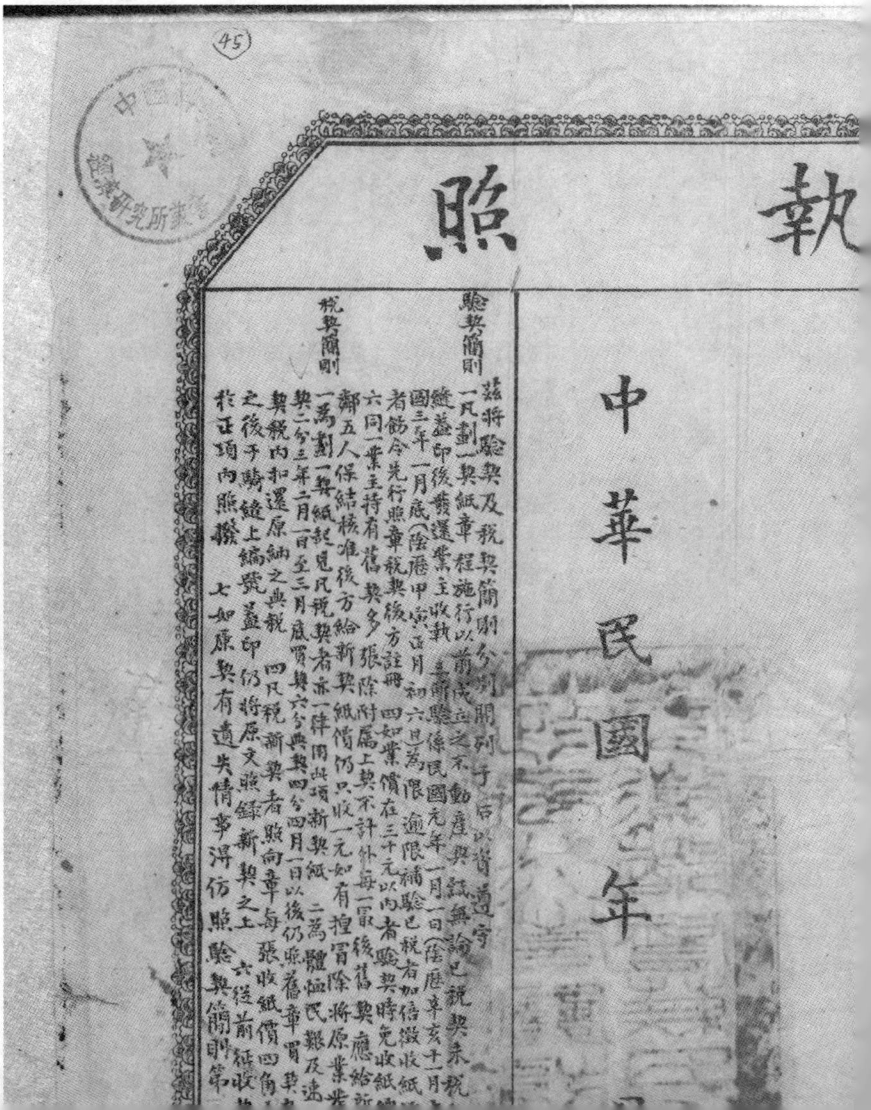
45
執照
驗契簡則
稅契簡則
中華民國 年

〔四〕清光緒年間歙縣岩鎮孫氏杜買山稅赤契

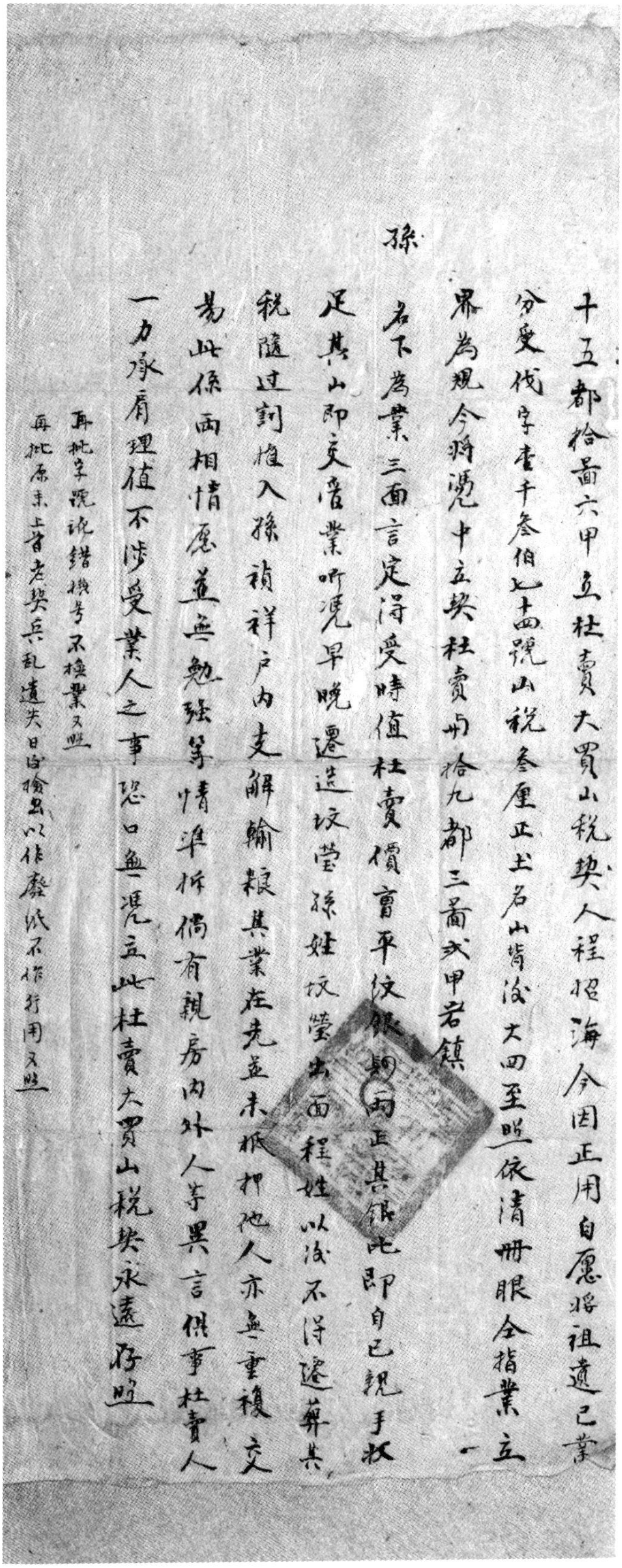
十五都拾畨六甲立杜賣大買山稅契人程招海，今因正用，自愿將祖遺己業
分受伐字壹千叁伯七十四號山稅叁厘正，土名山背後大，四至照依清册，眼仝指業立
界為規。今將憑中立契杜賣與拾九都三畨弍甲岩鎮
孫　名下為業，三面言定得受時值杜賣價曹平紋銀肆兩正，其銀比即自己親手收
足，其山即交買業，听憑早晚遷造坟塋，孫姓坟塋出面，程姓以後不得阻葬，其
稅隨过割推入孫禎祥戶內支解輸粮。其業在先並未抵押他人，亦無重複交
易。此係兩相情愿，並無勉强等情準折。倘有親房內外人等異言，俱事杜賣人
一力承肩理值，不涉受業人之事。恐口無憑，立此杜賣大買山稅契永遠存照。
再批：字號訛錯，換号不換業，又照。
再批：原來上首老契兵亂遺失，日后檢出以作廢紙，不作行用，又照。

（一）

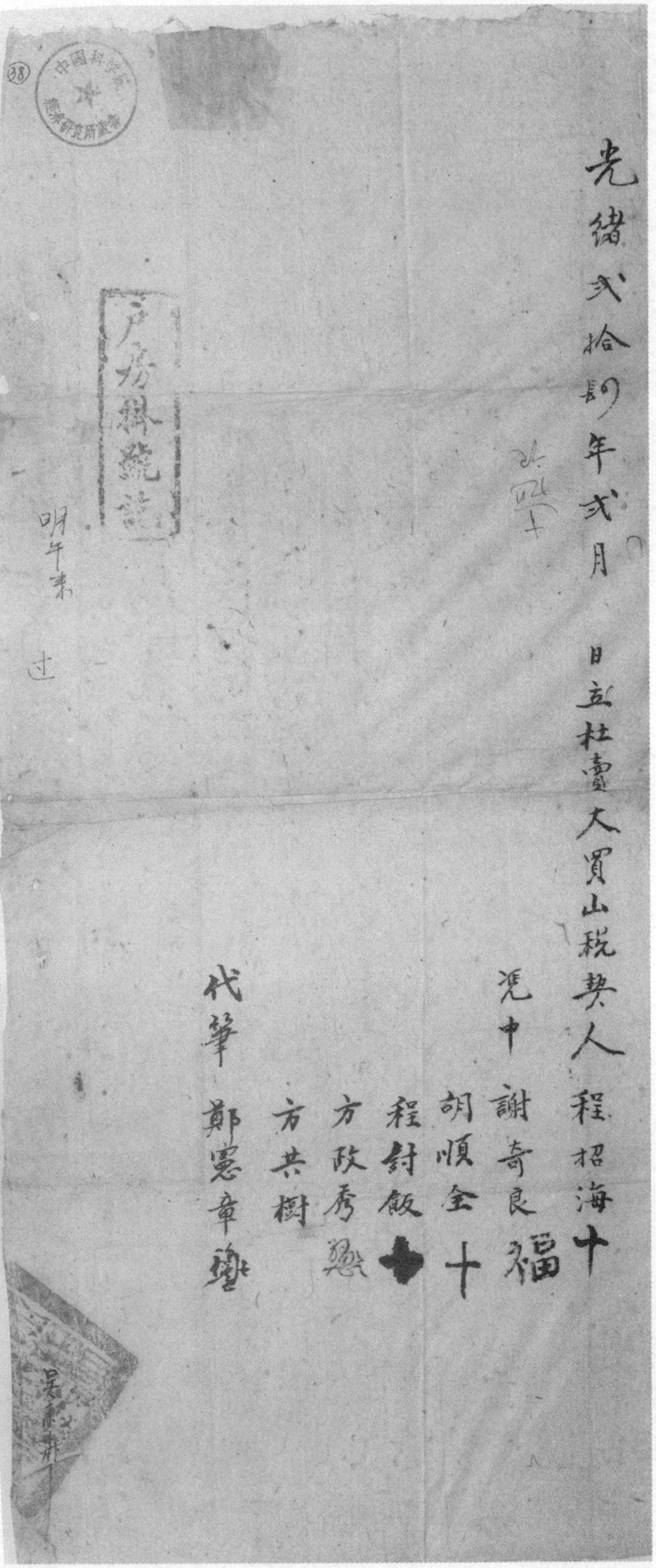
光緒弍拾肆年弍月　日立杜賣大買山稅契人程招海（押）
凴中　謝奇良（押）
胡順全（押）
程紂飯（押）
方政秀（押）
方共樹
代筆　鄭憲章（押）

戶房掛號訖
明年未过

（二）

一

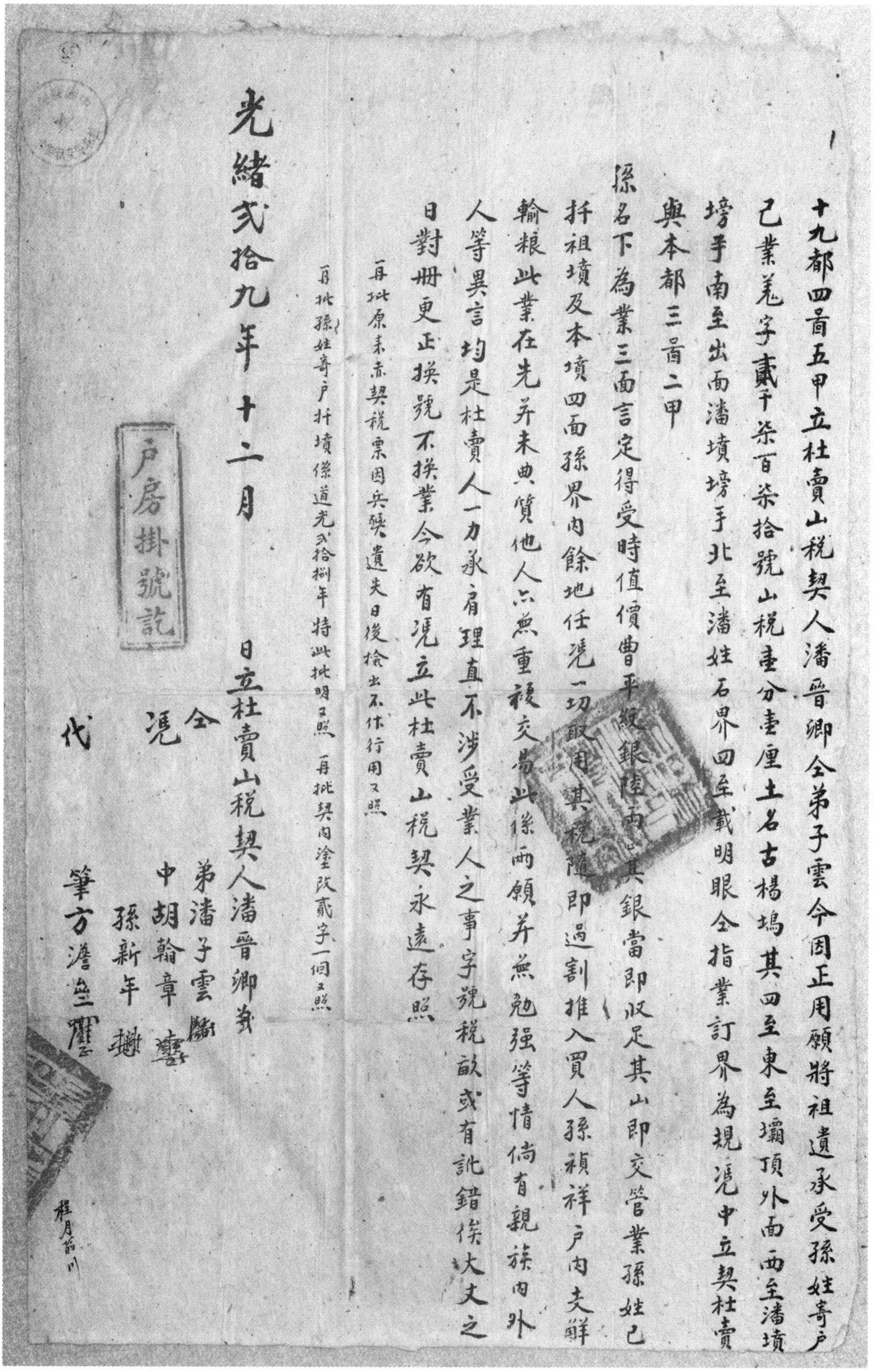

十九都四啚五甲立杜賣山稅契人潘晉卿仝弟子雲今因正用願將祖遺承受孫姓寄戶
己業羌字貳千柒百柒拾號山稅壹分壹厘土名古楊塢其四至東至壩頂外面西至潘墳
墈手南至出面潘墳墈手北至潘姓石界四至載明眼仝指業訂界為規憑中立契杜賣
與本都三啚二甲
孫名下為業三面言定得受時值價曹平紋銀陸兩正其銀當即收足其山即交管業孫姓已
扦祖墳及本墳四面孫界內餘地任憑一切取用其稅隨即過割推入買人孫禎祥戶內支解
輸粮此業在先并未典質他人亦無重複交易此係兩願并無勉强等情倘有親族內外
人等異言均是杜賣人一力承肩理直不涉受業人之事字號稅畝或有訛錯俟大丈之
日對冊更正挨號不挨業今欲有憑立此杜賣山稅契永遠存照
再批原未赤契稅票因兵燹遺失日後檢出不作行用又照
再批孫姓寄戶扦墳係道光弍拾捌年特此批明又照　再批契內塗改貳字一個又照

戶房掛號訖

光緒弍拾九年十二月　日立杜賣山稅契人潘晉卿（押）
弟潘子雲（押）
仝　中胡翰章（押）
憑　孫新年（押）
代　筆方澹（押）

清光緒二十九年十二月歙縣潘晉卿等立杜賣山稅赤契

一

清光緒三十三年十二月歙縣潘子龍等立杜賣山稅赤契

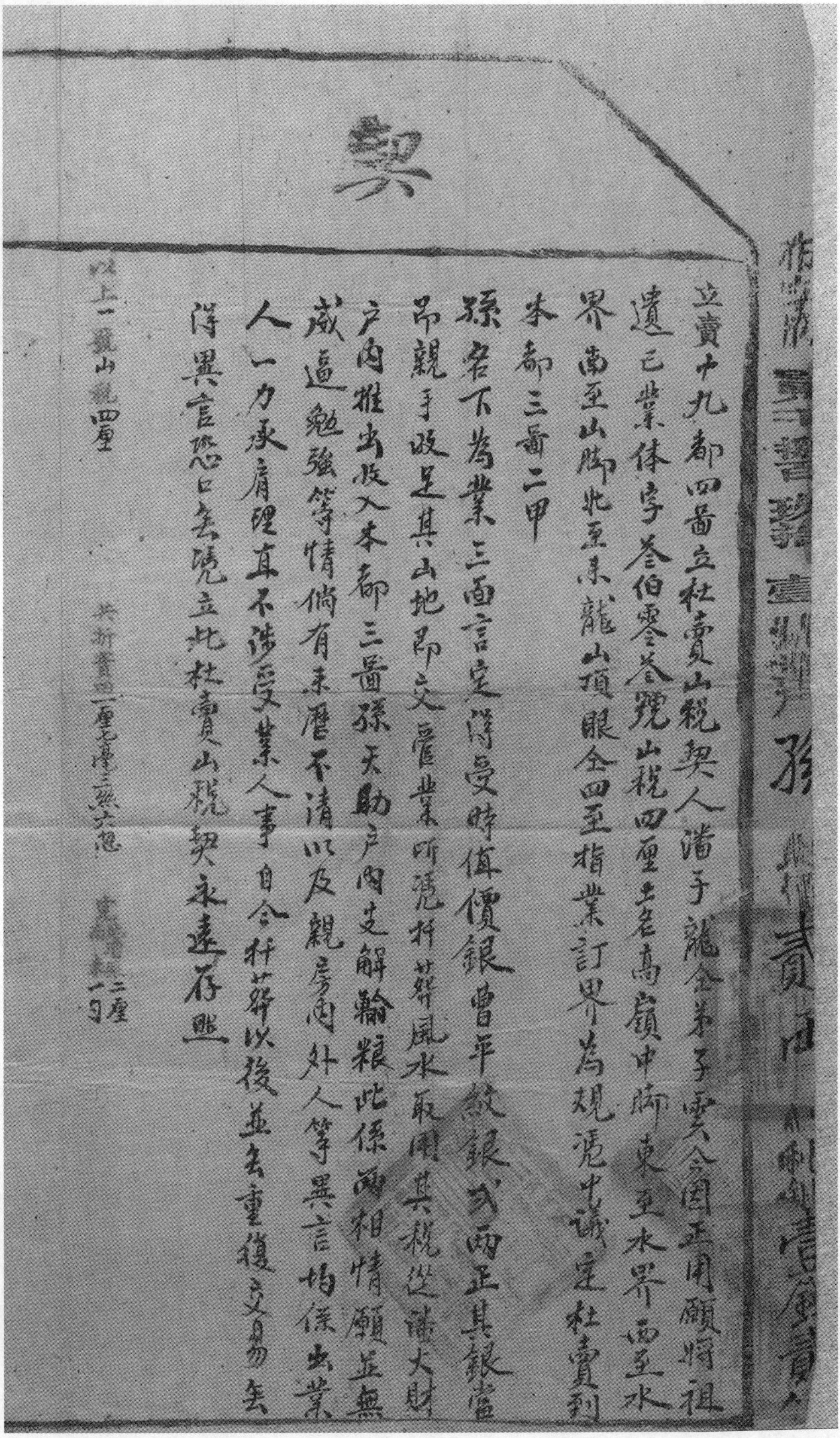

契

立賣十九都四啚立杜賣山稅契人潘子龍仝弟子雲仝因正用願將祖遺已業休字叁伯零叁號山稅四釐土名高嶺中脚東至水界西至水界南至山脚北至來龍山頂眼仝四至指業訂界為規憑中議定杜賣到本都三啚二甲

孫名下為業三面言定得受時值價銀曹平紋銀弍兩正其銀當即親手收足其山地即交管業听憑扦葬風水取用其稅從潘大財戶內推出收入本都三啚孫天助戶內支解輸粮此係兩相情願並無威逼勉強等情倘有來歷不清以及親房內外人等異言均係出業人一力承肩理直不涉受業人事自今扦葬以後並無重復交易無得異言恐口無憑立此杜賣山稅契永遠存照

共折實田一釐七毫三絲六忽　　見契銀三釐一分

以上一號山稅四釐

（一）

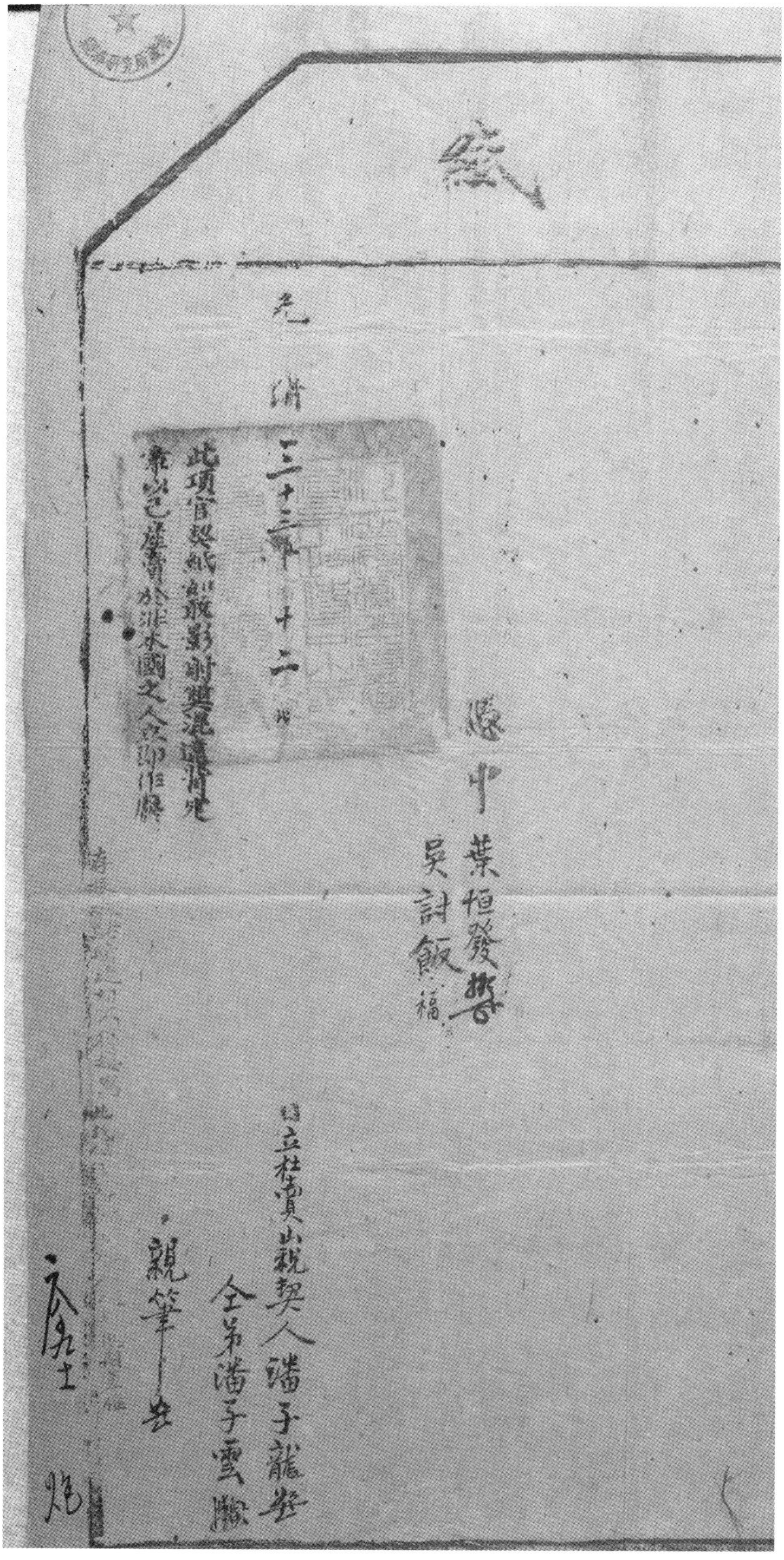

（二）

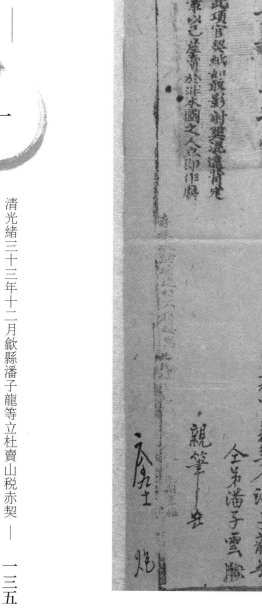

〔五〕明隆慶至民國年間其他買賣田地房屋等契約、監照文書

一

明隆慶五年二月歙縣汪岩梅立賣地並屋赤契

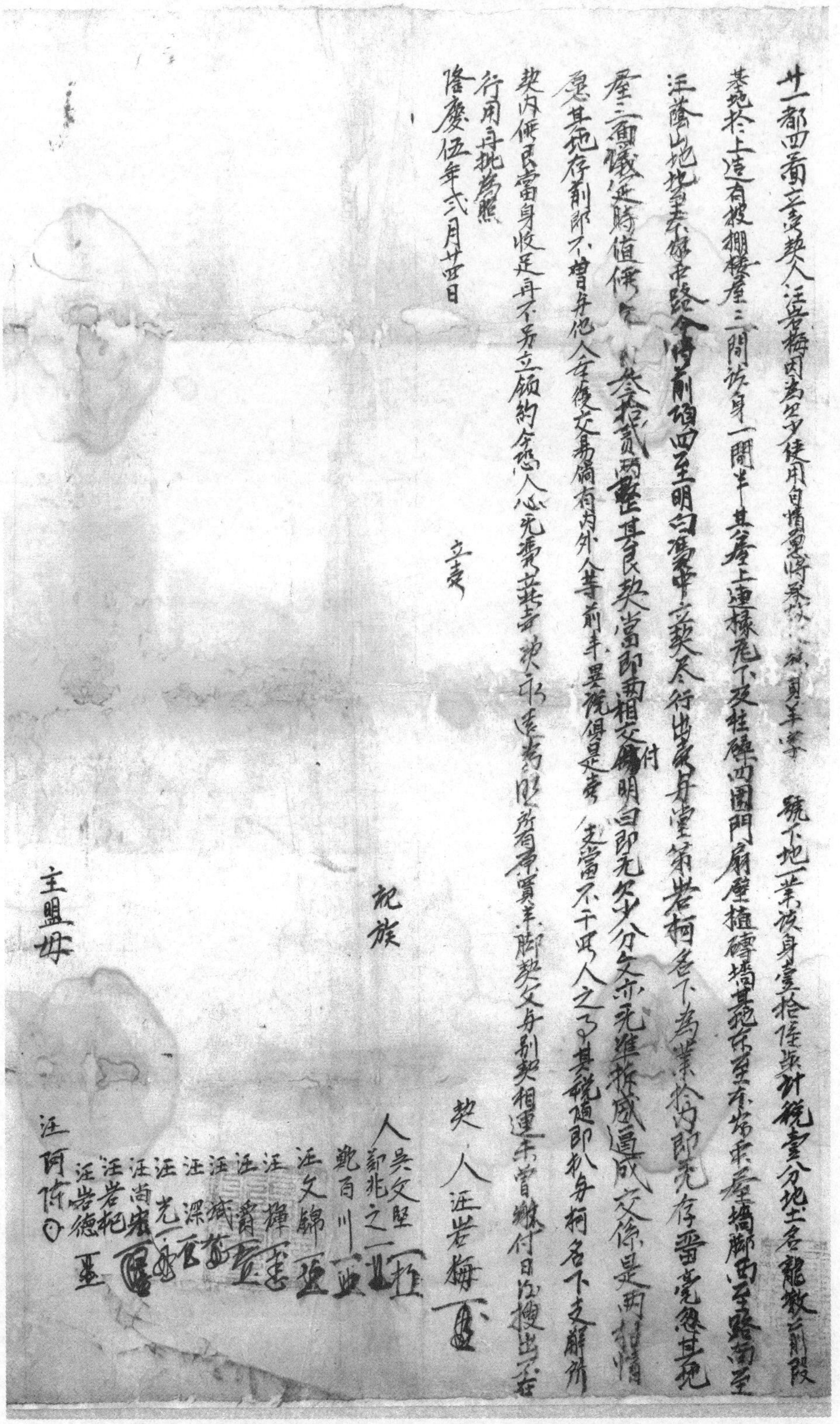
廿一都四圖立賣契人汪岩梅，因為缺少使用，自情願將承祖分得貞字　號下地一業，該身壹拾陸步，計稅壹分，地土名龍墩前段
基地，於上造有披棚樓屋三間，該身一間半。其屋上連椽瓦，下及柱礎、四圍門扇、壁植、磚墻。其地東至本家屋墻腳，西至路，南至
汪蔭山地，北至本家中路。今將前項四至明白，憑中立契盡行出賣與堂弟岩栴名下為業，於內即無存留。其地
屋三面議作時值價銀叁拾貳兩整。其銀契當即兩相交付明白，即無欠少分文，亦無準折成逼成交，係是兩相情
愿。其地存前即不曾與他人重復交易，倘有內外人等前來異說，俱是賣人支當，不干買人之事。其稅通即於身柯名下支解。所
契內價銀當身收足，再不另立領約。今恐人心無憑，立此賣契永遠為照。所有原買來腳契文與別契相連，未曾繳付，日後搜出不再
行用，再批為照。
隆慶伍年弍月廿四日　立賣契人　汪岩梅（押）
親族人　吳文堅（押）
鄧兆之（押）
鮑百川（押）
汪文錦（押）
汪輝（押）
汪爵（押）
汪城（押）
汪深（押）
汪光（押）
汪尚寵（押）
汪岩杞
汪岩德（押）
主盟母　汪阿侯（押）

一

明天啓元年八月歙縣程自科等立賣地赤契

廿都四啚立賣契人程自科同侄程宗伊宗傑宗偉今因粮条緊急愿無措身與侄將承祖坟右边與汪坟隔界空地壹片新丈得字
弍仟零廿六号土名程家墓十九〃　百叁步六分該稅叁分柒厘整其地東至　西至出產人坊腳　南至出產人坟地石柱直內為界北至
汪宅坟地為界今將四至明白憑中立契出賣與廿都一啚吳　名下為業其地听憑阡葬坟三穴　時值價銀拾肆兩正其銀
當即收足前完国課分文無欠其地眼同埋界割稅過業曾前併無典賣他人係是兩相情愿亦無威逼准折情由日後
倘有親房人等前來攔阻生端異說係身等承當不干買主之事其稅係本都一啚六甲程文户下起割恐後無憑立此
賣契永遠為照

（一）

天啟元年八月　　初三　　日賣人程自科（押）
同侄程宗伊（押）
程宗傑（押）
程宗佛（押）
憑親中人汪遺大（押）
程惟脩（押）
江子林（押）
王仰雲（押）
吳似貴
汪
代筆男程宗暉（押）

（二）

一

清雍正元年十一月歙縣吴晉錫立賣地赤契

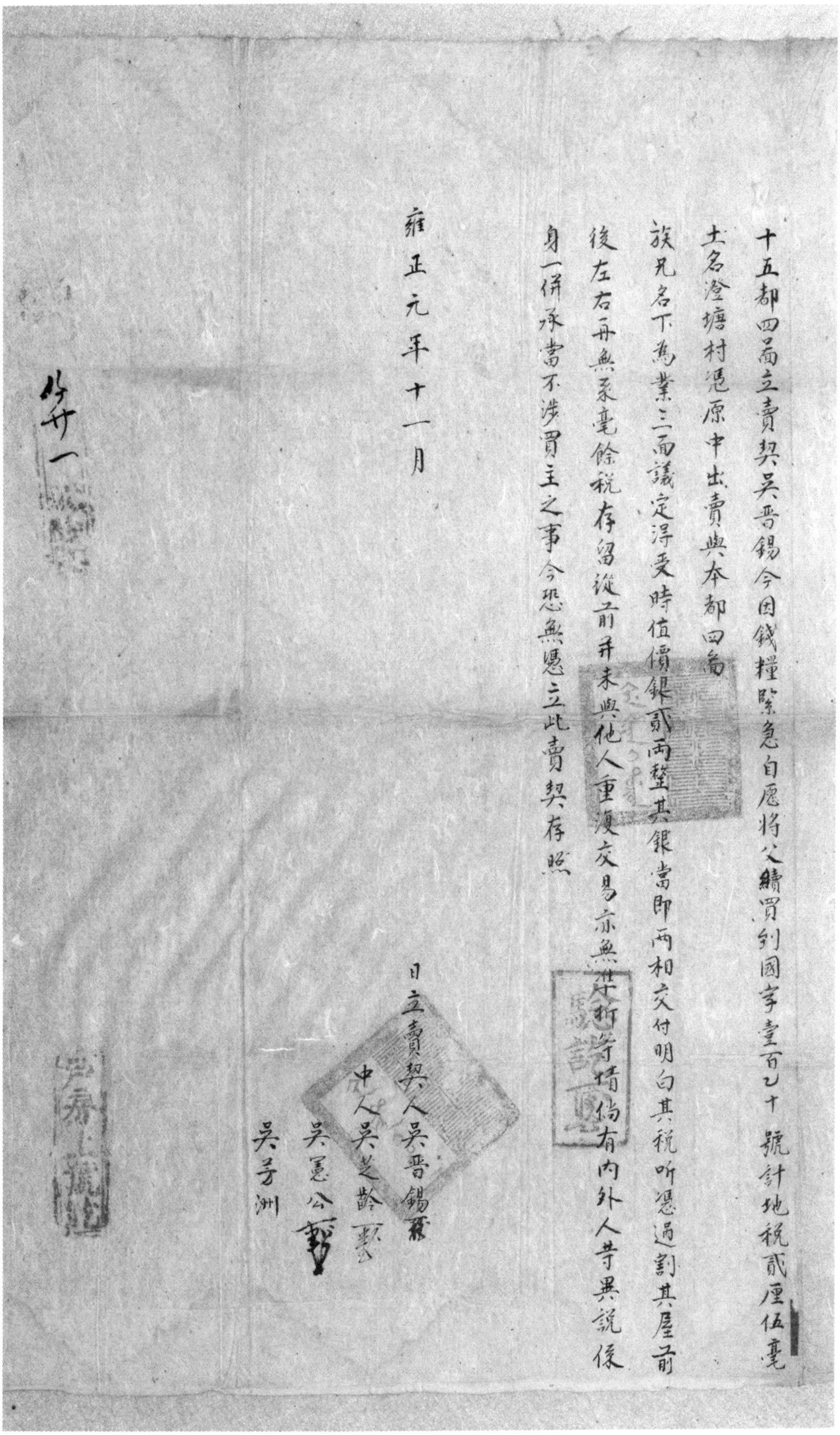

十五都四啚立賣契吴晉錫今因錢糧緊急自愿将父續買到國字壹百乙十　號計地稅貳厘伍毫
土名滄塘村憑原中出賣與本都四啚
族兄名下爲業三面議定得受時值價銀貳兩整其銀當即兩相交付明白其稅聽憑過割其屋前
後左右毋無絲毫餘稅存留從前并未與他人重復交易亦無准折等情倘有内外人等異說係
身一併承當不涉買主之事今恐無憑立此賣契存照

雍正元年十一月　日立賣契人吴晉錫（押）
中人吴芝齡（押）
吴憲公（押）
吴芳洲

外廿一

一

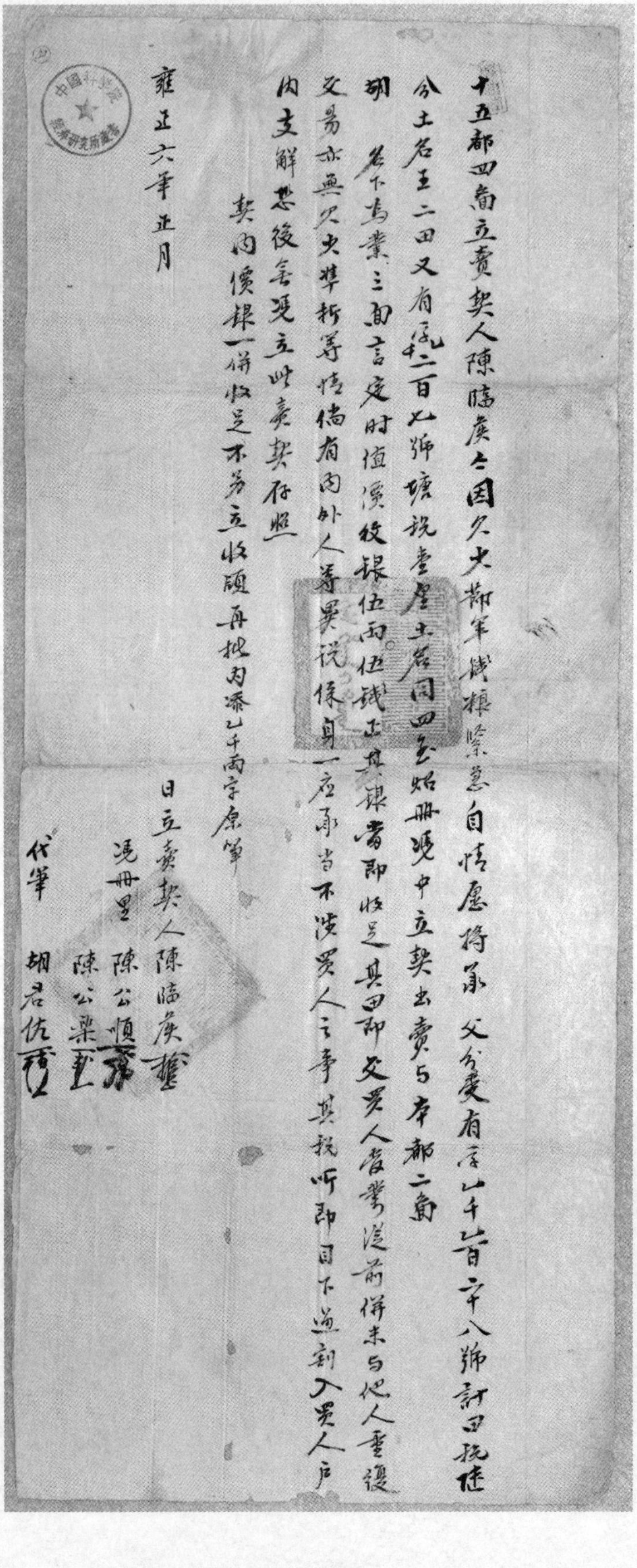
十五都四啚立賣契人陳臨侯今因欠少錢粮緊急自情愿將承父分受有字山千旹辛八號計田稅陸
分土名王二田又有字山千二百七十號塘稅壹厘土名同四至照冊憑中立契出賣与本都二啚
胡名下為業三面言定时值價紋銀伍兩伍錢正其銀當即收足其田即交買人管業從前併未与他人重復
交易亦無欠少準折等情倘有內外人等異說係身一应承当不涉買人之事其稅听即目下過割入買人戶
內支解恐後無憑立此賣契存照
契內價銀一併收足不另立收領再批內添山千兩字原筆
雍正六年正月　日立賣契人陳臨侯（押）
憑冊里　陳公順（押）
陳公粟（押）
代筆　胡君佐（押）

清雍正六年正月歙縣陳臨侯立賣田塘赤契

一

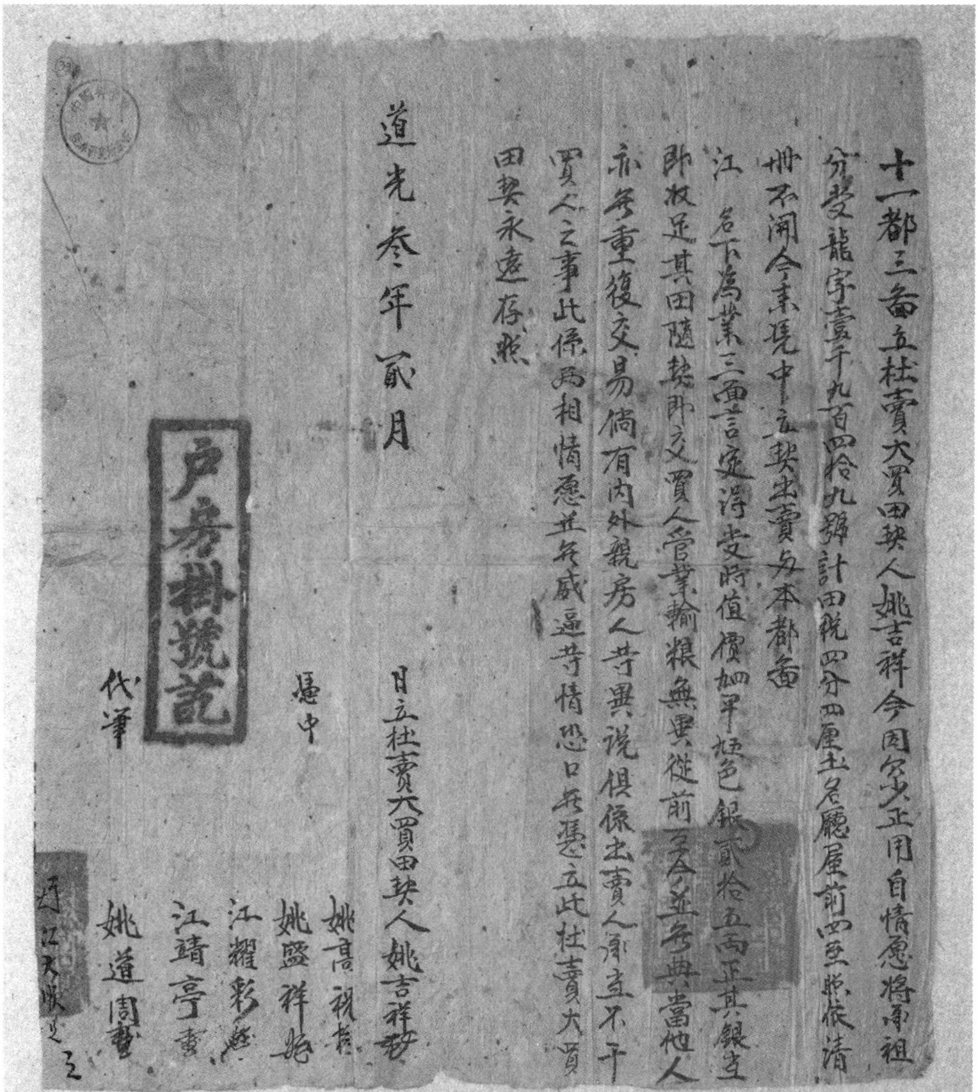

十一都三啚立杜賣大買田契人姚吉祥今因家下正用自情愿將承祖
分受龍字壹千九百四拾九號計田稅四分四厘土名廳屋前四至照依清
冊不開今来憑中立契出賣與本都啚
江　名下為業三面言定得受時值價紋平足色銀貳拾五兩正其銀當
即收足其田隨契即交買人管業輸粮無異從前至今並無典當他人
亦無重復交易倘有内外親房人等異說俱係出賣人承當不干
買人之事此係兩相情愿並無威逼等情恐口無憑立此杜賣大買
田契永遠存照

道光叁年貳月　日立杜賣大買田契人姚吉祥（押）

憑中　姚喜祿（押）
姚盛祥（押）
江耀彩（押）
江靖亭（押）

代筆　姚道周（押）

戶房掛號訖

清道光三年二月歙縣姚吉祥立杜賣大買田赤契

清道光三年七月歙縣給江某某契尾

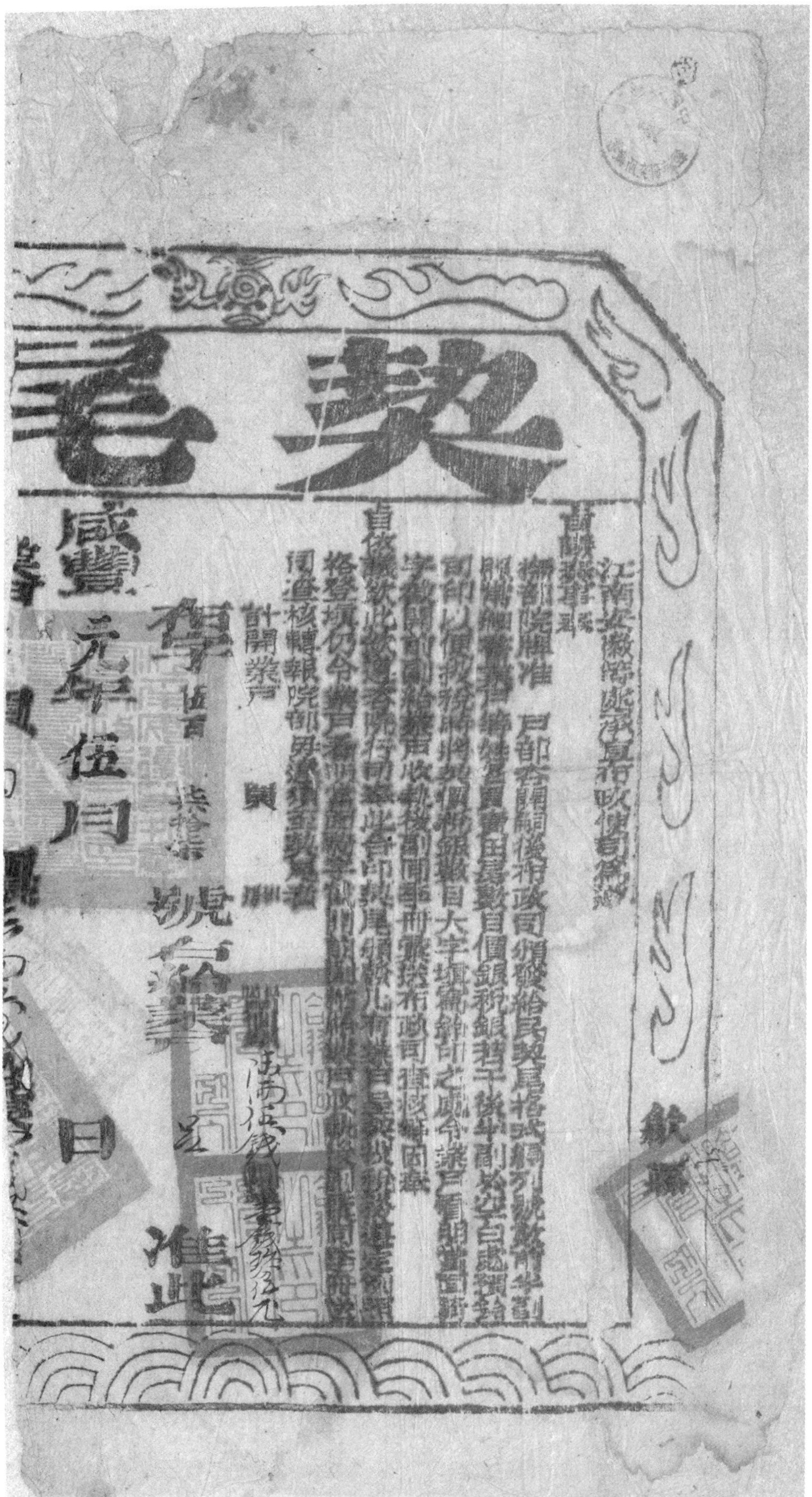
契尾
江南安徽等處承宣布政使司為
咸豐元年五月 日
准此
歙縣

清咸豐元年五月歙縣給呂某某契尾

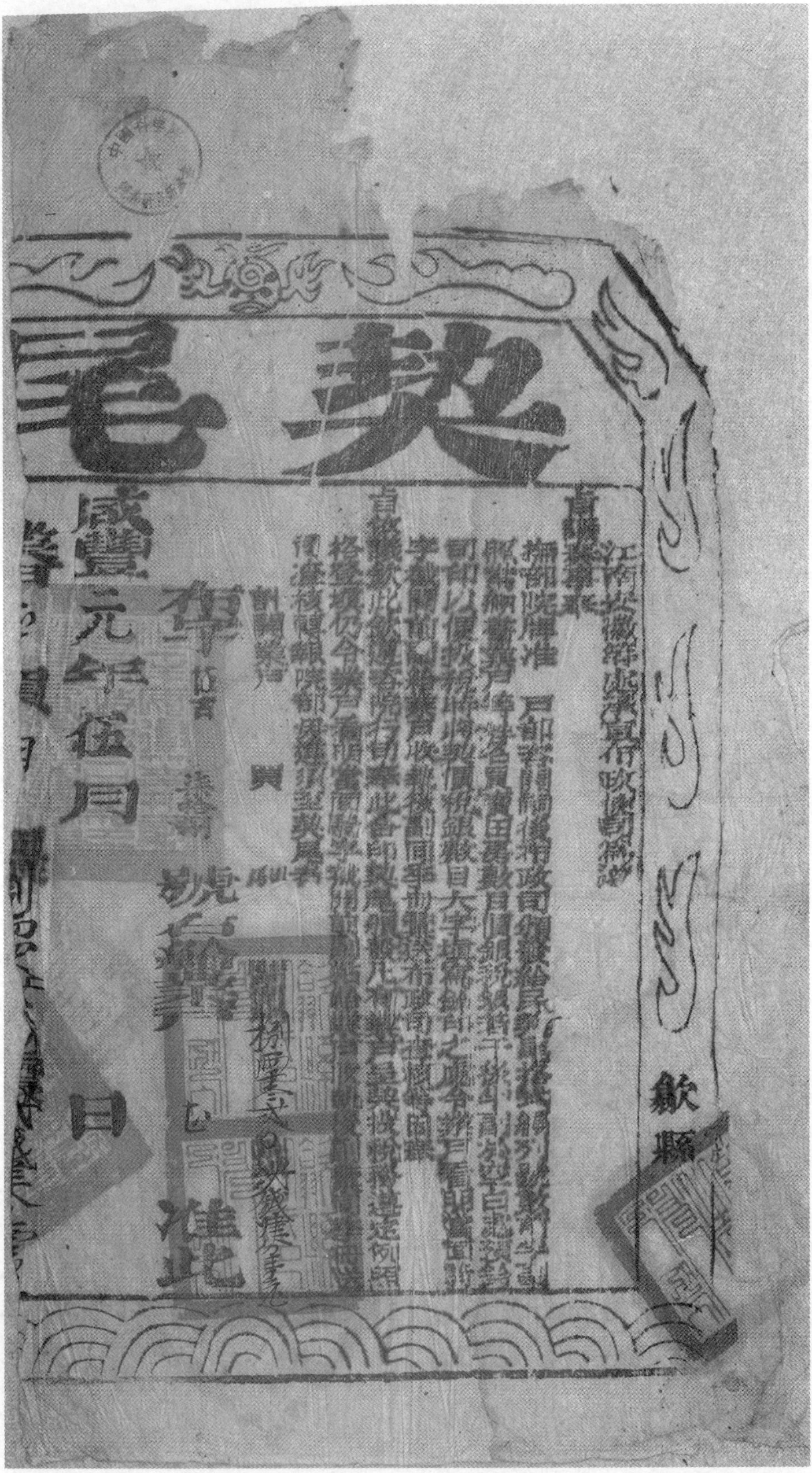

一

清咸豐元年五月歙縣給曹某某契尾

一

清咸豐六年三月歙縣朱起富等立杜賣地成田稅赤契
附咸豐七年三月歙縣給余某某稅契執照

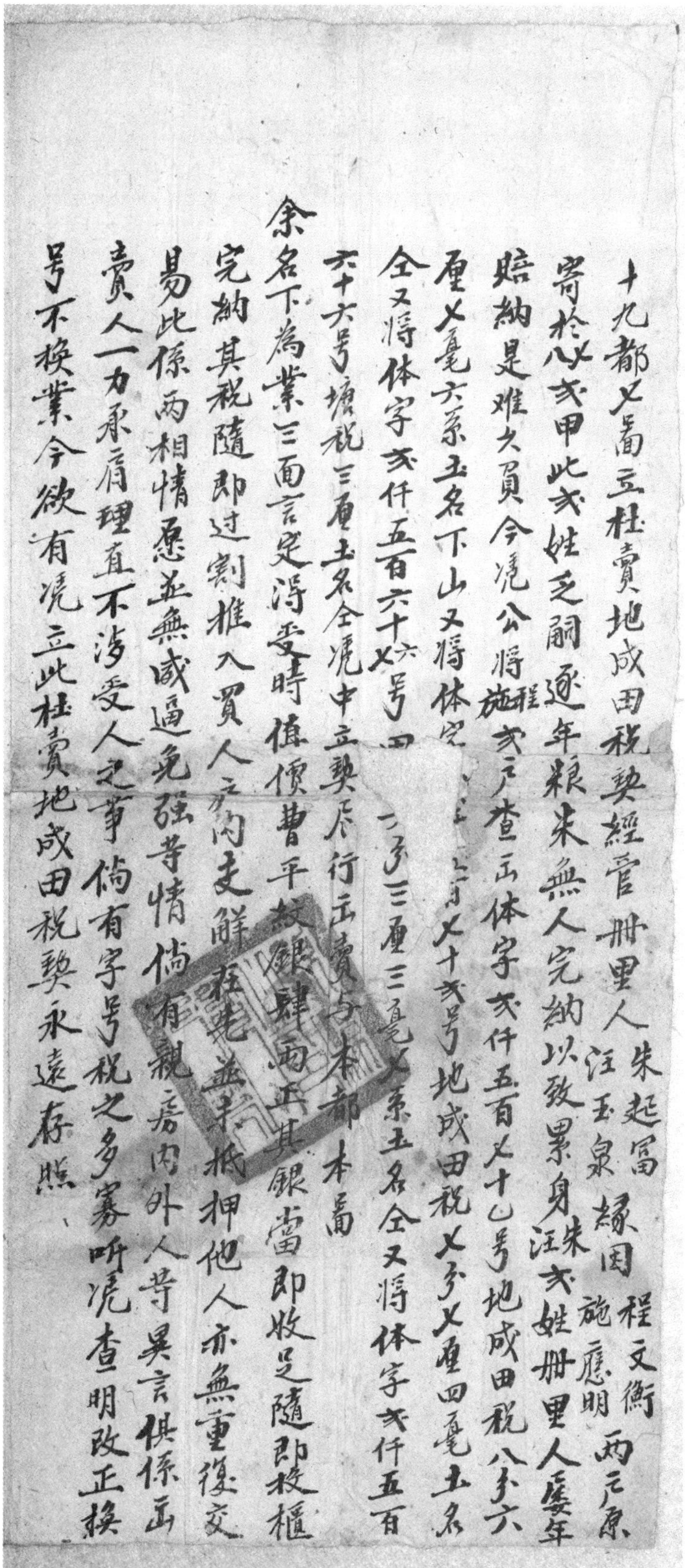

十九都七啚立杜賣地成田稅契經管冊里人朱起富、汪玉泉，緣因程文衡、施應明兩戶原
寄於八七甲，此弍姓乏嗣，遂年粮米無人完納，以致累身汪朱弍姓冊里人屢年
賠納，是難久負。今凴公將程施弍戶查出体字弍仟五百七十乙号地成田稅八分六
厘七毫六系五名下山，又將体字[illegible]七十弍号地成田稅七分七厘四毫五系
全，又將体字弍仟五百六十七号田[illegible]一分三厘三毫七系五名全，又將体字弍仟五百
六十六号墳稅三厘五名全，凴中立契尽行出賣与本都本啚
余名下為業。三面言定，得受時值價曹平紋銀肆兩正。其銀當即收足，隨即校櫃
完納，其稅隨即过割推入買人之戶內支解。在先並未抵押他人，亦無重復交
易。此係兩相情愿，並無威逼免強等情。倘有親房內外人等異言，俱係出
賣人一力承肩理直，不涉受人之事。倘有字号稅之多寡，听凴查明改正，換
号不換業。今欲有凴，立此杜賣地成田稅契，永遠存照。

（一）

一

清咸豐六年三月歙縣朱起富等立杜賣地成田税赤契
附咸豐七年三月歙縣給余某某税契執照

咸豐六年三月　日立杜賣地成田税契人　朱起富（押）
汪玉泉（押）
憑甲友　吳旭初（押）
憑中　朱有良〇
朱礼仁（押）
吳吉祥（押）
吳啟祿〇
張曹氏〇
余守廷（押）
代筆　汪承和（押）

税以足訖　一

（二）

清咸豐六年三月歙縣朱起富等立杜賣地成田稅赤契
附咸豐七年三月歙縣給余某某稅契執照

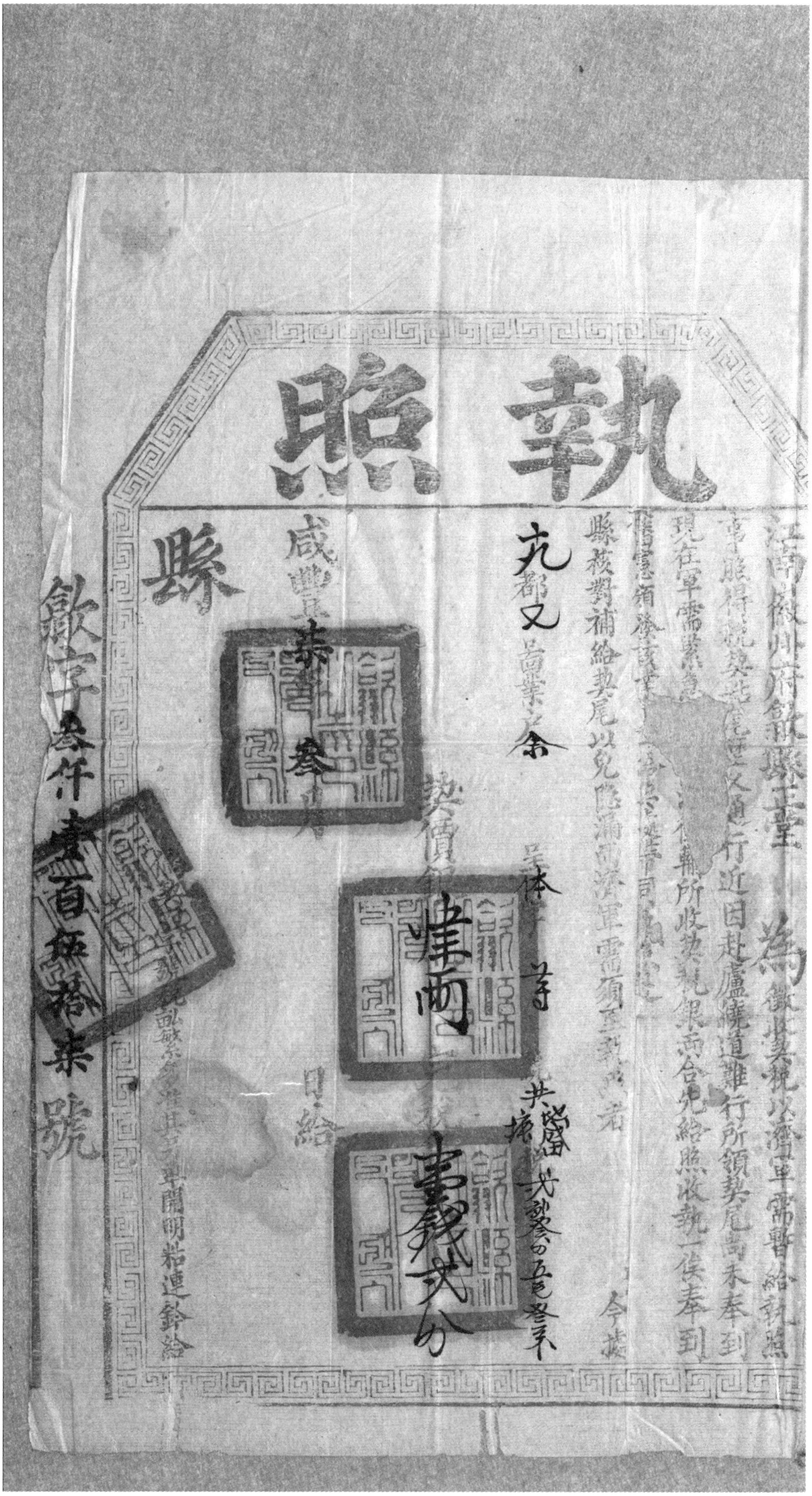

執照

江南徽州府歙縣正堂 為徵收契稅以濟軍需暫給執照
事照得稅契尾[illegible]文通行近因赴廬饒道難行所領契尾尚未奉到
現在軍需緊急[illegible]所收契稅銀兩合先給照收執一俟奉到
[illegible]令據
縣截粘補給契尾以免隱漏而濟軍需須至執照者
九都又啚業人余
契價銀[illegible]兩[illegible]等
共稅銀[illegible]
[illegible]開明若連鈐給
咸豐柒年叁月 日給
縣
歙字叁仟壹百伍拾柒號

（三）

清咸豐六年七月户部給歙縣徐曾錦捐監執照

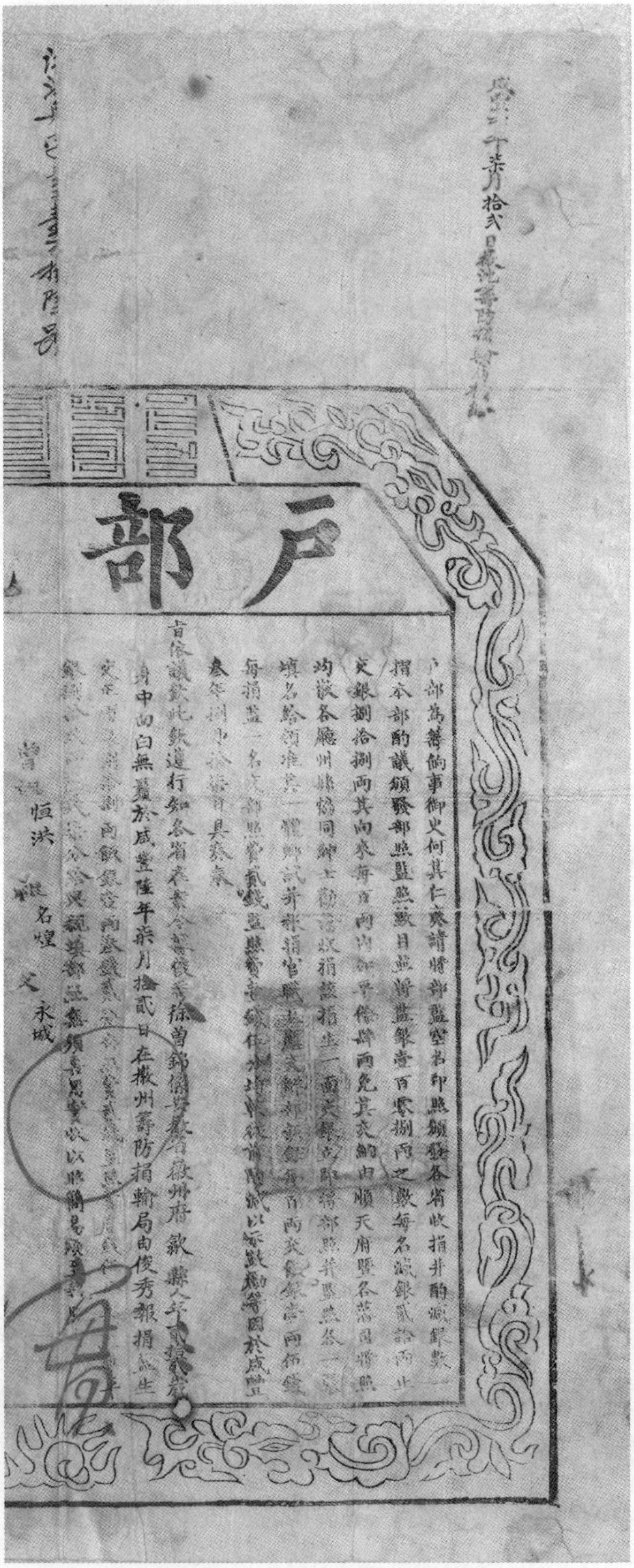
户部

户部為籌餉事御史何其仁奏請將部監空名印照頒發各省收捐并酌減銀數一
摺本部酌議頒發部照監照數目並將監銀壹百零捌兩之數每名減銀貳拾兩止
交銀捌拾捌兩其向來每百兩內加平餘肆兩免其交納由順天府暨各藩司將照
均發各廳州縣協同紳士勸諭收捐該捐生一面交銀立即將部照并監照各一張
填名給領准其一體鄉試并准捐官職[illegible]
每捐監一名[illegible]部照費貳錢監照費[illegible]
叁年捌月[illegible]具奏奉
旨依議欽此欽遵行知各省在案今據俊秀徐曾錦係安徽省徽州府歙縣人年貳拾貳歲
身中面白無鬚於咸豐陸年柒月拾貳日在徽州籌防捐輸局由俊秀報捐監生
[illegible]
[illegible]
曾祖恒洪　祖名煌　父永城

（一）

清咸豐六年七月户部給歙縣徐曾錦捐監執照

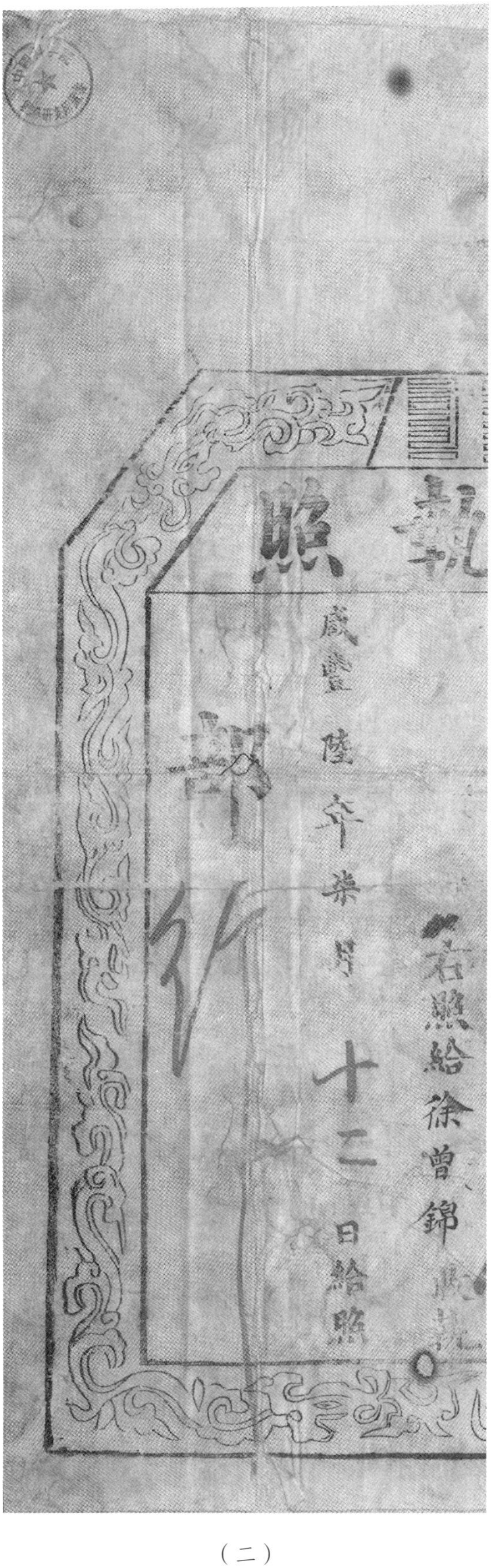
執照
右照給徐曾錦收執
咸豐陸年柒月十二日給照
部
行

（二）

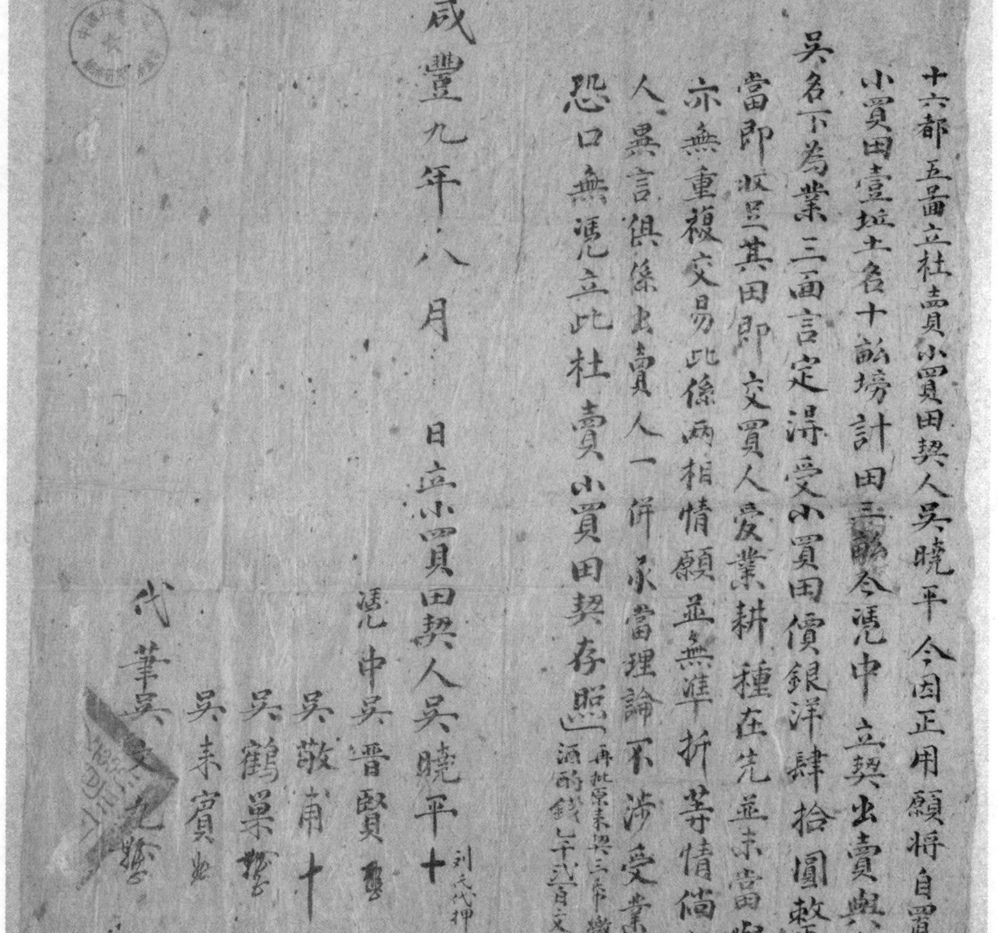
十六都五啚立杜賣小買田契人吴曉平今因正用願将自置商字號
小買田壹坵土名十畝塝計田三畝今憑中立契出賣與本都啚
吴名下為業三面言定得受小買田價銀洋肆拾圓整其洋
當即收足其田即交買人受業耕種在先並未當與他人
亦無重複交易此係兩相情願並無準折等情倘有内外
人異言俱係出賣人一併承當理論不涉受業人之事
恐口無憑立此杜賣小買田契存照
再批原来契三本繳付此照又批
酒酌錢七千弍百文又照
咸豐九年八月　日立小買田契人吴曉平十　劉氏代押
憑中吴晉賢（押）
吴敬甫十
吴鶴巢（押）
吴来賓（押）
代筆吴□光（押）

清咸豐九年八月（歙縣）吴曉平立杜賣小買田赤契

契紙簡明

一為劃一契紙起見凡稅契者亦一律用此項新契紙　二為體恤民艱及遂寬……
契二分三年二月一日至三月底買契六分典契四分四月一日以後仍照舊章買契九分
契稅內扣還原納之典稅　四凡稅新契者照向章每張收紙價四角五分
之後于騎縫上編號蓋印仍將原文照錄新契之上　六從前征收契稅
於正項內照撥　七如原契有遺失情事準仿照驗契簡明第七條

立杜賣大小買田契人葉舜臣
计田税壹畝九分八厘六毛五系
賣與
劉　名下為業三面言定得受
隨契過割清交听憑買人經管
憑早晚照册改正該税不拘多寡
是兩相願意並無威逼等情倘
不干買者之事恐口無憑立此杜

光绪十一年五月　日立杜賣

契　執　照

驗契簡則

一 茲將驗契及税契簡則分別開列于后以資遵守

一 凡劃一契紙章程施行以前成立之不動產契紙無論已税契未税契

繳蓋印後費還業主收執 三 所驗係民國元年一月一日(陰曆辛亥十一月十三

國三年一月底(陰曆甲寅五月初六日)為限

中華民國　　年　　月

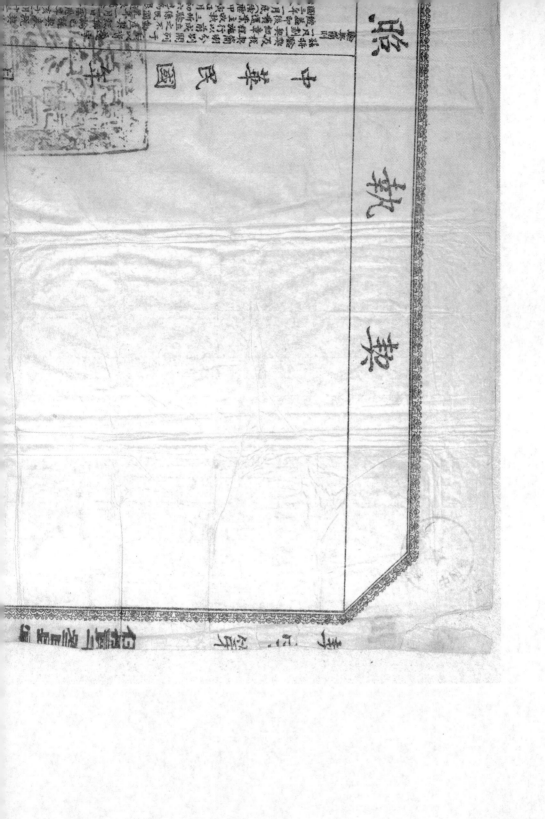

第　　號

清光緒十一年五月歙縣葉舜臣立杜賣大小買田契附民國某年某月歙縣發契執照

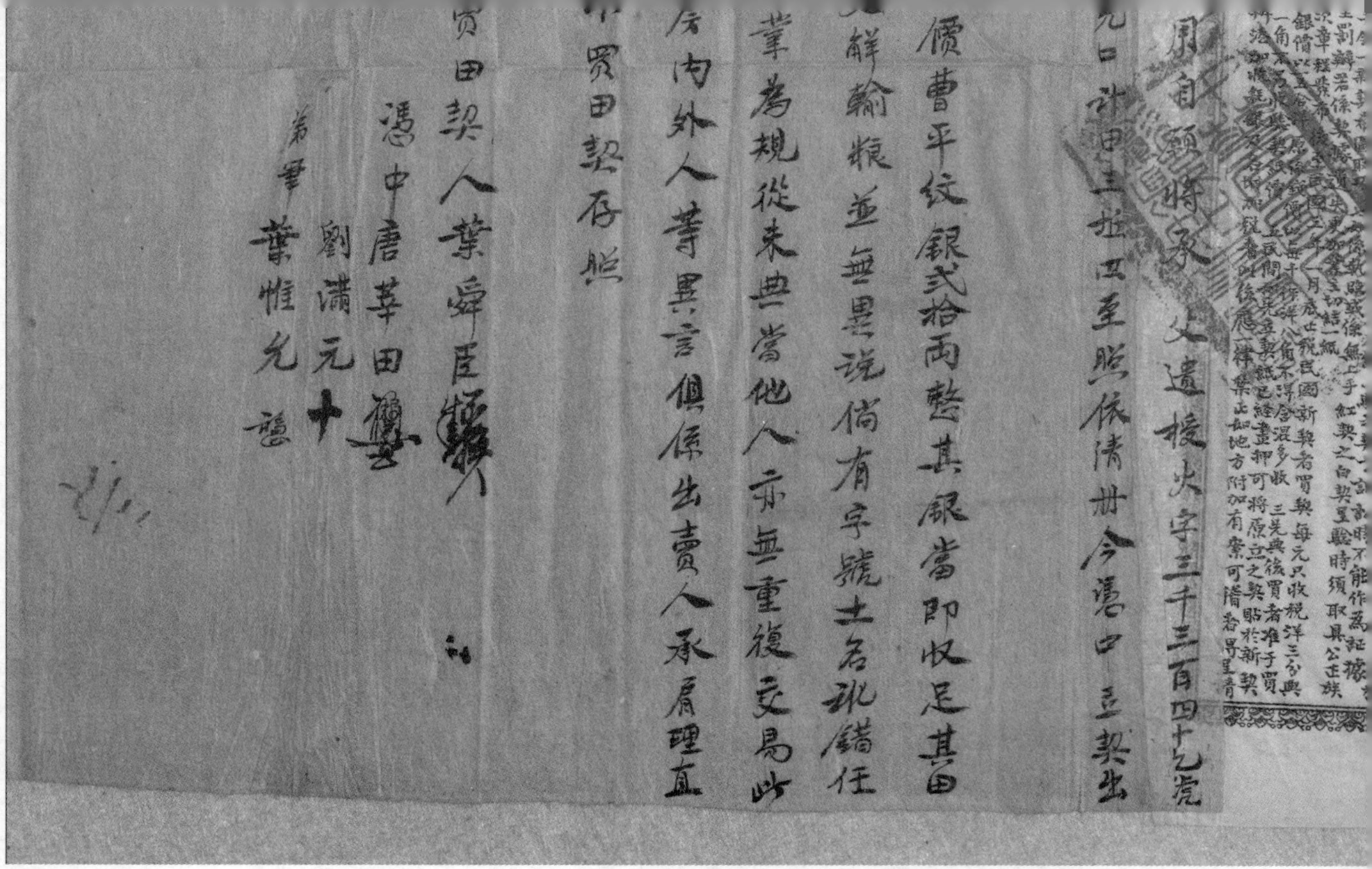

……文遺棱火字三千三百四十七號
九口計田三坵四至照依清册今憑中立契出
價曹平紋銀弍拾兩整其銀當即收足其田
……鮮輸粮並無異說倘有字號土名批錯任
業為規從未典當他人亦無重複交易此
係內外人等異言俱係出賣人承肩理直
……買田契存照
賣田契人葉舜臣
憑中唐莘田
劉滿元十
弟筆葉惟允

一

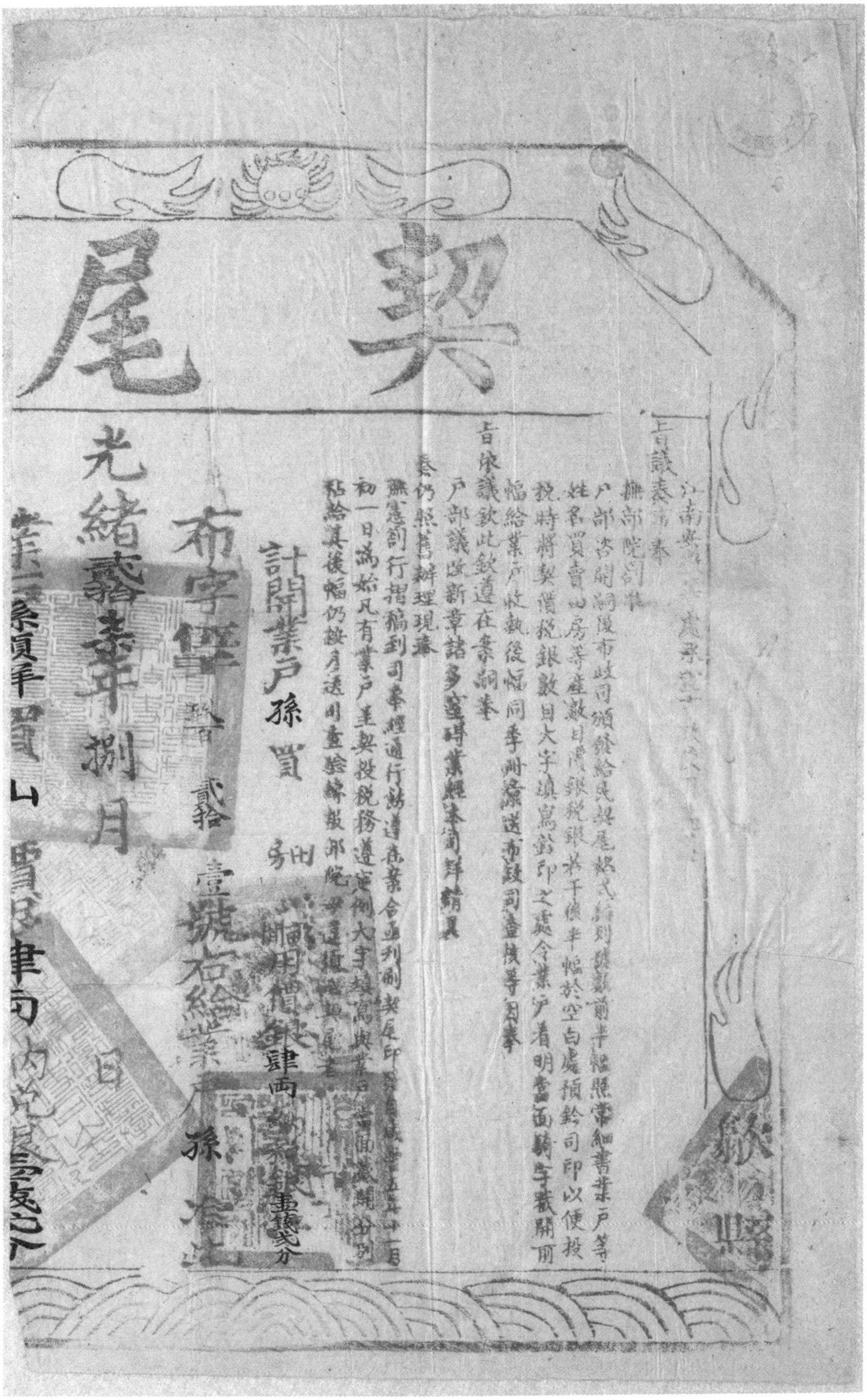

契尾

[illegible]
旨議奏事，奉
撫部院[illegible]准
戶部咨開：嗣後布政司頒發給民契尾格式，編列號數，前半幅照常細書業戶等
姓名、買賣田房等產數目、價銀、稅銀若干，後半幅於空白處預鈐司印，以便投
稅時將契價、稅銀數目大字填寫鈐印之處，令業戶看明，當面騎字截開，前
幅給業戶收執，後幅同季冊彙送布政司查核等因具奏，奉
旨依議，欽此，欽遵在案。嗣奉
戶部議改新章，諸多窒礙，業經本省奏請
奉仍照舊辦理，現奉
撫憲飭行，撥稿到司，奉經通行，遵照在案。合亟刊刷契尾印[illegible]
初一日為始，凡有業戶呈契投稅，務遵定例大字填寫，與業戶[illegible]面截開，分別
粘給。其後幅仍按月送州查驗，轉報布政司[illegible]與契尾者

計開業戶孫　買[illegible]
[illegible]壹號[illegible]
價銀肆兩
稅銀壹錢貳分

布字[illegible]貳拾[illegible]號

光緒貳拾柒年捌月　日

業[illegible]

歙縣

清光緒二十七年八月歙縣給孫某某契尾

一

清光緒二十七年十月歙縣汪忠愛門立杜賣山赤契附光緒二十八年九月歙縣給汪某某契尾

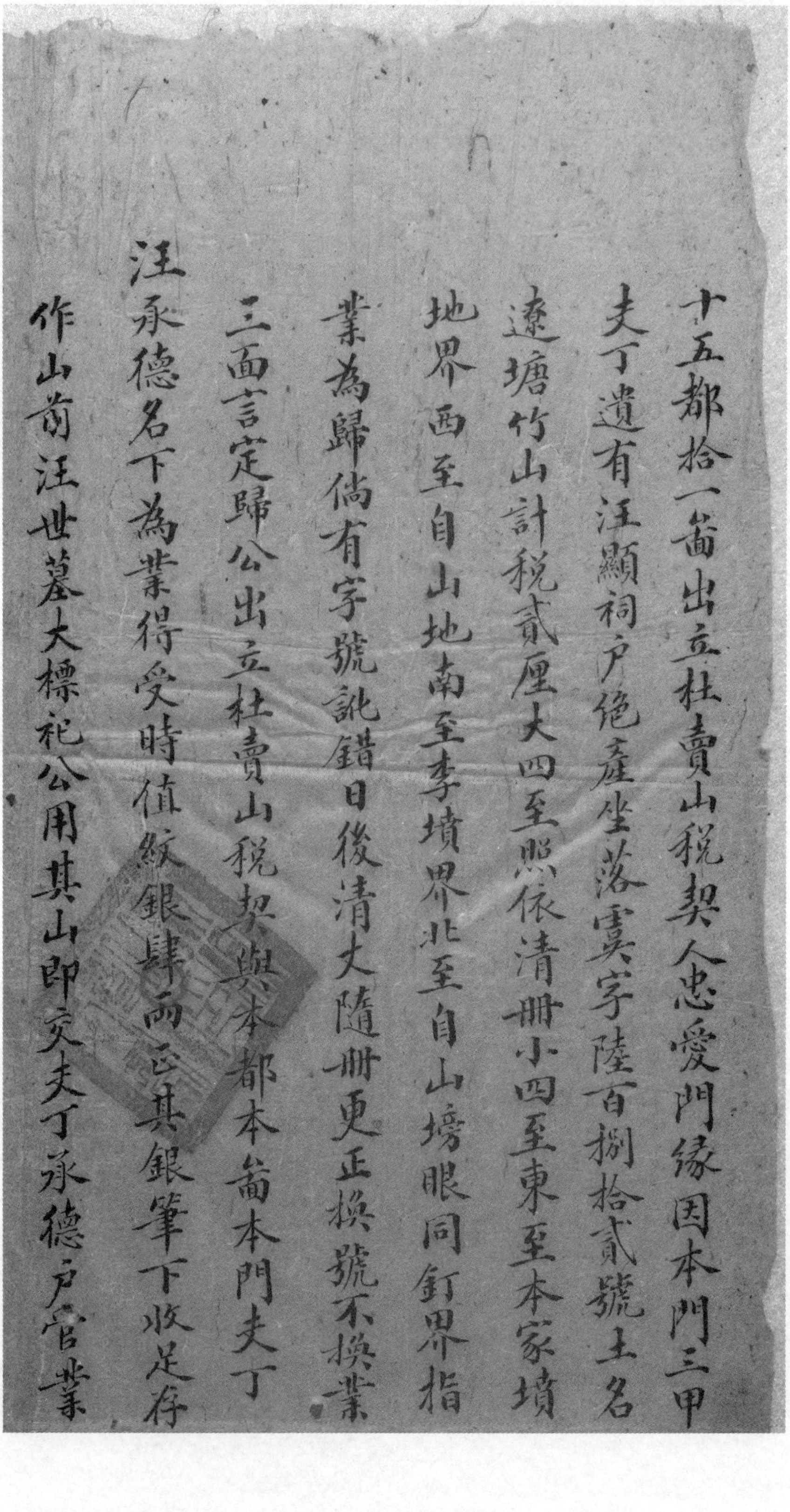

十五都拾一啚出立杜賣山稅契人忠愛門緣因本門三甲
夫丁遺有汪顯祠户绝産坐落雲字陸百捌拾貳號土名
遼塘竹山計稅貳厘大四至照依清册小四至東至本家墳
地界西至自山地南至李墳界北至自山塝眼同釘界指
業為歸倘有字號訛錯日後清丈隨册更正換號不換業
三面言定歸公出立杜賣山稅契與本都本啚本門夫丁
汪承德名下為業得受時值紋銀肆兩正其銀筆下收足存
作山背汪世墓大標祀公用其山即交夫丁承德户管業

(一)

清光緒二十七年十月歙縣汪忠愛門立杜賣山赤契附光緒二十八年九月歙縣給汪某某契尾

任憑扦葬風水取用其稅即由汪顯祠户內起割推入
汪承德户內支解輸粮此業從前至今並未典當他人亦
無重複交易事係衆情咸願以公濟公設有內外人等
異言均歸公議出稅人承肩理直不涉受業人之事恐口
無憑立此杜賣山稅契永遠存照
再批原來赤契因兵亂遺失日後檢出以作廢紙不得行用
又照

（二）

清光緒二十七年十月歙縣汪忠愛門立杜賣山赤契附
光緒二十八年九月歙縣給汪某某契尾

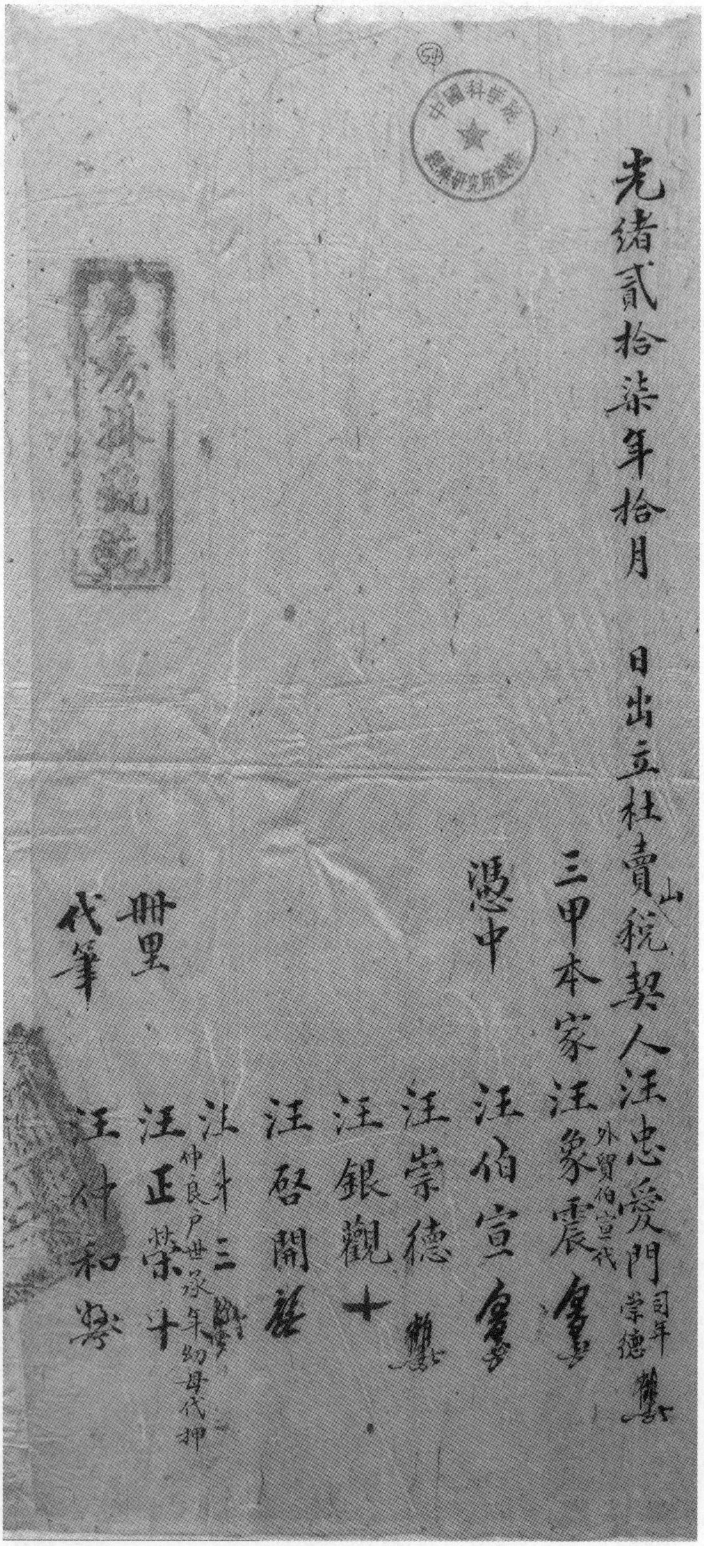

（三）

清光緒二十七年十月歙縣汪忠愛門立杜賣山赤契附光緒二十八年九月歙縣給汪某某契尾 一

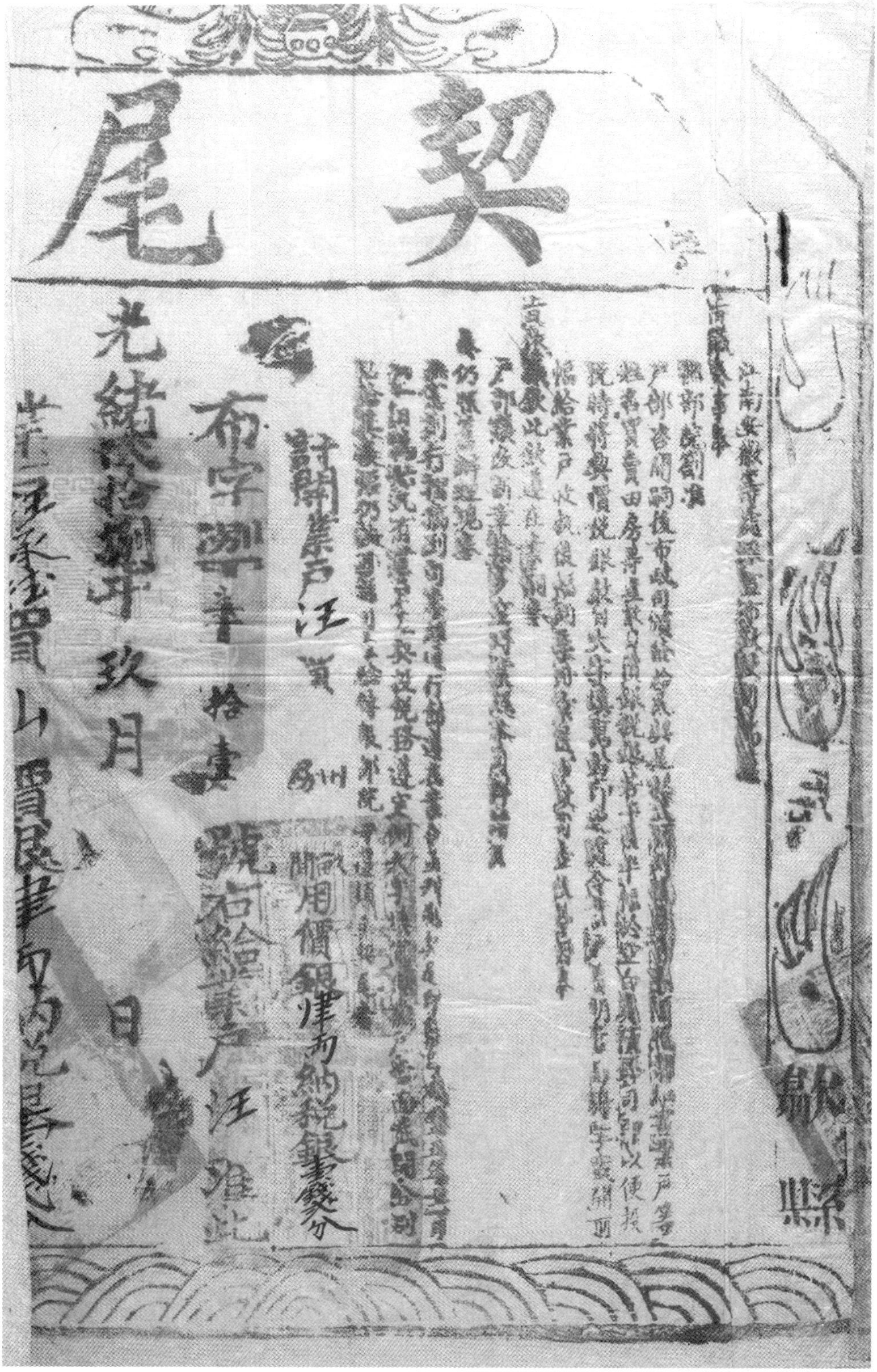

契尾

計開業戶汪

光緒貳拾捌年玖月　日

（四）

一

清光緒三十年六月歙縣給孫某某契尾

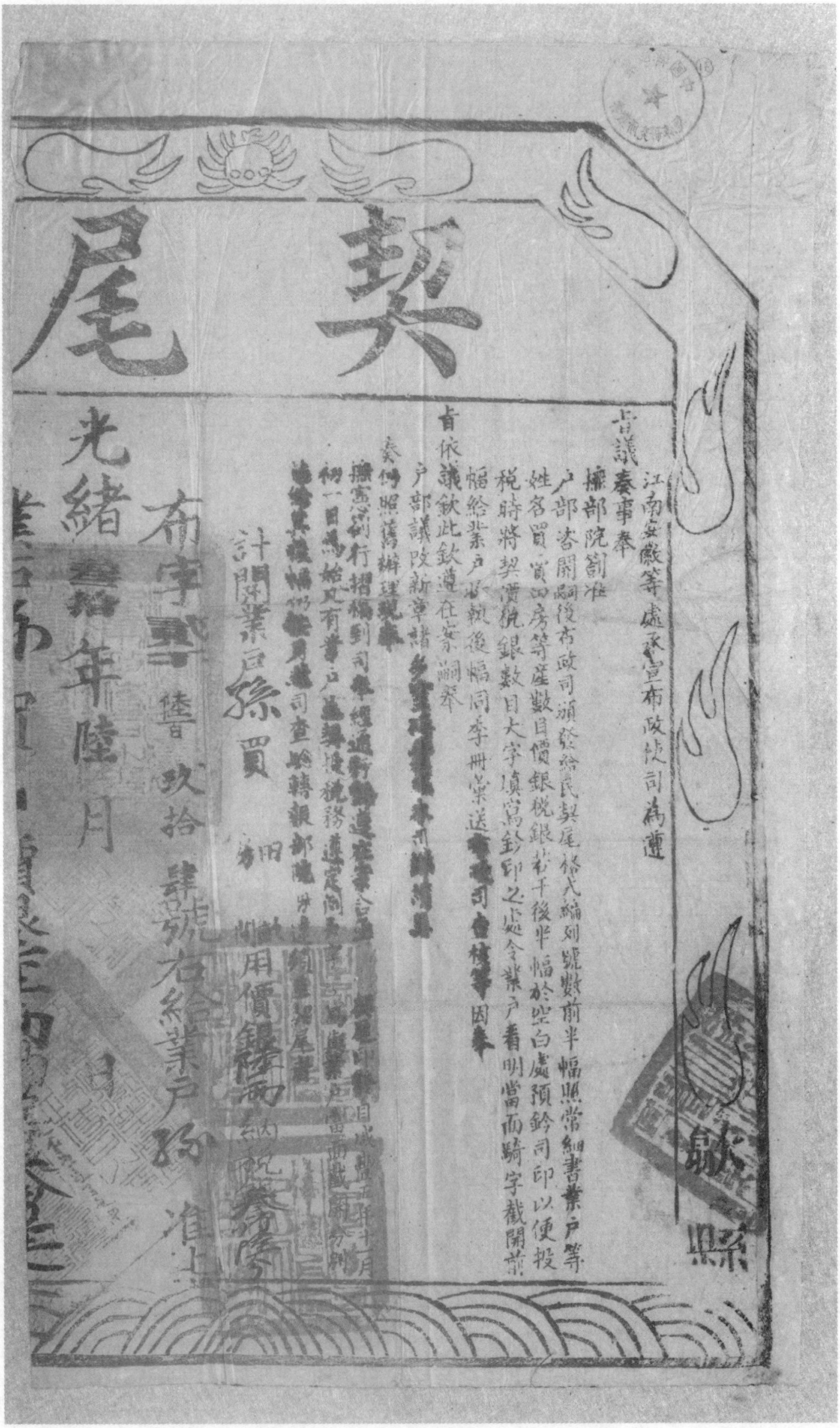
契尾

江南安徽等處承宣布政使司為遵
旨議奏事奉
撫部院劉准
戶部咨開嗣後布政司頒發給民契尾格式編列號數前半幅照常細書業戶等
姓名買賣田房等產數目價銀稅銀若干後半幅於空白處預鈐司印以便投
稅時將契價稅銀數目大字填寫鈐印之處令業戶看明當面騎字截開前
幅給業戶收執後幅同季冊彙送[illegible]司查核等因奉
旨依議欽此欽遵在案嗣奉
戶部議改新章[illegible]
奏准照舊辦理[illegible]
撫憲劄行[illegible]
[illegible]
計開業戶孫 買 [illegible] 用價錢[illegible]
布字 號 玖拾肆號 右給業戶孫 准此
光緒叁拾年陸月 日

一

清光緒三十一年八月歙縣謝文才立杜賣小買田批附民國某年歙縣給汪仲銓驗契紙

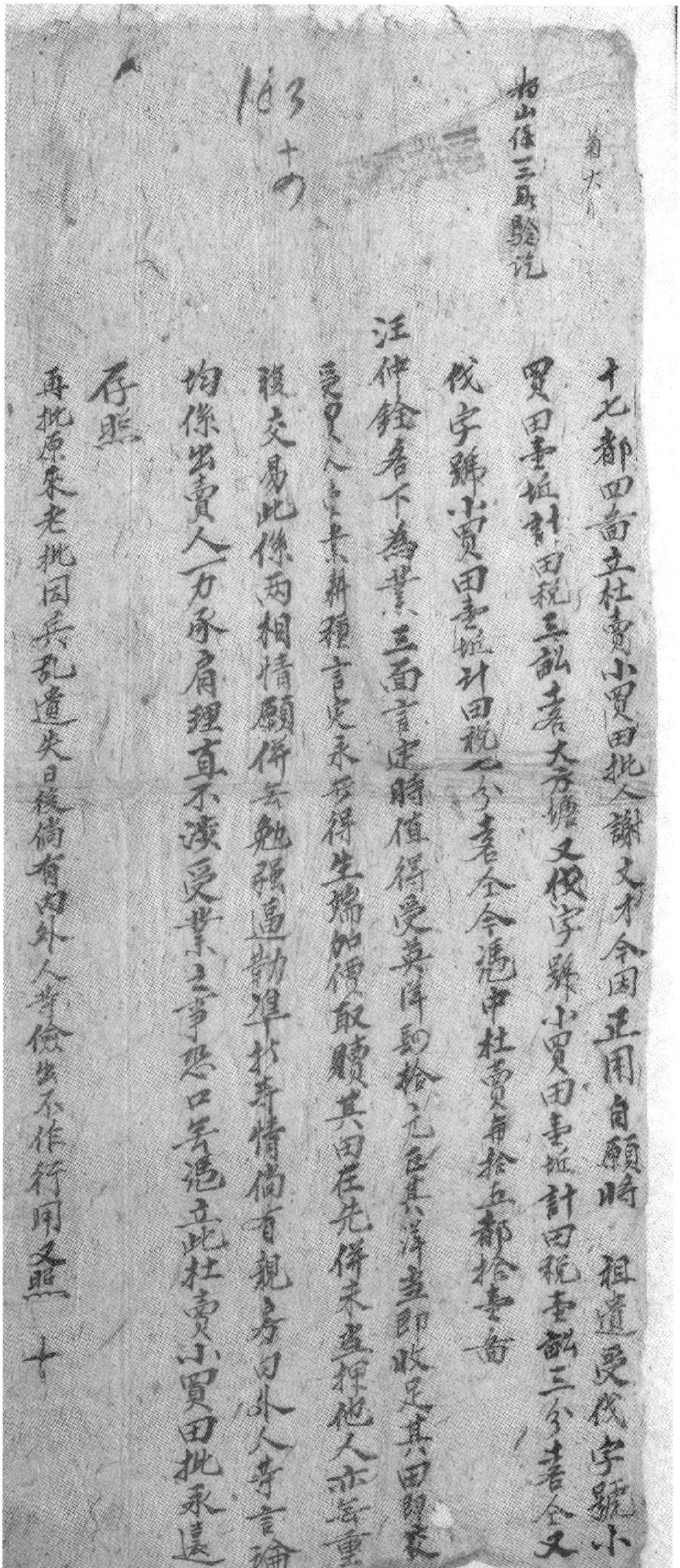
1483 十四

拍山保□□驗訖

十七都四啚立杜賣小買田批人謝文才，今因正用，自願將祖遺受代字號小
買田壹坵，計田稅三畝耆大方塘，又代字號小買田壹坵，計田稅壹畝三分耆全，又
代字號小買田壹坵，計田稅乙分耆全，今憑中杜賣與拾五都拾壹啚
汪仲銓名下為業，三面言定時值得受英洋肆拾元，其洋當即收足，其田即交
受買人自業耕種，言定永無得生端加價取贖。其田在先並未當押他人，亦無重
複交易。此係兩相情願，並無勉強逼勒準折等情。倘有親房內外人等言論，
均係出賣人一力承肩理直，不涉受業之事。恐口無憑，立此杜賣小買田批永遠
存照。
再批：原來老批因兵亂遺失，日後倘有內外人等撿出，不作行用。又照　十

（一）

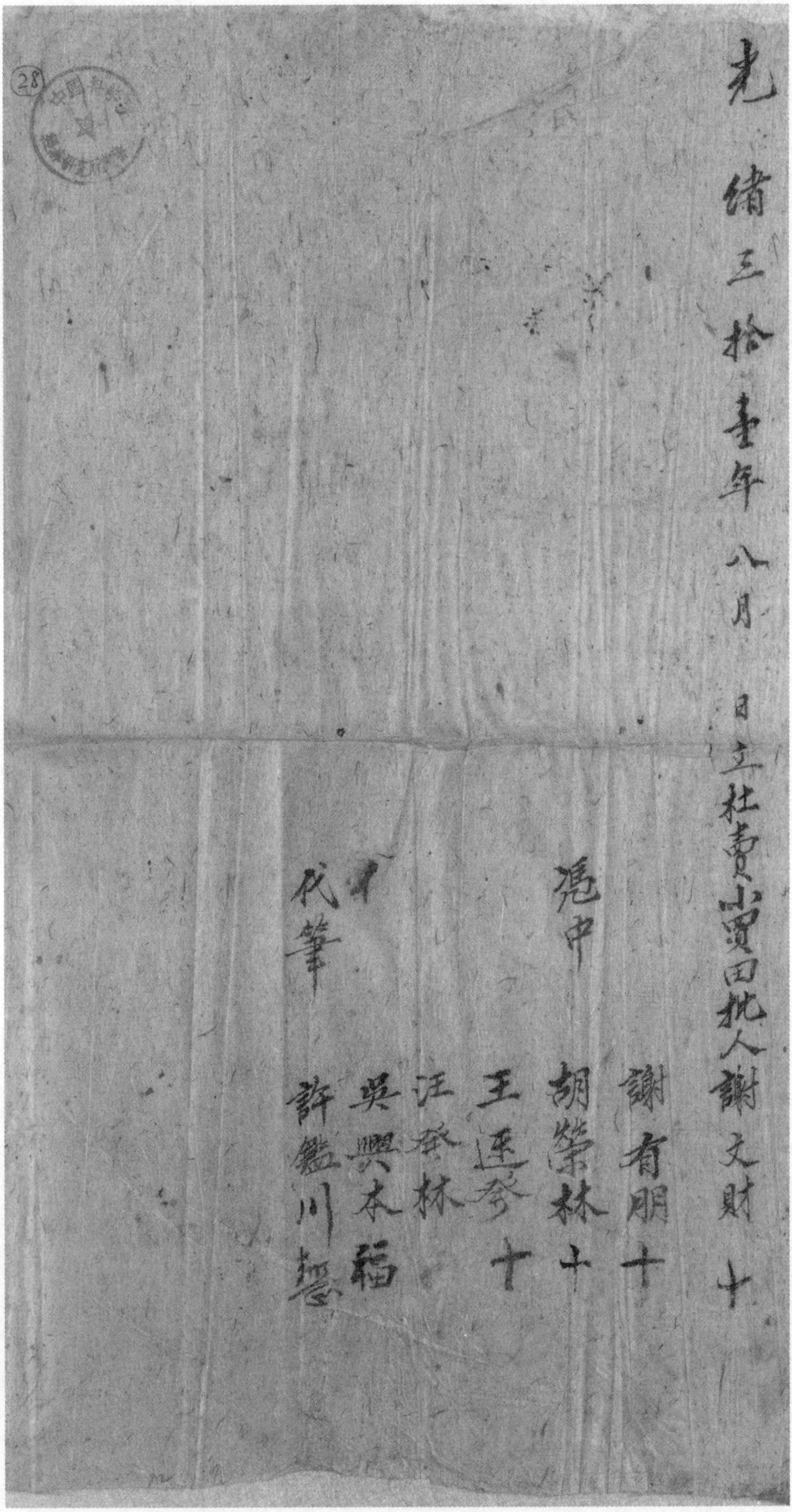

光緒三拾壹年八月　日立杜賣小買田批人謝文財　十
謝有朋　十
憑中　胡榮林　十
王達奎　十
汪發林
吳興本　福
代筆　許鑑川

（二）

清光緒三十一年八月歙縣謝文才立杜賣小買田批
附民國某年歙縣給汪仲銓驗契紙

清光緒三十一年八月歙縣謝文才立杜賣小買田批附
民國某年歙縣給汪仲銓驗契紙

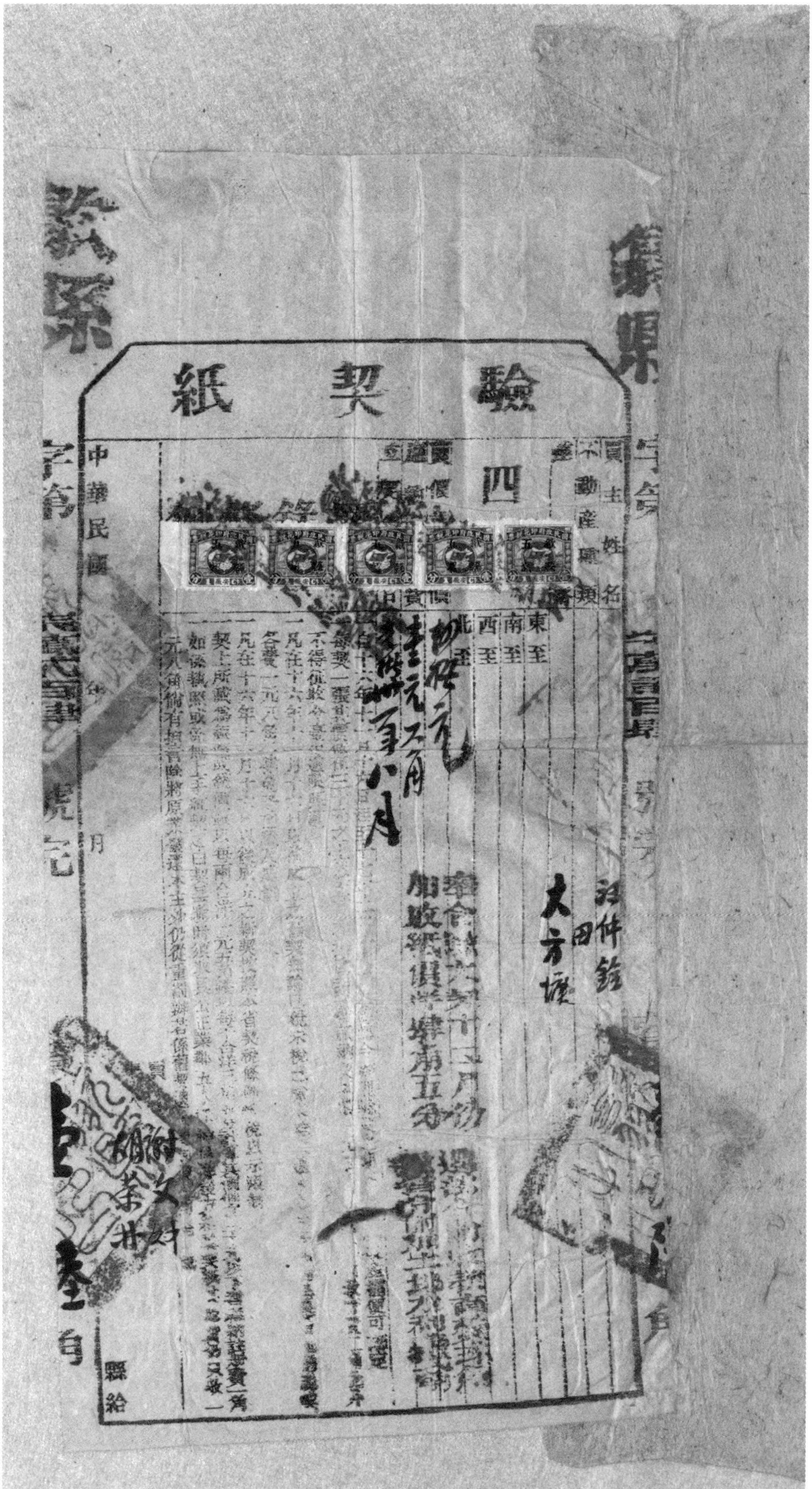

（三）

一

〔清〕某年十一月某某縣某姓烈自清江致京都大哥大姊家書附詩文

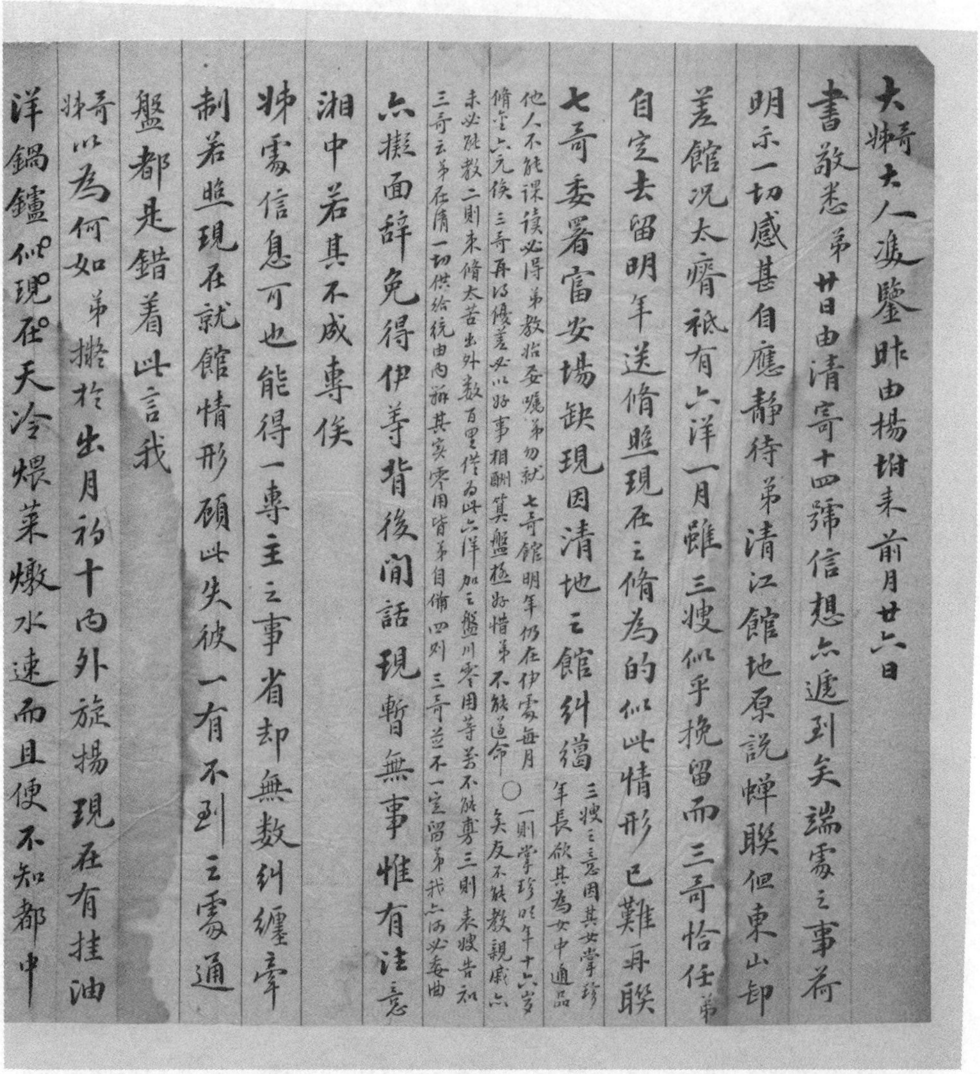
大哥姊大人淩鑒：昨由楊坿來前月廿六日
書敬悉。弟廿日由清寄十四號信，想亦遞到矣。端處之事荷
明示一切，感甚。自應靜待。弟清江館地原説蟬聯，但東山卸
差館況太瘠，祇有六洋一月，雖三嫂似乎挽留，而三哥恰任弟
自定去留。明年送脩照現在之脩為的，似此情形，已難再聯。
七哥委署富安場缺，現因清地之館糾纏（三嫂之意因其女掌珍年長，欲其為女中通品，
他人不能課，後必得弟教，始爲安穩。弟勿就七哥館，明年仍在伊處，每月
脩金六元，後三哥再以優差，必以好事相酬。算盤極好，惜弟不能遵命。○一則掌珍明年十六歲，
未必能教；二則來脩太苦，出外數百里，僅為此六洋，加之盤川零用等等，不敷；三則表嫂告知矣，反不能教親戚，亦
三哥云弟在清一切供給，統由內辦，其實零用皆弟自備；四則三哥並不一定留弟，我亦必委曲）
亦擬面辭，免得伊等背後閒話。現暫無事，惟有注意
湘中，若其不成，專候
姊處信息，可也。能得一專主之事，省卻無數糾纏，牽
制。若照現在就館情形，顧此失彼，一有不到之處，通
盤都是錯着，此言我
哥姊以為何如？弟擬於出月初十內外旋揚，現在有挂油
洋鍋鑪，似現在天冷煨菜燉水，速而且便，不知都中

（一）

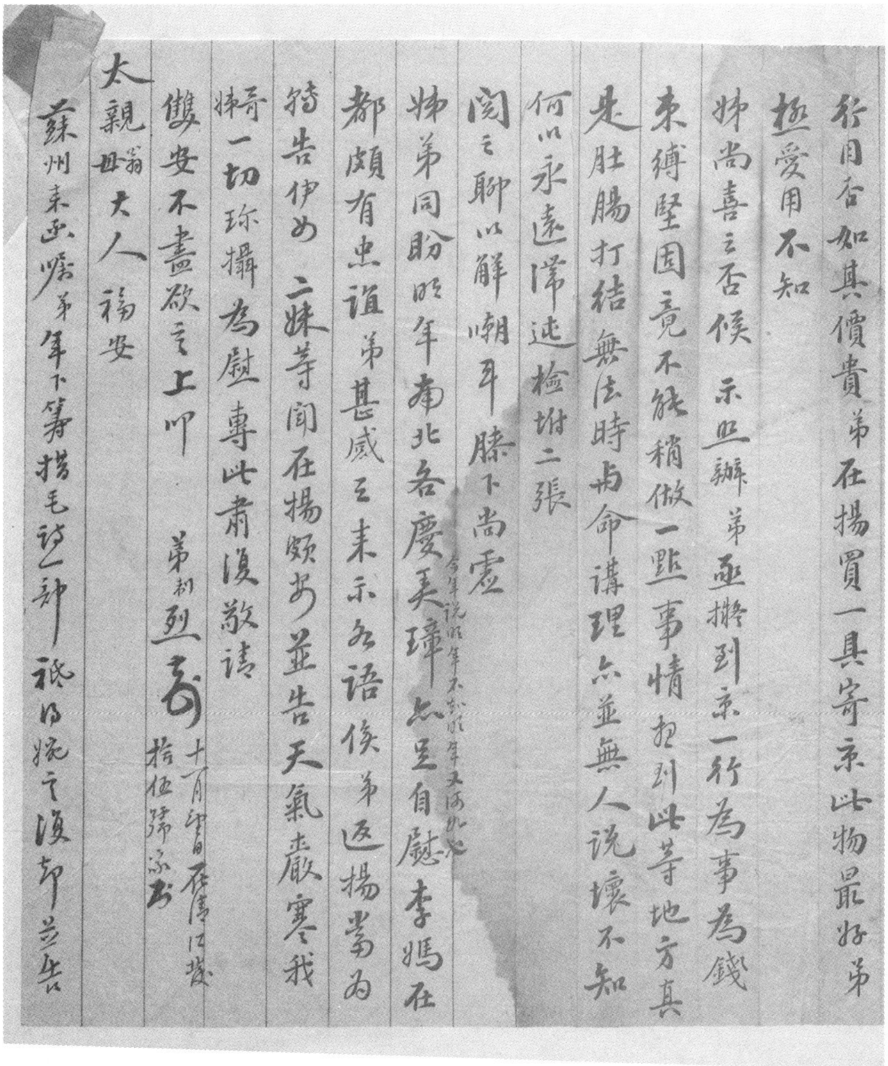
行用否如其價貴弟在揚買一具寄京此物最好弟
極愛用不知
姊尚喜之否候 示照辦弟亟擬到京一行為事為錢
束縛堅固竟不能稍做一點事情到此等地方真
是肚腸打結無法時尚命講理亦並無人說壞不知
何以永遠滯延檢附二張
閱之聊以解嘲耳膝下尚虛
姊弟同盼明年南北各慶弄璋亦足自慰李媽在
都頗有忠誼弟甚感之來示乞語候弟返揚當為
轉告伊也 二妹等聞在揚頗安並告天氣嚴寒我
哥姊一切珍攝為慰專此肅復敬請
雙安不盡欲言上叩 弟制烈頓首 十一月廿四日在清江發
太親翁母大人福安
蘇州來函悉弟年下籌措毛詩文〔?〕祇得援之復郵並告

（二）

一

〔清〕某年十一月某某縣某姓烈自清江致京都大哥大姊家書附詩文

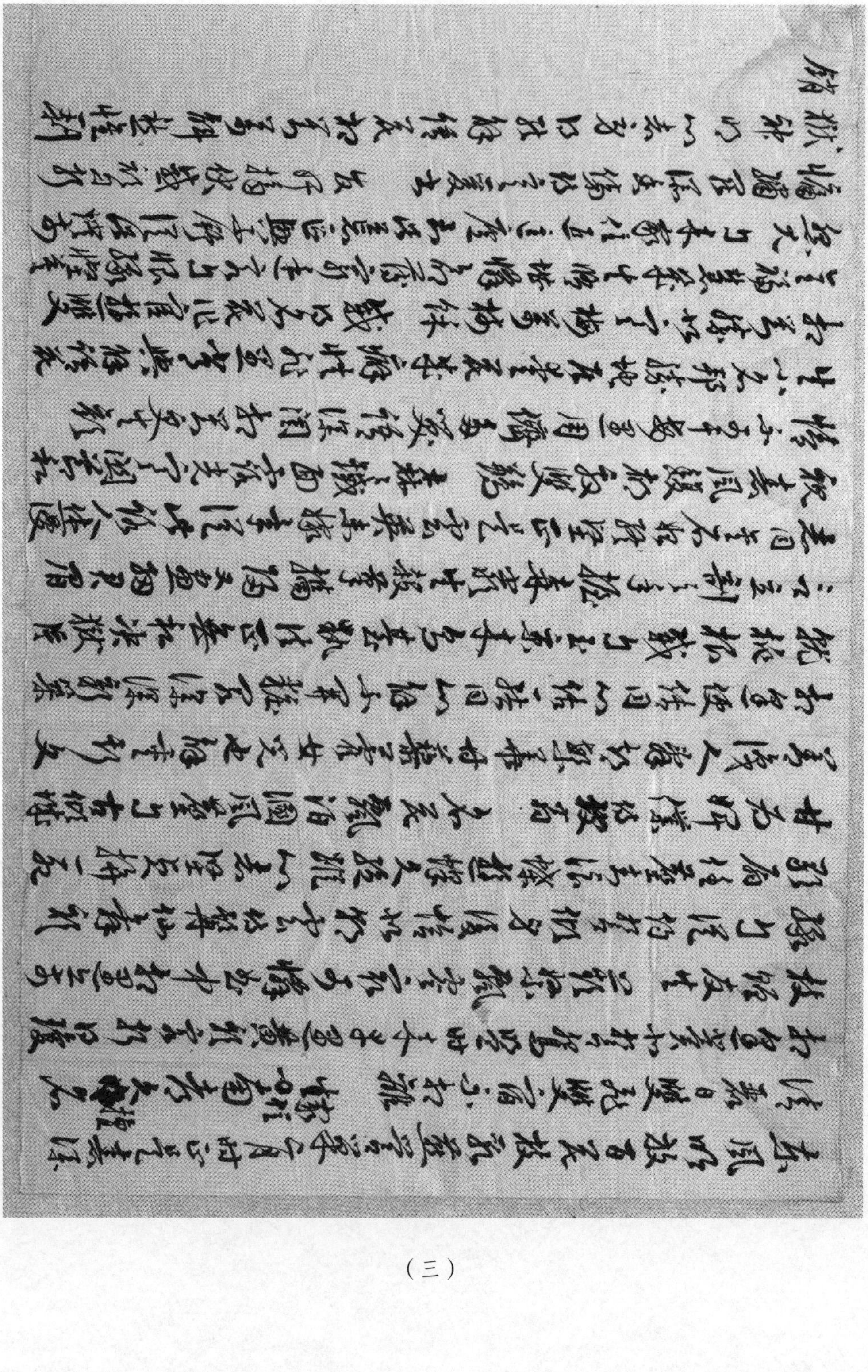

（三）

一

民國四年四月歙縣仇雲瑞買田塘赤契

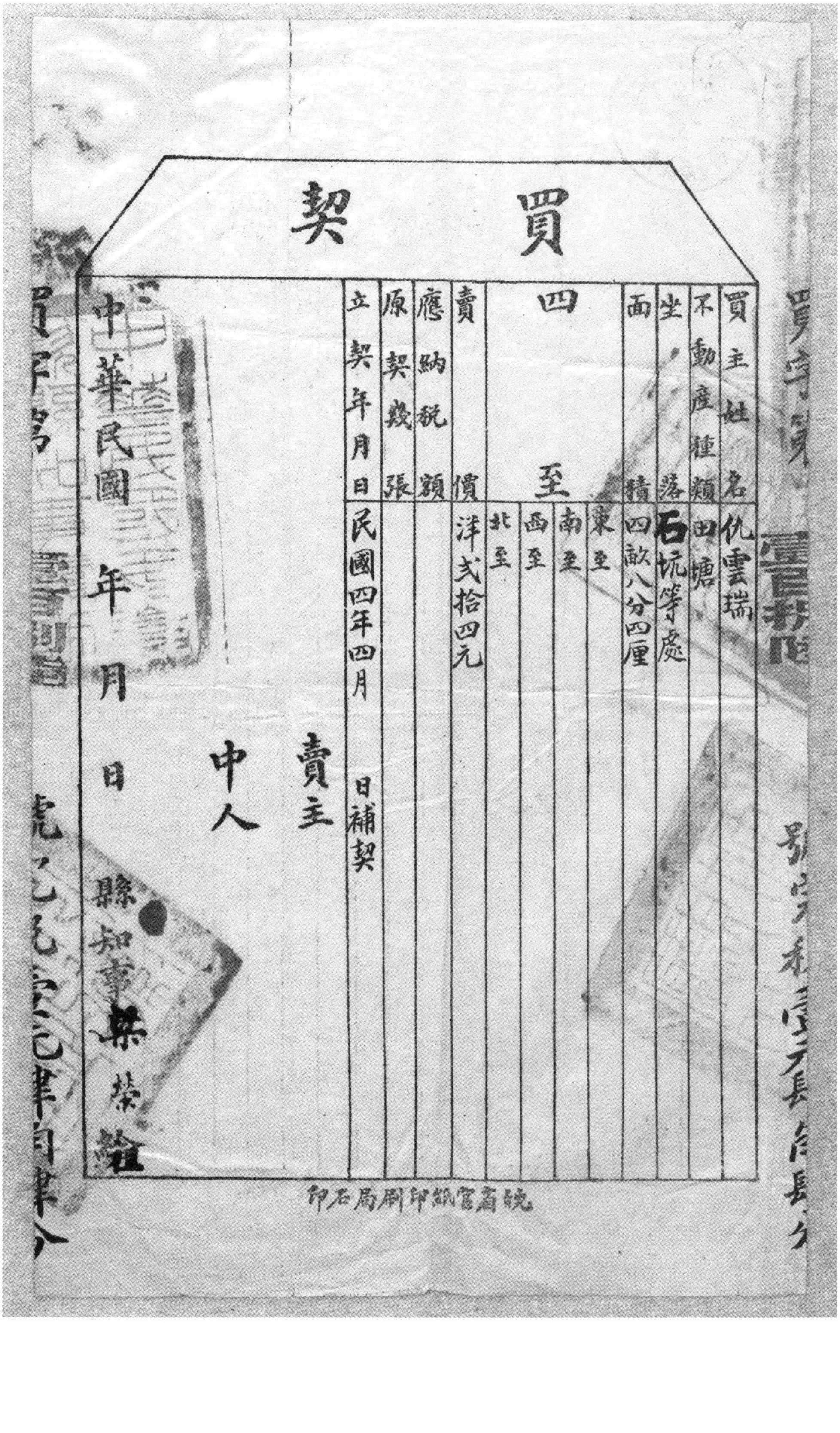

買契

買主姓名	仇雲瑞
不動産種類	田塘
坐落	石坑等處
面積	四畝八分四厘
四至	東至 南至 西至 北至
賣價	洋弍拾四元
應納稅額	
原契幾張	
立契年月日	民國四年四月日補契

賣主
中人
中華民國 年 月 日
縣知事 梁

皖省官紙印刷局石印

一

民國四年四月歙縣給仇雲瑞田塘補契執照

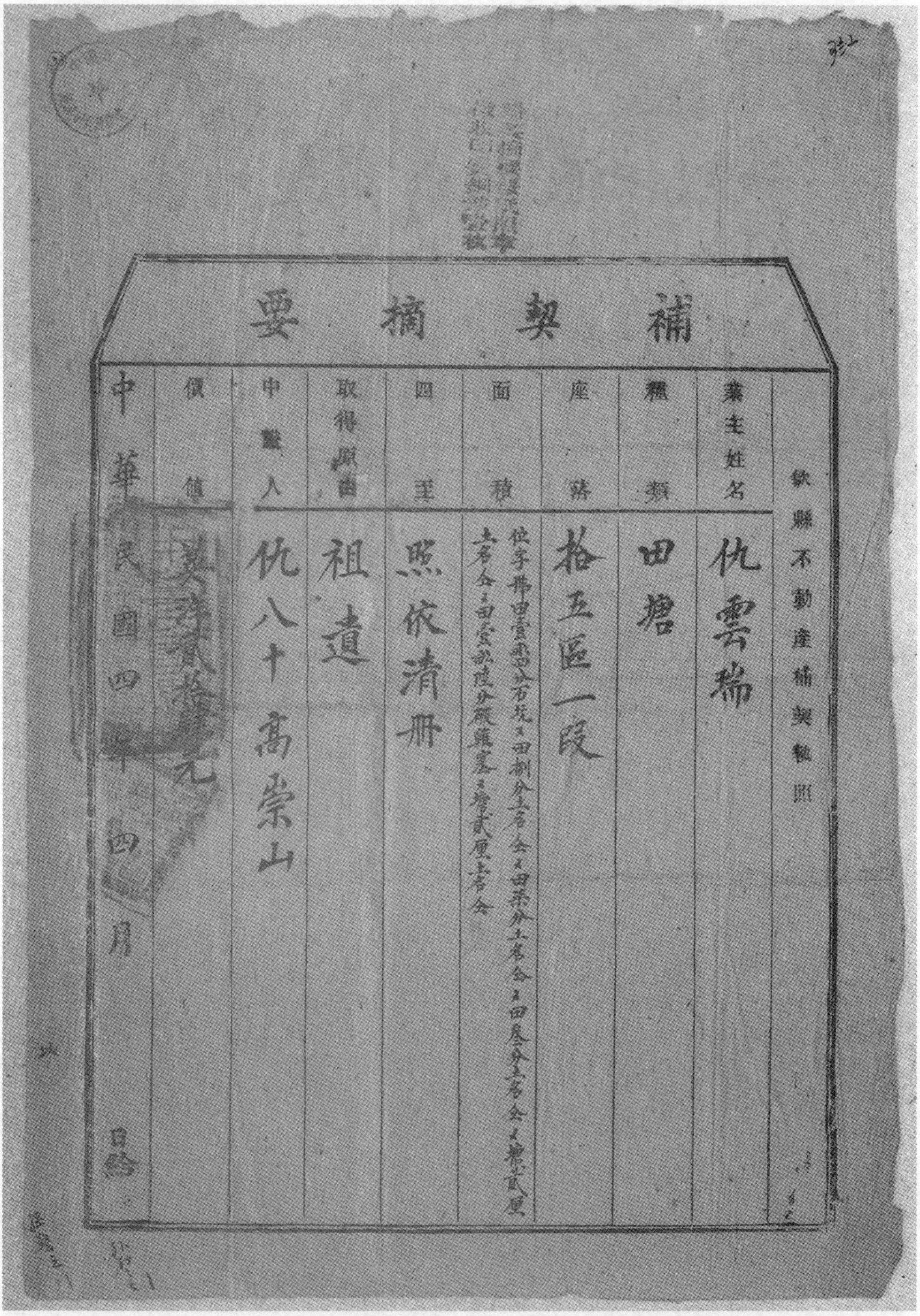

補契摘要

歙縣不動產補契執照

業主姓名	仇雲瑞
種類	田塘
座落	拾五區一段
面積	位字弗田壹畝四分 土名石坑 又田捌分 土名仝 又田柒分 土名仝 又田叁分 土名仝 又塘貳厘 土名仝 又田壹畝陸分 土名雞塞 又塘貳厘 土名仝
四至	照依清冊
取得原由	祖遺
中證人	仇八十 高崇山
價值	英洋貳拾[illegible]元

中華民國四年四月 日給

一

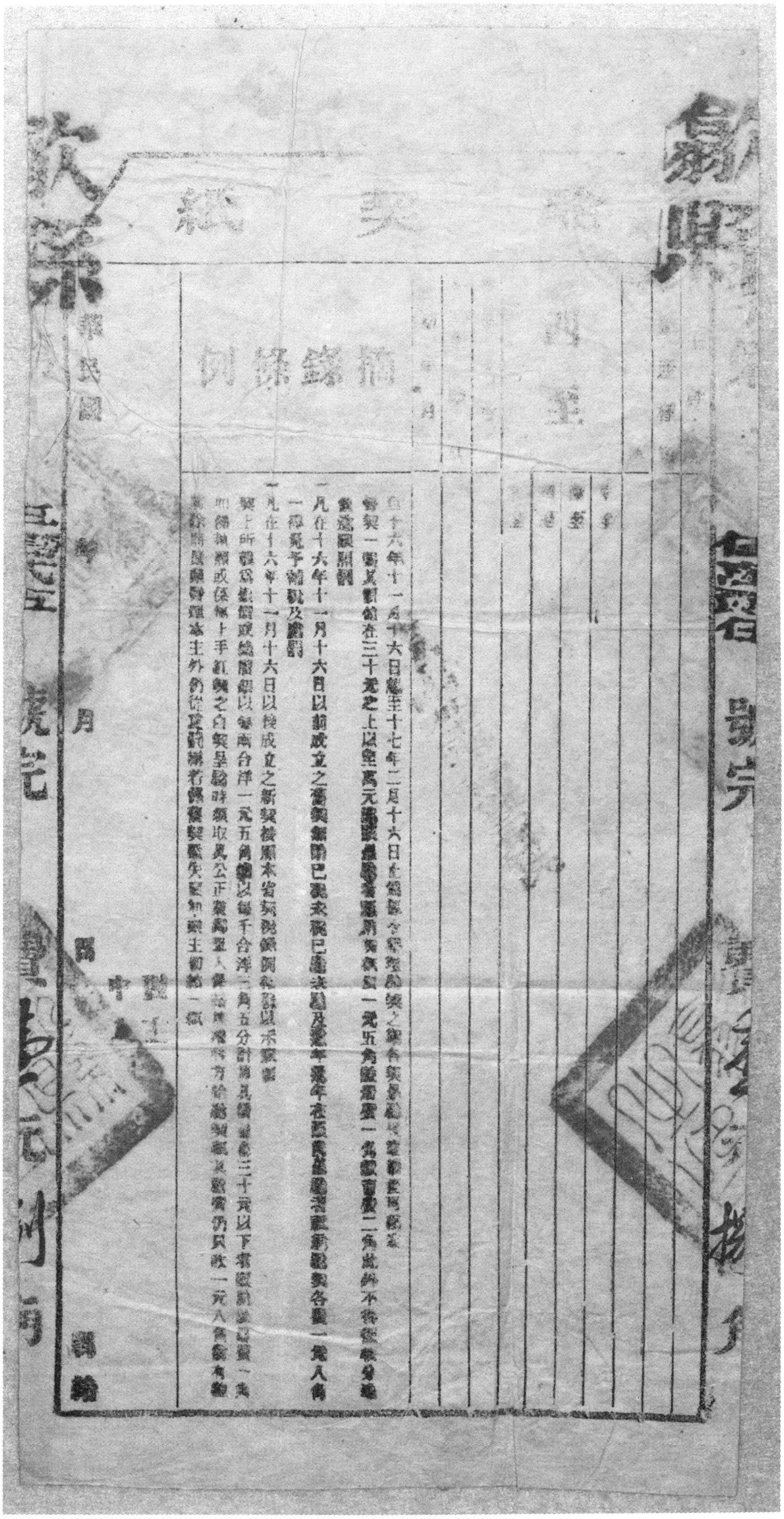
歙縣

契紙

摘錄條例

一自十六年十一月十六日起至十七年二月十六日止[illegible]契價在三十元之上[illegible]一元五角[illegible]二角[illegible]

一凡在十六年十一月十六日以前成立之[illegible]

一凡在十六年十一月十六日以後成立之新契[illegible]本省[illegible]

中華民國 年 月 日

民國某年某月歙縣驗契紙〔空白〕

五、明萬曆至天啓年間〔休寧縣〕三十三都汪氏斷骨出賣山地契約

一

明萬曆八年正月〔休寧縣〕汪元哲立斷骨出賣山骨並苗木契

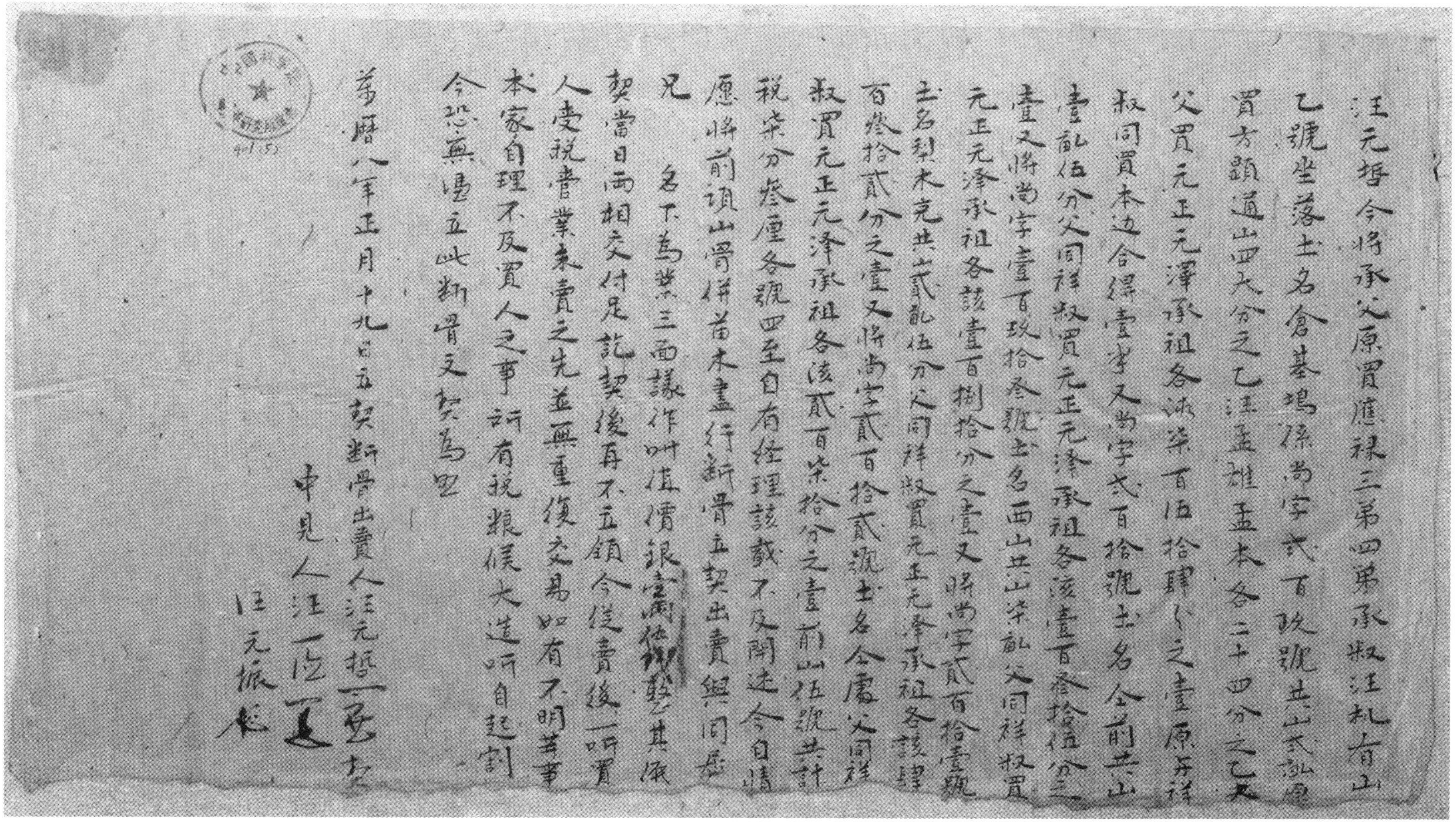

汪元哲今將承父原買應禄三弟四弟承叔汪札有山
乙號，坐落土名倉基塢，係尚字弍百玖號，共山弍畝，原
買方顕道山四大分之乙，汪孟雄、孟本各二十四分之乙，夫
父買元正、元澤承祖各派柒百伍拾肆ㄑ之壹，原存祥
叔同買本边合得壹半；又尚字弍百拾號，土名仝前，共山
壹畝伍分，父同祥叔買元正、元澤承祖各該壹百叁拾伍分之
壹；又將尚字壹百玖拾叁號，土名西山，共山柒畝，父同祥叔買
元正、元澤承祖各該壹百捌拾分之壹；又將尚字貳百拾壹號，
土名梨木坑，共山貳畝伍分，父同祥叔買元正、元澤承祖各該肆
百叁拾貳分之壹；又將尚字貳百拾貳號，土名仝處，父同祥
叔買元正、元澤承祖各該貳百柒拾分之壹。前山伍號共計
稅柒分叁厘，各號四至自有經理該載，不及開述。今自情
愿將前項山骨併苗木盡行斷骨立契出賣與同處
兄　名下為業，三面議作時值價銀壹兩伍錢整。其銀
契當日兩相交付足訖，契後再不立領。今從賣後一聽買
人受稅管業，未賣之先，並無重復交易，如有不明等事，
本家自理，不及買人之事。所有稅粮候大造聽自起割。
今恐無憑，立此斷骨文契為照。

萬曆八年正月十九日立契斷骨出賣人汪元哲（押）
中見人汪一□（押）
汪元振（押）

一

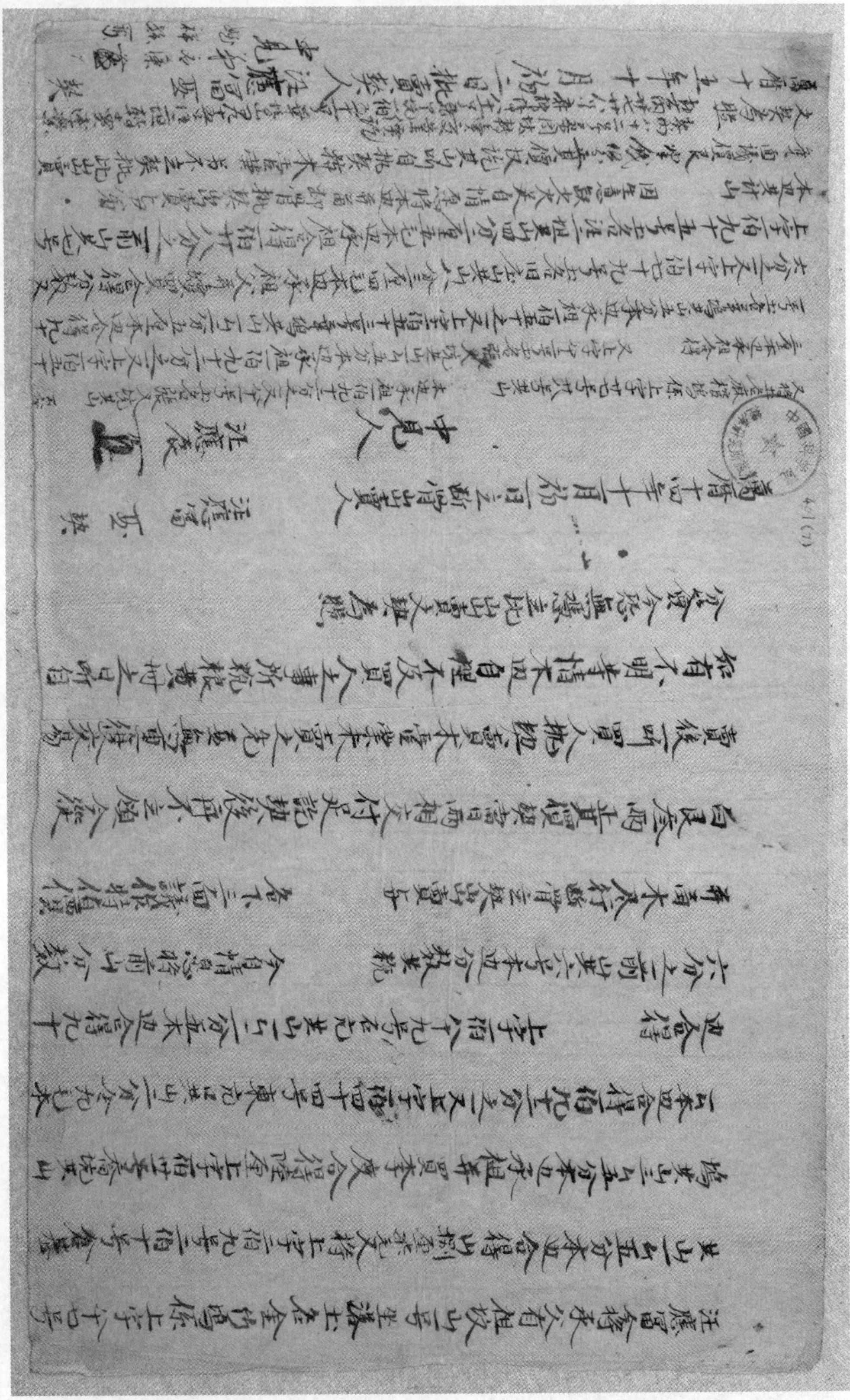

明萬曆十四年十一月〔休寧縣〕汪應富立斷骨出賣山並苗木文契暨萬曆十五年十月汪應富立斷骨賣山契

一

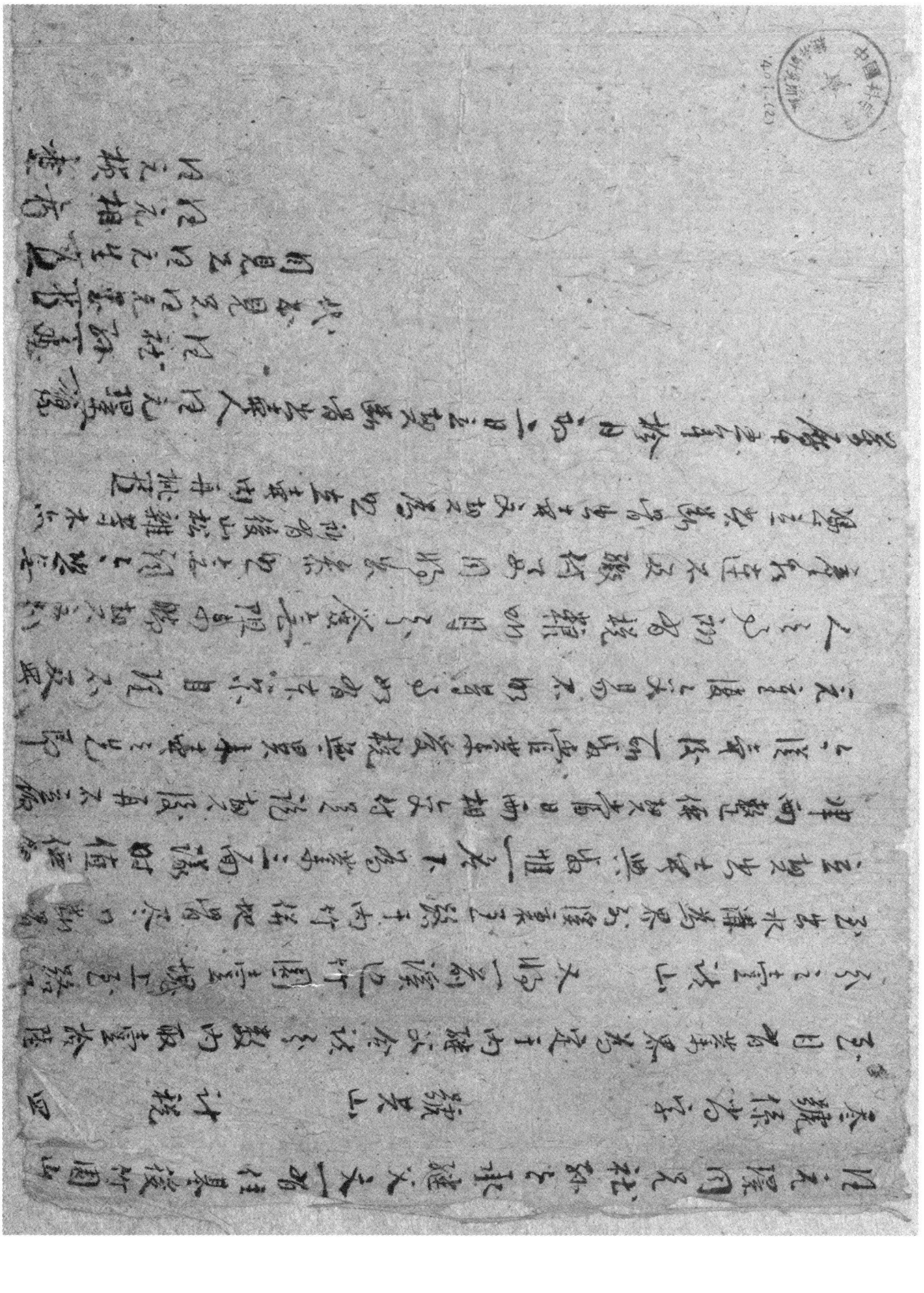

明萬曆十五年十月〔休寧縣〕汪元璟等立斷骨出賣竹園山契

明萬曆二十八年七月（休寧縣）汪振南立斷骨出賣山骨並苗木契附萬曆卅二年二月（休寧縣）汪巨源立轉賣批

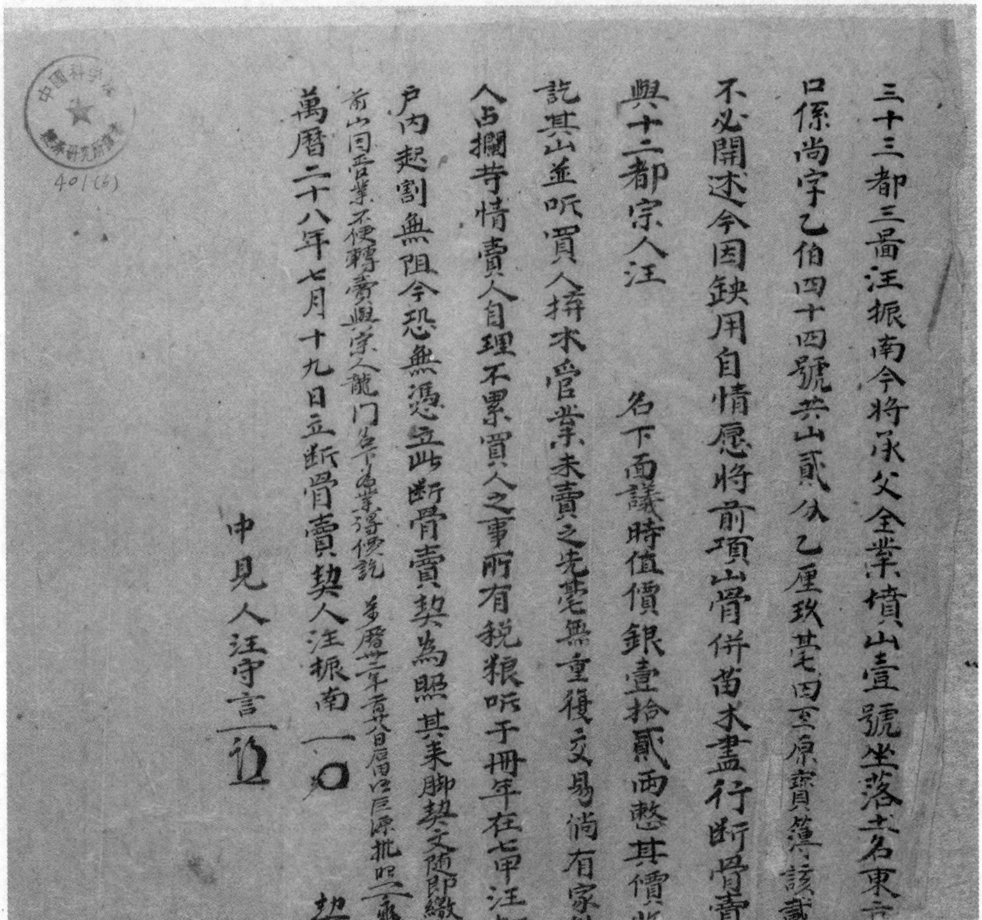
三十三都三啚汪振南今將承父全業墳山壹號坐落土名東□
□係尚字乙伯四十四號共山貳分乙厘玖毫七四至原寶簿該載
不必開述今因缺用自情愿將前項山骨併苗木盡行斷骨賣
與十二都宗人汪　　名下面議時值價銀壹拾貳兩整其價收
訖其山並听買人擇木管業未賣之先毫無重複交易倘有家外
人占攔等情賣人自理不累買人之事所有稅粮听于冊年在七甲汪□
戶內起割無阻今恐無憑立此斷骨賣契為照　其來脚契文隨即繳訖
前山因吾業不便轉賣與宗人龍门名下為業得價訖　萬曆卅二年二月廿八日汪巨源批照（押）
萬曆二十八年七月十九日立斷骨賣契人汪振南（押）契
中見人汪守言（押）

401(6)

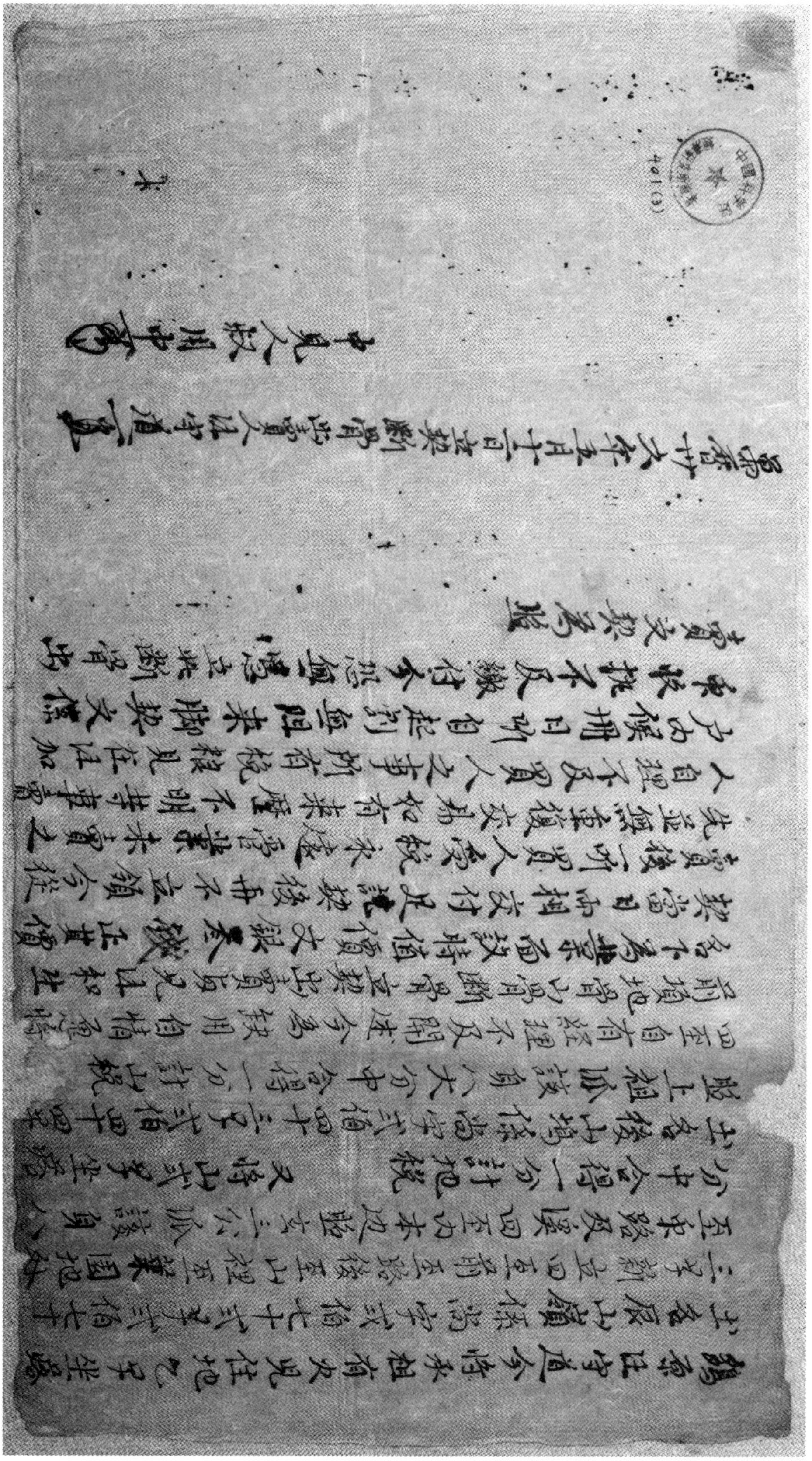
鵠原汪守道今將承祖有火見住地乙号坐落
土名辰山嶺係尚字弍佰七十弍号弍佰七十
三号新立四至前至路後至山裡至菜園地外
至東路及溪四至內本边照玄三公派該身八
分中合得一分計地稅　又將山弍号坐落
土名後山塢係尚字弍佰四十三号弍佰四十四
號上祖派該身八大分中合得一分計山稅
四至自有經理不及開述今為缺用自情愿將
前項地骨山骨斷骨立契出賣與兄汪和生
名下為業面議時值價文銀叁錢正其價
契當日兩相交付足訖契後毋不立領今從
賣後一听買人受稅永遠管業未賣之
先並無重復交易如有來歷不明等事賣
人自理不及買人之事所有稅粮見在汪加
户內候冊日听自起割無阻來脚契文係
東收執不及繳付今恐無憑立此斷骨出
賣文契為照
萬曆卅六年五月十二日立契斷骨出賣人汪守道（押）
中見人叔　用中（押）

明萬曆卅六年五月〔休寧縣〕汪守道立斷骨出賣地骨山骨契

一

明萬曆四十二年正月〔休寧縣〕汪學湧等立斷骨出賣基地契

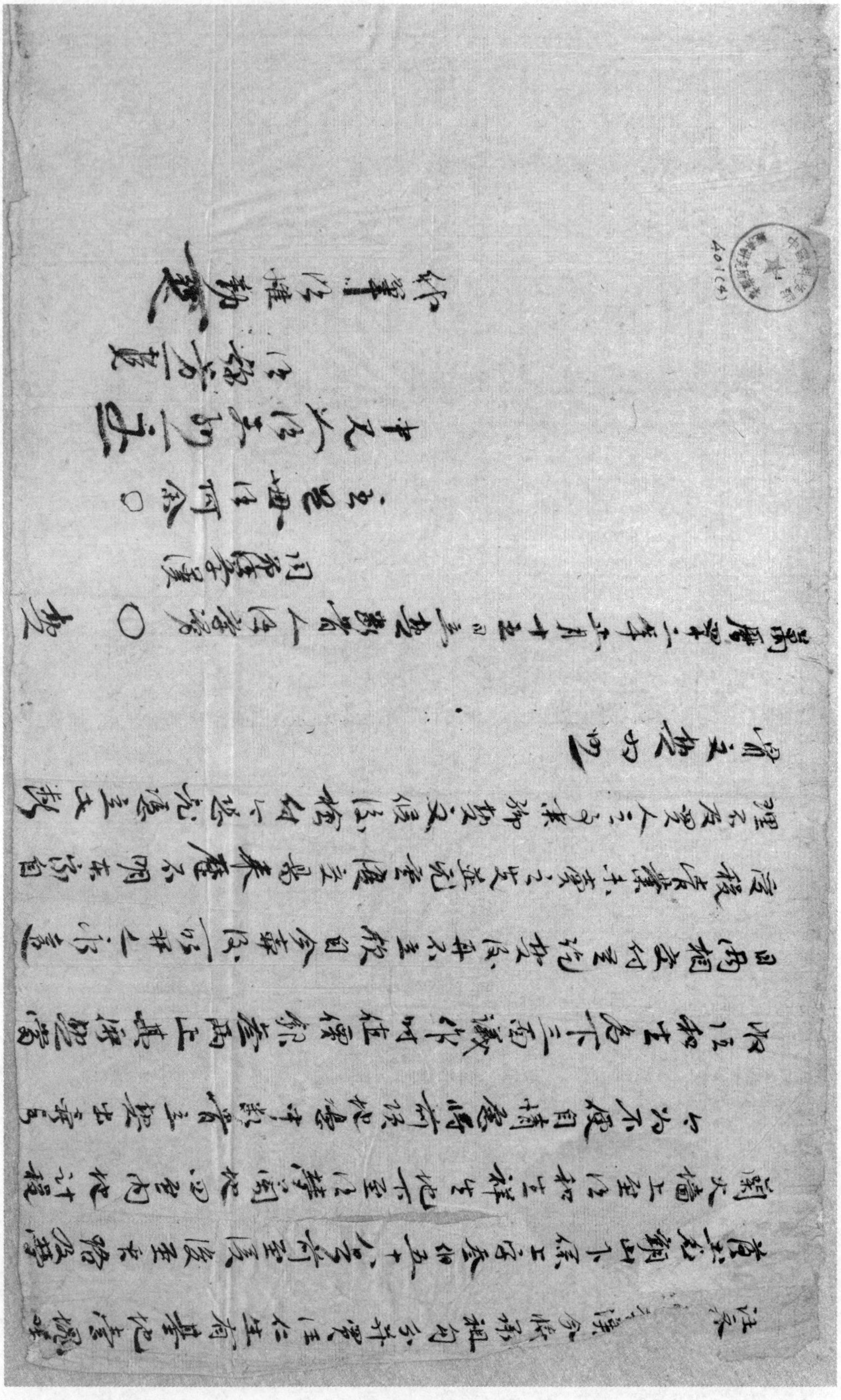

一

明天啓四年十一月〔休寧縣〕汪萬里兄弟立斷骨出賣荒田契

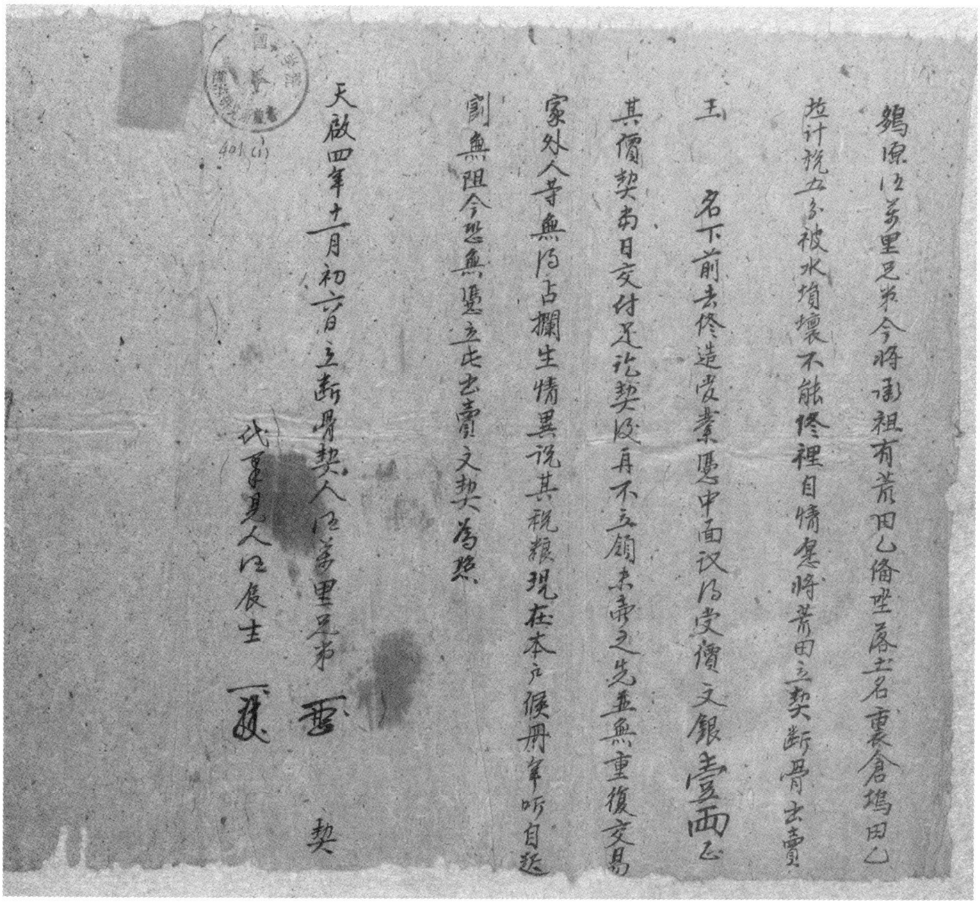
鵝源汪萬里兄弟今將承祖有荒田乙備坐落土名東表倉塢田乙
坵計稅五分被水增壞不能修理自情愿將荒田立契斷骨出賣
與
名下前去修造管業憑中面议得受價文銀壹兩正
其價契當日交付足訖契後再不立領未賣之先並無重復交易
家外人等無得占攔生情異說其稅粮現在本户候冊年听自起
割無阻今恐無憑立此出賣文契爲照
天啟四年十一月初六日立斷骨契人汪萬里兄弟（押）
契
代筆見人汪良士（押）

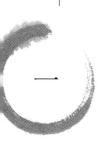

六、明萬曆年間休寧縣十二都汪氏買賣田地山林等契約

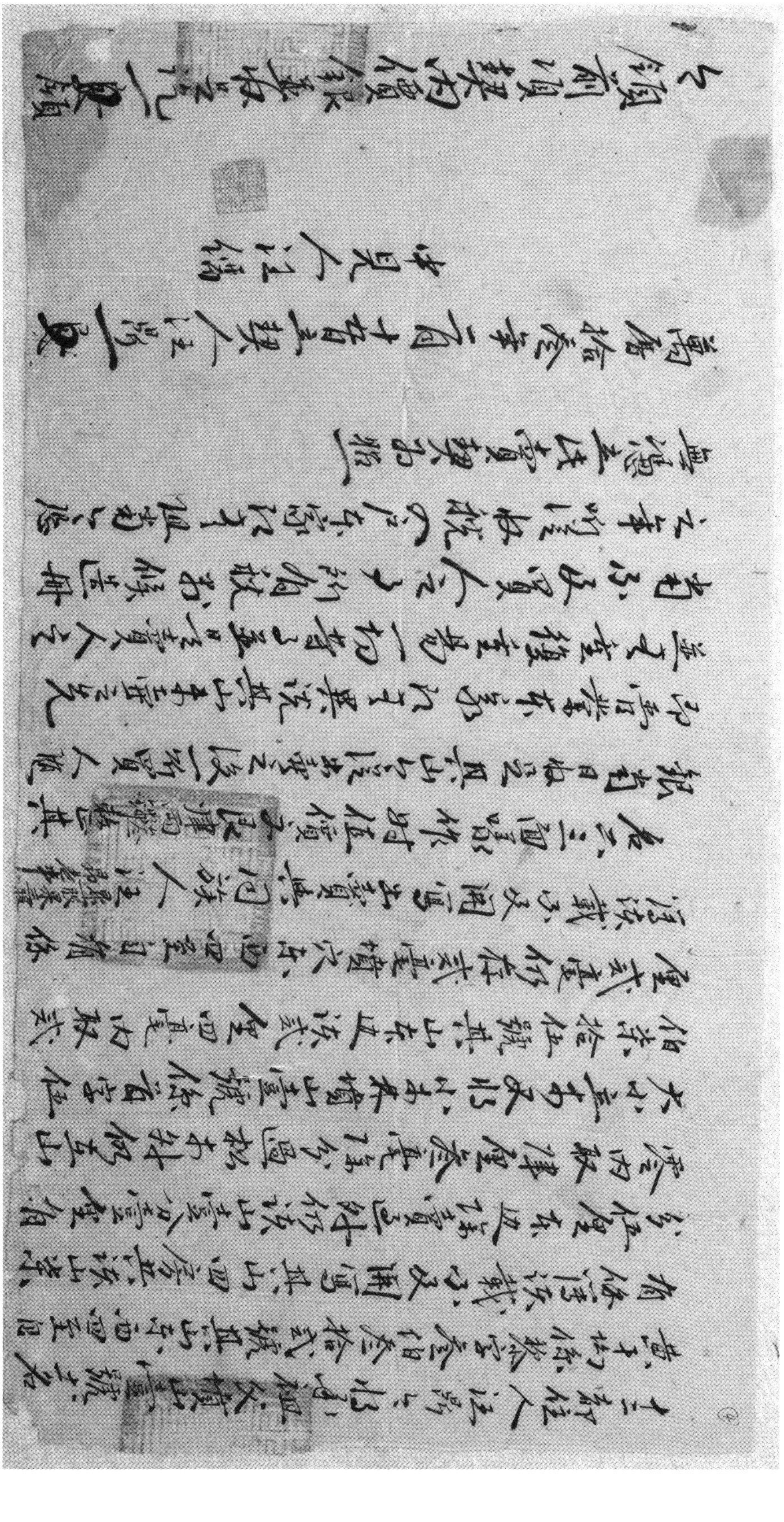

明萬曆十三年二月休寧縣汪鼎立賣墳山赤契

明萬曆十五年三月休寧縣楊七立當山赤契

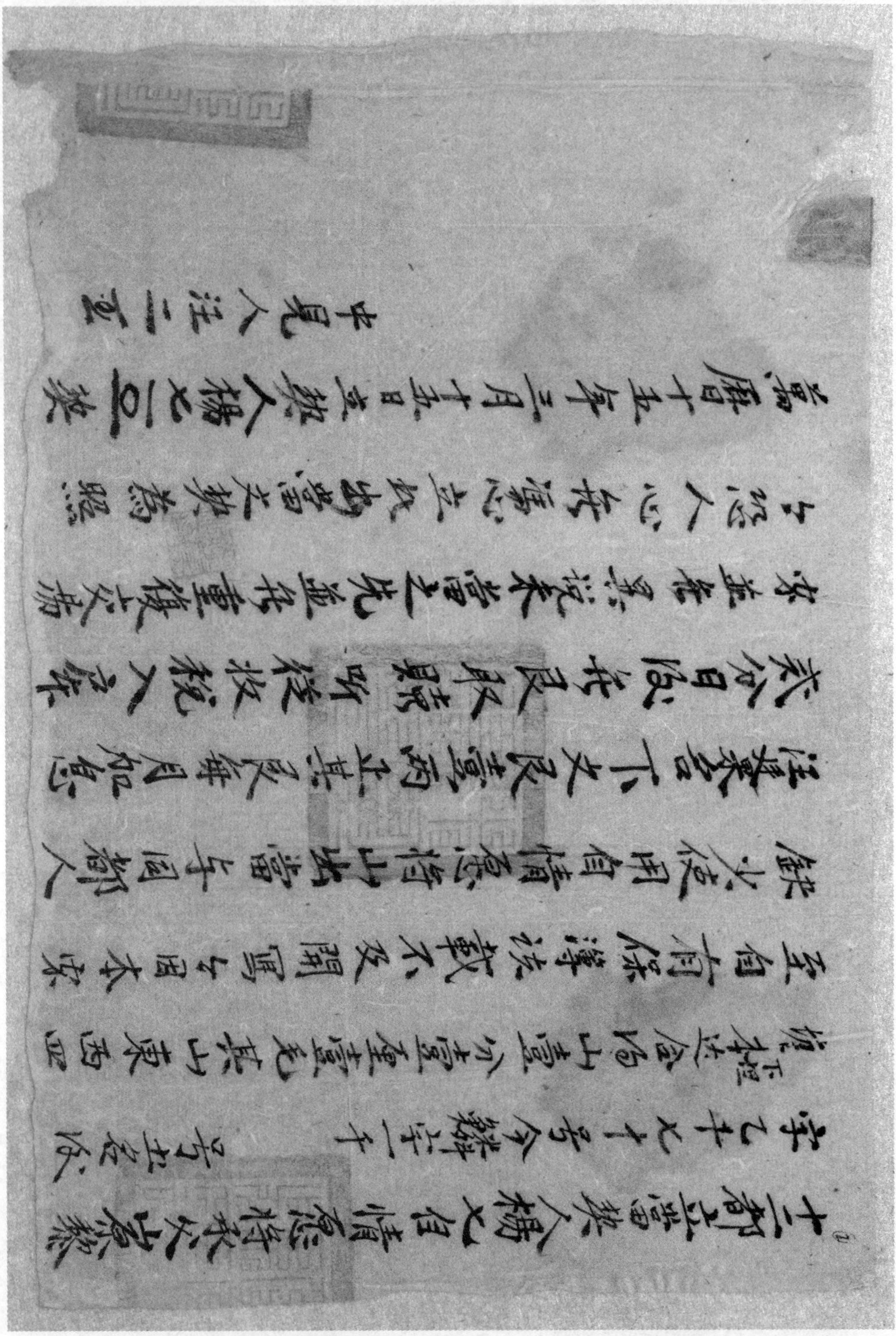
十二都立當契人楊七自情愿將承父崇黎
字乙千七十号今鱗字一千　号土名汶
墳下坦本迭合得山壹分壹厘壹毛其山東西四
至自有保簿該載不及開寫今因本家
缺少使用自情愿將山出當與同都人
汪廷果名下文艮壹兩正其艮每月加息
弍分日後無艮取贖听從收稅入戶
本家並無異說未當之先並無重復交易
今恐人心無凴立此出當文契為照
萬曆十五年三月十五日立契人楊七亘契
中見人汪二亞

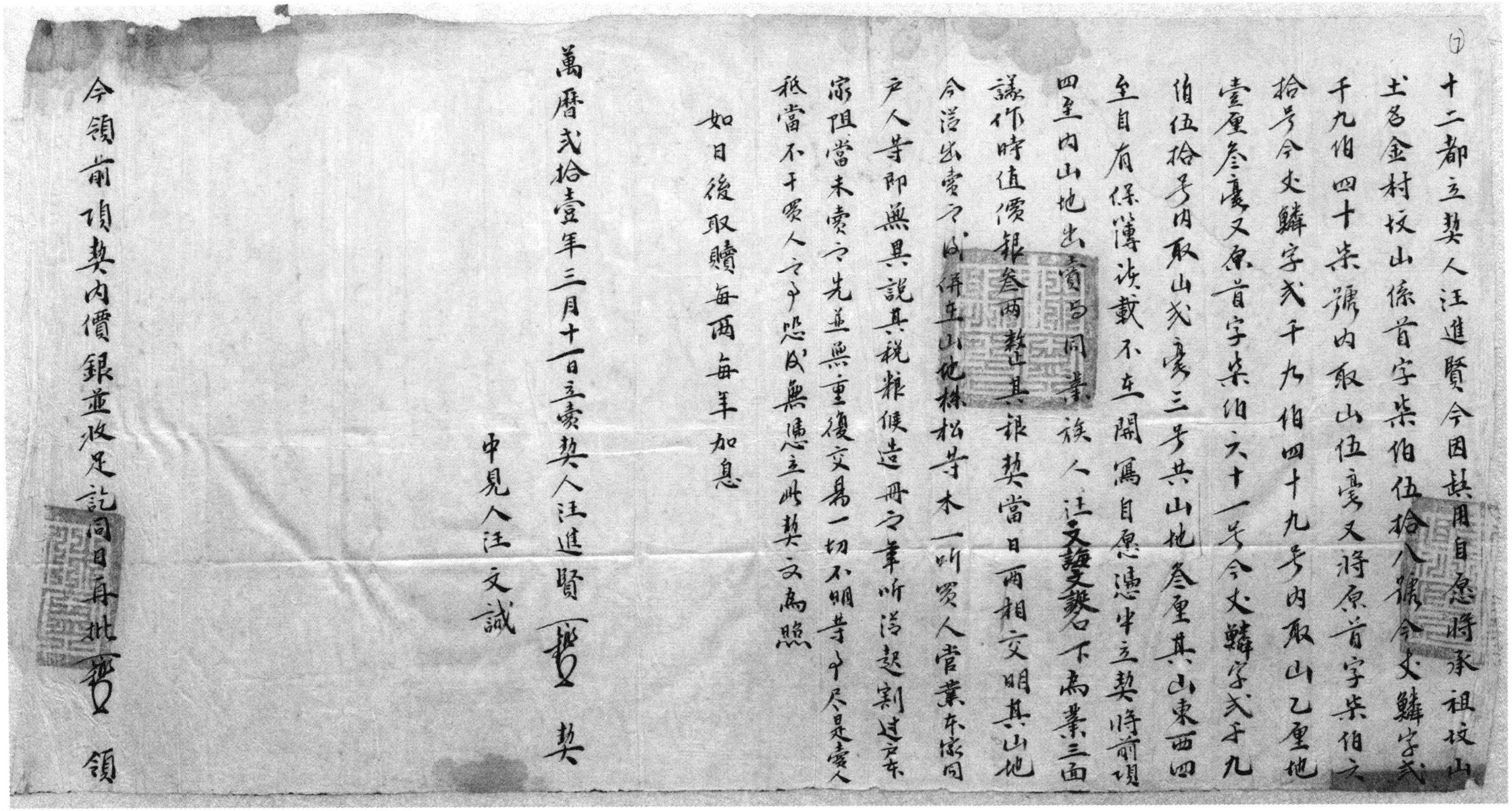
(7)
十二都立契人汪進賢今因缺用自愿將承祖坟山
土名金村坟山係首字柒伯伍拾八號今丈鱗字弍
千九伯四十柒號内取山伍毫又將原首字柒伯六
拾号今丈鱗字弍千九伯四十九号内取山乙厘地
壹厘叁毫又原首字柒伯六十一号今丈鱗字弍千九
伯伍拾号内取山弍毫三号共山地叁厘其山東西四
至自有保簿該載不在開寫自愿憑中立契將前項
四至内山地出賣與同業族人汪文鐘文燮名下為業三面
議作時值價銀叁兩整其銀契當日兩相交明其山地
今從出賣之後並山地林松等木一听買人管業本家同
戶人等即無異說其稅粮候造冊之年听從起割過戶本
家阻當未賣之先並無重復交易一切不明等事尽是賣人
承當不干買人之事恐后無憑立此契文為照
如日後取贖每兩每年加息
萬曆弍拾壹年三月十一日立賣契人汪進賢（押）契
中見人汪文誠
今領前項契内價銀並收足訖同日再批（押）領

明萬曆二十一年三月休寧縣汪進賢立賣山並木赤契

一

明萬曆二十一年八月休寧縣朱鉞等立賣田赤契

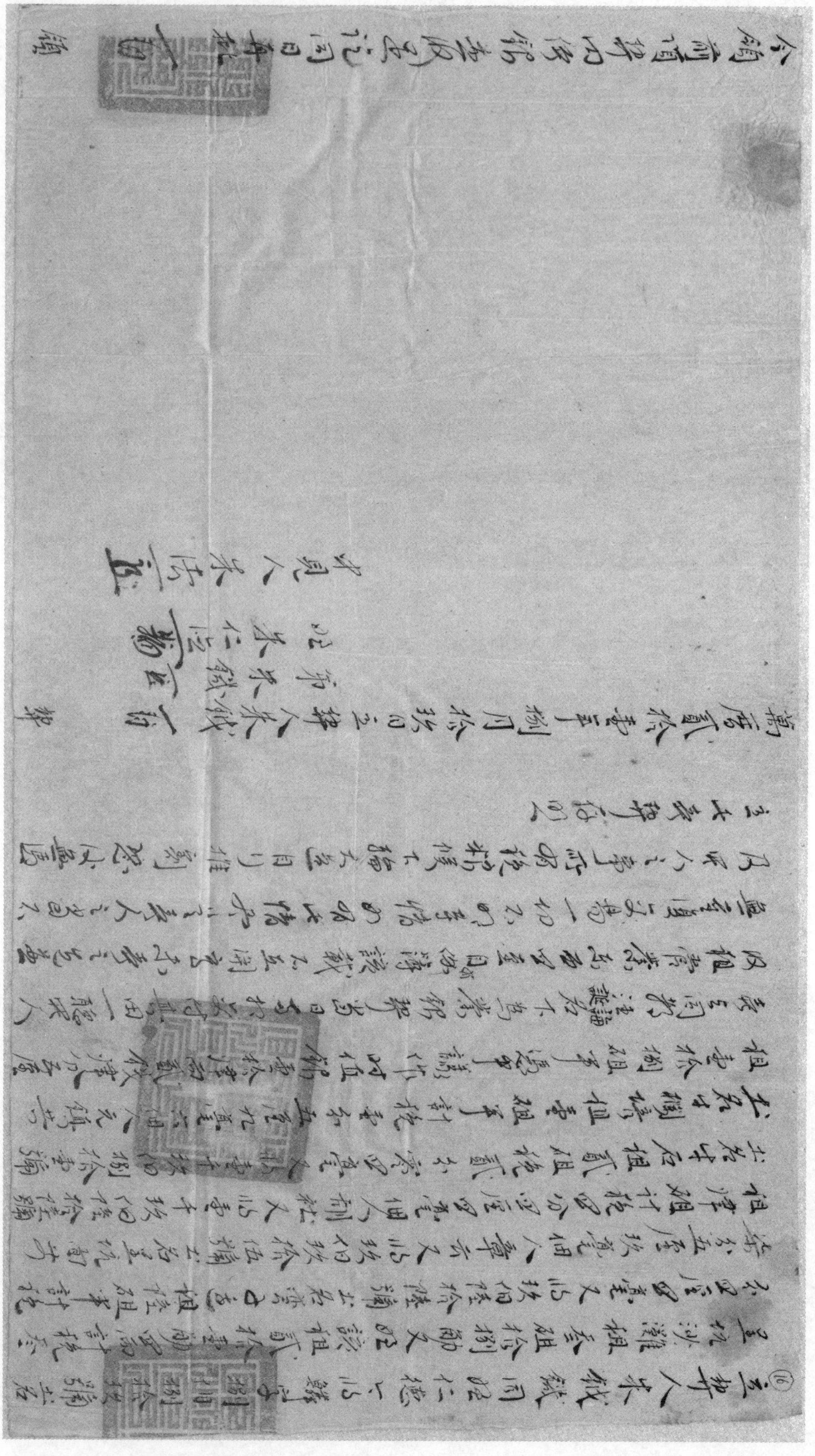

一

明萬曆二十一年九月休寧縣吴汶立賣田赤契

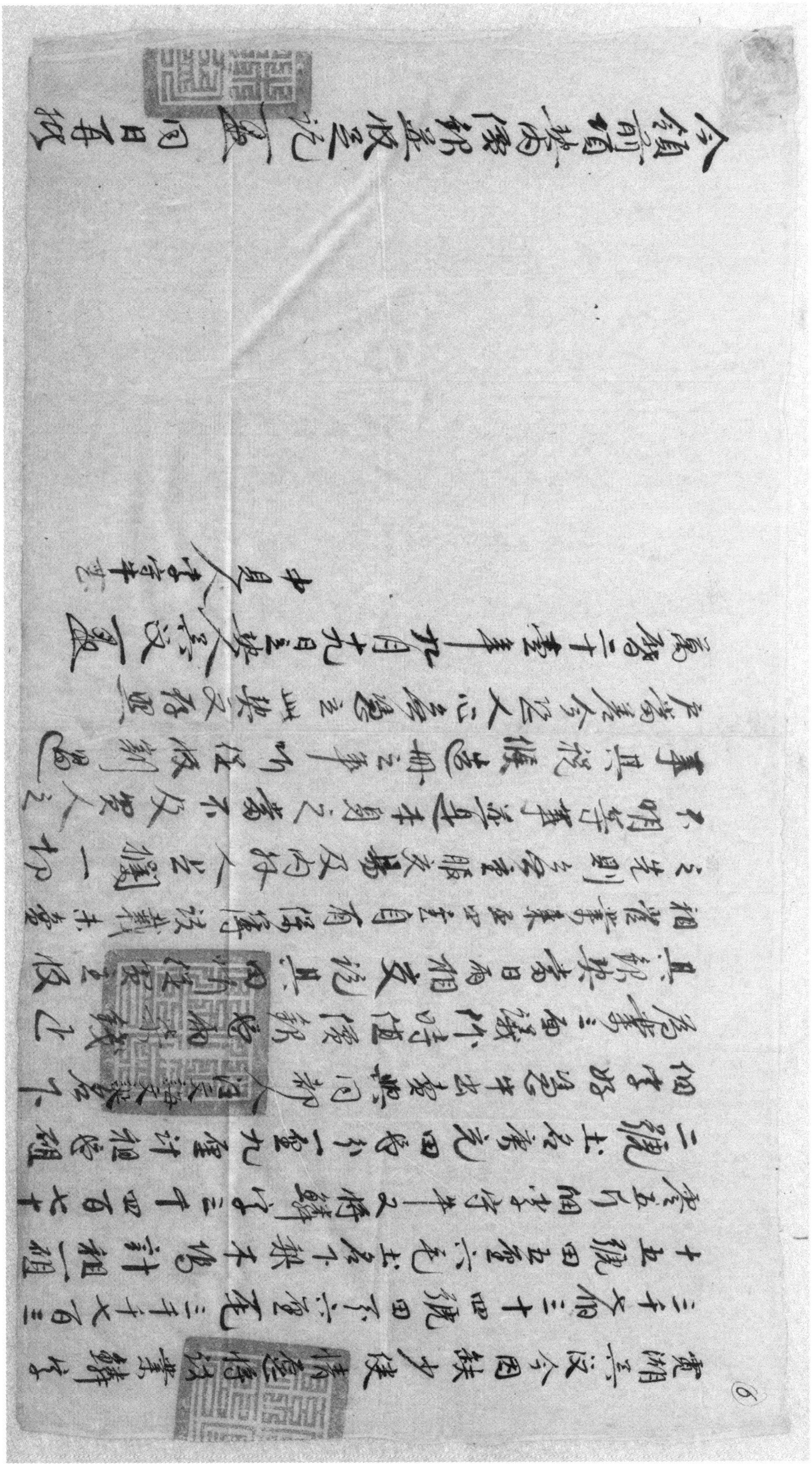

一

明萬曆二十一年九月休寧縣汪文詔立賣田地房屋赤契附萬曆二十三年二月汪文詔立贖田並加價批

一

明萬曆二十一年九月休寧縣汪文詔立賣基地並土庫房赤契

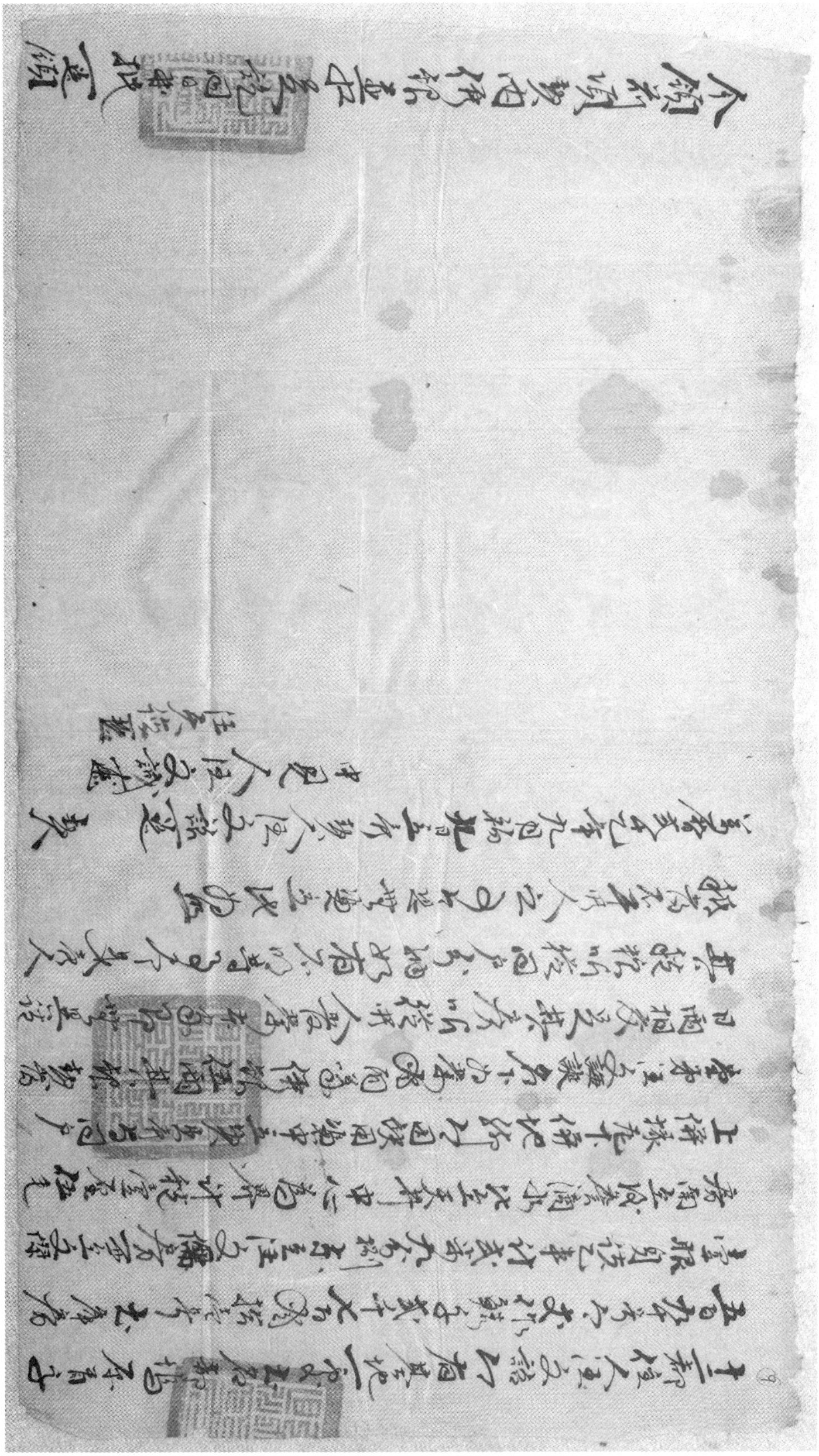

一

明萬曆廿一年十月休寧縣汪三郎等立賣山並木赤契

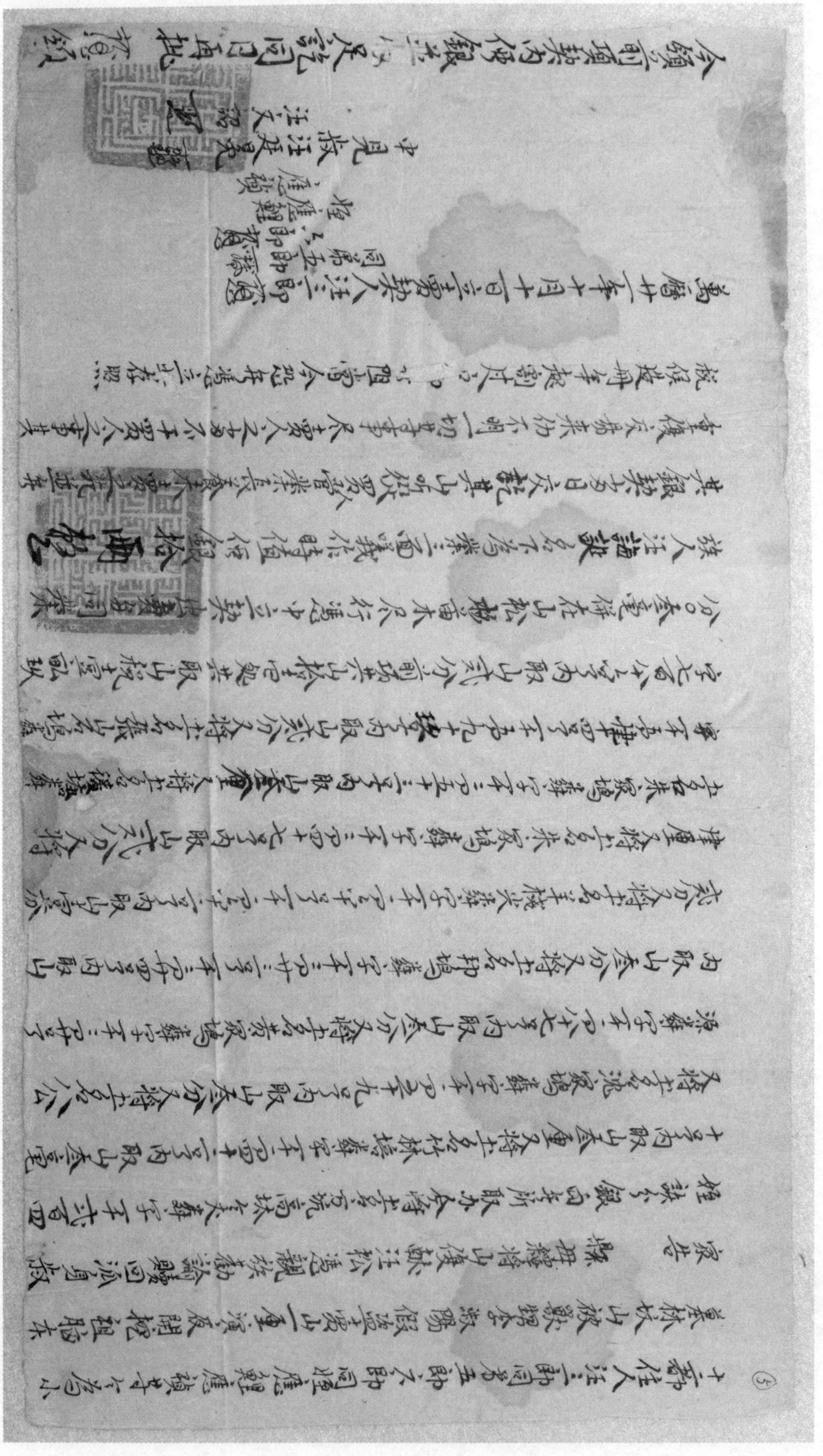

明萬曆二十一年十月休寧縣汪廷冕立賣墳山穴位赤契

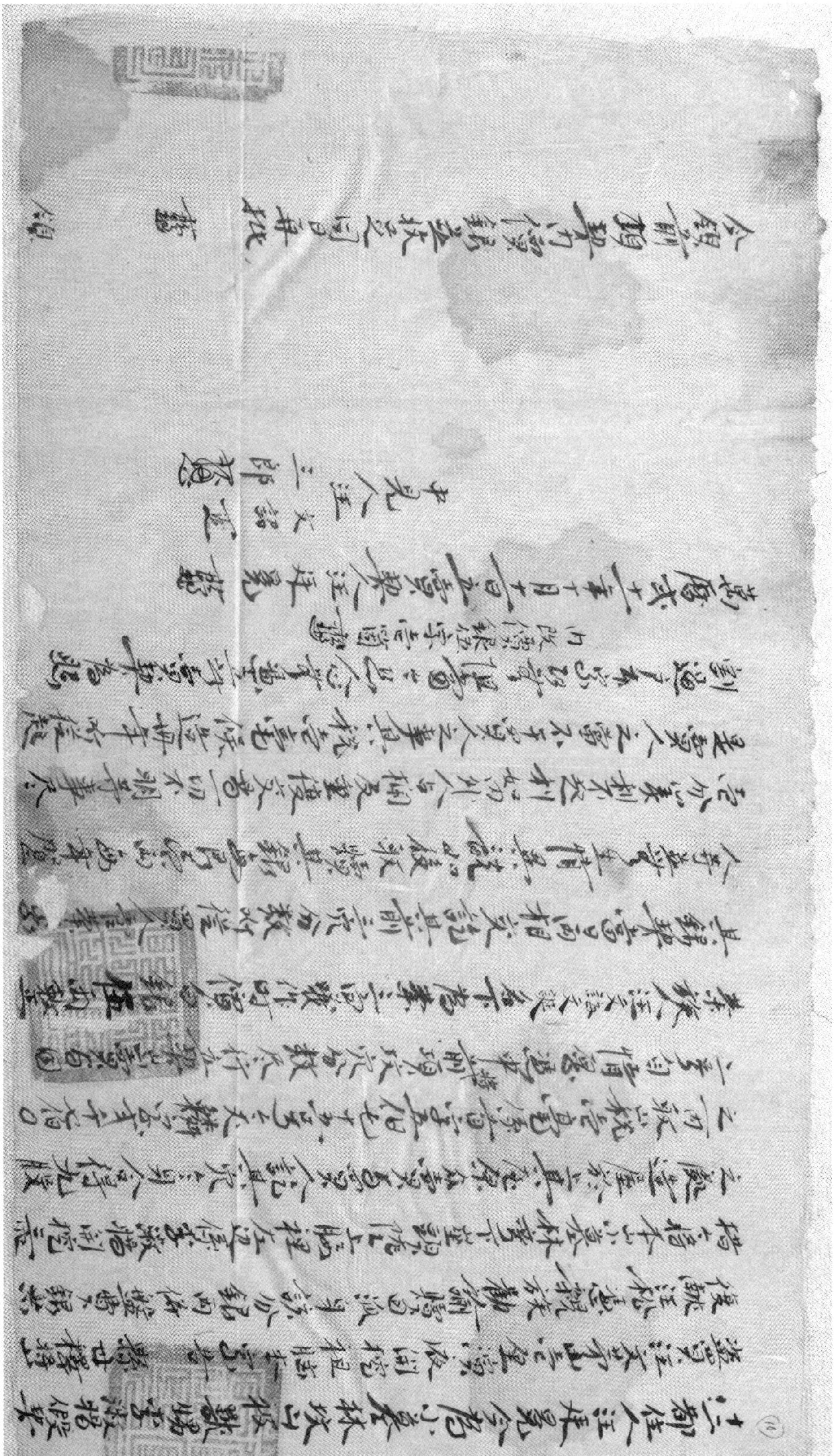

一

明萬曆廿一年十月休寧縣汪文誠立賣田赤契

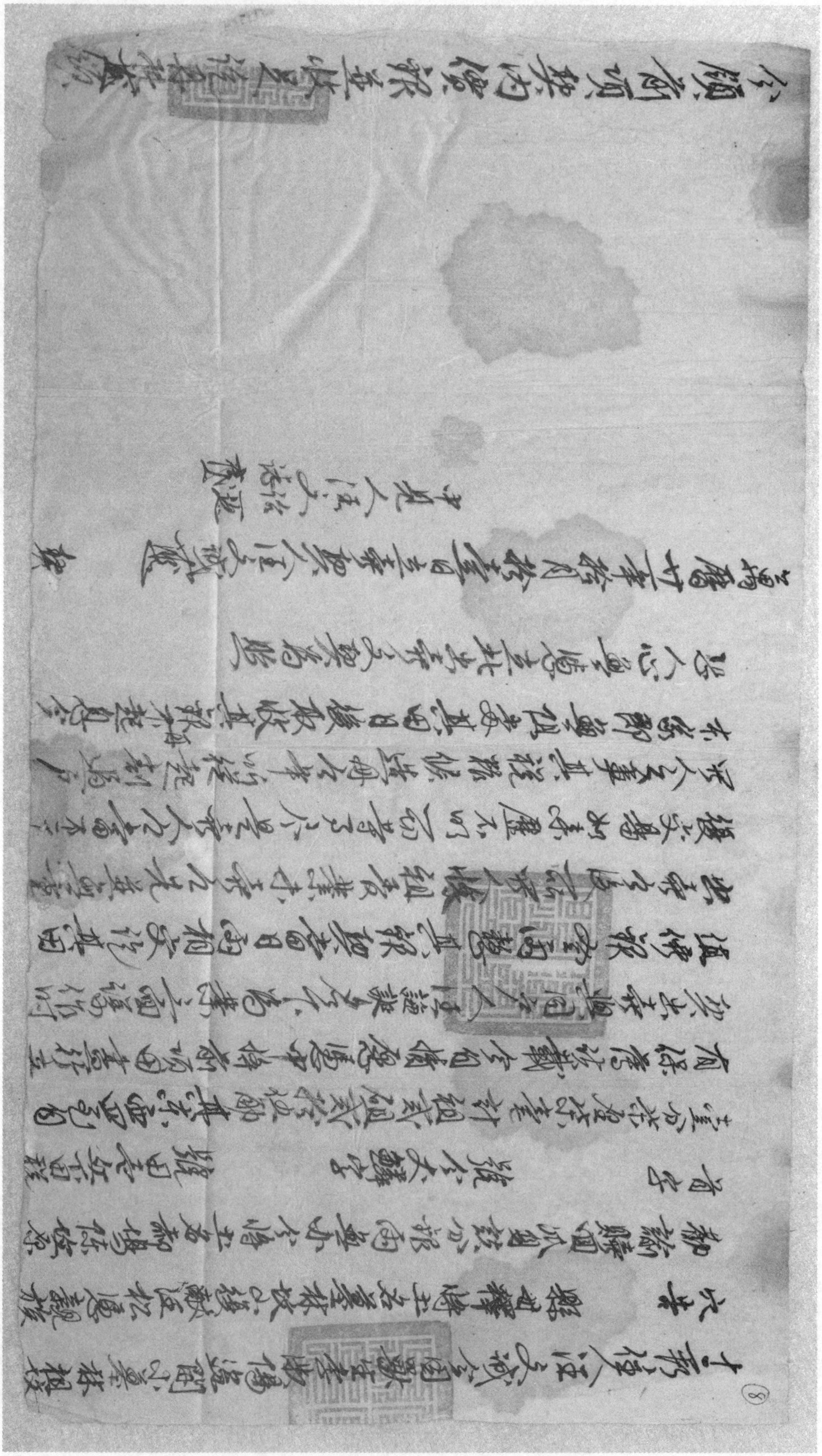

一

明萬曆廿一年十一月休寧縣吴椿立賣田赤契

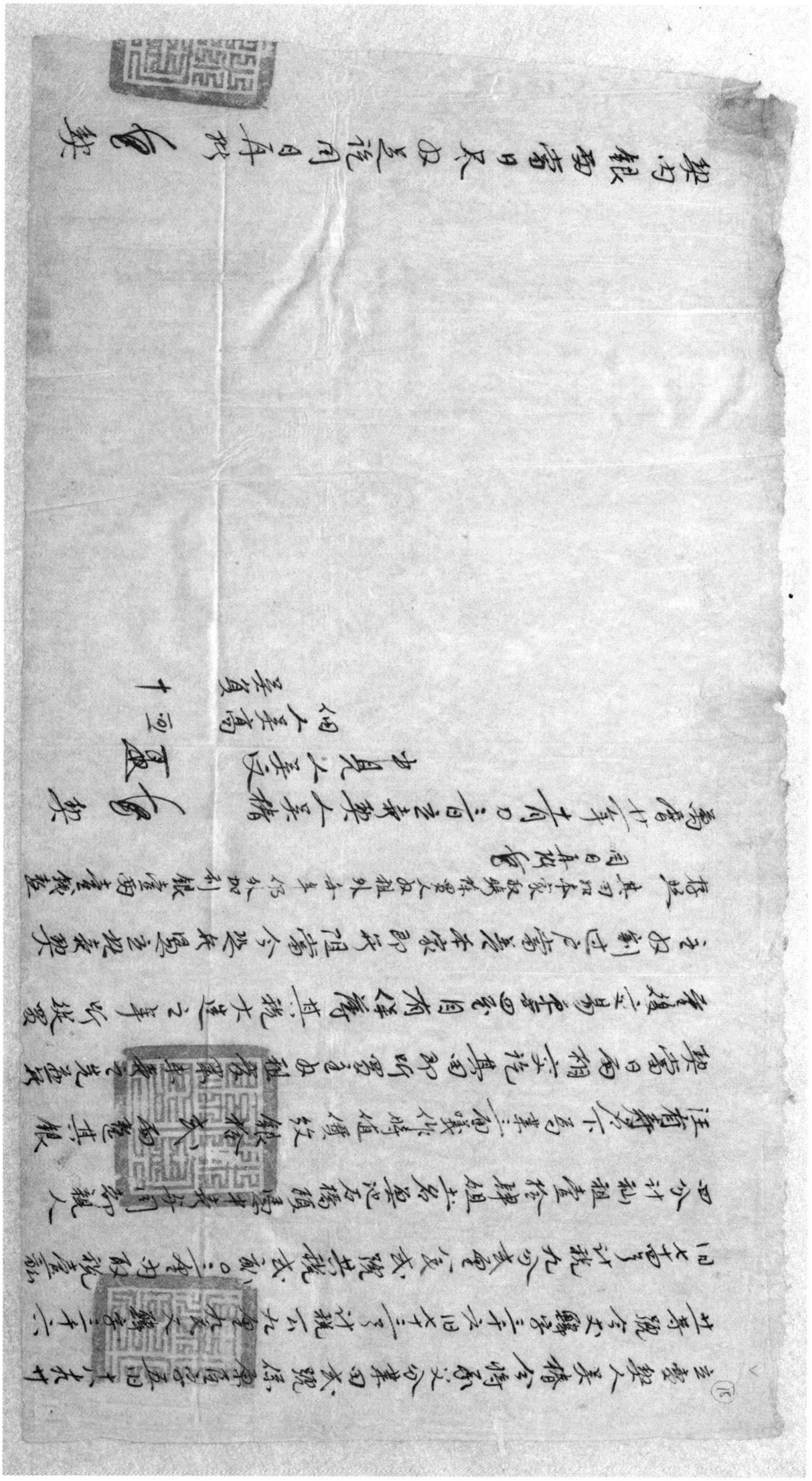

一

明萬曆二十一年十一月休寧縣吴汶立賣田赤契

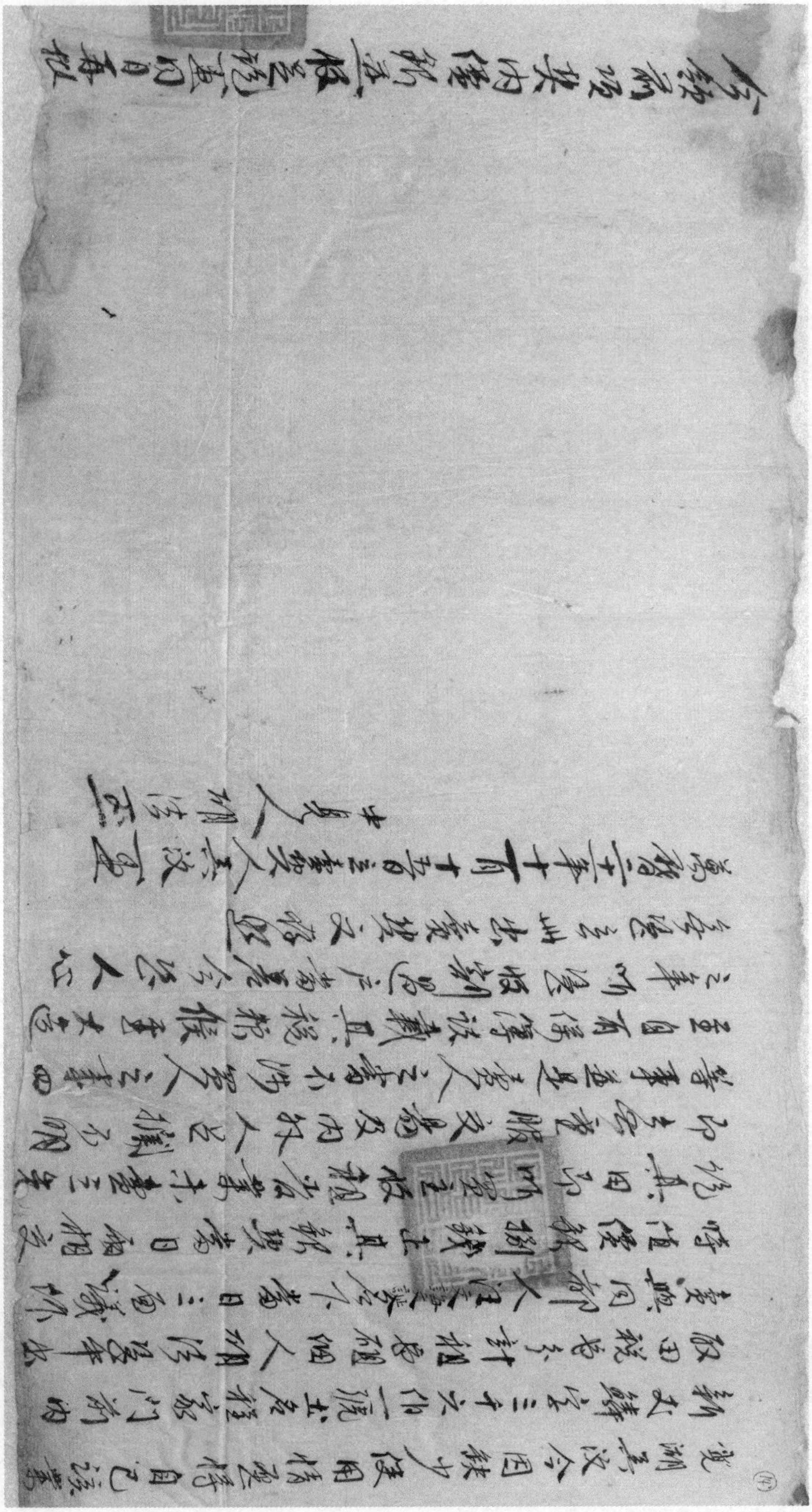

明萬曆二十一年閏十一月休寧縣汪天德立賣田赤契

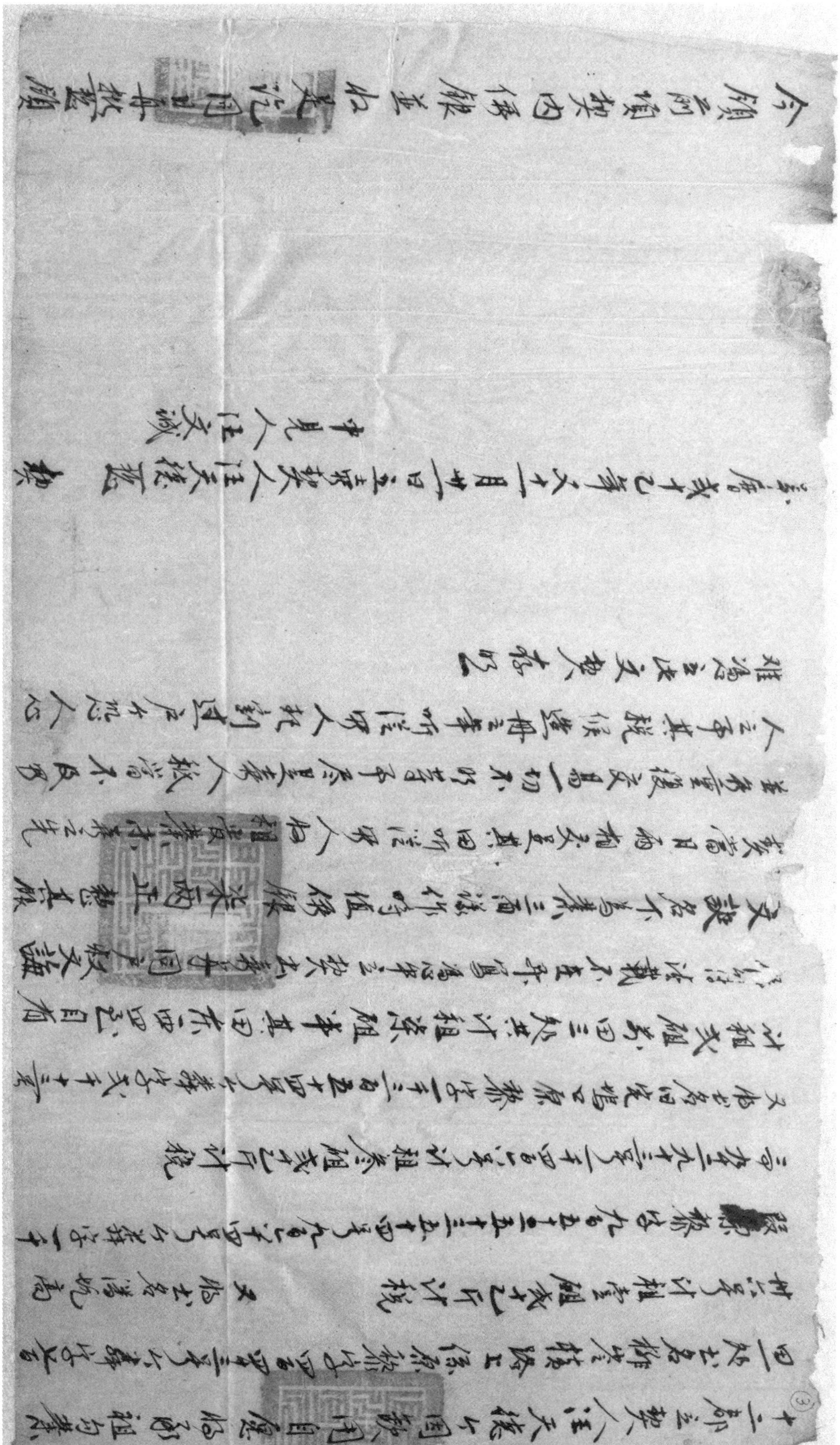

一

明萬曆二十一年閏十一月休寧縣汪廷昌立賣山並木赤契

十二都住人汪廷昌今因缺用，將承祖伏山一処，土名牛石原，黎字[illegible]
叁百叁拾伍號，今鱗字壹仟玖百柒拾玖號，又將合処黎字壹仟叁百貳
拾叁號，今鱗字壹仟玖百陸拾號，前貳號於上蓄養大松木併雜木，約計
壹伯余根，本身四股之中合得壹股；又將土名金村坑山，原菁字柒百伍拾捌
今鱗字貳仟玖百肆拾柒號；又將原菁字柒百陸拾號，今鱗字貳仟玖百肆拾
玖號，山地貳號；又原菁字柒百陸拾壹號，今鱗字貳仟玖百伍拾號，山前叁號
山地本身合得分數內取肆厘，併在山大松株木盡行立契出賣與仝業人
汪文諒、文諠名下為業。三面議作時值價文銀貳拾兩整，其銀契當日兩
相交明。其山併木未賣之先，並無重複交易，一切不明等事盡是賣人
之當。東西四至自有保簿該載，不在開寫。其前項山併松株木日
後取贖，其銀每年加息叁兩貳錢，五年內取贖，遠年聽從買人砍
斫賣業，如買人確木嗞时住便等利木家，即無異說。今恐無憑，
立此文契為照。

萬曆貳拾壹年閏拾壹月廿七日立賣契汪廷昌（押）
中見人 汪天德（押）
進德（押）
代筆男 汪文誠（押）

今領前項契內銀兩並收足訖。再批（押）
領

一

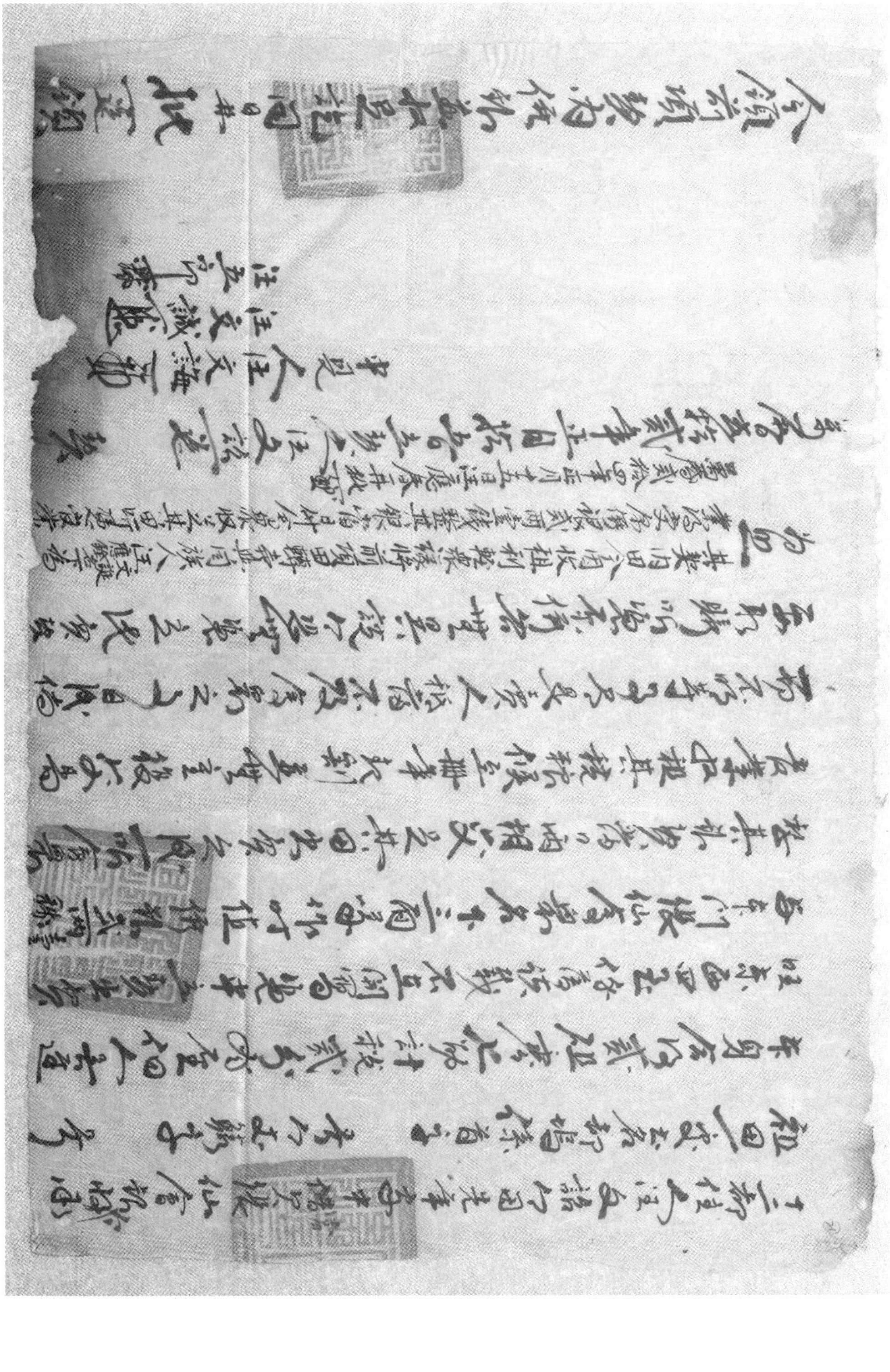

明萬曆二十二年正月休寧縣汪文詔立賣田赤契附萬曆二十四年正月汪應春立轉賣田批

一

明萬曆二十二年正月休寧縣汪文誠立賣田赤契附
萬曆廿四年正月汪文誠立轉賣田批

一

明萬曆二十二年二月休寧縣吳天孫等立賣田赤契

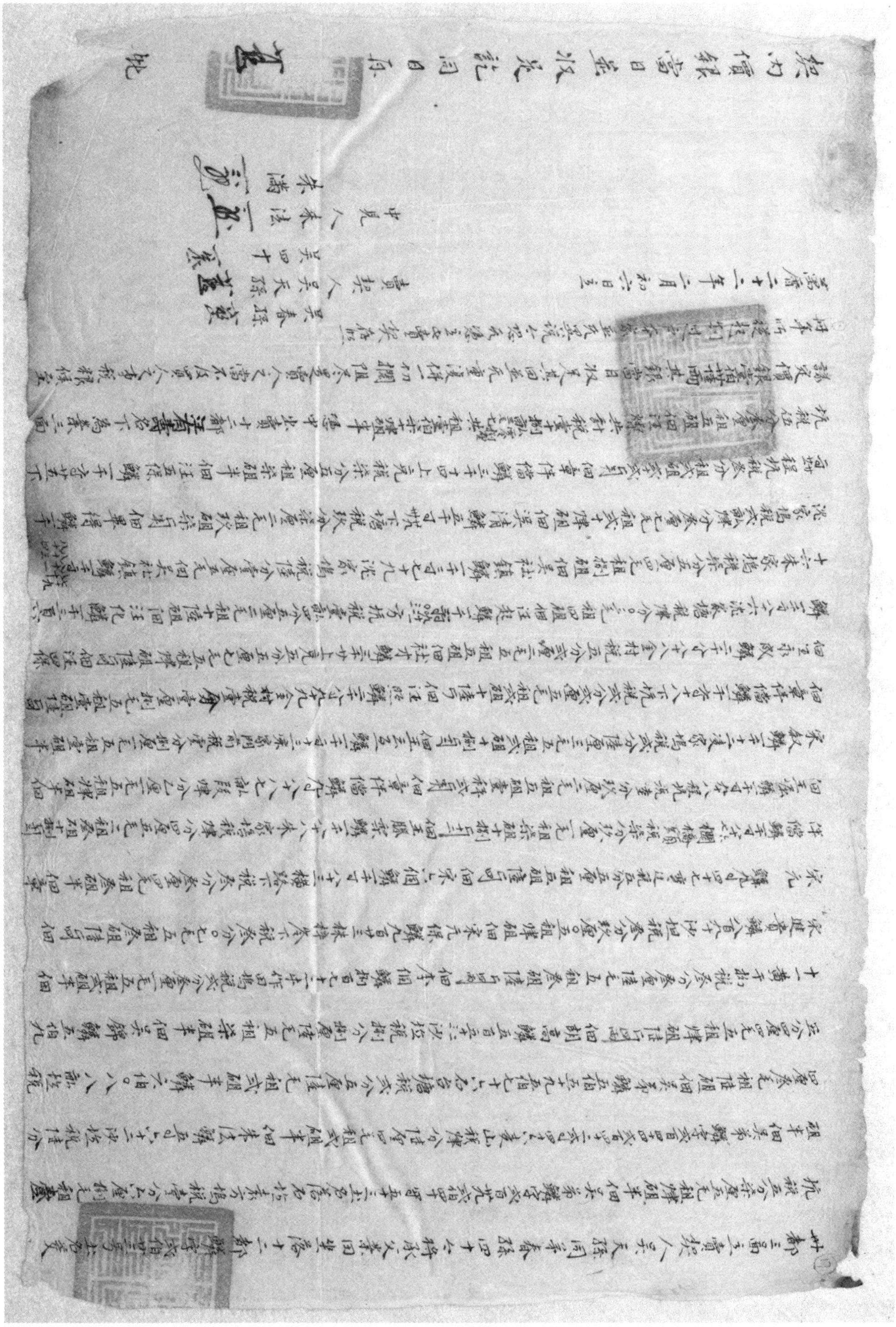

一

明萬曆二十二年二月休寧縣汪文詔立賣山並木赤契

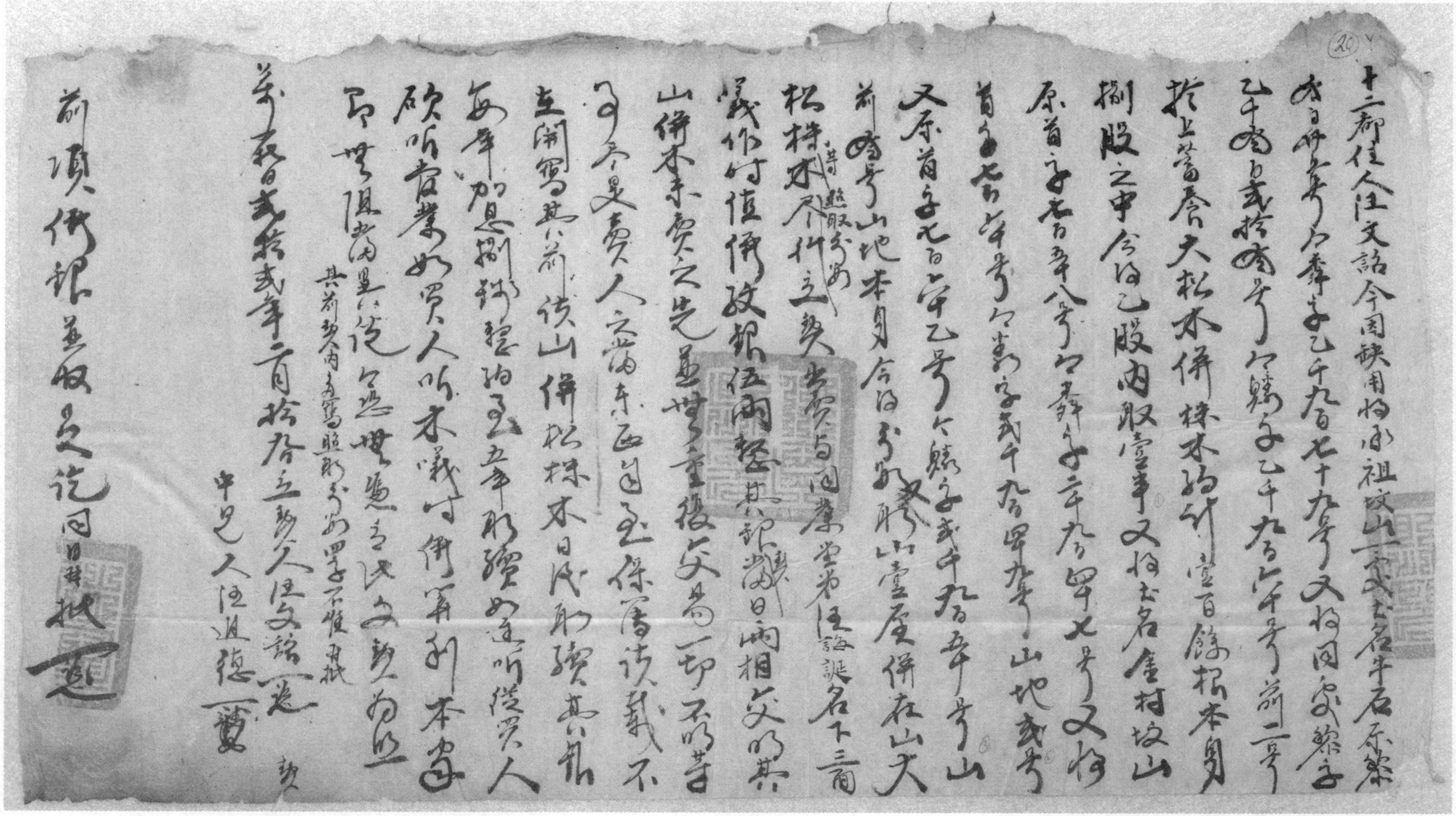

十二都住人汪文詔，今因缺用，將承祖坡山一號，土名牛石原，系
成字[illegible]號，今壽字乙千九百七十九號；又將同處成字
乙千四百貳拾四號，今壽字乙千九百六十號，前二號
於上栽養大松木併株木，約計壹百餘根，本身
捌股之中合得乙股，內取壹半；又將土名金村坡山
原首字壹百五十八號，今壽字乙千九百四十七號；又將
首字七百五十號，今壽字貳千九百四十九號山地貳號；
又原首字七百六十乙號，今壽字貳千九百五十號山；
前四號山地本身合得分數[illegible]，併在山大
松株木[illegible]出賣與同[illegible]堂弟汪[illegible]名下，三面
議作時值價紋銀伍兩整，其銀當日兩相交明。其
山併木未賣之先，並無重復交易，一切不明等
[illegible]，盡是賣人之當，[illegible]不
[illegible]
[illegible]
[illegible]
[illegible]
其前契內[illegible]不便，同批。
萬曆貳拾貳年二月拾叁日立契人汪文詔（押）
中見人汪道德（押）
前項價銀並收足訖。同日再批。（押）

一

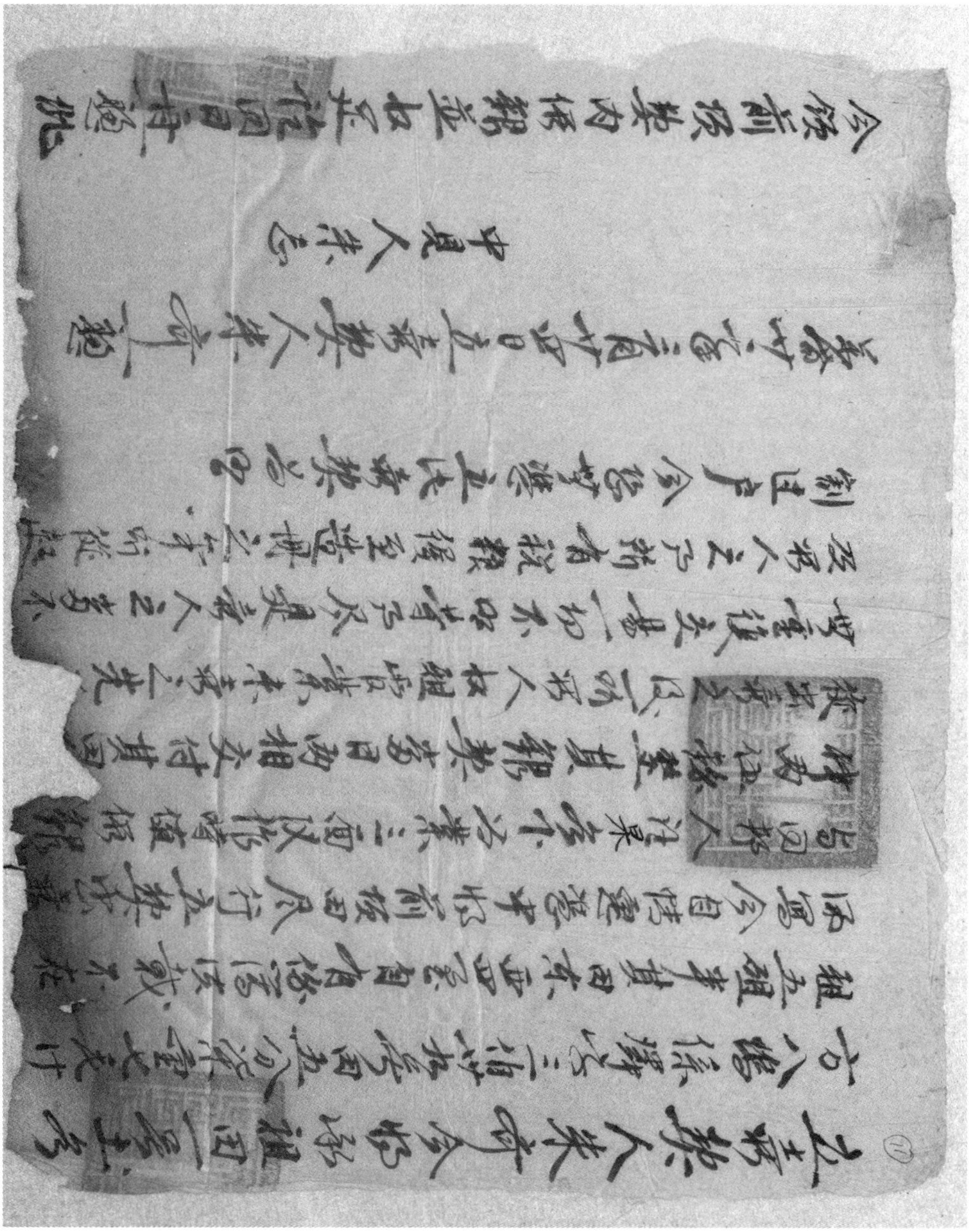

明萬曆廿二年三月休寧縣朱齊立賣田赤契

一

明萬曆廿二年三月休寧縣朱廷憲立賣田赤契

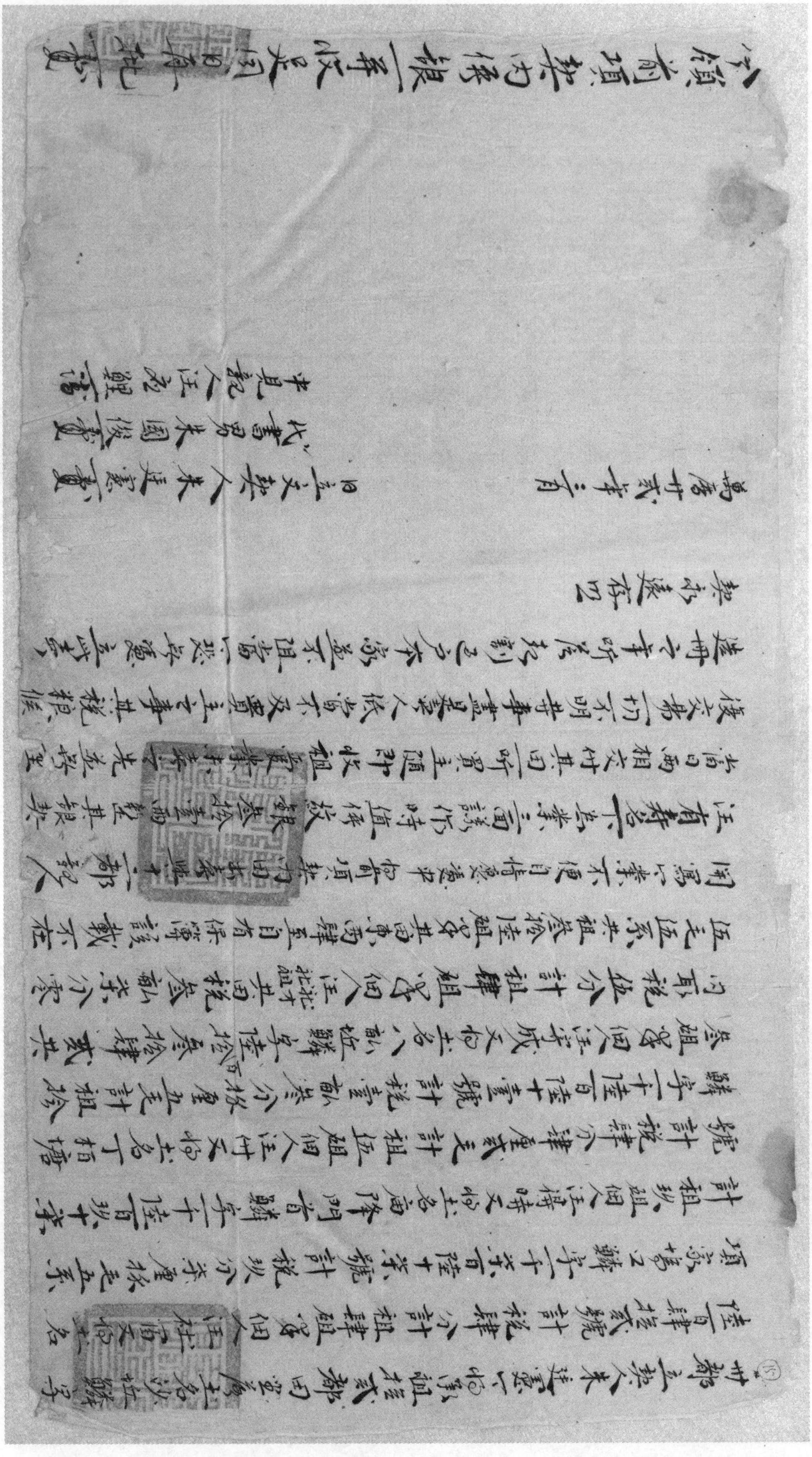

一

明萬曆廿二年九月休寧縣汪文觀立賣田赤契

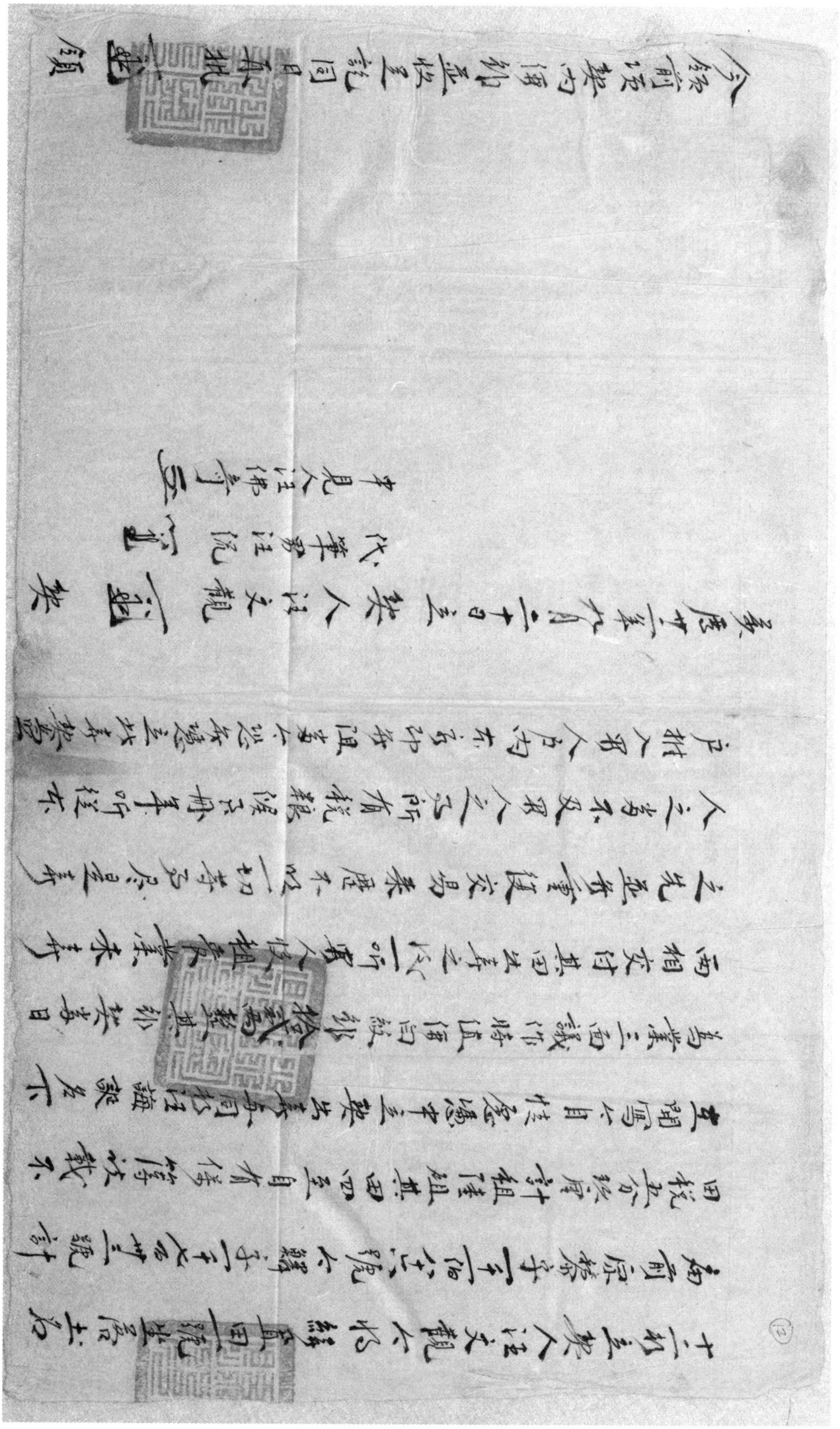

一

明萬曆卅三年三月休寧縣汪岩興立賣山赤契

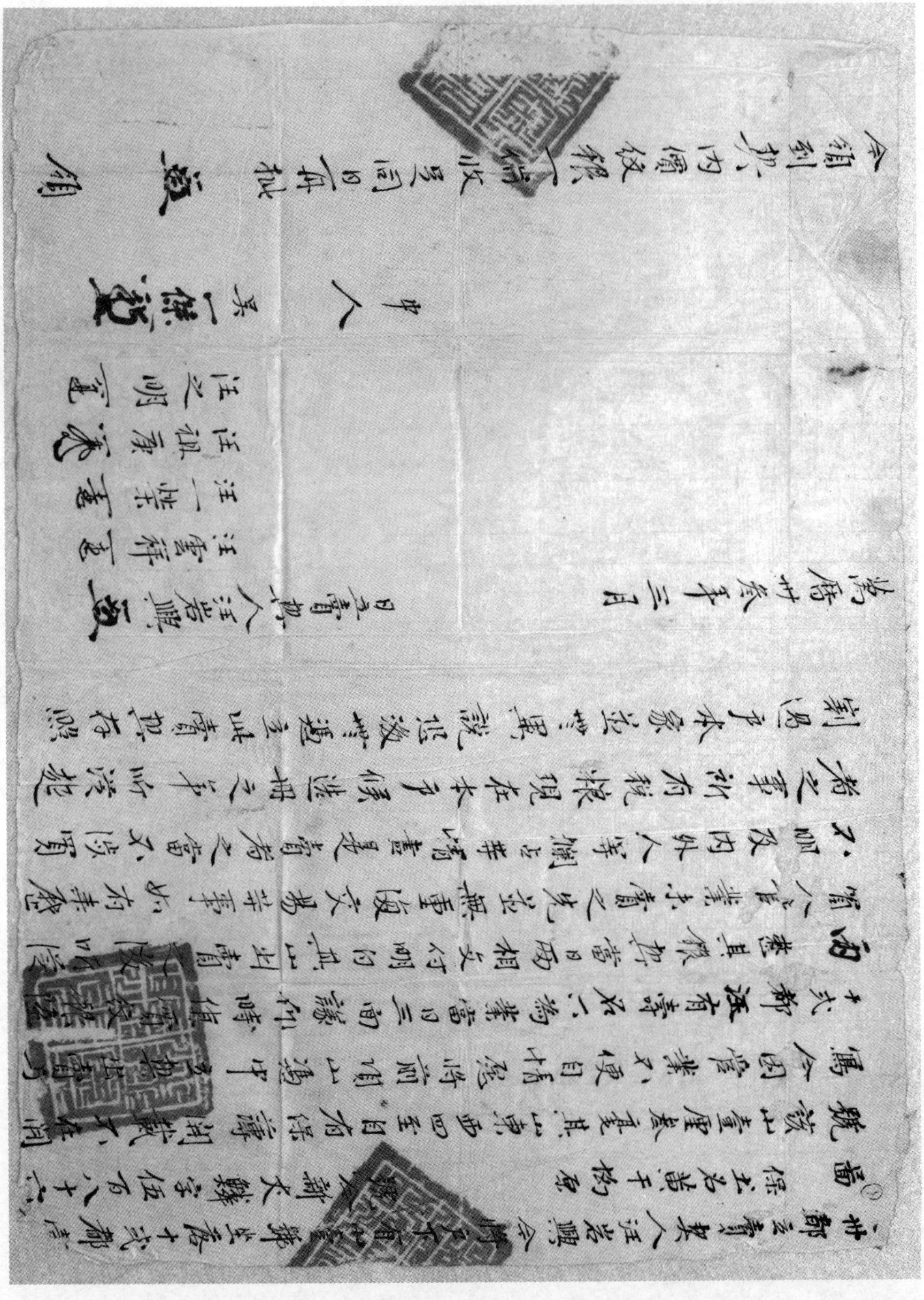

七、明崇禎至清道光年間出賣會社田租股份契約

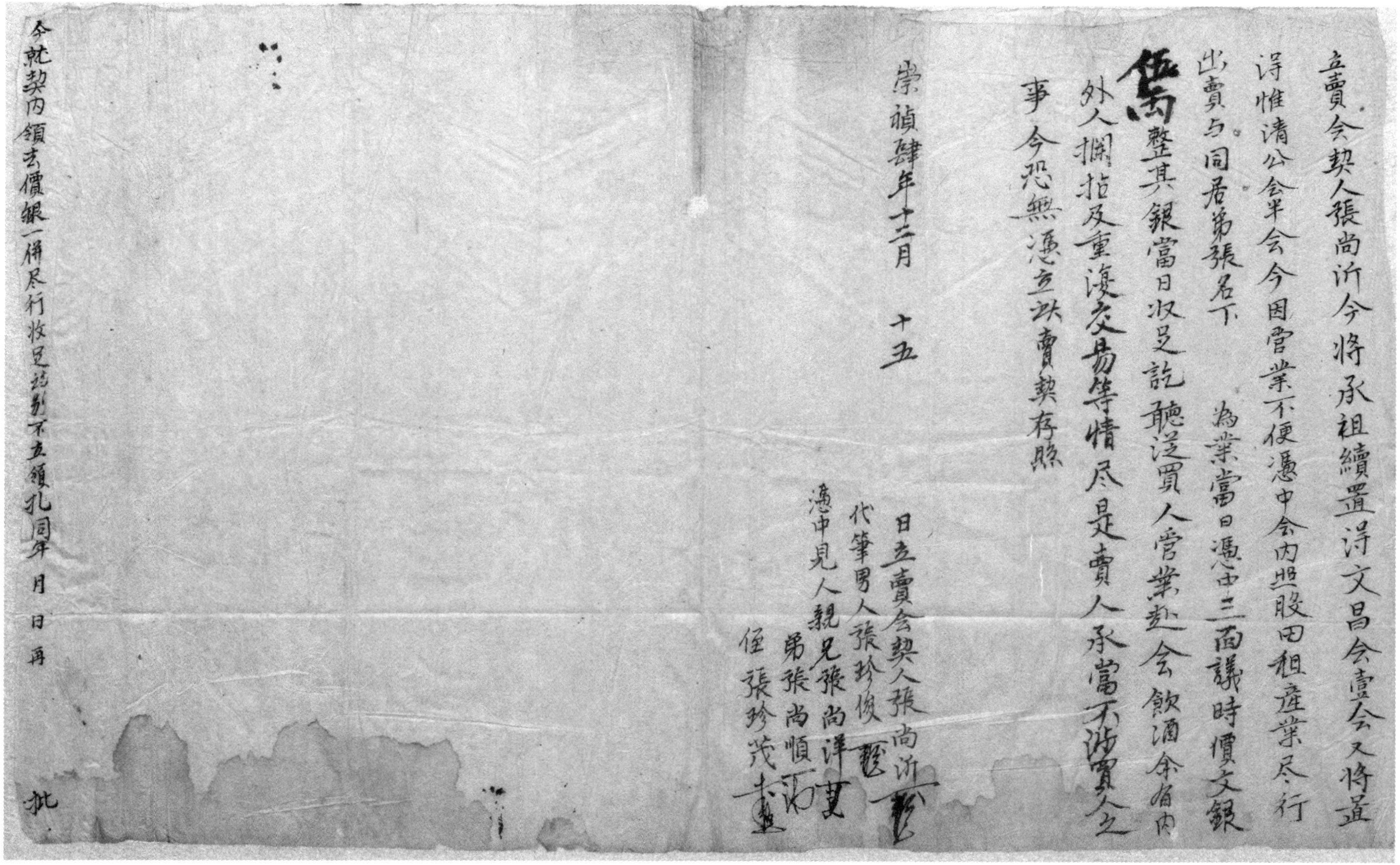

立賣会契人張尚沂，今將承祖續置浔文昌会壹会，又將荳
浔惟清公会半会，今因管業不便，憑中会内照股田租産業尽行
出賣与同居弟張名下為業。當日憑中三面議時價文銀
整，其銀當日收足訖。聽從買人管業赴会飲酒。余倘内
外人攔拈及重複交易等情，尽是賣人承當，不涉買人之
事。今恐無憑，立此賣契存照。

崇禎肆年十二月 十五 日立賣会契人張尚沂（押）
代筆男人張珍俊（押）
憑中見人親兄張尚洋（押）
弟張尚順（押）
侄張珍茂（押）

今就契内領去價銀一併尽行收足訖，別不立領，孔同年月日再批。

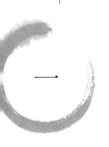

一

明崇禎十四年三月某某縣胡阿程立元宵會會銀抵還朱正權租穀扒會約

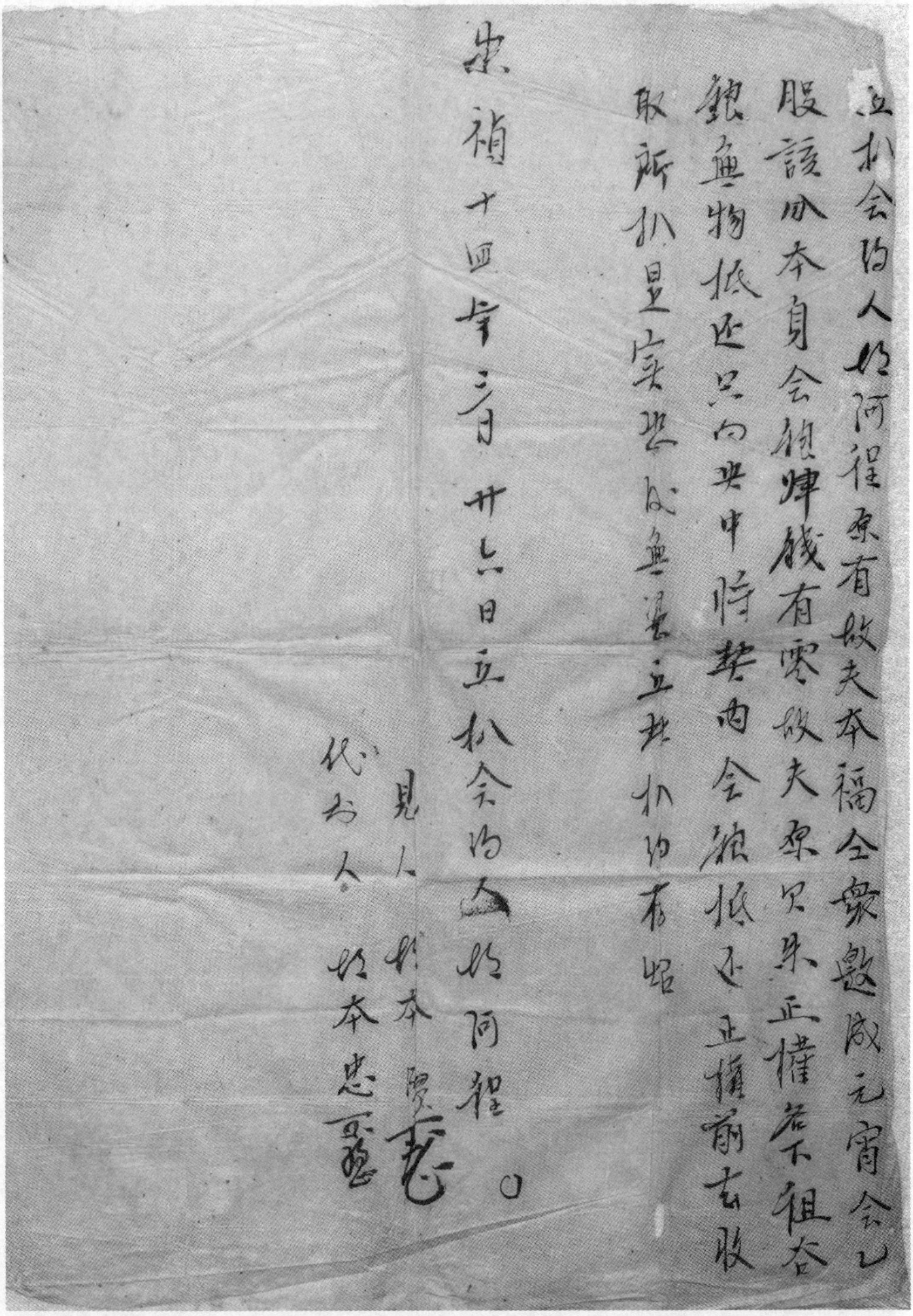

立扒会約人胡阿程，原有故夫本福仝衆斷成元宵会乙股，該戶本身会銀肆錢有零。故夫原欠朱正權名下租谷銀無物抵还，只得央中將此会銀抵还正權前去收取。所扒是实，恐后無憑，立此扒約存照。

崇禎十四年三月廿六日立扒会約人胡阿程（押）

見人 胡本賢（押）

代書人 胡本忠（押）

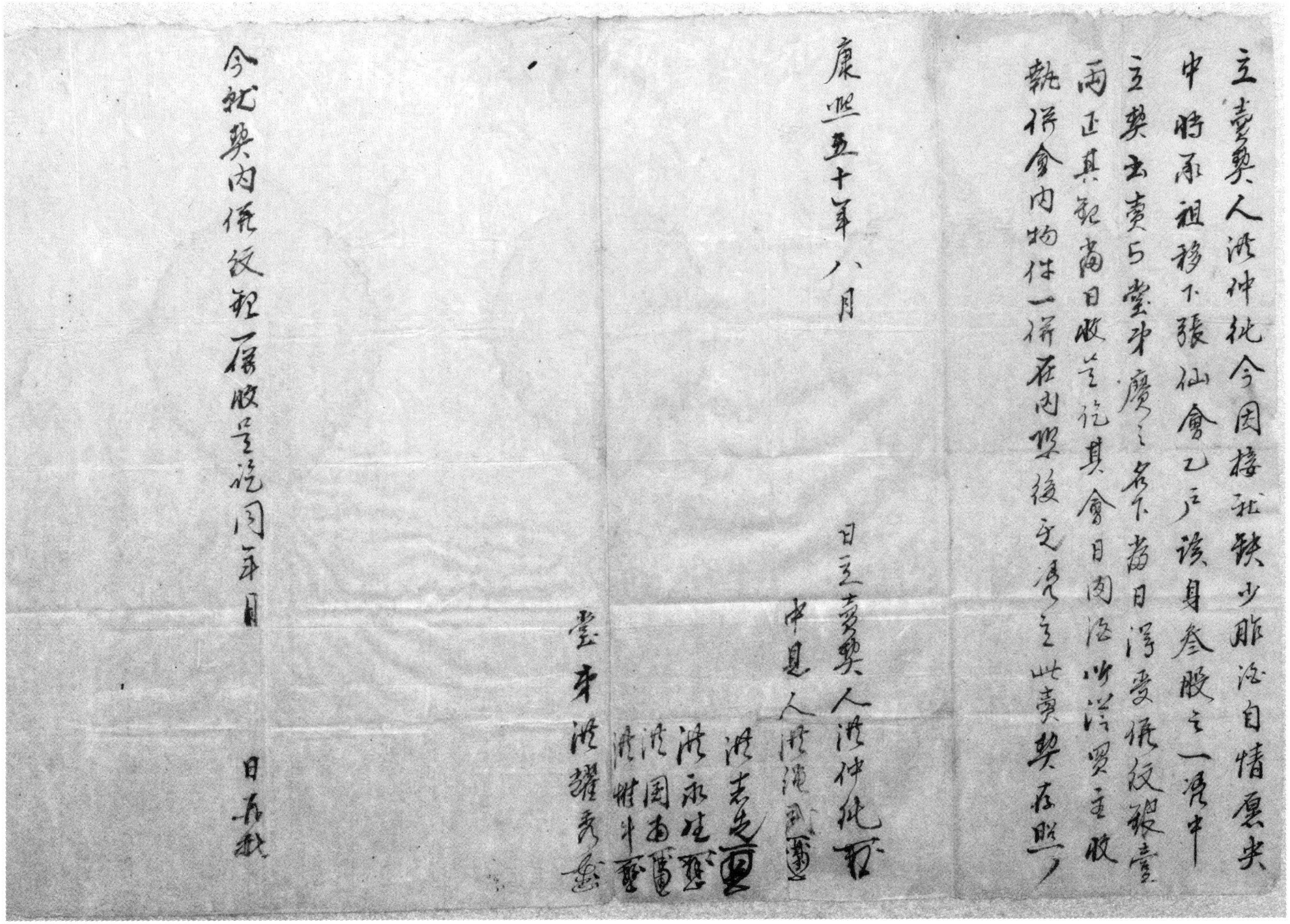
立賣契人洪仲純今因接社缺少非從自情愿央
中將承祖移下張仙會乙戶該身叁股之一凴中
立契出賣与堂弟廣〻名下為日得受價紋銀壹
兩正其銀當日收足訖其會日內從此聽從買主收
執併會內物件一併在內恐後無憑立此賣契存照
康熙五十年八月　日立賣契人洪仲純
中見人洪德鳳
洪志遠
洪永祥
洪國南
洪樹升
堂弟洪耀光
今就契內價紋銀一併收足訖同年月　日再批

清康熙五十年八月某某縣洪仲純立出賣張仙會股份契

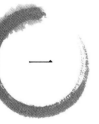

一

清乾隆三十九年十二月某某縣陳文英立出賣中秋會並會田股份契

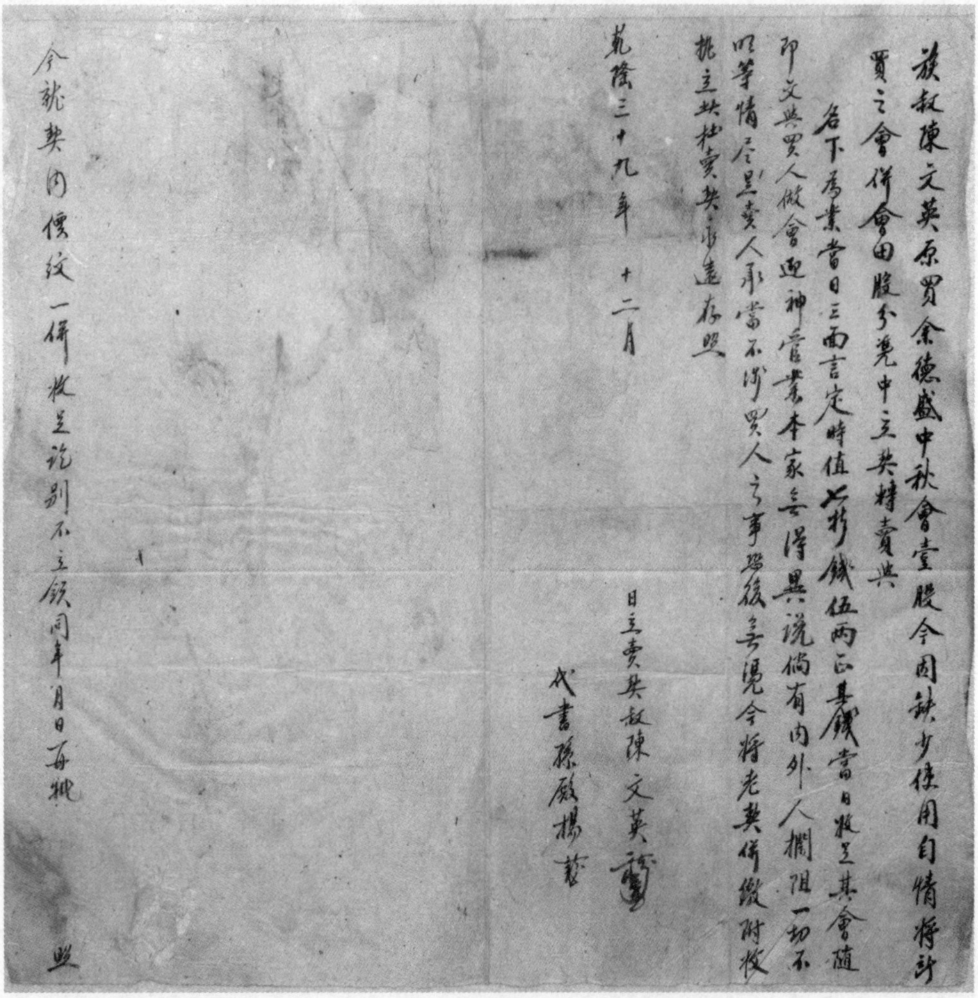

族叔陳文英原買余德盛中秋會壹股，今因缺少使用，自情將前
買之會併會田股分憑中立契轉賣與
名下為業，當日三面言定時值七彩錢伍兩正，其錢當日收足，其會隨
即交與買人做會迎神管業，本家無得異說。倘有內外人攔阻一切不
明等情，盡是賣人承當，不涉買人之事。嗣後無憑，今將老契併繳附收，
執立此杜賣契永遠存照。

乾隆三十九年　十二月　日立賣契叔陳文英（押）
代書孫啟楊（押）

今就契內價紋一併收足訖，別不立領。同年月日再批　照

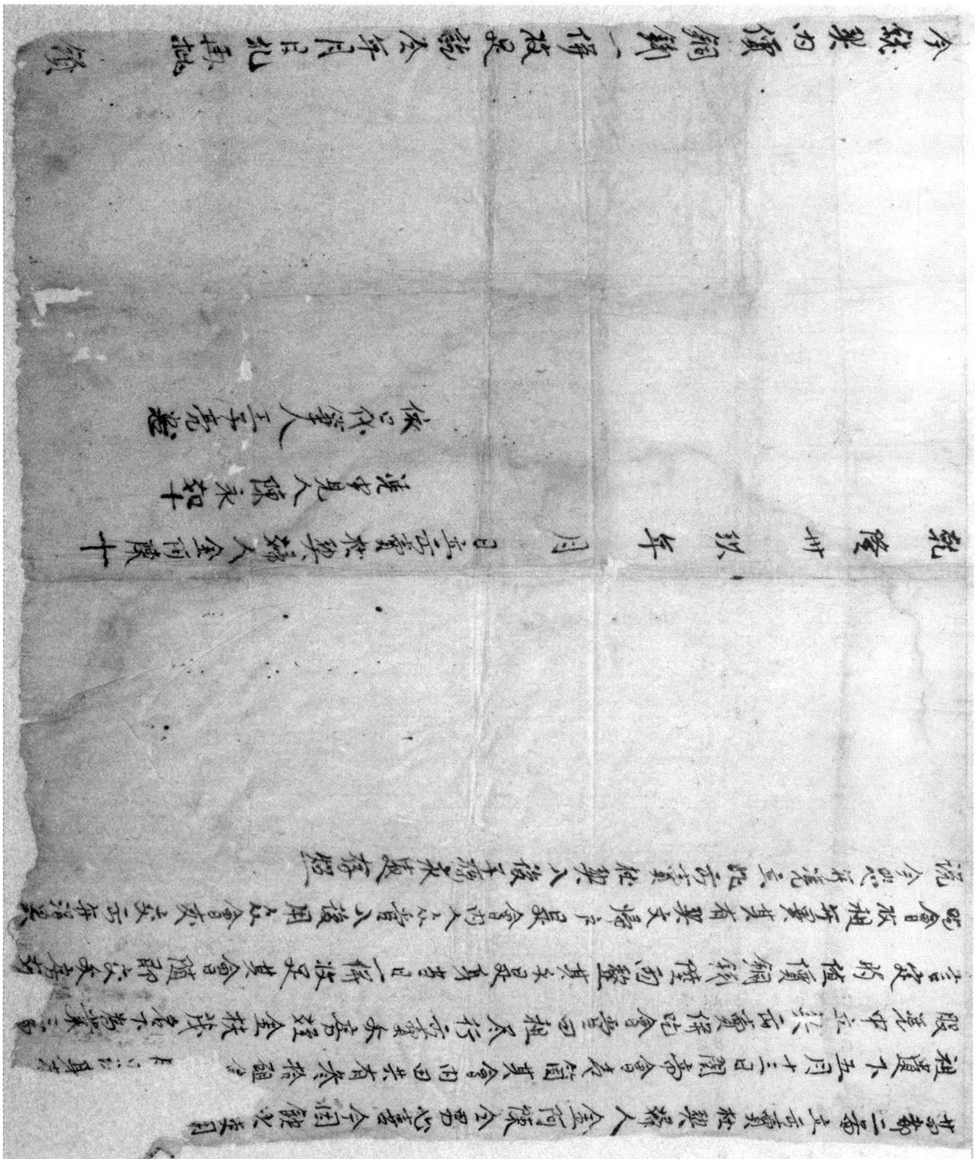

清乾隆卅九年某月某某縣金阿陳等立出賣關帝會會田股份杜契

一

清乾隆四十一年十二月某某縣洪春保立杜賣關帝會田租股份契

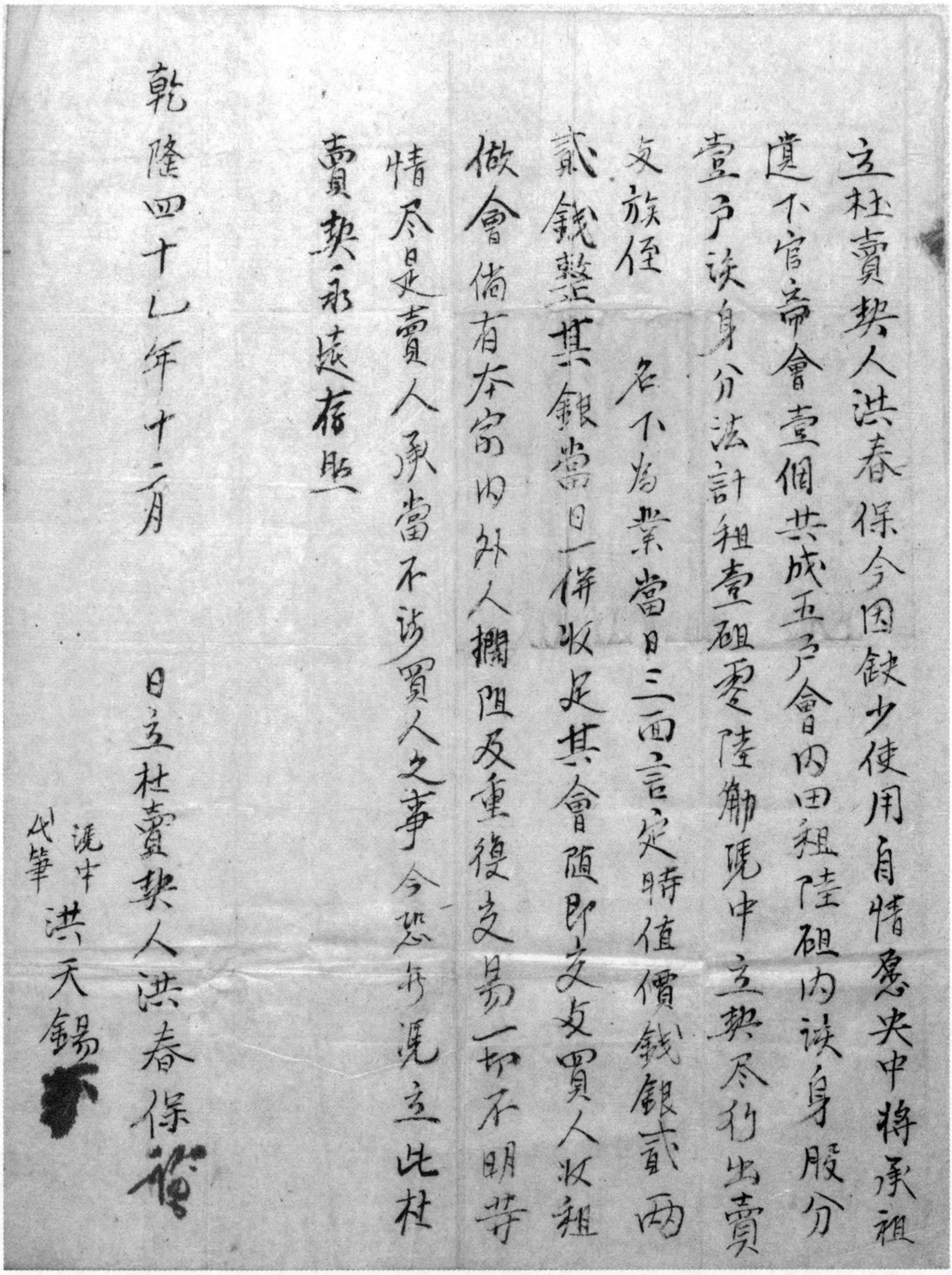

立杜賣契人洪春保今因缺少使用自情愿央中將承祖
遺下官帝會壹個共成五户會內田租陸砠內該身股分
壹户該身分法計租壹砠零陸觔憑中立契盡行出賣
與族侄　名下為業當日三面言定時值價錢銀貳兩
貳錢整其銀當日一併收足其會隨即交與買人收租
做會倘有本家內外人攔阻及重復交易一切不明等
情盡是賣人承當不涉買人之事今恐無憑立此杜
賣契永遠存照

乾隆四十一年十二月　日立杜賣契人洪春保（押）

憑中
代筆　洪天錫（押）

立議據姜宗榮、宗貴、宗樂，有宗本故後，可該本家清明、立祖，又該震林之賬二兩，錢本捌百文。宗本去世之後，無從抵償，僅有 老關帝會、土地會、老祠配享合本四股之一，宗樂情愿出錢捌百文代還賬目，其有會次配享，宗樂給胙，嗣後宗榮、宗貴永不爭給無異，立此爲據。

乾隆五十二年十月十五日立議據姜宗榮（押）

宗貴

宗樂（押）

會友中見 繼震（押）

宗春

代筆 亭玉（押）

清乾隆五十二年十月某某縣姜宗榮等立姜宗榮代還欠賬老關帝會等配享宗樂給胙議據

一

清嘉慶三年十二月某某縣洪綉遠立杜賣老關帝會田租股份契

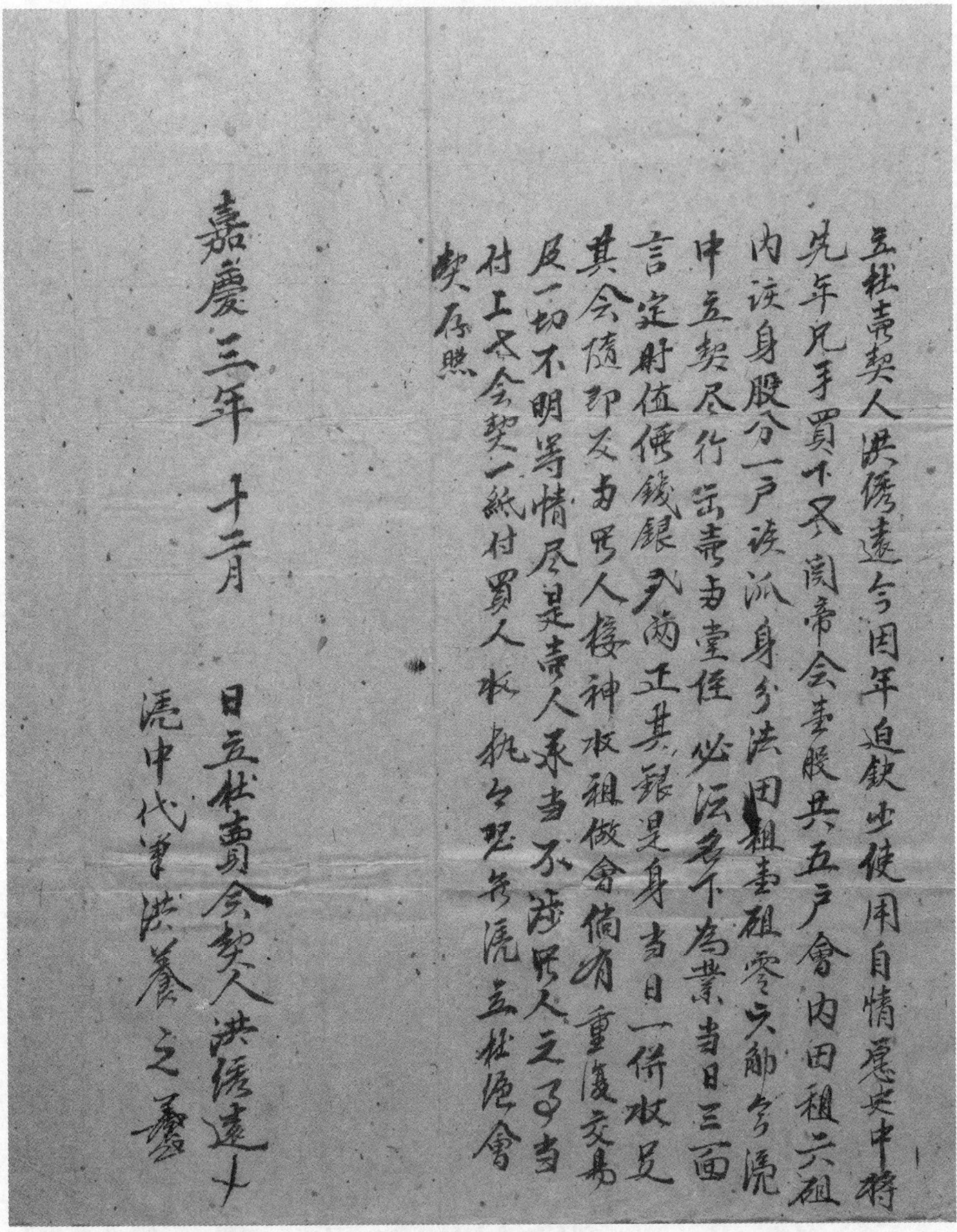

立杜賣契人洪綉遠今因年迫缺少使用自情愿央中將
先年兄手買得老關帝会香股共五戶會內田租六砠
內該身股分一戶該派身分洪田租壹砠零六觔分澆
中立契盡行出賣與堂侄　必沄名下為業當日三面
言定時值價錢銀弍兩正其銀是身當日一併收足
其会隨即交與買人接神收租做會倘有重復交易
及一切不明等情盡是賣人承當不涉買人之事當
付上首会契一紙付買人收執今恐無憑立杜絕會
契存照

嘉慶三年　十二月　日立杜賣会契人洪綉遠（押）
憑中代筆洪養之（押）

一

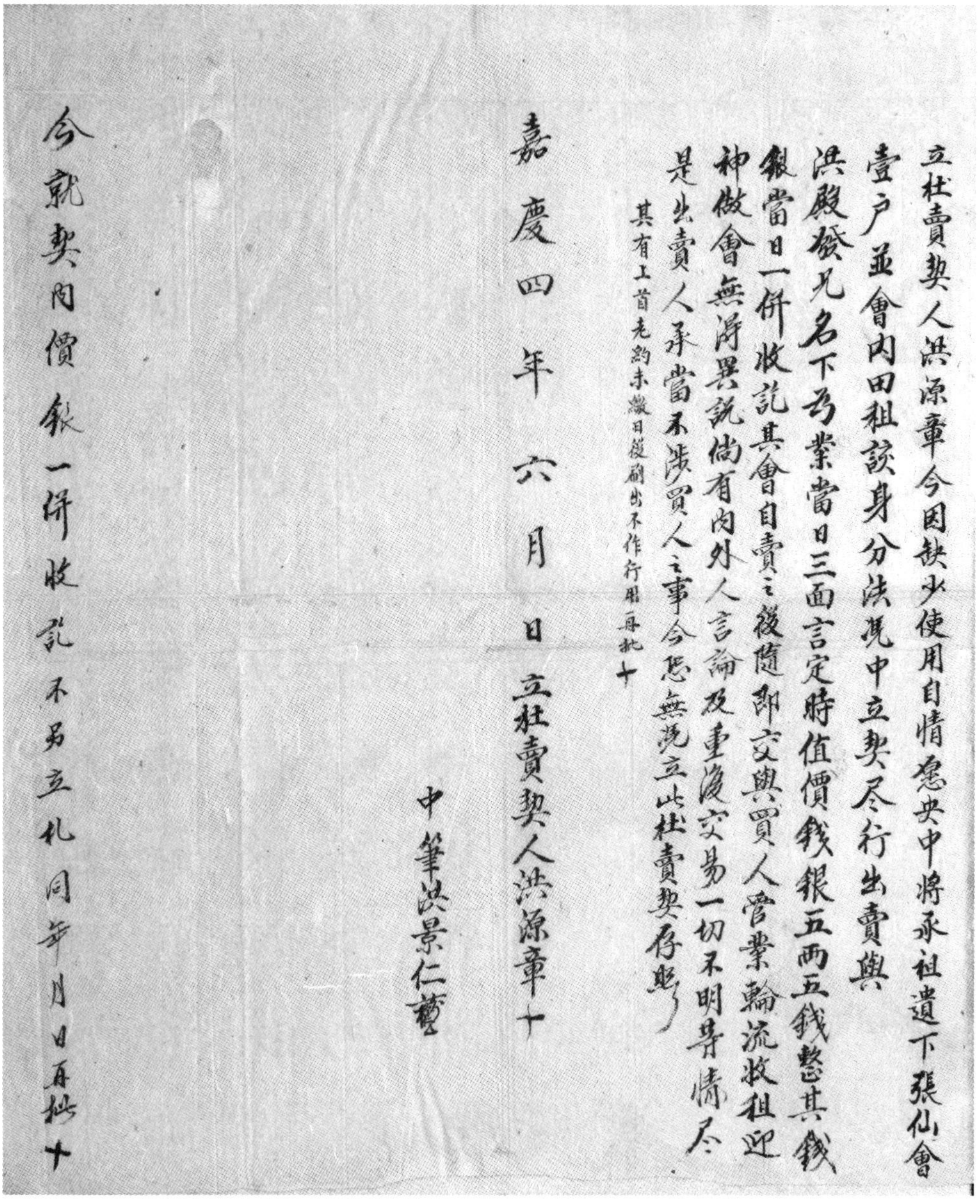

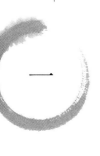

立杜賣契人洪源章今因缺少使用自情愿央中將承祖遺下張仙會
壹户並會内田租該身分法凴中立契尽行出賣與
洪殿發兄名下爲業當日三面言定時值價錢銀五两五錢整其錢
銀當日一併收訖其會自賣之後隨即交與買人管業輪流收租迎
神做會無得異説倘有内外人言論及重復交易一切不明等情尽
是出賣人承當不涉買人之事今恐無凴立此杜賣契存照
其有上首老契未繳日後刷出不作行用 再批 十

嘉慶四年六月　日立杜賣契人洪源章 十

中筆洪景仁

今就契内價銀一併收訖不另立札 同年月日再批 十

清嘉慶四年六月某某縣洪源章立杜賣張仙會壹户並會内田租契

一 清嘉慶二十二年正月某某縣汪成順立杜賣子弟會股份約

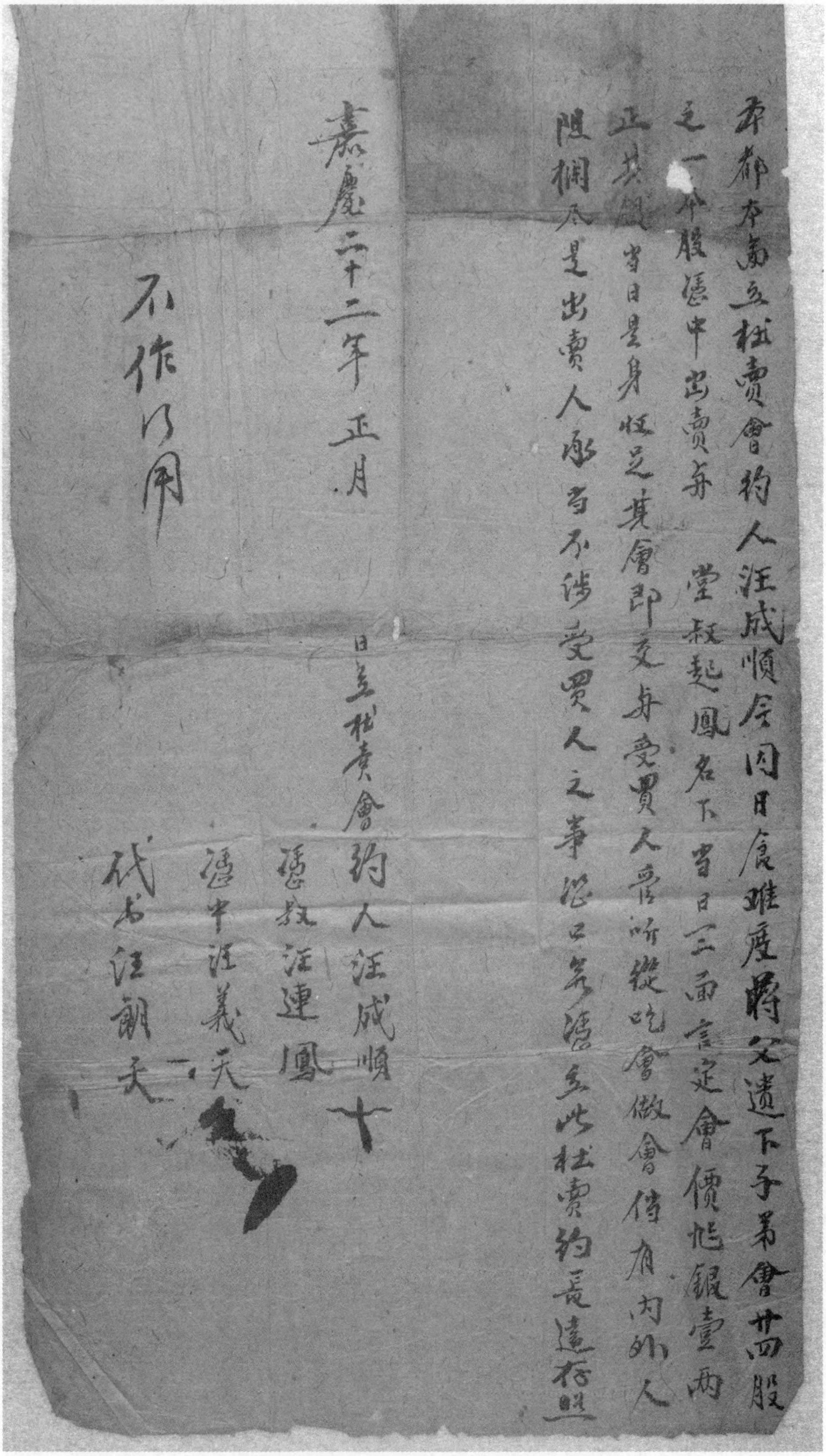
本都本圖立杜賣會約人汪成順，今因日食難度，將父遺下子弟會卅四股之一半股，憑中出賣與 堂叔起鳳名下。當日三面言定會價紋銀壹兩正，其銀當日是身收足，其會即交與受買人意所從吃會做會。倘有內外人阻擱，盡是出賣人承當，不涉受買人之事。恐口無憑，立此杜賣約長遠存照。

嘉慶二十二年正月 日立杜賣會約人汪成順 十
憑叔 汪連鳳
憑中 汪義天 一
代書 汪朝天

不作行用

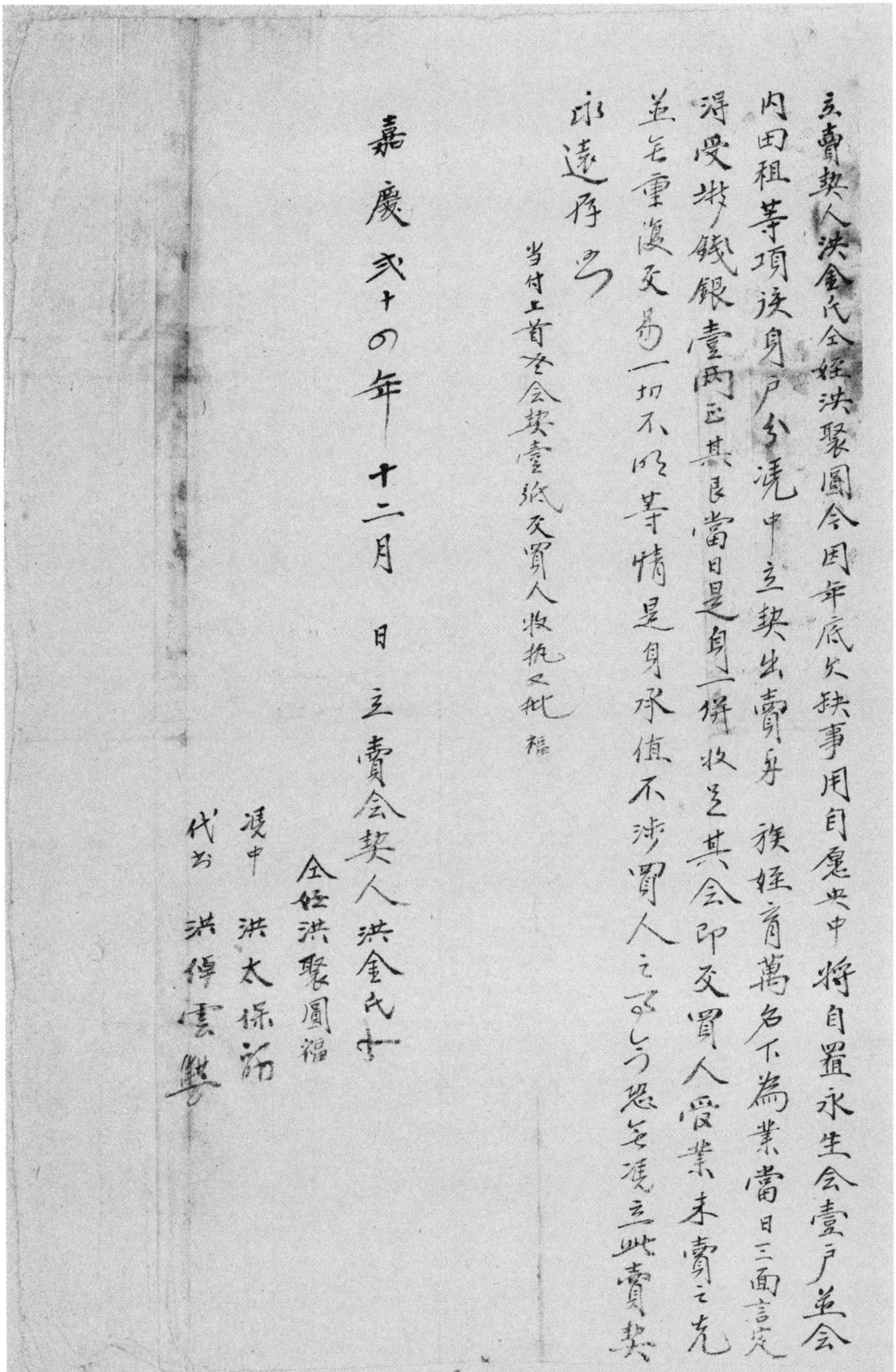

立賣契人洪金氏仝侄洪聚圖今因年底欠缺事用自愿央中將自置永生会壹戶並会
内田租等項該身戶分浼中立契出賣與　族侄育萬名下為業當日三面言定
得受時值錢銀壹兩正其艮當日是身一併收足其会即交買人管業未賣之先
並無重復交易一切不明等情是身承值不涉買人之事今恐無憑立此賣契
永遠存照

当付上首老会契壹紙交買人收執又批　福

嘉慶貳十四年十二月　日　立賣会契人洪金氏（押）

仝侄洪聚圖　福

憑中　洪太保　節

代書　洪傳雲（押）

清嘉慶二十四年十二月某某縣洪金氏等立出賣永生會壹户並會內田租契

一

清道光十四年四月某某縣陳香慶立出替張仙神會壹尊並會内田欠項股份替約

立出替會人陳香慶，今因缺少使用，自情愿將父遺下正月拾五日
張仙神會壹尊，併會內田欠項，該身九股之壹，盡行出替與
汪　名下為業。當日三面言定，時值會價七折錢壹兩柒錢正。其錢當日
是身一併收足訖，其會隨即交與受替人迎神做會，本家併無
生情異說。今恐無憑，立此替約存照。
再批：當付上首契一紙

道光拾四年四月　日立替會人陳香慶（押）
憑中
代筆陳源順（押）

一

清道光二十二年八月某某縣某姓敏政立出賣中秋老凉傘會股份契

立出賣神會契人敏政，今有自己買受中秋老凉傘會壹股，又自
愿托中立契出賣與
族叔克明听憑入會更名受業，三面言定時值價九曲錢四佰
文正，立手足訖。今欲有憑，立此賣契存照。

道光二十二年八月初十日立出賣神會契人敏征（押）
依口代筆孟卿（押）

一

清道光二十九年正月某某縣胡張氏等立轉賣冬至會股份字

立轉賣字人胡張氏仝男炳良原因尚德私將　先昭公冬至會半股賣與氏夫名下計價洋叁元今因　昭公子孫查出情願憑中原價贖回其洋當日收足之尚德所賣字據以後撿出不作行用恐口無憑立此為據

道光二十九年正月　日立賣字胡張氏〇

男炳良十

依口代筆姪　魁士(押)

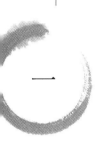

八、清嘉慶至光緒年間加價增找契約

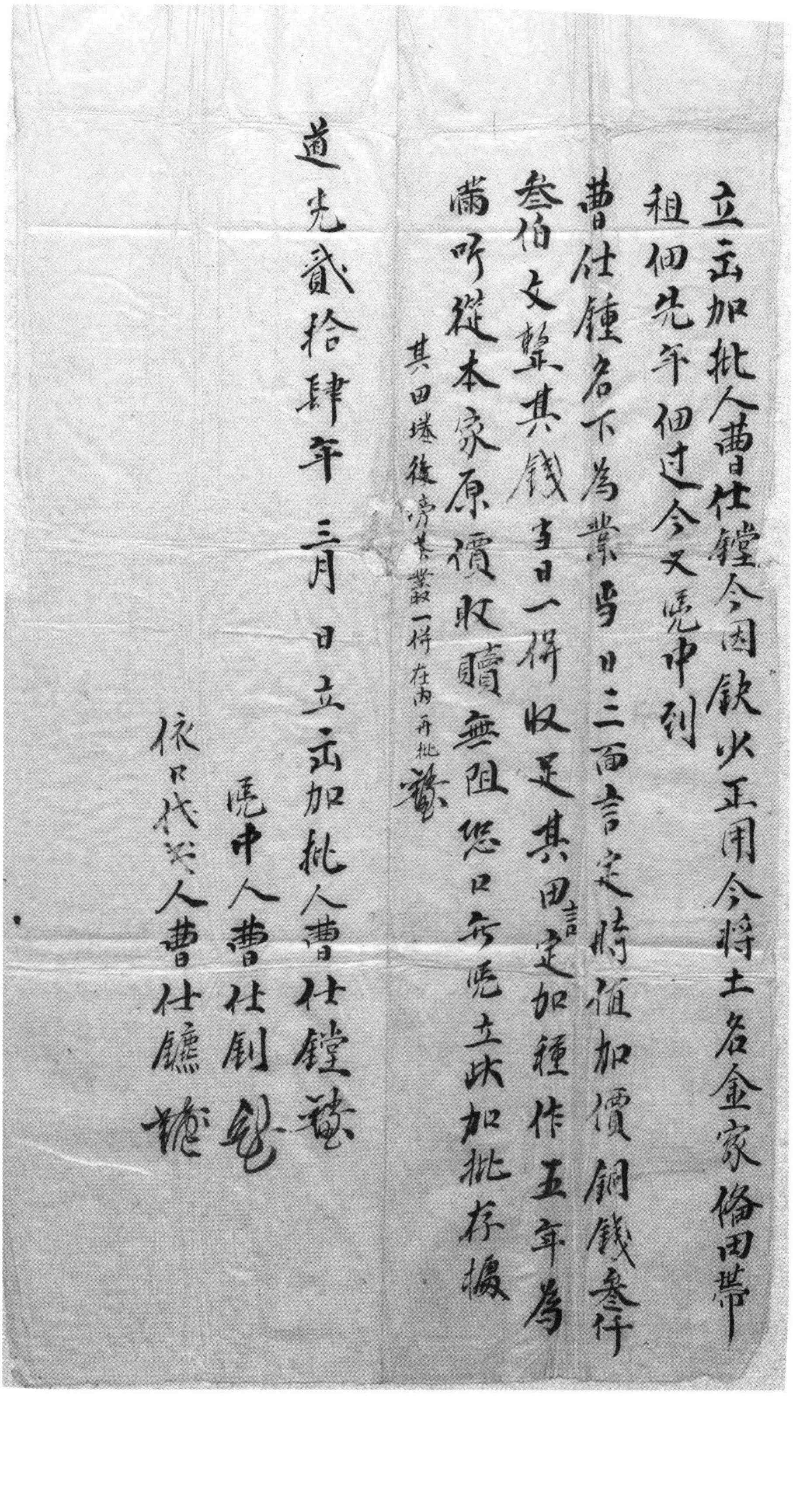

立出加批人曹仕鏜，今因缺少正用，今將土名金家倫田帶
租佃先年佃过，今又凴中到
曹仕鍾名下為業，當日三面言定，時值加價銅錢叁仟
叁伯文整，其錢当日一併收足，其田議定加種作五年為
滿，听從本家原價取贖無阻，恐口無凴，立此加批存據。
其田塝後滂茶叢一併在內，再批。鏜
道光貳拾肆年三月　日立出加批人曹仕鏜（押）
凴中人曹仕劇（押）
依口代笔人曹仕鑣（押）

一

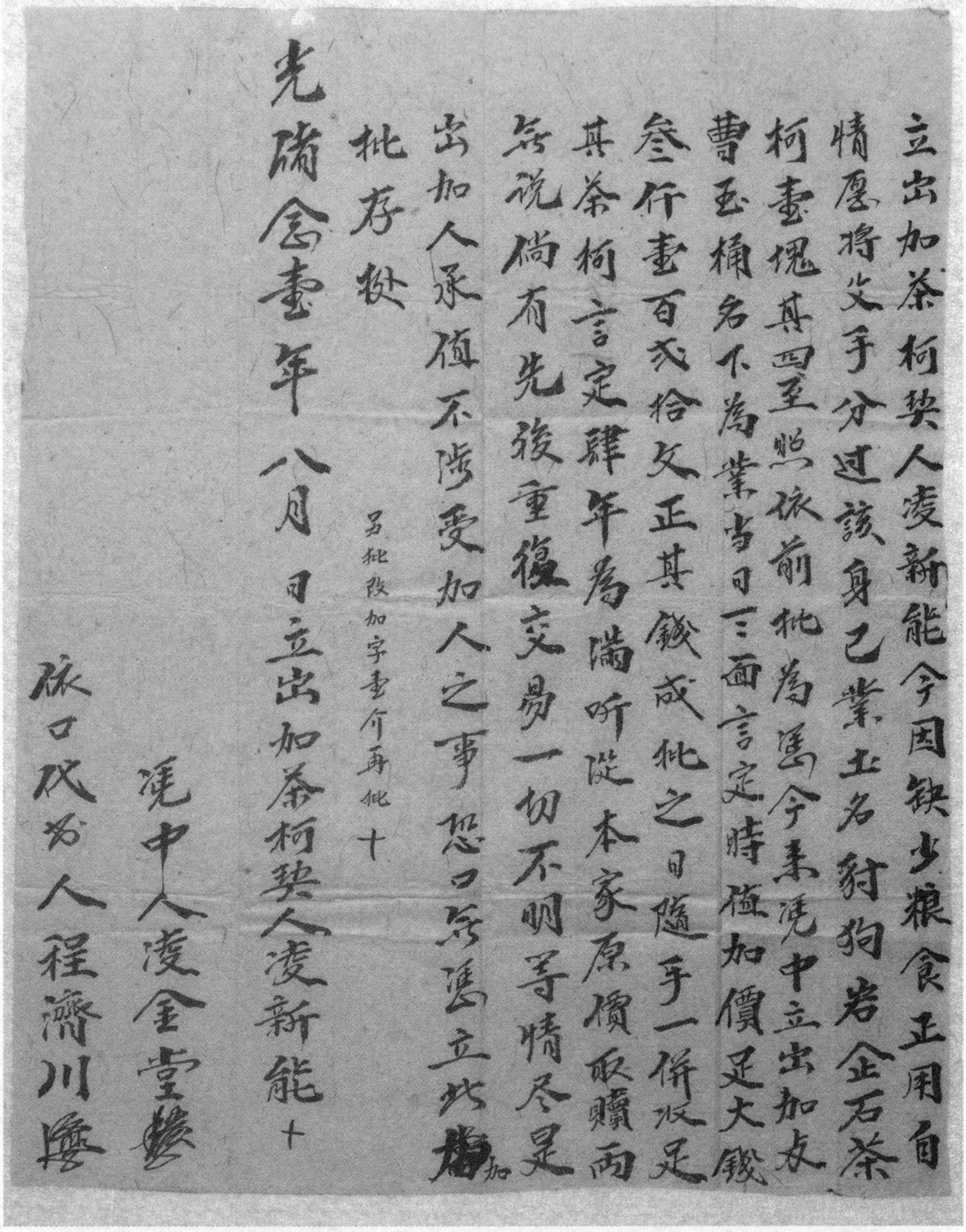
立出加茶柯契人凌新能今因缺少粮食正用自
情愿將父手分過該身己業土名豺狗岩金石茶
柯壹塊其四至照依前批為凭今來凭中立出加找
曹玉桶名下為業當日三面言定時值加價足大錢
叁仟壹百弍拾文正其錢成批之日隨手一併收足
其茶柯言定肆年為滿听從本家原價取贖兩
無説倘有先後重復交易一切不明等情尽是
出加人承值不涉受加人之事恐口無凭立此加據
批存照
另批改加字壹个再批 十
光緒念壹年八月 日立出加茶柯契人凌新能 十
凭中人凌金堂（押）
依口代筆人程濟川（押）

清光緒廿一年八月某某縣凌新能立出加茶柯價契

清光緒二十四年十一月某某縣凌旺足立出加佃價批

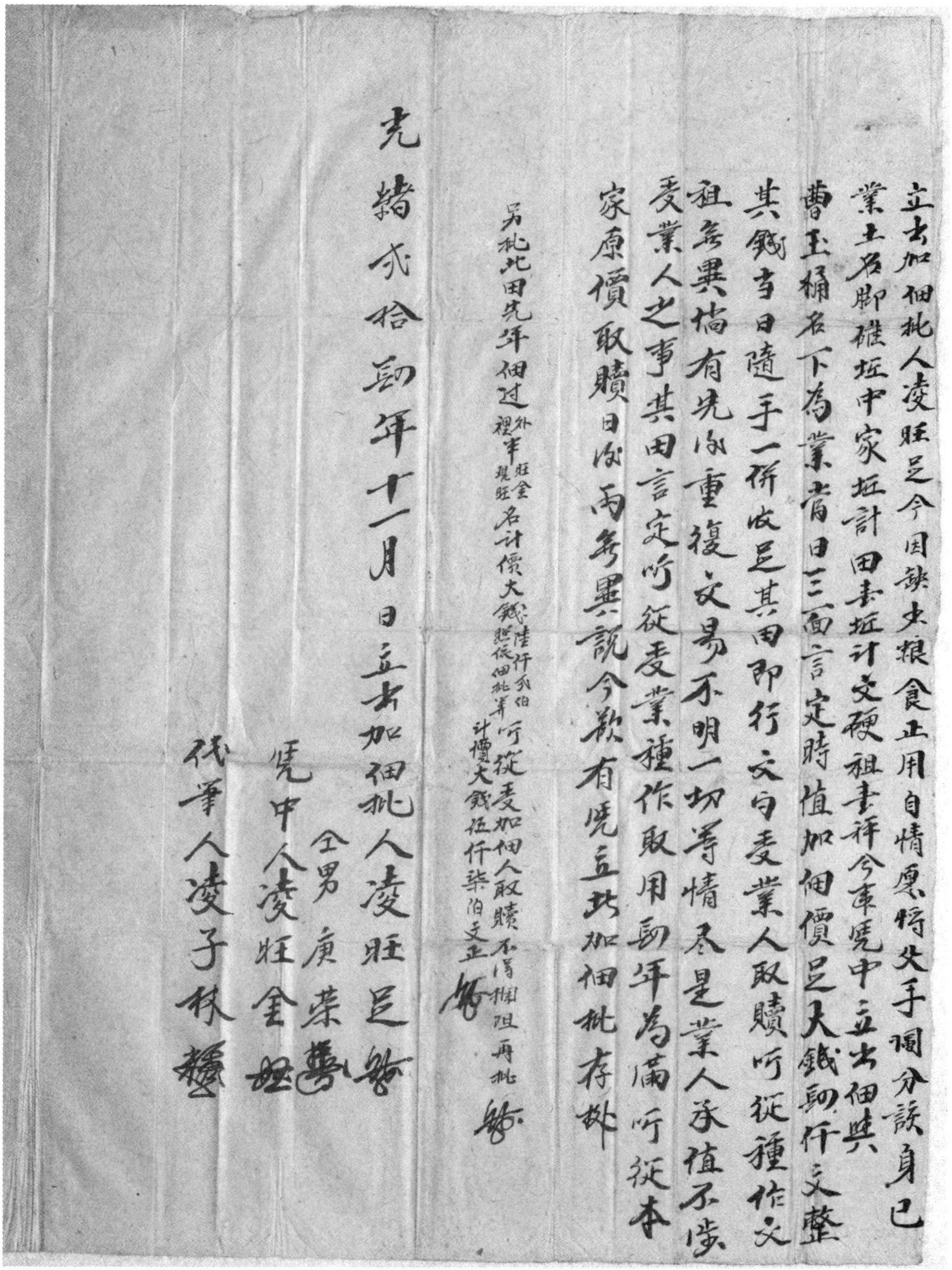

立出加佃批人凌旺足今因缺少粮食正用自情愿将父手阄分該身已業土名脚礁坵中家坵計田壹坵計交硬租壹秤今凴中立出佃與曹玉桶名下為業當日三面言定時值加佃價足大錢肆仟文整其錢当日隨手一併收足其田即行交与受業人取贖听從種作交租無異倘有先后重復交易不明一切等情盡是業人承值不涉受業人之事其田言定听從受業種作取用肆年為滿听從本家原價取贖日后兩無異說今欲有凴立此加佃批存照

另批此田先年佃过外甥旺金、裡甥覌旺名計價大錢陸仟貳伯照依佃批等听從受加佃人取贖不得攔阻再批（押）

計價大錢伍仟柒伯文正（押）

光緒貳拾肆年十一月　日立出加佃批人凌旺足（押）

仝男　庚柒（押）

凴中人凌旺金（押）

代筆人凌子秋（押）

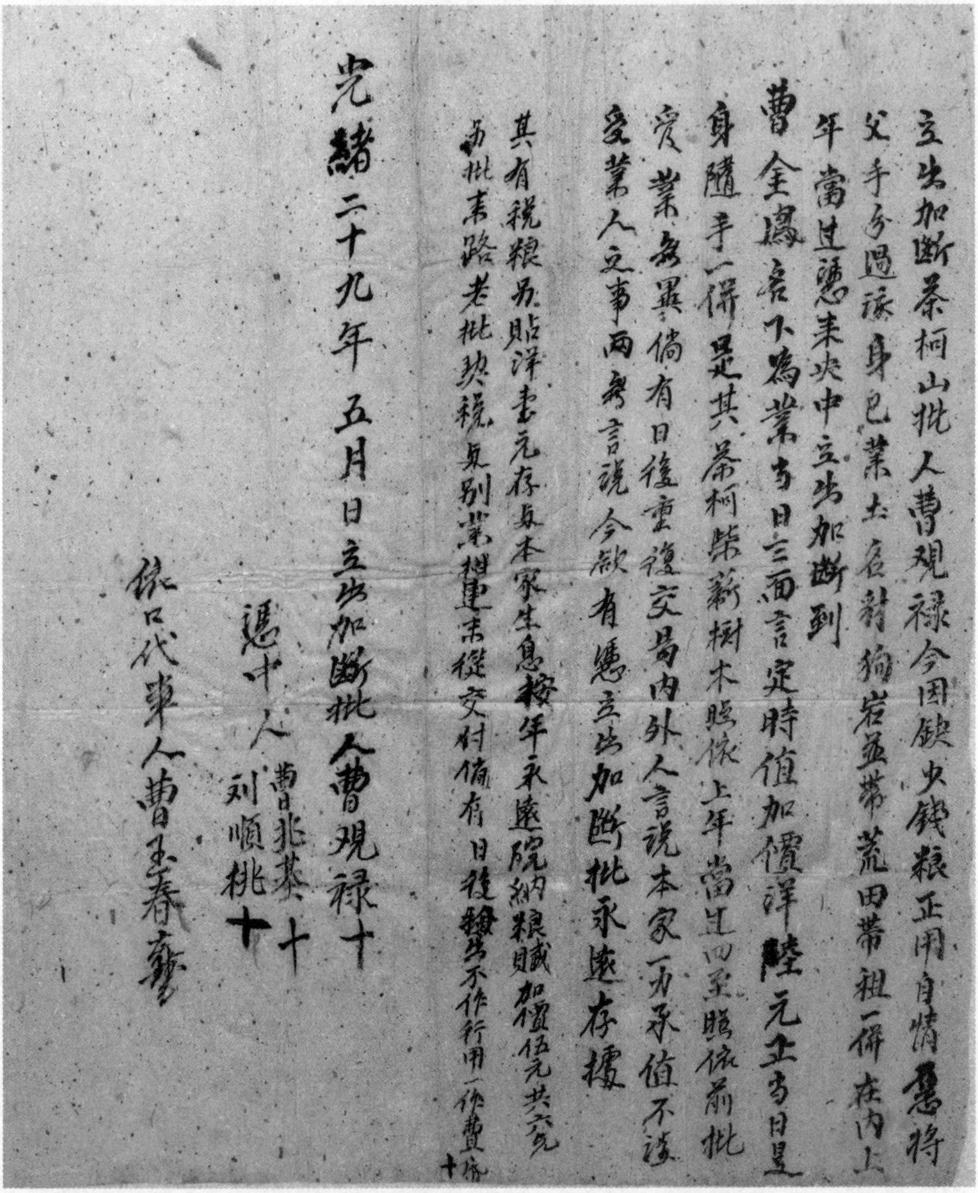

立出加断茶柯山批人曹观禄，今因缺少钱粮正用，自情愿将
父手分過孫身已業，土名射狗岩並帶荒田帶租一併在内，上
年當过，憑耒央中立出加断到
曹金寶名下為業，当日三面言定時值加價洋陸元正，当日是
身隨手一併足訖。其茶柯柴薪樹木照依上年當过四至照依前批
受業，無異。倘有日後重複交易，内外人言說，本家一力承值，不涉
受業人之事。两無言說，今欲有憑，立出加断批永遠存據。
其有税粮另貼洋壹元，存在本家生息，按年永遠院納粮賦。加價伍元，共六元。
再批：来路老批契税並别業相連，未從交付，倘有日後翻出，不作行用。一併批照 十
光緒二十九年五月日立出加斷批人曹观禄 十
憑中人 曹兆基 十
刘順桃 十
依口代筆人曹玉春（押）

清光緒二十九年五月某某縣曹观禄立出加斷茶柯山價批

〔二〕清嘉慶至光緒年間其他加價增找契約

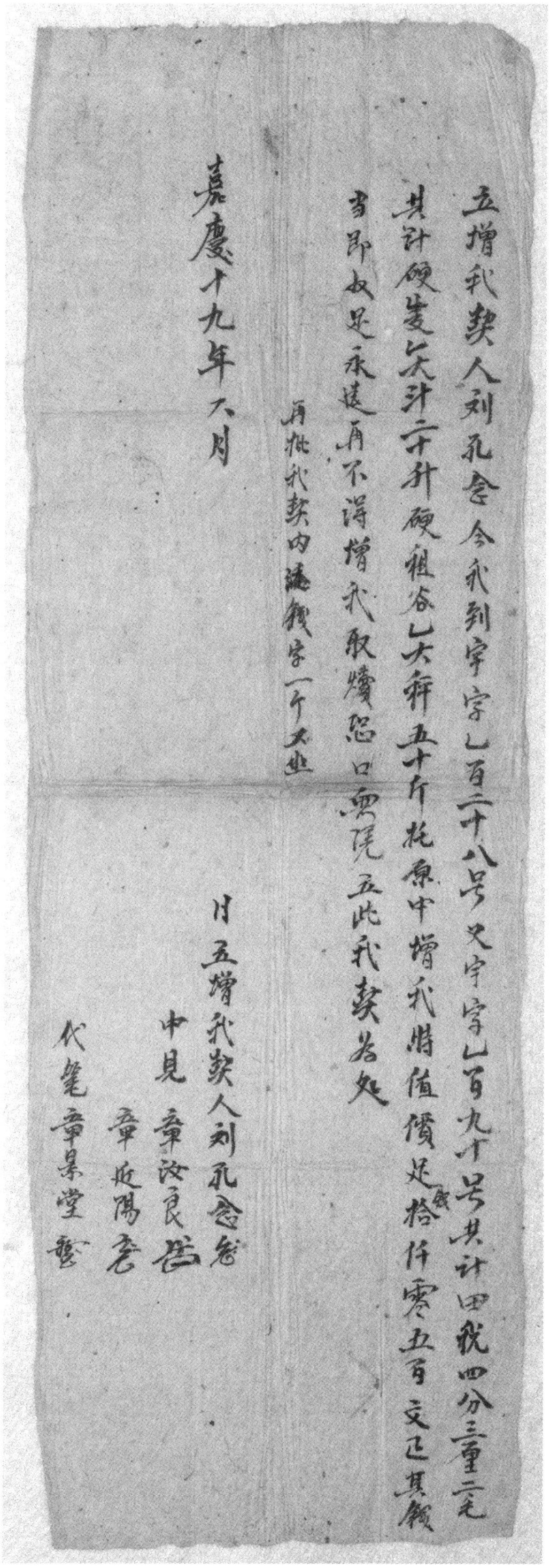
立增找契人刘孔念今找到字字乙百二十八号、又字字乙百九十号，共計田税四分三厘二毛，共計硬麦乙大斗二十升，硬租谷乙大秤五十斤，托原中增找，時值價足錢拾仟零五百文正，其錢當即收足，永遠再不得增找取贖。恐口無凭，立此找契為照。
再批找契内添錢字一个，又照。
嘉慶十九年六月　日立增找契人刘孔念（押）
中見　章汝良（押）
章近陽（押）
代筆　章某堂（押）

清嘉慶十九年六月某某縣劉孔念立增找田價契

一

清道光三年三月某某縣某姓天上立脱手佃田契附道光三年五月某姓天上立加添字

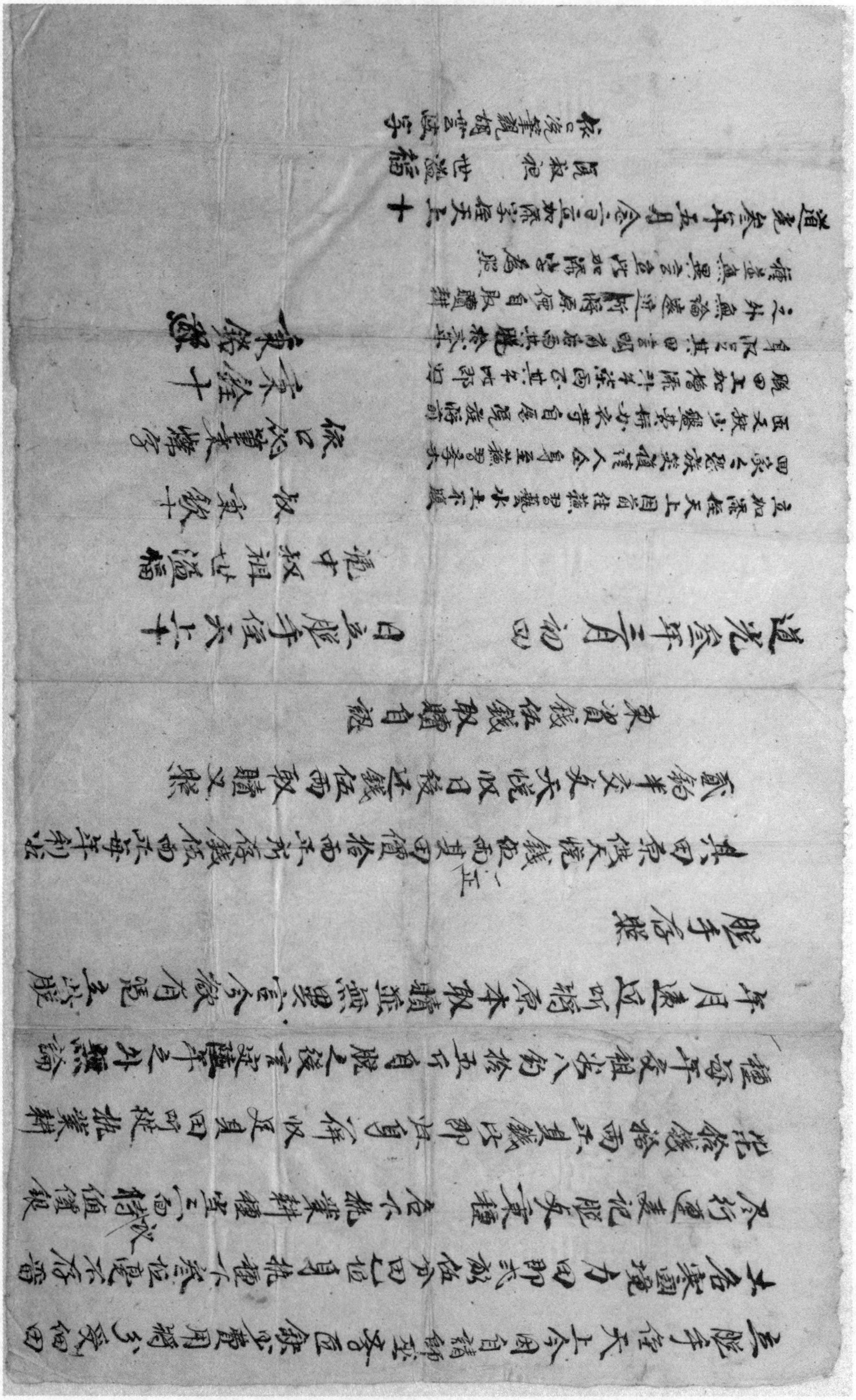
立脱手侄天上今因自請師巫斉匠缺少費用將分受佃田
土名寒園境力田即式𤰈伍分田乙坵自身執種不忝坵毫不存留
尽行送支祀脱與秉種 名下執業耕種當三面議時値價銀
柒拾錢拾兩正其錢比即收身併收足其田聽從執業耕
種每年交租米八觔拾五斤自脱之後言定隨年之外無論
年月遠近听將原本取贖並無異言今欲有憑立此脱
脱手存照
其田原供天悦錢伍兩一正其田價拾兩正所存錢伍兩正每年利米
貳觔半交與天悦收日後還錢伍兩取贖又照
東資錢伍錢取贖自認
道光叁年三月初四 日立脱手侄天上十
憑中叔祖 世溢福
叔 秉欽十
依口代筆秉爍字
秉銓十
秉銘押

立加添侄天上因前往蘇習藝水土不服
回家今恐族笑復請人仝身至蘇習手藝
缺又缺少盤費路用衣苻自愿憑族將前
脱田工加增添叄年柒兩正其年比即收
身收乙其田言明前后兩共脱拾玖兩正
之外無論遠近听將原價自取贖耕
種並無異言立此加添字爲照
道光叁年五月念三日立加添字侄天上十
憑叔祖 世溢福
依口代筆親胡雲波字

立杜增找字吕肇陞緣身外艱身父物故衆中緊用身母仝弟將五都土名下湖千良祖屋東边並
祖屋墻身祖遺旧屋乙堂乙進廚间外廁仝乙間及後步坦地出立与唐　名下為業依旧式並祖屋墻更
造当日得受價艮足數大錢叁拾伍千文正其價比時较清應用无異契內載明三十年為滿憑身將
原價並做造木料工本等項照數取贖如过三十年不贖者添找價艮足數錢式拾叁千文正当日契受而明
業主更造工竣至今无異今身返里覺身祖屋坟倒塌並家債項緊逼難以当办身只得仝母嘀量挽托
親族向唐　嘀量將契內添找之價足數錢式拾叁千文正归身領去今身当日將價乙併收足
安葬还債應用任從業主將原典契準作杜賣契推業嗣後永不增找永不回贖並无異說再增添
擾等情亦无親疎内外人等阻当如有此情尽是身当不干受業人之事其稅任從照契过扒只不另立
間附並无異說欲后有憑立此杜增找字永遠存照內添公主字式個再照

道光捌年十月　日立杜增找字吕肇陞（押）
憑母　胡氏
仝弟　肇輝（押）陞代
族　自華（押）
　　自進
中　程芳模（押）
　　倪敬鋼（押）
　　陳永徐（押）
　　唐尚奔（押）
　　陳貞埽（押）
　　唐尚文
依口代筆　陳有三（押）

清道光八年十月某某縣吕肇陞立杜增找屋及坦地賣價字

清道光十三年二月某某縣王振朝等立增補田契外加銀字

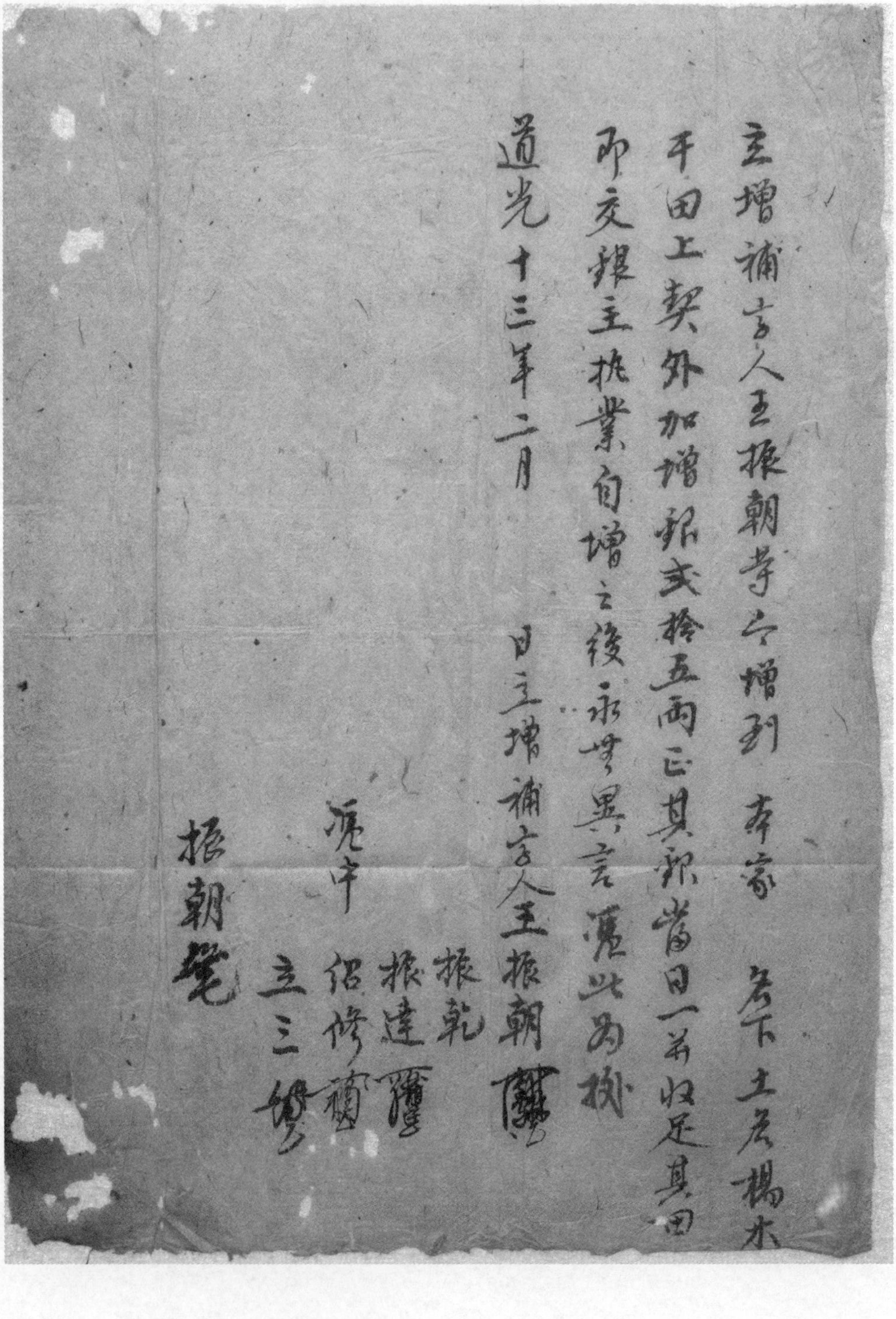
立增補字人王振朝等今增到 本家 名下土名楊木
干田上契外加增銀式拾五兩正，其銀當日一并收足，其田
所交銀主執業，自增之後，永無異言，憑此爲據。
道光十三年二月 日立增補字人王振朝（押）
振乾
振達（押）
憑中 紹修（押）
立三（押）
振朝筆

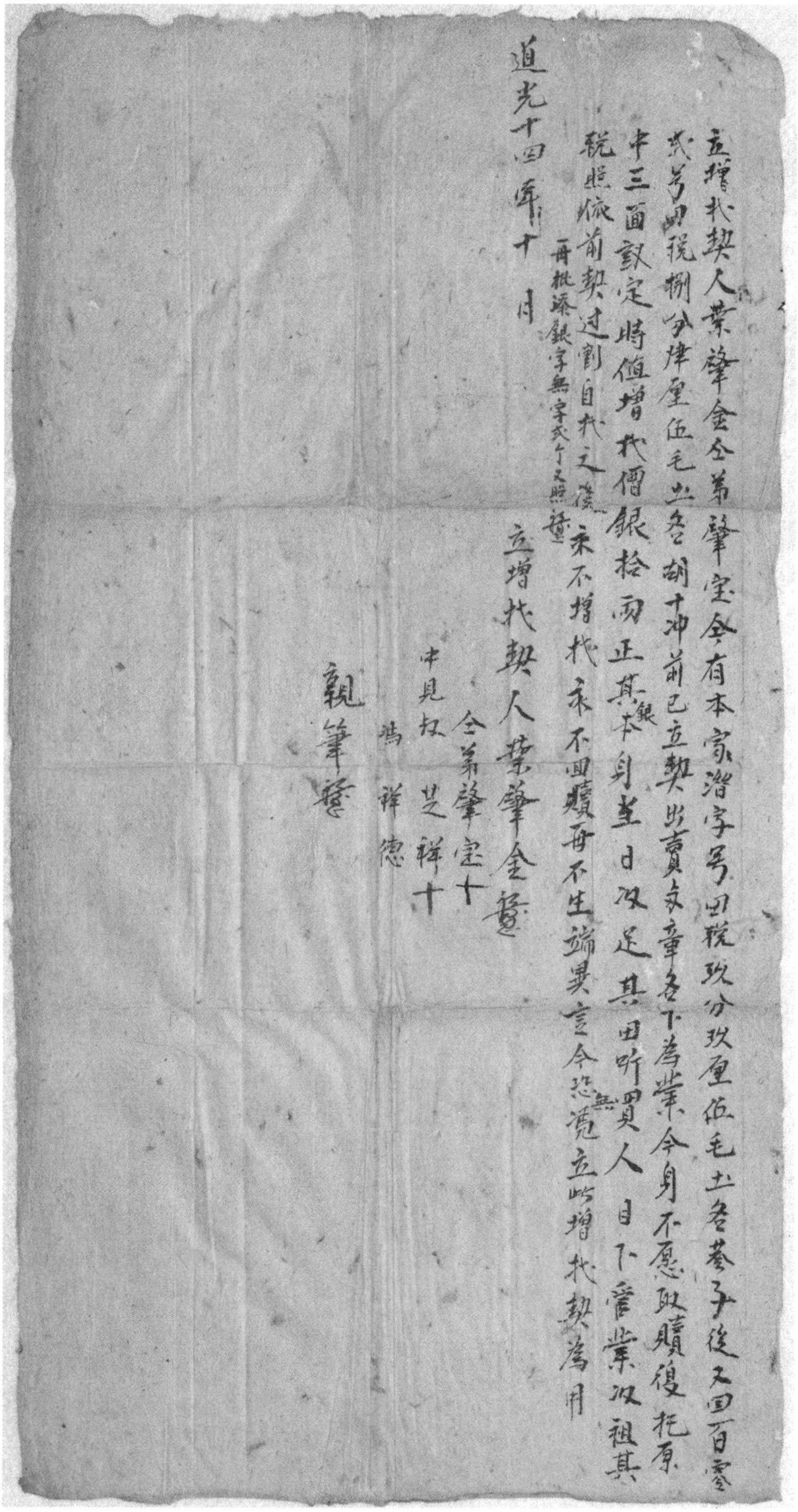

立增找契人葉肇金仝弟肇定仝有本家瀦字號田稅玖分玖厘伍毛土名蓼子徑又田百零
弍號田稅捌分肆厘伍毛土名胡十冲前已立契出賣與文章名下為業今身不愿取贖復托原
中三面議定時值增找價銀拾兩正其銀本身當日收足其田聽買人自下管業收租其
稅照依前契过割自找之後永不增找永不回贖再不生端異言今恐無憑立此增找契為用
再批添銀字無字弍个又照

道光十四年十月　日立增找契人葉肇金（押）
仝弟肇定十
中見叔　芝祥十
瑪　祥德
親筆

清道光十四年十月某某縣葉肇金等立增找田價銀契

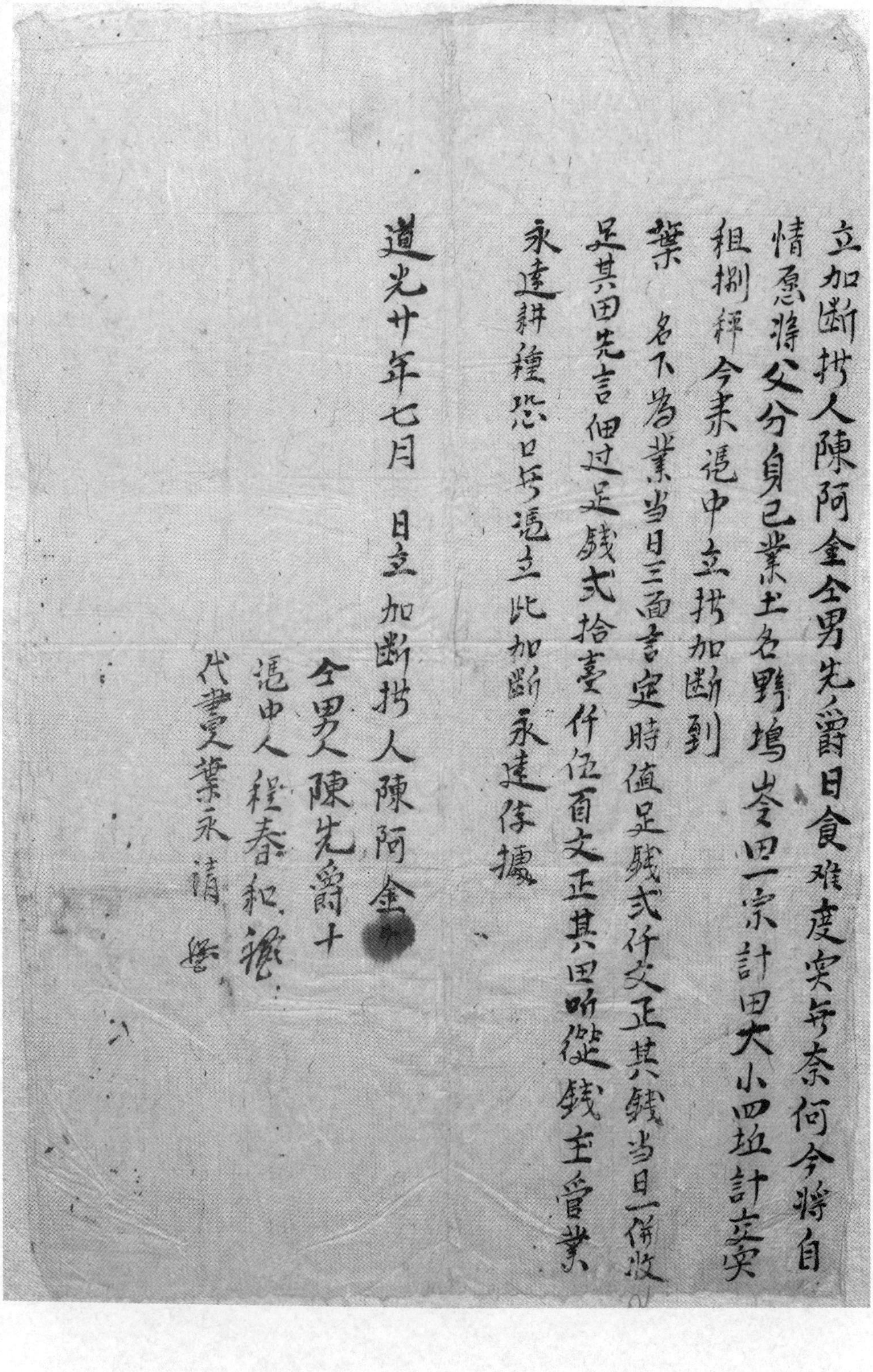

立加斷批人陳阿金仝男先爵日食难度实無奈何今將自
情愿將父分身已業土名野塢岺田一宗計田大小四坵計实
租捌秤今来憑中立批加斷到
葉　名下為業当日三面言定時值足錢弍仟文正其錢当日一併收
足其田先言佃过足錢弍拾壹仟伍百文正其田听從錢主管業
永遠耕種恐口無憑立此加斷永遠存據

道光廿年七月　日立加斷批人陳阿金（押）
仝男人陳先爵十
憑中人程春和（押）
代書叟葉永請（押）

清道光廿年七月某某縣陳阿金等立加斷田批

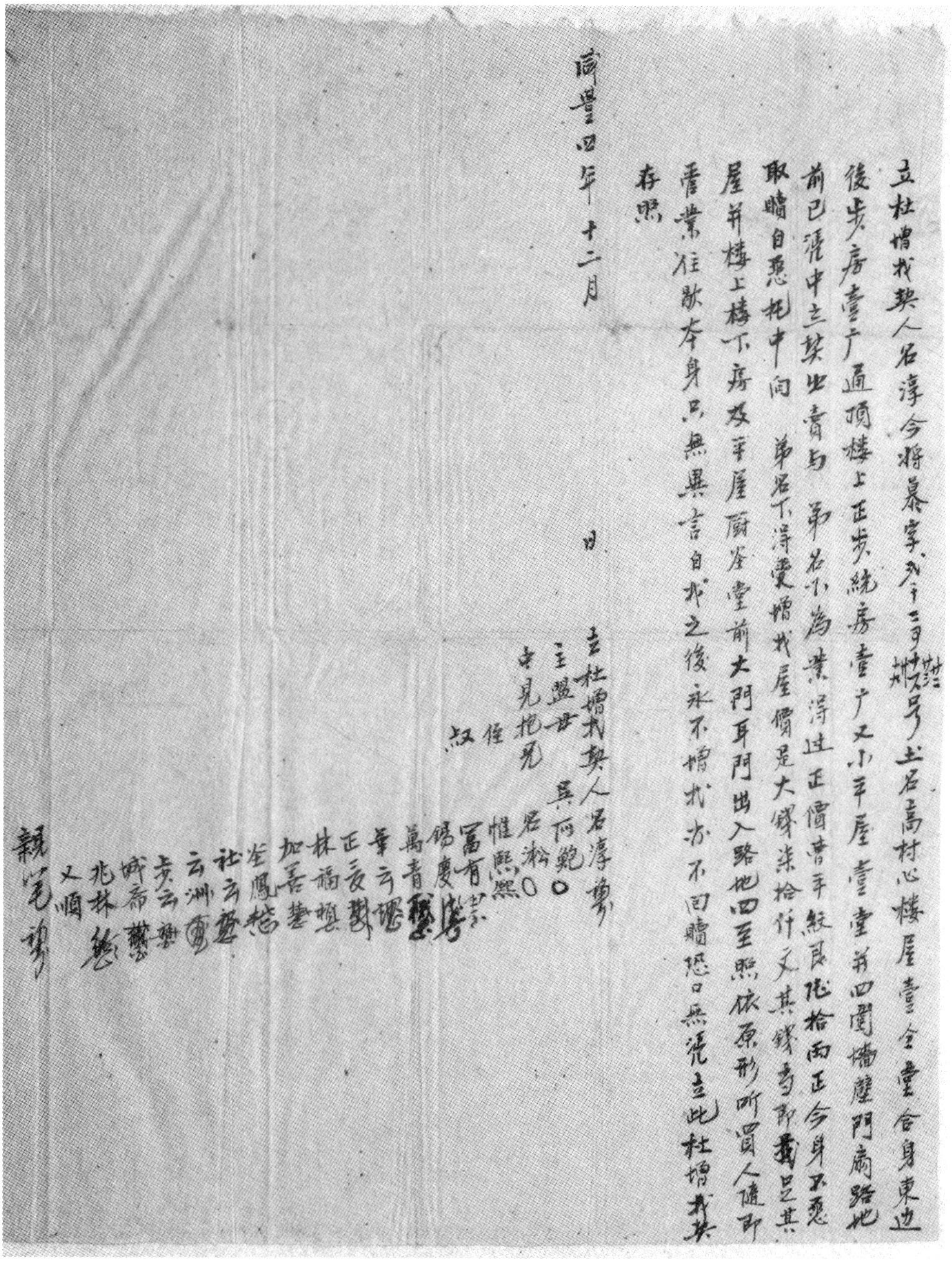

立杜增找契人吴名淳，今將纂字五千三百卅八號、卅九號土名高村心樓屋壹全堂，合身東边後步房壹广，通頂樓上正步統房壹广，又小平屋壹堂，并四圍墻壁、門扇、路地，前已憑中立契出賣与弟名下為業，得过正價曹平紋艮伍拾両正。今身不愿取贖，自愿托中向弟名下得受增找屋價足大錢柒拾仟文，其錢当即收足。其屋并樓上樓下房及平屋廚灶、堂前大門、耳門出入路地，四至照依原形，所買人随即管業住歇，本身只無異言。自找之後，永不增找，亦不回贖。恐口無憑，立此杜增找契存照。

咸豐四年十二月　日

立杜增找契人　吴名淳（押）
主盟母　吴阿鮑○
中見　抱兄　名淞○
侄　惟熙○
叔　富有（押）
錫慶（押）
萬青（押）
章云（押）
正亥（押）
林福（押）
加善（押）
坐鳳（押）
社云（押）
云洲（押）
亥云（押）
城希（押）
兆林（押）
又順
親筆（押）

清咸豐四年十二月某某縣吴名淳立杜增找屋價契

一

清光緒八年五月某某縣陳惠林立加斷骨佃錢批

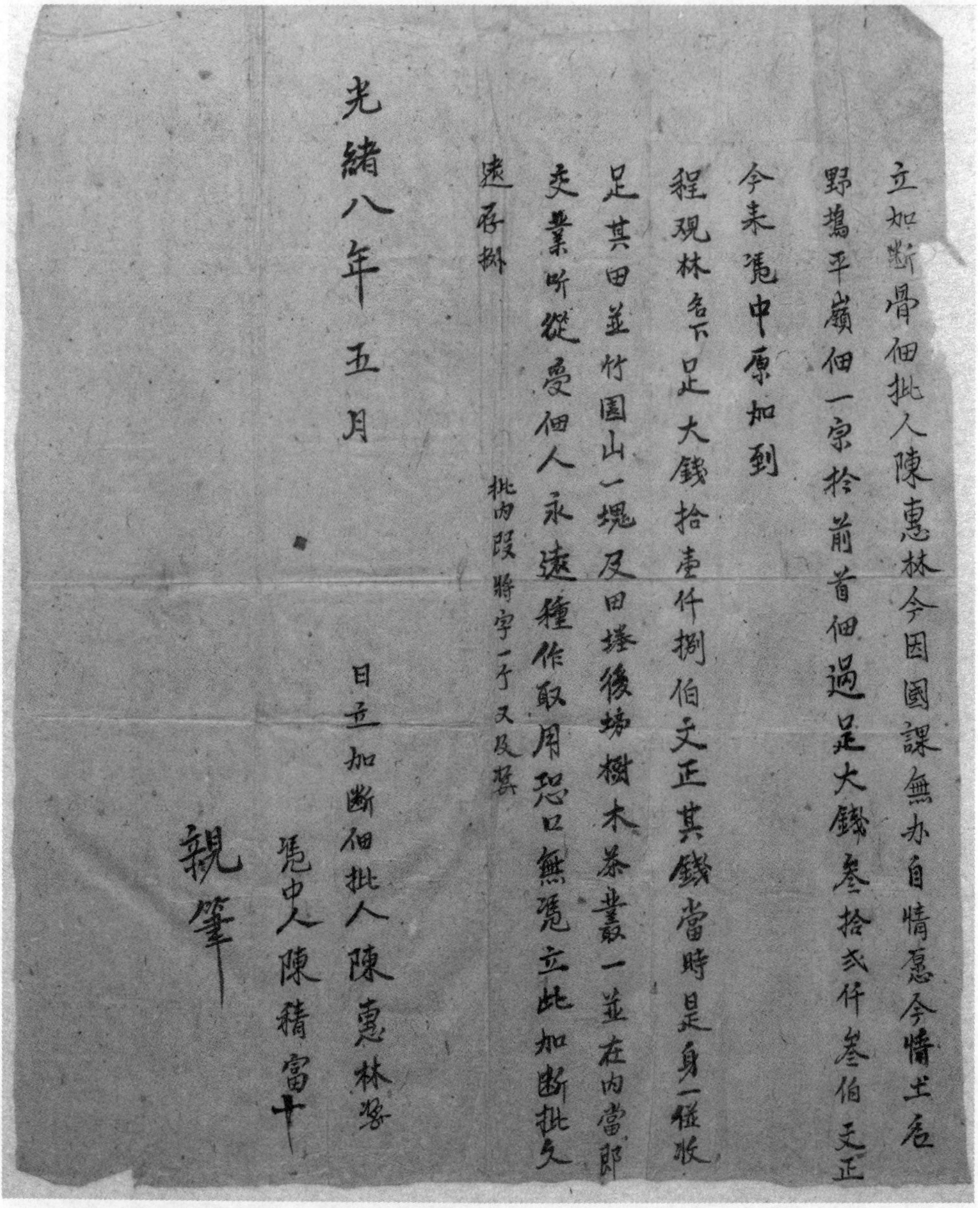
立加斷骨佃批人陳惠林今因國課無办自情愿今將土名
野鵝平嶺佃一宗拾前首佃過足大錢叁拾弍仟叁伯文正
今来凴中原加到
程观林名下足大錢拾壹仟捌伯文正其錢當時是身一併收
足其田並竹園山一塊及田塍後塝樹木茶叢一並在内當即
交業听從受佃人永遠種作取用恐口無凴立此加斷批永
遠存據
批内改將字一个又及押
光緒八年五月　日立加斷佃批人陳惠林押
凴中人陳積富十
親筆

一

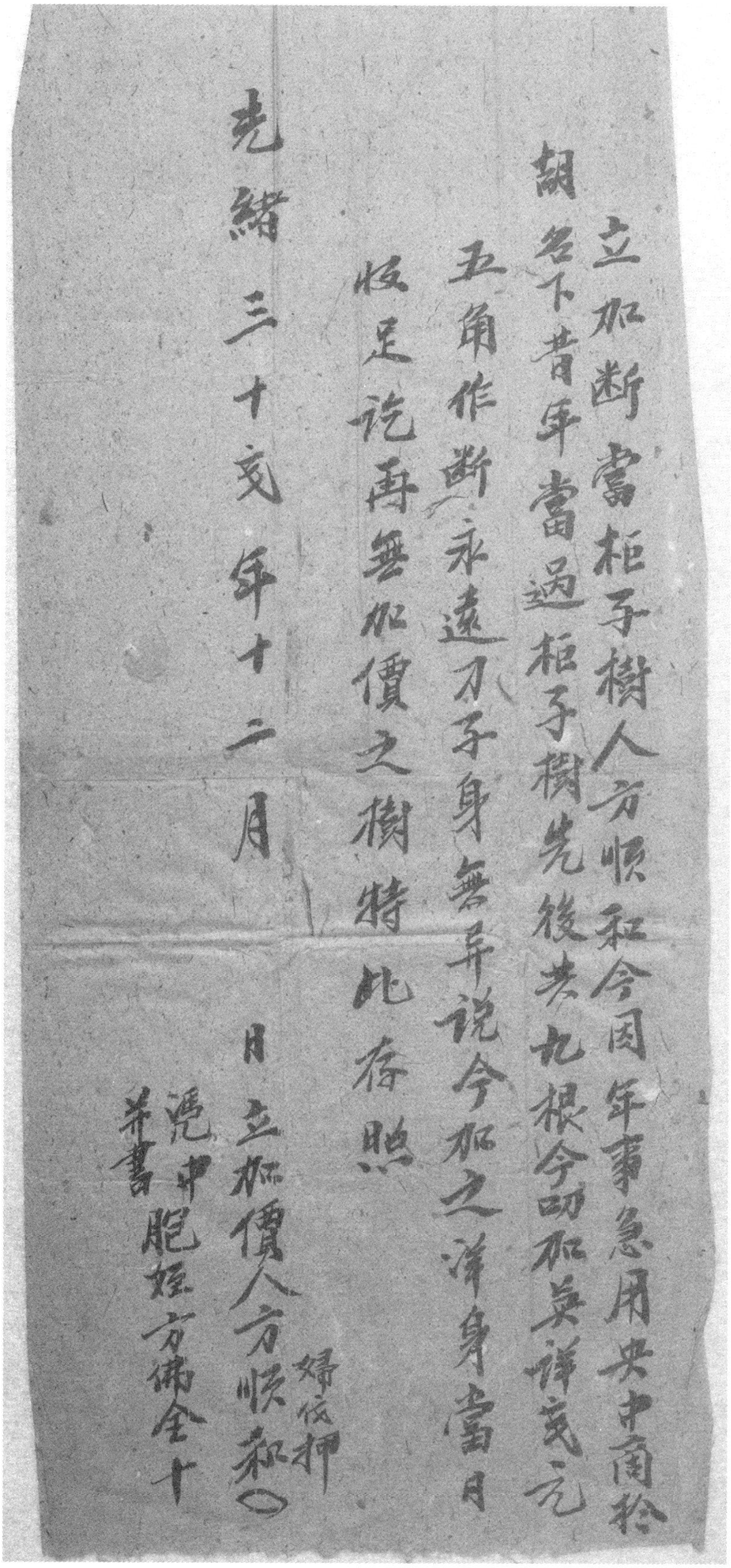

立加斷當柜子樹人方順和，今因年事急用，央中商扲
胡名下昔年當過柜子樹先後共九根，今凼加英洋弍元
五角作斷，永遠刀子身無异說。今加之洋身當月
收足訖，再無加價之樹。特此存照
光緒三十二年十二月　日立加價人方順和（押）
婦依押
憑中　胞姪　方佛全十
并書

清光緒三十二年十二月某某縣方順和立加價斷當柜子樹契

九、清光緒年間歙縣杜賣田地契約

〔一〕清光緒年間歙縣二十七都王氏買賣田地契約

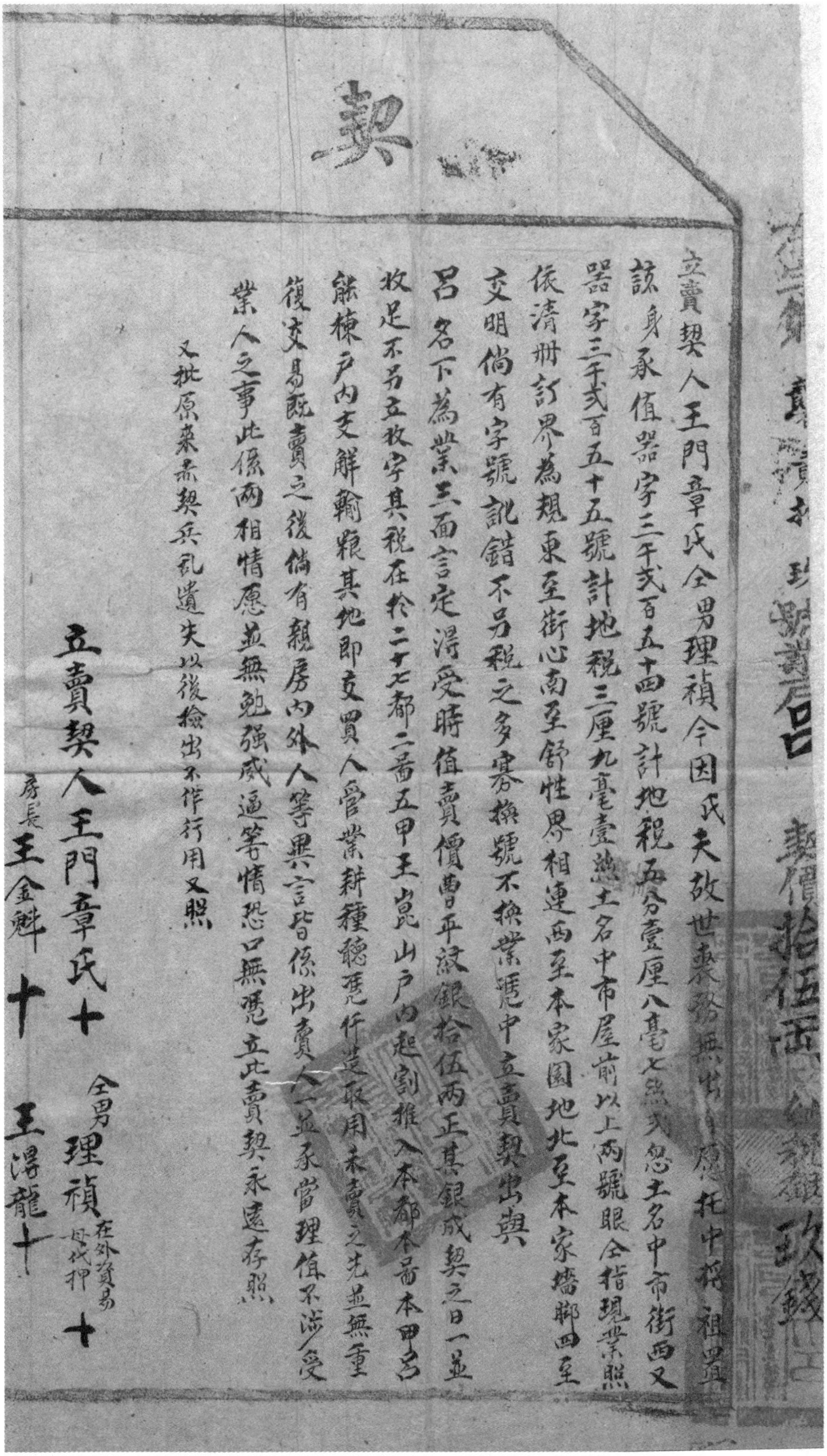
契

立賣契人王門章氏仝男理禎今因氏夫故世衆務無出自愿托中將祖置
該身承值器字三千弍百五十四號計地税五分壹厘八毫七絲弍忽土名中市街西又
器字三千弍百五十五號計地税三厘九毫壹絲土名中市屋前以上兩號眼仝指現業照
依清冊訂界為規東至街心南至舒姓界相連西至本家園地北至本家墻脚四至
交明倘有字號訛錯不另税之多寡換號不換業憑中立賣契出與
呂名下為業三面言定得受時值賣價曹平紋銀拾伍兩正其銀成契之日一並
收足不另立收字其税在於二十七都二啚五甲王崑山戶內起割推入本都本啚本甲呂
餘棟戶內支觧輸粮其地即交買人管業耕種聽憑作造取用未賣之先並無重
複交易既賣之後倘有親房內外人等異言皆係出賣人一並承當理值不涉受
業人之事此係兩相情愿並無勉强威逼等情恐口無憑立此賣契永遠存照

又批原來赤契兵乱遺失以後檢出不作行用又照

立賣契人王門章氏十
仝男理禎在外貿易母代押十
房長王金魁十
王得龍十

（一）

清光緒三十二年十月歙縣王門章氏等立賣地赤契

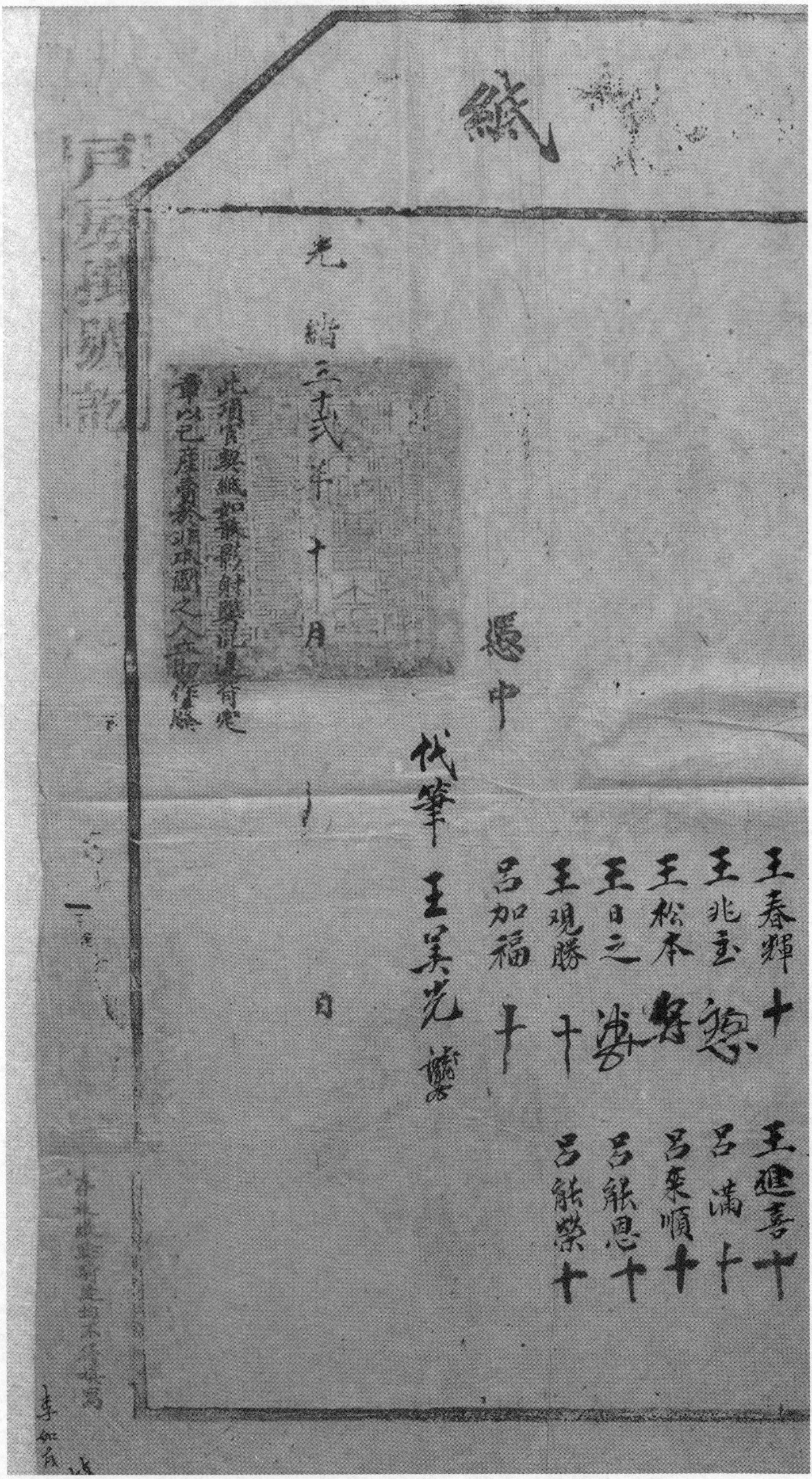

戶房掛號訖

此項實契紙加蓋影射變混凡背定章以已產賣於非本國之人並即作廢

光緒三十弍年十月　　日

憑中

代筆　王美光

王春輝　十
王兆玉
王松本
王日之
王观勝　十
呂加福　十

王進喜　十
呂滿　十
呂來順　十
呂能恩　十
呂能榮　十

（二）

一

清光緒三十三年三月歙縣葉金福立杜賣地赤契

契

立賣契葉金福將祖遺受到器字貳仟陸伯柒拾
叁號計地稅伍分弍厘土名下边塘今將祖墓安
葬與脩其錢未脩將此業出賣與
王潤福名下為業三面言定時值公估得受賣價
曾平紋銀伍兩正其銀壹併收足不另立收字
其稅在於廿七都三啚十甲將葉金掃户內起割推
入本都夫啚八甲王潤福户支解未賣之先並
無重復交易既賣之後倘有親房內外人等異言
俱係出賣人承當理值不涉受買人之事恐口無
憑立此出杜賣契永遠存照

（一）

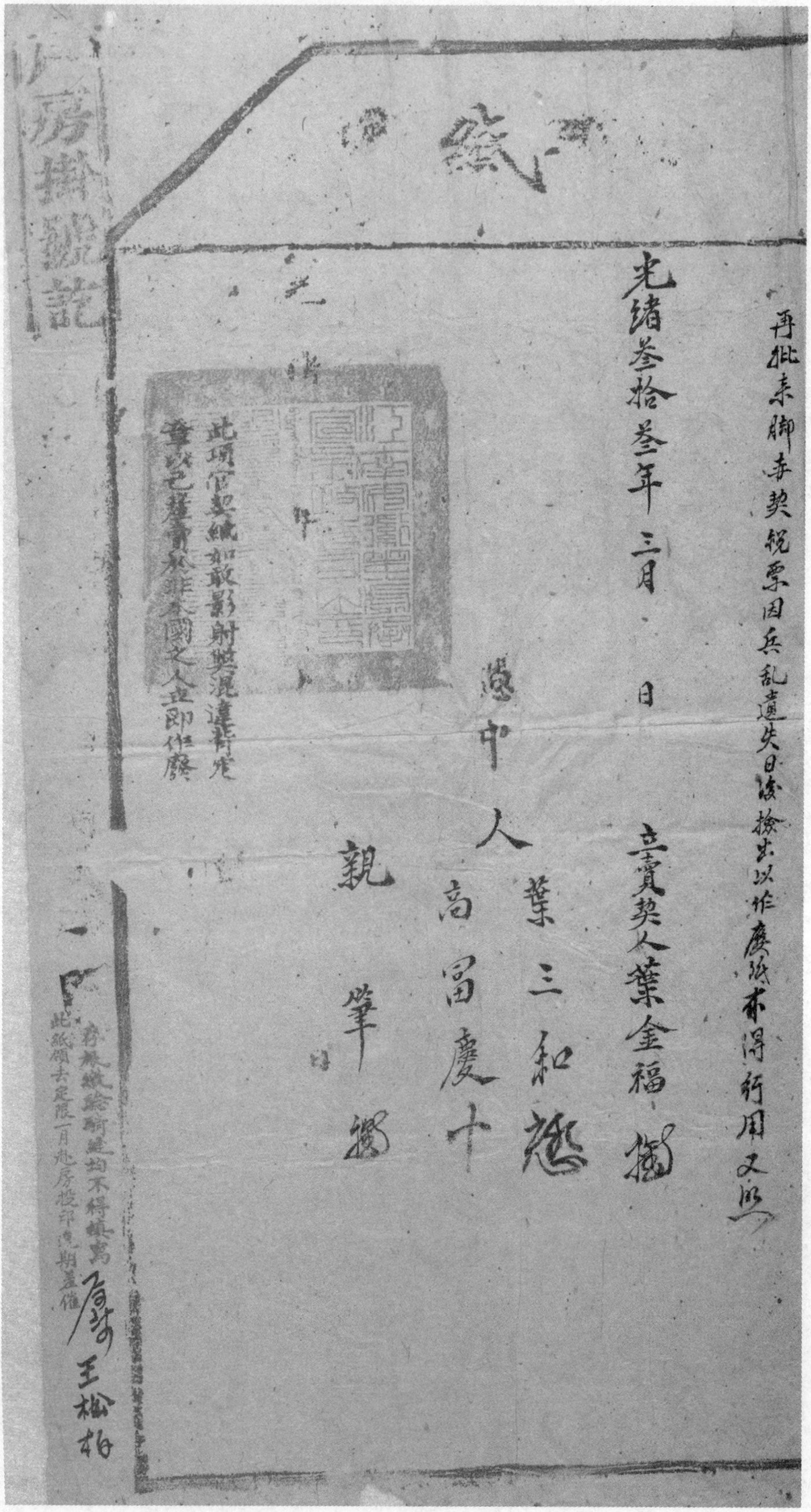
再批赤脚赤契税票因兵亂遺失日後撿出以作廢紙不得行用又照

光緒叁拾叁年三月 日 立賣契人葉金福（押）

憑中人 葉三和（押）

高留慶（押）

親筆（押）

此項官契紙如敢影射契混違者凭

章以已捏賣於非本國之人立即作廢

户房掛號訖

此紙領去定限一月赴房投印逾期查催

王松柏

（二）

一

清光緒三十三年五月歙縣王宏奎立杜賣田地赤契

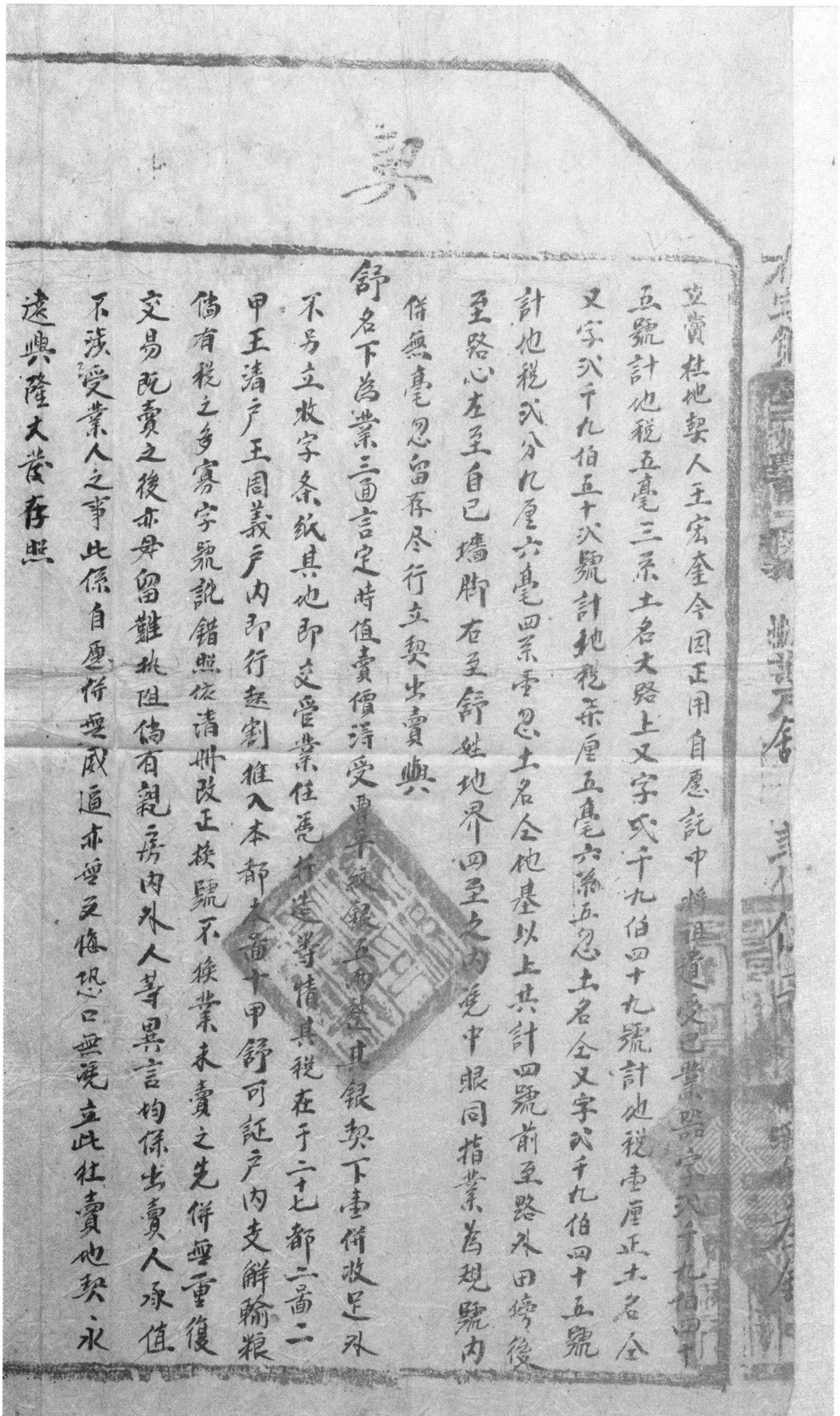

契

立賣杜地契人王宏奎今因正用自愿託中將祖遺受己業器字弍千九伯四十五號計地稅五毫三系土名大路上又字弍千九伯四十九號計地稅壹厘正土名仝又字弍千九伯五十八號計地稅柒厘五毫六絲五忽土名仝又字弍千九伯四十五號計地稅弍分九厘六毫四系壹忽土名仝地基以上共計四號前至路外田塝後至路心左至自己墻脚右至舒姓地界四至之內憑中眼同指業為規號內併無毫忽留存盡行立契出賣與

舒名下為業三面言定時值賣價得受西平紋銀五兩整其銀契下壹併收足外不另立收字条紙其地即交管業住葬扦造等情其稅在于二十七都二啚一甲王清户王周義户內即行起割推入本都本啚十甲舒可証户內支解輸粮倘有稅之多寡字號訛錯照依清册改正核號不核業未賣之先併無重復交易既賣之後亦毋留難執阻倘有親房內外人等異言均係出賣人承值不涉受業人之事此係自愿併無威逼亦無反悔恐口無憑立此杜賣地契永遠興隆大發存照

（一）

一

清光緒三十三年五月歙縣王宏奎立杜賣田地赤契

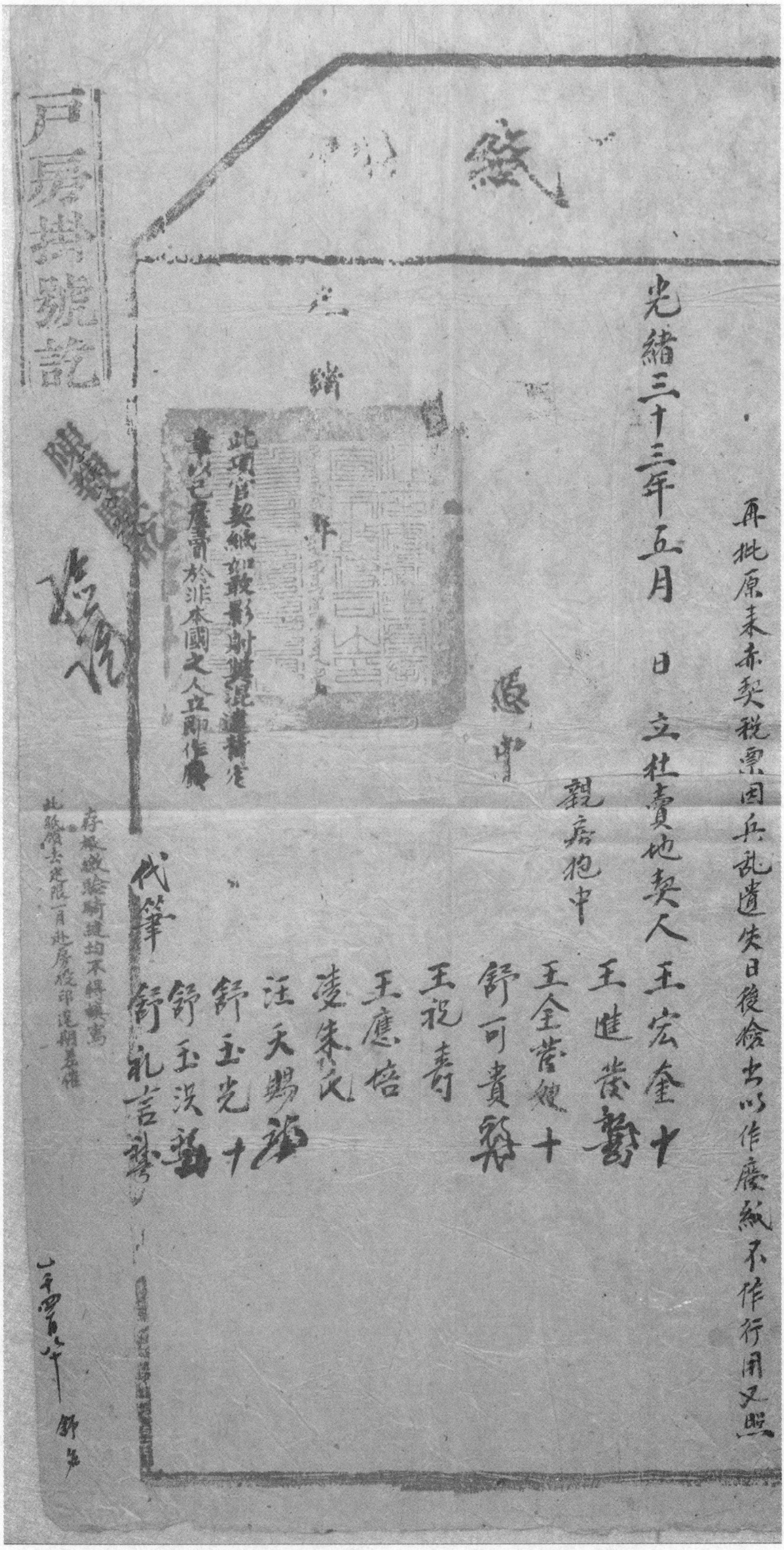

再批原来赤契税票因兵乱遺失日後檢出以作廢紙不作行用又照

光緒三十三年五月 日 立杜賣地契人 王宏奎 十

親房抱中 王進榮
王全榮 十
舒可貴
王祝壽
王應培
凌朱氏
汪天賜
舒玉光 十
舒玉淇

代筆 舒礼言

（二）

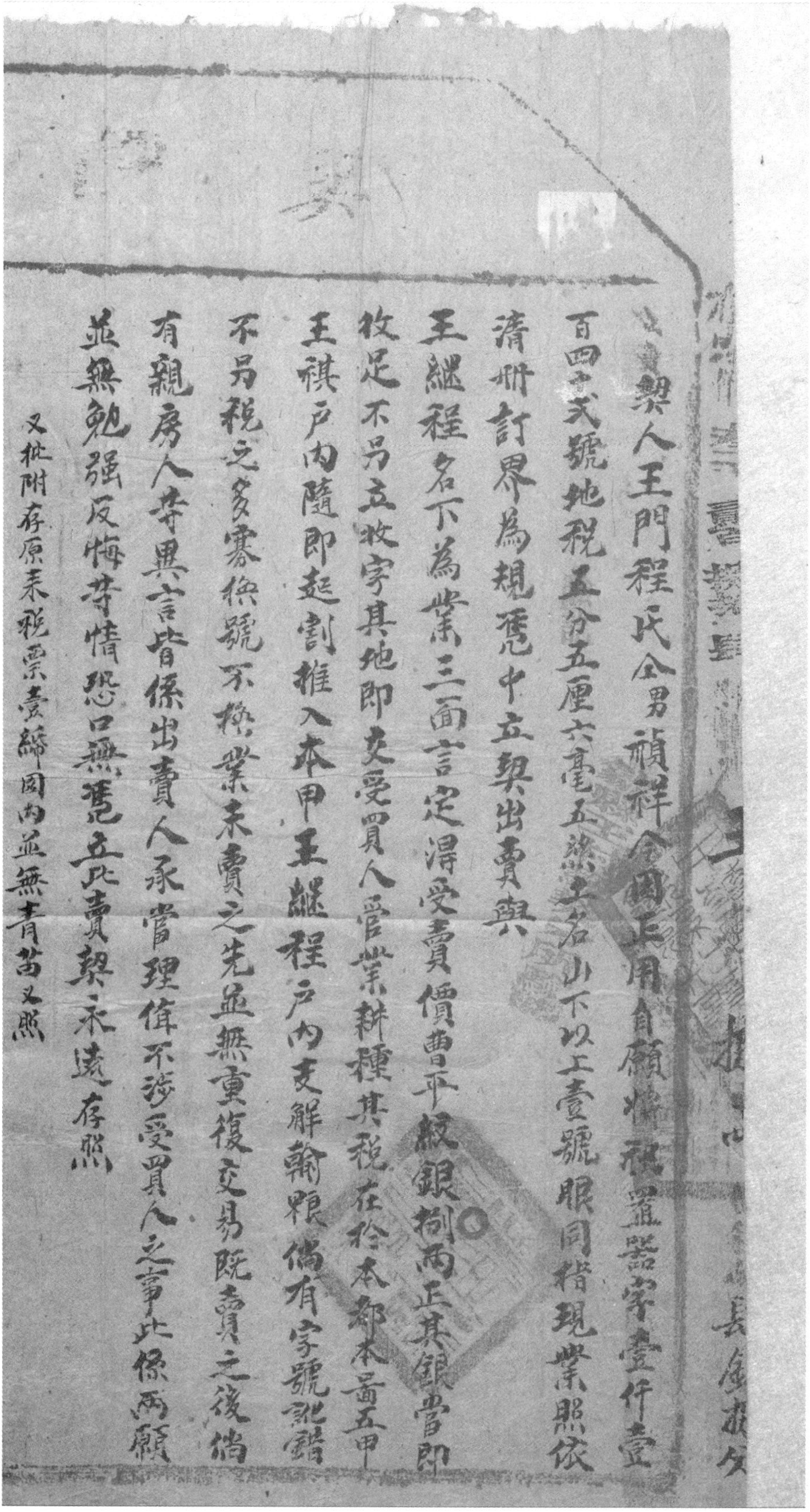

立賣契人王門程氏仝男禎祥仝國正用自願將祖置器字壹仟壹
百四十弍號地稅五分五厘六毫五絲土名山下以上壹號眼同指現業照依
清冊訂界為規憑中立契出賣與
王繼程名下為業三面言定得受賣價曹平紋銀捌兩正其銀當即
收足不另立收字其地即交受買人管業耕種其稅在拾本都本圖五甲
王祺戶內隨即起割推入本甲王繼程戶內支解輸粮倘有字號訛錯
不另稅之多寡換號不換業未賣之先並無重複交易既賣之後倘
有親房人等異言皆係出賣人承當理值不涉受買人之事此係兩願
並無勉强反悔等情恐口無憑立此賣契永遠存照
又批附存原來稅票壹紙因內並無青苗又照

（一）

一

清光緒三十三年十二月歙縣王門程氏等立賣地赤契

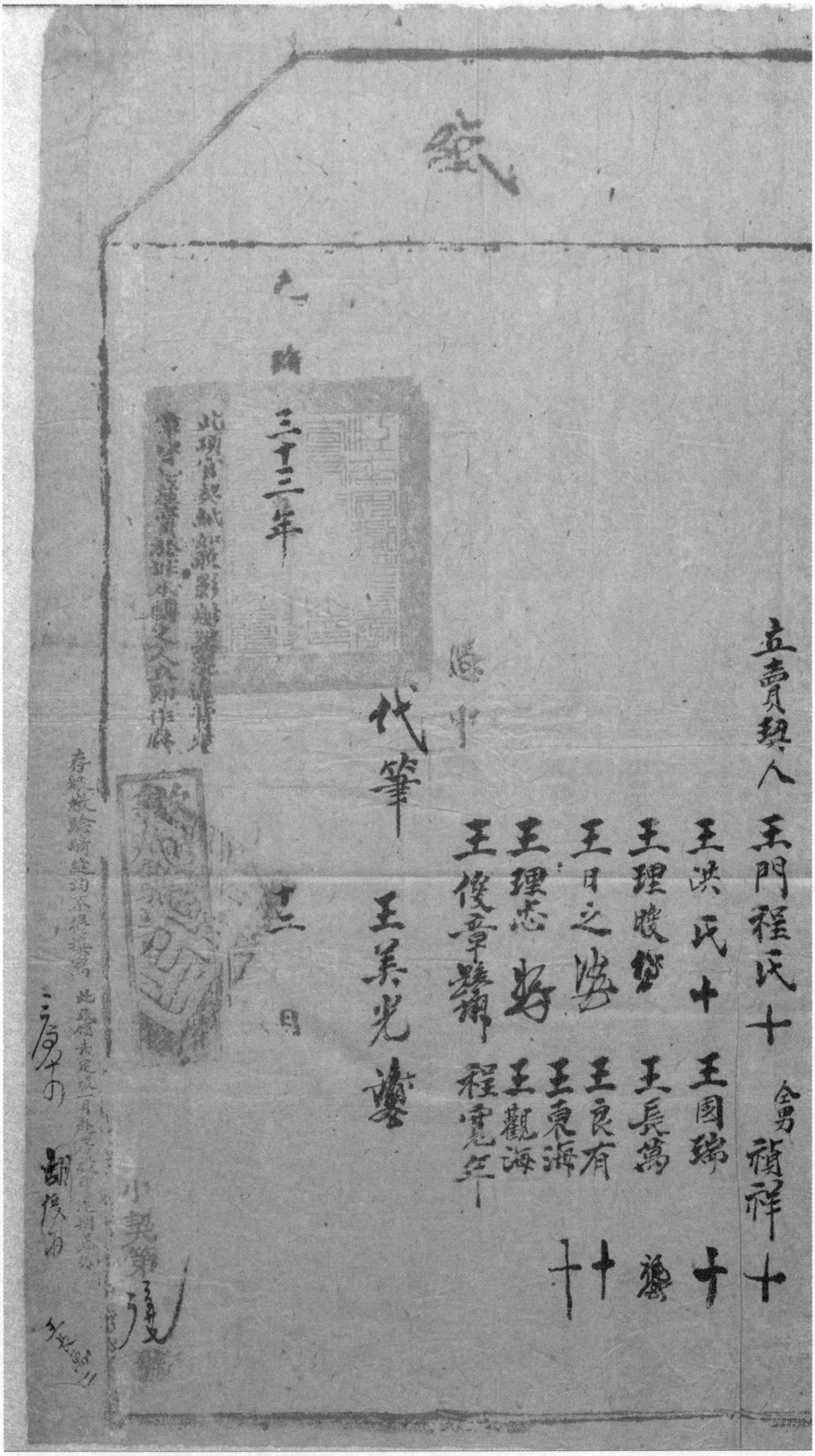

立賣契人 王門程氏十 仝男 禎祥十
王洪氏十 王國瑞十
王理曉 王長萬
王日之 王良有十
王理志 王東海十
王俊章 程寬年
憑中
代筆 王美光
光緒三十三年 月 日 立

（二）

清光緒三十三年十二月歙縣王程氏等立杜賣田赤契

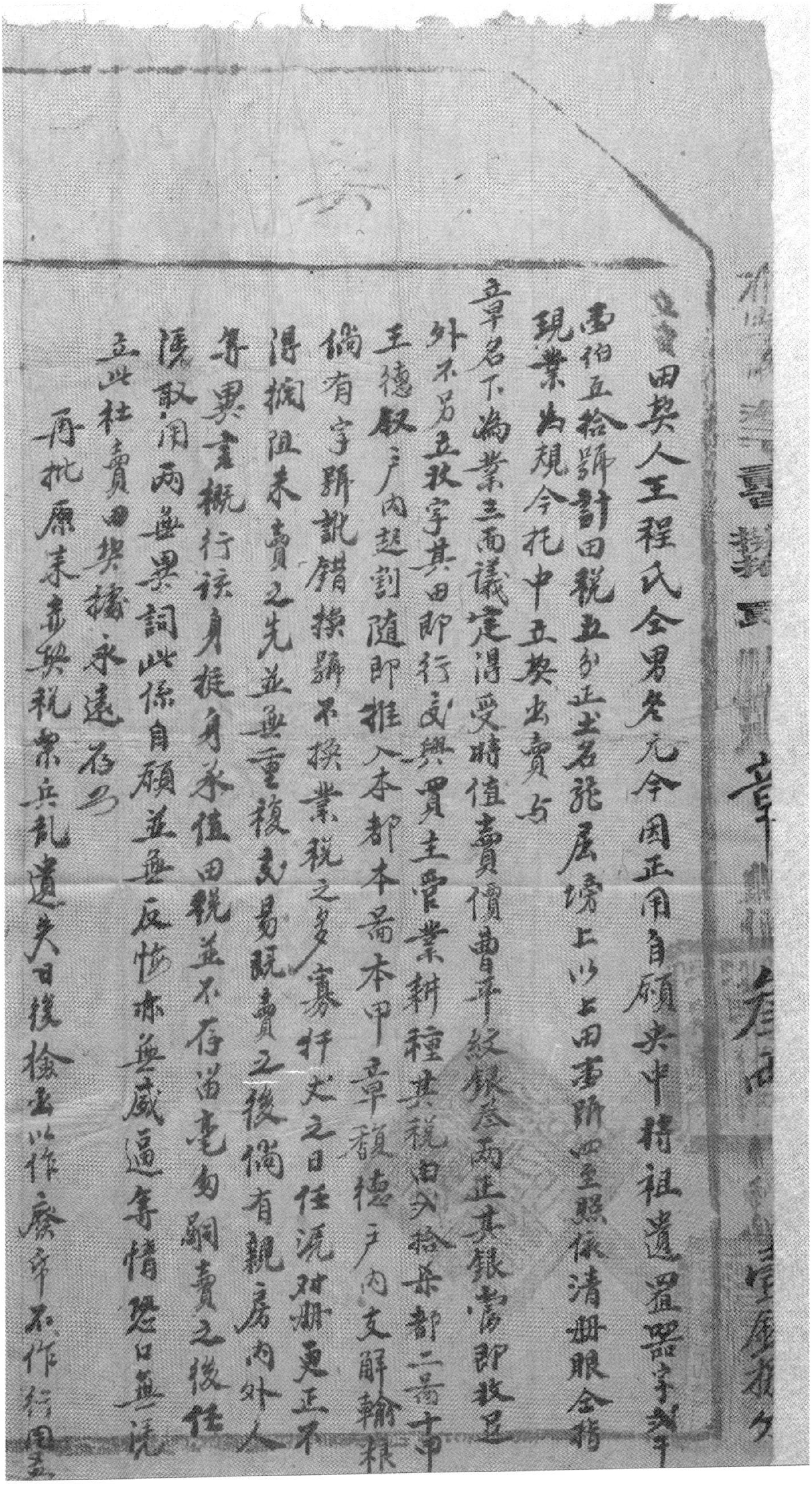
立杜賣田契人王程氏仝男冬元今因正用自願央中將祖遺置器字弍千
壹伯五拾號計田稅五分正土名龍居墝上以上田壹號四至照依清冊眼仝指
現業為規今托中立契出賣與
章名下為業三面議定得受時值賣價曹平紋銀叁兩正其銀當即收足
外不另立收字其田即行交與買主管業耕種其稅由六拾叁都二啚十甲
王德叙戶內起割隨即推入本都本啚本甲章馥德戶內支解輸粮
倘有字號訛錯換號不換業稅之多寡扦丈之日任憑對冊更正不
得攔阻未賣之先並無重複交易既賣之後倘有親房內外人
等異言概行該身挺身承值田稅並不存留毫分嗣賣之後任
憑取用兩無異詞此係自願並無反悔亦無威逼等情恐口無憑
立此杜賣田契據永遠存照
再批原來老契稅票兵亂遺失日後檢出以作廢帋不作行用查

（一）

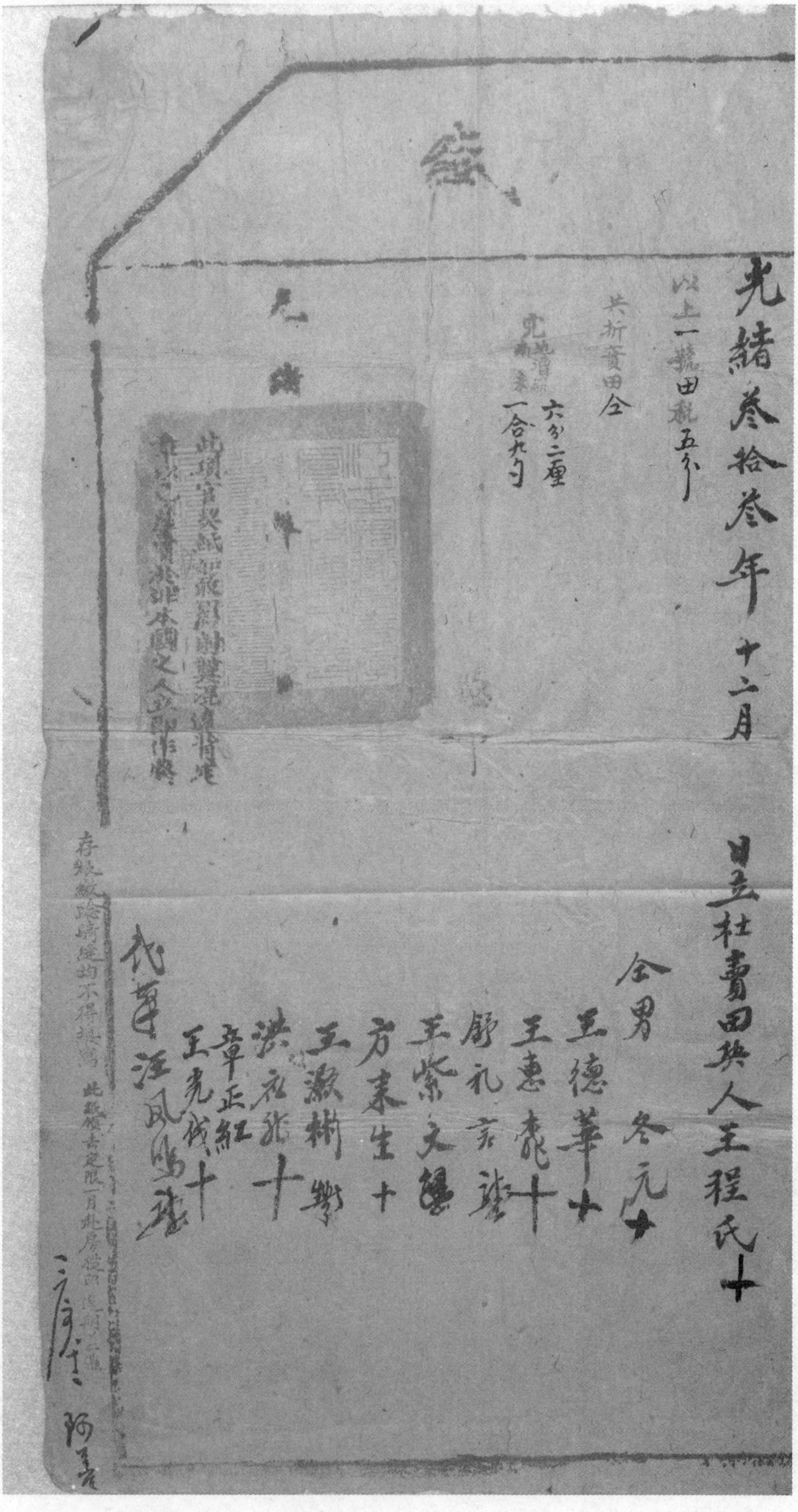
以上一號田稅五分

共折實田仝

六分二厘

光緒叁拾叁年十二月　日立杜賣田契人王程氏十

仝男　冬元十

王德華十

王惠堯十

王紫文

方来生十

洪在能十

章正紅

王光位十

代筆汪凤鳴

（二）

〔二〕清光緒年間歙縣其他杜賣田地契約

一

清光緒三十三年十二月歙縣汪連陞立杜賣地赤契

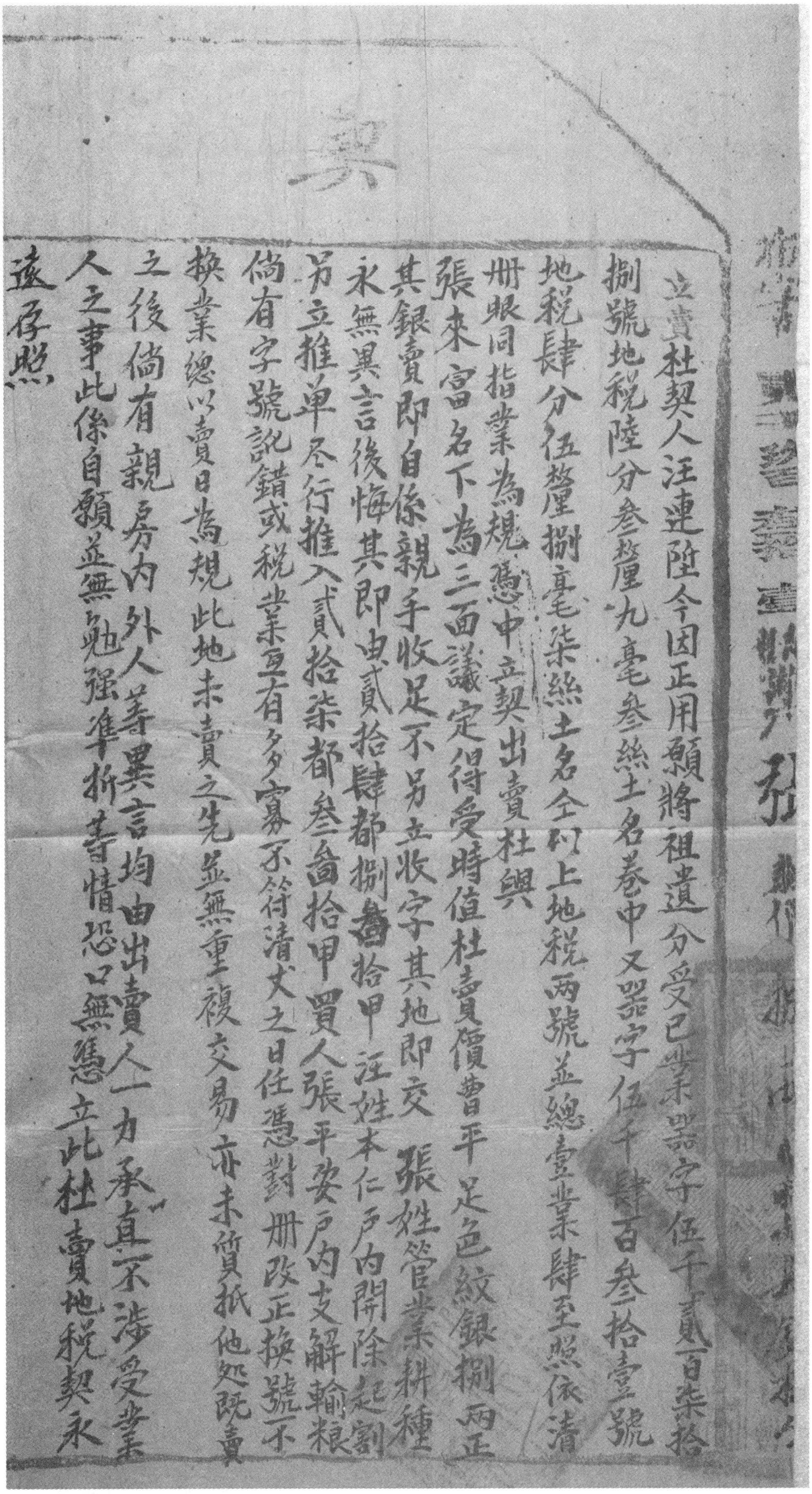
立賣杜契人汪連陞，今因正用，願將祖遺分受己業器字伍千貳百柒拾捌號地稅陸分叁釐九毫叁絲，土名巷中；又器字伍千肆百叁拾壹號地稅肆分伍釐捌毫柒絲，土名全村上。地稅兩號，並總壹業，肆至照依清冊，眼同指業為規。憑中立契出賣杜與張來富名下為業。三面議定，得受時值杜賣價曹平足色紋銀捌兩正，其銀當即自係親手收足，不另立收字。其地即交張姓管業耕種，永無異言後悔。其即由貳拾肆都捌圖拾甲汪姓本仁戶內開除起割，另立推單，尽行推入貳拾柒都叁圖拾甲買人張平安戶內支解輸粮。倘有字號訛錯，或稅業互有多寡，不符清丈之日，任憑對冊改正換號，不換業，總以賣日為規。此地未賣之先，並無重複交易，亦未質抵他処。既賣之後，倘有親房內外人等異言，均由出賣人一力承直，不涉受業人之事。此係自願，並無勉强、準折等情。恐口無憑，立此杜賣地稅契，永遠存照。

（一）

清光緒三十三年十二月歙縣汪連陞立杜賣地赤契

以上二號地税一畝九厘八毫

光緒叁拾叁年拾貳月 日立杜賣契人 汪連陞 十

王子文

孫立三

劉來慶

吳春發 十

程汪德 十

代筆 劉清雲

（二）

一

立賣田契人鄭敘慶今因正用自愿托中將 祖遺受器字陸伯叁拾叁號
田稅捌分捌厘弍毛壹系土名裡江塘又陸伯弍拾五號田稅陸分壹厘弍毛
九系土名仝又柒伯四拾叁號田稅五分弍厘土名本瓜塘又柒伯四拾叁號
田稅肆分正土名仝又陸伯捌拾四號塘稅壹厘土名本瓜塘以上四至照
依清冊照割倘有別號相連字號訛錯稅之多寡大丈之日听憑
更正換號不換業眼仝指現業為規以上田塘五號托中立契出賣
与
呂名下為業三面言定得受時值賣價曹平紋銀拾兩整其銀契下當即兑
清不另立收字其田即交買業其稅在于弍十七都四啚捌甲鄭善慶戶
內起割隨即推入本都一啚四甲呂興隆戶內支解輸粮未賣之先併
無重複交易既賣之後倘有親房內外人等異言俱係出賣人挺
身一併承當理值不涉受買人之事此係兩愿併無威逼勉强生端反悔等

清光緒三十三年十二月歙縣鄭敘慶立杜賣田赤契

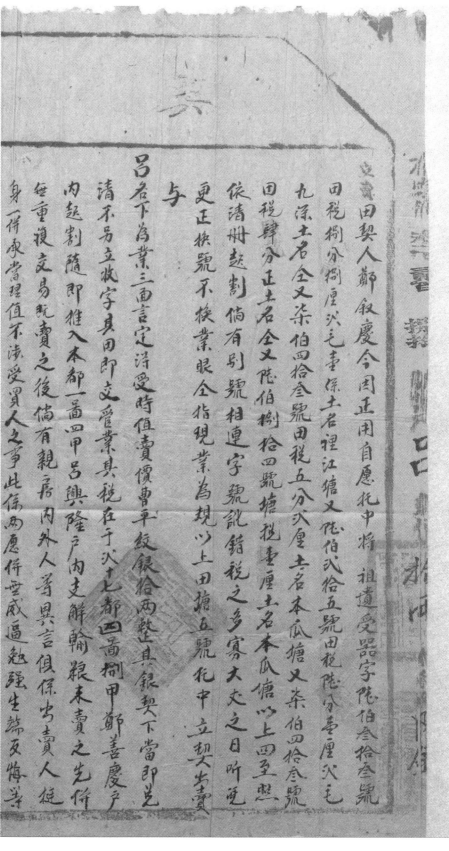

（一）

一

清光緒三十三年十二月歙縣鄭敘慶立杜賣田赤契

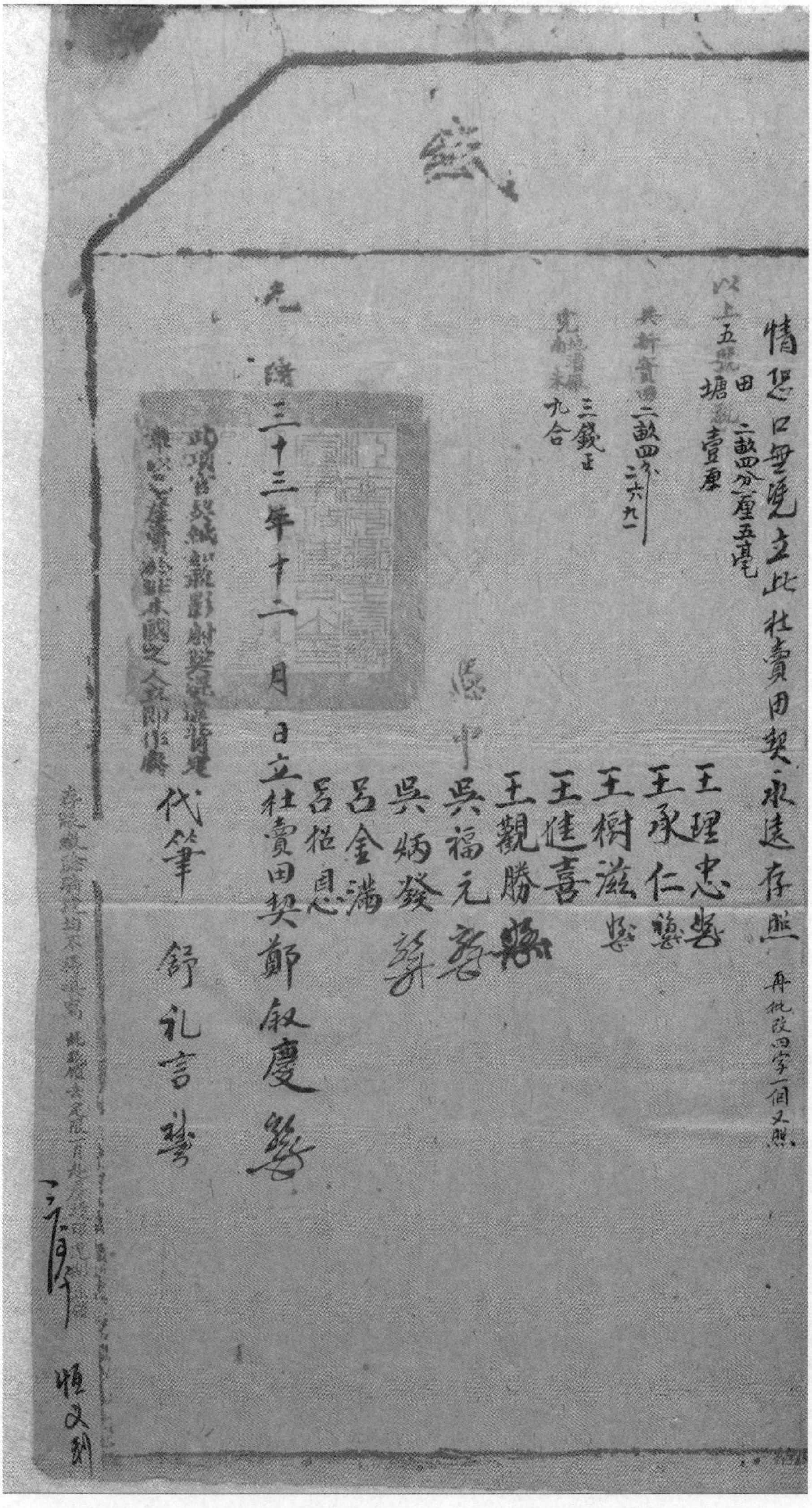
情愿□無悔立此杜賣田契永遠存照 再批改田字一個又照
以上五號 田 二畝四分〇厘五毫 塘 壹厘
共新實田二畝四分 二六九二
光地漕糧 三錢正
南米 九合
光緒三十三年十二月 日立杜賣田契鄭敘慶（押）
憑中 王理忠（押） 王承仁（押） 王樹滋（押） 王進喜 王觀勝（押） 吳福元（押） 吳炳發（押） 呂金滿 呂掄恩
代筆 舒礼言（押）

（二）

一

清光緒某年某月歙縣吴良義立杜賣地赤契

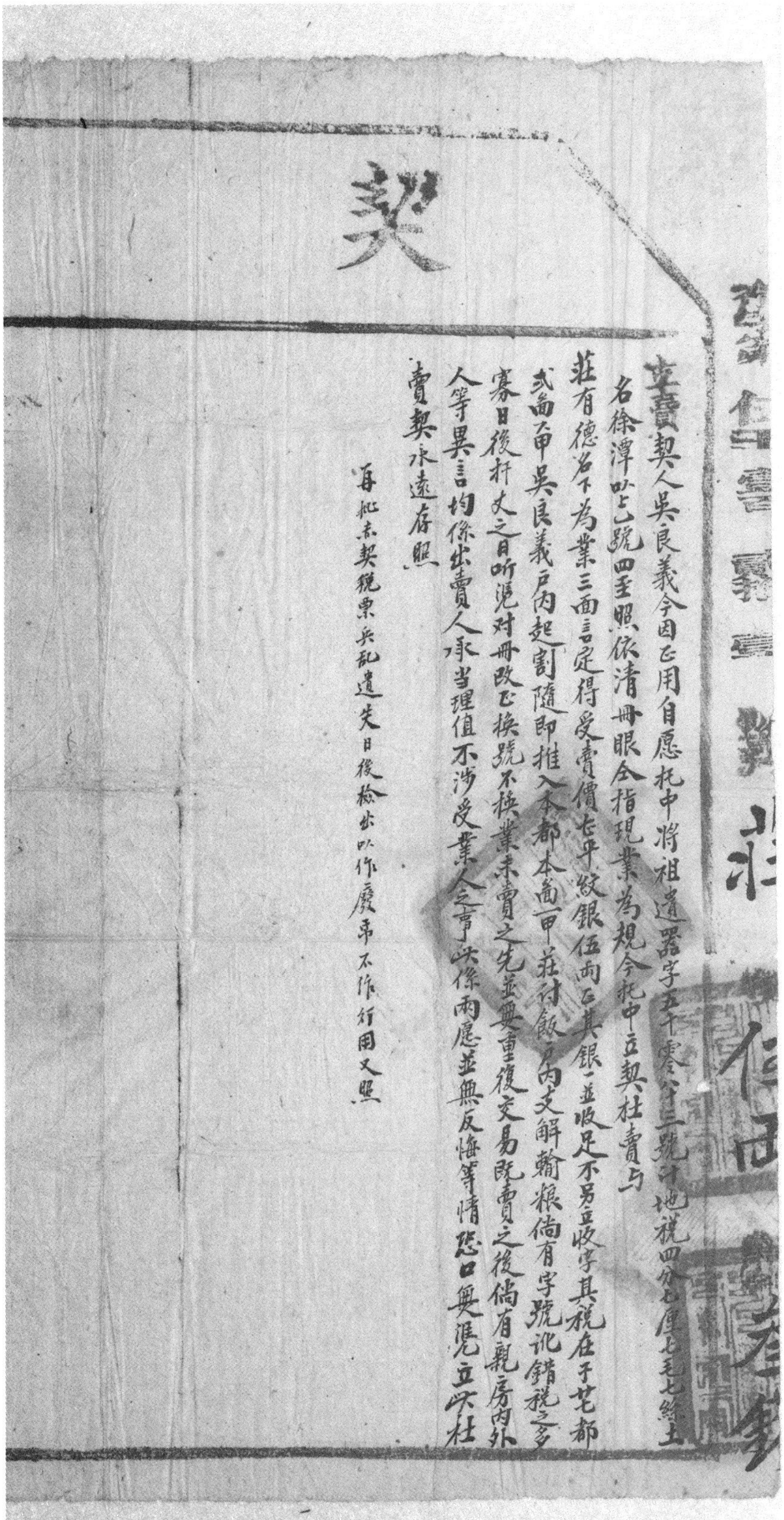
契
立杜賣契人吴良義今因乏用自愿托中將祖遺罟字五千零八十三號計地税四分七厘七毛七絲土
名徐潭𡸣山號四至照依清冊眼仝指現業為規今托中立契杜賣与
莊有德名下為業三面言定得受賣價九七平紋銀伍兩正其銀一並收足不另立收字其税在于廿七都
二啚十甲吴良義户內起割隨即推入本都本啚一甲莊討飯户內支解輸粮倘有字號訛錯税之多
寡日後扦丈之日听憑对冊改正換號不換業未賣之先並無重復交易既賣之後倘有親房內外
人等異言均係出賣人承当理值不涉受業人之事此係兩愿並無反悔等情恐口無憑立此杜
賣契永遠存照
再批赤契税票兵亂遺失日後檢出以作廢帋不作行用又照

（一）

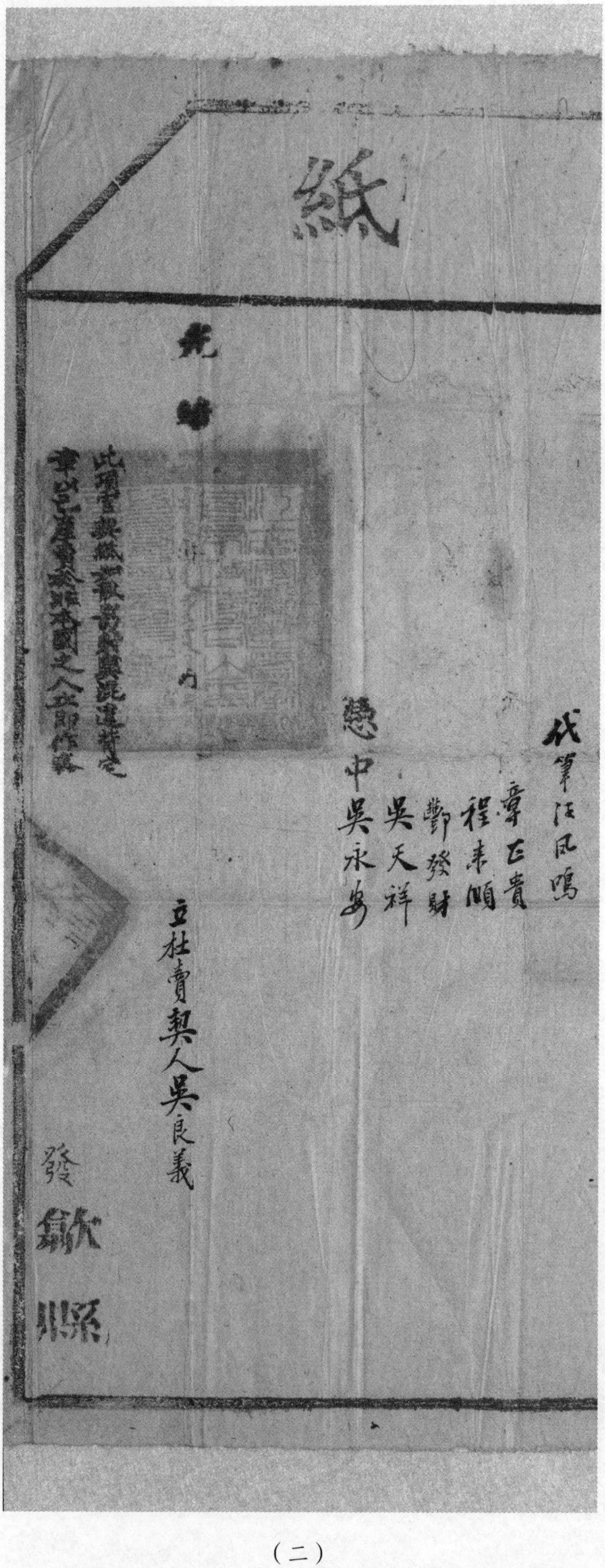
紙

代筆汪鳳鳴
章丘貴
程来順
鄧發財
吳天祥
憑中吳永安

光緒

立杜賣契人吳良義

發
歙縣

（二）

十、清光緒至宣統年間歙縣杜賣田地契約

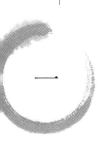

〔一〕清光緒至宣統年間歙縣二十七都王氏買賣土地契約

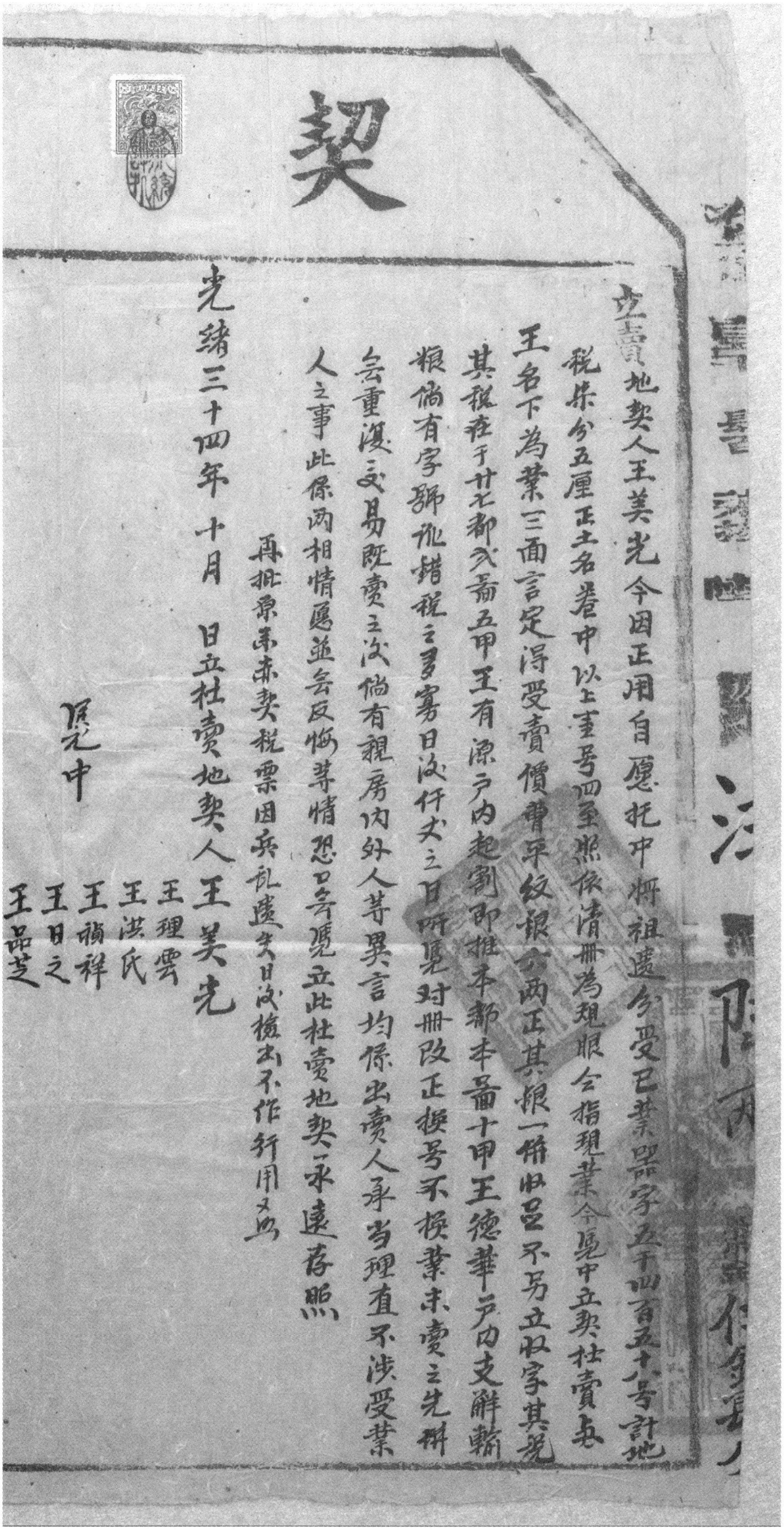

契

立賣地契人王美光今因正用自愿托中將祖遺分受己業䇲字五千四百五十八号計地
税柒分五厘正土名巷中以上重号四至照依清冊為規眼仝指現業今憑中立契杜賣與
王名下為業三面言定得受賣價曹平紋銀乙兩正其銀一併收足不另立收字其税
其税在于廿七都弍啚五甲王有源户內起割即推本都本啚十甲王德華户內支解輸
粮倘有字號坵號錯税之多寡日後什式之日所憑对冊改正换号不换業未賣之先并
無重復交易既賣之後倘有親房內外人等異言均係出賣人承当理直不涉受業
人之事此係兩相情愿並無反悔等情恐口無憑立此杜賣地契一永遠存照
再批原業赤契税票因兵乱遺失日後檢出不作行用又照
光緒三十四年十月　日立杜賣地契人王美光
憑中　王理雲
王洪氏
王禎祥
王日之
王品芝

（一）

一

清光緒三十四年十月歙縣王美光等立杜賣地赤契暨宣统二年三月歙縣发官契纸

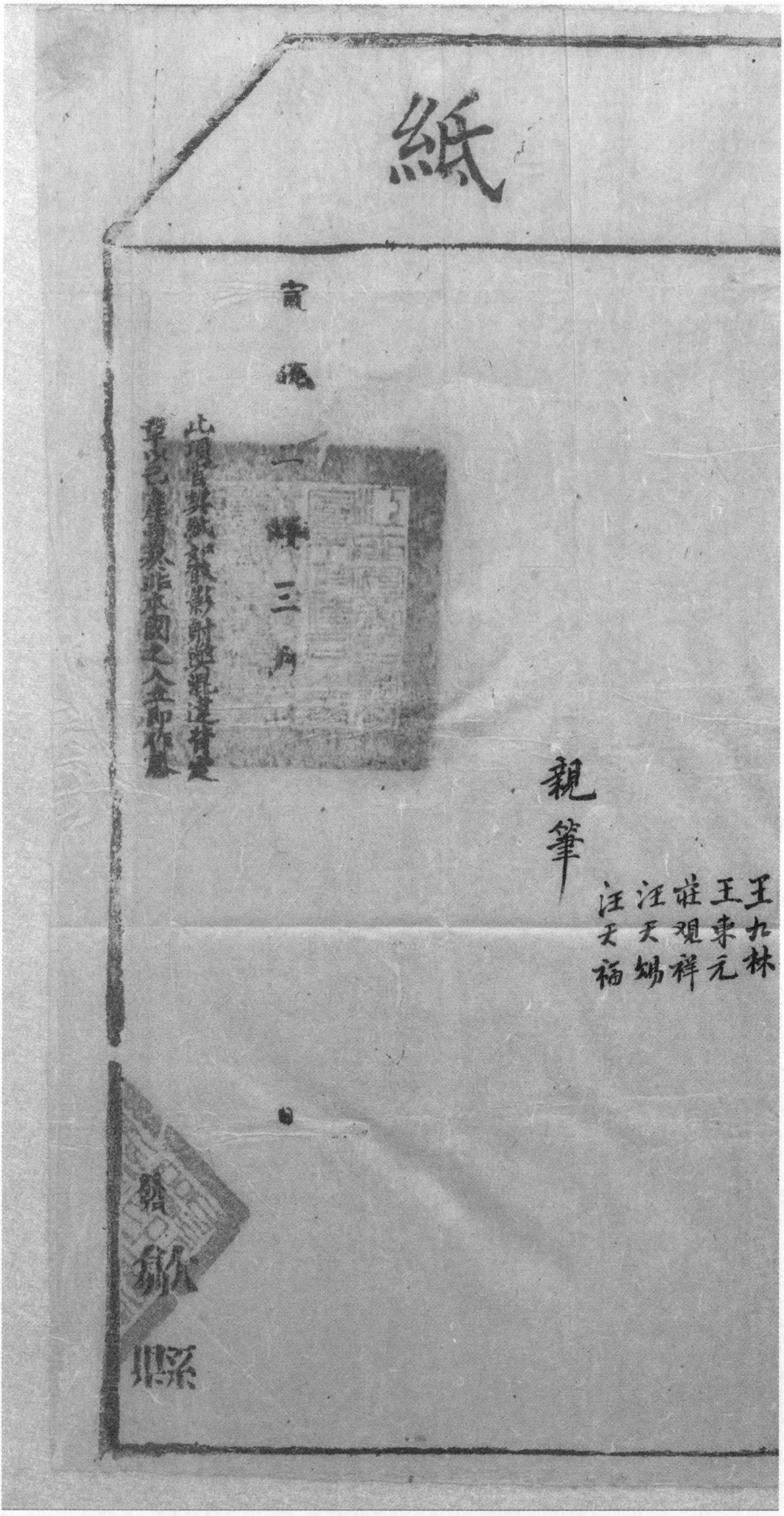

紙

宣統二年三月

親筆

王九林
王秉元
莊觀祥
汪天錫
汪天福

歙縣

（二）

清宣統三年三月歙縣王門洪氏立杜賣地赤契

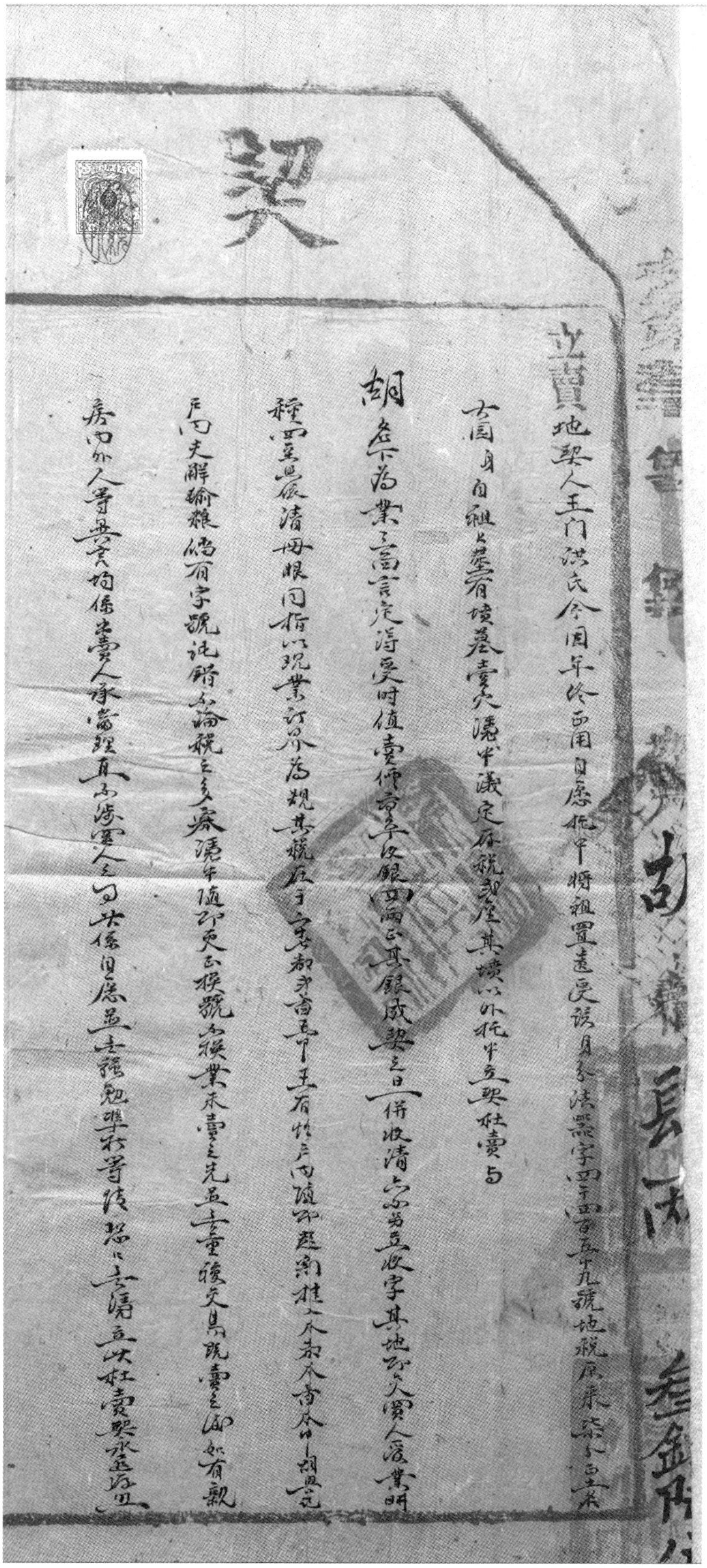

契

立賣地契人王門洪氏今因年終正用自愿托中將祖置遠受該月字法罴字四千四百五十九號地稅原米柒分正半
亡過身自祖上塋有墳墓壹穴憑中議定存稅式厘其墳以外托中立契杜賣與
胡名下為業三面言定得受时值賣價曹平紋銀四兩正其銀成契之日一併收清另立收字其地聽從買人管業明
種四至照依清册根同指以現業計界為規其稅在于本都本圖本甲王有忱户内随印起割推入本都本圖本甲胡□户
户内支解輸粮倘有字號訛錯不論稅之多寡憑中随印更正揆號不揆業未賣之先並無重複交易既賣之後如有親
房内外人等異說均係出賣人承當理直不涉買人之事此係自愿並無逼勒准折等情恐口無憑立此杜賣契永遠存照

（一）

清宣統三年三月歙縣王門洪氏立杜賣地赤契

紙

此項官契紙如敢影射朦混違背定
章以盜賣論並於法律因之大節作廢

宣統三年三月　日

立杜賣地契人王门洪氏
王晚村
王程氏
王祯祥
王炳氏
王日之
王灝榔
胡興太
胡吴氏
胡程氏

中

代筆　王俊章

歙縣

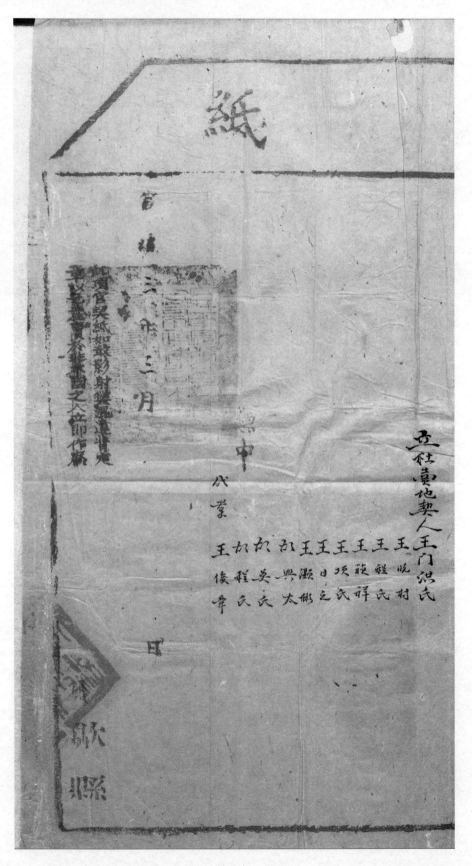

（二）

〔二〕清宣統年間歙縣二十六都項氏買地契約

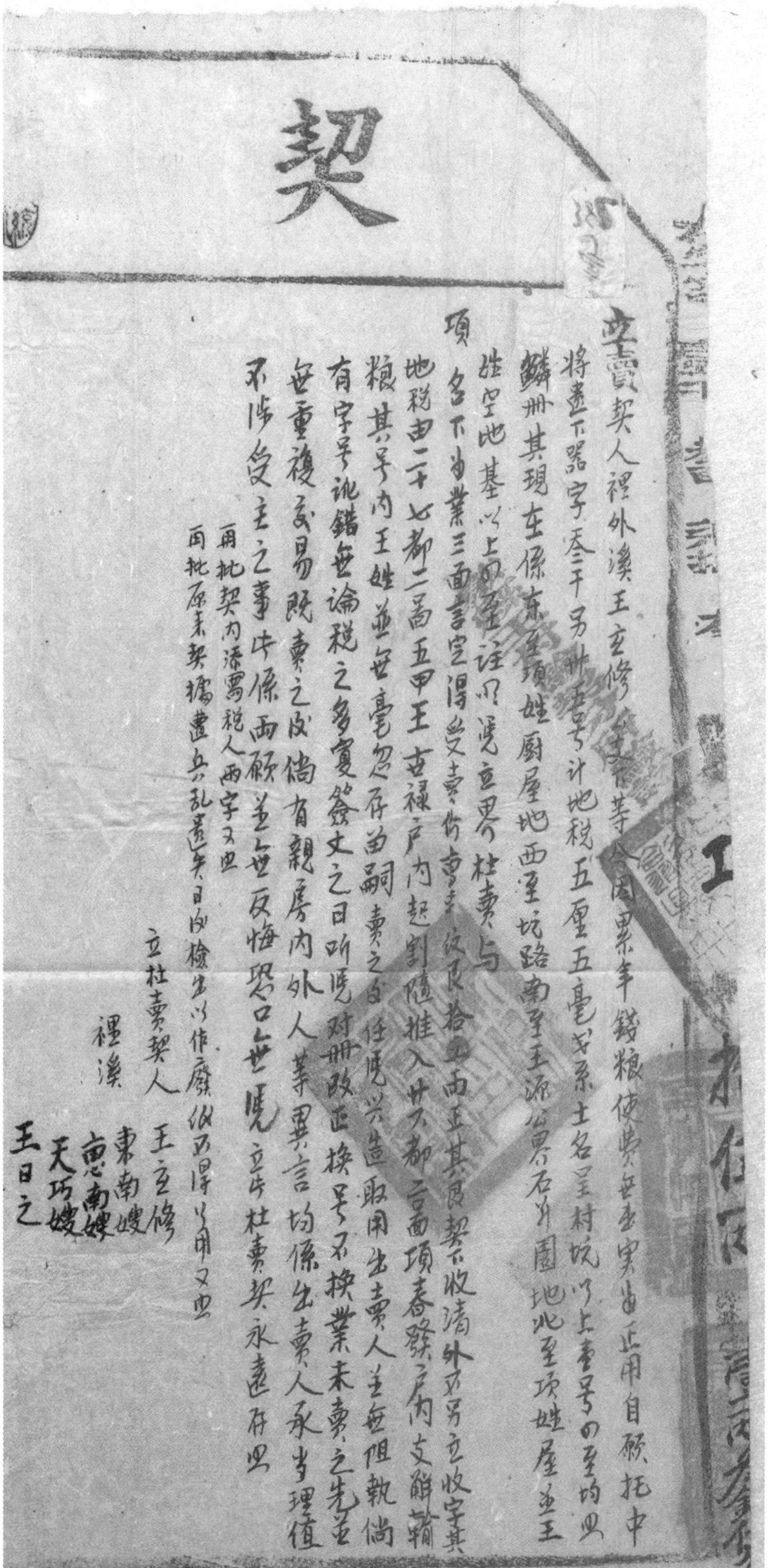

契

立賣契人裡外溪王玄修公支下等今因累年錢糧使費無出實由正用自願托中
將遺下器字叁千另卅五號计地税五厘五毫另系土名呈村坑以上壹號四至均照
鱗冊其現在係東至項姓廚屋地西至坑路南至王源公界石并園地北至項姓屋並王
姓空地基以上四至註明憑立界杜賣與
項名下為業三面言定得受賣價曹平紋艮拾五兩正其艮契兩收清外不另立收字其
地税由二十七都二圖五甲王喜祿戶內起割隨推入廿六都二圖一甲項春發戶內支解輸
糧其号內王姓並無毫忽存留嗣賣之后任憑興造取用出賣人並無阻執倘
有字号訛錯無論税之多寡簽丈之日所憑對冊改正換号不換業未賣之先並
無重複交易既賣之後倘有親房內外人等異言均係出賣人承当理值
不涉受主之事件係兩願並無反悔恐口無憑立此杜賣契永遠存照
再批契內添寫税人兩字又照
再批原來契據盡兵亂遺失日後檢出以作廢紙不得行用又照

立杜賣契人 王玄修
裡溪 東南嫂
惠南嫂
天巧嫂
王日之

（一）

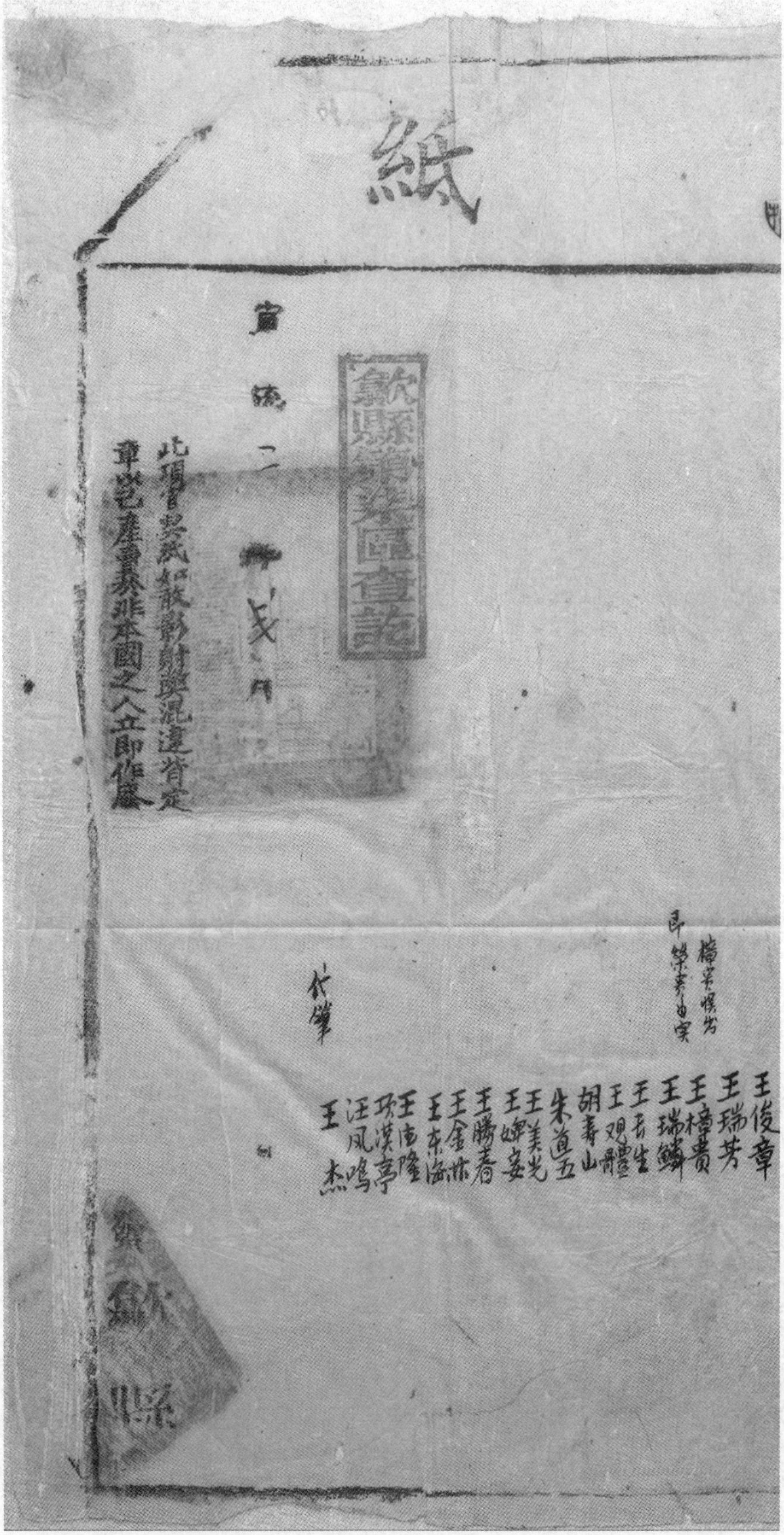
紙
宣統二年 月 日
此項官契紙如敢影射與混違省定章以已產賣與非本國之人立即作廢
代筆
王俊章
王瑞芳
王檀貴
王瑞鏻
王吉生
王观體
胡壽山
朱道五
王美光
王嬋安
王勝春
王金汴
王東海
王庚隆
項漢亭
汪凤鳴
王杰

（二）

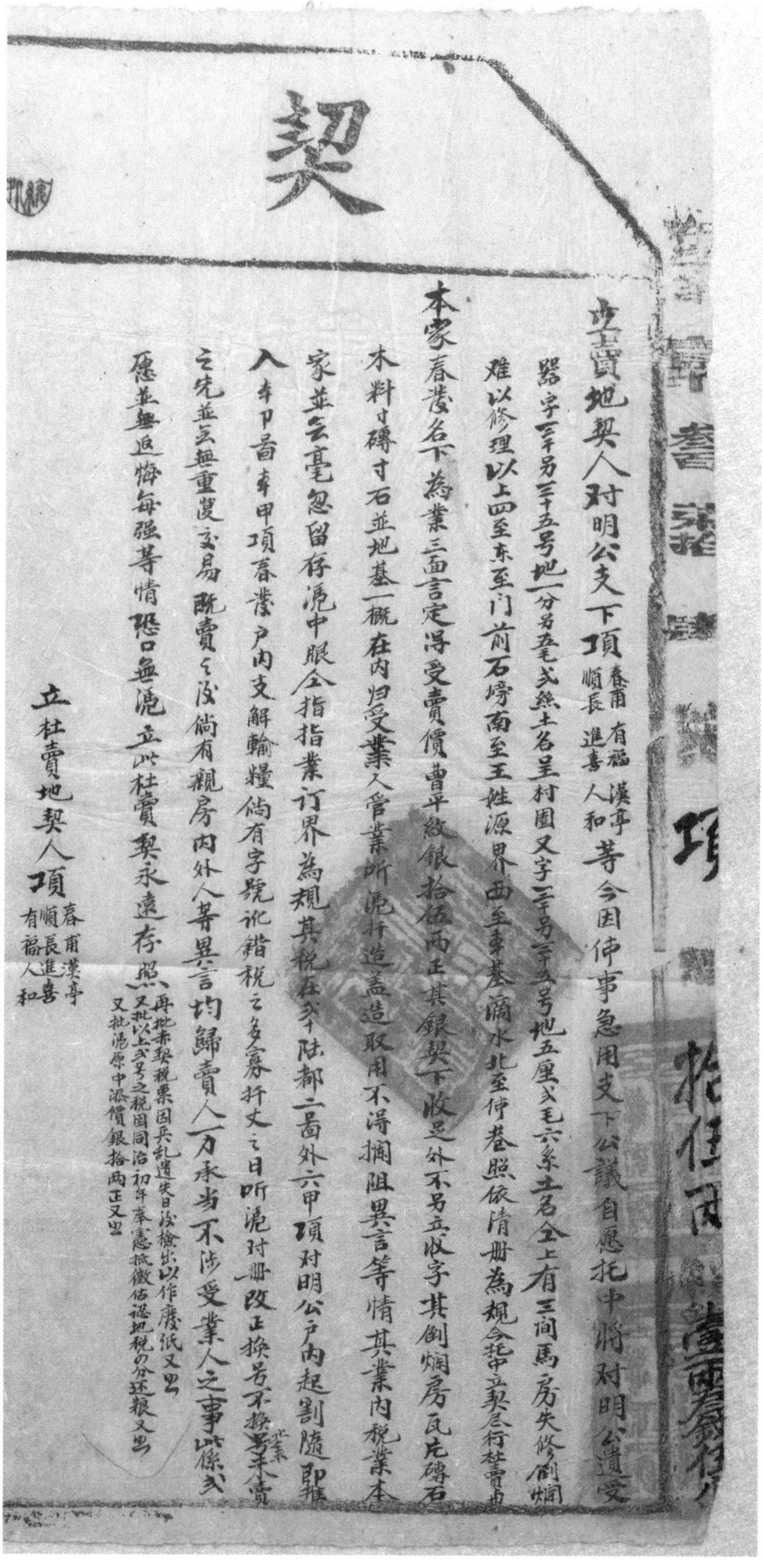
契

立賣地契人对明公支下項春甫 有福 漢亭 順長 進喜 人和等，今因俾事急用，支下公議，自愿托中將对明公遺受器字三千另三十五号地一分另叁毛弍絲，土名呈村園；又字一千另一十五号地五厘弍毛六系，土名仝上，有三间馬房失修倒爛，难以修理。以上四至：东至门前石埒，南至王姓源界，西至東基滴水，北至俾巷，照依清冊為規。今托中立契尽行杜賣与本家春甫名下為業，三面言定得受賣價曹平紋銀拾伍兩正。其銀契下收足，外不另立收字。其倒爛房瓦片磚石木料寸磚寸石並地基一概在内，归受業人管業，聽憑折造蓋造取用，不得攔阻異言等情。其業内稅業本家並無毫忽留存，憑中眼仝指指業订界為規。其稅在弍十陸都二啚外六甲項对明公户内起割，随即推入本卩啚本甲項春甫户内支解輸糧。倘有字號訛錯，稅之多寡，折文之日，聽憑对冊改正，换号不换業。未賣之先並無重叠交易，既賣之後，倘有親房内外人等異言，均歸賣人一力承当，不涉受業人之事。此係弍愿，並無逼悔，每强等情。恐口無憑，立此杜賣契永遠存照。

再批赤契税票因兵乱遺失，日後檢出，以作廢纸。又照

又批以上弍号之稅，因同治初年奉憲抵徵，估認地稅○分，还粮。又照

又批憑原中添價銀拾兩正。又照

立杜賣地契人項春甫 漢亭 順長 進喜 有福 人和

（一）

清宣統二年二月歙縣項春甫等立杜賣地赤契

一

清宣統二年二月歙縣項春甫等立杜賣地赤契

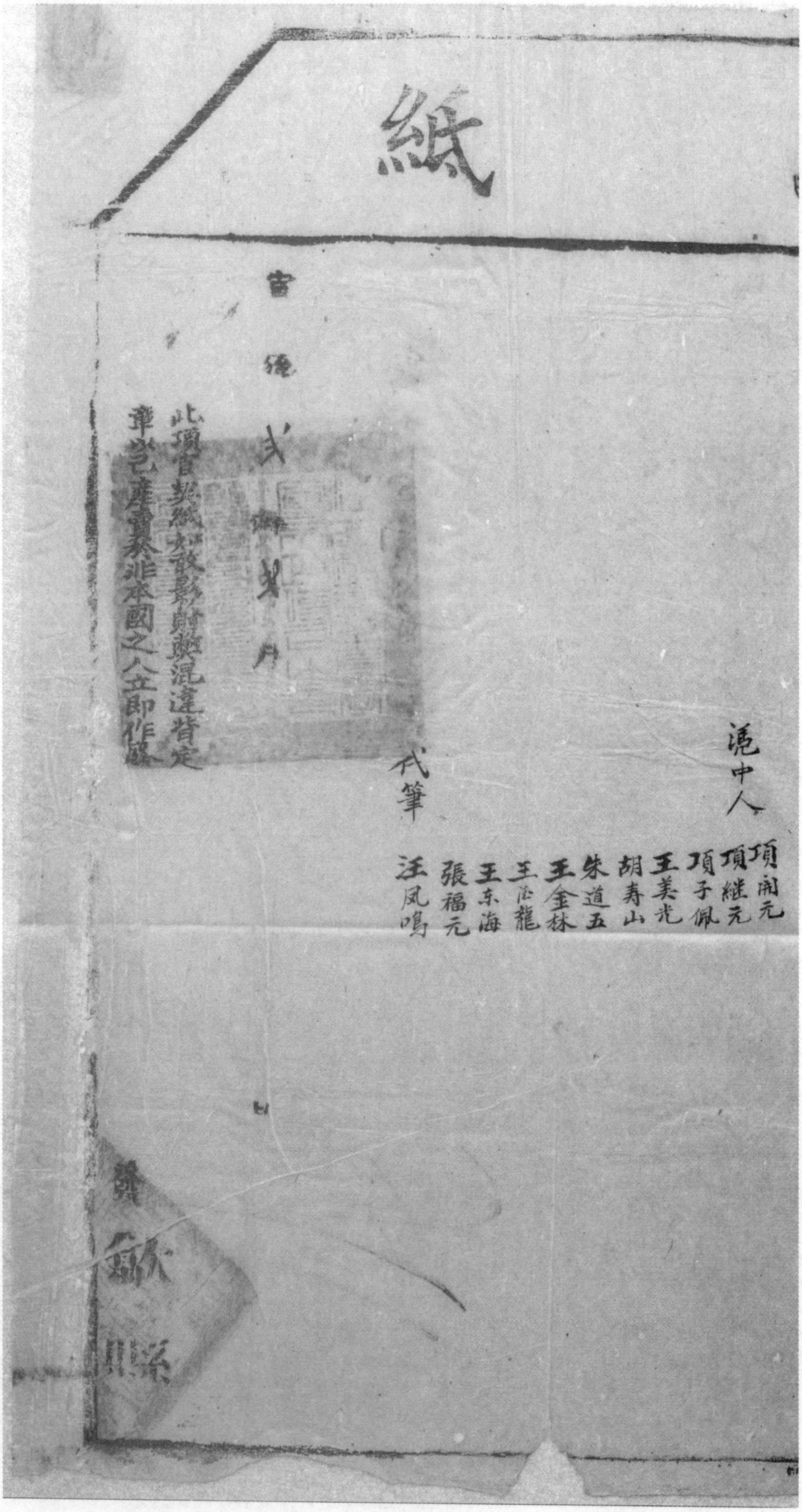
紙

宣統弍年弍月

此項官契紙如敢影射換混違背定
章並產賣於非本國之人立即作廢

憑中人 項閑元 項継元 項子佩 王美光 胡寿山 朱道五 王金林 王应龍 王东海 張福元

代筆 汪凤鳴

歙縣

（二）

清宣統二年四月歙縣洪來銀立杜賣地赤契

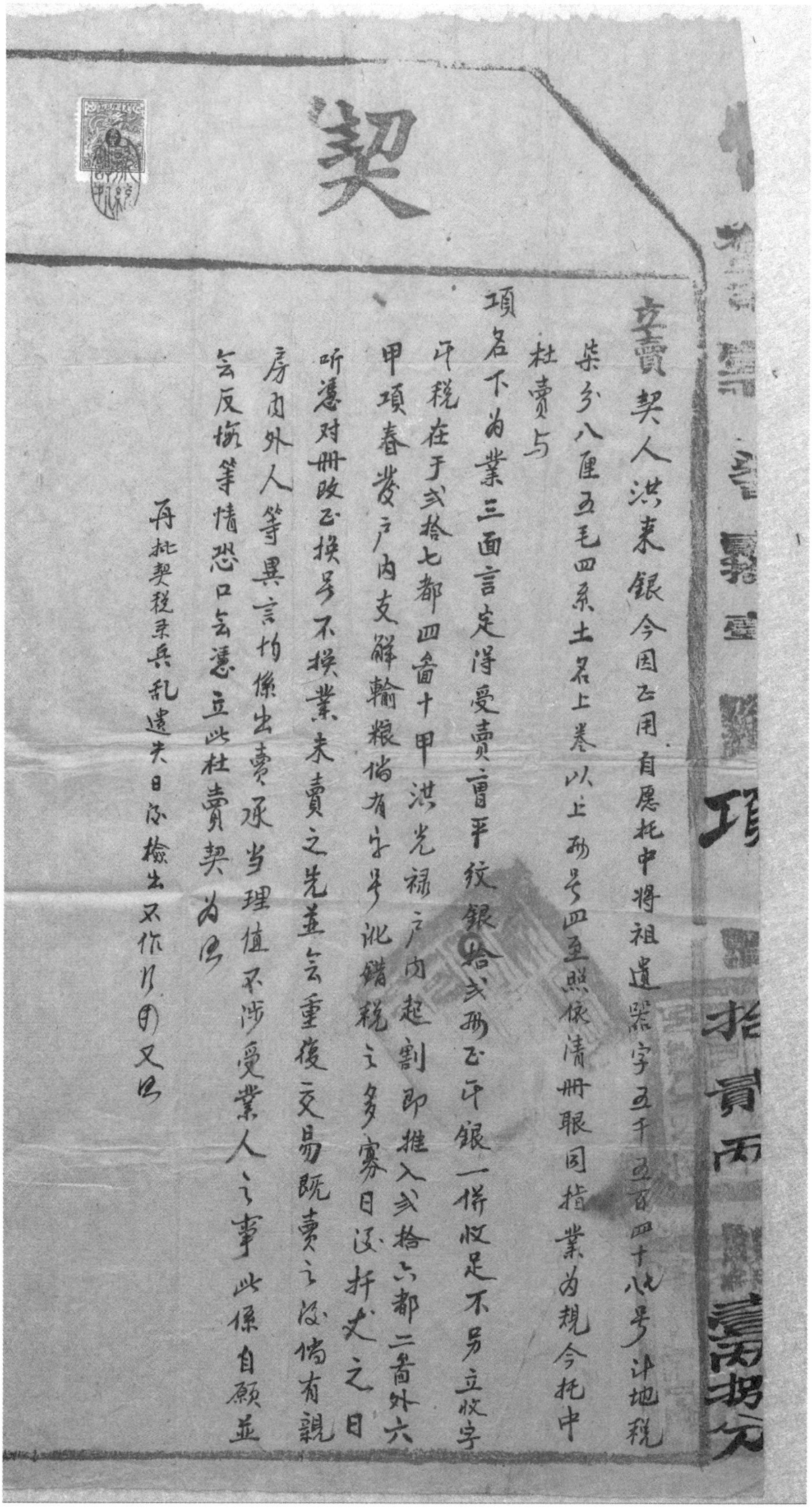

契

立賣契人洪來銀今因正用自愿托中將祖遺𡨋字五千五百四十八號計地稅
柒分八厘五毛四系土名上巷以上兩號四至照依清冊眼同指業為規今托中
杜賣与
項名下為業三面言定得受賣價平紋銀拾弍兩正其銀一併收足不另立收字
其稅在于弍拾七都四啚十甲洪光禄戶內起割即推入弍拾六都二啚外六
甲項春發戶內支解輸粮倘有字號訛錯稅之多寡日後扦丈之日
听憑对冊改正換號不換業未賣之先並無重復交易既賣之後倘有親
房內外人等異言均係出賣承當理值不涉受業人之事此係自願並
無反悔等情恐口無憑立此杜賣契為照
再批契稅未兵乱遺失日後檢出不作行用又照

（一）

一

清宣統二年四月歙縣洪來銀立杜賣地赤契

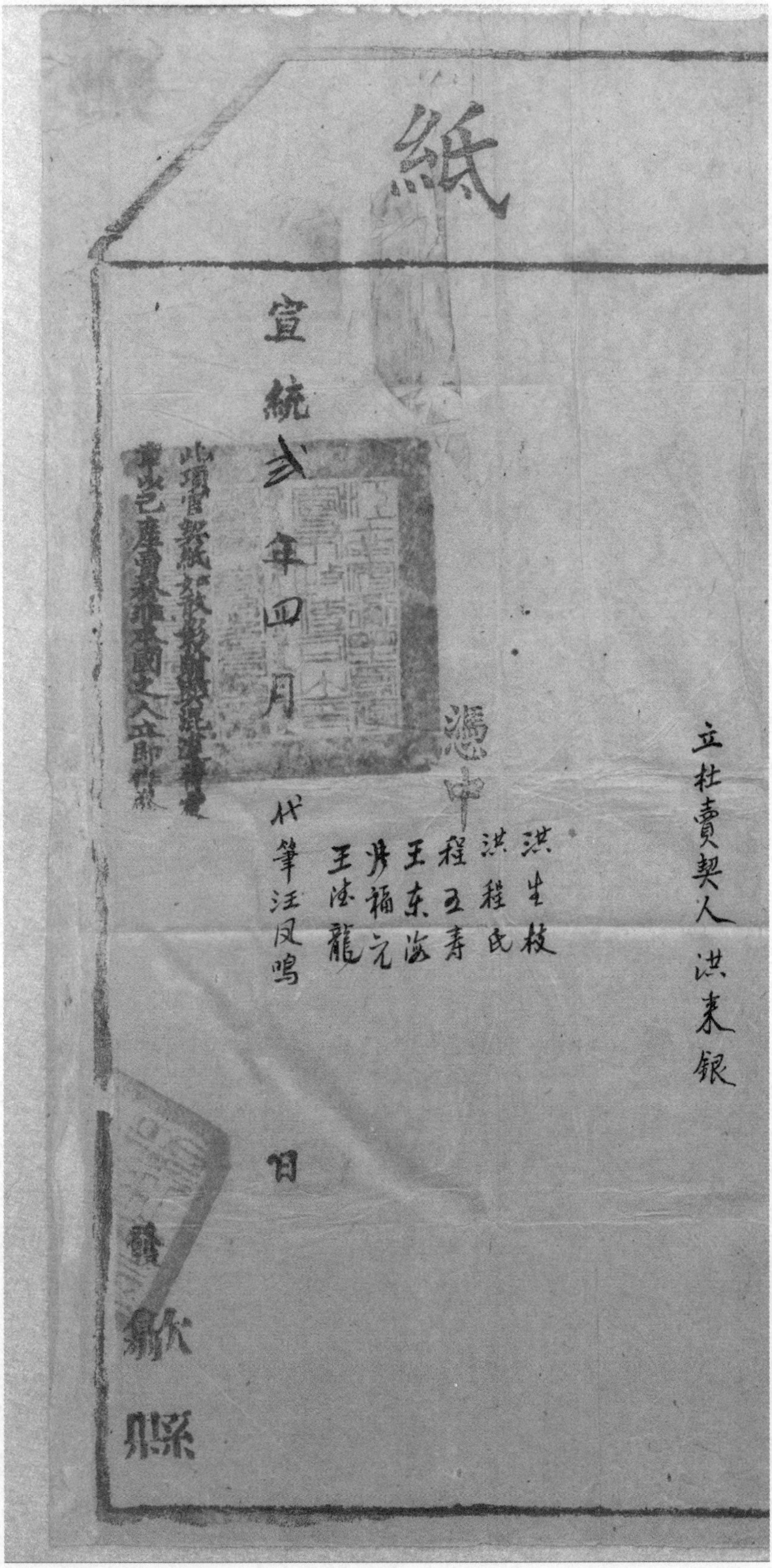

立杜賣契人 洪来银
憑中 洪生枝
洪程氏
程五寿
王东海
胡福元
王法龍
代筆汪凤鸣
宣統弍年四月 日
紙
歙縣

（二）

一

清宣統某年某月歙縣項廷襄等立賣田塘赤契

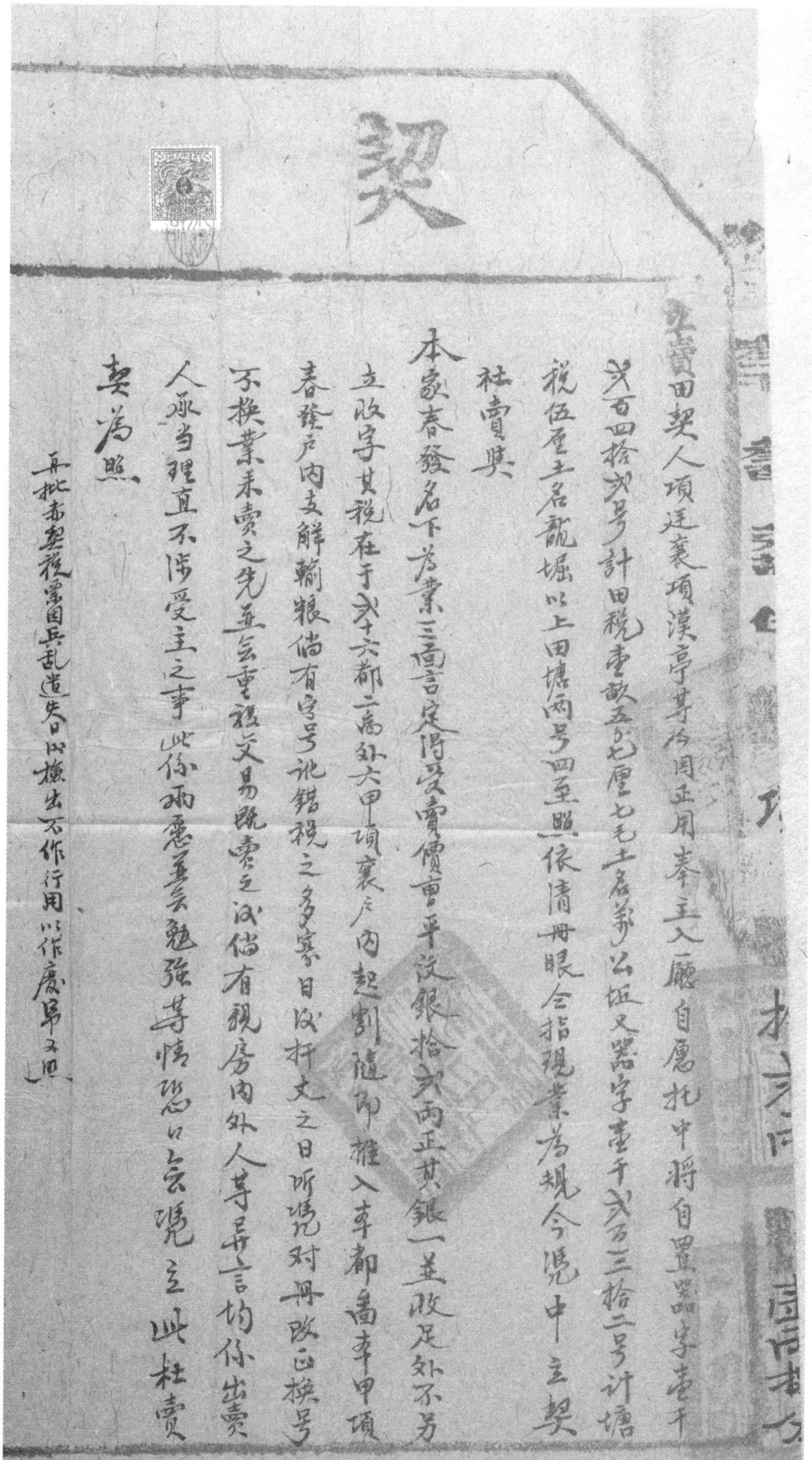

契

立賣田契人項廷襄、項漢亭等，今因正用，奉主入廳，自愿托中將自置器字壹千弍百四拾弍号，計田稅壹畝五分七厘七毛，土名茅山垣；又器字壹千弍百三拾二号，計塘稅伍厘，土名龍堀。以上田塘兩号，四至照依清冊眼全，指現業為規。今憑中立契杜賣與

本家春發名下為業，三面言定，得受賣價曹平紋銀拾弍兩正，其銀一并收足，外不另立收字。其稅在于弍十六都二啚外六甲項襄戶內起割，隨即推入本都啚本甲項春發戶內，支解輸粮。倘有字号訛錯，稅之多寡，日後扦丈之日，所憑兌冊，改正換号，不換業。未賣之先，並無重複交易；既賣之後，倘有親房內外人等異言，均係出賣人承當理直，不涉受主之事。此係兩愿，並無勉強等情，恐口無憑，立此杜賣契為照。

再批：赤契複掌，因兵乱遺失，日後撿出，不作行用，以作廢紙。又照。

（一）

一

清宣統某年某月歙縣項廷襄等立賣田塘赤契

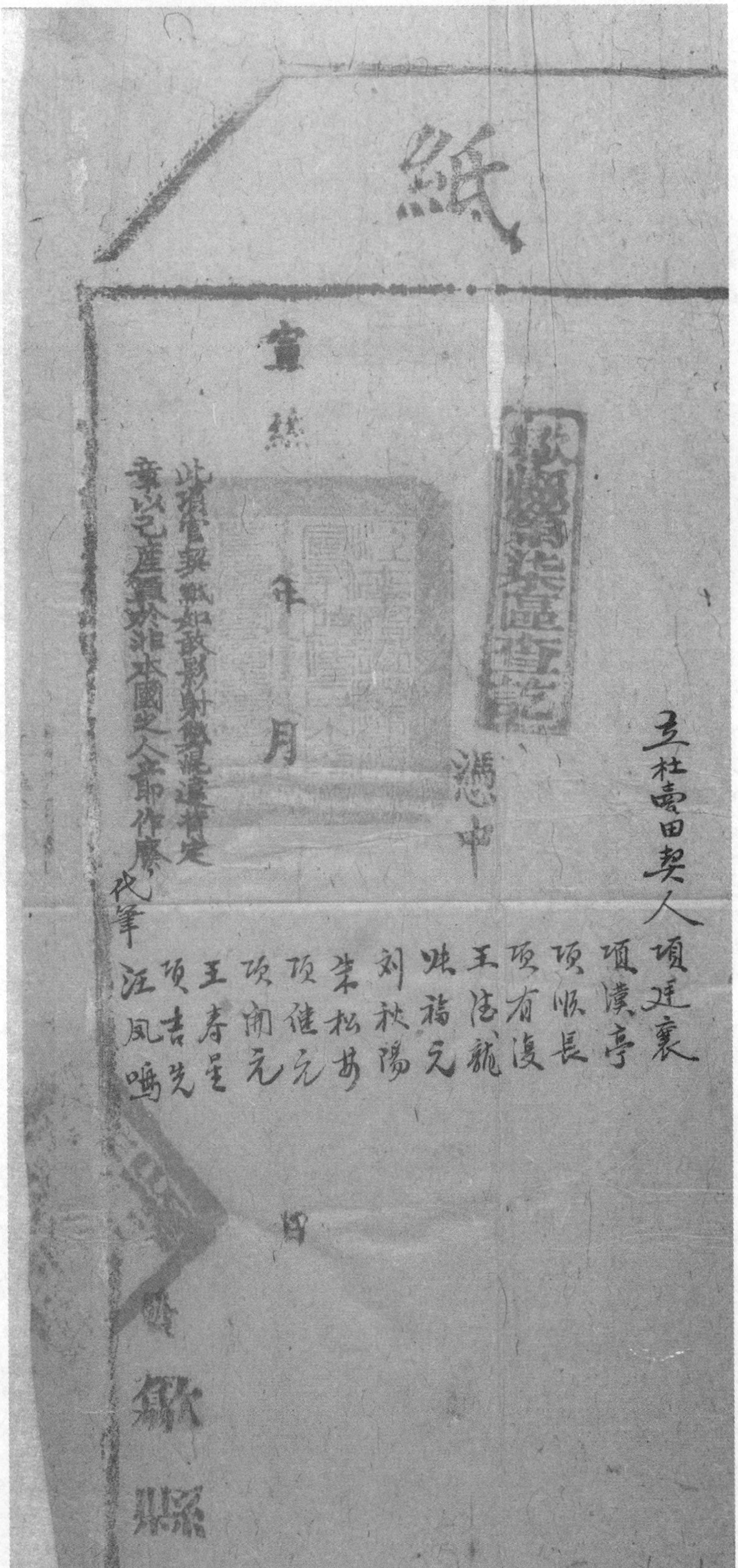

（二）

〔三二〕清宣統年間歙縣二十七都詹氏買田地契約

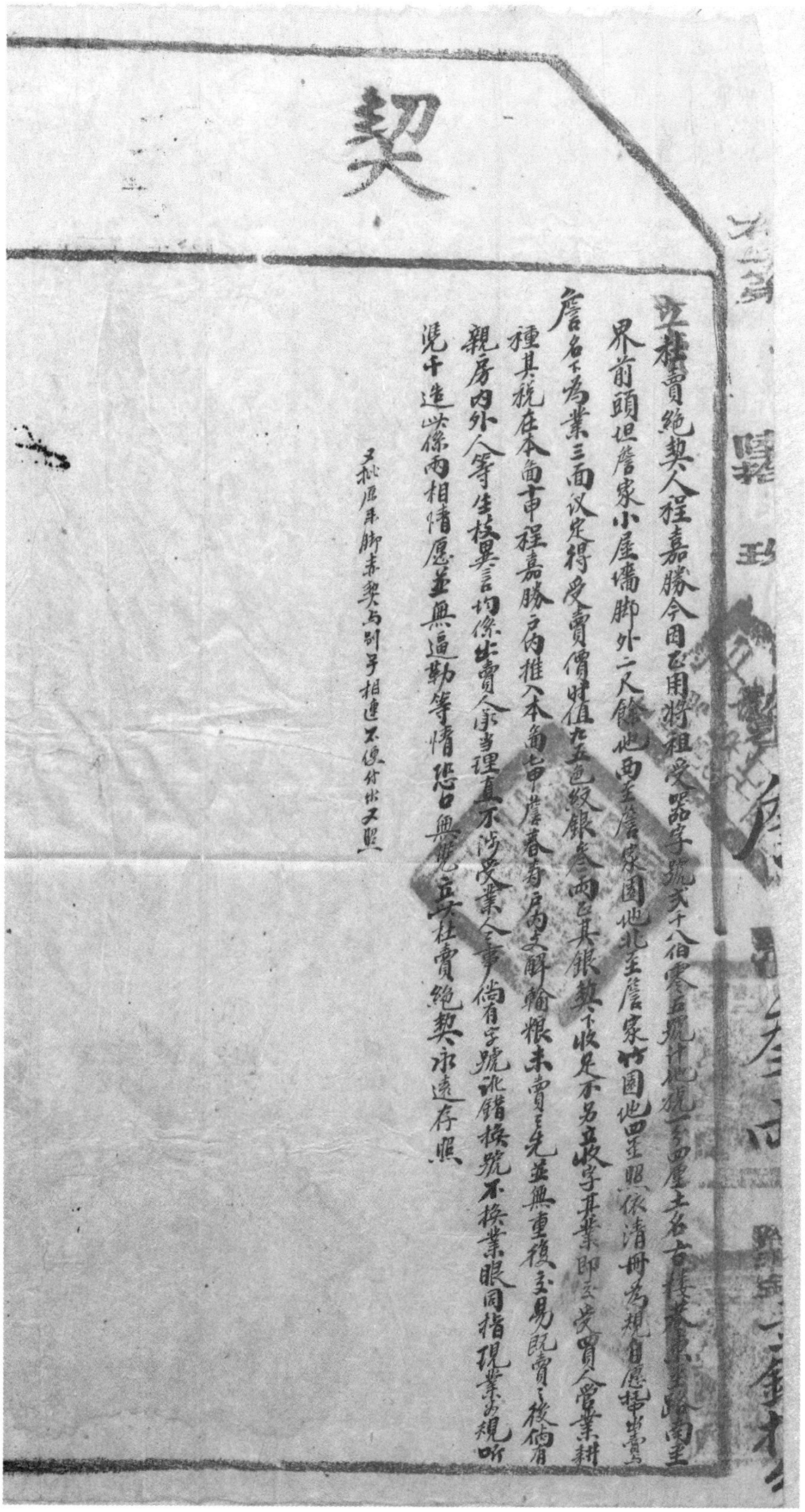

契

立杜賣絕契人程嘉勝今因正用將祖受眾茁字號弍千八佰零叁號計地税一分四厘土名古楼[illegible]東至路南至界前頭坦詹家小屋牆脚外二尺餘地西至詹家園地北至詹家竹園地四至照依清冊為規自愿挖出賣與詹名下為業三面议定得受賣價时值九五色紋銀叁兩正其銀契下收足不另立收字其業即交受買人管業耕種其税在本图十甲程嘉勝户內推入本图七甲詹春壽户內支解輸粮未賣之先並無重複交易既賣之後倘有親房內外人等生枝異言均係出賣人承当理直不涉受業人之事倘有字號訛錯换號不换業眼同指現業為規听凭千進此係兩相情愿並無逼勒等情恐口無凭立此杜賣絕契永遠存照

又批原来脚赤契為別字相連不便付出又照

（一）

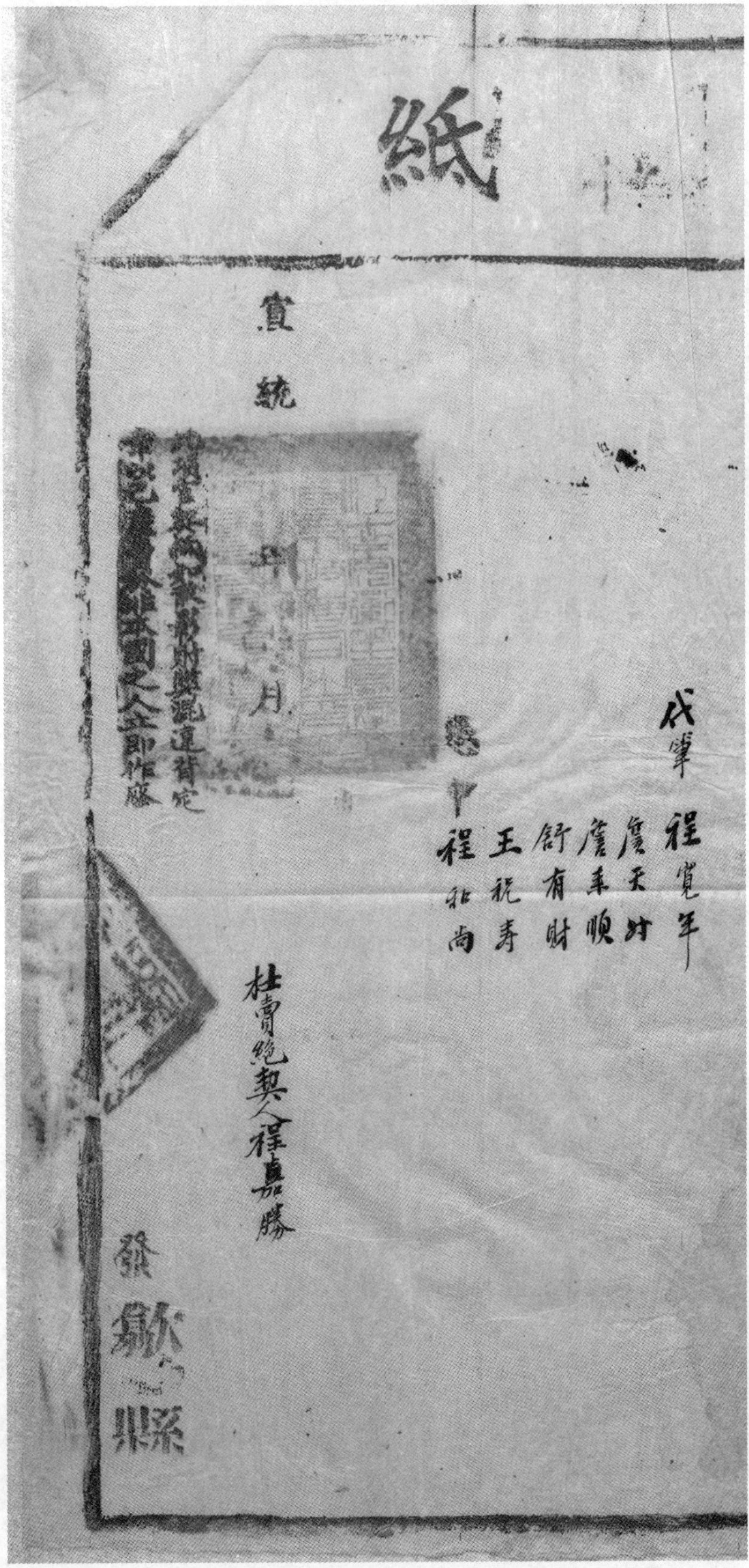

紙

宣統　年　月

代筆　程寬年

中　詹天財　詹秉順　舒有財　王祝寿　程和尚

杜賣絶契人程嘉勝

發歙縣

（二）

一

清宣統某年某月歙縣舒項氏立杜賣田赤契

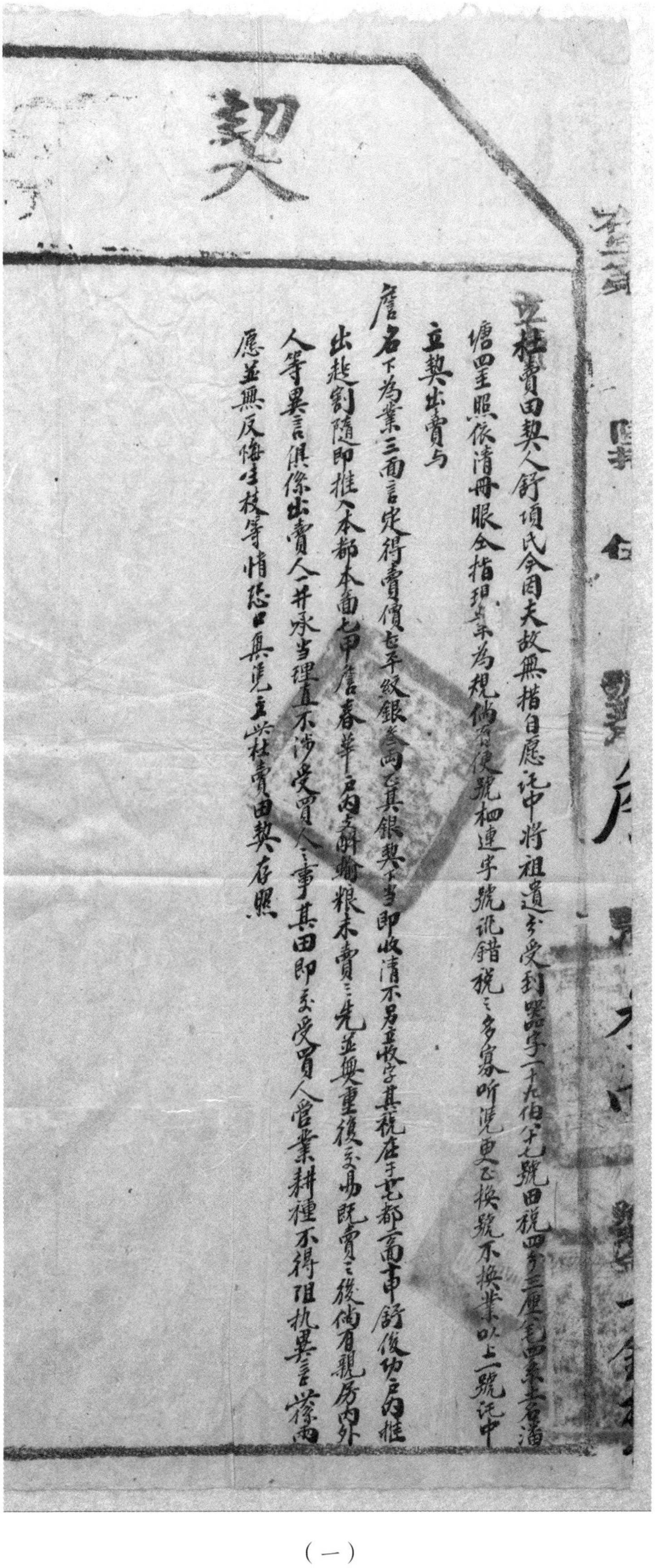
契

立杜賣田契人舒項氏，今因夫故無措，自愿託中將祖遺分受到[illegible]字一千九伯廿七號田稅四分三厘二毛四系，土名滿塘，四至照依清冊眼仝指現，其年為規，倘使號细連字號訛錯，稅之多寡，听照更改換號不換業，以上一號託中立契出賣与

詹名下為業，三面言定，得賣價足平紋銀叁兩正，其銀契下当即收清，不另立收字。其稅在于七都六圖甲詹復功戶內推出趆割，隨即推入本都本圖七甲詹春華戶內辦糧。未賣之先，並無重復交易；既賣之後，倘有親房內外人等異言，俱係出賣人一并承当，理直不涉受買人之事。其田即交受買人管業耕種，不得阻執異言，係兩愿，並無反悔生枝等情，恐口無憑，立此杜賣田契存照。

（一）

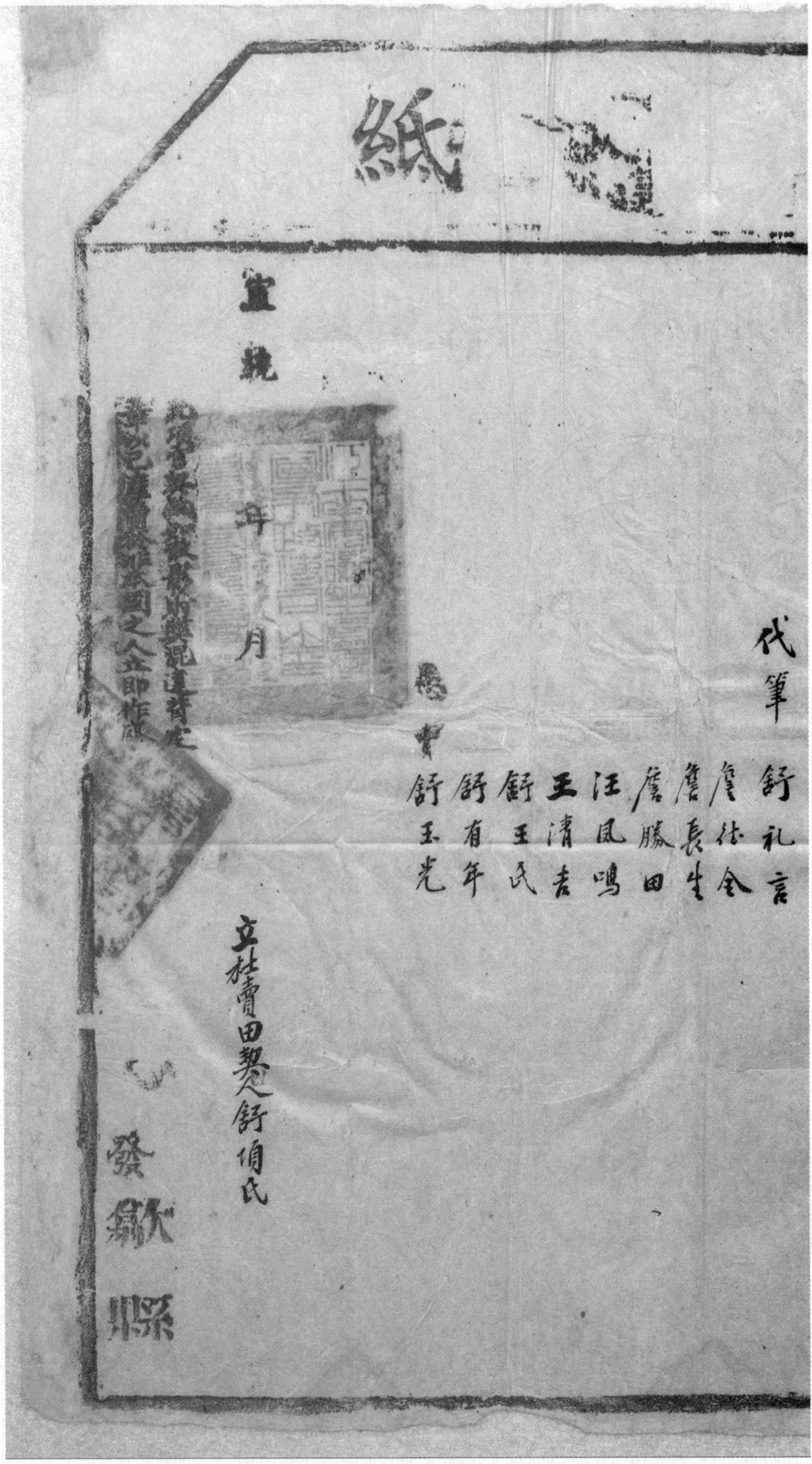
紙
代筆 舒礼言
詹佳全
詹長生
詹勝田
汪鳳鳴
王清吉
舒王氏
舒有年
舒玉光
立杜賣田契人舒項氏
宣統 年 月
發歙縣

（二）

清宣統某年某月歙縣舒項氏立杜賣田赤契

〔四〕清宣統二年歙縣舒門賣田契約

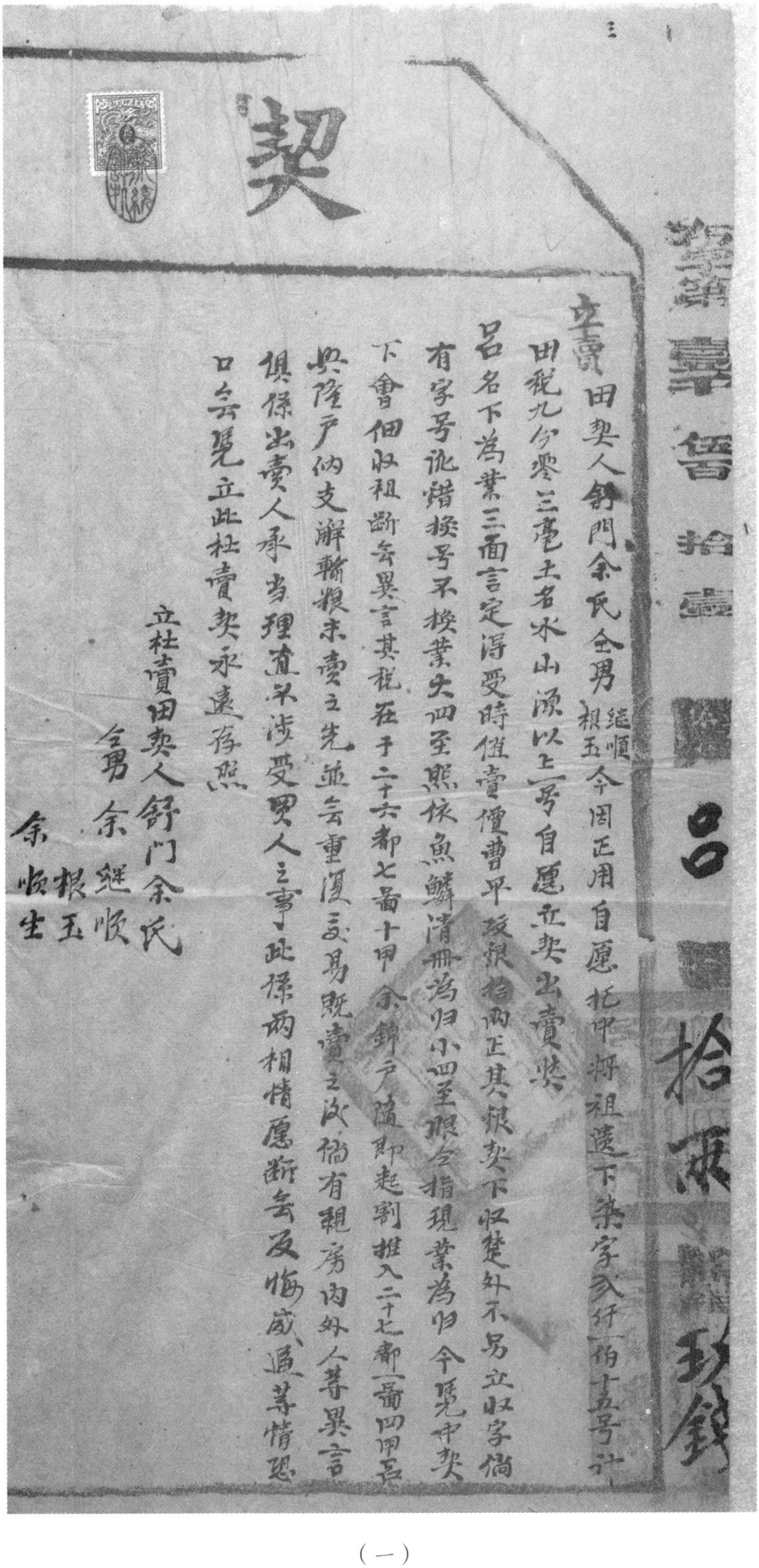
契

立賣田契人舒門余氏仝男继順、根玉，今因正用，自愿托中將祖遺下柒字弍仟一伯十五号，計田税九分零三毫，土名水山源，以上一号自愿立契出賣與吕名下為業。三面言定得受時值壹價曹平紋銀拾兩正，其銀契下收楚，外不另立收字。倘有字号訛錯，换号不换業，其四至照依魚鱗清冊為归，小四至眼仝指現業為归。今憑中契下會佃收租，斷無異言。其税在于二十六都七啚十甲余錦户，随即起割推入二十七都一啚四甲吕姓陞户納支辦輸粮。未賣之先並無重復交易，既賣之後倘有親房內外人等異言，俱係出賣人承当，理直不涉受買人之事。此係兩相情愿，斷無反悔威逼等情，恐口無憑，立此杜賣契永遠存照。

立杜賣田契人舒門余氏
仝男 余继順
根玉
余順生

清宣統二年四月歙縣舒門余氏等立賣田赤契

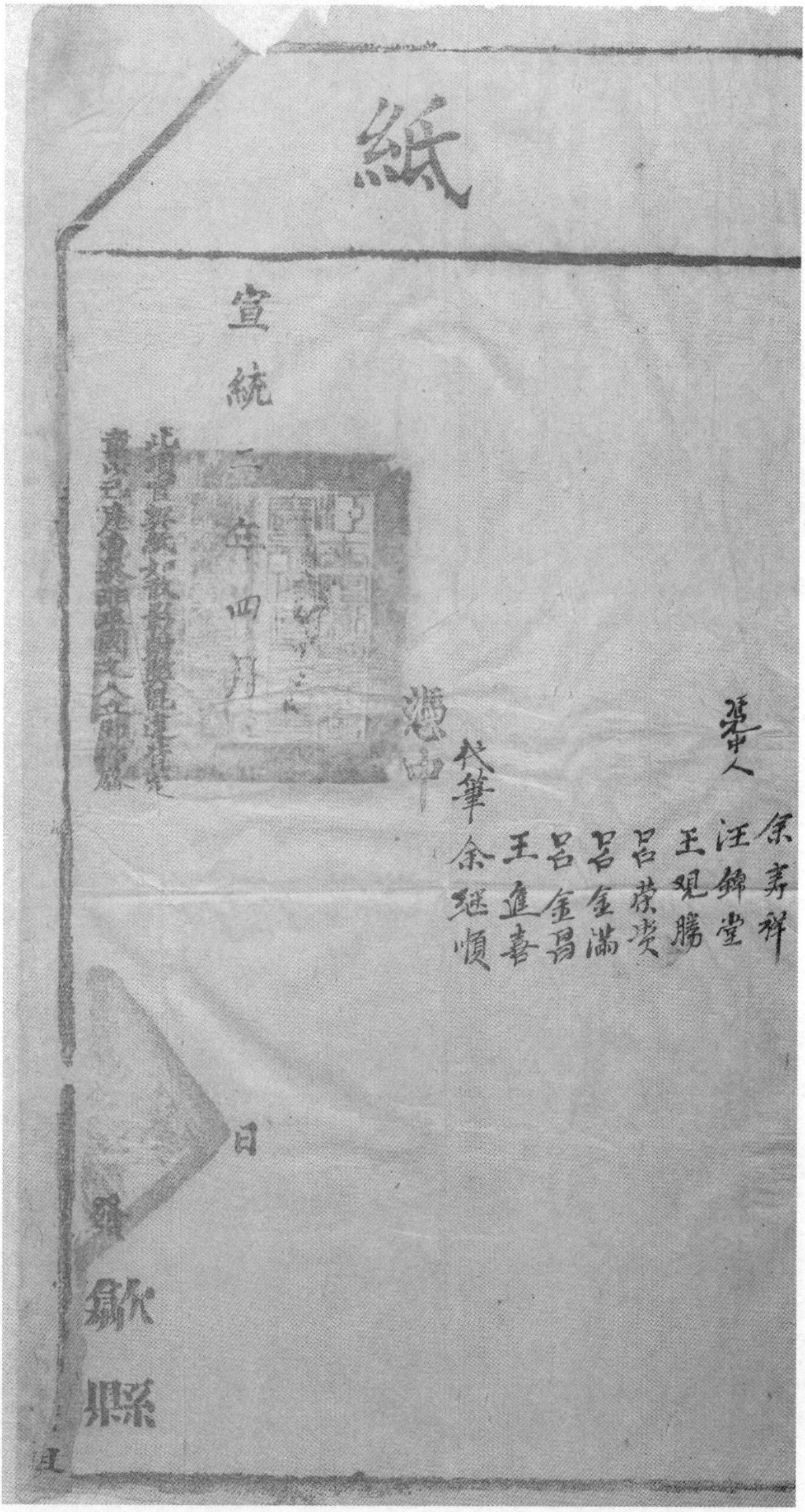

（二）

卷二　土地税契憑證文書

一、清順治年間税契憑證文書

清順治七年九月某某縣八甲里長方禄稟爲叩恩金批償照以便揭貱早完國課事附縣批

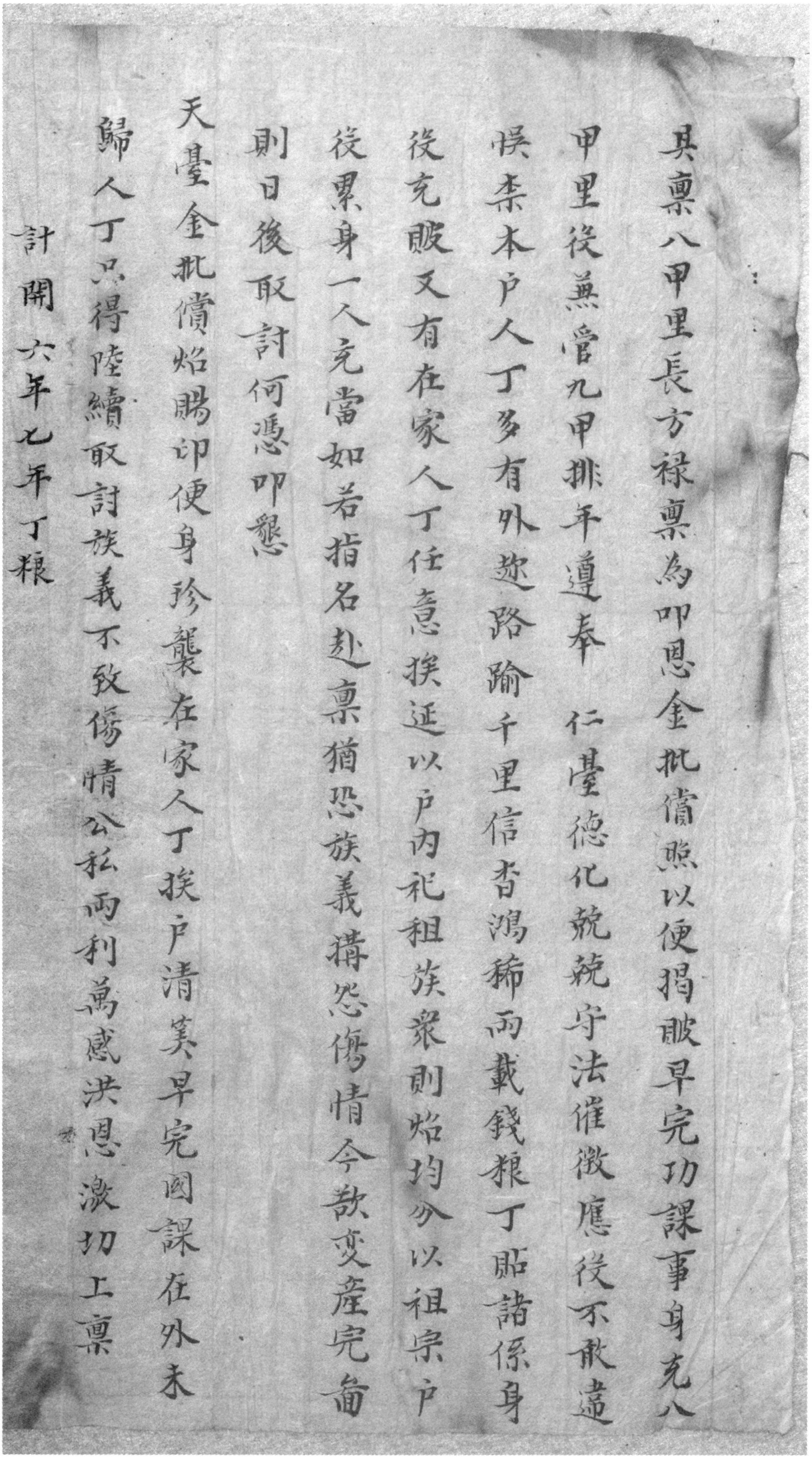
具稟八甲里長方禄稟爲叩恩金批償照以便揭貱早完功課事身充八
甲里役無嘗九甲排年遵奉 仁臺德化兢兢守法催徵應役不敢違
悮柰本户人丁多有外遊路踰千里信杳鴻稀兩載錢粮丁貼諸係身
役充賠又有在家人丁任意挨延以户內祀祖族衆則始均分以祖宗户
役累身一人充當如若指名赴稟猶恐族義搆怨傷情今歘变產完备
則日後取討何憑叩懇
天臺金批償照賜印便身珍襲在家人丁挨户清筭早完國課在外未
歸人丁只得陸續取討族義不致傷情公私兩利萬感洪恩激切上稟
計開 六年七年丁粮

（一）

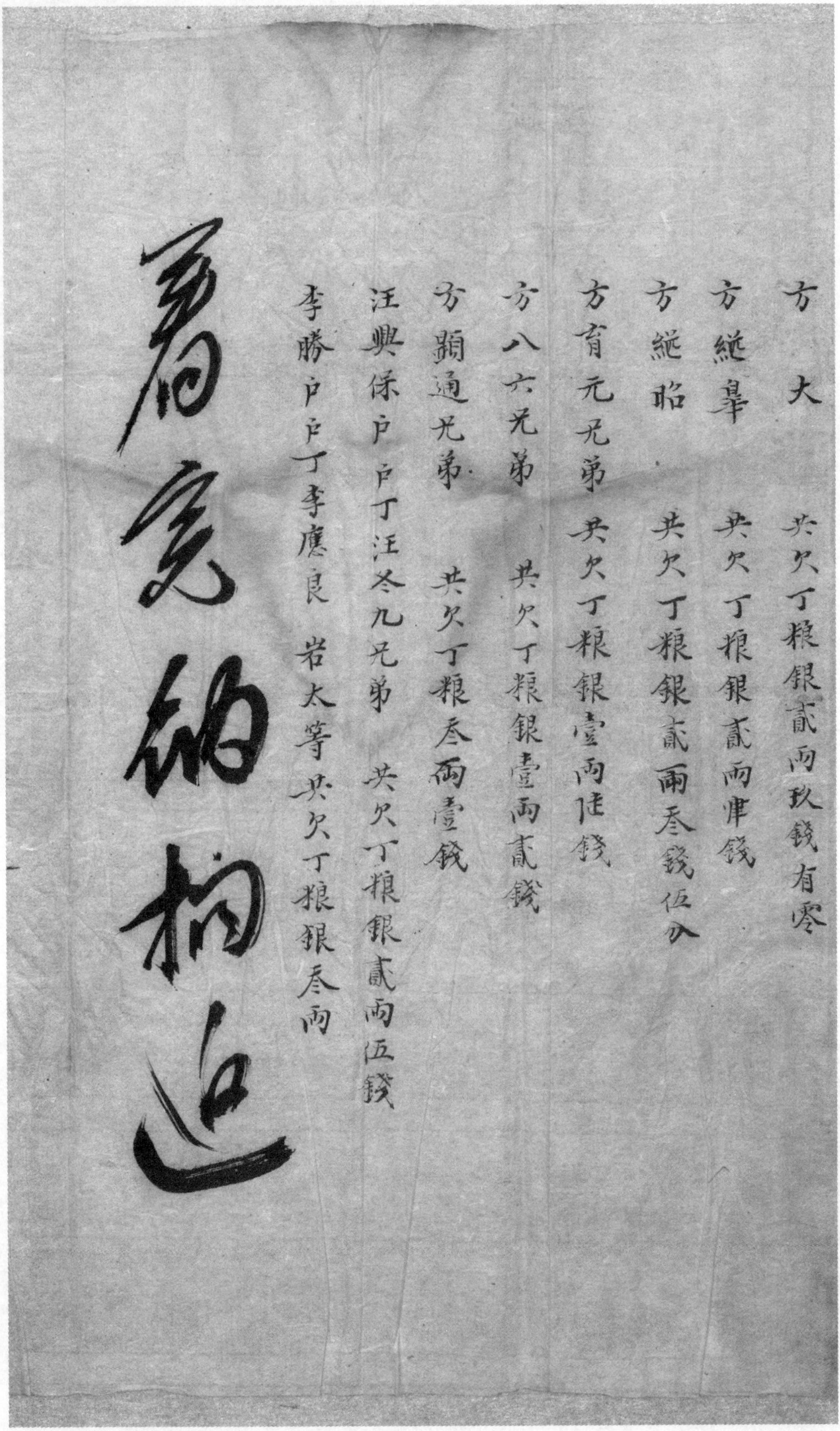
方大　共欠丁粮銀貳兩玖錢有零
方繼皋　共欠丁粮銀貳兩肆錢
方繼昭　共欠丁粮銀貳兩叁錢伍分
方育元兄弟　共欠丁粮銀壹兩陸錢
方八六兄弟　共欠丁粮銀壹兩貳錢
方顯通兄弟　共欠丁粮叁兩壹錢
汪興保户户丁汪冬九兄弟　共欠丁粮銀貳兩伍錢
李勝户户丁李應良　岩太等共欠丁粮銀叁兩
着完納拘追

（二）

清順治七年九月某某縣八甲里長方禄稟爲叩恩金批償照以便揭賍早完國課事附縣批

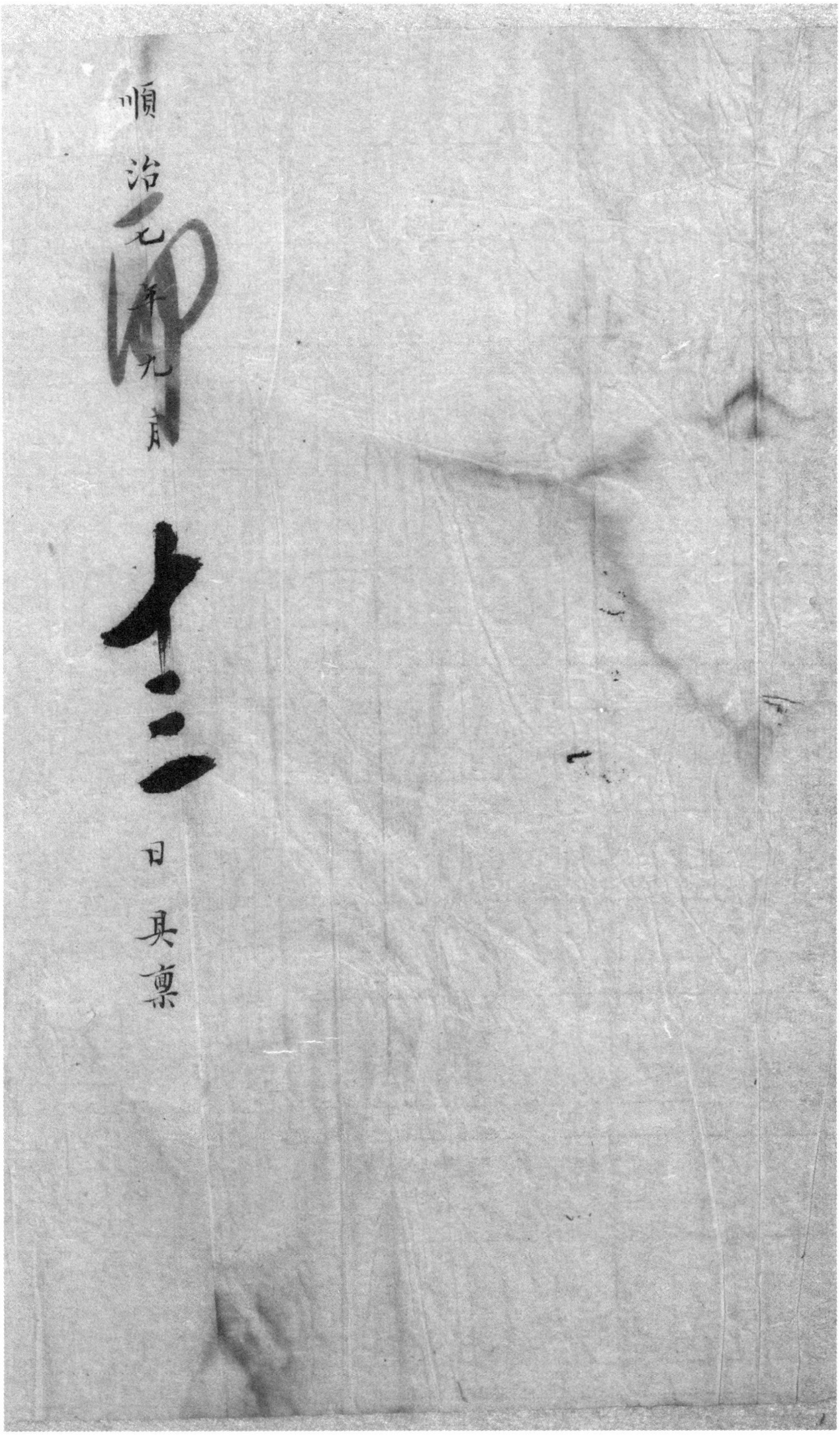
順治七年九月十二日具稟

（三）

一

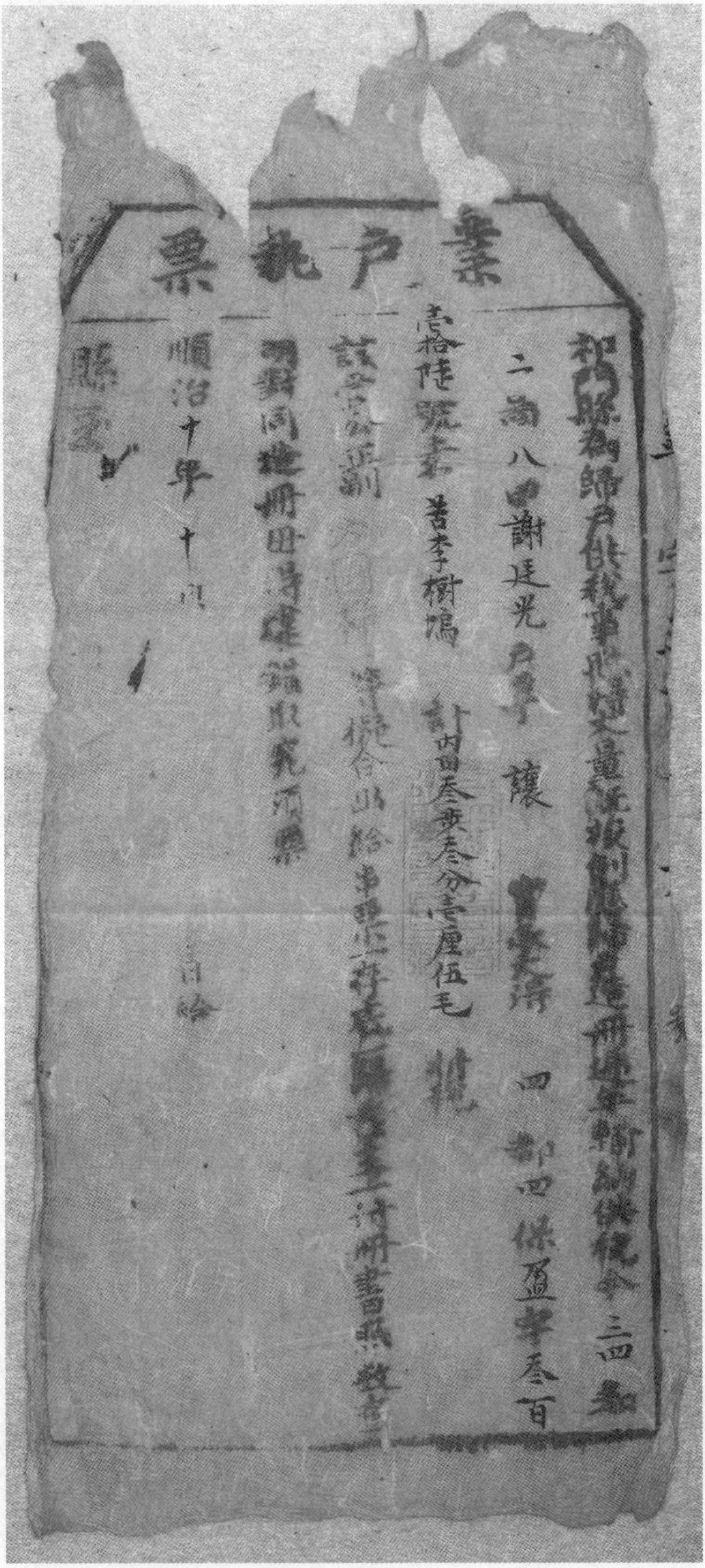
業戶執票
祁門縣爲歸戶供稅事[illegible]今三四都
二圖八甲謝廷光戶丁 讓 [illegible] 四都四保盈字叁百
壹拾陸號 土名 苦李樹塢 計田叁畝叁分壹厘伍毛 [illegible]
[illegible]合行給票[illegible]
[illegible]
順治十年十月 日給
縣票

清順治十年十月祁門縣給三四都二圖八甲謝廷光戶
戶丁謝讓四都四保盈字三百壹拾陸號田業戶執票

一

清順治十年十月祁門縣給三四都二圖八甲謝廷光户户丁謝讓四都四保盈字肆百柒拾陸號田業户執票

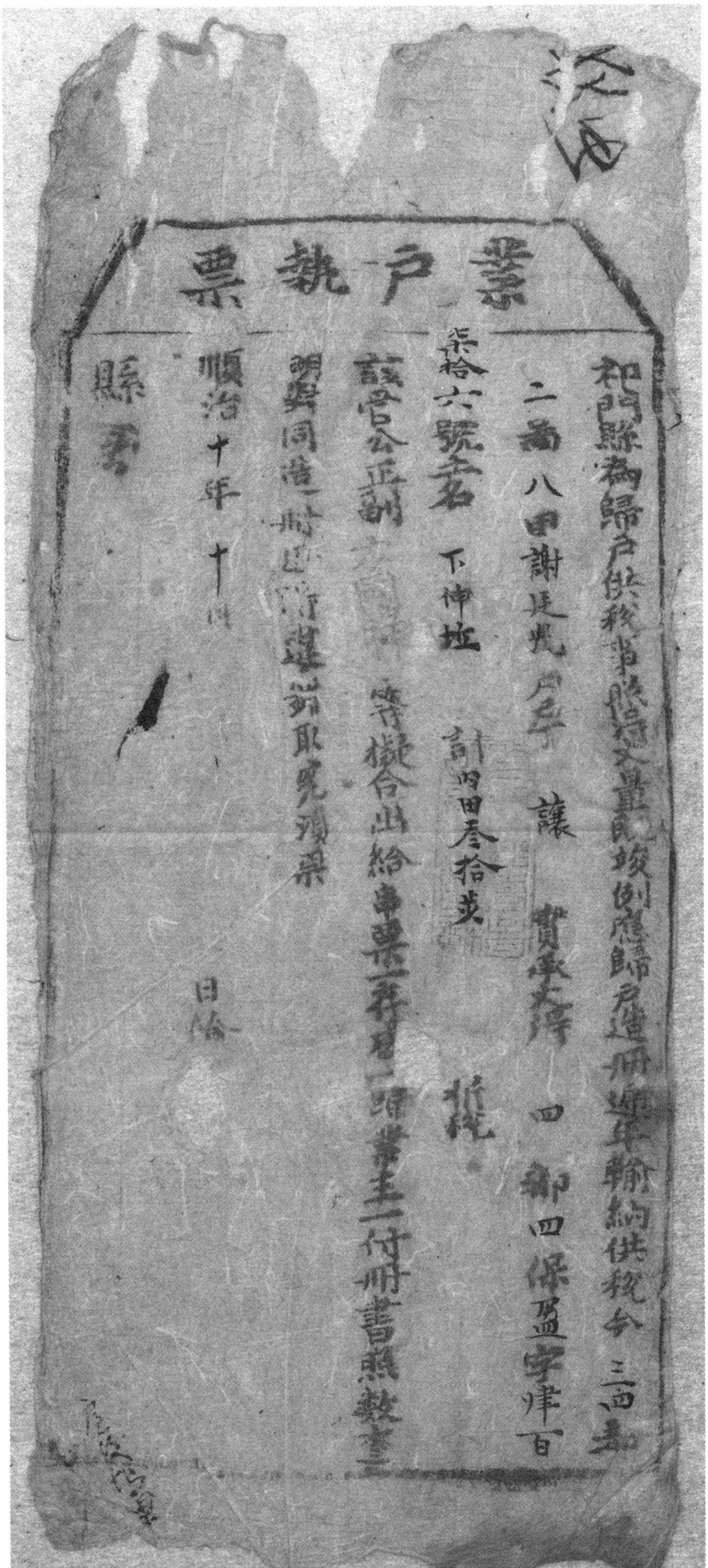

一

清順治十年十月祁門縣給三四都二圖八甲謝廷光戶戶丁謝讓四都一保盈字陸百捌拾玖號田業戶執票

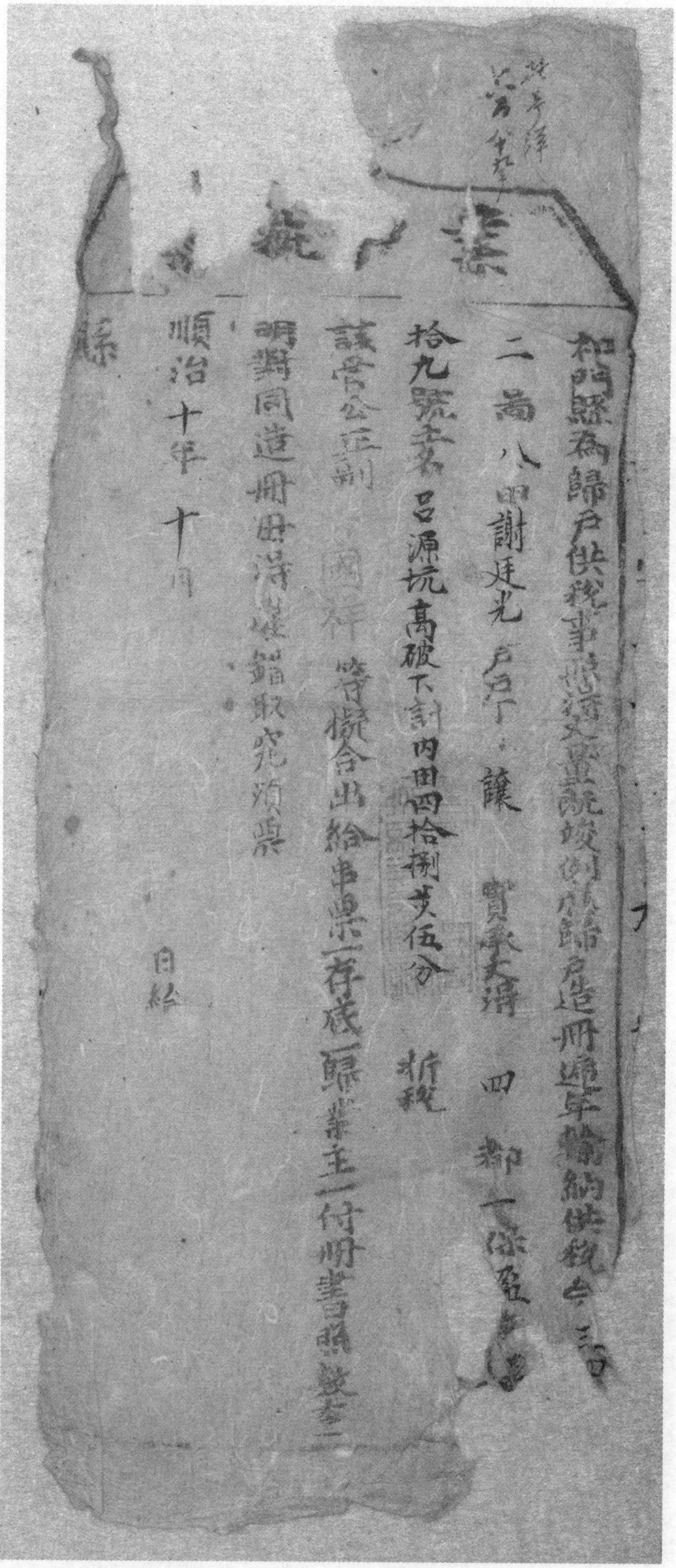

歸戶

祁門縣為歸戶供稅事，遵奉丈量既竣，例應歸戶造冊，逐年輸納供稅。今三四

二圖八甲謝廷光戶丁謝讓 買業人謝 四都一保盈字

拾九號土名呂源坑高破下 計內田四拾捌步伍分 折稅

該管公正副 等據合出給串票，一存底，一縣業主，一付冊書照數

明與同造冊冊書，倘錯取究，須票

順治十年十月 日給

縣

一

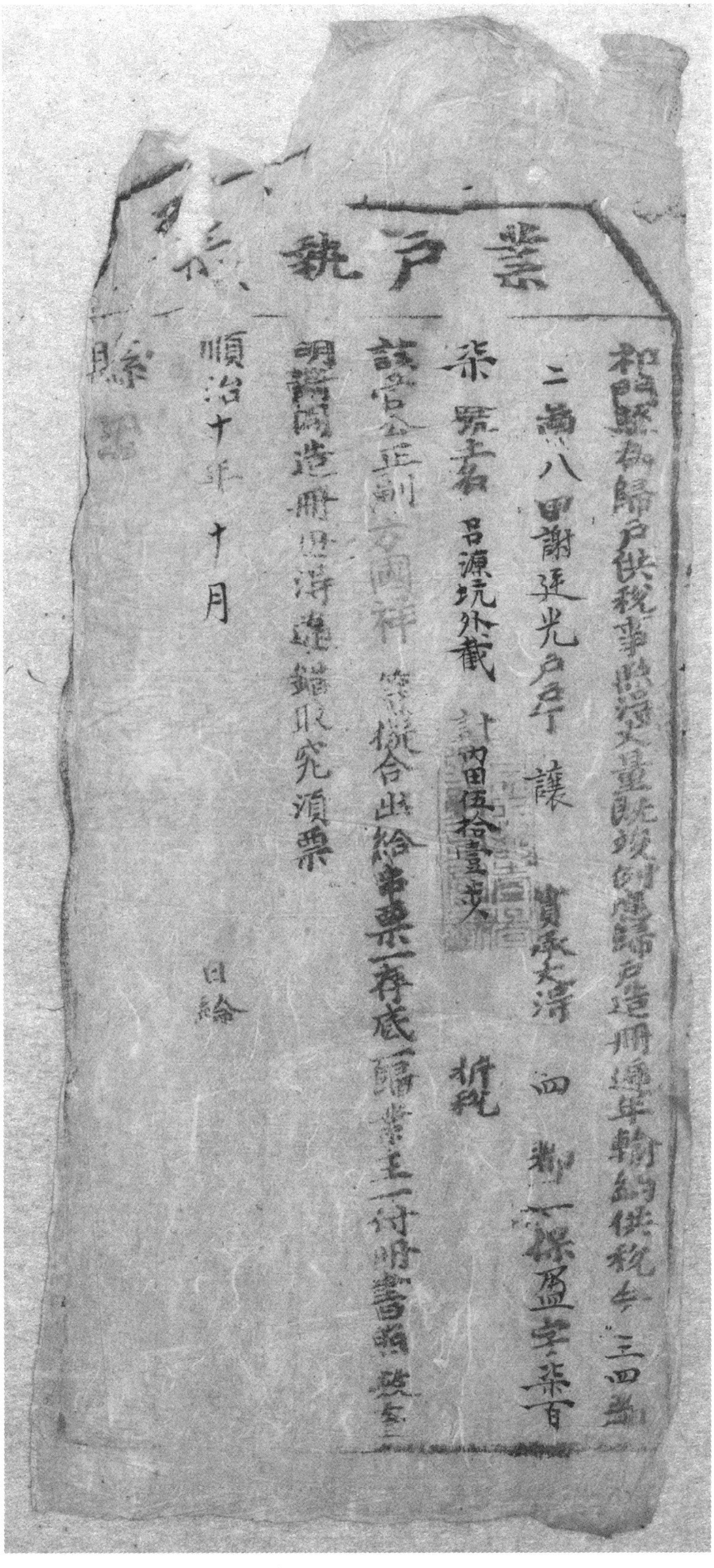
業戶執票
祁門縣為歸戶供稅事照得丈量既竣例應歸戶造冊逐年輸納供稅今據三四都
二圖八甲謝廷光戶丁 讓 買承大清 四 都一保盈字柒百
柒號土名 呂源坑外截 計開田伍拾壹步 折稅
該管公正副方國祥 等照號合出給業票一存底一歸業主一付冊書收照
明[illegible]開造冊毋得遺錯取究須票
順治十年十月　日給
縣

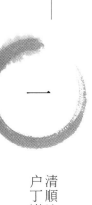

清順治十年十月祁門縣給三四都二圖八甲謝廷光戶戶丁謝讓四都一保盈字柒百柒號田業戶執票

一

清順治十年十月祁門縣給三四都二圖八甲謝廷光户户丁謝讓四都一保盈字柒百貳拾叁號田業户執票

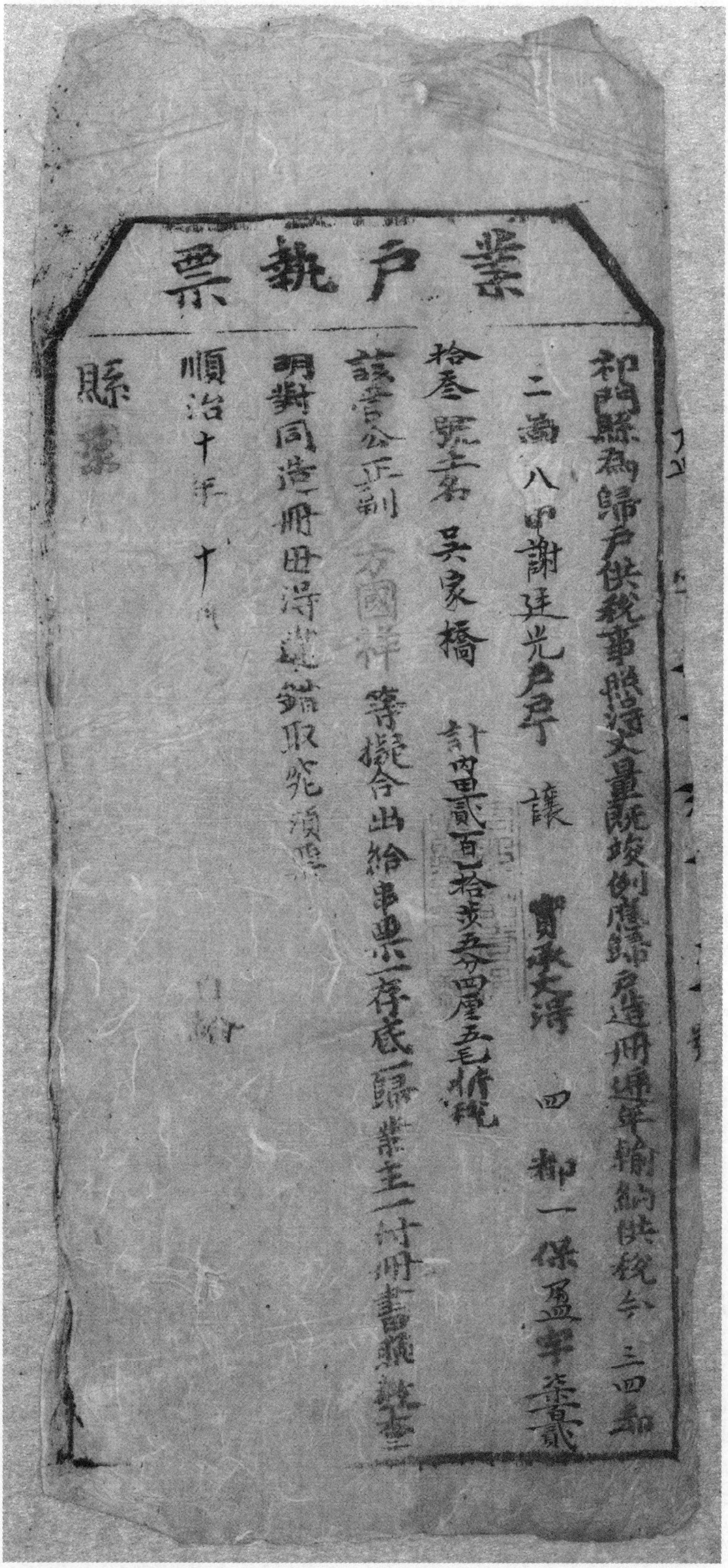
業户執票
祁門縣為歸户供税事，照得丈量既竣，例應歸户造册，逐年輸納供税。今三四都
二圖八甲謝廷光户丁謝讓　買承大得　四都一保盈字柒百貳
拾叁號土名吳家橋　計田貳百二拾叁步五分四厘五毛，折稅
該管公正副方國祥等，擬合出給串票，一存底，一歸業主，一付册書，執此
明對同造册田得錯取究，須至票者。
順治十年十月　日給
縣

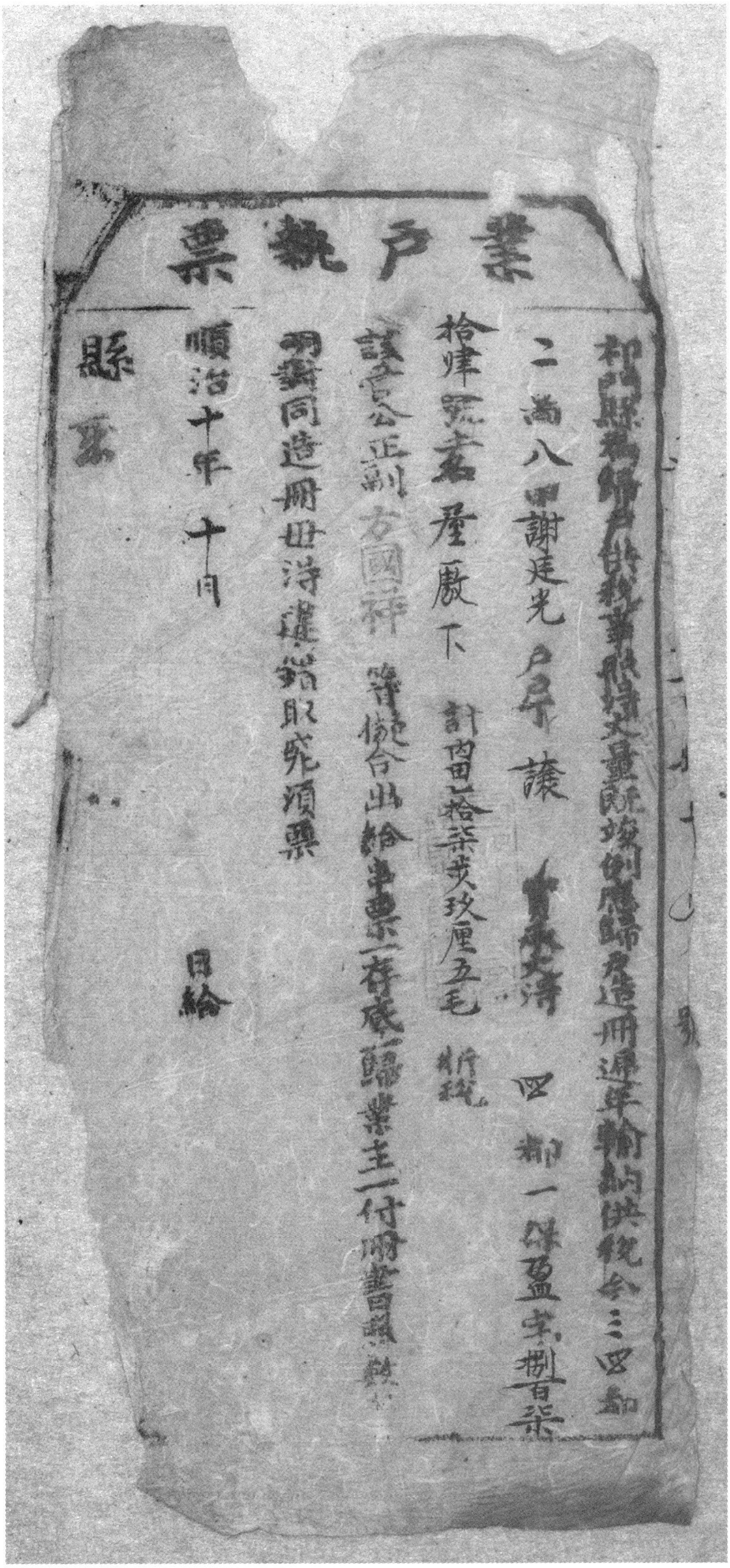

業户執票

祁門縣為歸户供税事照得丈量既竣例應歸户造册遵年輸納供税今三四都
二圖八甲謝廷光户丁讓 買受大清 四都一保盈字捌百柒
拾肆號土名壓廒下 計田[illegible]拾柒步玖厘五毛 折税
該管公正副方國祥 諸僉合出給串票一存底一歸業主一付册書照數
收税同造册毋得違錯取究須票
順治十年十月 日給
縣

清順治十年十月祁門縣給三四都二圖八甲謝廷光户户丁謝讓四都一保盈字捌百柒拾肆號田業户執票

二、清乾隆至民國年間土地稅票憑證完租執票

〔一〕清咸豐至光緒年間休寧縣給王聚泰户税票

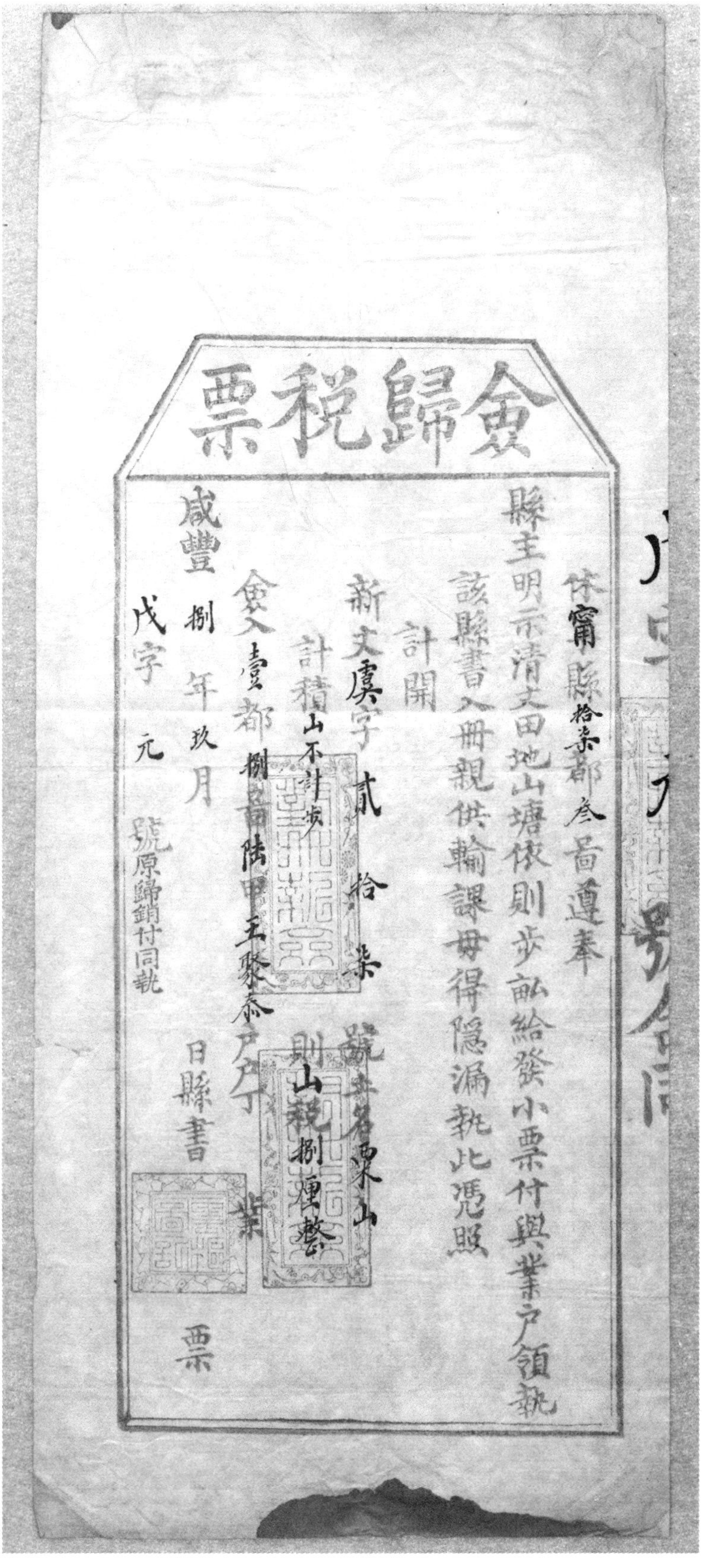

僉歸税票

休寧縣拾柒都叁啚遵奉

縣主明示清丈田地山塘依則步畝給發小票付與業户領執

該縣書入冊親供輸課毋得隱漏執此憑照

計開

新丈虞字貳拾柒號土名栗木山

計積山不計步　則山税捌厘整

僉入壹都捌啚陸甲王聚泰户丁

咸豐捌年玖月　日縣書　柒

戊字　元號原歸銷付同執

票

一　清咸豐八年九月休寧縣給一都八圖六甲王聚泰户僉歸税票

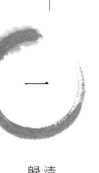

收税票

休寧縣壹都捌啚遵奉
縣主明示驗契推收攢造粮册事今據本啚陸甲
王聚泰户户丁郎亭目過昃字叁百壹拾號
土名糜村 計地税壹分叁厘伍丝正 於
光緒貳拾玖年拾貳月 買 貳都柒啚玖甲
吴安敏户户丁 利之 業
光緒貳拾玖年拾貳月 日票
契尾
契價
並無添註
挖補塗改

一

清光緒二十九年十二月休寧縣給一都八圖六甲王聚泰户户丁王郎亭收税票

一

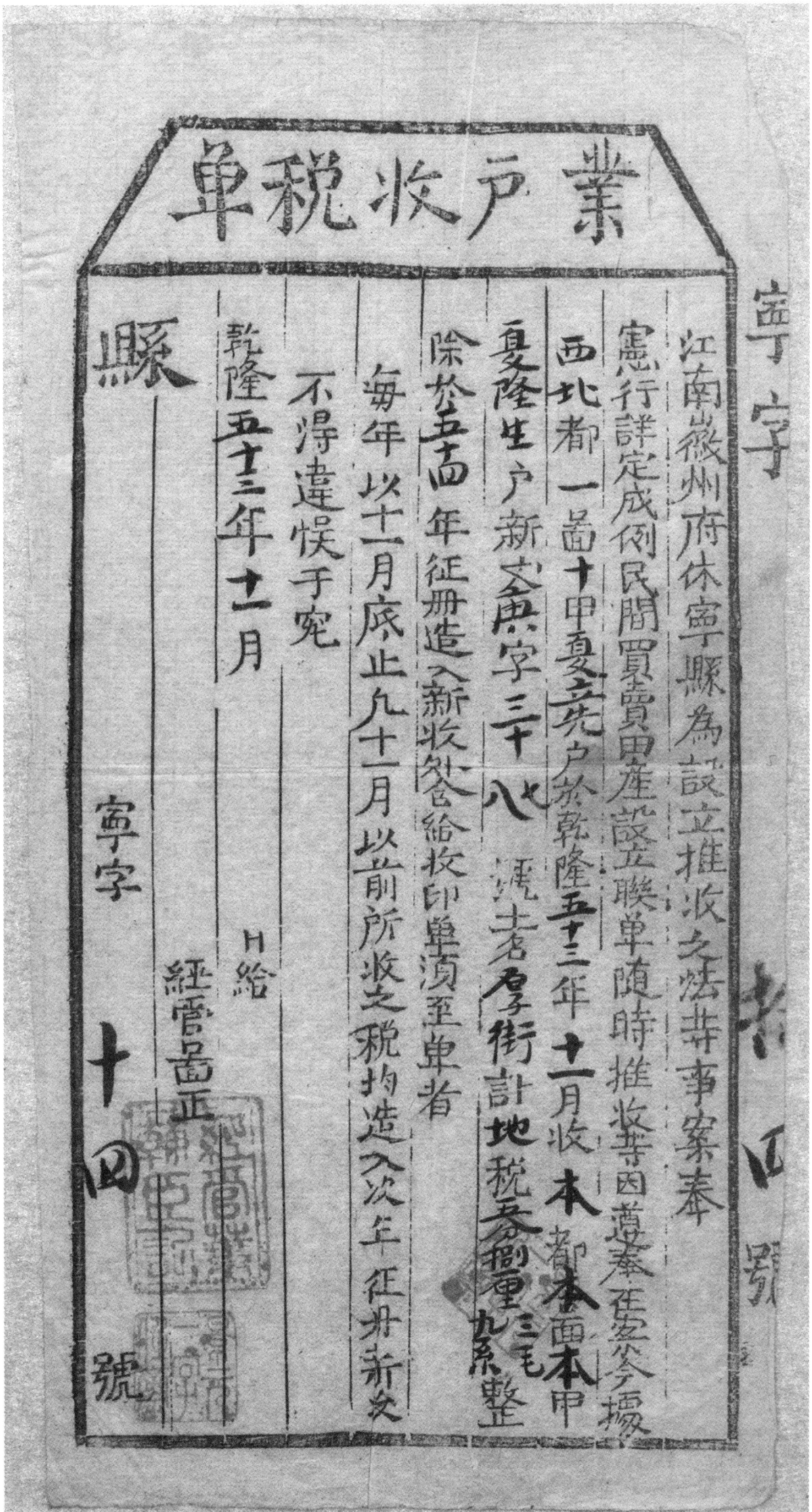

寧字　號

業户收税单

江南徽州府休寧縣為設立推收之法并事案奉
憲行詳定成例民間買賣田産設立聯单隨時推收等因遵奉在案合行攄
西北都一啚十甲夏立先户於乾隆五十三年十一月收本都本啚本甲
夏隆生户新丈良字三十八七號土名厚街計地税五分捌釐三毛九系整
除於五十四年征册造入新收外合給收印单須至单者
每年以十一月底止凡十一月以前所收之税均造入次年征册新收
不得違悞于究
乾隆五十三年十一月　日給
經管啚正

縣
寧字
十四
號

清乾隆五十三年十一月休寧縣給西北都一圖十甲夏立先户業户收税單

一

清同治元年十二月休寧縣給八都五圖五甲汪承祖户户丁汪箴三業户識冊清單

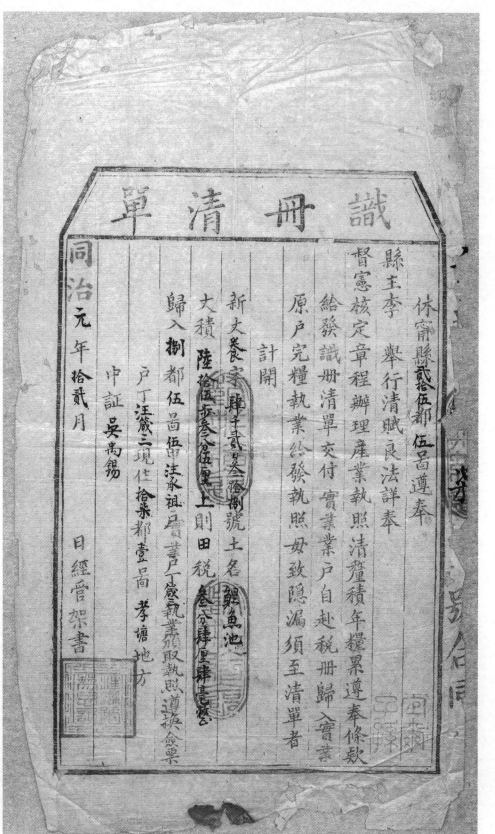

識冊清單

休甯縣貳拾伍都伍啚遵奉
縣主李 舉行清賦良法詳奉
督憲核定章程辦理產業執照清釐積年糧累遵奉條款
給發識冊清單交付實業業户自赴税册歸入實業
原户完糧執業給發執照毋致隱漏須至清單者
計開
新丈養字肆千貳百叁拾捌號土名鯉魚池
丈積陸拾伍步叁分伍厘上則田税叁分肆厘肆毫七絲
歸入捌都伍啚伍甲汪承祖户實業户丁箴三執業須取執照遵換僉票
户丁汪箴三現住拾柒都壹啚向 孝塘地方
中証吴禹錫
同治元年拾貳月 日經管架書

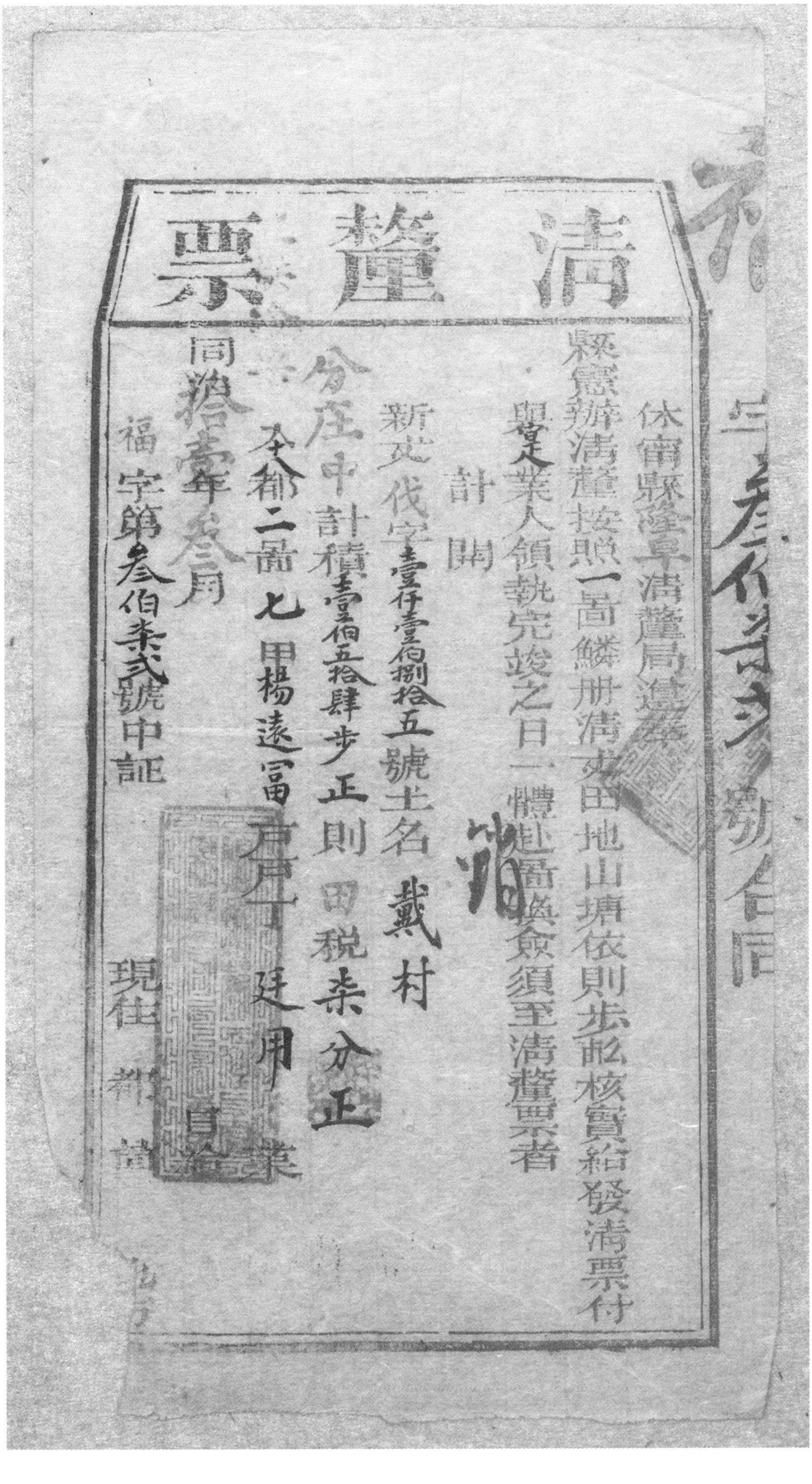
清釐票

休甯縣隆阜清釐局遵
縣憲辦清釐按照一啚鱗册清丈田地山塘依則步畝核實給發清票付
與業人領執完竣之日一體赴啚換領須至清釐票者

計開

新丈代字壹仟壹佰捌拾五號土名 戴村

分莊中計積壹伯五拾肆步正則田稅柒分正

本都二啚七甲楊遠富户户丁 廷用 自業

同治拾壹年叁月

福字第叁伯柒弍號中証

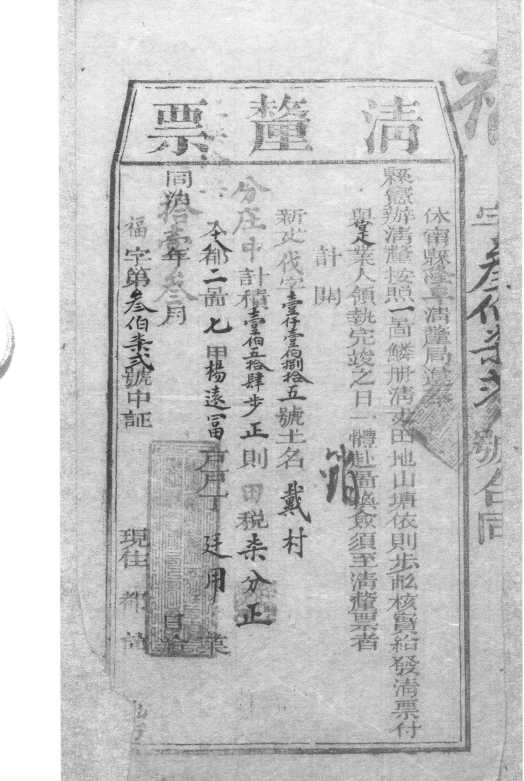

清同治十一年三月休寧縣隆阜清厘局給十八都二圖七甲楊遠富户户丁楊廷用清厘票

一

民國廿三年二月休寧縣政府給彼字一千四百〇一號地繳費登記由

登記由

休寧縣政府　爲給由事今給此由專爲登記費之查考
關於業權之執管仍以合法之契據爲有效其登記不拘田地
山塘每稅一畝取銀幣二角登記方法仍舊註册隨將契與僉
册騎縫蓋用長戳並於契册各註某字某號登記字樣須由
計開彼字一千四百〇一號土名元城衖[illegible]計地稅[illegible]繳登記費
中華民國廿三年二月　日推收處主任　　僉册員　　蓋章

字第　號

一

〔三〕清同治至民國年間其他縣稅票完租執票文書

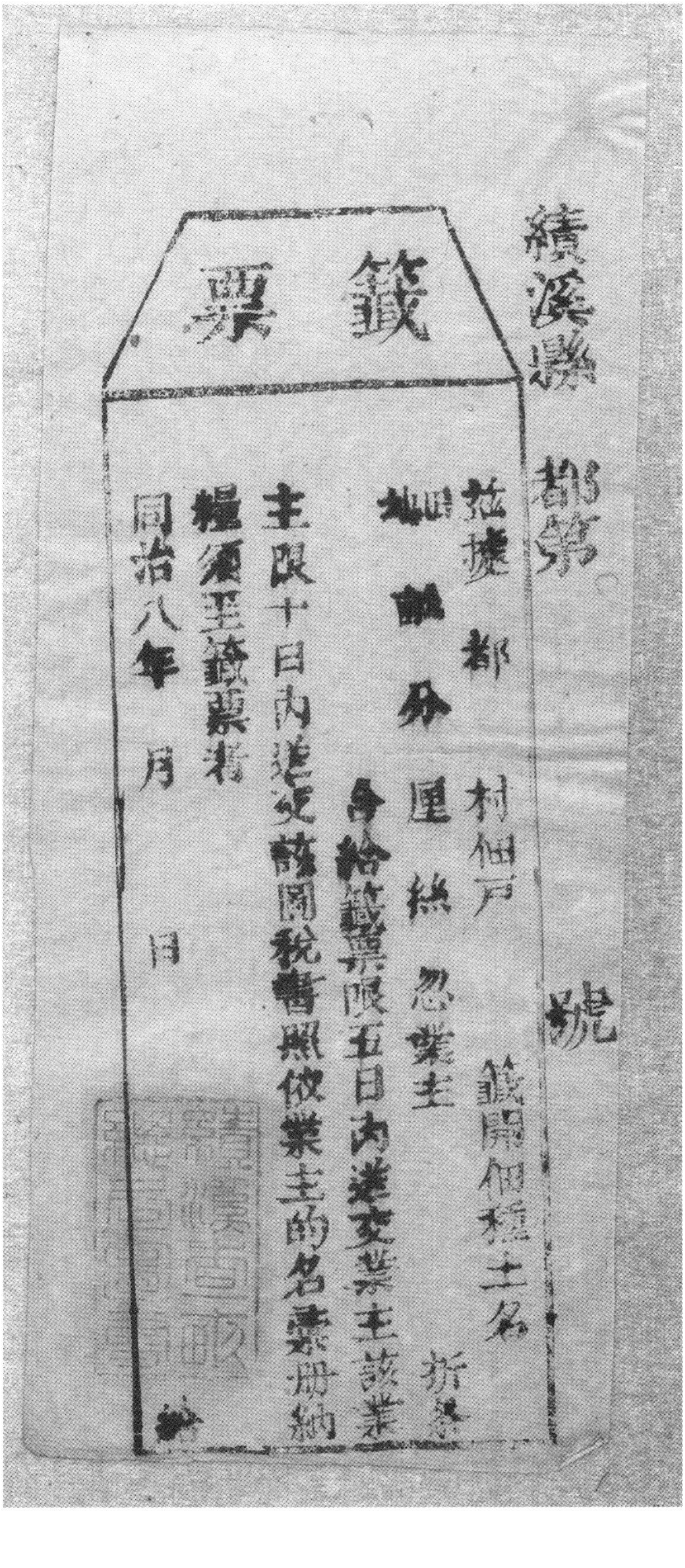

績溪縣　　都第　　號

簽票

茲據　　都　　村佃戶　　簽開佃種土名　　折[illegible]

田地　　畝　　分　　厘　　絲　　忽業主

合給簽票限五日內赴交業主該業

主限十日內赴交該圖稅書照依業主的名票冊納

糧須至簽票者

同治八年　　月　　日

清同治八年某月績溪縣查畝總局簽票（空白）

一

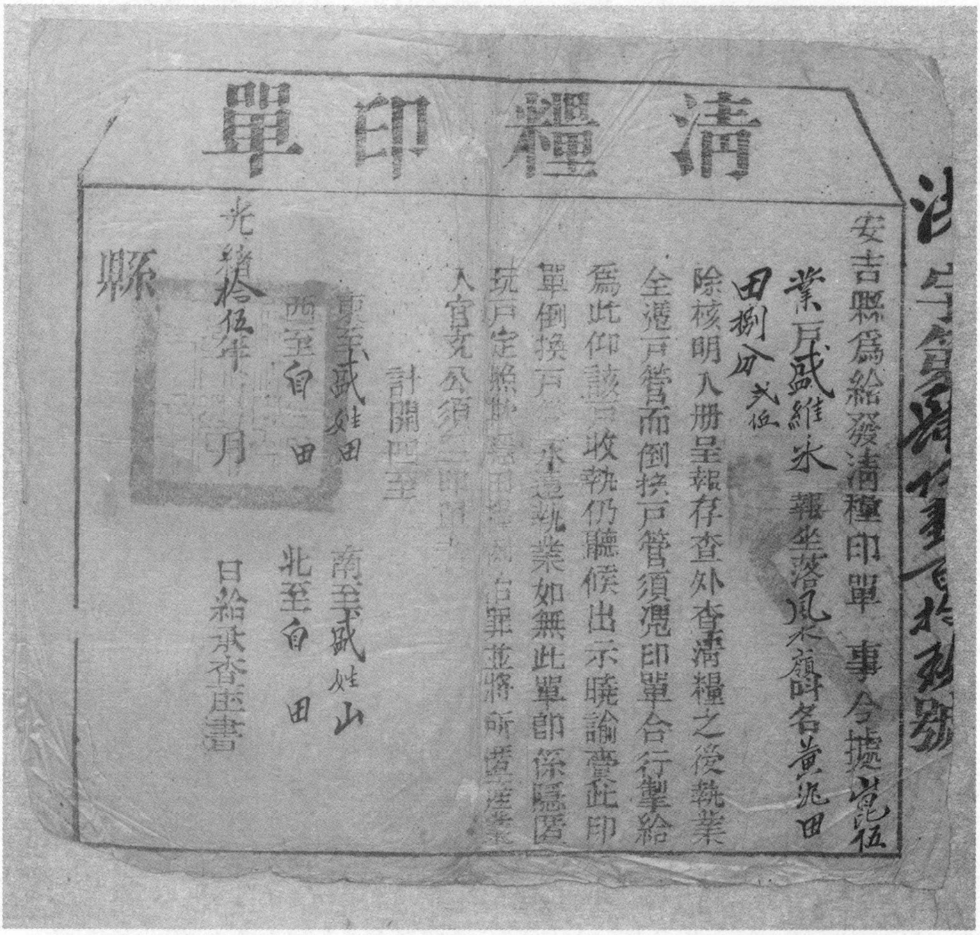

清糧印單

安吉縣爲給發清糧印單事，今據□□伍
業户盛維永　報坐落鳳亭名黃泥田
田捌分　弍伍
除核明入册呈報存查外，查清糧之後執業
全憑户管，而倒换户管須憑印單，合行給
爲此仰該户收執，仍聽候出示曉諭，賫此印
單倒换户□，□□執業，如無此單，即係隱匿
□户定照□□□□□□□罪，並將所匿産業
入官充公。須□□□□□

計開四至
東至盛姓田　南至盛姓山
西至自田　北至自田

光緒拾伍年　　月　　日給承查莊書

縣

清光緒十五年某月安吉縣給業户盛維永清糧印單

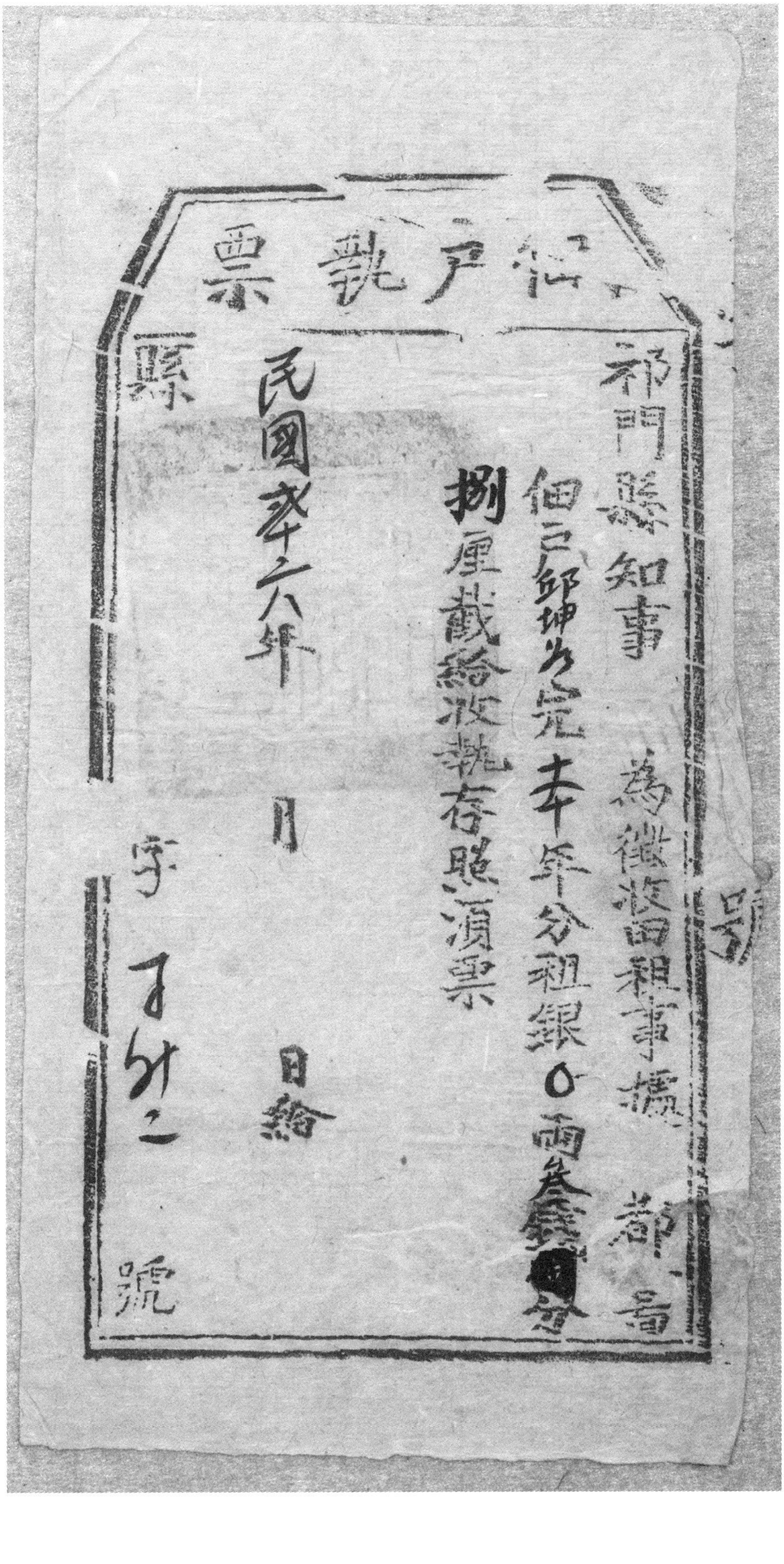

佃戶執票

祁門縣知事　為徵收留租事，據　都　啚

佃戶邱坤如完本年分租銀○兩叁錢[illegible]分

捌

厘，截給收執存照，須票

民國二十六年　月　日給

縣　字[illegible]號

民國二十六年某月祁門縣給佃戶邱坤如完租執票

卷三 典當文書

一、明萬曆至清宣統年間典當田地房屋等契約

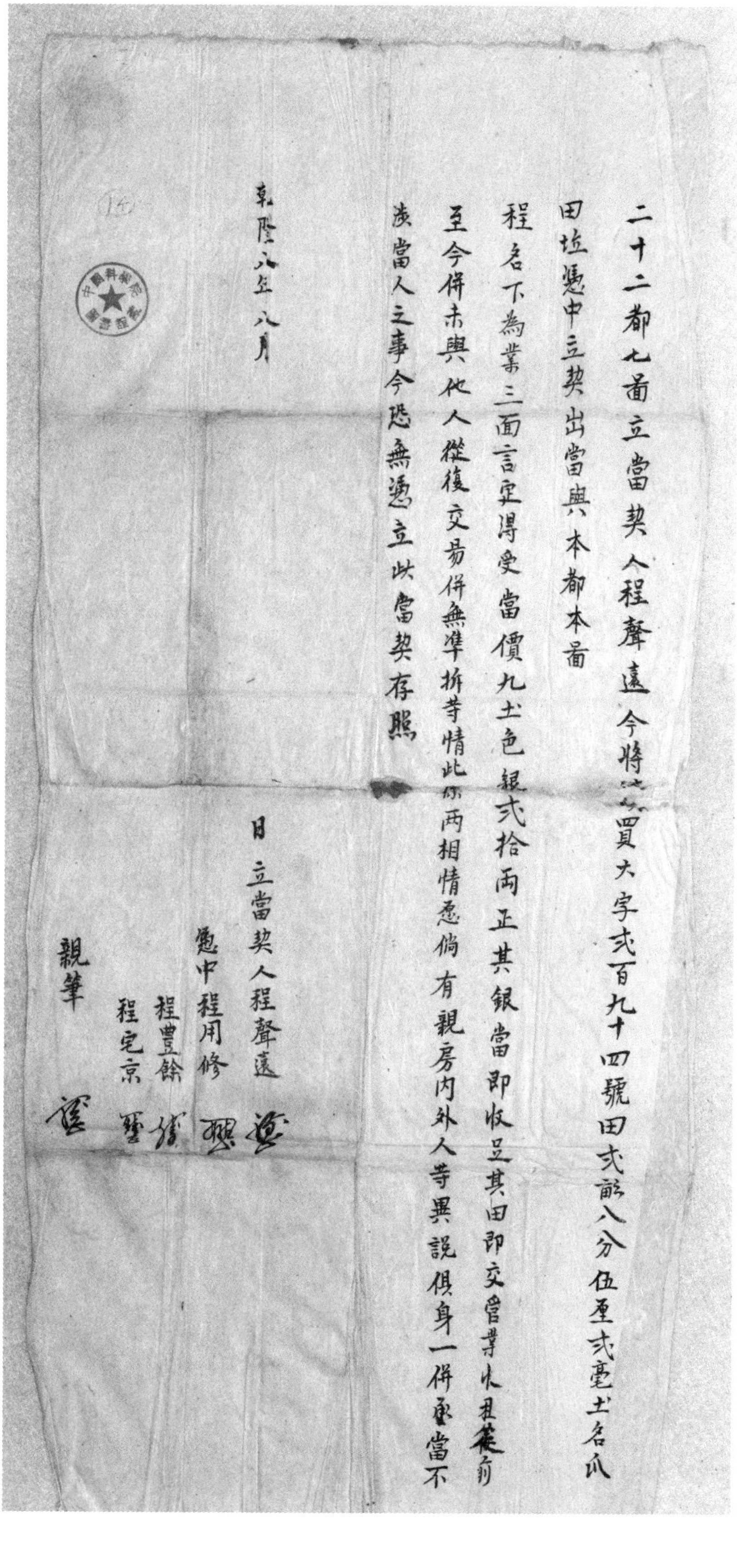

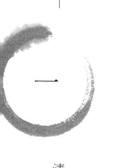

二十二都七啚立當契人程聲遠今將[illegible]買大字式百九十四號田式畝八分伍厘式毫土名爪
田坵憑中立契出當與本都本啚
程名下為業三面言定得受當價九七色銀式拾兩正其銀當即收足其田即交曾等休租[illegible]
至今併未與他人從復交易併無準折等情此係兩相情愿倘有親房內外人等異說俱身一併承當不
涉當人之事今恐無憑立此當契存照

乾隆八年八月　日　立當契人程聲遠（押）
憑中程用修（押）
程豊餘（押）
程宅京（押）
親筆（押）

清乾隆八年八月〔歙縣〕程聲遠立當田契

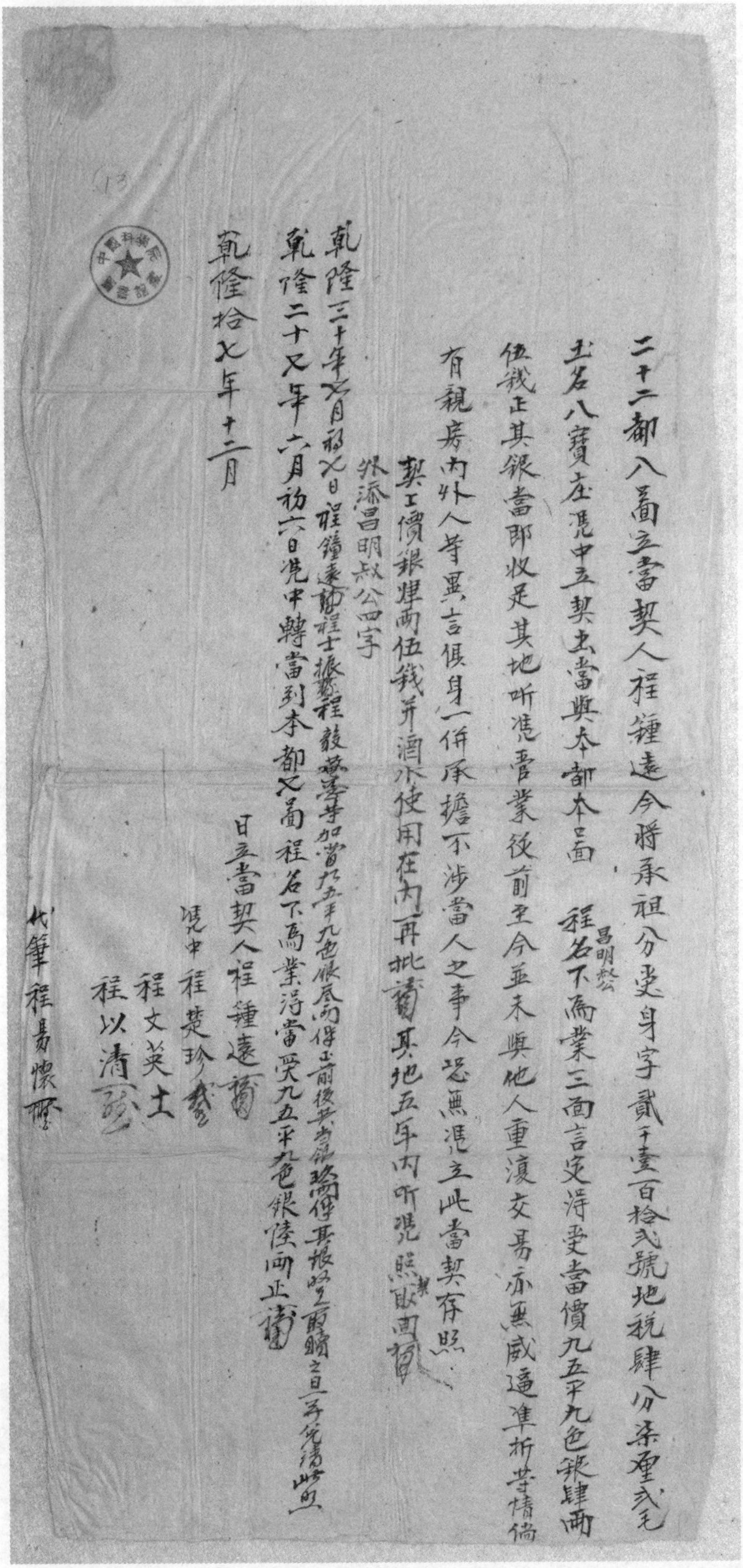

清乾隆十七年十二月（歙縣）程鍾遠立當地契附乾隆二十七年六月立轉當批乾隆三十年七月程鍾遠等立加當銀照

一

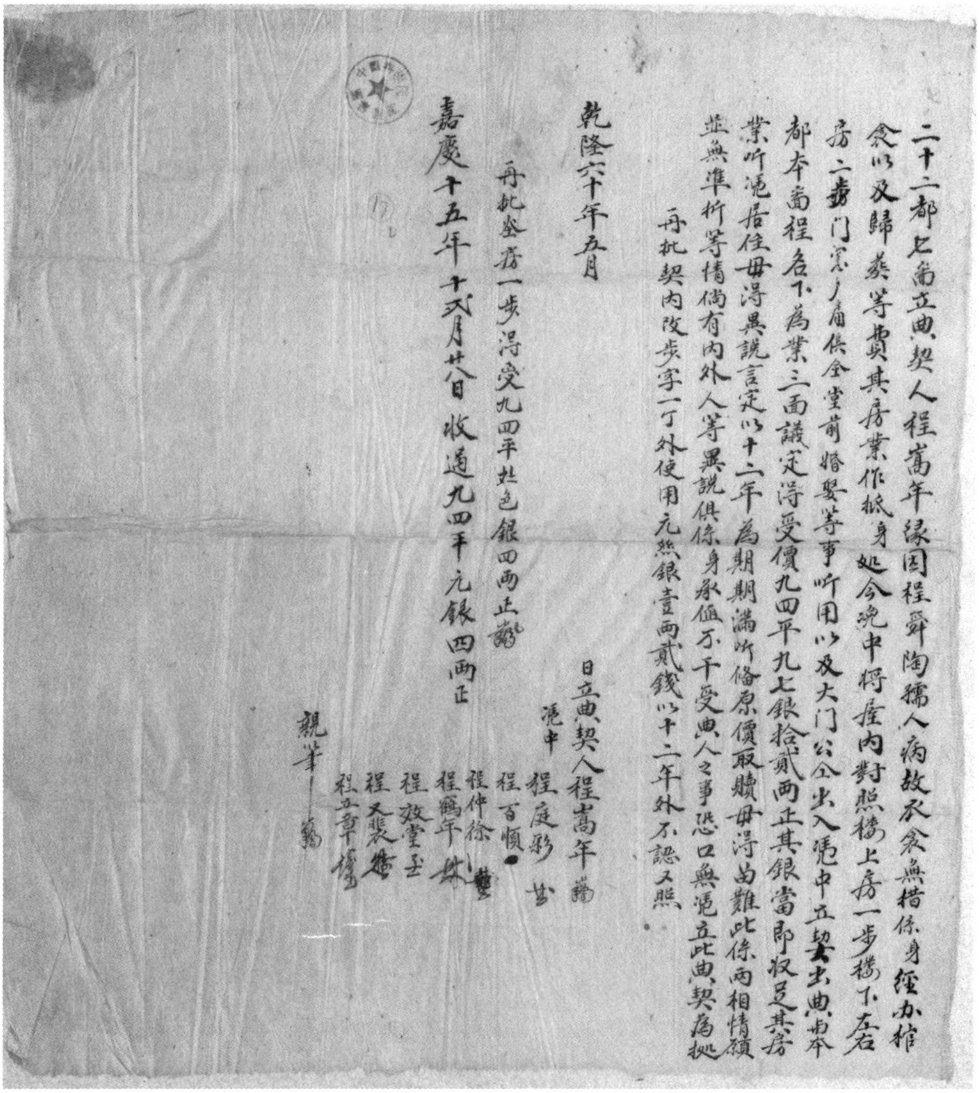
二十二都七啚立典契人程嵩年，緣因程舜陶獨人病故，衣衾無措，係身經办棺
衾以及歸葬等費，其房業作抵。身
處今憑中將屋內對照樓上房一步、樓下左右
房二步，门窗户扇俱全，堂前婚娶等事听用，以及大门公仝出入，憑中立契出典與本
都本啚程名下為業。三面議定，得受價九四平九七銀拾貳兩正。其銀當即收足，其房
業听憑居住，毋得異說。言定以十二年為期，期滿听備原價取贖，毋得留難。此係兩相情願，
並無準折等情。倘有內外人等異說，俱係身承值，不干受典人之事。恐口無憑，立此典契為據。
再批：契內改步字一丁，外使用元絲銀壹兩貳錢，以十二年外不認，又照。
乾隆六十年五月　日立典契人程嵩年（押）
憑中　程庭彩（押）
程百順（押）
程仲徐（押）
程鶴年（押）
程效堂（押）
程又裴（押）
程五章（押）
再批：空房一步，得受九四平灶色銀四兩正。（押）
嘉慶十五年十二月廿八日收過九四平元銀四兩正
親筆（押）

清乾隆六十年五月（歙縣）程嵩年立典房契附嘉慶十五年十二月收銀批

一 清道光十三年四月（歙縣）程百順立典房契附道光二十六年三月程百順立加典銀批

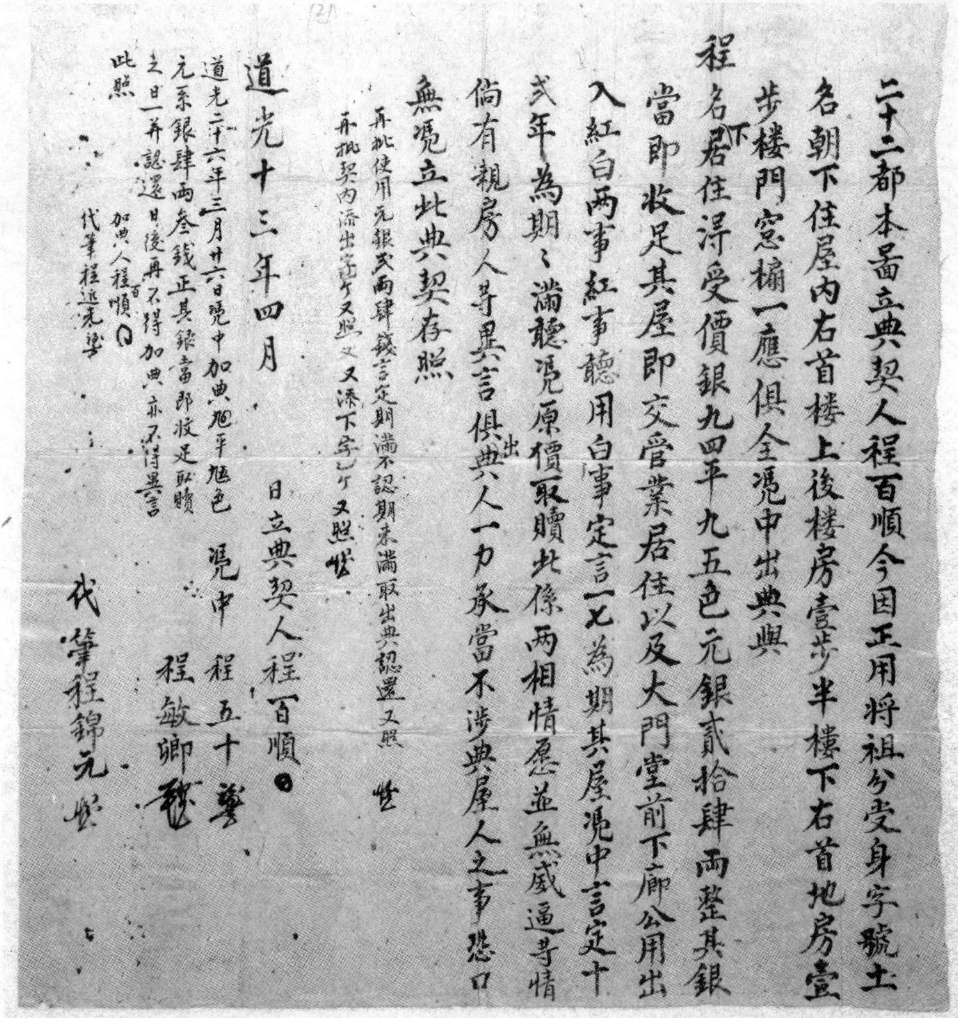

二十二都本啚立典契人程百順今因正用将祖分受身字號土
名朝下住屋内右首楼上後楼房壹步半樓下右首地房壹
步楼門窓槅一應俱全凴中出典與
程名下居住得受價銀九四平九五色元銀貳拾肆兩整其銀
當即收足其屋即交管業居住以及大門堂前下廊公用出
入紅白兩事紅事聽用白事定言一七為期其屋凴中言定十
弍年為期〻滿聽凴原價取贖此係兩相情愿並無威逼等情
倘有親房人等異言俱出典人一力承當不涉典屋人之事恐口
無凴立此典契存照

再批使用元銀弍兩肆錢言定期滿不認期未滿取出典認還 又照 號
再批契内添出字乙ケ又照 又添下字乙ケ 又照 號

道光十三年四月　日立典契人程百順（押）
凴中　程五十 號
程敏卿 號
代筆程錦元 號

道光二十六年三月廿六日凴中加典九平九色
元系銀肆兩叁錢正其銀當即收足取贖
之日一并認還日後再不得加典亦不得異言
此照
加典人程百順（押）
代筆程進元 號

〔一二〕明萬曆至清宣統年間其他典當田地房屋契約

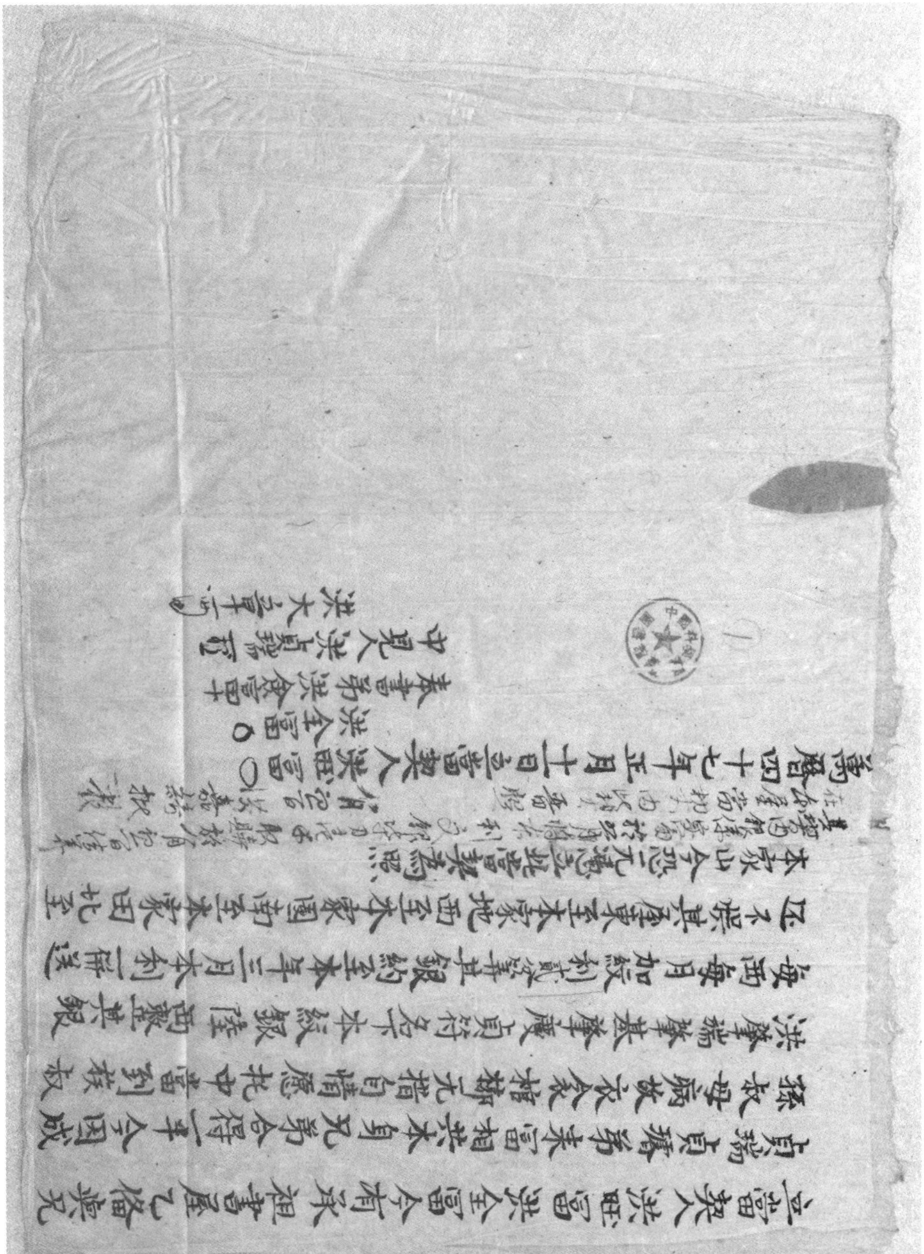
立當田契人洪旺富、洪全富今有承祖書屋乙備，與兄
貞瑞、貞積、弟未富相共，本身兄弟合得一半。今因戚
孫叔母病故，衣衾棺槨無措，自情愿托中當到族叔
洪廷瑞、尊基、尊廣、貞付名下，本紋銀陸兩整，其銀
每月加紋利貳分，計其銀約至本年三月本利一併送
還，不得其屋東至本家地，西至本家園，南至本家田，北至
本家水山，今恐無憑，立此當契為照。
[illegible]
萬曆四十七年正月十一日立當契人洪旺富〇
洪全富〇
[illegible]
中見人 奉書弟洪金富
洪貞積
洪大章

明萬曆四十七年正月〔祁門縣〕洪旺富等立出當屋契附本年八月洪嘉綺立本利實富取贖結算批

一

明天啓元年十二月（休寧縣）程九思立當地並屋契
附天啓二年轉約訖批

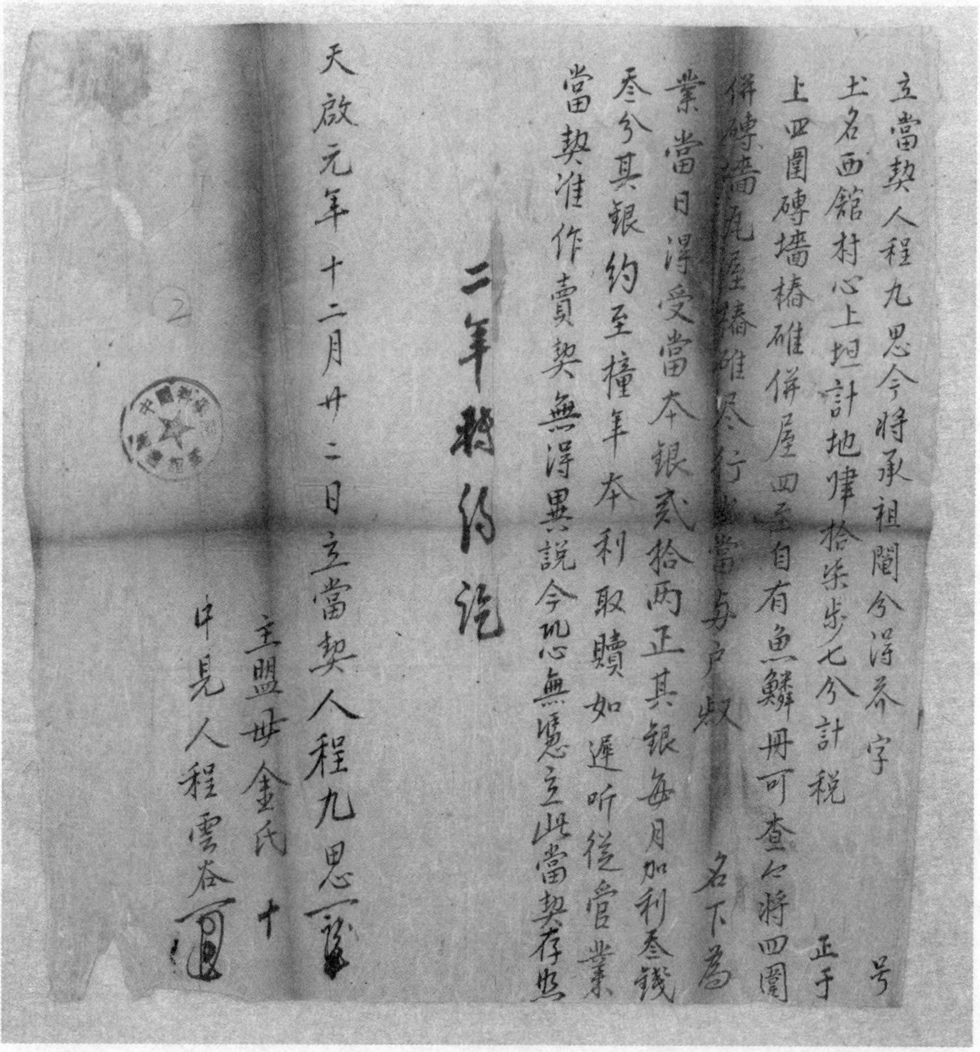
立當契人程九思今將承祖鬮分得叁字 号
土名西館村心上坦計地肆拾柒步七分計稅 正于
上四圍磚墻椿碓併屋四至自有魚鱗冊可查今將四圍
併磚墻瓦屋椿碓盡行出當與 户叔 名下為
業當日得受當本銀貳拾兩正其銀每月加利叁錢
叁分其銀約至權年本利取贖如遲听從管業
當契准作賣契無得異説今恐無憑立此當契存照
二年轉約訖
天啟元年十二月廿二日立當契人程九思（押）
主盟母金氏 十
中見人程雲春（押）

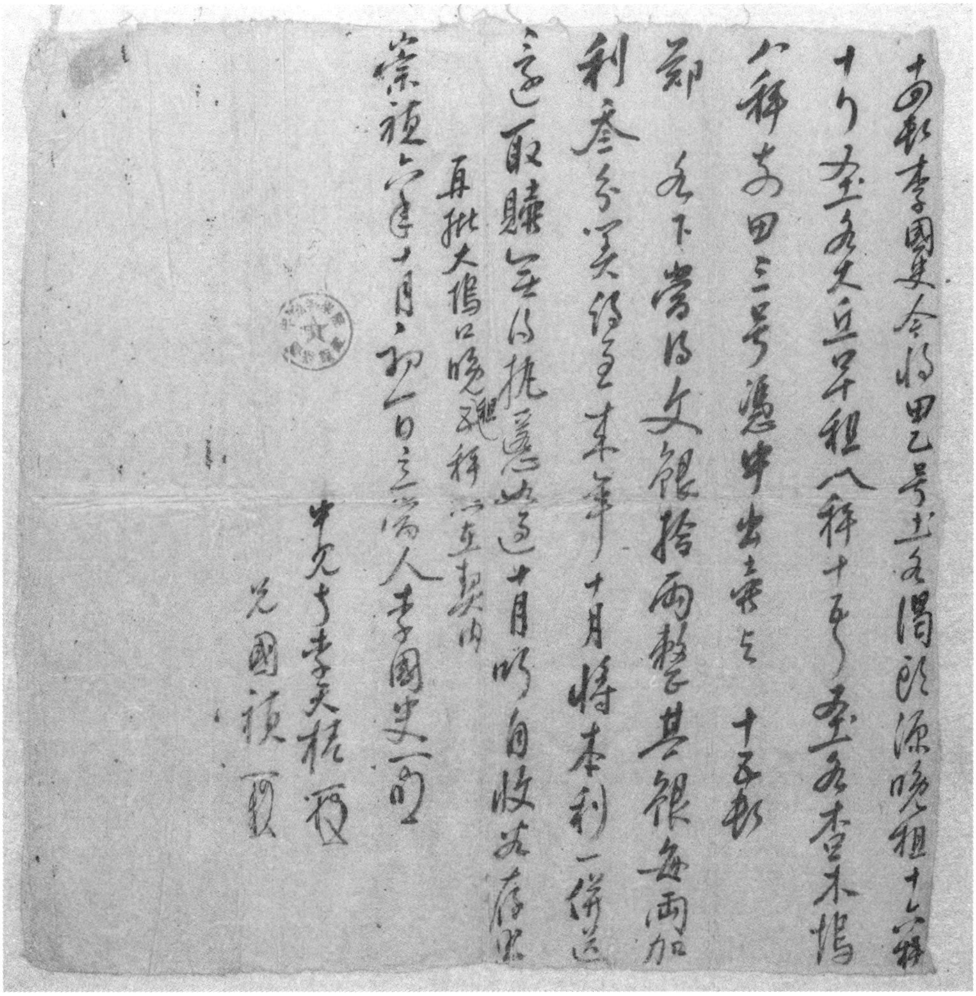
十西都李國史今將田乙号土名渭頭源吃租十七秤
十斤，土名大丘早租八秤十斤，土名查木塢
八秤，共田三号，憑中出當與　十五都
鄭　名下，當得紋銀拾兩整，其銀每兩加
利叁分，其銀至來年十月將本利一併送
還取贖，無得執悳，如過十月，聽自收去存照
再批大塢口晚租秤六斗，立契內
崇禎六年十月初八日立當人李國史（押）
中見人李天桂（押）
兄國禎（押）

明崇禎六年十月某某縣李國史立當田契

一

明崇禎十七年十一月某某縣朱鶴鳴立當原典樓房並菜園契

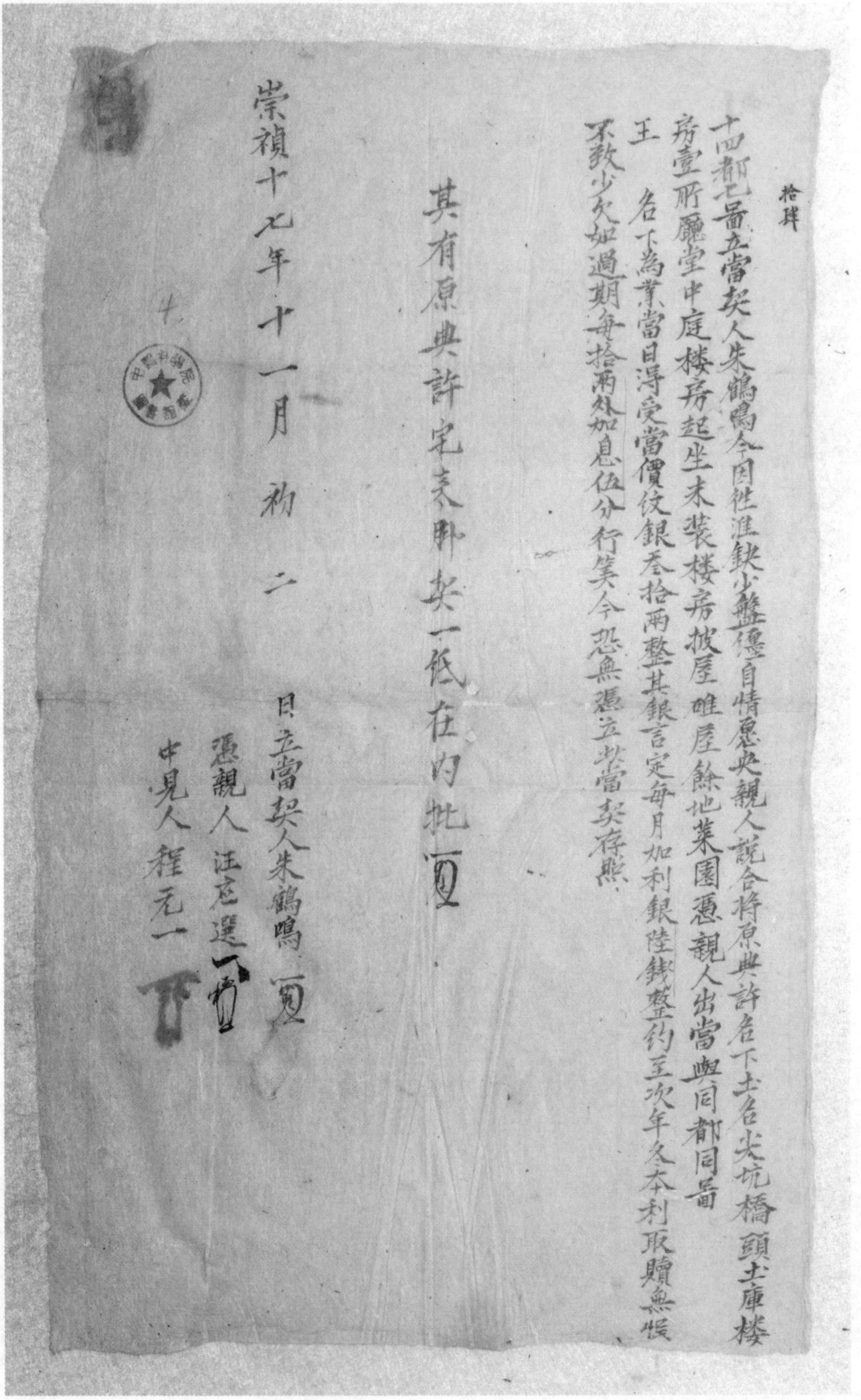

拾肆

十四都七啚立當契人朱鶴鳴，今因往淮鈌少盤纏，自情愿央親人說合，將原典許名下土名尖坑橋頭土庫楼房壹所，廳堂、中庭、楼房、起坐、未裝楼房、披屋、碓屋、餘地、菜園，憑親人出當與同都同啚

王　名下為業，當日得受當價紋銀叁拾兩整，其銀言定每月加利銀陸錢整，約至次年冬本利取贖無悮，不致少欠。如過期，每拾兩外加息伍分行筭。今恐無憑，立此當契存照。

其有原典許宅來脚契一紙在內。批（押）

崇禎十七年十一月初二日立當契人朱鶴鳴（押）

憑親人　汪应選（押）

中見人　程元一（押）

明弘光元年六月某某縣某姓近龍立當田約

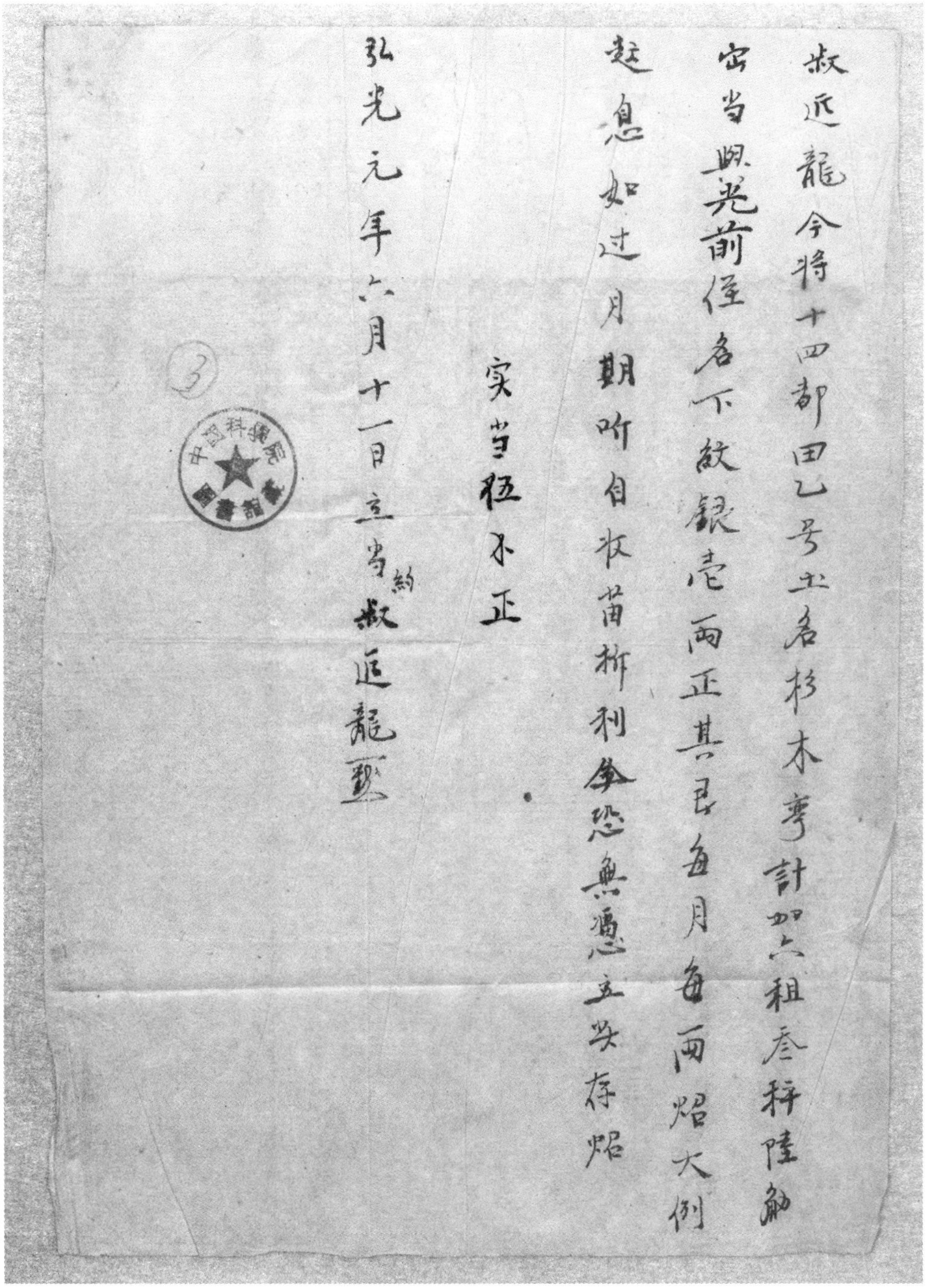

敉近龍今將十四都田乙号土名杉木亭計加六租叁秤陸觔
出当與光前侄名下紋銀壹兩正其艮每月每兩照大例
起息如过月期听自收苗抵利今恐無憑立此存照
实当紋不正
弘光元年六月十一日立当約敉近龍（押）

一

清順治九年二月某某縣程幾先立典客房水池契附康熙五十七年五月程子雲等立典價算明批

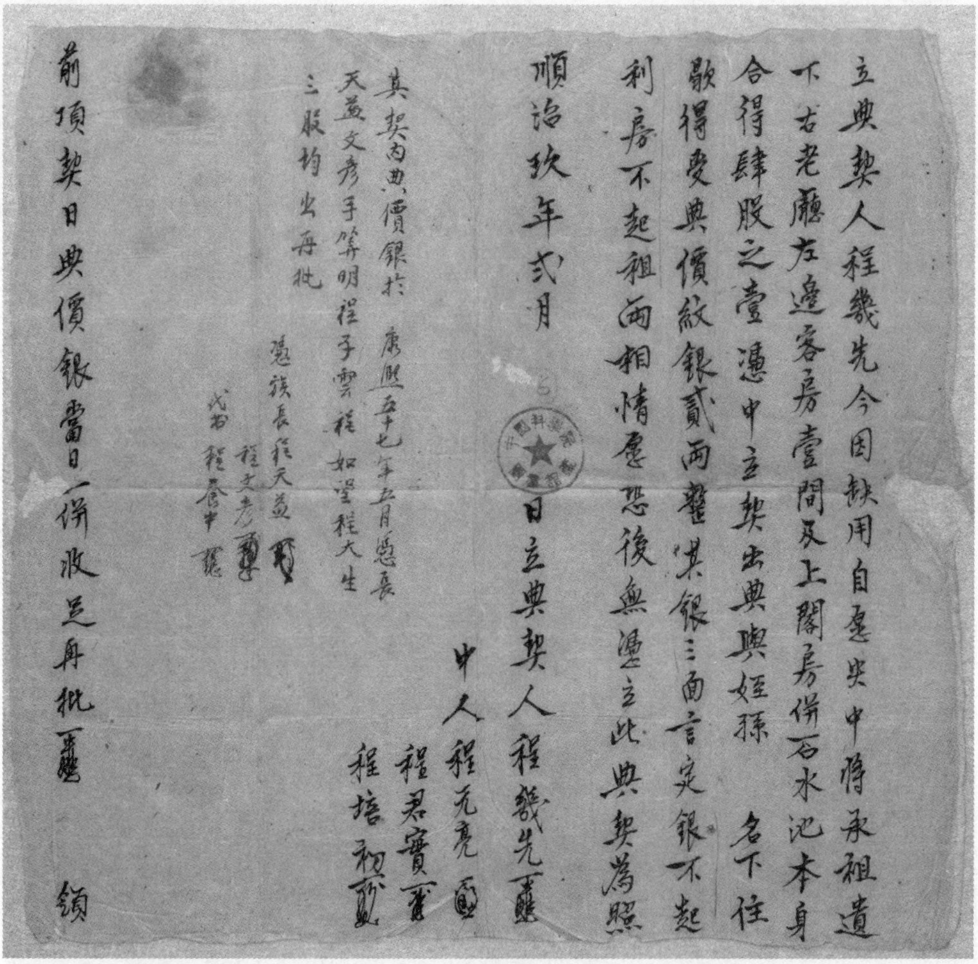
立典契人程幾先今因缺用自愿央中將承祖遺
下古老廳左邊客房壹間及上閣房併石水池本身
合得肆股之壹憑中立契出典與姪孫　名下住
歇得受典價紋銀貳兩整其銀三面言定銀不起
利房不起租兩相情愿恐後無憑立此典契爲照
順治玖年弍月　日立典契人程幾先（押）
中人程元亮（押）
程君實（押）
程培初（押）

其契內典價銀於康熙五十七年五月憑長
天益文彥手筭明程子雲程如望程大生
三股均出再批
憑族長程天益（押）
程文彥（押）
代書程啟中（押）

前項契日典價銀當日一併收足再批（押）　領

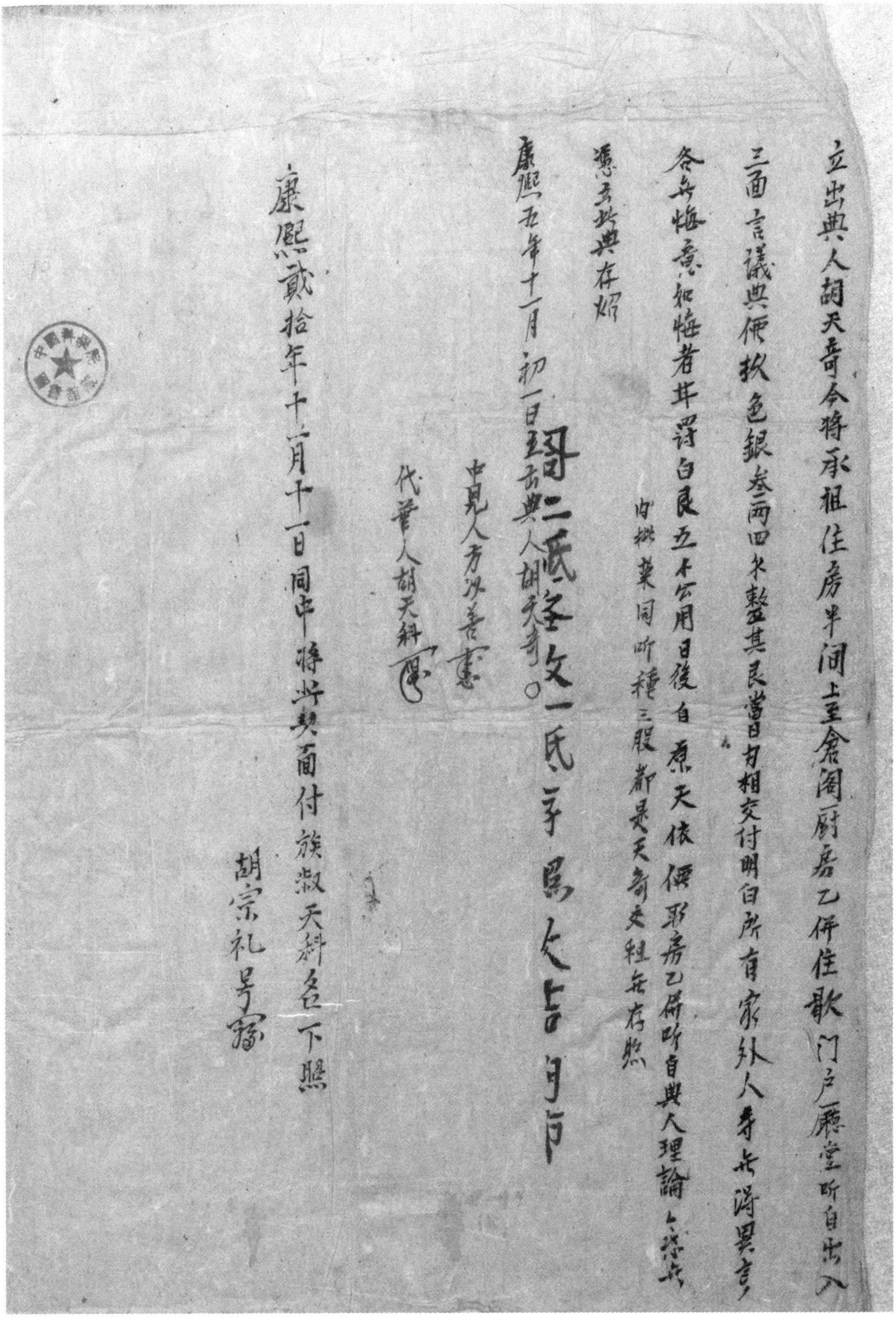

立出典人胡天奇今將承祖住房半間上至倉閣廚房乙併住歇门户廳堂听自出入
三面言議典價紋色銀叁两四錢整其銀當日相交付明白所有家外人等無得異言
各無悔意如悔者甘罰白銀五錢公用日後自原天依價取房乙併听自與人理論
內批菜園同听種三股都是天奇交租無存照
憑立此典存照
康熙五年十一月初一日立出典人胡天奇○
中見人方汉善
代筆人胡天科
康熙貳拾年十一月十一日同中將此契面付族叔天科名下照
胡宗礼号

清康熙五年十一月某某縣胡天奇立典住房契附康熙二十年十一月胡宗禮將此契面付族叔天科照

一

清康熙四十八年十月〔休寧縣〕戴振明立當空地菜園契

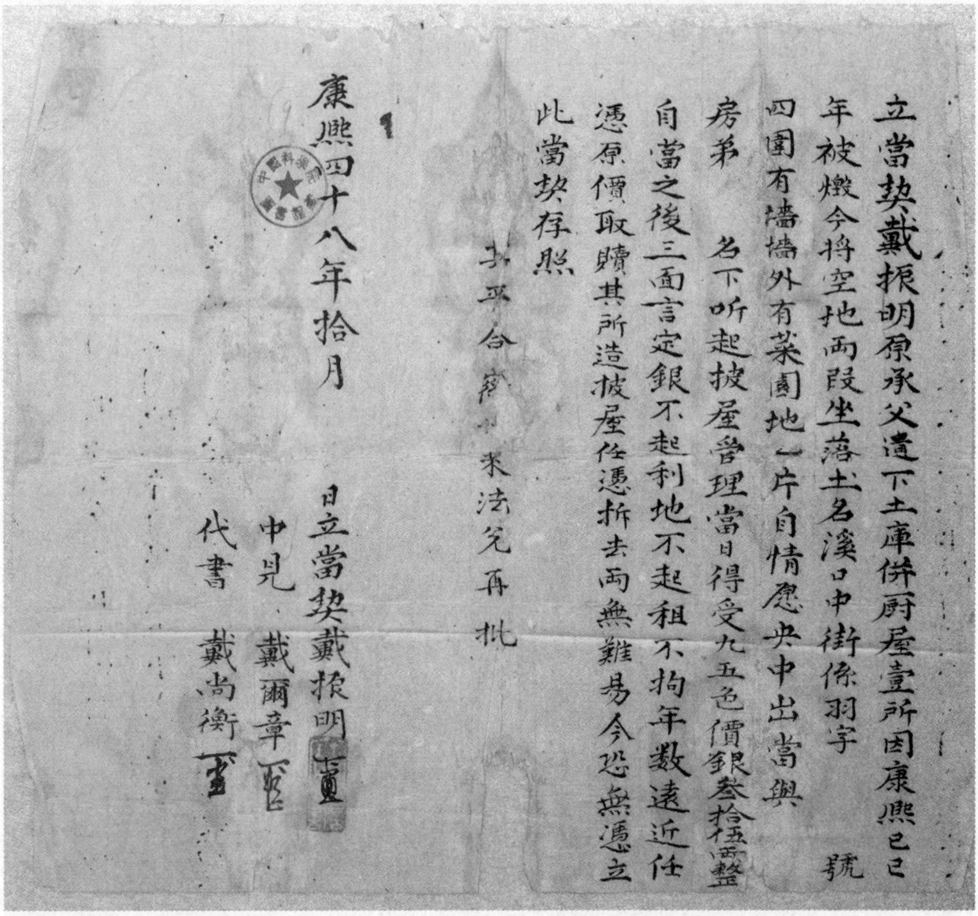

立當契戴振明原承父遺下土庫併廚屋壹所因康熙己巳
年被燬今將空地兩段坐落土名溪口中街係羽字　號
四圍有墻墻外有菜園地一片自情愿央中出當與
房弟　名下听起披屋管理當日得受九五色價銀叁拾伍兩整
自當之後三面言定銀不起利地不起租不拘年數遠近任
憑原價取贖其所造披屋任憑拆去兩無難易今恐無憑立
此當契存照

其平合府來法兑再批

康熙四十八年拾月　日立當契戴振明（押）
中見　戴爾章（押）
代書　戴尚衡（押）

一

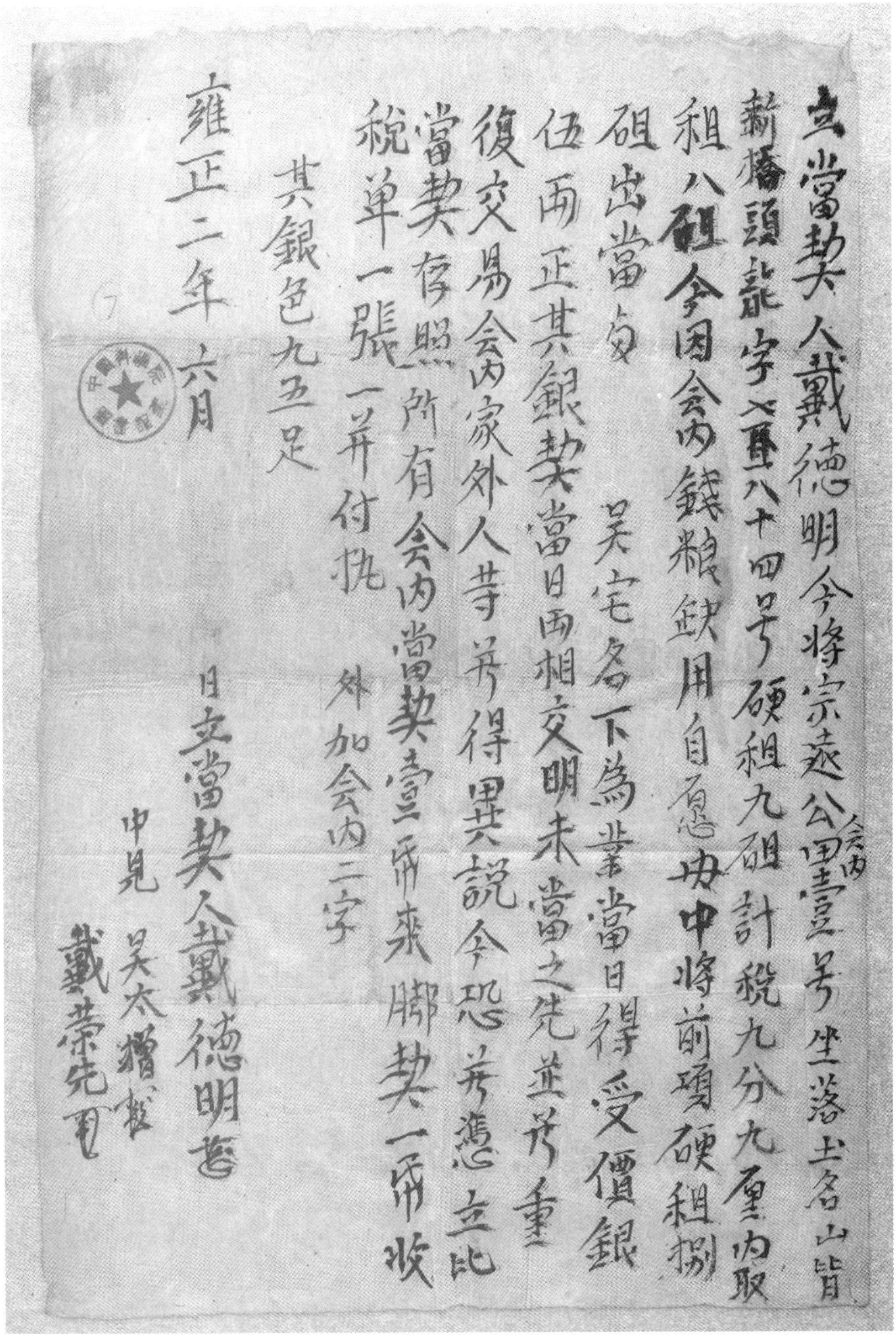

立當契人戴德明，今將宗遠公会内田壹号，坐落土名山背
新橋頭，龍字七百八十四号，硬租九硙，計稅九分九厘，內取
租八硙，今因会內錢粮缺用，自愿央中將前項硬租捌
硙出當與 吳宅名下為業，當日得受價銀
伍兩正，其銀契當日兩相交明，未當之先，並無重
復交易，会內家外人等並無異說，今恐無憑，立此
當契存照。所有会內當契壹帋、來腳契一帋、收
稅單一張，一并付執。
其銀色九五足。 外加会內二字
雍正二年 六月 日立當契人戴德明（押）
中見 吳太增（押）
戴榮先（押）

清雍正二年六月〔休寧縣〕戴德明立當田契

一

清雍正十年十二月某某縣陳德安立當田契

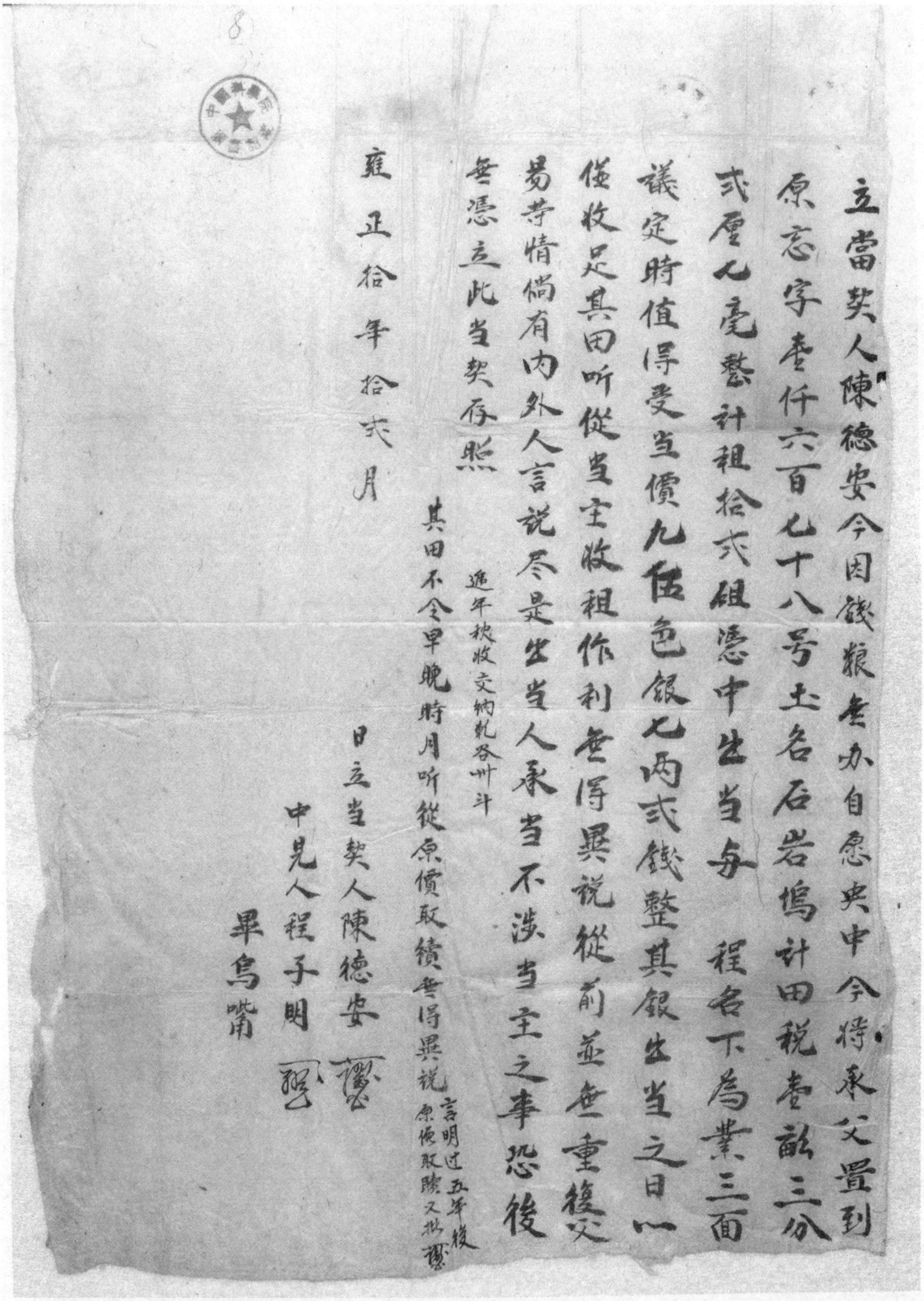
立当契人陳德安今因錢粮無办自愿央中今將承父置到
原忘字壹仟六百七十八号土名石岩塢計田稅壹畝三分
弍厘七毫整計租拾弍碩憑中出当与　程名下為業三面
議定時值得受当價九伍色銀七两弍錢整其銀出当之日一
併收足其田听從当主收租作利無得異說從前並無重復交
易等情倘有內外人言說尽是出当人承当不涉当主之事恐後
無憑立此当契存照

逐年秋收交納乾谷卅斗

言明过五年後原價取贖又批

其田不全早晚時月听從原價取續無得異說

雍正拾年拾弍月　日立当契人陳德安

中見人程子明

畢烏嘴

一

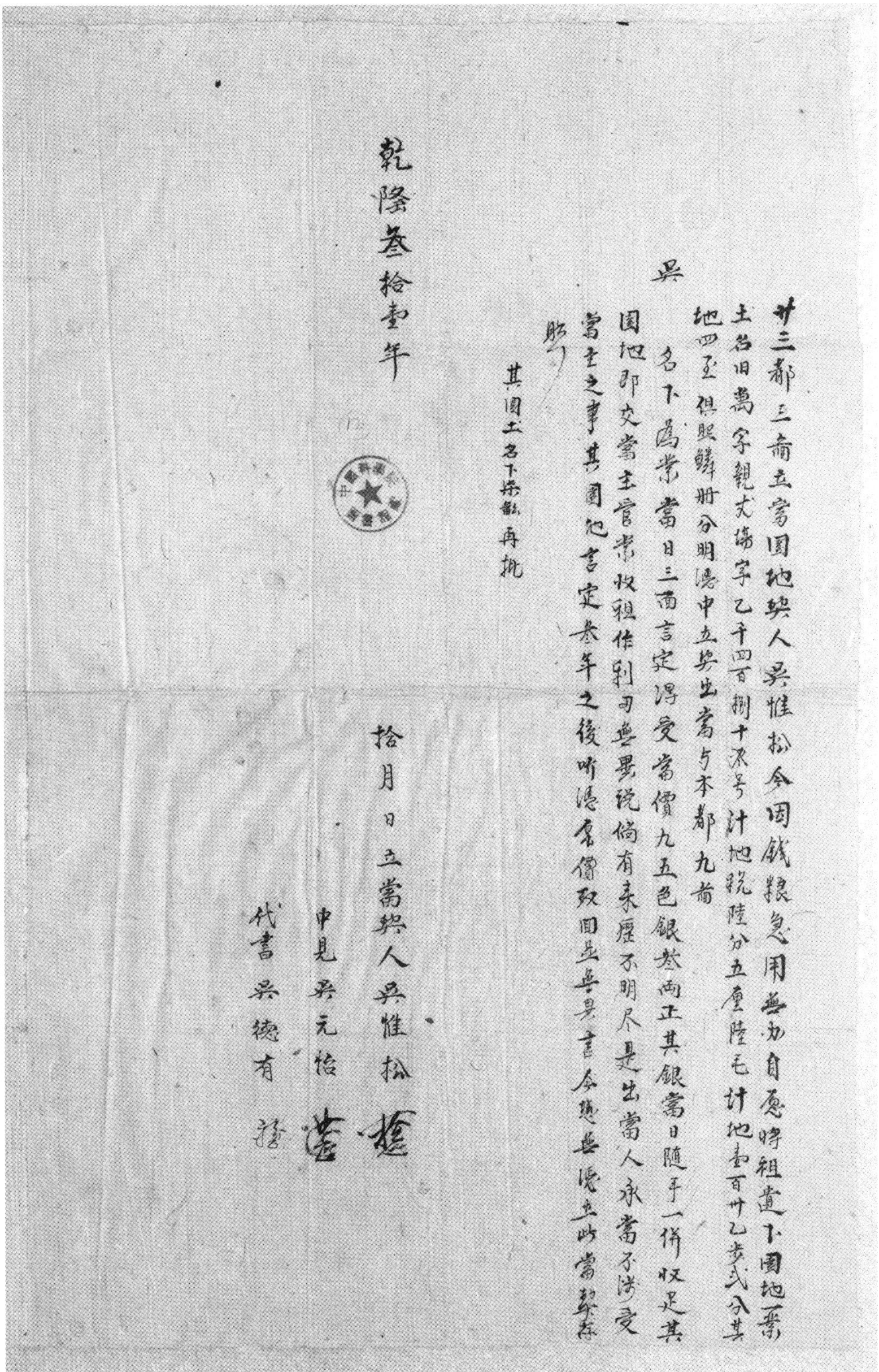

廿三都三啚立當園地契人吴惟松今因錢粮急用無办自愿將祖遺下園地壹號
土名旧塢字親丈佛字乙千四百捌十派号计地税陸分五厘陸毛计地壹百卅乙步弍分其
地四至俱照鱗册分明憑中立契出當与本都九啚
吴　名下爲業當日三面言定得受當價九五色銀叁两正其銀當日隨手一併收足其
園地即交當主管業收租作利司無異說倘有来歷不明及是出當人承當不涉受
當主之事其園地言定叁年之後听憑原價取回並無異言今恐無憑立此當契存
照

其園土名下塝缺再批

乾隆叁拾壹年　拾月　日立當契人吴惟松

中見吴元怡

代書吴德有

清乾隆三十一年十月〔休寧縣〕吴惟松立當園地契

一

清乾隆四十七年十月〔休寧縣〕僧明信立當田契

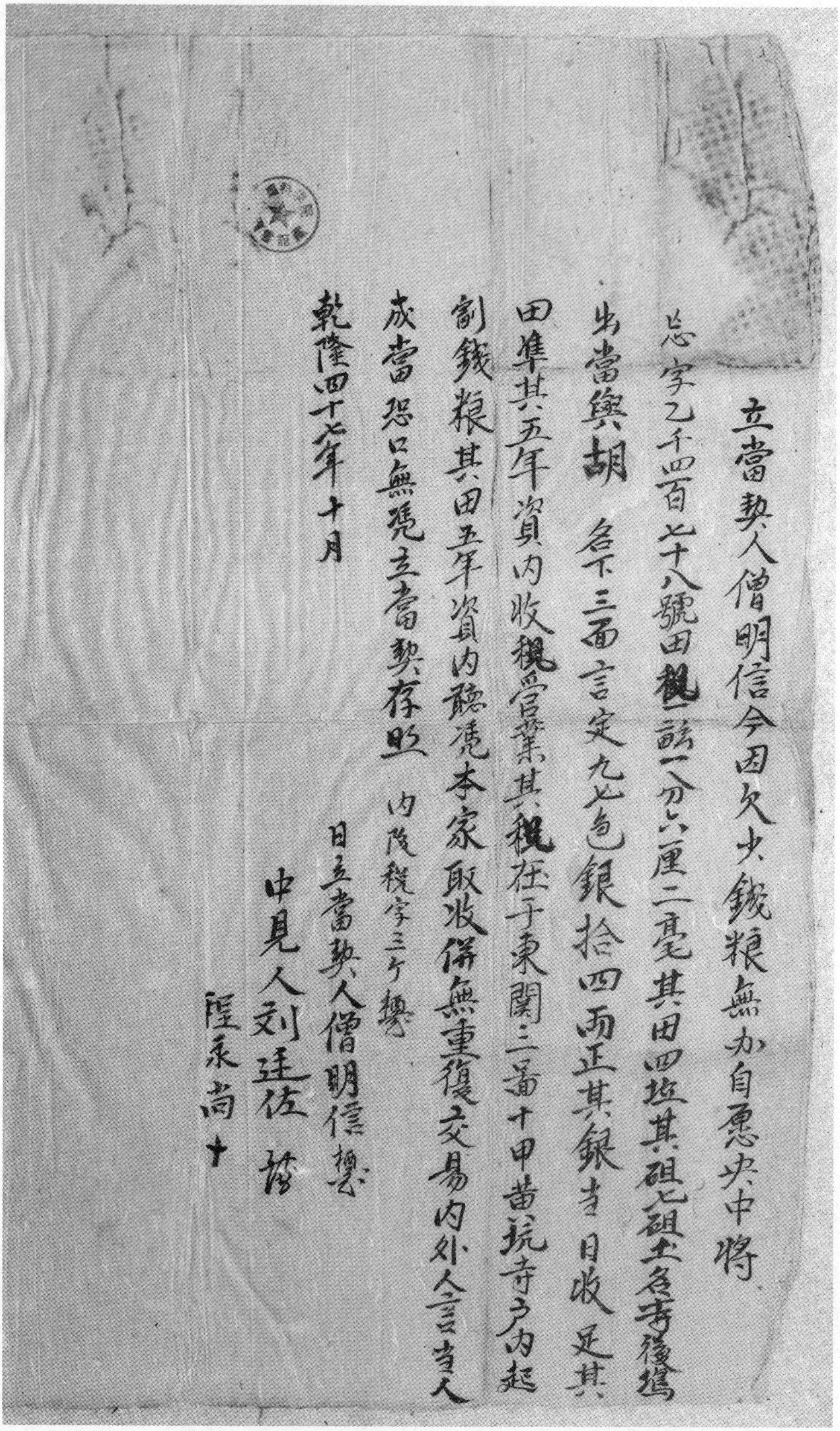

立當契人僧明信今因欠少錢粮無力自愿央中將

忠字乙千四百七十八號田稅一畝一分六厘二毫其田四坵其租七租土名寺後塢

出當與胡　名下三面言定九七色銀拾四兩正其銀当日收足其

田準其五年資内收稅管業其稅在于東關二啚十甲黄玩奇户内起

割錢粮其田五年資内聽凭本家取贖倘無重復交易内外人言当人

成當恐口無凭立當契存照　内改稅字三个　押

乾隆四十七年十月　日立當契人僧明信　押

中見人刘廷佐　押

程永尚　十

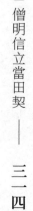

清嘉慶六年十一月某某縣汪雲章立當田並山契

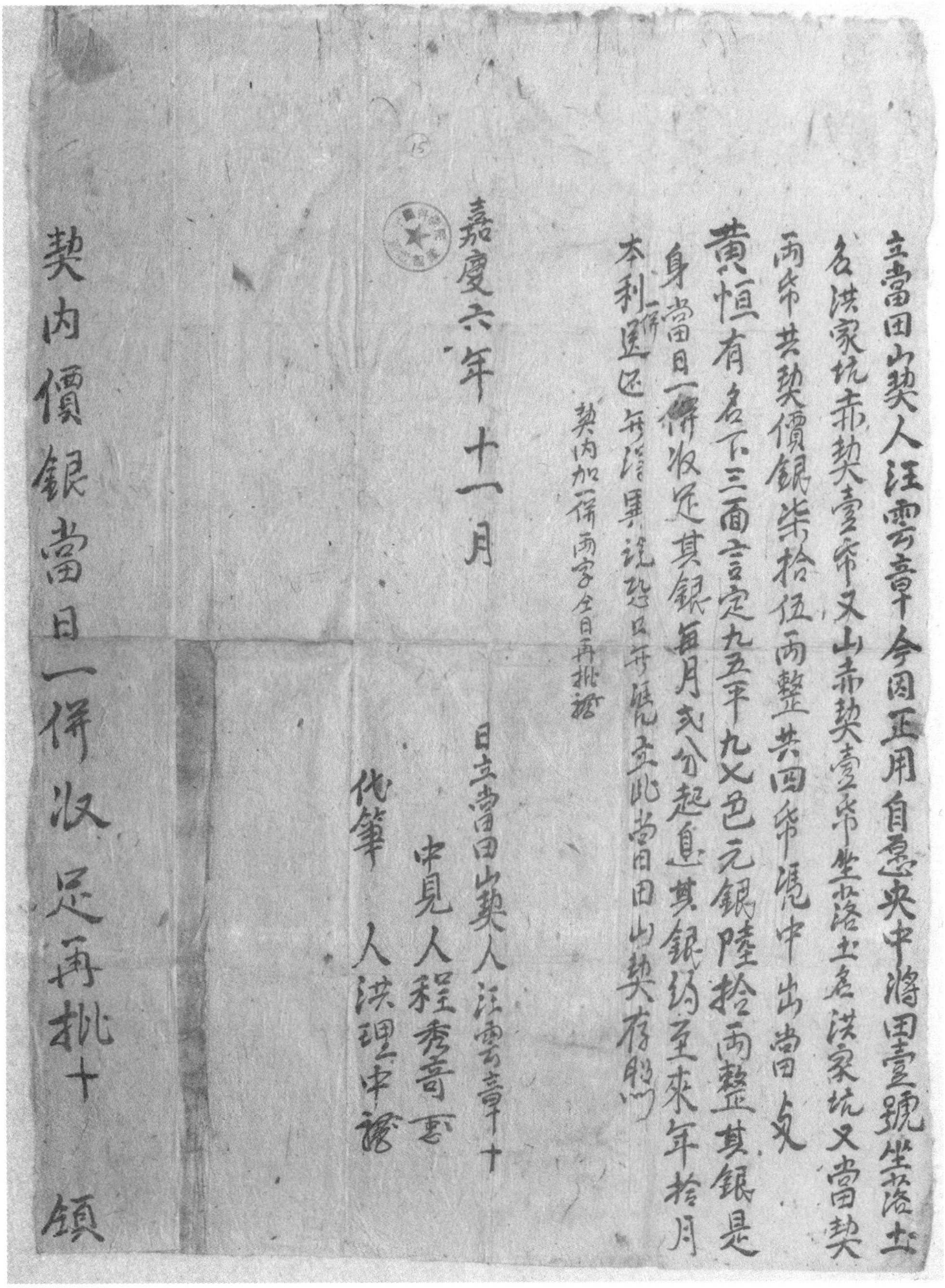

立當田山契人汪雲章今因正用自愿央中將田壹號坐落土名洪家坑赤契壹帋又山赤契壹帋坐落土名洪家坑又當契兩帋共契價銀柒拾伍兩整共四帋憑中出當與黄恒有名下三面言定九五平九七色元銀陸拾兩整其銀是身當日一併收足其銀每月弍分起息其銀約至來年拾月本利一併送還無得異說恐口無憑立此當田山契存照

契内加一併兩字仝日再批證

嘉慶六年十一月　日立當田山契人汪雲章（押）

中見人程秀奇（押）

代筆人洪理中（押）

契内價銀當日一併收足再批（押）領

一

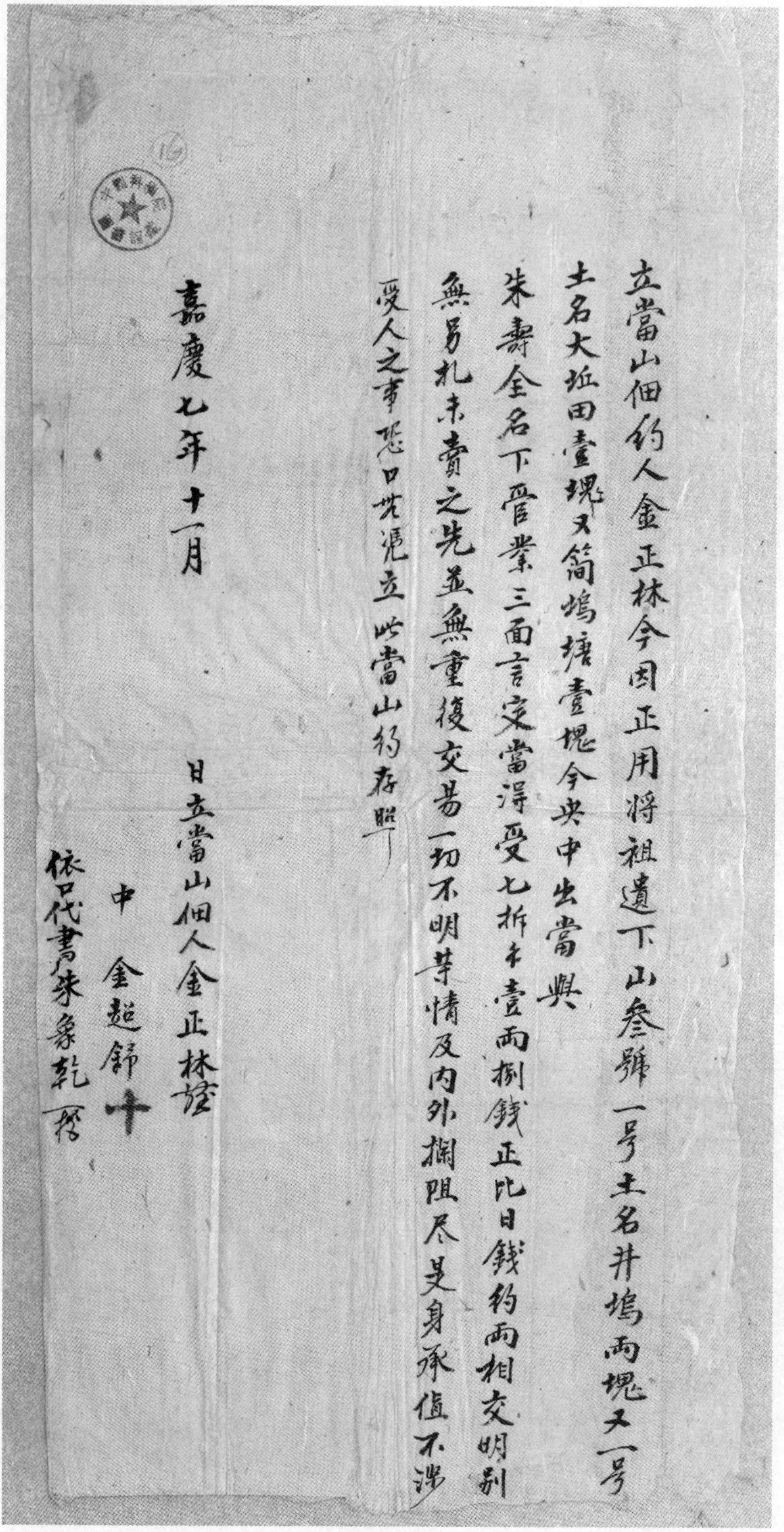

立當山佃約人金正林今因正用將祖遺下山叁號一号土名井塢兩塊又一号土名大坵田壹塊又箇塢塘壹塊今央中出當與朱壽全名下晉業三面言定當得受七折錢壹兩捌錢正比日錢約兩相交明別無另扎未賣之先並無重復交易一切不明等情及內外攔阻盡是身承值不涉受人之事恐口無憑立此當山約存照

嘉慶七年十一月 日立當山佃人金正林(押)

中 金起錦 十

依口代書朱象乾(押)

清嘉慶七年十一月某某縣金正林立當山佃約

一

清嘉慶十一年十二月某某縣劉倬云立當田佃約附嘉慶十八年加當價批

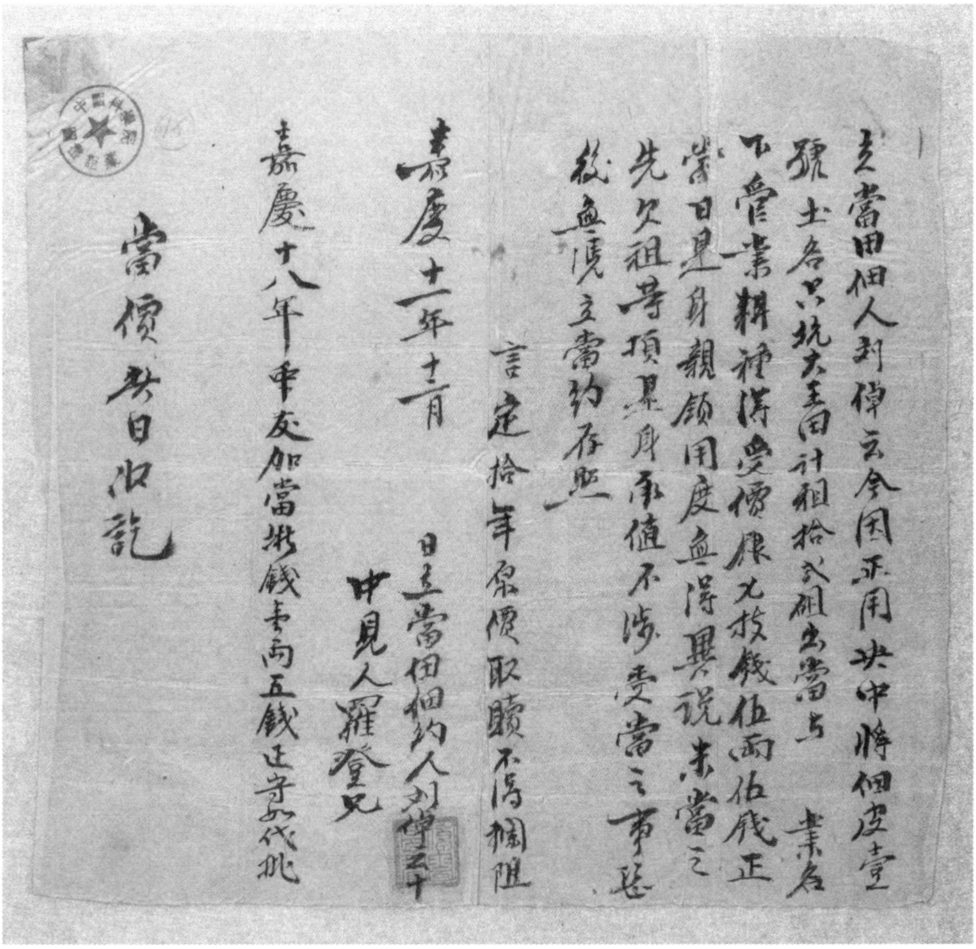

立當田佃人刘倬云，今因正用，央中將佃皮壹
號，土名只坑大王山，計租拾弍砠，出當與　業名
下管業耕種，得受價銀九扣錢伍兩伍錢正，
當日是身親領用度，無得異說。未當之
先欠租等項，是身承值，不涉受當之事。恐
後無憑，立當約存照。
言定拾年原價取贖，不得攔阻。
嘉慶十一年十二月　日立當田佃約人刘倬云（押）
中見人羅登兒
嘉慶十八年辛亥加當紋錢壹兩五錢，廷守息代批
當價共日收訖

一

清道光四年十二月某某縣汪斌衡立當田契

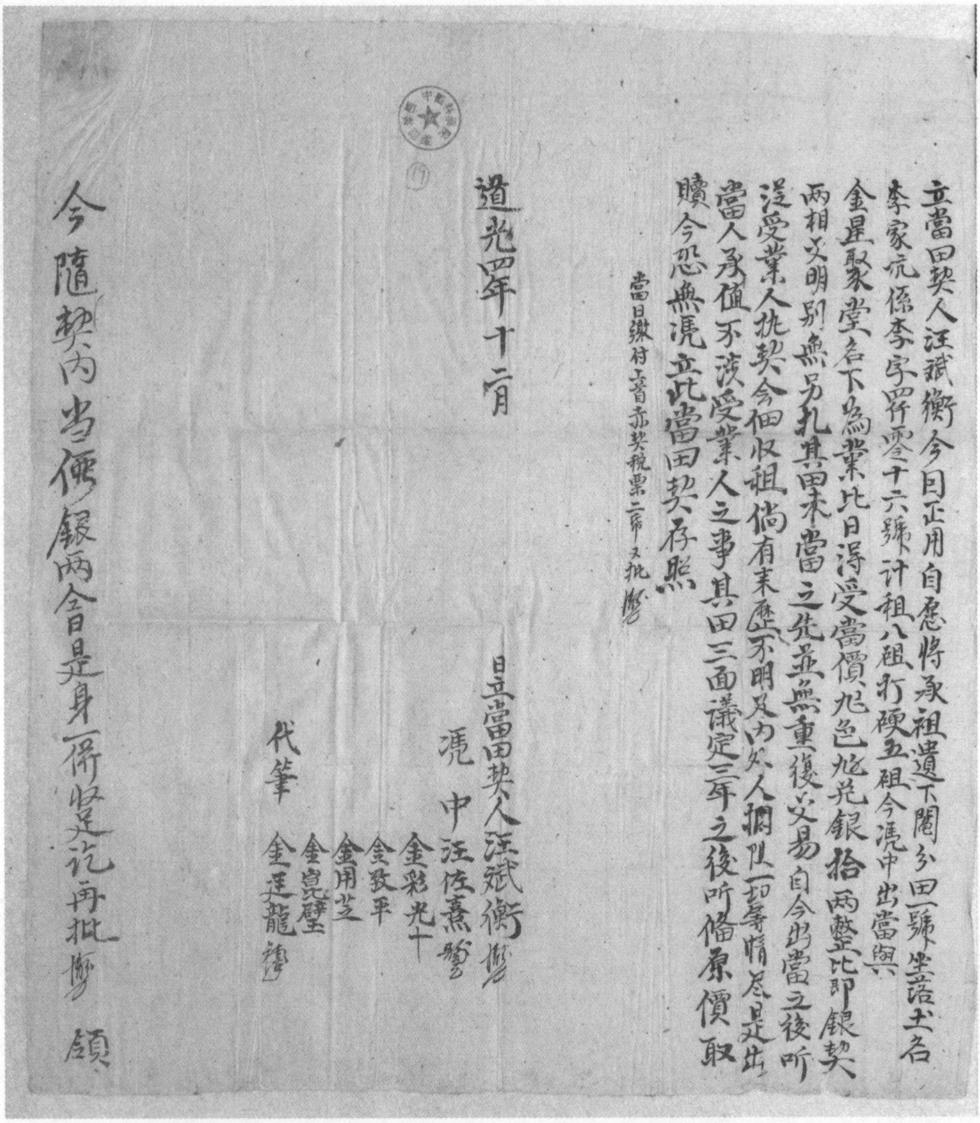
立當田契人汪斌衡今因正用自愿將承祖遺下閹分田一號坐落土名
李家坑係李字四千零十六號計租八秤打硬五秤今憑中出當與
金星聚堂名下為業比日得受當價九色九兑銀拾兩整比即銀契
兩相交明別無另扎其田未當之先並無重復交易自今出當之後所
從受業人挑契令佃收租倘有來歷不明及內外人攔阻一切等情尽是出
當人承值不涉受業人之事其田三面議定三年之後所備原價取
贖今恐無憑立此當田契存照

當日繳付上首赤契稅票二紙 又批（押）

道光四年十二月　日立當田契人汪斌衡（押）

憑中　汪佐熹（押）
金彩光（十）
金致平
金用芝
金嵩璧

代筆　金廷龍（押）

今隨契內當價銀兩合是身一併收足訖再批（押）　領

一

清道光十年三月某某縣胡炳南立當佃皮山契

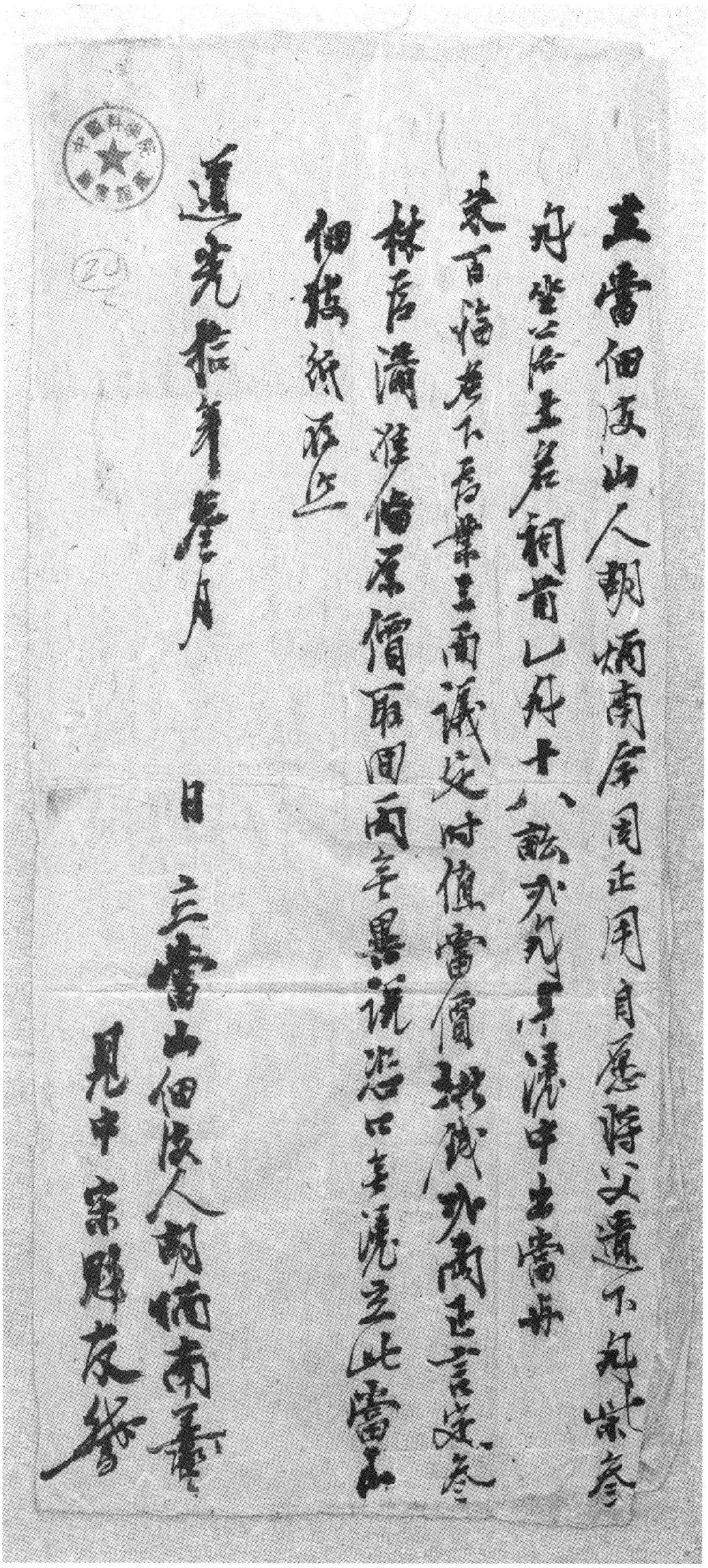

(20)

立當佃皮山人胡炳南，今因正用，自愿將父遺下分己業參分，坐落土名王若祠前山分十八號弍分□厘，浼中出當與族□名下為業。三面議定時值當價銀錢叁兩正，言定叁林后滿，准備原價取回，兩家無異說。恐口無憑，立此當山佃皮紙存照。

道光拾年叁月　日　立當山佃皮人胡炳南（押）

見中　宗賢

友發

一

清道光二十四年十一月某某縣胡奕堂立出當房屋約
附道光廿八年六月胡官貴立當典錢批

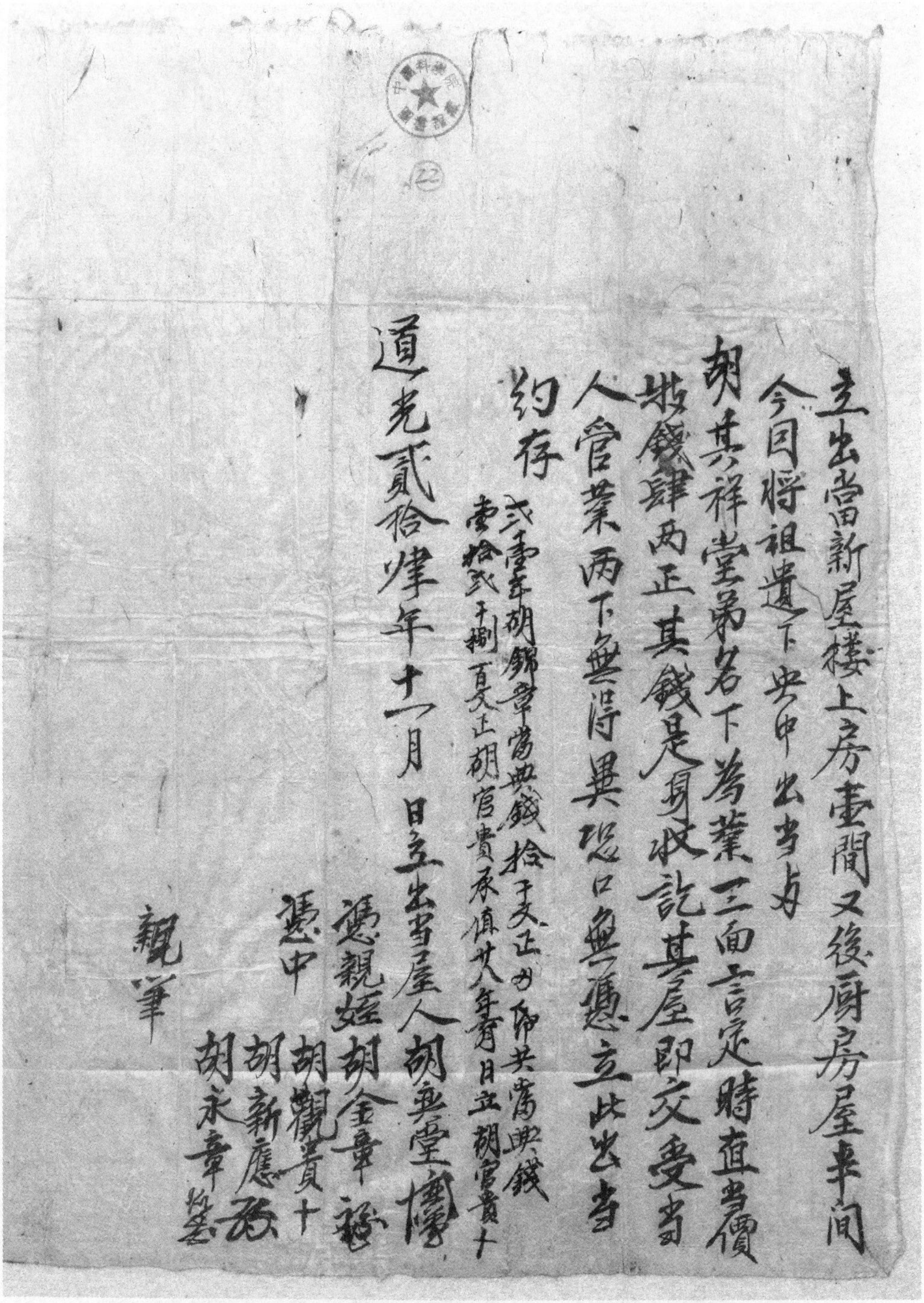

立出當新屋樓上房壹間又後廚房屋半间
今因將祖遺下安中出當与
胡其祥堂弟名下為業三面言定時值當價
糺錢肆兩正其錢是身收訖其屋即交受當
人管業兩下無得異說口無憑立此出當
約存

戊申年胡錦章當典錢拾千文正，另即共當典錢
壹拾弍千捌百文正。胡官貴承值廿八年六月日立　胡官貴十

道光貳拾肆年十一月　日立出當屋人胡奕堂（押）
憑親姪胡金章（押）
憑中　胡觀貴十
胡新應（押）
胡永章（押）
親筆

清咸豐十年九月某某縣黃吳氏等立當園地契

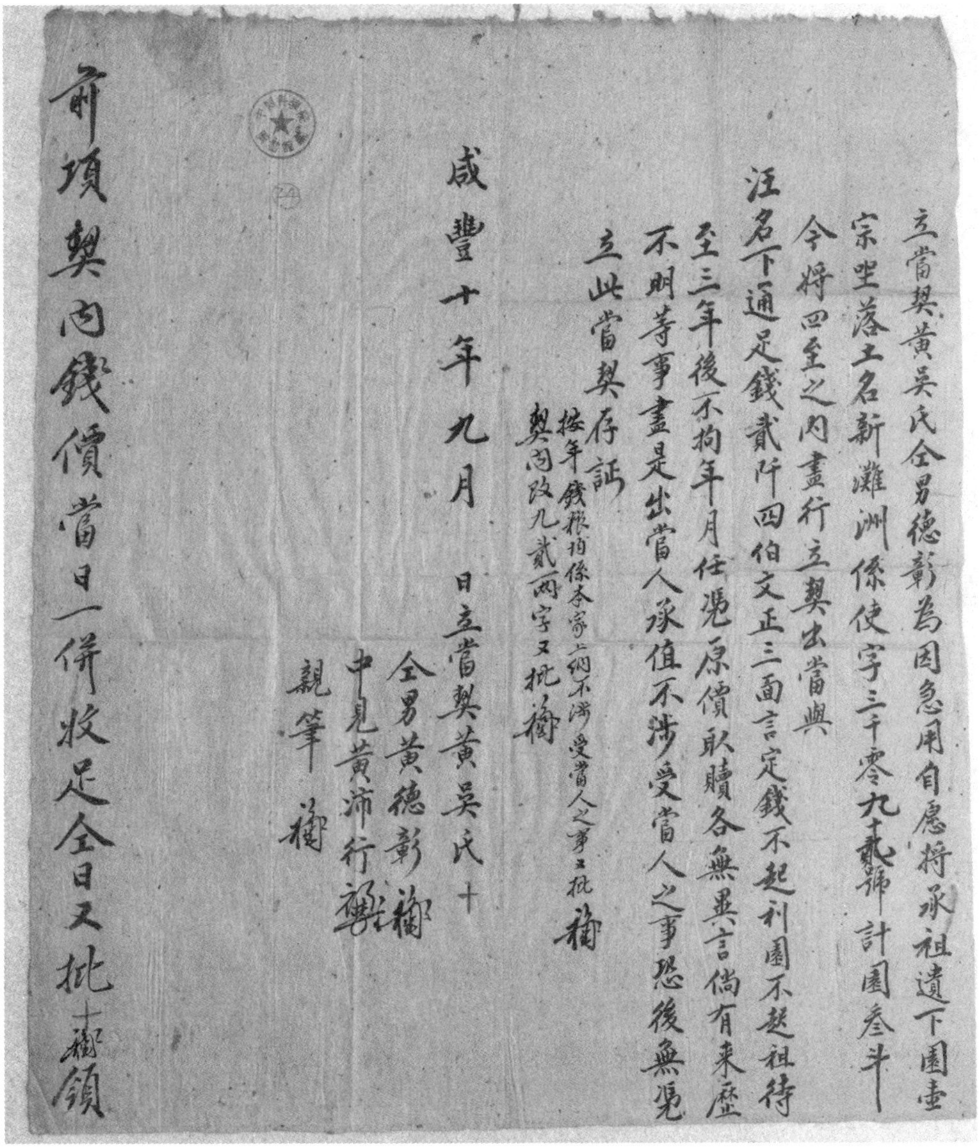

立當契黃吳氏全男德彰為因急用自愿將承祖遺下園壹
宗坐落土名新灘洲係使字三千零九十貳號計園叁斗
今將四至之内盡行立契出當與
汪名下通足錢貳仟四伯文正三面言定錢不起利園不起租待
至三年後不拘年月任憑原價取贖各無異言倘有來歷
不明等事盡是出當人承值不涉受當人之事恐後無憑
立此當契存証
按年錢糧俱係本家之納不涉受當人之事又批 押
契內改九貳兩字又批 押
咸豐十年九月 日立當契黃吳氏 十
全男黃德彰 押
中見黃沛行 押
親筆 押
前項契內錢價當日一併收足仝日又批 十押 領

一

清咸豐十一年六月某某縣江步雲等立出典田契

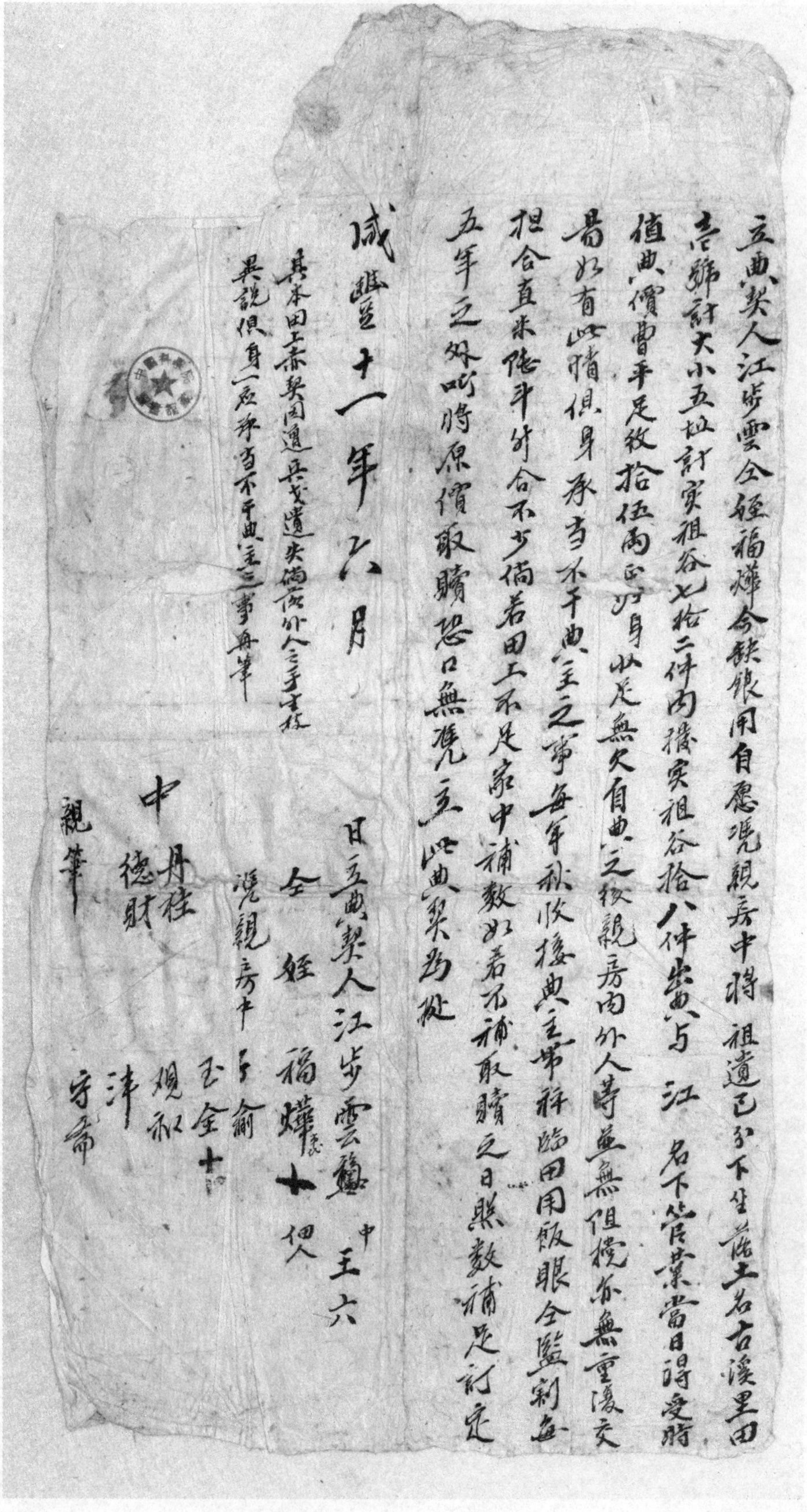
立典契人江步雲仝侄福燁今缺銀用自愿凴親房中將 祖遺已分下坐落土名古溪里田
壹號計大小五坵計實租谷七拾二件內撥實租谷拾八件出典与 江 名下管業當日得受時
值典價曹平足紋拾伍兩正其銀身收足無欠自典之後親房內外人等並無阻攔亦無重復交
易如有此情俱身承當不干典主之事每年秋收接典主弟叔臨田用飯眼仝監割每
租合直米陸斗外合不少倘若田工不足家中補數如若不補取贖之日照數補足訂定
五年之外聽將原價取贖恐口無凴立此典契為據

其本田上赤契因遭兵戈遺失倘落外人之手寻枝異說俱身一應承當不干典主之事再筆

咸豐十一年六月 日立典契人江步雲（押） 中 王六
仝 侄 福燁（押） 佃人
凴親房中 □翁 玉全（押）
中 丹桂 津
德財 規叔
親筆 守命

清同治五年十一月某某縣金希文立出當麥豆園園骨並佃皮契附光緒五年八月金永知立加當價批

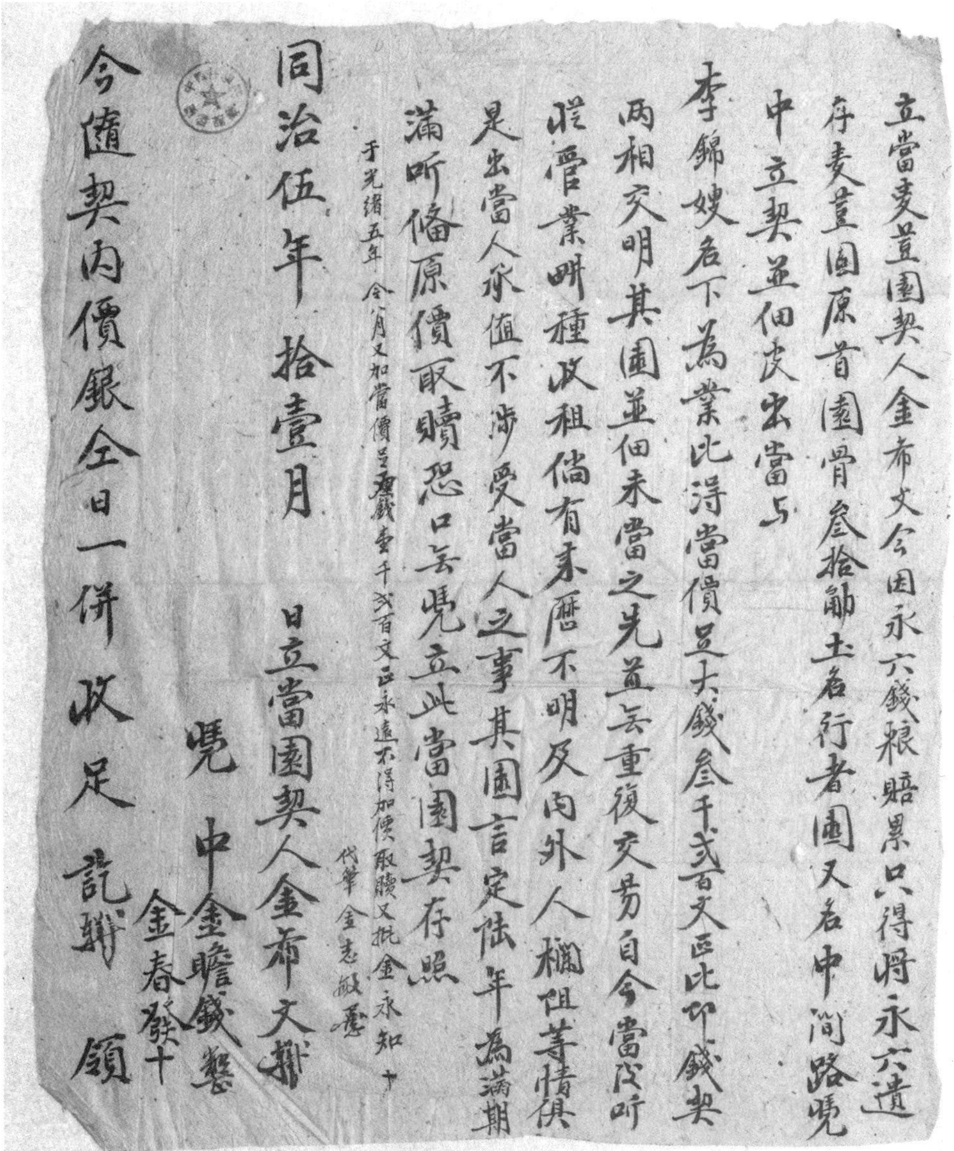
立當麥豆園契人金希文今因永六錢糧賠累只得將永六遺
存麥豆園原首園骨叁拾觔土名行者園又名中間路憑
中立契並佃皮出當与
李錦嫂名下為業比得當價足大錢叁千弍百文正比收錢契
兩相交明其園並佃未當之先並無重復交易自今當後聽
從管業耕種收租倘有來歷不明及內外人攔阻等情俱
是出當人承值不涉受當人之事其園言定陸年為滿期
滿聽備原價取贖恐口無憑立此當園契存照
于光緒五年八月又加當價足大錢壹千弍百文正永遠不得加價取贖又批金永知十
代筆 金志敏 押
同治伍年拾壹月 日立當園契人金希文 押
憑中 金瞻鐵 押
金春發十
今隨契內價銀全日一併收足訖押 領

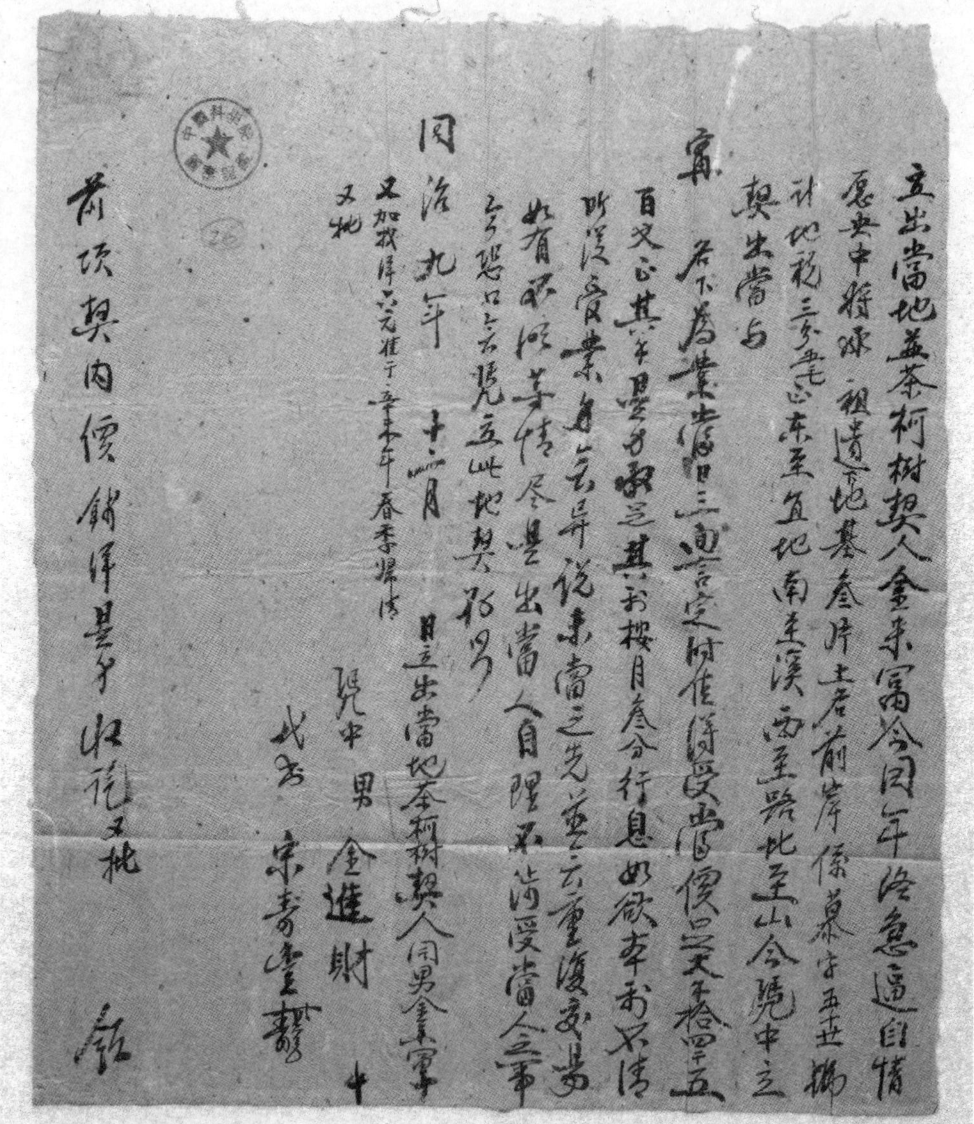

立出當地並茶柯樹契人金來富，今因年終急逼，自情
愿央中將承祖遺下地基叁片，土名前岸，係慕字五百廿號，
計地稅三分五毛正，東至直地，南至溪，西至路，北至山，今憑中立
契出當與
寓名下為業，當日三面言定，時值得受當價英洋拾四元五
百文正，其洋是身收足，其洋按月叁分行息，如欲本利不清，
聽從受業，身無異說。未當之先並無重復交易，
如有不明等情，盡是出當人自理，不涉受當人之事。
恐口無憑，立此地契存照。

又加收洋六元正，辛未年春季歸清 又批

同治九年 十二月 日立出當地茶柯樹契人同男金來富 十
憑中 男 金進財 十
代書 宗壽堂 書

前項契內價錢洋是身收訖 又批

領

清同治九年十二月某某縣金來富立當地並茶柯樹契

一

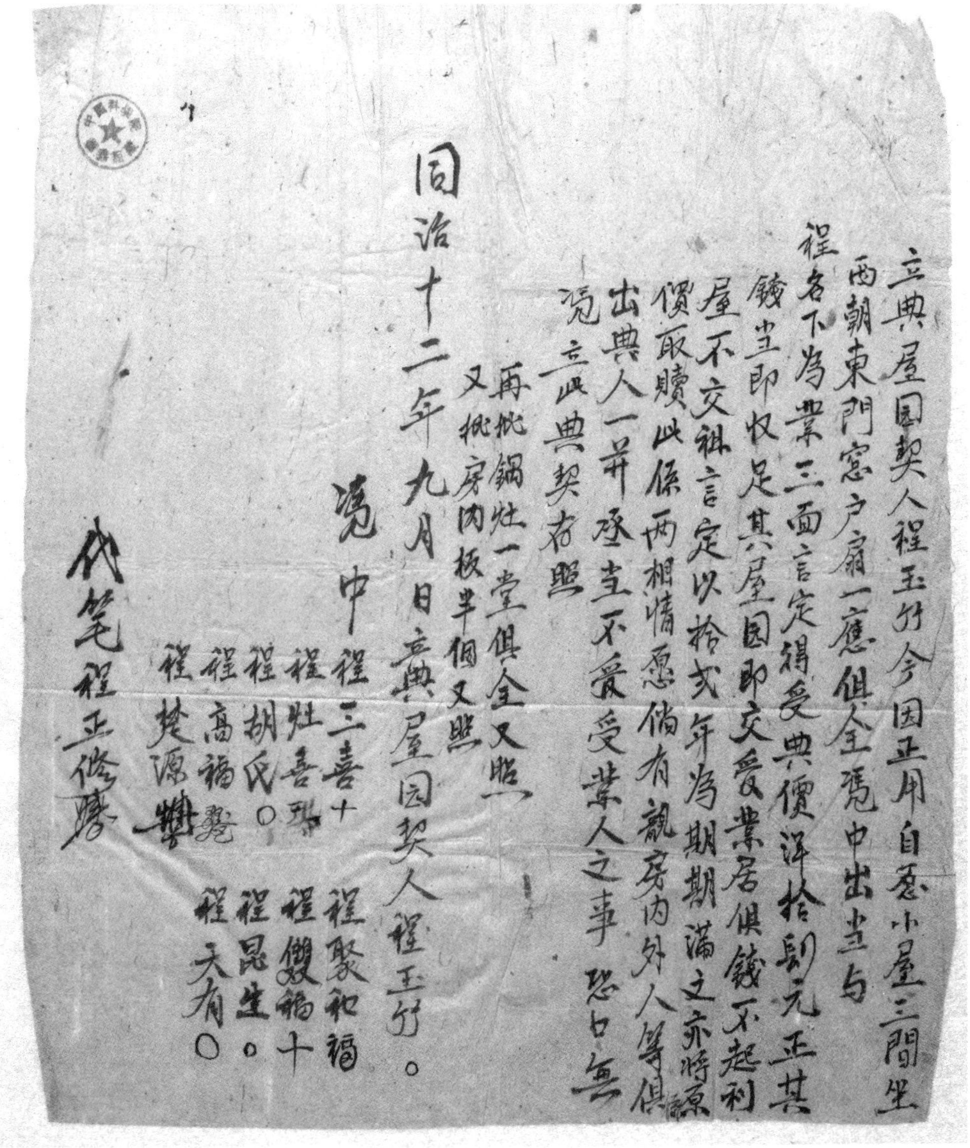

立典屋園契人程玉竹今因正用自愿小屋三間坐
西朝東門窗户扇一應俱全凴中出典与
程名下為業三面言定得受典價洋拾副元正其
錢當即收足其屋園即交受業居住錢不起利
屋不交租言定以拾弍年為期期滿之日將原
價取贖此係兩相情愿倘有親房内外人等俱
出典人一并承當不與受業人之事恐口無
憑立此典契存照

再批鍋灶一堂俱全又照
又批房内板半個又照

同治十二年九月 日立典屋園契人程玉竹○

凴中 程三喜十　程聚和福
程灶喜押　程僎福十
程胡氏○　程昆生○
程高福押　程天有○
程楚源押

代筆程正修押

清同治十二年九月某某縣程玉竹立典屋園契

一

清光緒八年十二月某某縣金永芝立出當茶科等樹契

立出當茶科柜子樹標樹人金永芝今因年終急用
自愿將 祖遺下土名陳家坟長養茶科玖拾餘株
柜子樹兩株標樹壹株憑中立契出當與
程遂名下為業當日三面言定時值當價通足典
錢拾壹仟文正比即錢契兩相交明別無另扎其因未
當之先並無重複交易自今當後聽從受當人管業
摘茶鋸子打標以作花利倘有來歷不明等情盡是出
當人承值不涉受當人之事比日言明拾弍年之後聽
備原價取贖兩無異說恐口無憑立此出當契存照

光緒八年 拾弍月 日立出當契人金永芝 十
代筆中人金廷禮

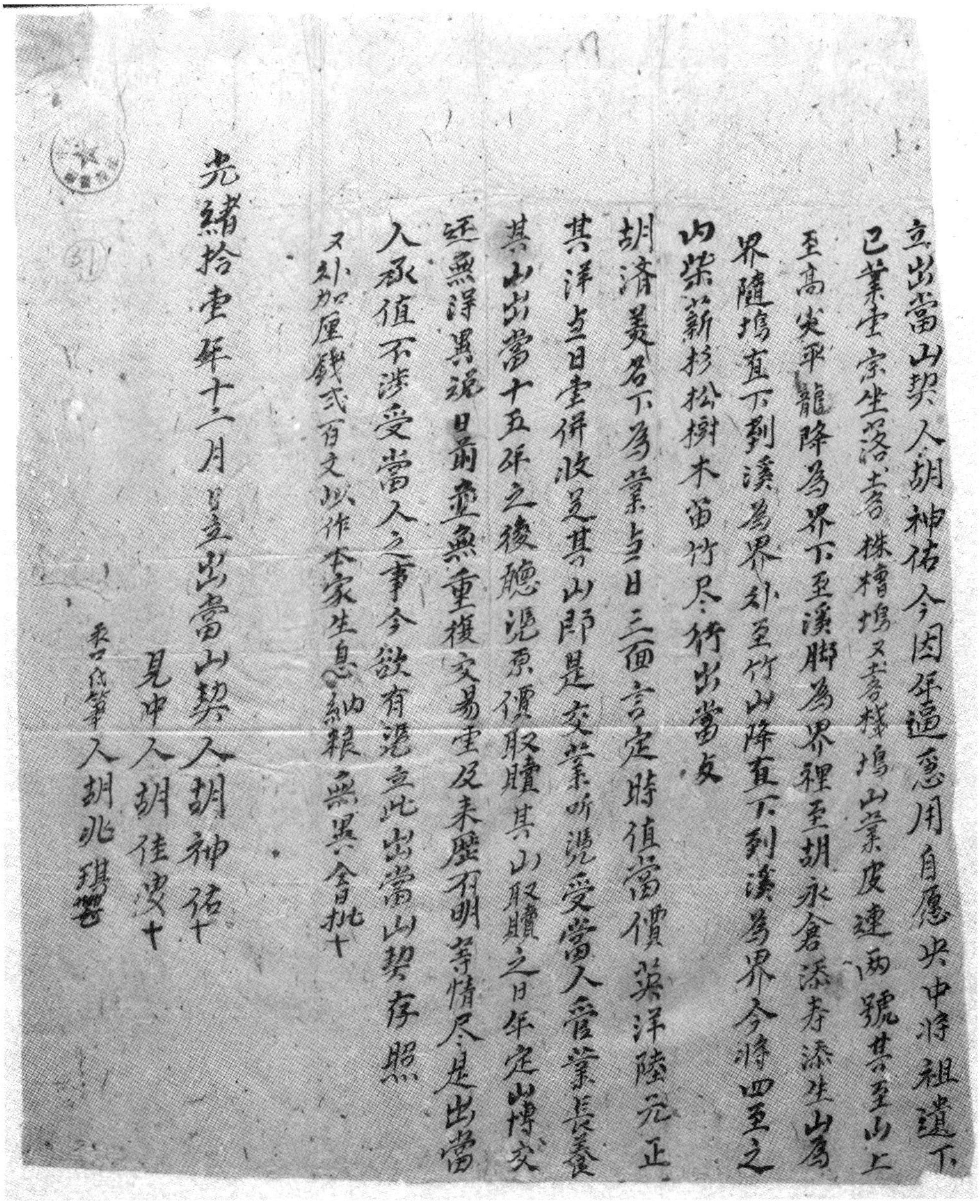

立出當山契人胡神佑今因年逼急用自愿央中將祖遺下
已業壹宗坐落土名株樟塢又土名棧塢山業皮連兩號其至山上
至高尖平龍降為界下至溪腳為界裡至胡永倉添壽添生山為
界隨塢直下到溪為界外至竹山降直下到溪為界今將四至之
内柴薪杉松樹木苗竹盡行出當與
胡濟美名下為業當日三面言定時值當價英洋陸元正
其洋當日壹併收足其山即是交業听憑受當人管業長養
其山出當十五年之後聽憑原價取贖其山取贖之日年定山博交
經無得異說日前並無重複交易並及來歷不明等情盡是出當
人承值不涉受當人之事今欲有憑立此出當山契存照
又批加厘錢貳百文以作本家生息納粮無異 合日批十
光緒拾壹年十二月 日立出當山契人胡神佑十
見中人胡佳洪十
憑代筆人胡兆璂

清光緒十一年十二月某某縣胡神佑立出當山契

一

清光緒十七年九月某某縣黃鎔六立當田契附十二月立照補契内除出田業其税補入貼糧折批

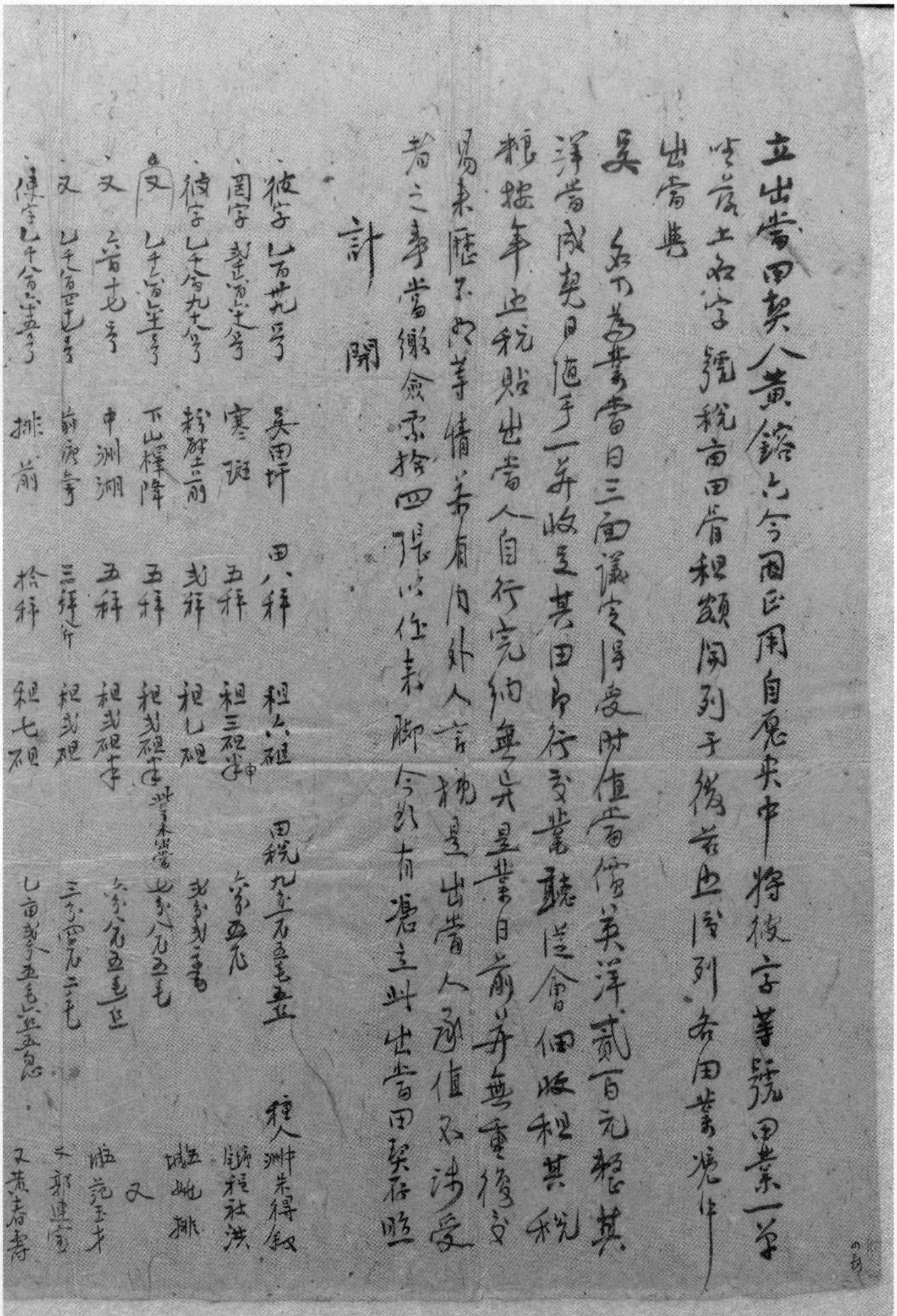
立出當田契人黃鎔六今因正用自愿央中將彼字等號田業一半
此處土名字號税畝田骨租額開列于後前出僅列各田業憑中
出當與
吳　名下爲業當日三面議定得受時值當價英洋貳百元整其
洋當成契日随手一并收足其田即行交業聽從會佃收租其税
粮按年出税貼出當人自行完納無異是業自前[illegible]并無重復交
易來歷不明等情如有内外人言概是出當人承值不涉受
者之事當繳僉票拾四張以作執脚今欲有憑立此出當田契存照
計　開
彼字乙百廿九号　吳田圻　田八秤　租六砠　田税九分[illegible]五毛五　種人洲中宋得叙
閏字[illegible]百六十七号　寒[illegible]　五秤　租三砠半中　六分五厘　[illegible]程社洪
彼字乙千乙百九十八号　[illegible]壁前　弍秤　租乙砠　弍分弍毫　[illegible]姚排
又乙千乙百乙十五号　下山樟降　五秤　租弍砠半　[illegible]業未當　六分八厘五毛　又
又六百十七号　中洲湖　五秤　租弍砠半　六分九厘五毛[illegible]　范玉才
又乙千乙百四十七号　前[illegible]旁　三秤又八斤　租弍砠　三分四厘二毛　郭建寶
使字乙千八百六十五号　排前　拾秤　租七砠　乙畝弍分五毛[illegible]五忽　黃春壽

（一）

一

清光緒十七年九月某某縣黃鎔六立當田契附十二月立照補契内除出田業其税補入貼糧折批

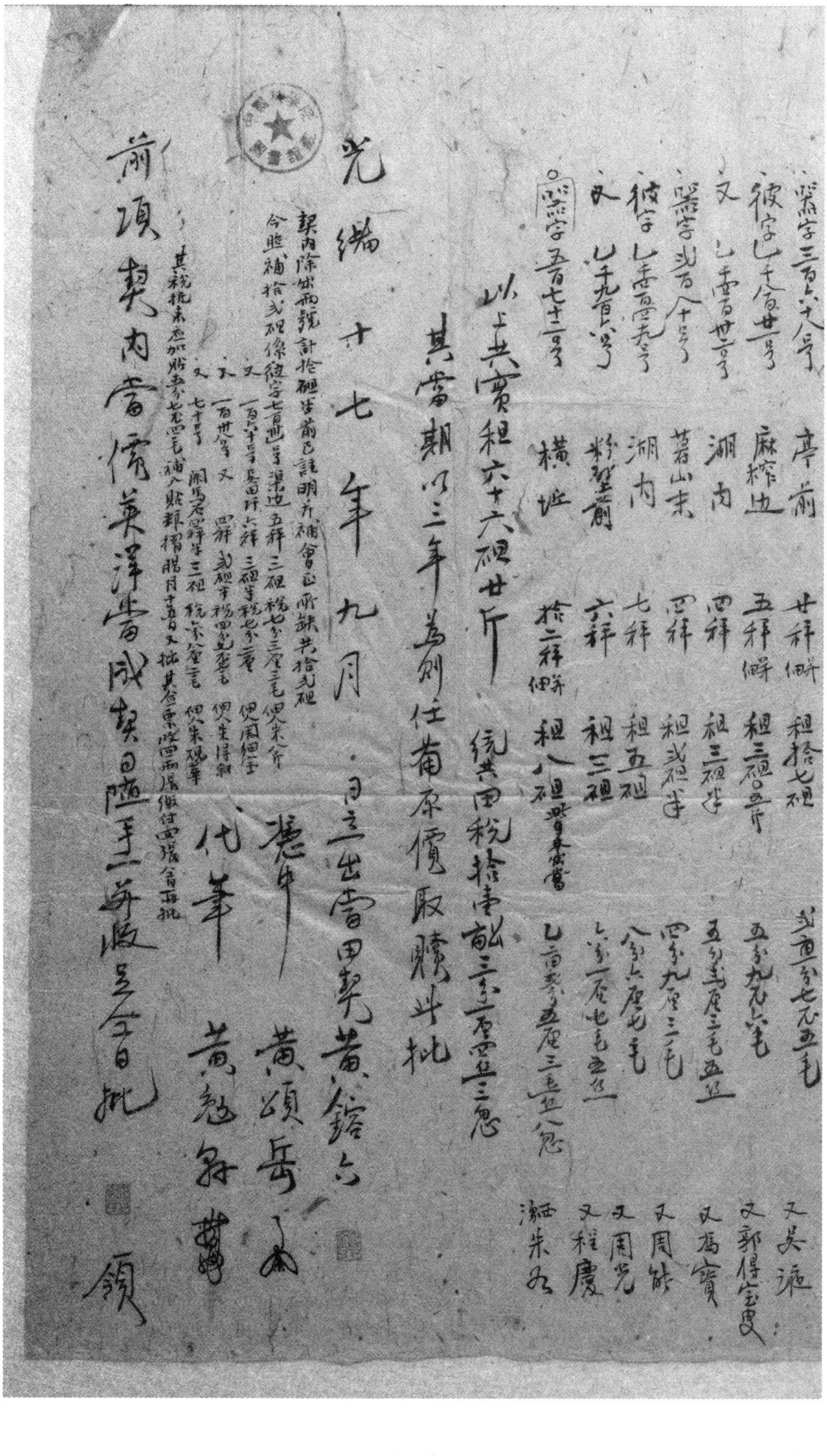

槑字三百六十八號　亭前　廿秤　佃　租拾七砠　弍畝一分七厘五毛
彼字乙千二百廿一號　麻榨坦　五秤　佃　租三砠零五斤　五分九厘六毛
又　乙千二百廿二號　湖內　四秤　佃　租三砠半　五分三厘三毛五系
槑字弍百八十二號　墓山未　四秤　租弍砠半　四分九厘三毛
彼字乙千二百四十五號　湖內　七秤　租五砠　八分六厘七毛
又　乙千九百八號　粉望前　六秤　租三砠　六分一厘七毛五系
槑字五百七十二號　橫坵　拾二秤　佃　租八砠　乙畝□分五厘三毛五系八忽
以上共實租六十六砠廿斤　統共田稅拾畝三分□厘□毛三忽
其當期以三年為則，任備原價取贖，此批
又吳涵　又郭得宝　又高寶　又周銖　又周光　又程慶　灘朱九

契內除出兩號計拾砠，其前已註明，今補會正，所缺共拾弍砠
今照補拾弍砠，係彼字七百卅一號　渠坦　五秤　三砠　稅七分三厘三毛　佃朱八斤
又　一百六十五號　高田坵　六秤　三砠半　稅七分□毫　佃周細全
又　一百卅八號　又　四秤　弍砠半　稅四分九厘□　佃朱得和
又　七十二號　閘馬石　四秤半　三砠　稅□分□毫　佃朱現華
其稅概未查明，將來查七畝四毛補入貼糧，十二月十五日又批。其會票收回兩張，仍付回一張，今有再批

光緒十七年九月　日立出當田契　黃鎔六
憑中　黃頌岳
代筆　黃魁舒
前項契內當價英洋當成契日隨手一并收足，今有批　領

（二）

一

清光緒二十六年十二月某某縣金承韜立出當田契附光緒廿七年二月金承韜立取轉契内新塘嶺脚田當價批

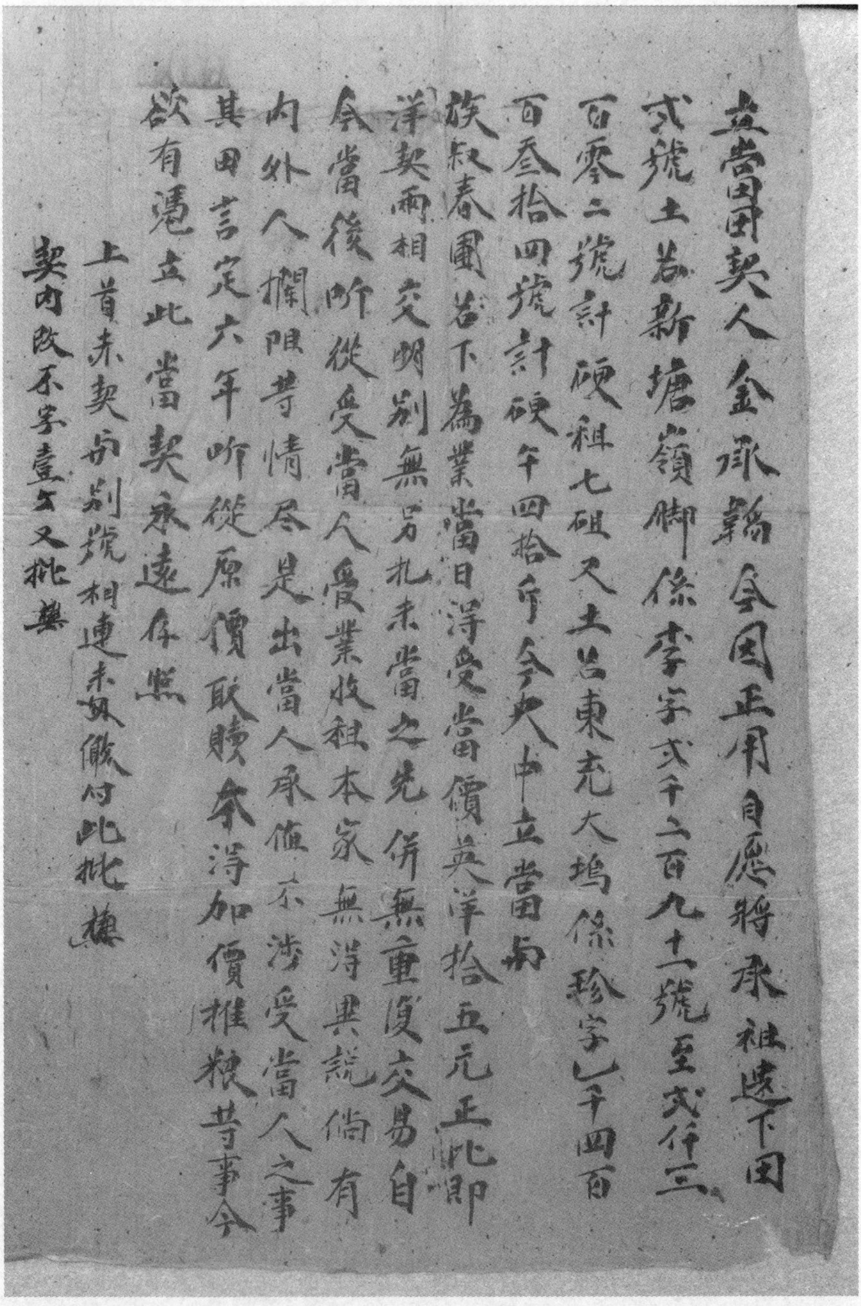
立當田契人金承韜今因正用自愿將承祖遺下田
弍號土名新塘嶺脚係李字弍千二百九十一號至弍仟三
百零二號計硬租七砠又土名東充大塢係珍字乙千四百
百叁拾四號計硬乍四拾斤今央中立當與
族叔春圃名下為業當日得受當價英洋拾五元正比即
洋契兩相交明別無另扎未當之先併無重復交易自
今當後聽從受當人管業收租本家無得異說倘有
内外人攔阻等情尽是出當人承值不涉受當人之事
其田言定六年聽從原價取贖不得加價推糧等事今
欲有憑立此當契永遠存照
上首赤契弍號相連未及繳付此批
契内改不字壹个又批

（一）

清光緒二十六年十二月某某縣金承韜立出當田契附光緒廿七年二月金承韜立取轉契內新塘嶺脚田當價批

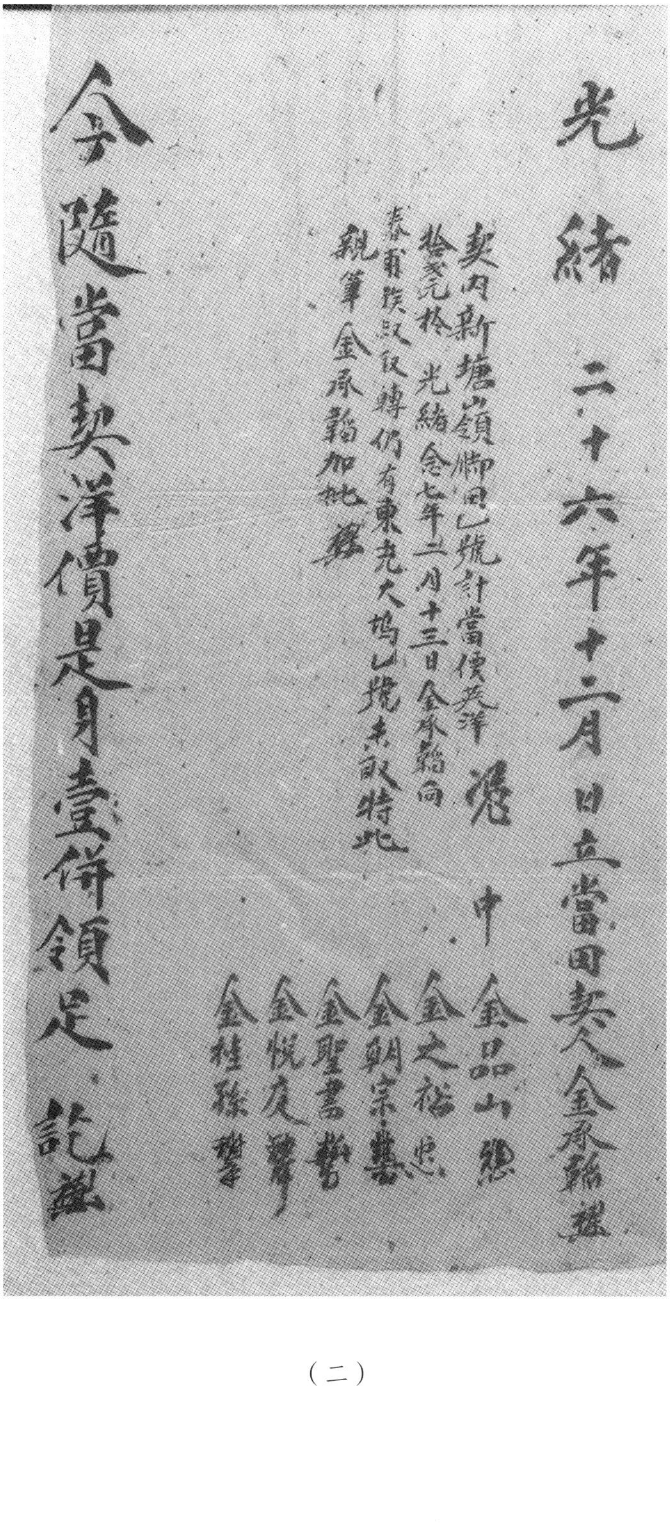
光緒二十六年十二月　日立當田契人金承韜（押）
憑中　金品山（押）
金之裕（押）
金朝宗（押）
金聖書（押）
金悅庭（押）
金桂孫（押）
契內新塘嶺脚田山號計當價英洋拾叁元整。光緒念七年二月十三日金承韜向泰甫族叔叔轉，仍有東充大塢山號未取，特此
親筆金承韜加批（押）
今隨當契洋價是身壹併領足。訖（押）

（二）

一

清宣統元年十二月（休寧縣）姚百順立當茶園契

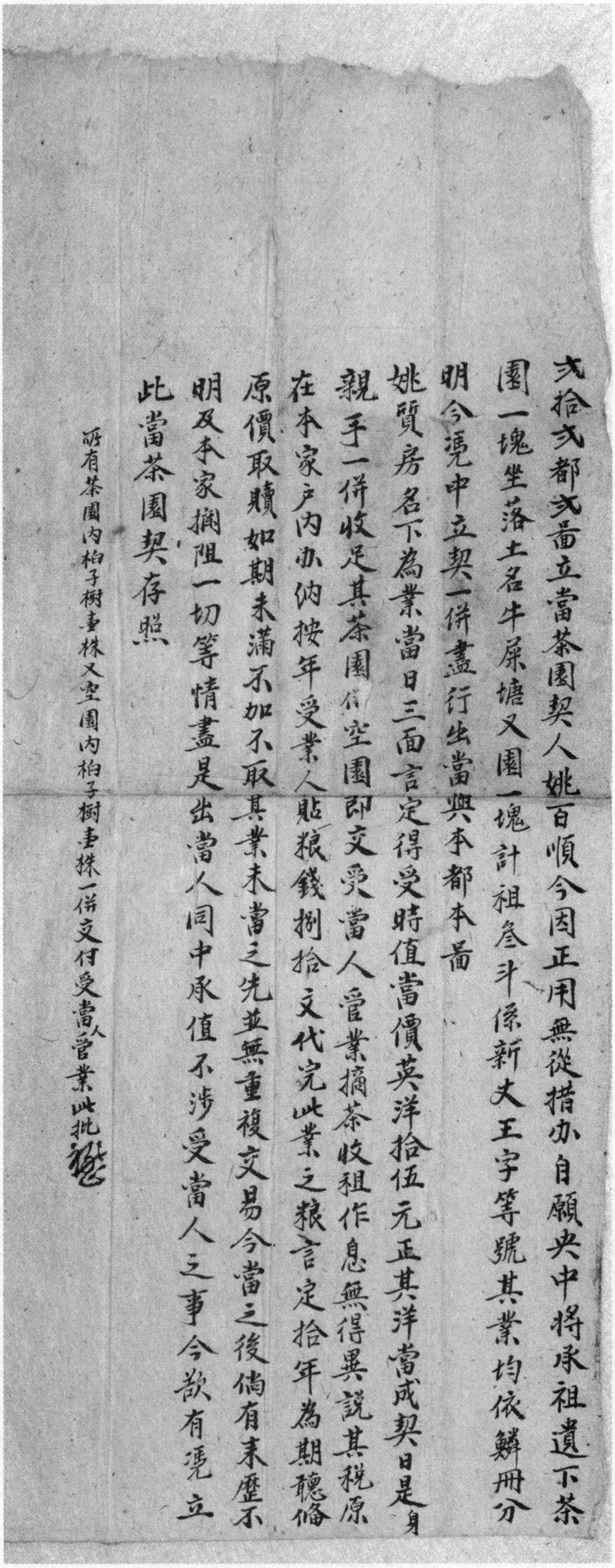

貳拾貳都貳啚立當茶園契人姚百順今因正用無從措办自願央中將承祖遺下茶
園一塊坐落土名牛屎塘又園一塊計租叁斗係新丈王字等號其業均依鮮冊分
明今凴中立契一併盡行出當與本都本啚
姚賀房名下為業當日三面言定得受時值當價英洋拾伍元正其洋當成契日是身
親手一併收足其茶園係空園即交受當人管業摘茶收租作息無得異說其稅原
在本家户内办納按年受業人貼粮錢捌拾文代完此業之粮言定拾年為期聽備
原價取贖如期未滿不加不取其業未當之先並無重複交易今當之後倘有來歷不
明及本家攔阻一切等情盡是出當人同中承值不涉受當人之事今欲有凴立
此當茶園契存照
所有茶園内柏子樹壹株又空園内柏子樹壹株一併交付受當人管業此批

（一）

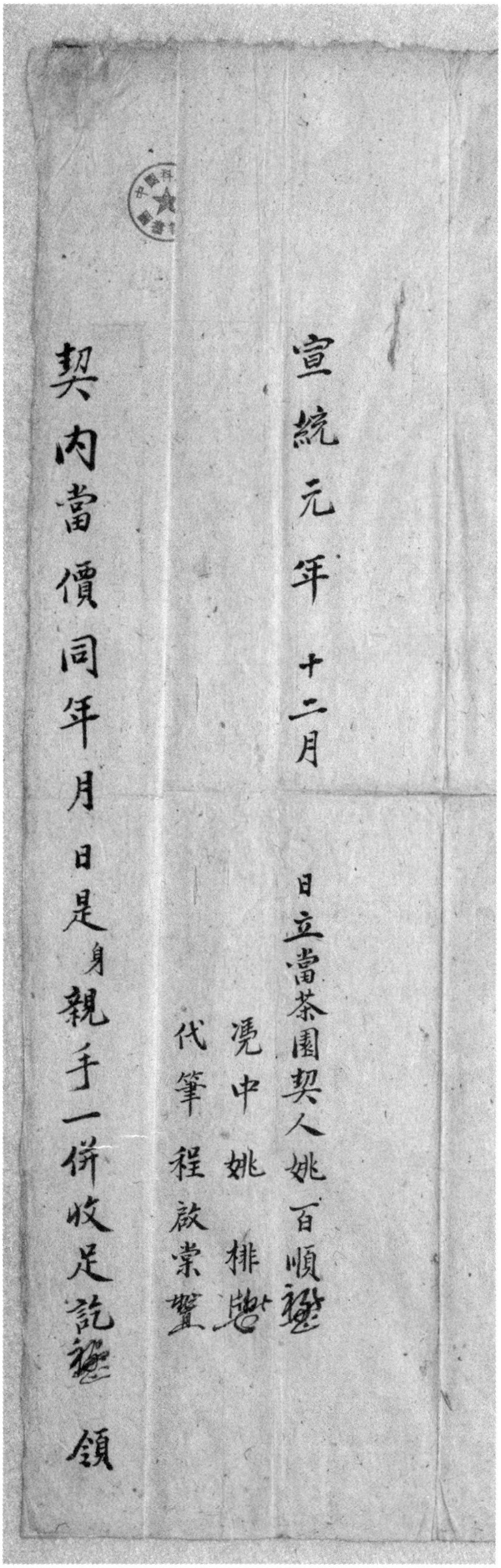

宣統元年十二月　日立當茶園契人姚百順（押）
憑中姚排（押）
代筆程啟棠（押）
契內當價同年月日是身親手一併收足訖（押）　領

（二）

一

清宣統三年七月某某縣張慶華立當田地樹木等契附民國二十八年十二月張長家加洋批

方

立當契人張慶華，今因錢粮等項急用無办，自愿央
中將祖置遺下阄分己業，係体字號拾餘號，共總土宗，
其以上各項田地山内並杉樹苗茶柯苗竹柏杼樹一切等
項統概一併在内，盡行憑正現業為定。身家毫無存
今因憑中自愿立契盡行出當與
名下為業。當日三面言定，得受當價英洋貳伯元正。其
洋成當之日是身親手一併收足，不另立領字。其以上
各項等業，隨即三面眼同指交受當人管業收租取
息，無異。未當之先並無抵押重複交易等情。今當
以後倘有親房内外人言，盡是出當人一力承値，不涉受當
人之事。其以上各業今出以後，隨即三面言明，訂定永不
得另生枝節加當等情，言定听從銀使原價取續起劃
推入無阻，其係言定週年並分捌厘行息，準定每年春
夏兩季茶市上門如數交纳，不得欠少分毫。倘若拖欠
行息，自愿听從執據管業，另召無阻，兩無異說。今欲
有憑，立此當契存照為據。

（一）

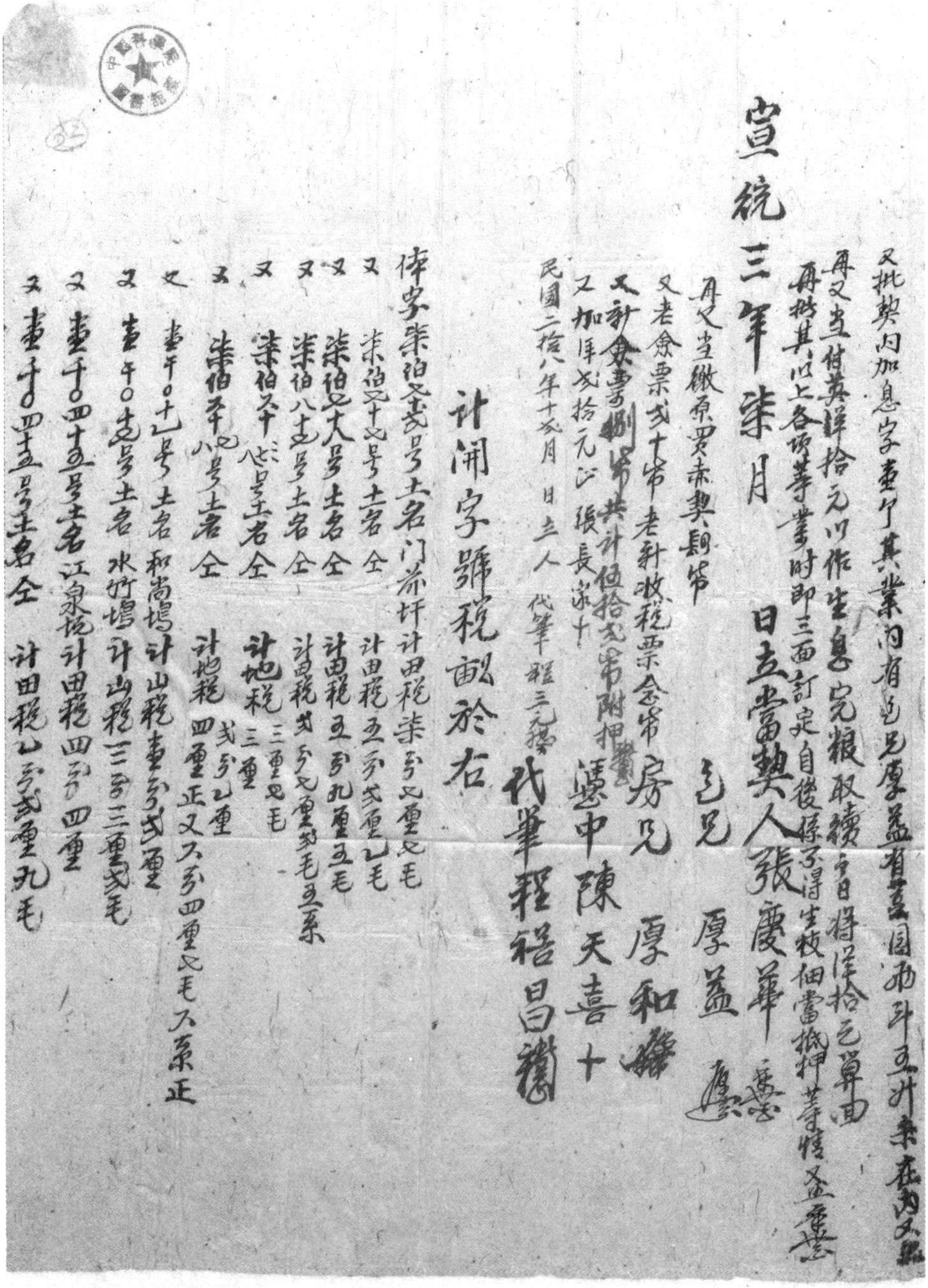

又批契內加息字壹個，其業內有毛兄厚益有壹園兩斗五升來在內，又照
再又出付英洋拾元以作生息完粮取續，自日將洋拾元算田
再批其以上各項等業，時即三面訂定，自後孫子得出枝佃當抵押等情，又照

宣統三年柒月　日立當契人張慶華（押）
毛兄　厚益（押）
再又出繳原買赤契一紙
又老除票弍十紙，老新收稅票全紙　房兄　厚和（押）
又新分書一冊，共計伍拾弍紙，附押　憑中陳天喜十
又加洋弍拾元正　張長家十
民國二拾八年十弍月　日立人　代筆程三元（押）
代筆程稻昌（押）

計開字號稅畝於右

併字柒伯又弍號，土名门前圩，計田稅柒分又重六毛
又　柒伯又十四號，土名仝，計田稅五分弍重四毛
又　柒伯又大八號，土名仝，計田稅五分九重五毛
又　柒伯八十五號，土名仝，計田稅弍分七重弍毛五系
又　柒伯又十七號，土名仝，計地稅三重四毛
又　柒伯又十八號，土名仝，計地稅三重
又　壹千〇十二號，土名和尚塢，計山稅壹分弍重，又计地稅弍分二重
又　壹千〇十七號，土名水竹塢，計山稅三分三重弍毛
又　壹千〇四十五號，土名江泉塢，計田稅四分四重
又　壹千〇四十五號，土名仝，計田稅二分弍重九毛
四重正，又又分四重七毛又系正

（二）

清宣統三年七月某某縣張慶華立當田地樹木等契附民國二十八年十二月張長家加洋批

一

二、清順治至道光年間休寧縣典屋契及禁革糧差陋規批

一

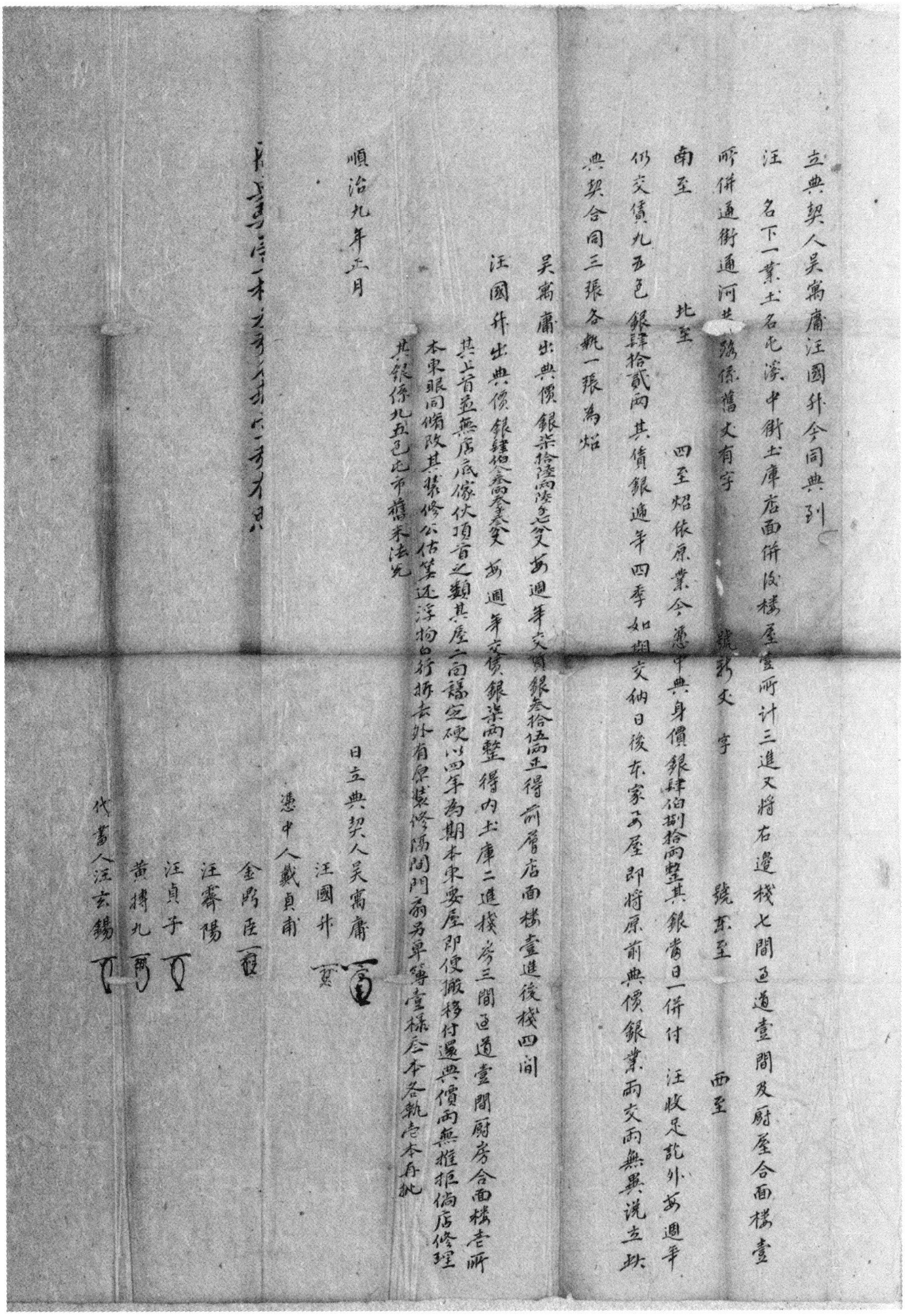
立典契人吴寓庸、汪國升今同典到
汪　名下一業土名屯溪中街土庫店面併後樓屋壹所，計三進，又將右邊棧七間、巷道壹間及廚屋合面樓壹
所，併通街通河共路，係舊丈有字　　號，新丈　字　　號。東至
南至　　北至　　西至　　四至照依原業。今憑中典身價銀肆伯捌拾兩整，其銀當日一併付　汪收足訖。外每週年
仍交債九五色銀肆拾貳兩，其債銀逐年四季如期交納。日後東家要屋，即將原前典價銀、業兩交，兩無異說。立此
典契合同三張，各執一張為炤。
吴寓庸出典價銀柒拾陸兩陸錢柒分，每週年交債銀叁拾伍兩正，得前層店面樓壹進、後棧四间。
汪國升出典價銀肆伯〇叁兩叁錢叁分，每週年交債銀柒兩整，得內土庫二進、棧房三間、巷道壹間、廚房合面樓壹所。
其上首並無店底，係伏頂首之類。其屋二面議定硬以四年為期，本東要屋，即便搬移，付還典價，兩無推拒。倘店修理，
本東眼同備改，其裝修公估筭還，浮物自行拆去。外有原裝修隔間門扇另單壹樣合本，各執壹本存照。
其銀係九五色九市舊未法兑
順治九年正月　　日立典契人吴寓庸（押）
汪國升（押）
憑中人戴貞甫
金以臣（押）
汪壽陽
汪貞子（押）
黃樽九（押）
代書人汪玄錫（押）

清順治九年正月〔休寧縣〕吴寓庸等立典店面樓屋棧房契

一

清順治十二年四月〔休寧縣〕汪必進等立出典店屋契附順治十三年九月作賣屋價銀算訖批

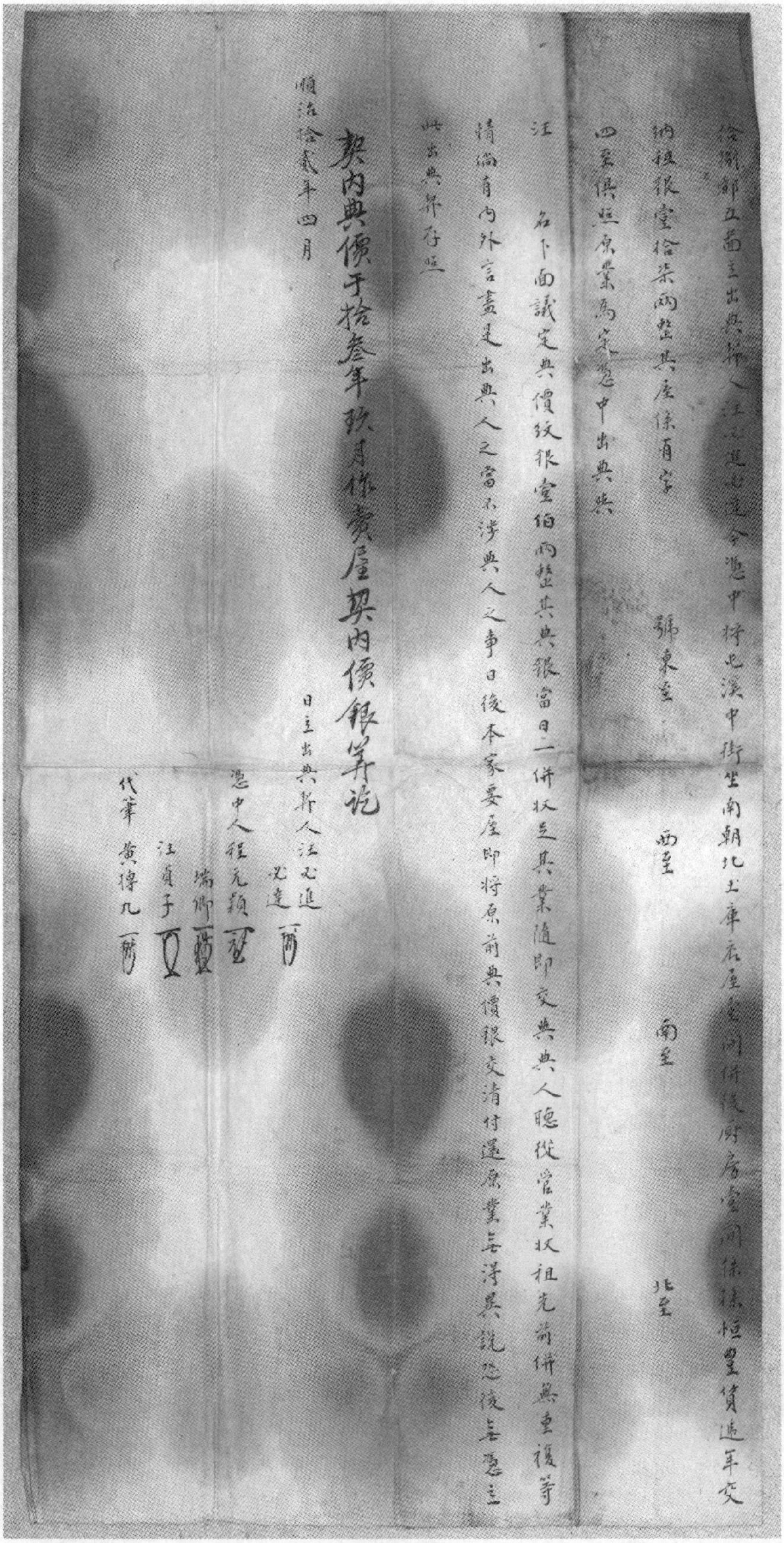

拾捌都五啚立出典契人汪必進、必達，今憑中将七溪中街坐南朝北土庫店屋壹間，併後廚房壹間，係孫恒豐賃進，年交
納租銀壹拾柒兩整。其屋係有字　　號，東至　　西至　　南至　　北至
四至俱照原業為定，憑中出典與
汪　　名下，面議定典價紋銀壹佰兩整。其典銀當日一併收足，其業隨即交與典人聽從管業收租。先前併無重複等
情，倘有内外言盡是出典人之當，不涉典人之事。日後本家要屋，即将原前典價銀交清付還原業，無得異說。恐後無憑，立
此出典契存照。

順治拾貳年四月　　日立出典契人汪必進
必達
憑中人程元穎
瑞卿
汪貞子
代筆　黄搏九

契内典價于拾叁年玖月作賣屋契内價銀算訖

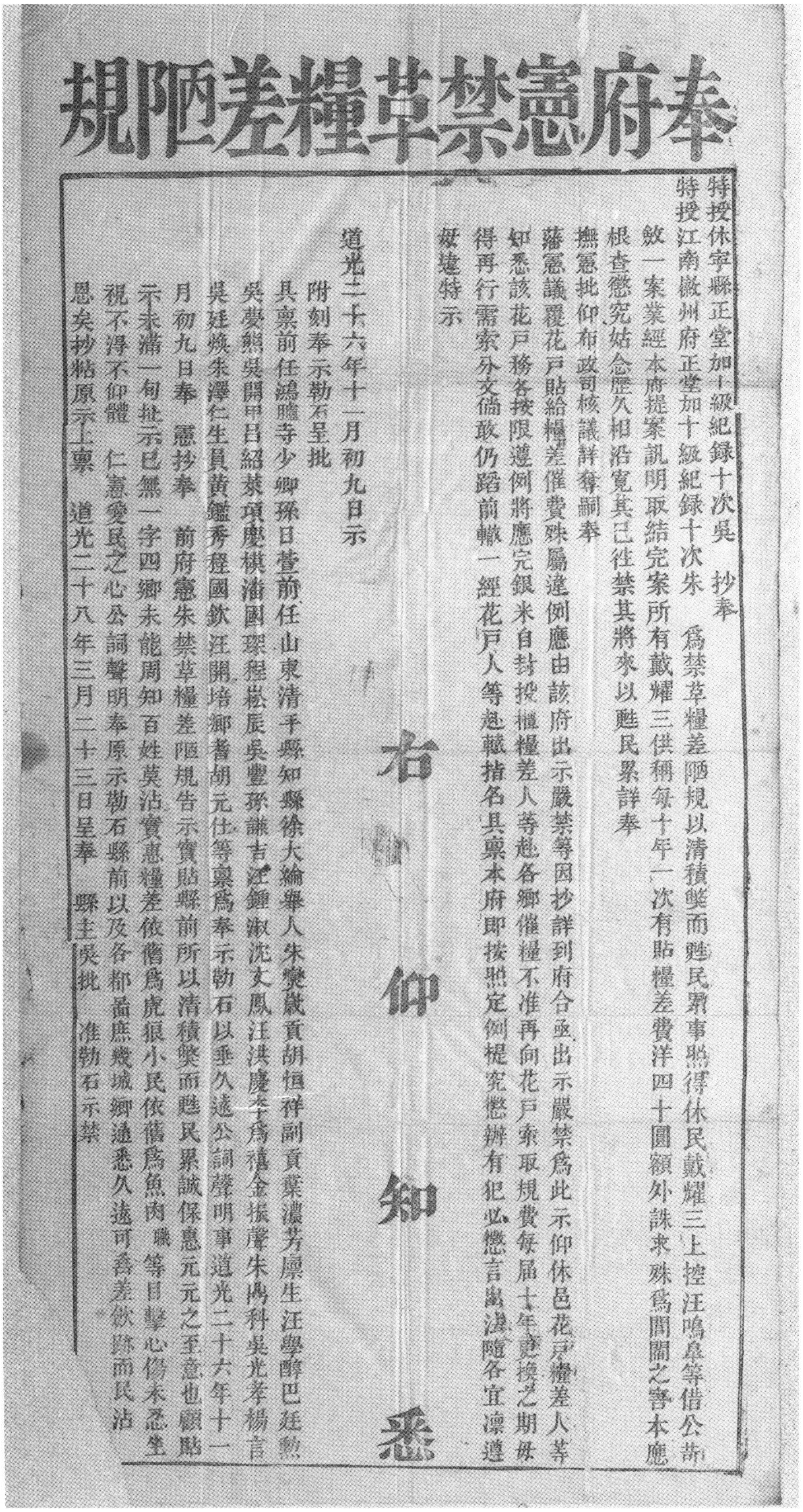

奉府憲禁革糧差陋規

特授休寧縣正堂加十級紀録十次吳　抄奉
特授江南徽州府正堂加十級紀録十次朱　爲禁革糧差陋規以清積弊而甦民累事照得休民戴耀三上控汪鳴臯等借公苛斂一案業經本府提案訊明取結完案所有戴耀三供稱每十年一次有貼糧差費洋四十圓額外誅求殊爲閭閻之害本應根查懲究姑念歷久相沿寬其已往禁其將來以甦民累詳奉
撫憲批仰布政司核議詳奪詞奉
藩憲議覆花戶貼給糧差催費殊屬違例應由該府出示嚴禁等因抄詳到府合亟出示嚴禁爲此示仰休邑花戶糧差人等知悉該花戶務各按限遵例將應完銀米自封投櫃糧差人等赴各鄉催糧不准再向花戶索取規費每屆十年更換之期毋得再行需索分文倘敢仍蹈前轍一經花戶人等赴轅指名具稟本府即按照定例提究懲辦有犯必懲言出法隨各宜凜遵毋違特示

右仰知悉

道光二十六年十一月初九日示

附刻奉示勒石呈批

具稟前任鴻臚寺少卿孫日萱前任山東清平縣知縣徐大綸舉人朱燮歲貢胡恒祥副貢葉濃芳廩生汪學醇巴廷勳吳夢熊吳開甲呂紹蕃項慶模潘國琛程崧辰吳豐孫謙吉汪鍾淑沈文鳳汪洪慶李爲禧金振聲朱冉科吳光孝楊言吳廷煥朱澤仁生員黃鑑秀程國欽汪開培鄉耆胡元仕等稟爲奉示勒石以垂久遠公詞聲明事道光二十六年十一月初九日奉　憲抄奉　前府憲朱禁革糧差陋規告示實貼縣前所以清積弊而甦民累誠保惠元元之至意也顧貼示未滿一旬扯示已無一字四鄉未能周知百姓莫沾實惠糧差依舊爲虎狠小民依舊爲魚肉職等目擊心傷未忍坐視不得不仰體　仁憲愛民之心公詞聲明奉原示勒石縣前以及各都啚庶幾城鄉通悉久遠可弭差歛跡而民沾恩矣抄粘原示上稟　道光二十八年三月二十三日呈奉　縣主吳批　准勒石示禁

一

清道光二十六年十一月休寧縣抄奉府憲禁革糧差陋規附刻道光二十八年三月奉示勒石呈批

三、清乾隆至光緒年間轉當田地房屋契約

拾八都十畝立轉當契人吳吏堂，今因急用，自愿央中將土名汪家田壹坵，
計租三秤。其田東至　西至　南至　北至爲界。今將前項四至憑
中盡行立契出當與
程　名下爲業。憑中三面議定，時值當價九五色銀伍兩整。其銀當成契日
一併收足。其田隨即交與當主管業。其田并無重覆交易及一切不明等
情，盡是當人承值，不涉受業人之事。今恐無憑，立此當契存據。

全年月日契內價銀一併收足。再批（押）

乾隆三十六年九月　日立轉當契人吳吏堂（押）

外有老腳當契壹帋繳付當主收執（押）

其田因乾隆卅四年十月當與君佩兄名下，今取出轉當與
程子和兄名下爲業。再批（押）

代筆見中　吳君政（押）
吳舜啟（押）
吳善長　十
程添潘　十
程炳南（押）

清乾隆三十六年九月某某縣吳吏堂立轉當田契

清嘉慶七年八月某某縣汪秉南立轉當房屋契

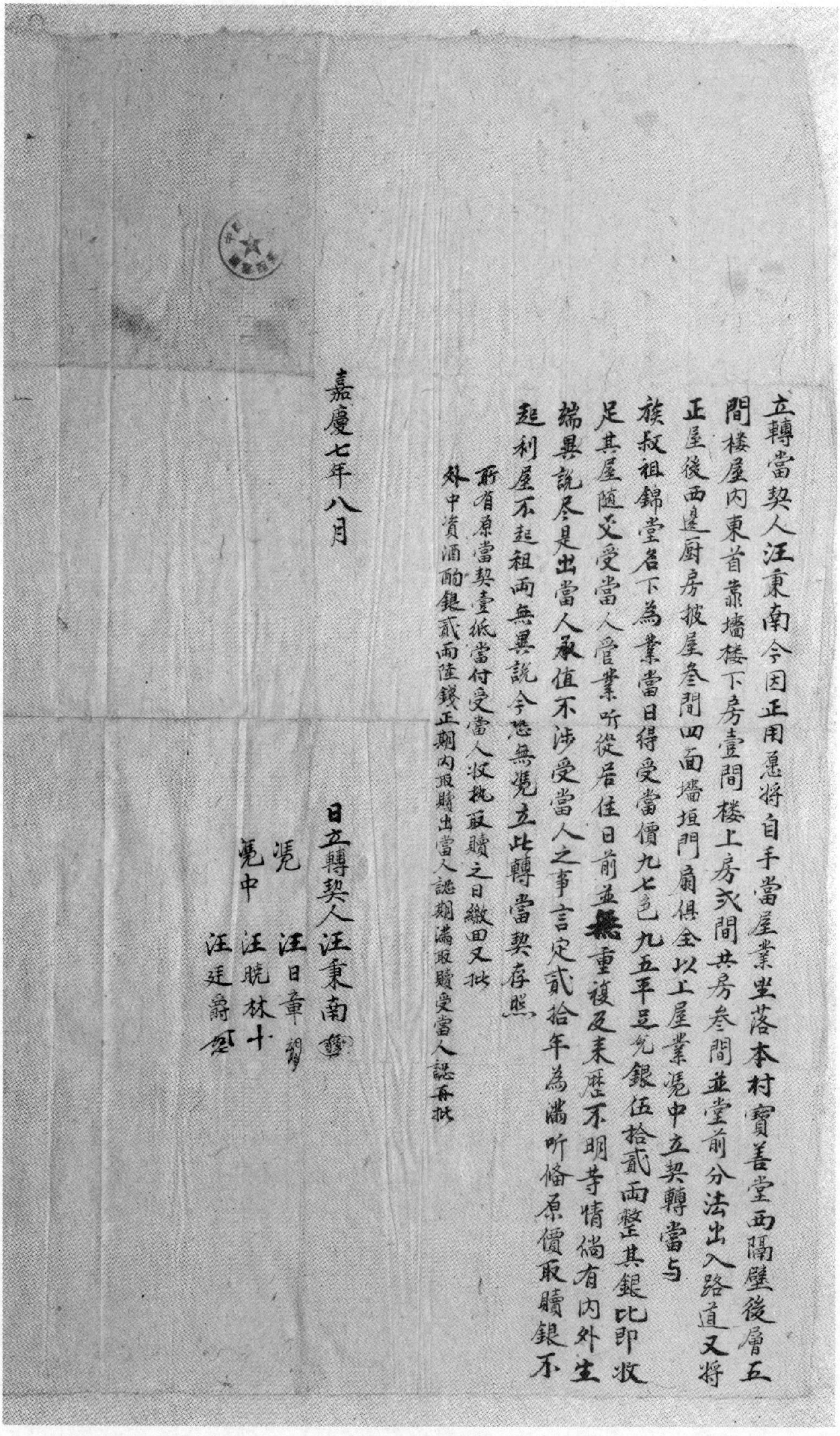

立轉當契人汪秉南今因正用急将自手當屋業坐落本村寶善堂西隔壁後層五
間楼屋内東首靠墻楼下房壹間楼上房弍間共房叁間並堂前分法出入路道又将
正屋後西邊厨房披屋叁間四面墻垣門扇俱全以上屋業憑中立契轉當与
族叔祖錦堂名下為業當日得受當價九七色九五平足兑銀伍拾貳兩整其銀比即收
足其屋随文受當人管業听從居住日前並無重複及來歷不明等情倘有内外生
端異說尽是出當人承值不涉受當人之事言定貳拾年為满听偹原價取贖銀不
起利屋不起租兩無異說今恐無憑立此轉當契存照

所有原當契壹紙當付受當人收執取贖之日繳回又批
外中資酒酌銀貳兩陸錢正期内取贖出當人認期滿取贖受當人認再批

嘉慶七年八月　日立轉契人汪秉南（押）
憑　汪日章（押）
憑中　汪曉林（十）
汪廷爵（押）

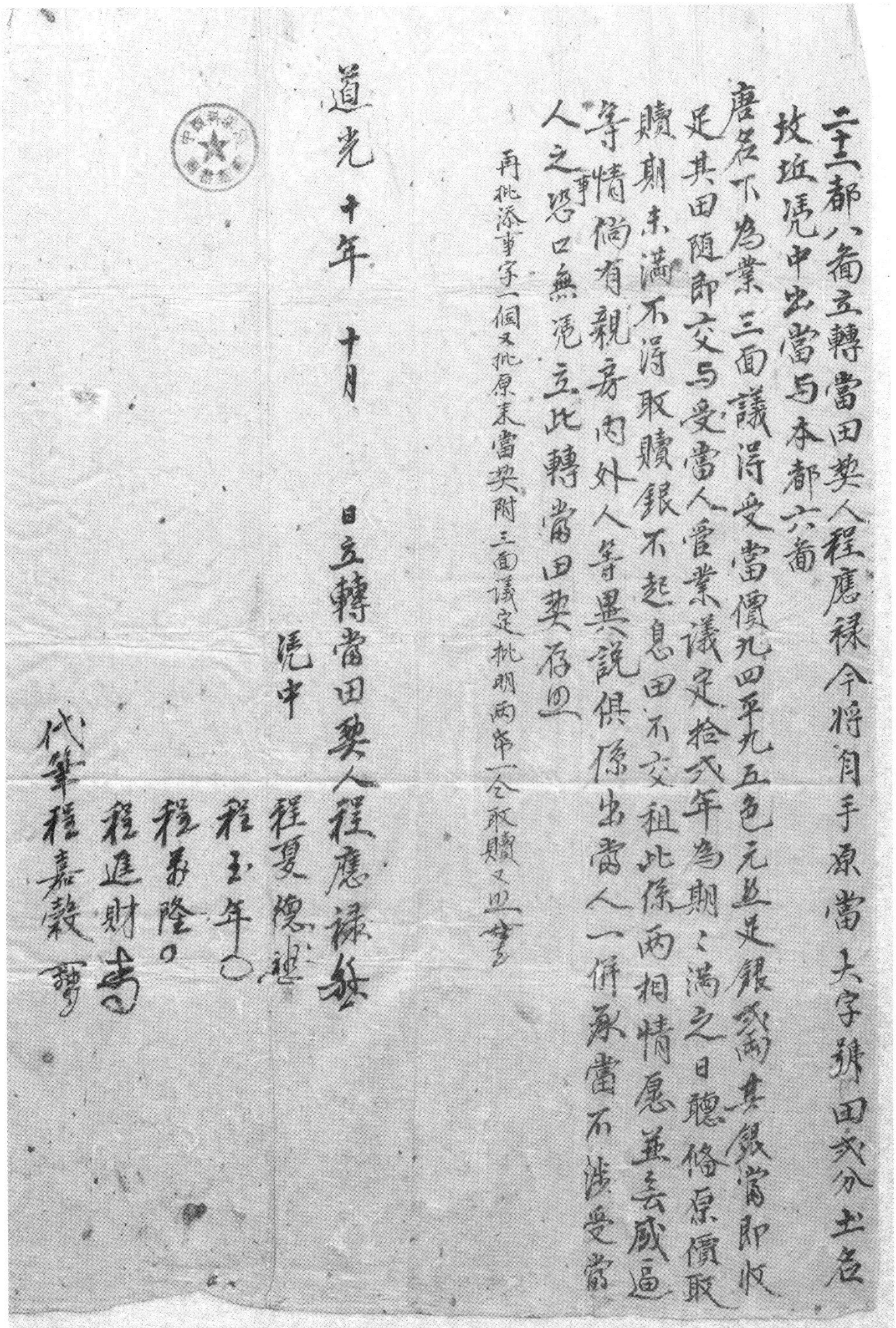

二十三都八啚立轉當田契人程應禄，今將自手原當大字號田弍分，土名杖坵，憑中出當与本都六啚唐名下為業。三面議得受當價九四平九五色元絲足銀弍兩，其銀當即收足，其田隨即交与受當人管業。議定拾弍年為期，期滿之日聽憑原價取贖，期未滿不得取贖。銀不起息，田不交租。此係兩相情愿，並無威逼等情。倘有親房內外人等異說，俱係出當人一併承當，不涉受當人之事。恐口無憑，立此轉當田契存照。

再批：添「事」字一個。又批：原來當契附三面議定，批明兩帋一仝取贖。又照。書

道光十年十月　日立轉當田契人程應禄（押）

憑中　程夏德（押）

程玉年（押）

程万隆（押）

程進財（押）

代筆程嘉穀（押）

清道光十年十月某某縣程應禄立轉當田契

一

清道光廿一年七月某某縣吴高林立轉當房契

立轉當契人吳高林緣因故絕房屋通頂四間並閣廂在內先年立契出當与
胡姓為業經受價銀弍拾叁兩正內除身家支付外仍該共結找錢拾弍千五百文正悉
派身付找錢陸仟弍百五拾正因現受業者僅存孤婦無嗣病甚臨危衣衾無着坐
向身兩家找價取田因貧無資思欲難緩致央中將該身應得受一半立契轉當与
房兄名下為業該身找價錢陸仟弍百五十文正日後身付出其價業交身管無得阻滯
自當之後即听收支管業開鎖亦無異說今欲有憑立此轉當契據為照 十
再批繳回原契一張附押錢六千弍百五十文並照 十
道光廿壹年七月　日立轉當契人 房弟吳高林 十
憑中 汪美嫂
代書 胡錦雲 押

一

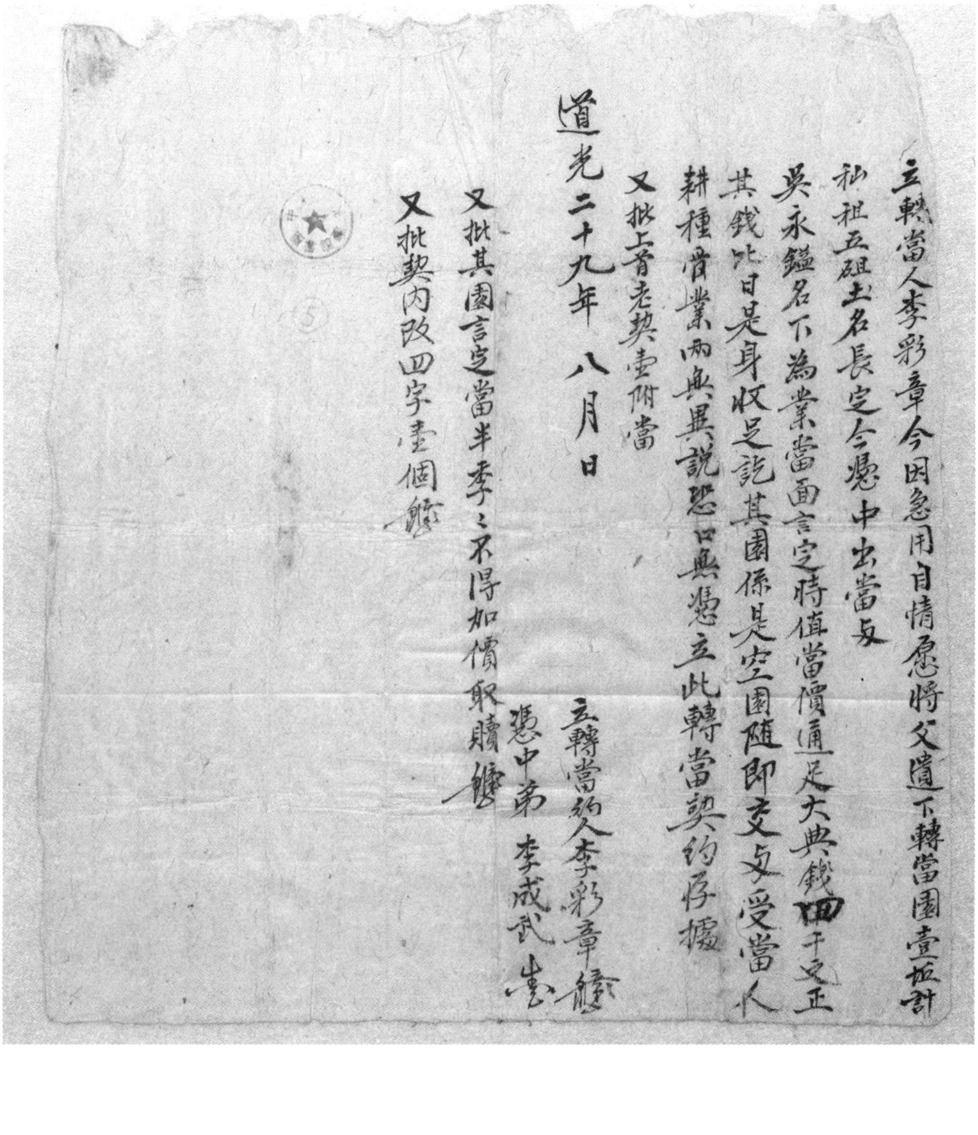
立轉當人李彩章今因急用自情愿將父遺下轉當園壹坵計
秈租五砠土名長定今憑中出當與
吳永鎰名下為業當面言定時值當價通足大典錢四千文正
其錢比日是身收足訖其園係是空園隨即交與受當人
耕種管業兩無異說恐口無憑立此轉當契約存據
又批上首老契壹附當
道光二十九年八月日
立轉當約人李彩章（押）
憑中弟 李成武（書）
又批其園言定當半季之不得加價取贖（押）
又批契內改四字壹個（押）

清道光二十九年八月某某縣李彩章立轉當園地約

一

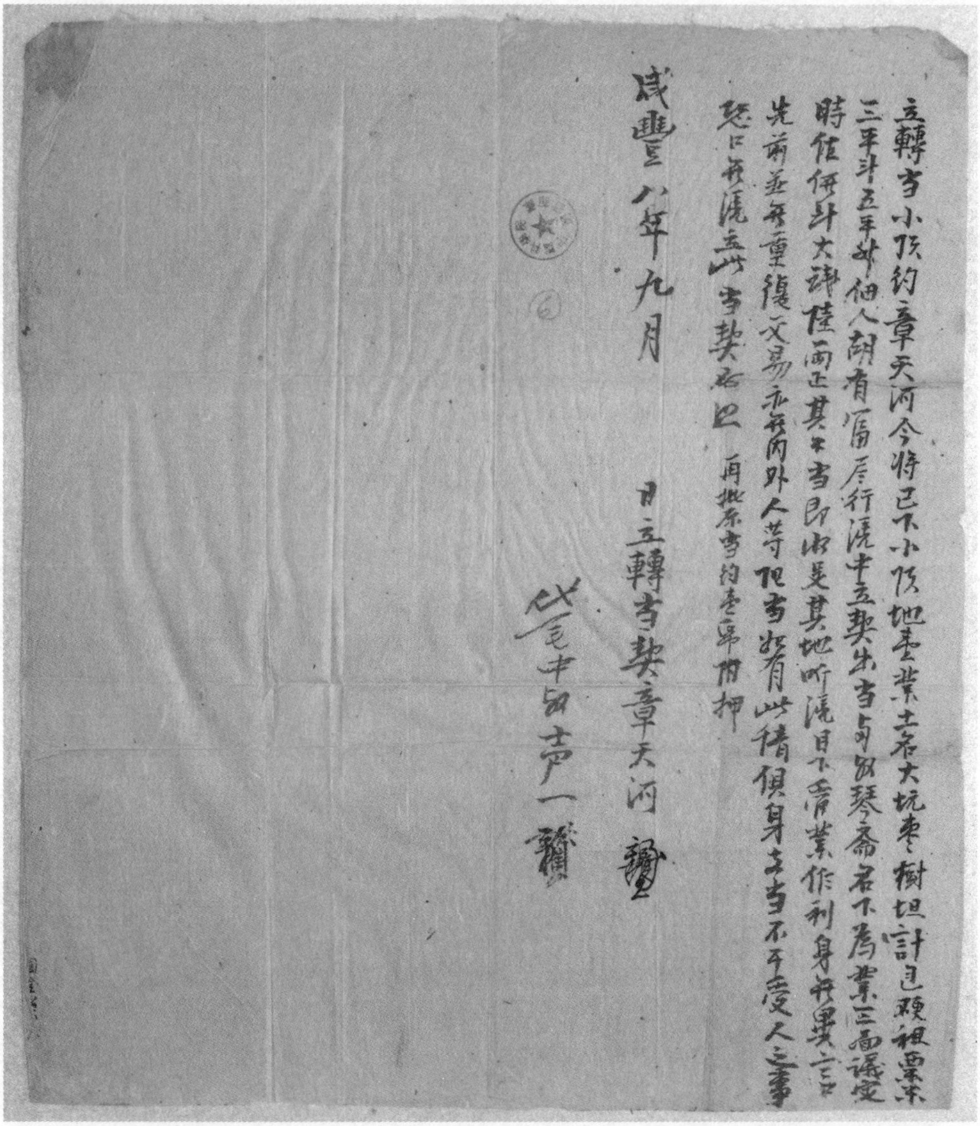

立轉當小頂約章天河今將己下小頂地壹業土名大坑棗樹坦計邑稞租壹秤
三年斗五平安佃人胡有富居行憑中立契出當與叔琴齋名下爲業三面議定
時值價錢大錢陸兩正其錢當即收足其地聽從日下管業作利身無異言日
先前並無重複交易亦無內外人等阻當如有此情俱身支當不干受人之事
恐口無憑立此當契存照 再批原當約壹張付押

咸豐八年九月 日立轉當契章天河（押）

代筆中叔吉戶一（押）

清咸豐八年九月某某縣章天河立轉當小頂地約

一

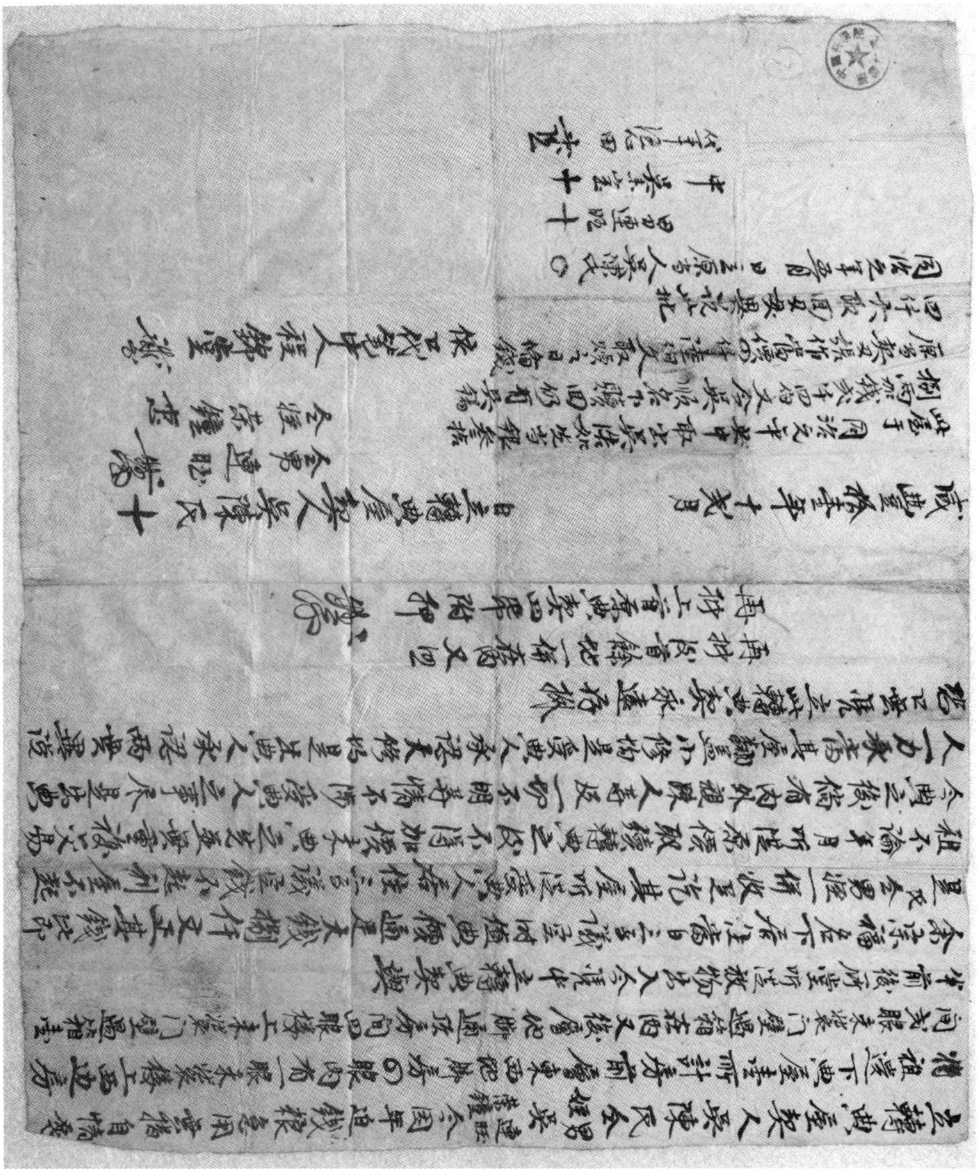

清咸豐十一年十二月某某縣吴陳氏等立轉典房屋契
附同治元年五月吴陳氏等立當屋批

一

清同治元年十月某某縣程阿王氏立轉當地契

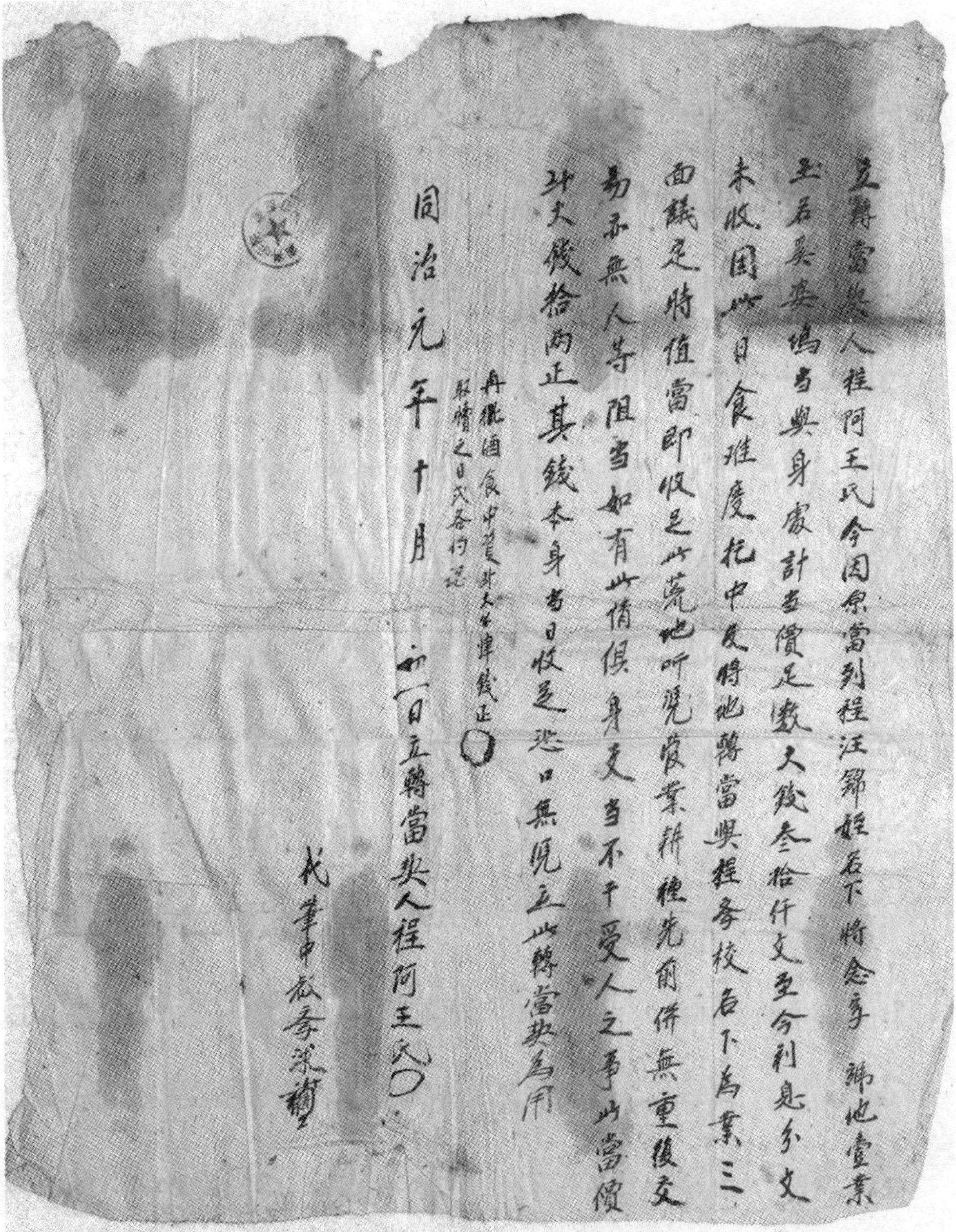
立轉當契人程阿王氏今因原當到程汪錦姪名下將念字　號地壹業
土名吳婆塢與身處計當價足數大錢叁拾仟文至今利息分文
未收因此日食难度托中反將此轉當與程奎校名下為業三
面議定時值當即收足此荒地听憑管業耕種先前併無重復交
易亦無人等阻当如有此情俱身支当不干受人之事此當價
計大錢拾兩正其錢本身當日收足恐口無憑立此轉當契為用
再批酒食中資計大錢肆錢正〇
取贖之日式各均認
同治元年十月　初一日立轉當契人程阿王氏〇
代筆中叔季洪禮

一

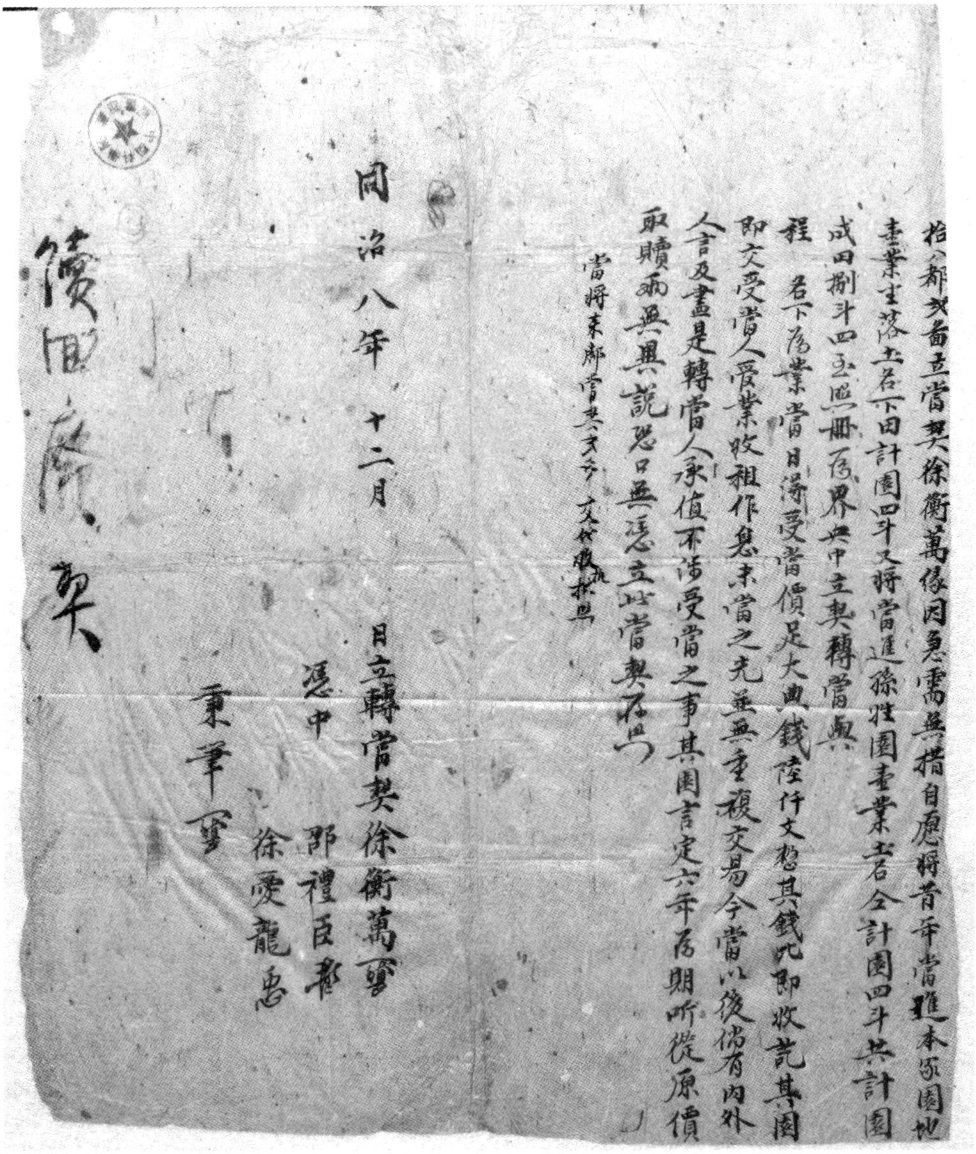

拾八都玖畬立當契徐衡萬，係因急需無措，自愿將昔年當進本家園地壹業，土名落土名下田，計園四斗文，將當進孫姓園壹業，土名仝，計園四斗，共計園成田捌斗，四至照冊，係界無中立契轉當與程　名下爲業，當日得受當價足大典錢陸仟文，其錢比即收訖，其園即交受當人受業收租作息，未當之先並無重複交易，今當以後倘有內外人言，及盡是轉當人承值，不涉受當之事，其園言定六年爲期，听從原價取贖，兩無異說，恐口無憑，立此當契存照。

當將來歷當契一大紙　一文合繳執照

同治八年十二月　日立轉當契徐衡萬（押）

憑中　鄧禮臣（押）

徐愛龍（押）

秉筆（押）

贖回廢契

清同治八年十二月某某縣徐衡萬立轉當園地契

一

清同治十三年十月某某縣孫玉堂立轉當田契

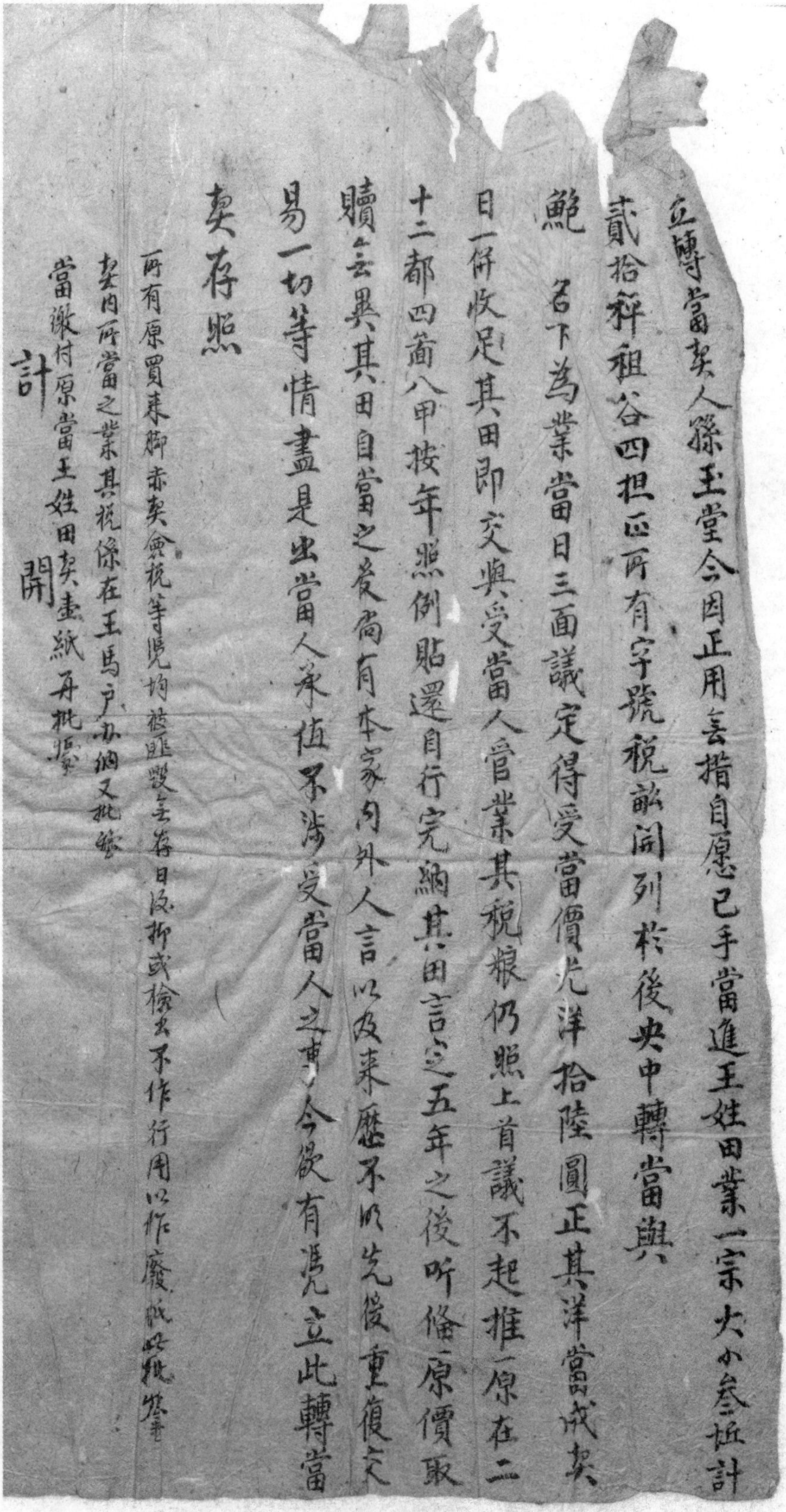
立轉當契人孫玉堂今因正用無措自愿已手當進王姓田業一宗大小叁坵計
貳拾秤租谷四担正所有字號稅畝開列於後央中轉當與
鮑　名下為業當日三面議定得受當價光洋拾陸圓正其洋當成契
日一併收足其田即交與受當人管業其稅粮仍照上首議不起推原在二
十二都四啚八甲按年照例貼還自行完納其田言定五年之後听備原價取
贖無異其田自當之後倘有本家內外人言以及來歷不明先後重復交
易一切等情盡是出當人承值不涉受當人之事今欲有憑立此轉當
契存照
所有原買來腳赤契并稅等晛均被匪毀無存日後抑或檢出不作行用以作廢紙此批照
契內所當之業其稅係在王馬戶办納又批照
當徽村原當王姓田契壹紙再批照
計　開

（一）

在字五百六十六號　計稅壹畝四分五厘一毫　計田拾秤　土名八公塘
六百五十七號　計稅七分四毫　計田六秤　土名朱吉塘
捌百〇四號　計稅五分八厘一毫　計田四秤　土名仝
計塘稅壹厘弍毫　土名仝

同治十三年十月　日立轉當人孫玉堂

徐建福（押）
憑中　鄭星垣（押）
代書　鄭拱辰（押）

（二）

清光緒二年十月某某縣陳王氏立轉當田契

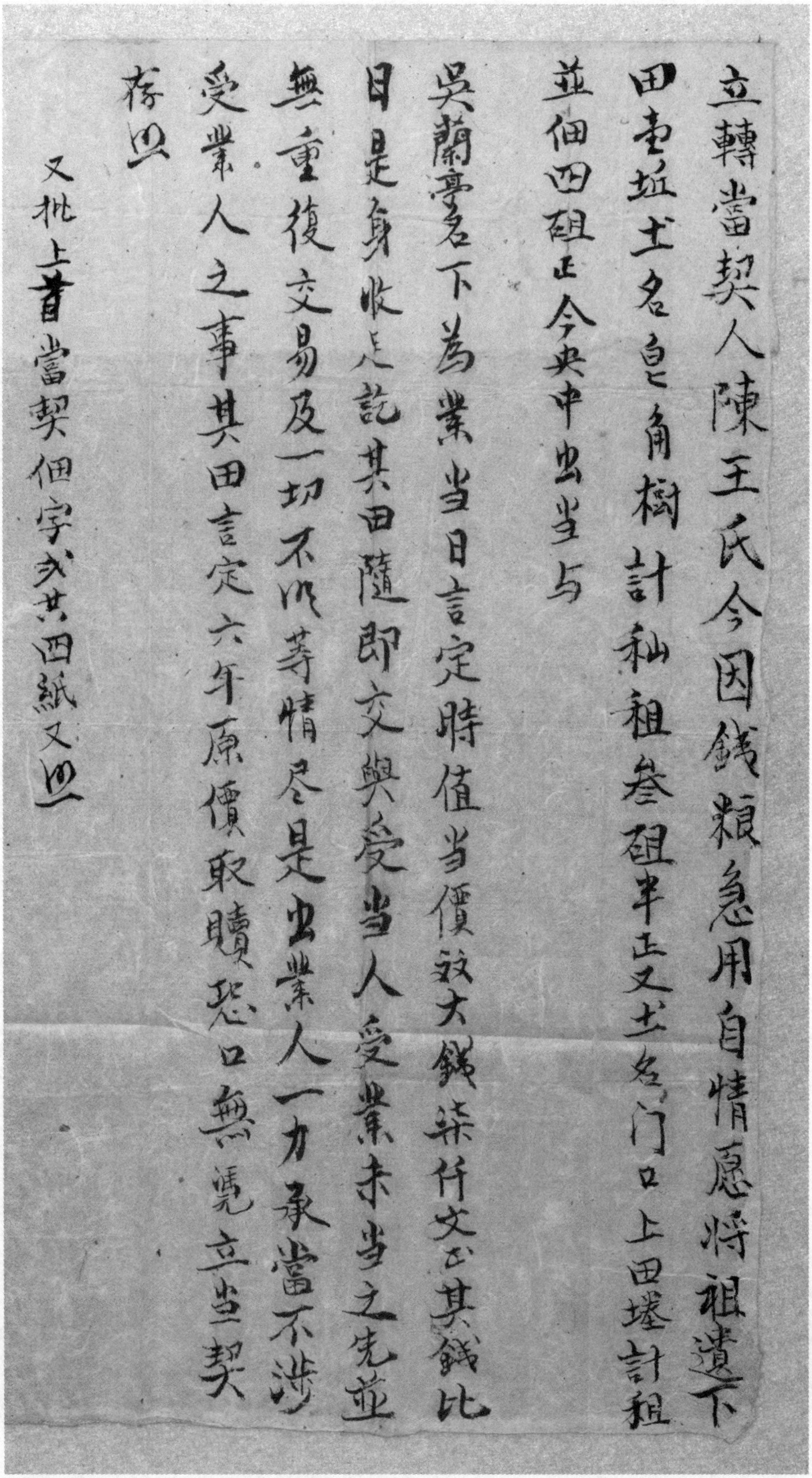
立轉當契人陳王氏今因錢粮急用自情愿將祖遺下
田壹坵土名皂角樹計秈租叁砠半正又土名门口上田塝計租
並佃四砠正今央中出当与
吴蘭亭名下為業当日言定時值当價錢大錢柒仟文正其錢比
日是身收足訖其田隨即交與受当人受業未当之先並
無重復交易及一切不明等情尽是出業人一力承當不涉
受業人之事其田言定六年原價取贖恐口無憑立当契
存照
又批上首當契佃字貳共四紙又照

（一）

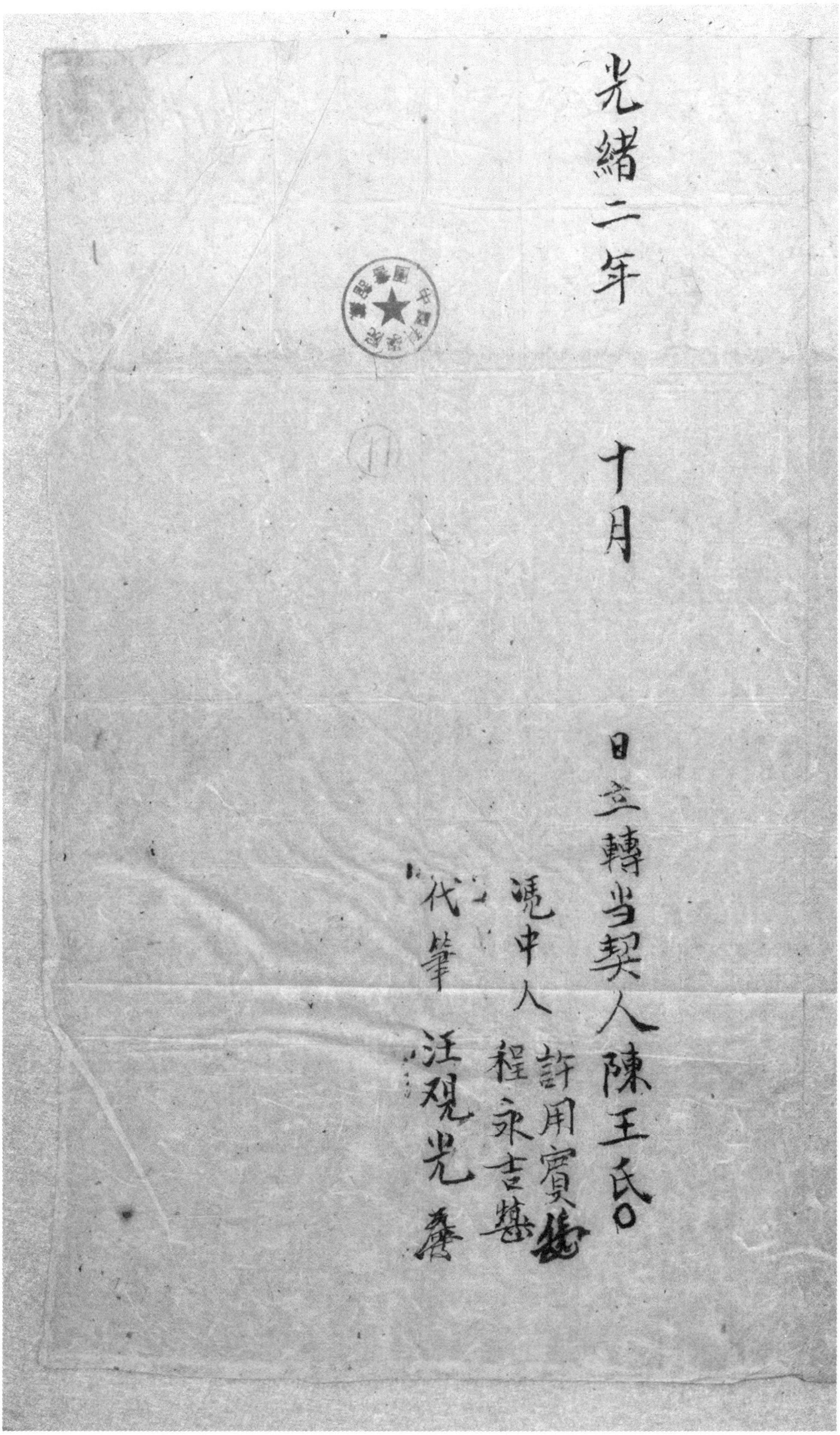
光緒二年　十月　日立轉当契人陳王氏○
憑中人　許用賓（押）
　　　　程永吉（押）
代筆　汪覌光（押）

（二）

一

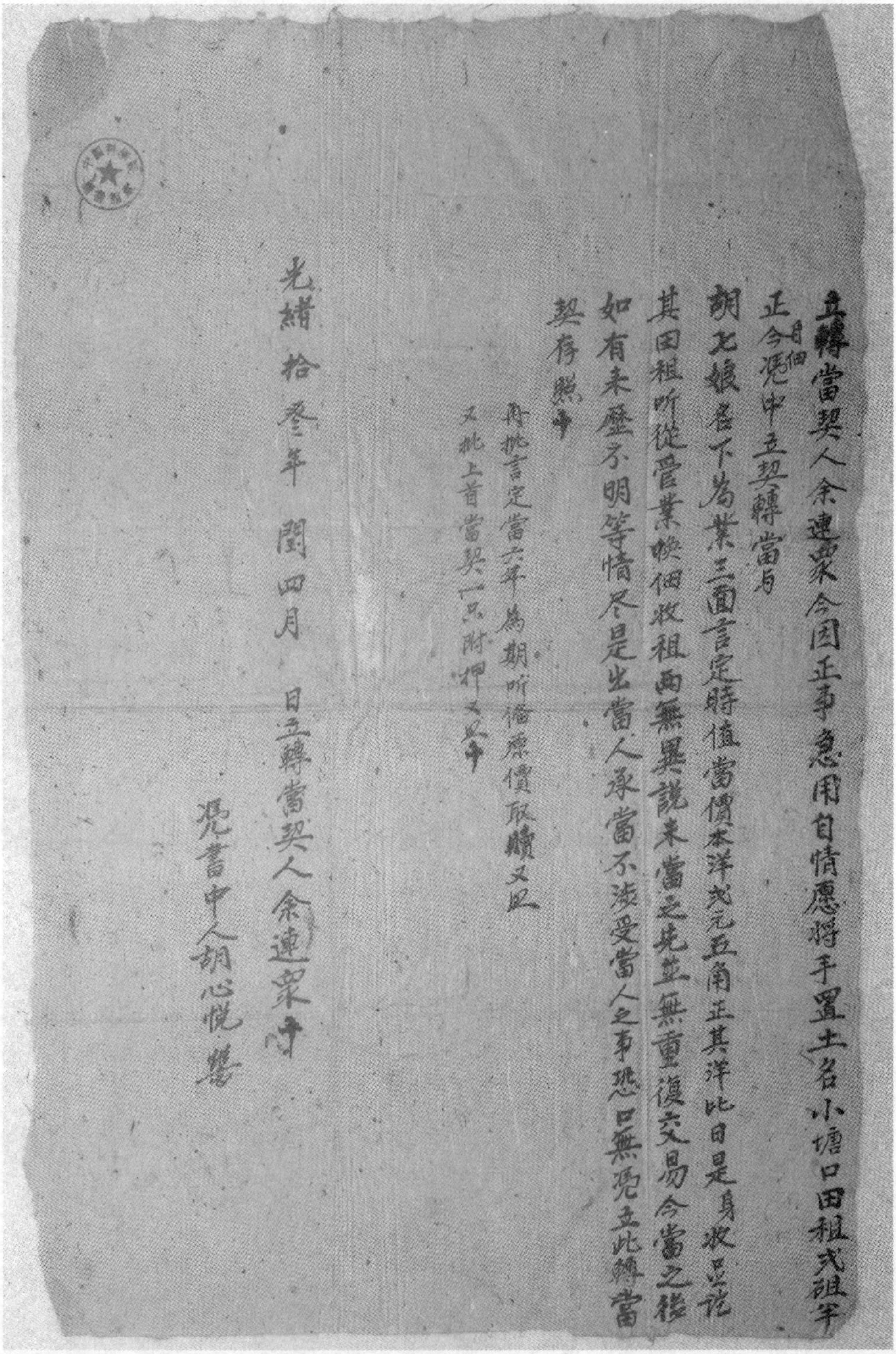

立轉當契人余連衆今因正事急用自情愿將手置土名小塘口田租弍砠半正（自佃）今凭中立契轉當与胡七娘名下為業三面言定時值當價本洋弍元五角正其洋比日是身收足訖其田租所從管業喚佃收租兩無異説未當之先並無重復交易今當之後如有來歷不明等情尽是出當人承當不涉受當人之事恐口無凭立此轉當契存照。

再批言定當六年為期所備原價取贖又照

又批上首當契一只附押又照

光緒拾叁年閏四月　日立轉當契人余連衆（押）

凭書中人胡心悦（押）

清光緒十三年閏四月某某縣余連衆立轉當田租契

一

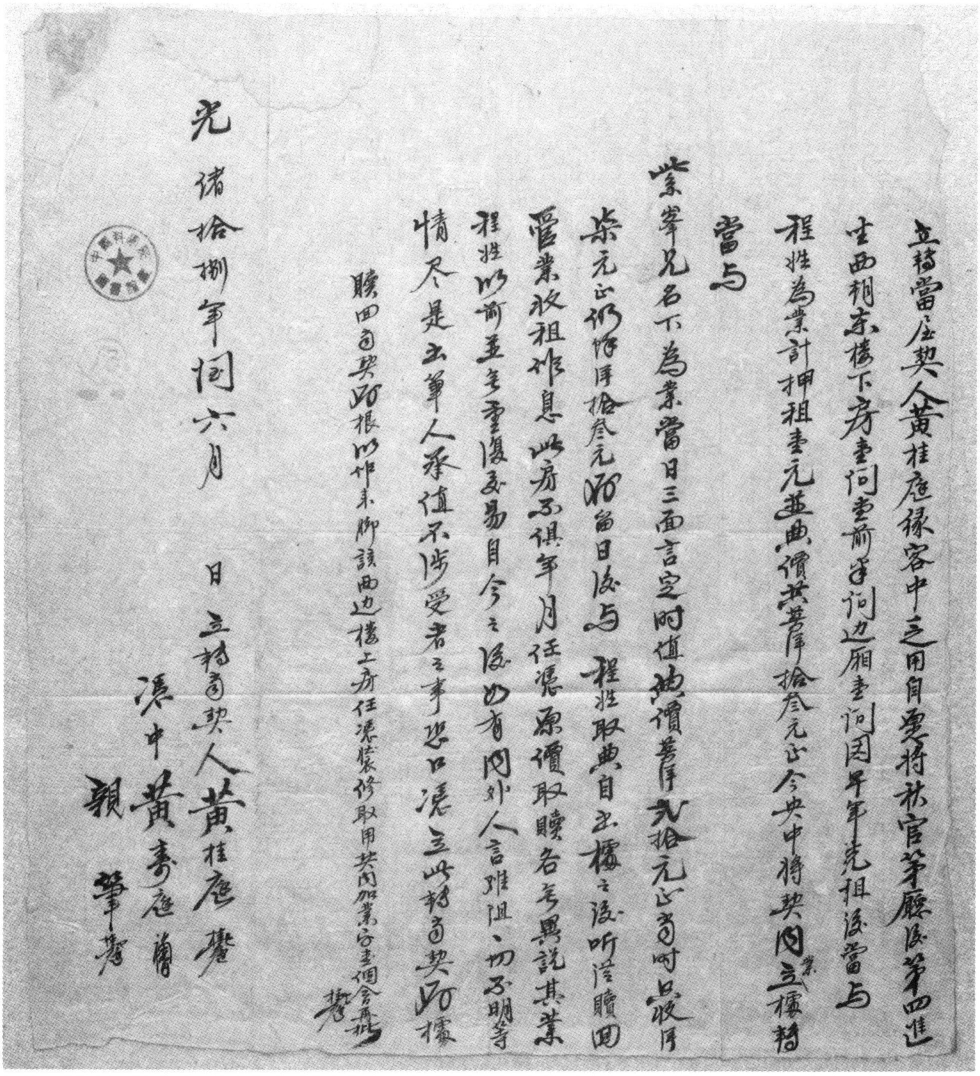

立轉當屋契人黃桂庭，緣客中乏用，自愿將伏官第廳後第四進

生西廂東樓下房壹間，壹前半間，边廂壹間，因早年先祖係當与

程姓為業，計押租壹元，并典價共英洋拾叁元正，今央中將契內立樓轉業

當与

業等兄名下為業，當日三面言定，时值典價英洋九拾元正，當时收洋

柒元正，其洋拾叁元正留日後与程姓取典，自主樓之後，听從贖回

置業收租作息，此房不俱年月，任憑原價取贖，各無異說。其業

程姓以前並未重復交易，自今之後，如有內外人言難阻，一切不明等

情，盡是出筆人承值，不涉受者之事。恐口憑，立此轉當契存據。

贖回當契與根以作未脚，該西边樓上房任憑裝修取用，契內加業字壹個，今再據。

光緒拾捌年閏六月　日　立轉當契人黃桂庭（押）

憑中　黃壽庭（押）

親筆（押）

清光緒十八年閏六月某某縣黃桂庭立轉當屋契

一

清光緒三十二年五月某某縣曹灶發立轉加當茶柯契

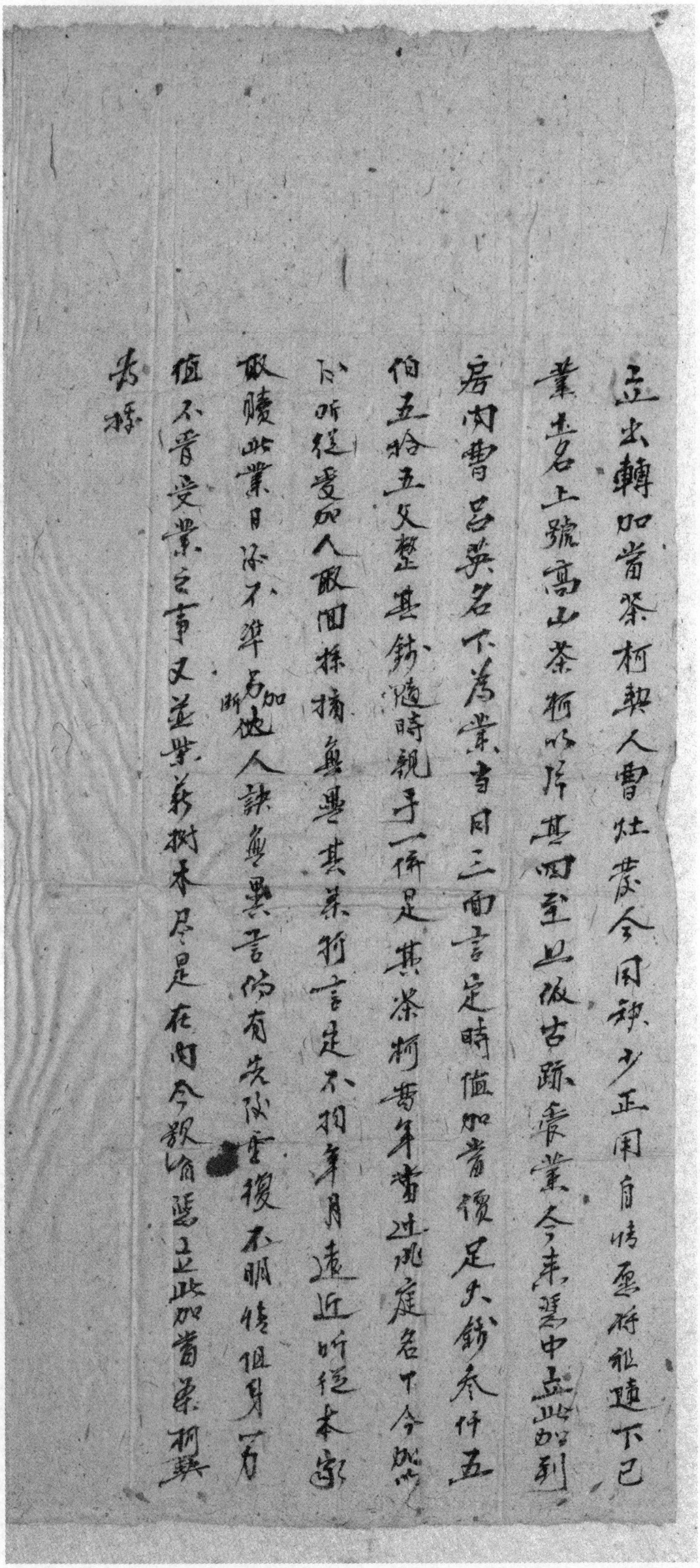
立出轉加當茶柯契人曹灶發，今因缺少正用，自情愿將祖遺下己
業土名上號高山茶柯以存，其四至照依古跡，壹業，今來憑中立此加到
房內曹呂英名下為業，當日三面言定時值加當價足大錢叁仟五
佰五拾五文整，其錢隨時親手一併足，其茶柯每年當近兆庭名下今從
下聽從受加人取回採摘，無異，其茶柯言定不拘年月遠近，聽從本家
取贖，此業日後不準另加斷他人，訣無異言，倘有來歷重複不明情，俱身一力
值不晋受業之事，又並業茶樹木，盡是在內，今欲有憑，立此加當茶柯契
為據

（一）

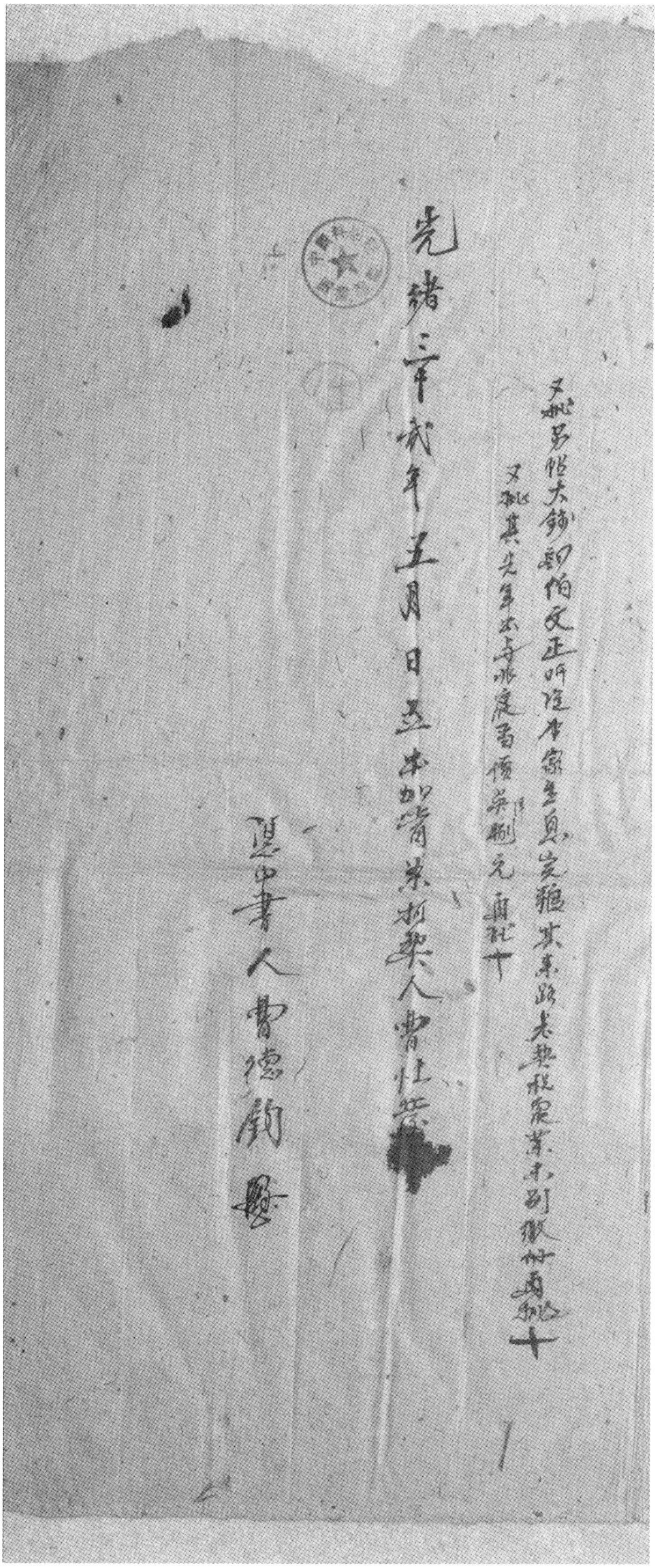
又批另帖大錢卸伯文正所注本家生息完糧其茶路老契税憑業未到繳付再批 十
又批其先年出當水定當價英洋捌元再批 十
光緒三十二年丙午五月日立出加當茶柯契人曹灶發
憑中書人曹德彪

（二）

卷四 租佃文約

一、明天順至民國年間租田地山塘屋宇文書

〔一〕明天順至弘治年間〔祁門縣〕十西都謝彥昌出租田契約

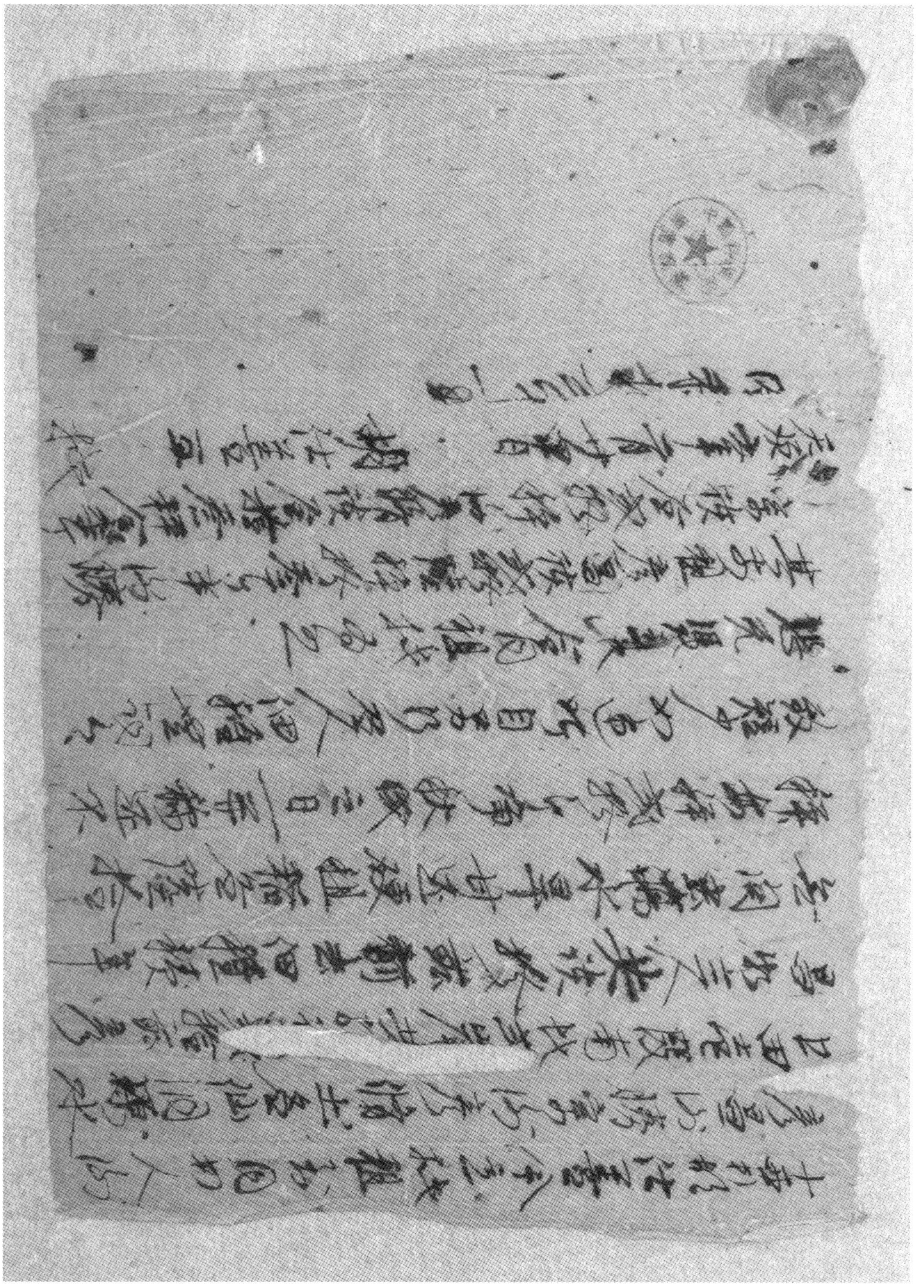

明天順六年二月〔祁門縣〕胡仕善立租田批

明弘治三年閏九月〔祁門縣〕李興等立租田批

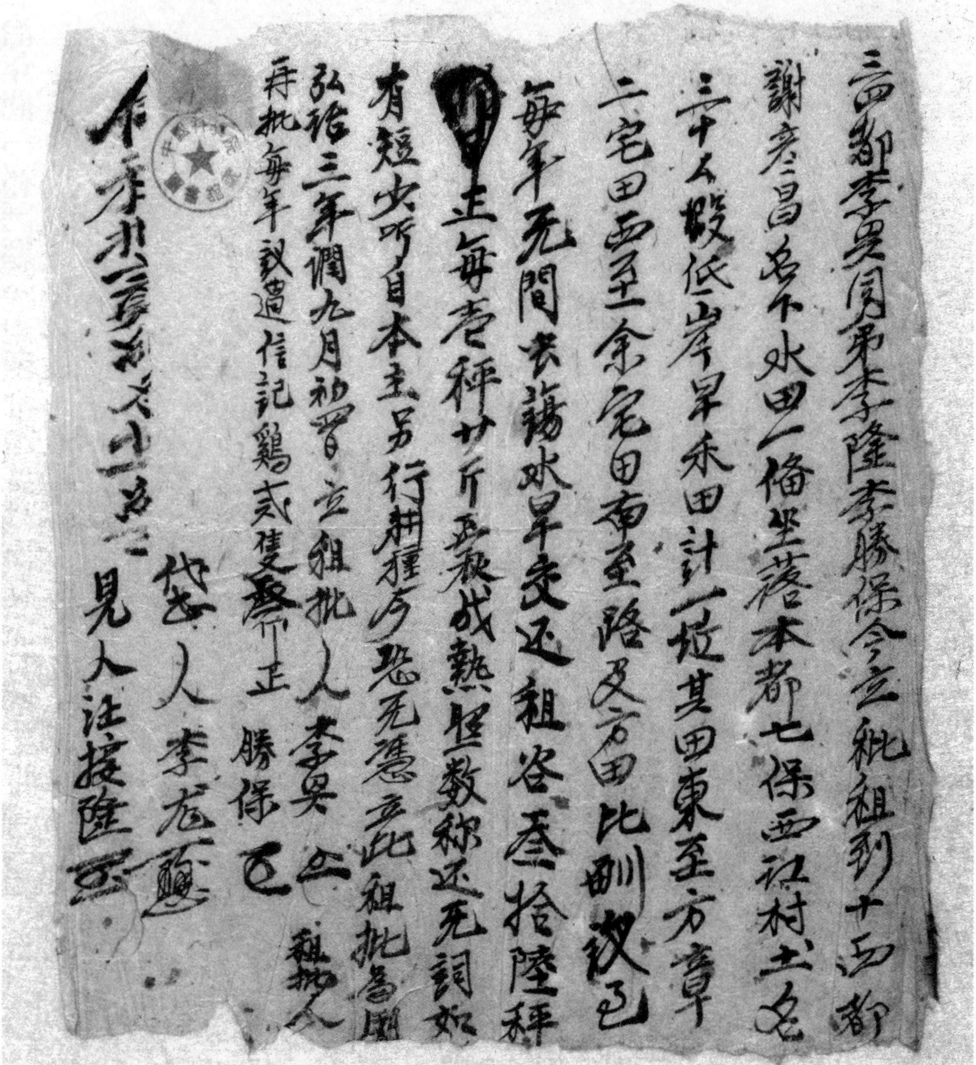
三四都李興同弟李隆、李勝保，今立批租到十五都
謝彥昌名下水田一備，坐落本都七保，土名西社村
三十八段低岸旱禾田，計一坵。其田東至方章
二宅田，西至三余宅田，南至路及方田，北至圳。議定
每年無問□□水旱，交還租谷叁拾陸秤
主，每壹秤廿斤。其谷成熟，照數秤還，無詞。如
有短少，聽自本主另行耕種。今恐無憑，立此租批為照。
弘治三年閏九月初四日立租批人李興（押）
再批：每年秋送信記鷄弍隻。李隆（押）
勝保（押）
租批人
代書人 李龍（押）
見人 汪接隆（押）

〔一二〕明正德至崇禎年間〔祁門縣〕桃源洪氏租佃契約

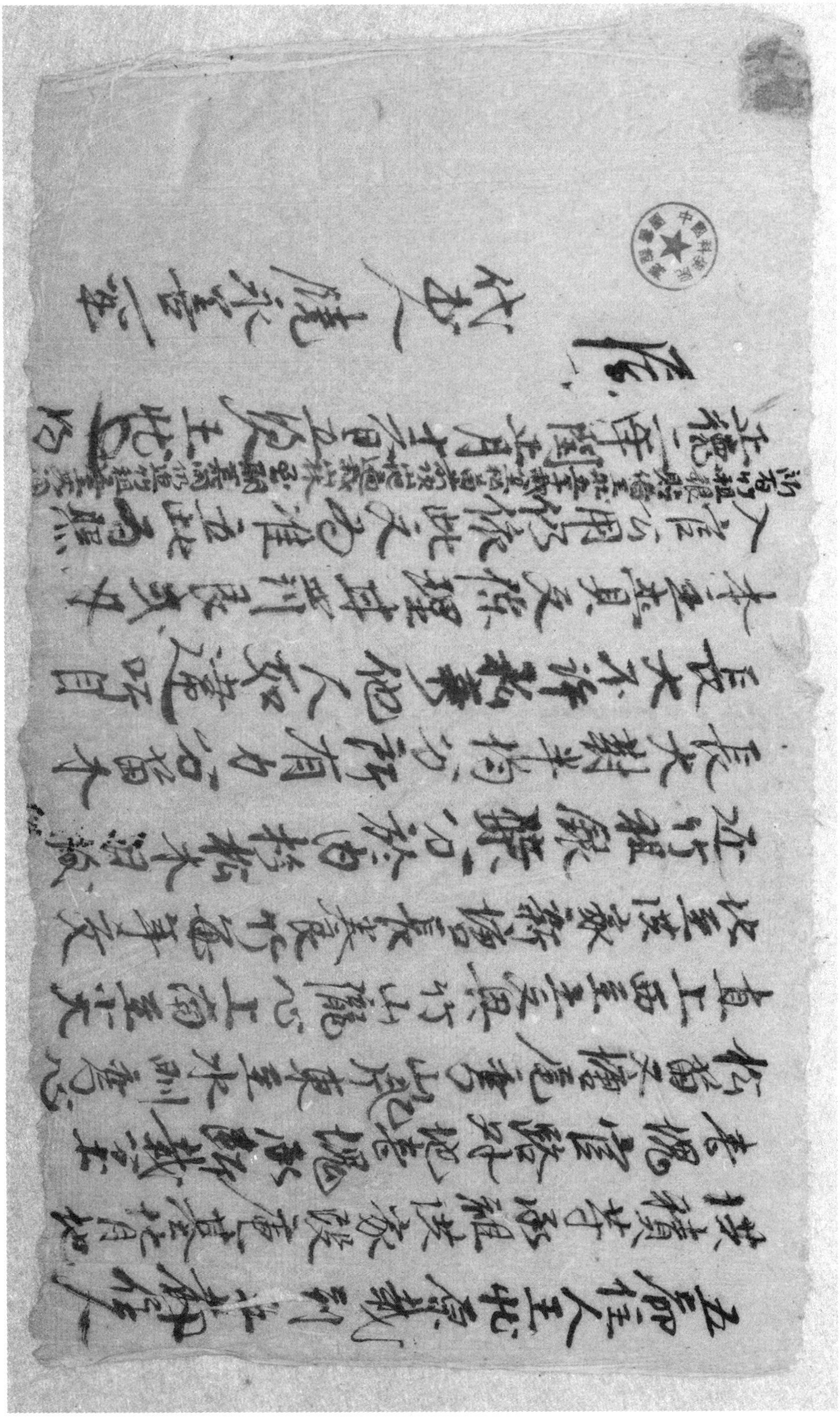

明正德二年閏正月〔祁門縣〕王壯立租山地約

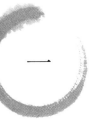

一

明嘉靖三十五年二月〔祁門縣〕吳祖等立租山約

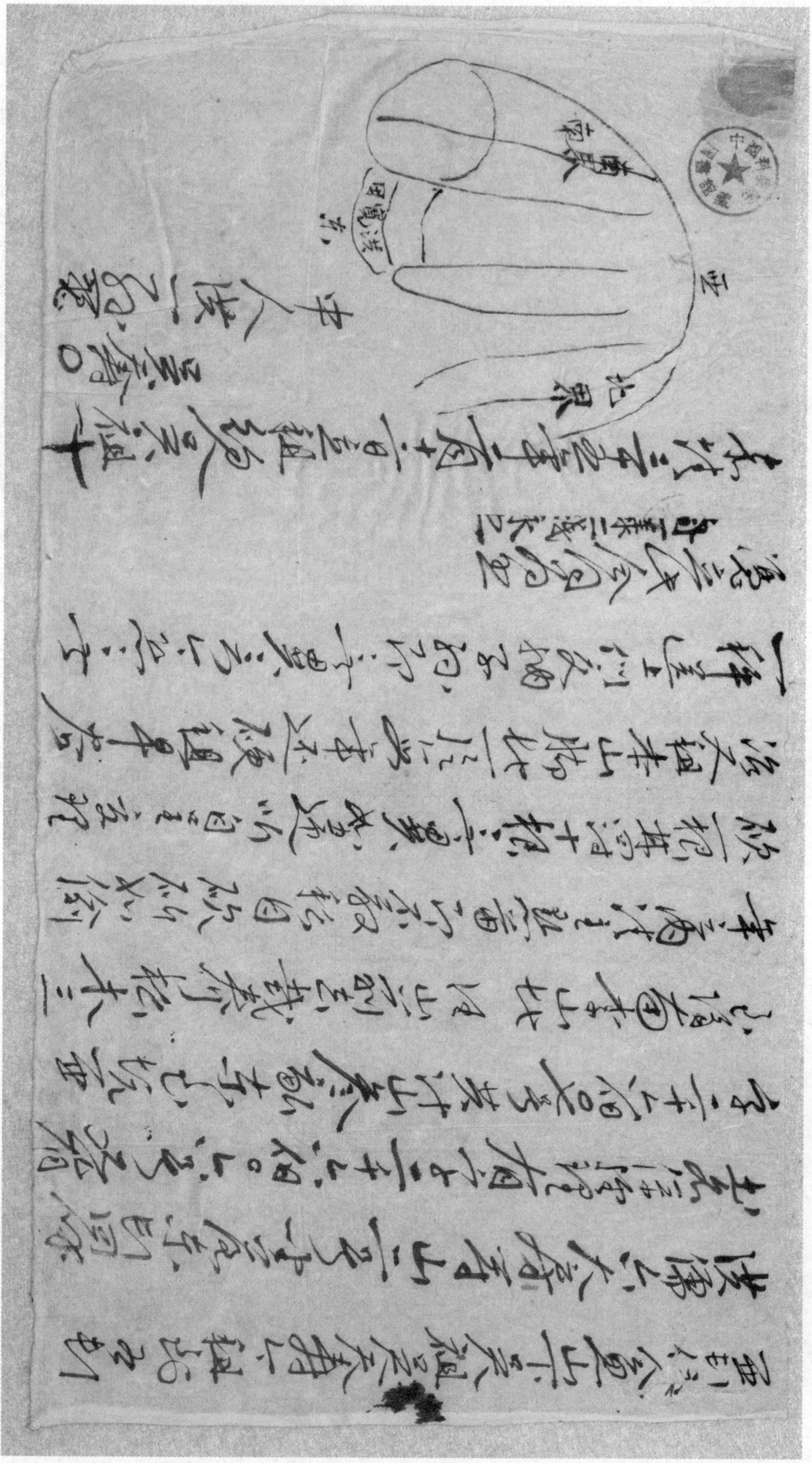

一

明萬曆六年六月〔祁門縣〕洪天貴等立租田約

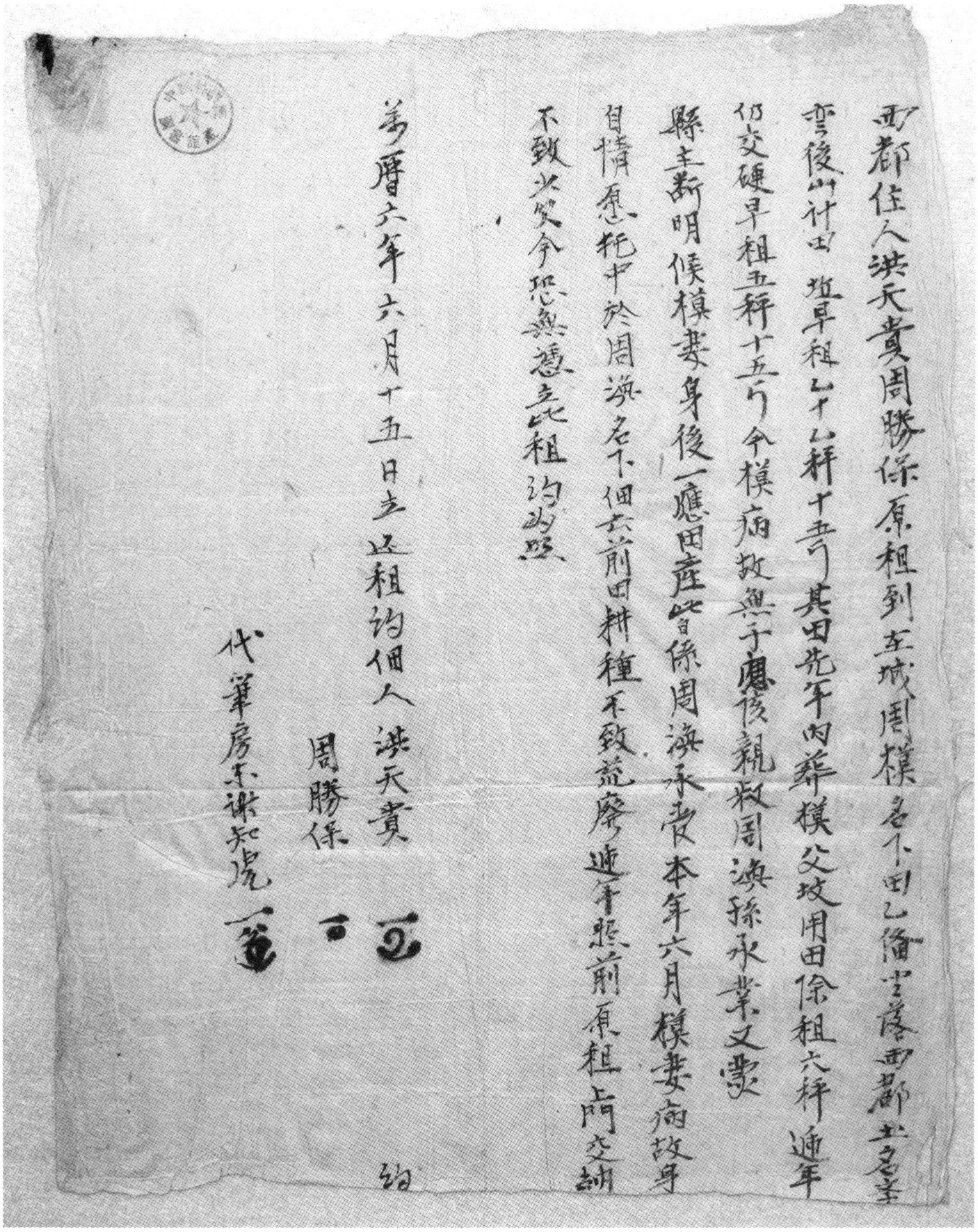
西都住人洪天貴、周勝保原租到在城周模名下田乙備，坐落西都土名峑
峑後山衬田，並旱租七十七秤十五斤。其田先年內葬模父坟，用田除租六秤，逐年
仍交硬旱租五秤十五斤。今模病故，無子，應後親叔周濟孫承業。又蒙
縣主斷明，俟模妻身後，一應田產皆係周濟承養。本年六月模妻病故，身
自情愿托中於周濟名下佃去前田耕種，不致荒廢，逐年照前原租上門交納，
不致少欠。今恐無憑，立此租約為照。

萬曆六年六月十五日立租約佃人 洪天貴（押）
周勝保（押）
代筆房東謝知虎（押）

約

一

明萬曆三十六年五月〔祁門縣〕胡祖等立租菜園地約

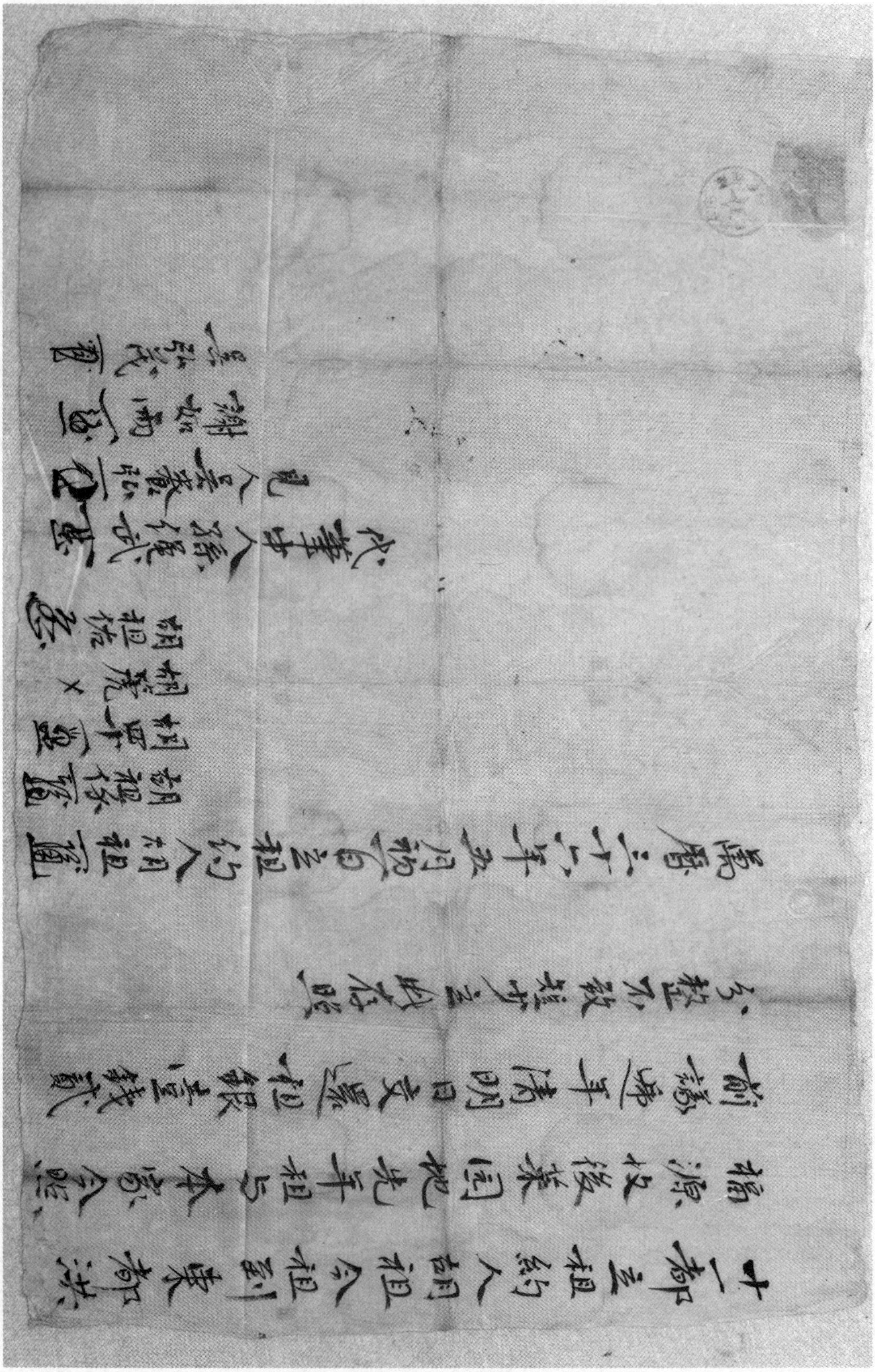
十一都立租約人胡祖今租到東都洪
福源攸後菜園地先年租与本家合照
前議逓年清明日交還租銀壹錢貳
分整不致短少立此存照
萬曆三十六年五月初四日立租約人胡祖
胡祖保
胡罕
胡麗 ×
胡祖佑
代筆中人孫繩武
見人吴養弘
謝如雨
吴弘茂

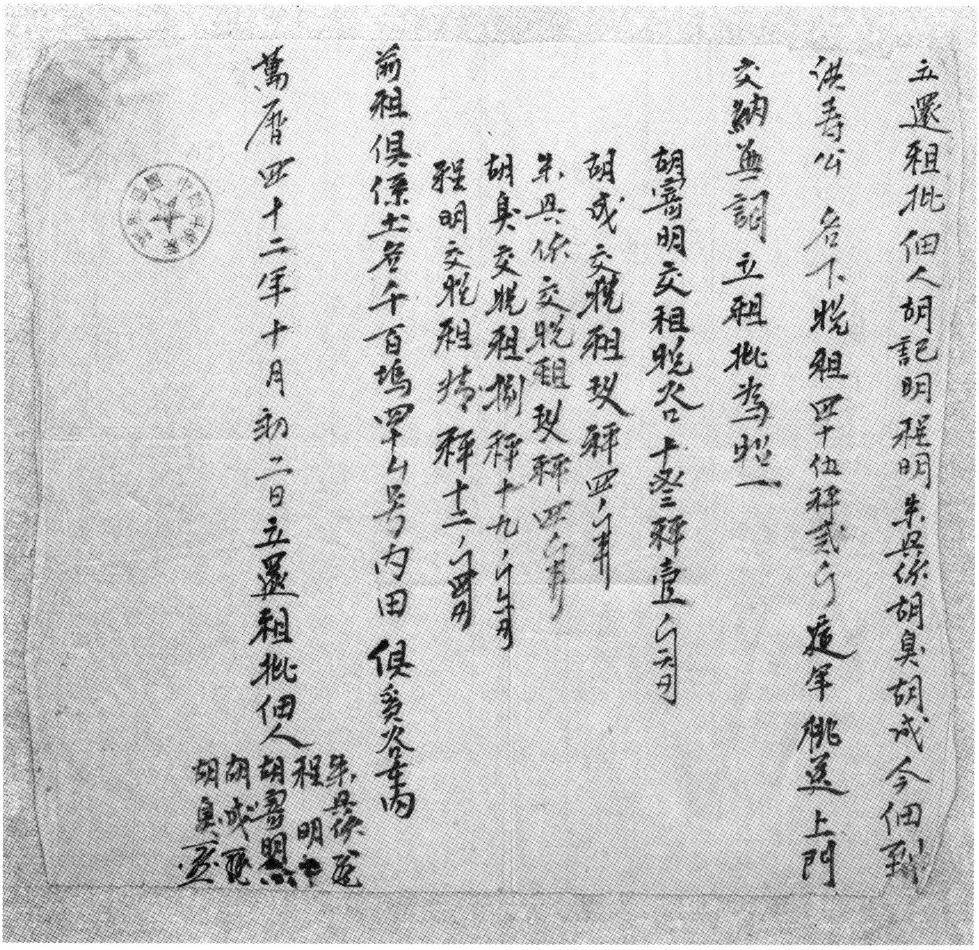

立還租批佃人胡記明、程明、朱兵保、胡臭、胡成，今佃到
洪壽公名下晚租四十伍秤弍斤，遞年挑送上門
交納無詞。立租批為照。
胡壽明交租晚谷十叁秤壹斤六兩
胡成交晚租叁秤四斤半
朱兵保交晚租叁秤四斤半
胡臭交晚租捌秤十九斤半
程明交晚租拾秤十二斤四兩
前租俱係土名千百塢罕山另內田，俱係各分。
萬曆四十二年十月初二日立還租批佃人 朱兵保（押）
程明（押）
胡壽明（押）
胡成（押）
胡臭（押）

明萬曆四十二年十月〔祁門縣〕胡記明等立還田租批

一

明崇禎四年七月（祁門縣）胡社龍等立還田租約

立還租約庄僕胡社龍胡夏龍胡新龍胡秋龍等原身等承佃
洪氏六大房田租土名黃崗塘塢洪家坦等處共計早租壹百叁拾
捌秤零叁觔六兩共晚租貳拾七秤今衆主會議其早晚穀不論時
年旱熟價目貴賤類定早租每秤價銀柒分晚租價銀捌分其銀
逐年冬至日交銀一半次年正月初一日交足如過期每兩每月加利叁
分等入匣其二次交銀之日務接各房衆主眼同兄明包封收貯大匣
不敢私付當年頭首如有私付者聽衆主行罰銀壹兩仍不認帳自後
永遠遵守不敢違議立此租約存照
再批其各田信雖仍照旧例交納當年頭首各田塝（併塘）偶有些小損壞
沙積身等自備工夫隨時脩理不煩衆主如有大壞大積務接各
房衆主眼田看明議價給銀与身脩理不敢擅自接當年頭首通
同作弊如違聽衆照前行罰毋詞
計開

（一）

一塘塢等處旱租壹拾壹秤十叁斤六兩
晚租壹拾秤
一塘塢塍下晚租壹拾五秤
一壽公墳前晚租貳秤
旱租四拾貳秤
一洪家垣方盤坵旱租壹拾秤
一洪家垣旱租七拾叁秤十斤
一仁家塢旱租壹秤
通共旱晚租壹百陸拾五秤零叁觔六兩
內除逓年清明粥計晚租貳秤拾觔

（二）

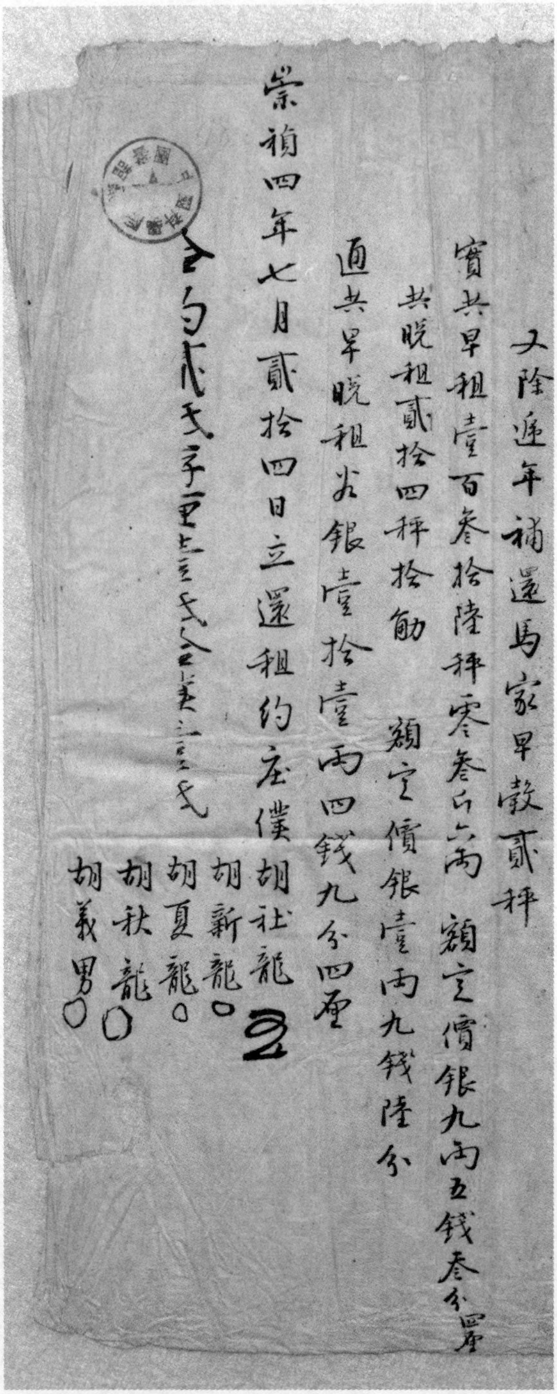
又除逐年補還馬家早穀貳秤
實共早租壹百叁拾陸秤零叁斤六兩　額定價銀九兩五錢叁分四厘
共晚租貳拾四秤拾斤　額定價銀壹兩九錢陸分
通共早晚租共銀壹拾壹兩四錢九分四厘
崇禎四年七月貳拾四日立還租約人僕胡社龍（押）
胡新龍（押）
胡夏龍（押）
胡秋龍（押）
胡義男（押）

（三）

〔三〕明嘉靖至隆慶年間〔歙縣〕十六都吴氏租佃契約

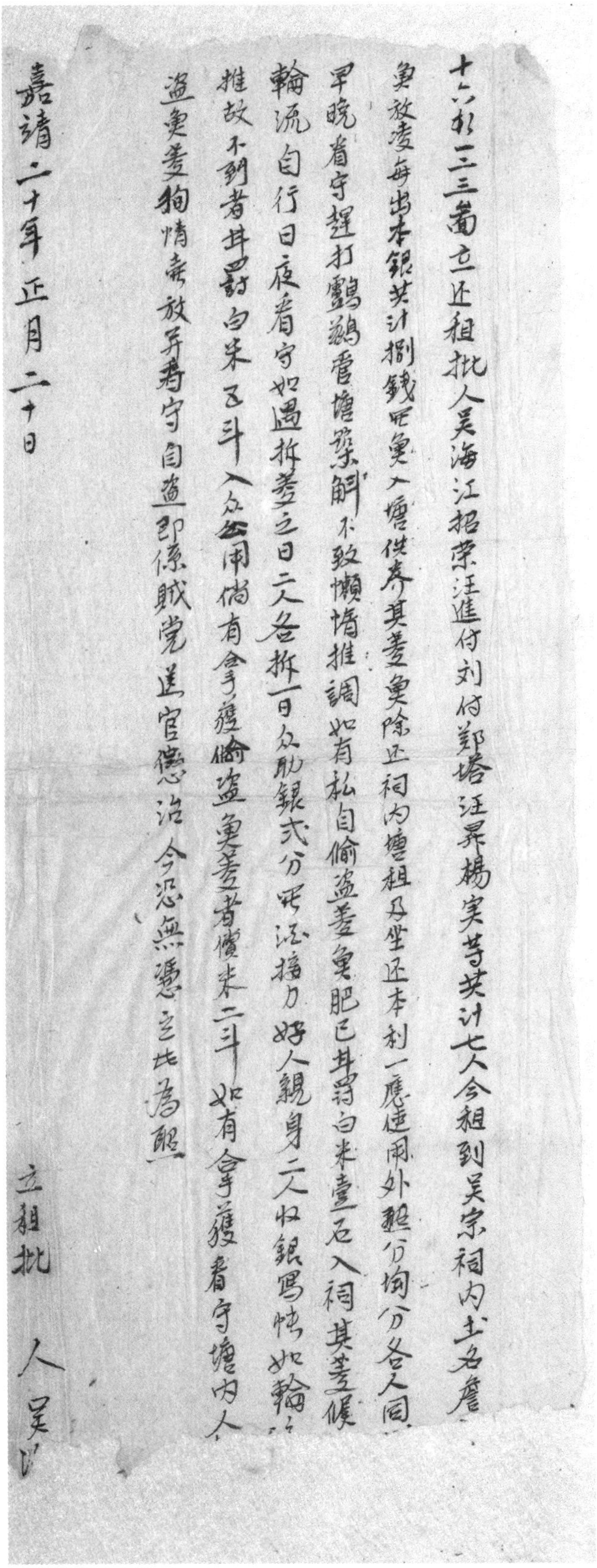
十六都一三啚立佃租批人吴海、江招宗、汪進、付刘付、鄭塔、汪昇、楊实等共计七人，今租到吴宗祠内土名詹
魚放苗，每出本銀共计捌錢正，魚入塘供养，其苗魚除正祠内塘租及坐正本利一應徒用外，照分均分，各人同心
早晚看守，趕打鸕鷀，雹塘築餇，不致懶惰推調。如有私自偷盗苗魚，肥己，甘罰白米壹石入祠。其苗候
輪流自行日夜看守，如遇拆苗之日，二人各拆一日，众助銀弍分正，还搭力好人親身，二人收銀罵快。如輪
推故不到者，甘罰白米五斗入众公用。倘有拿獲偷盗魚苗者，償米二斗。如有拿獲看守塘内人
盗魚苗，徇情故弄，看守自盗，即係賊党，送官懲治。今恐無憑，立此為照。
嘉靖二十年正月二十日　立租批人　吴

（一）

一

明嘉靖二十年正月〔歙縣〕吳海等立租塘批

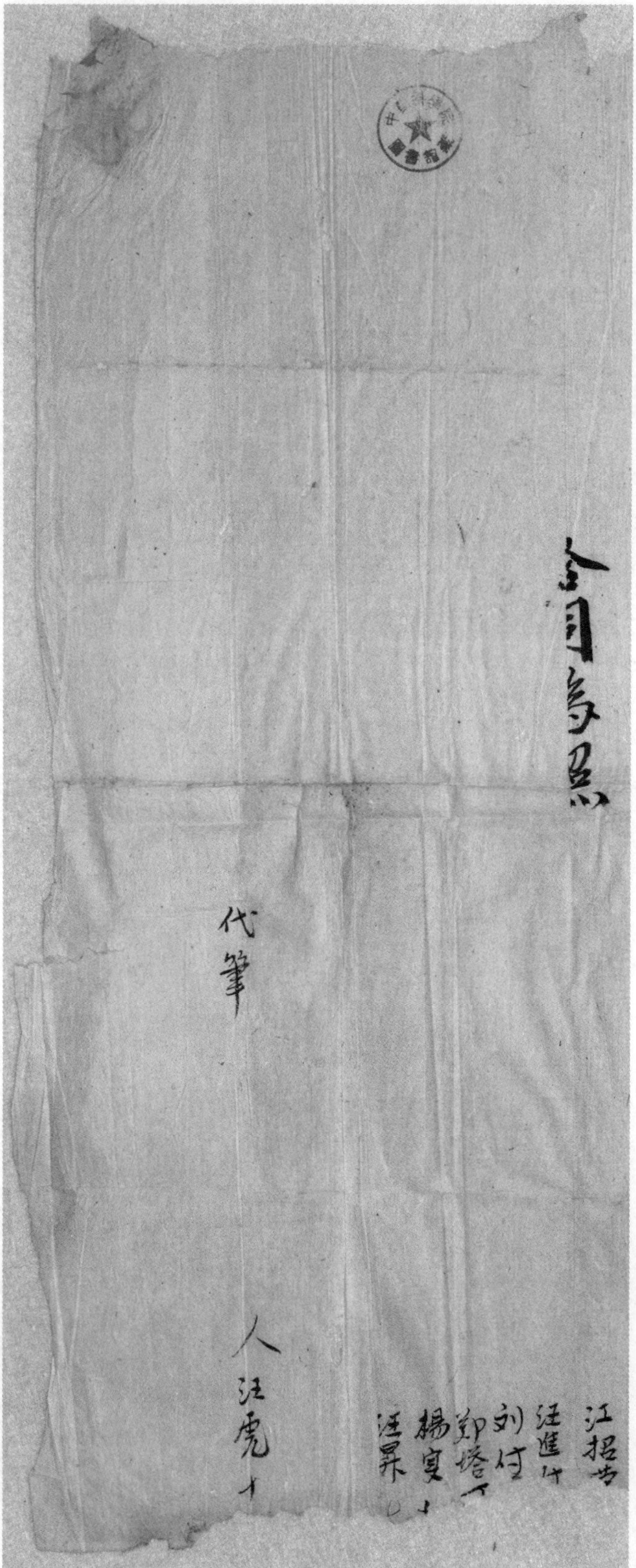

（二）

明嘉靖卅三年六月〔歙縣〕鮑佛佐立租山地批

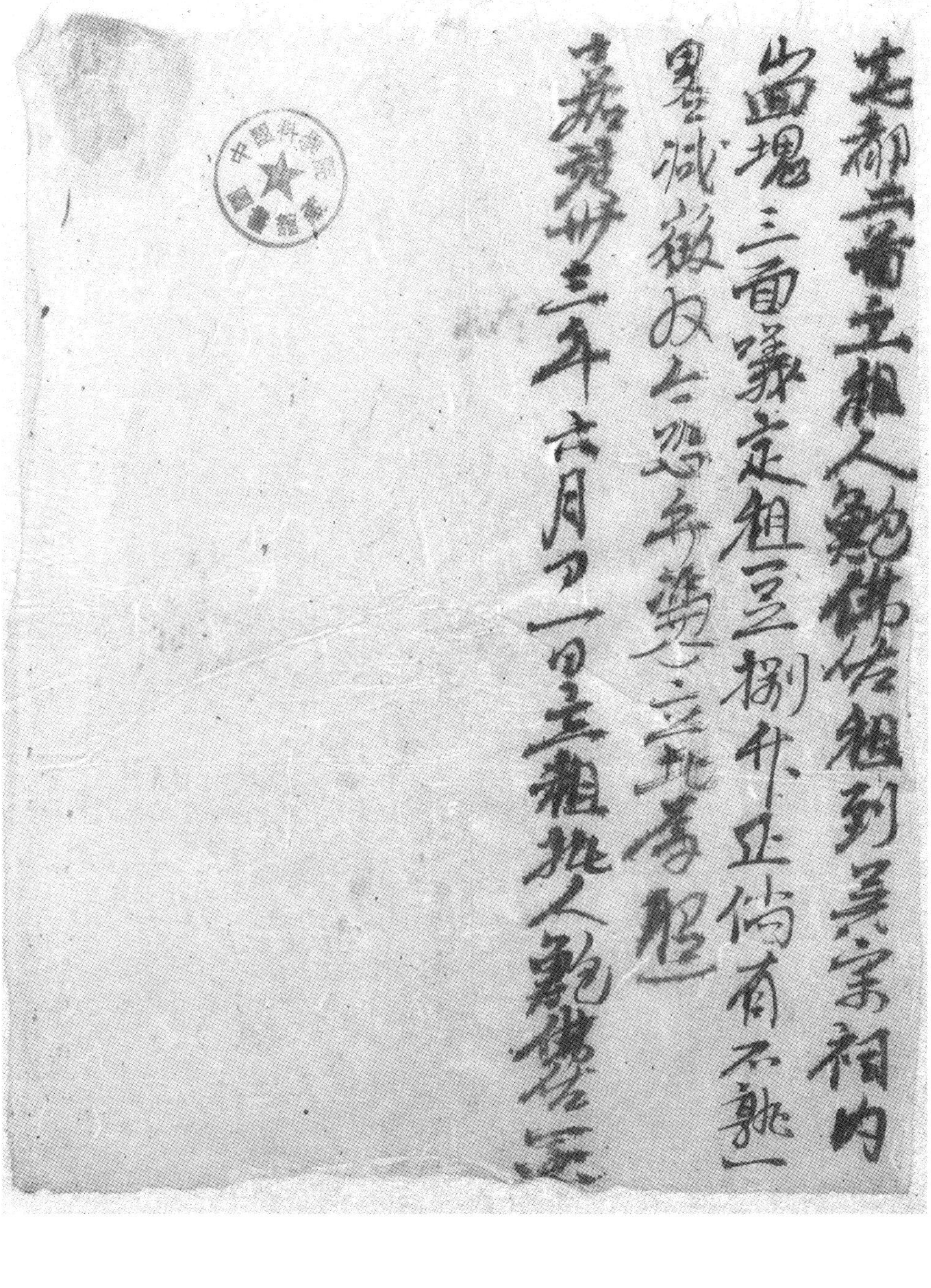

十都三啚立租人鮑佛佐租到吴宗祠內
山畄塊，三面議定租豆捌升正。倘有不熟，一
聽減徵，如今恐無憑，立此為照。
嘉靖卅三年六月初一日立租批人鮑佛佐（押）

明嘉靖卅六年二月〔歙縣〕吴保立租山地批

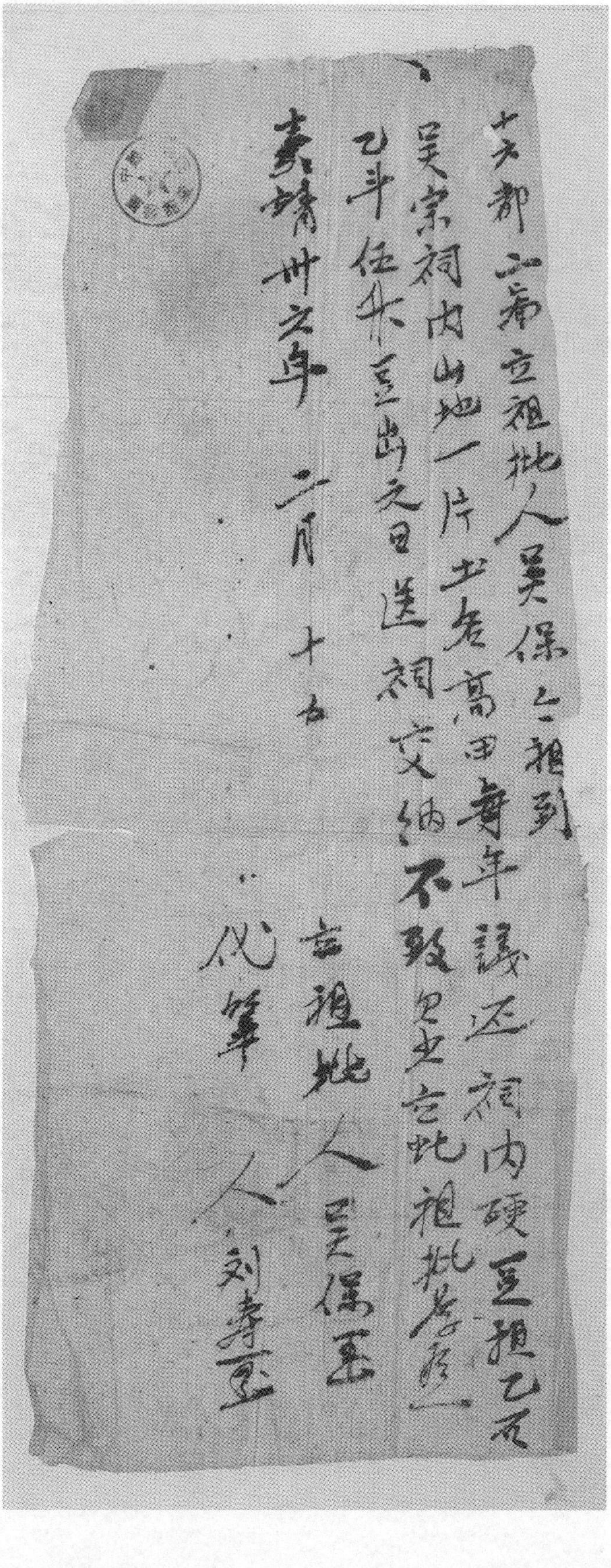
十六都一啚立租批人吴保，今租到
吴宗祠内山地一片，土名高田，每年議还祠内硬豆租乙石
乙斗伍升，豆出之日送祠交納，不致短少。立此租批存照。
嘉靖卅六年 二月 十五 日 立租批人 吴保（押）
代筆人 刘寿（押）

明嘉靖卅八年八月〔歙縣〕陳法才立租田批

十都六啚立租批陳法才今租到十六都吴　名下
占塘下田一坵計租九秤零七斤逐年交納不致欠少
今恐無憑立此租批為照
嘉靖卅八年八月廿六日立租人陳法才（押）

一

明隆慶二年三月〔歙縣〕呂顯隆立租樓屋並廚同屋批

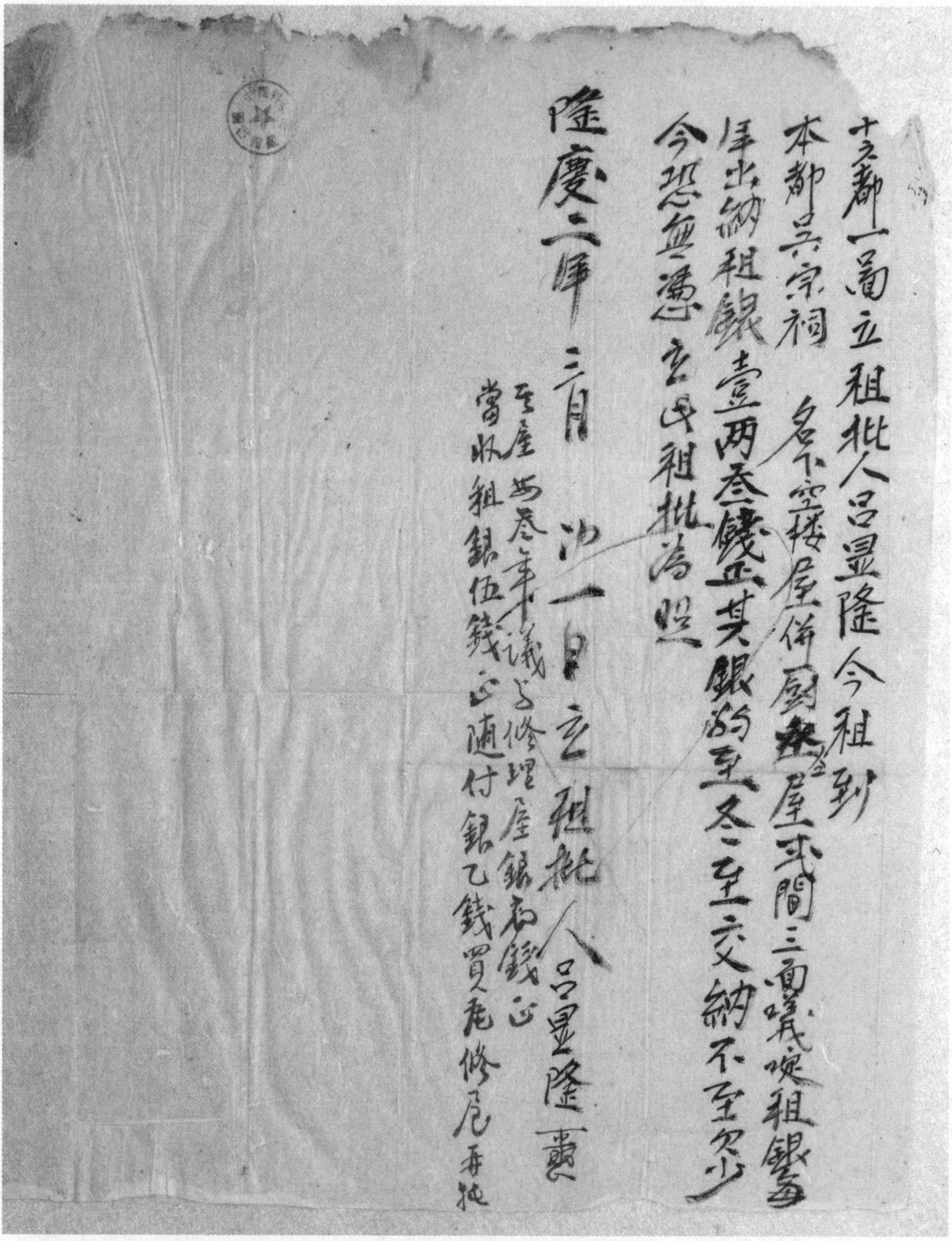
十五都一啚立租批人呂显隆，今租到
本都吴宗祠名下空楼屋併厨同屋弍間，三面議定租銀每
年出納租銀壹兩叁錢正，其銀約至冬至交納，不至欠少。
今恐無憑，立此租批為照。
隆慶二年三月 初一日立租批人呂显隆（押）
其屋共叁年，議過修理屋銀壹錢正。
當收租銀伍錢正，隨付銀乙錢，買瓦修屋。再批。

明隆慶六年五月〔歙縣〕吴君依立租地批

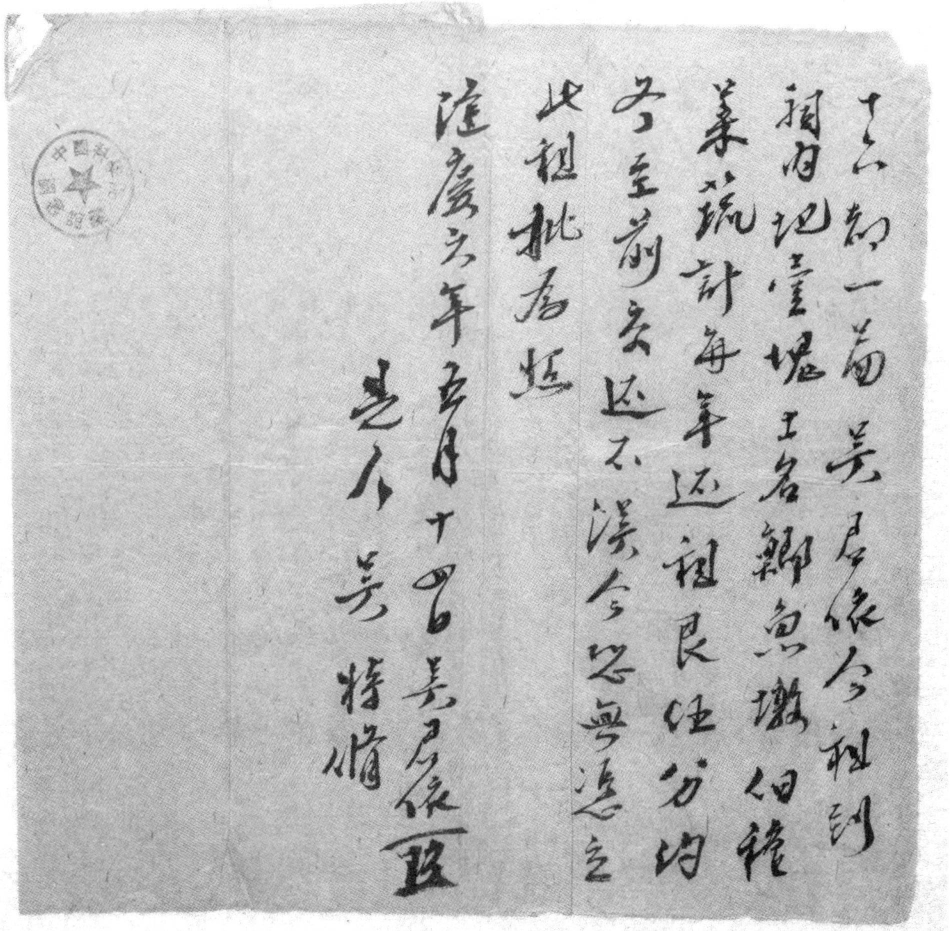
十八都一啚吴君依今租到
親房地壹塊土名鄉魚墩佃種
菜蔬計每年還租艮伍分約
冬至前交還不誤今恐無憑立
此租批為照
隆慶六年五月十四日吴君依（押）
見人 吴 特脩

一

〔四〕明萬曆至民國洪憲年間其他租佃契約

明萬曆十二年三月歙縣汪錢立賃屋並菜地約

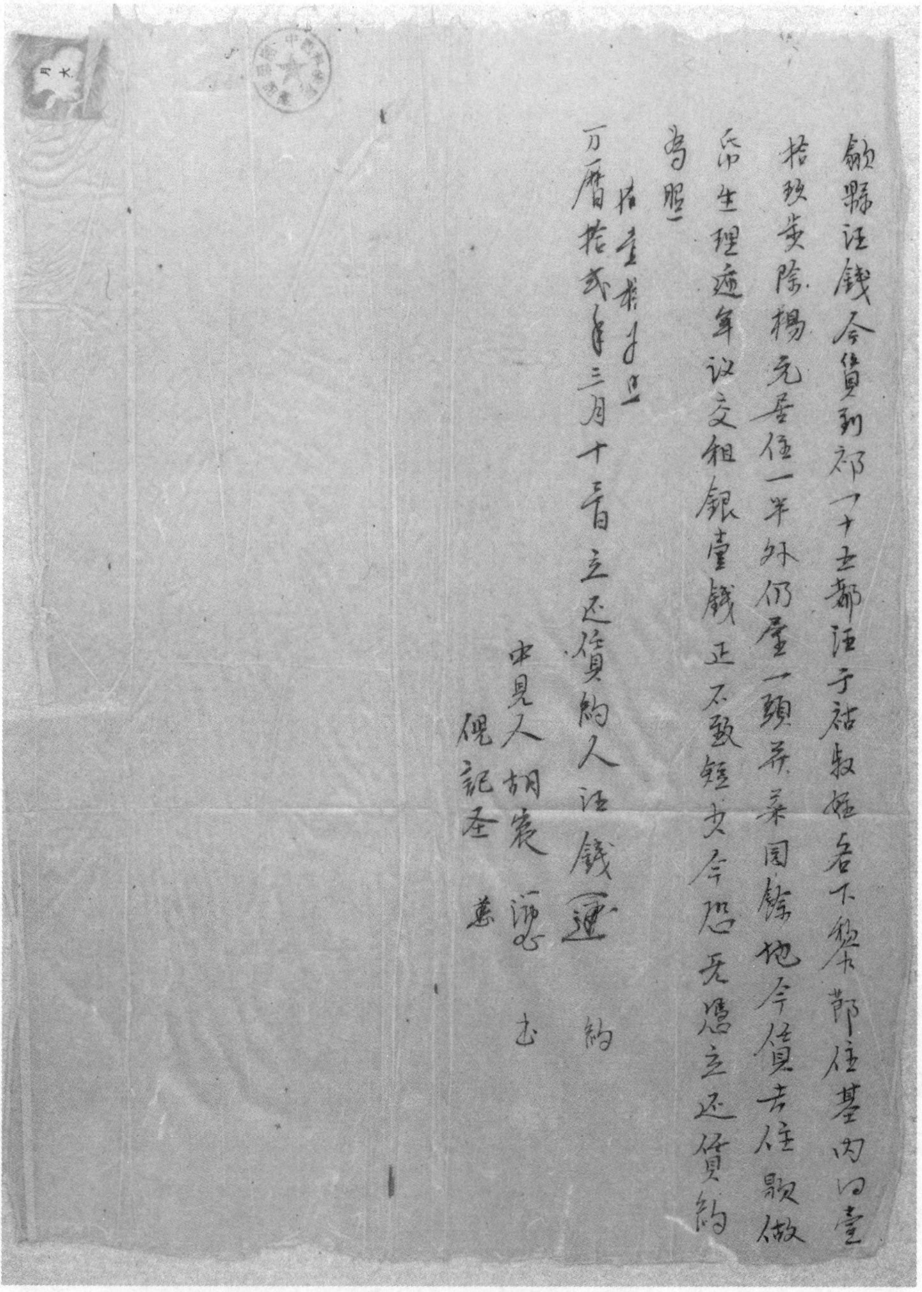
歙縣汪錢今賃到郊一十五都汪于祜叔姪名下祭節住基内田壹
拾玖步陰楊充居住一半外仍屋一頭並菜園餘地今賃去住歇做
小生理逐年议交租銀壹錢正不致短少今恐無憑立还賃約
為照
拾壹年十二月
万曆拾貳年三月十一日立还賃約人汪錢（押）約
中見人胡宸（押）立
倪記丞（押）

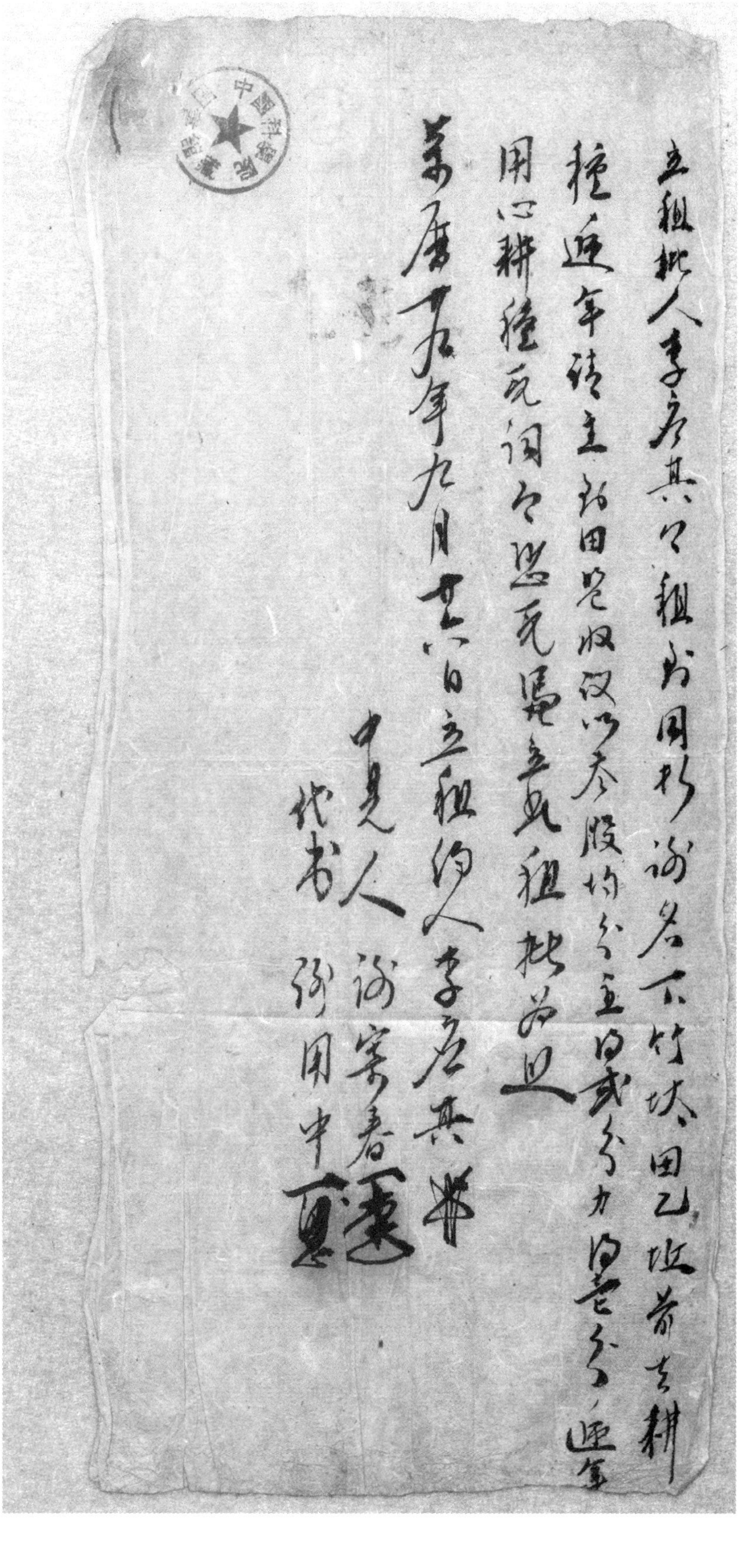

立租批人李應其今租到周村謝名下竹坎田乙坵，前去耕
種。逐年請主到田監收，仅以叁股均分，主得貳分，力得壹分。逐年
用心耕種，無詞。今恐無憑，立此租批為照。
萬曆廿九年九月廿六日立租約人李應其（押）
中見人　謝寄春（押）
代書　謝周中（押）

明萬曆廿九年九月某某縣李應其立租田批

一

明天啓元年七月〔祁門縣〕方初興立租山約

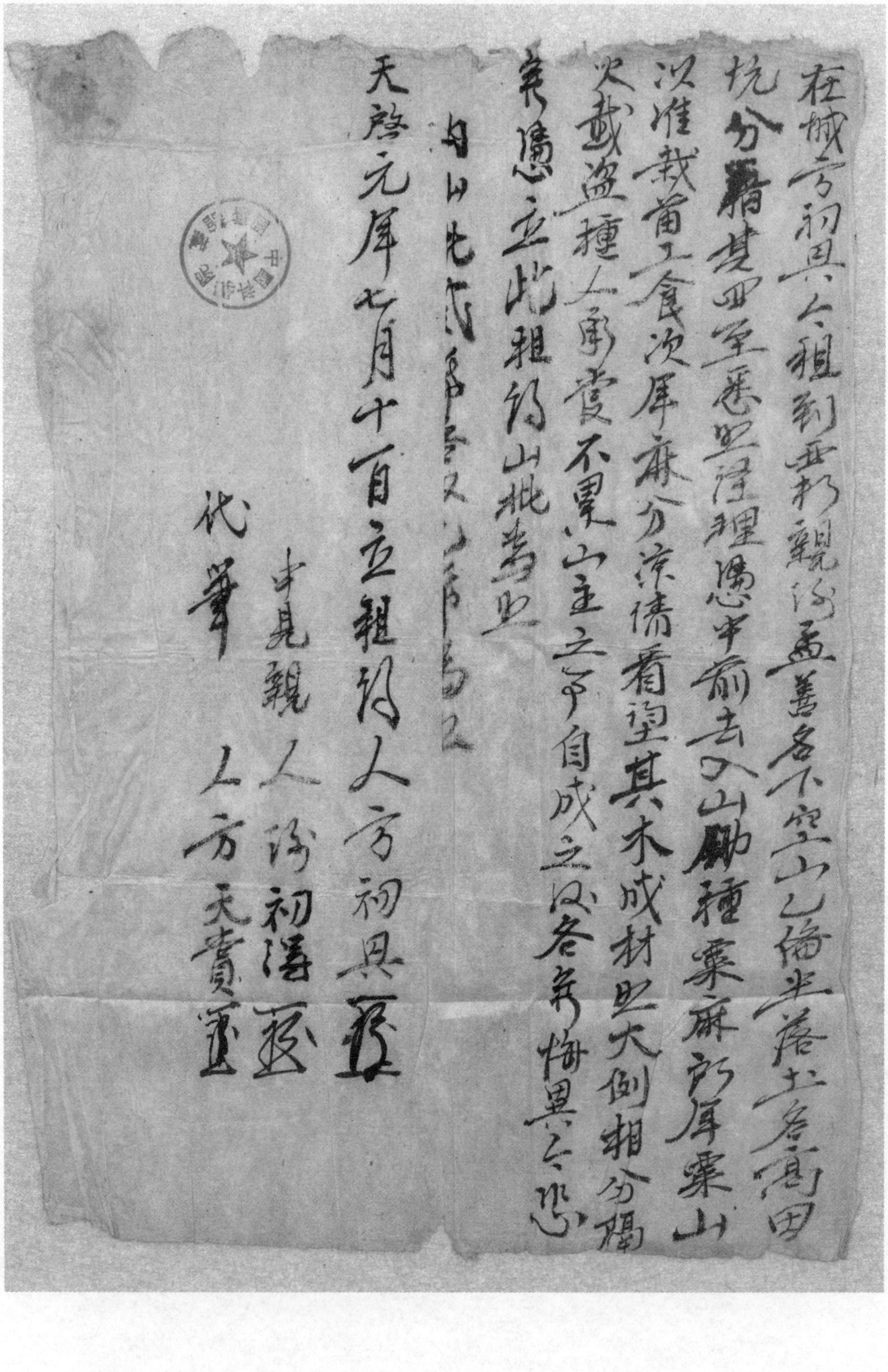
在城方初興今租到西都親孫孟善名下空山乙備，坐落土名高田
坑，分籍其四至悉照經理。憑中前去山內鋤種粟麻，於□年粟山
以准栽苗工食，次年麻分，□倩看望，其木成材照大例相分。隅
火栽盜種人砍賣，不累山主之事。自成之後各無悔異，今恐
無憑，立此租約山批為照。
內山先存□□□山□為照
天啓元年七月十一日立租約人方初興（押）
中見親人孫初澤（押）
代筆人方天貴（押）

明天啓三年六月某某縣某姓時摽立租店屋批

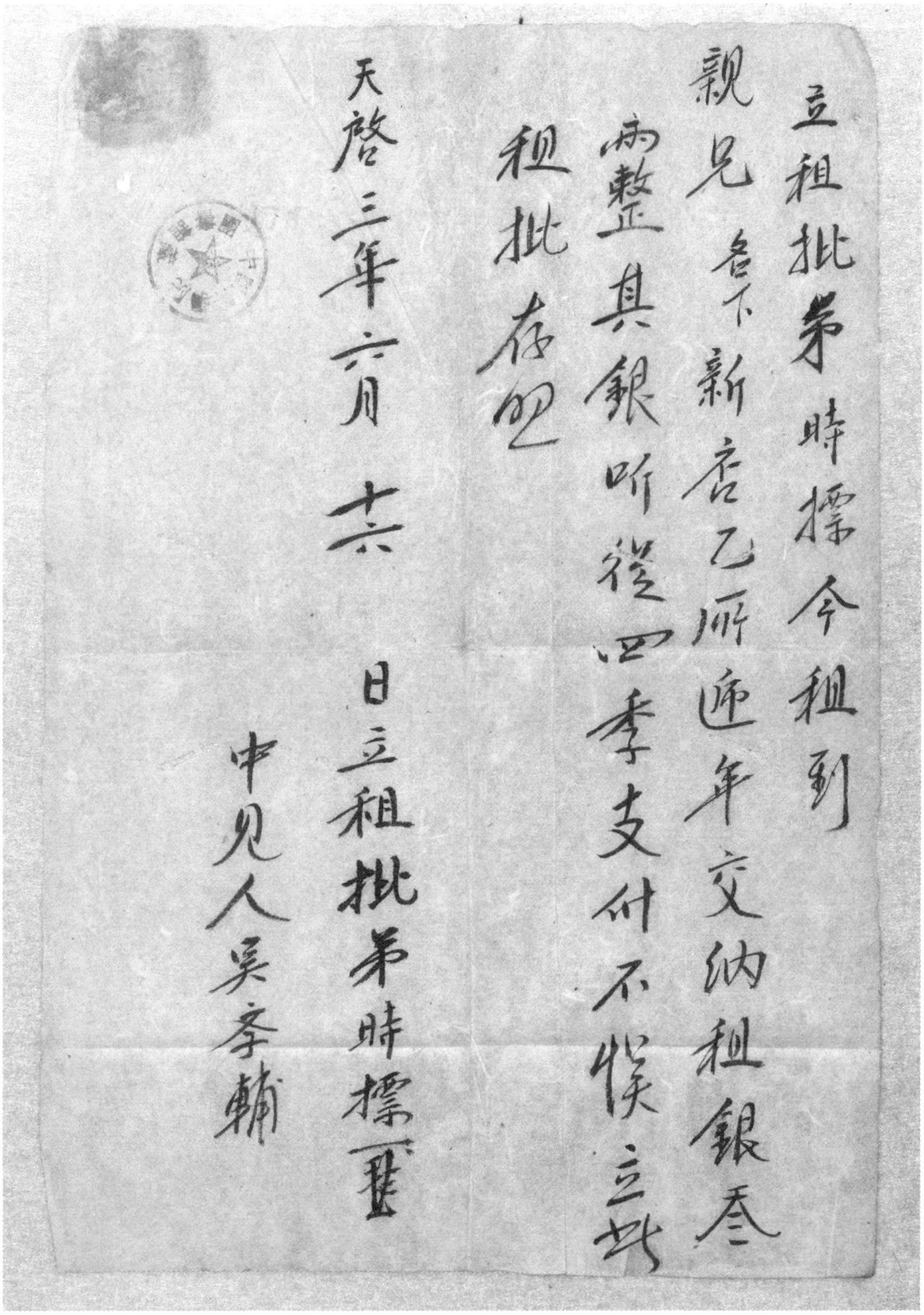

立租批弟時摽，今租到
親兄名下新店乙所，逐年交納租銀叁
兩整，其銀聽從四季支付，不悮。立此
租批存照。
天啓三年六月十六日立租批弟時摽（押）
中見人吳季輔

明崇禎九年十二月某某縣江世福立租地批

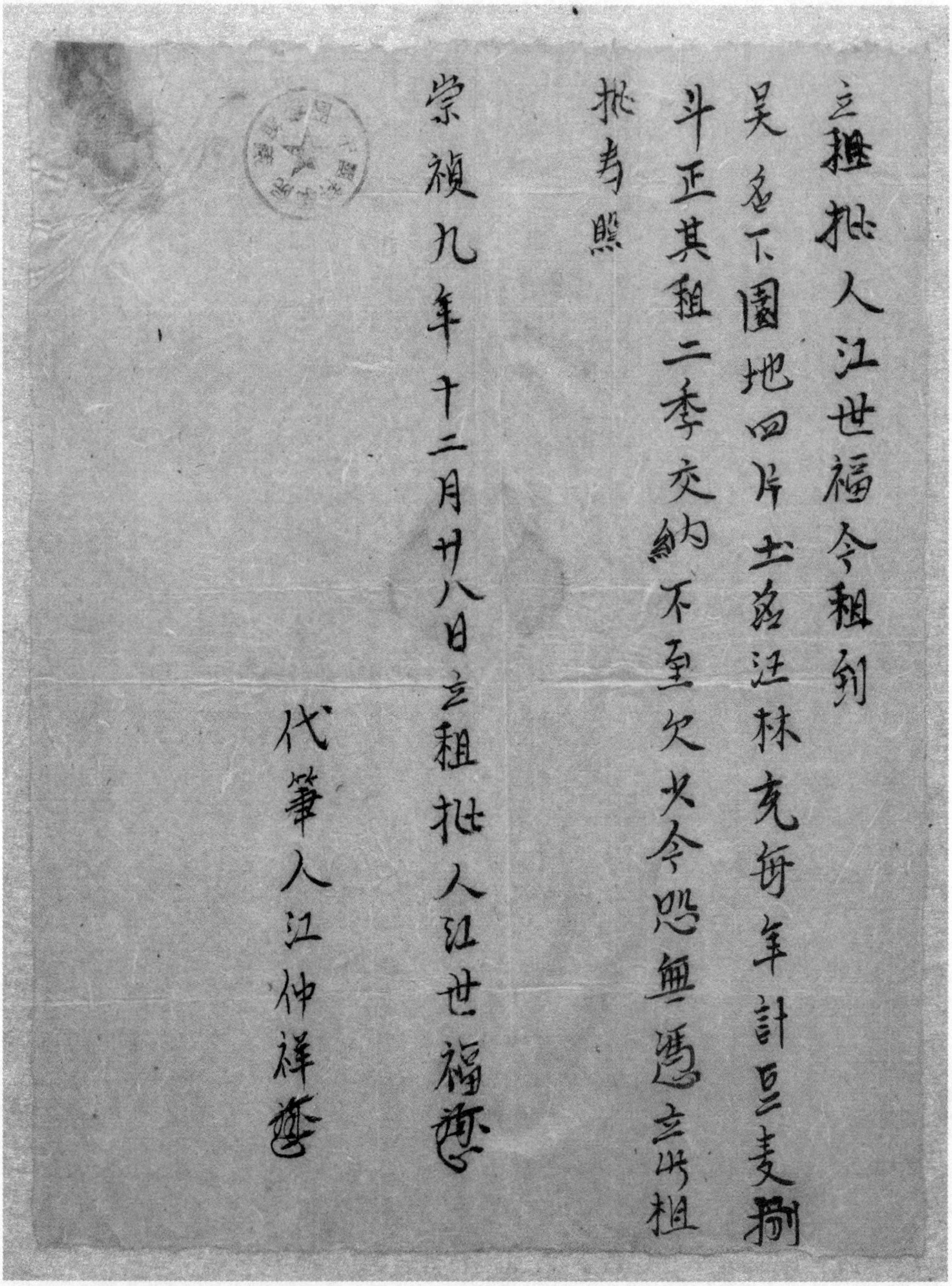

立租批人江世福今租到
吴名下園地四片土名汪林充每年計豆麦斛
斗正其租二季交納不至欠少今恐無憑立此租
批為照
崇禎九年十二月廿八日立租批人江世福（押）
代筆人江仲祥（押）

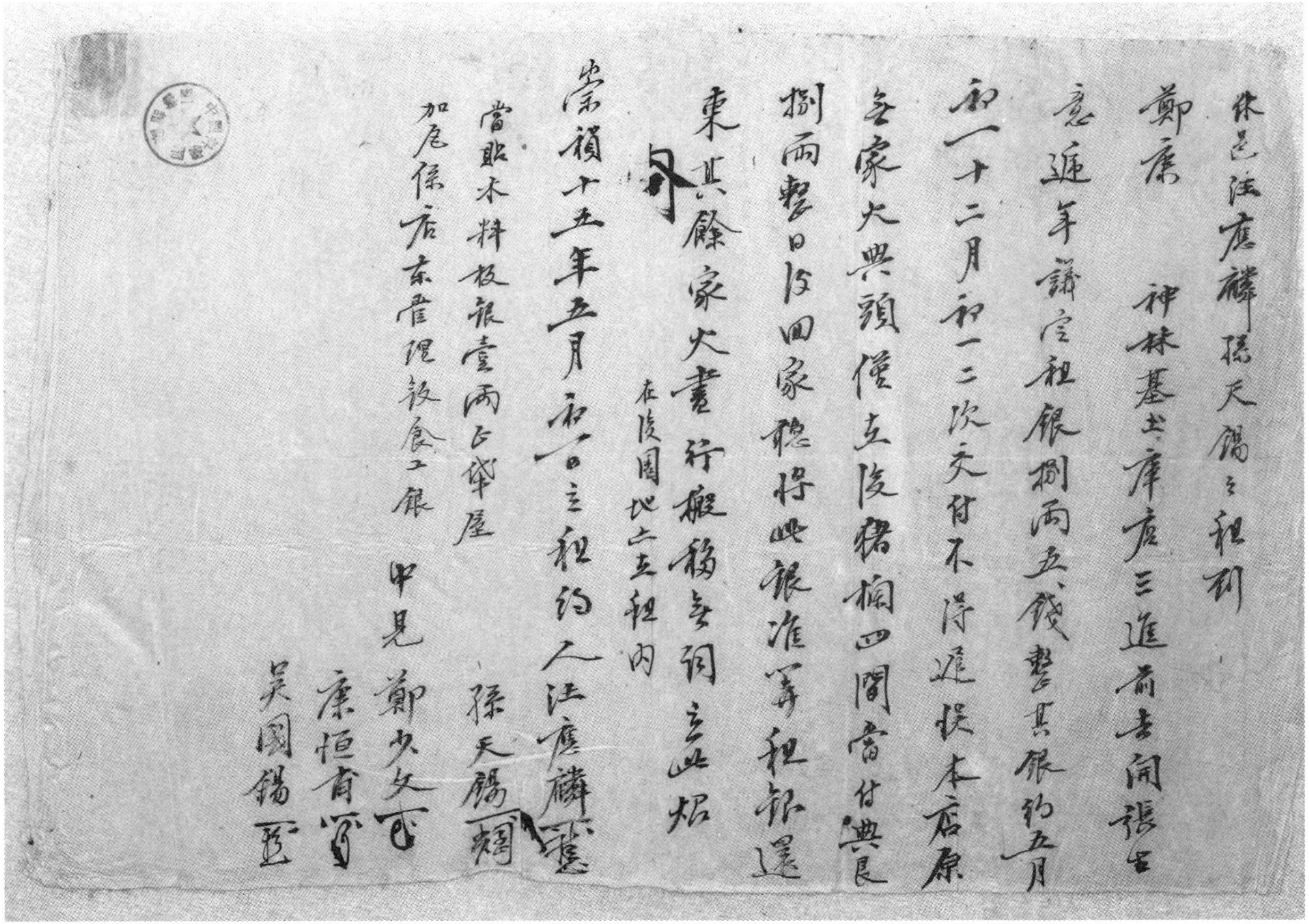
休邑汪應麟孫天錫々租到
鄭處 神林基土庫店三進前去開張生
意延年議定租銀捌兩五錢整其銀約五月
初一十二月初一二次交付不得遲悞本店原
存家火與頭僅在後豬欄四間當付與艮
捌兩整日後回家聽將此銀准算租銀還
東其餘家火盡行搬移無詞立此炤
在後園地六十租內
崇禎十五年五月初一日立租約人汪應麟（押）
孫天錫（押）
當敗木料收銀壹兩五錢屋
加店係店東管理收食工銀
中見 鄭少文（押）
康恒甫（押）
吳國錫（押）

明崇禎十五年五月休寧縣汪應麟等立租店屋約

一

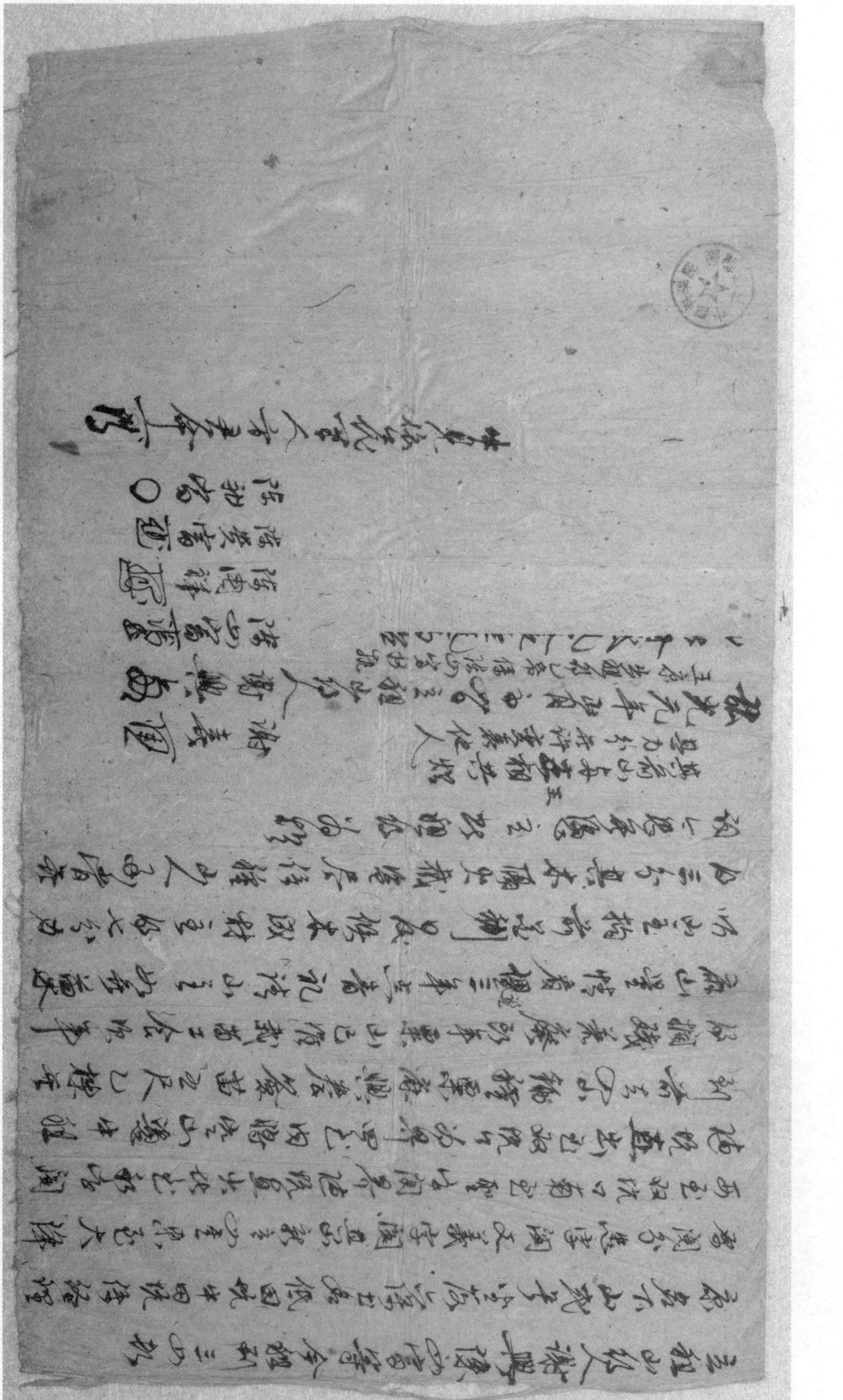

明弘光元年正月〔祁門縣〕謝興等立租山約

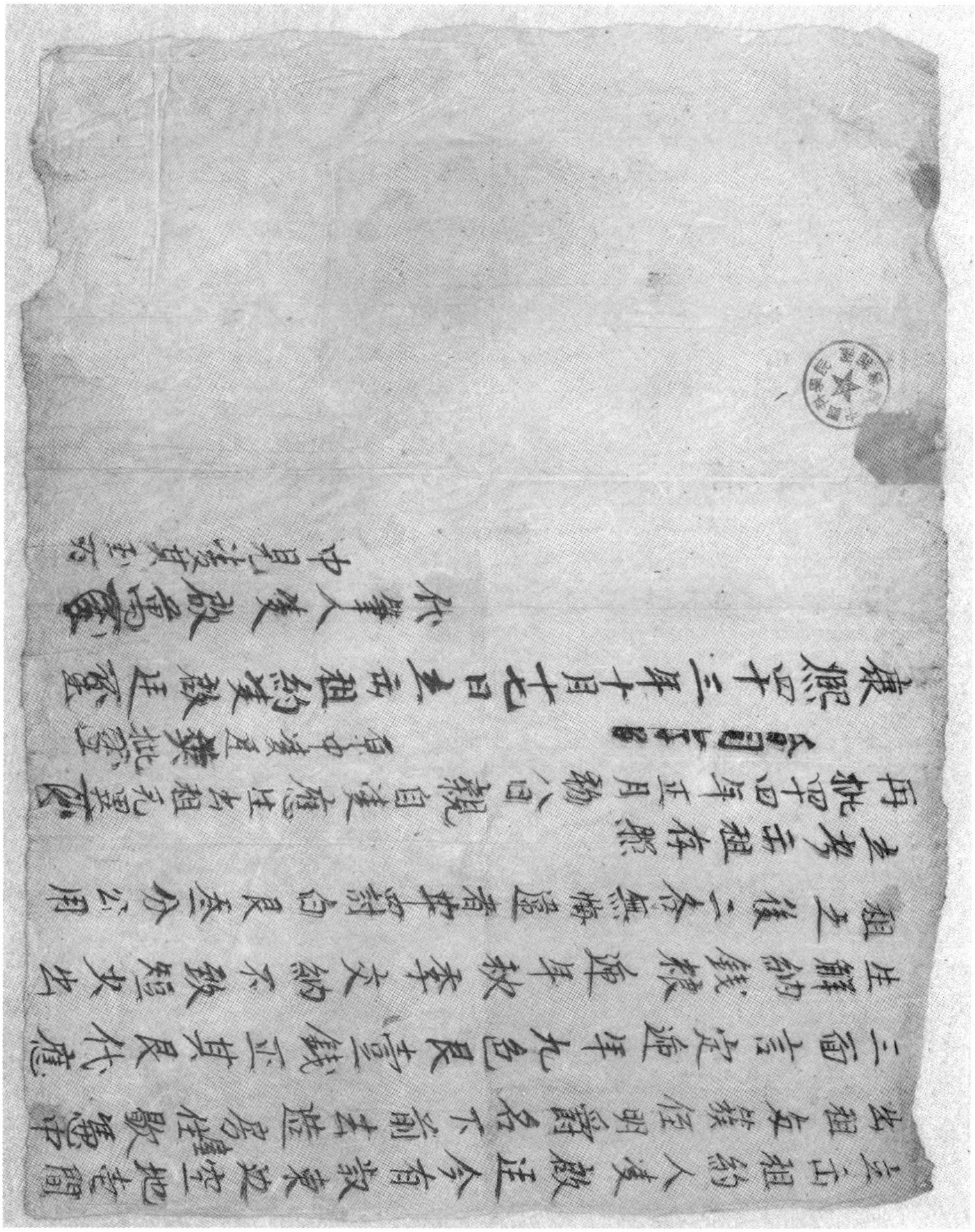

立出租約人淩啟廷，今有數東边空地壹間，出租与族侄明爵名下，前去造房住歇。憑中三面言定，逓年九色艮壹錢正，其艮代應生解納錢粮，逓年秋季交納，不致短少。出租之後，二各無悔，違者甘罰白艮叁分公用。立此出租存照。

合同半字

再批：四十四年正月初八日，親自淩應生出租兀罢存。

原中淩廷莢批（押）

康熙四十三年十月十七日立出租約淩啟廷（押）

代筆人淩啟萬（押）

中見淩其玉（押）

清康熙四十三年十月（祁門縣）凌啓廷立出租地約
附康熙四十四年正月凌應生立出租再批

一

清雍正二年十一月某某縣金順等立租屋並租地約

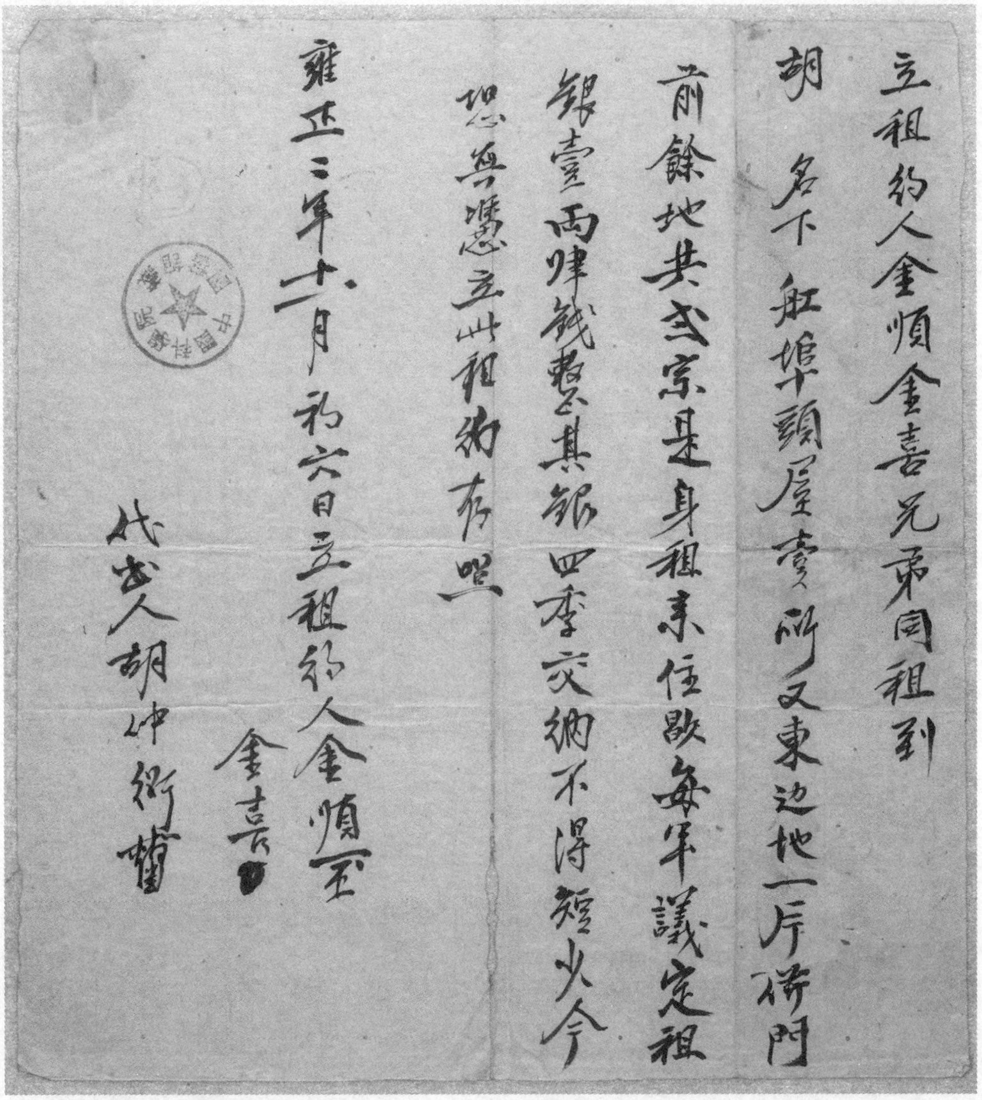

立租約人金順金喜兄弟同租到
胡　名下舡埠頭屋壹所又東边地一片併門
前餘地共弍宗是身租来住歇每年議定租
銀壹兩肆錢整其銀四季交納不得短少今
恐無憑立此租約存照
雍正二年十一月初六日立租約人金順（押）
金喜（押）
代書人胡仲衍（押）

一

清雍正七年四月某某縣胡德福立租房約

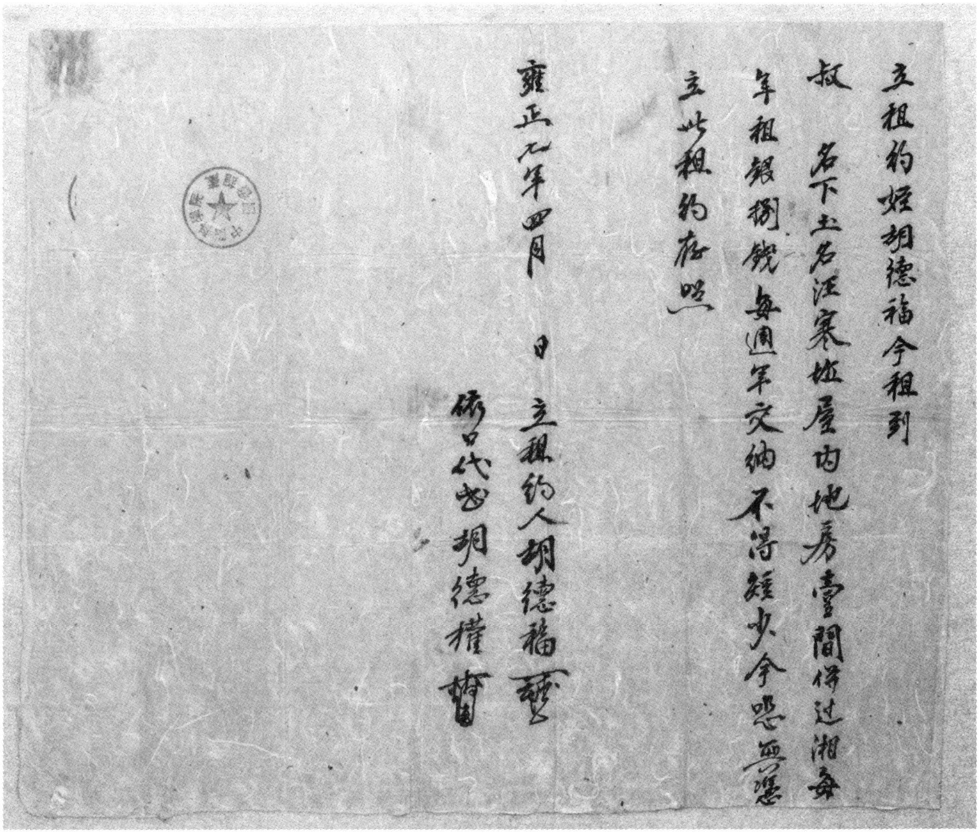

立租約姪胡德福今租到
叔 名下土名汪家坑屋内地房壹間佛过湘每
年租银捌錢每週年交纳不得缺少今恐無憑
立此租約存照
雍正七年四月 日 立租約人胡德福（押）
依口代书 胡德權（押）

一

清乾隆二年閏九月某某縣汪瑞生立租屋約

立租約人汪瑞生今租到
家主胡 吳老爺 祿相公 名下屋壹所身租壹半上边憑中
言定遞年租銀壹兩整其屋听從擇期便進
屋住其租銀四季交納不得短少其屋倘有壞
漏屋東修理如遠住人修理公算屋租今欲有
憑立此租約為照
乾隆二年閏九月　日立租約人汪瑞生（押）
憑中人張六喜（押）

一

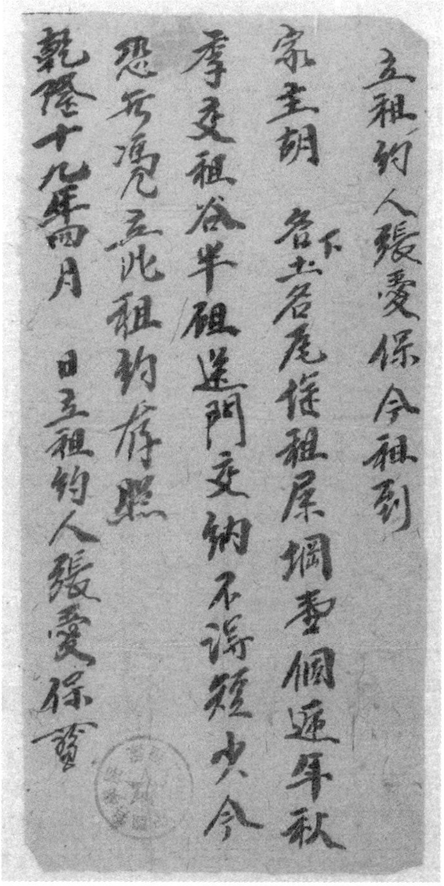

立租約人張愛保今租到
家主胡　名下土名尾塍租屎堈壹個，遞年秋
季交租谷半硬，送門交納，不得短少。今
恐無憑，立此租約存照。
乾隆十九年四月　日立租約人張愛保（押）

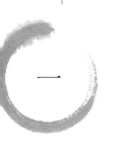

清乾隆十九年四月某某縣張愛保立租屎堈約

清乾隆五十一年正月〔休寧縣〕胡允執立租萬和館店面批

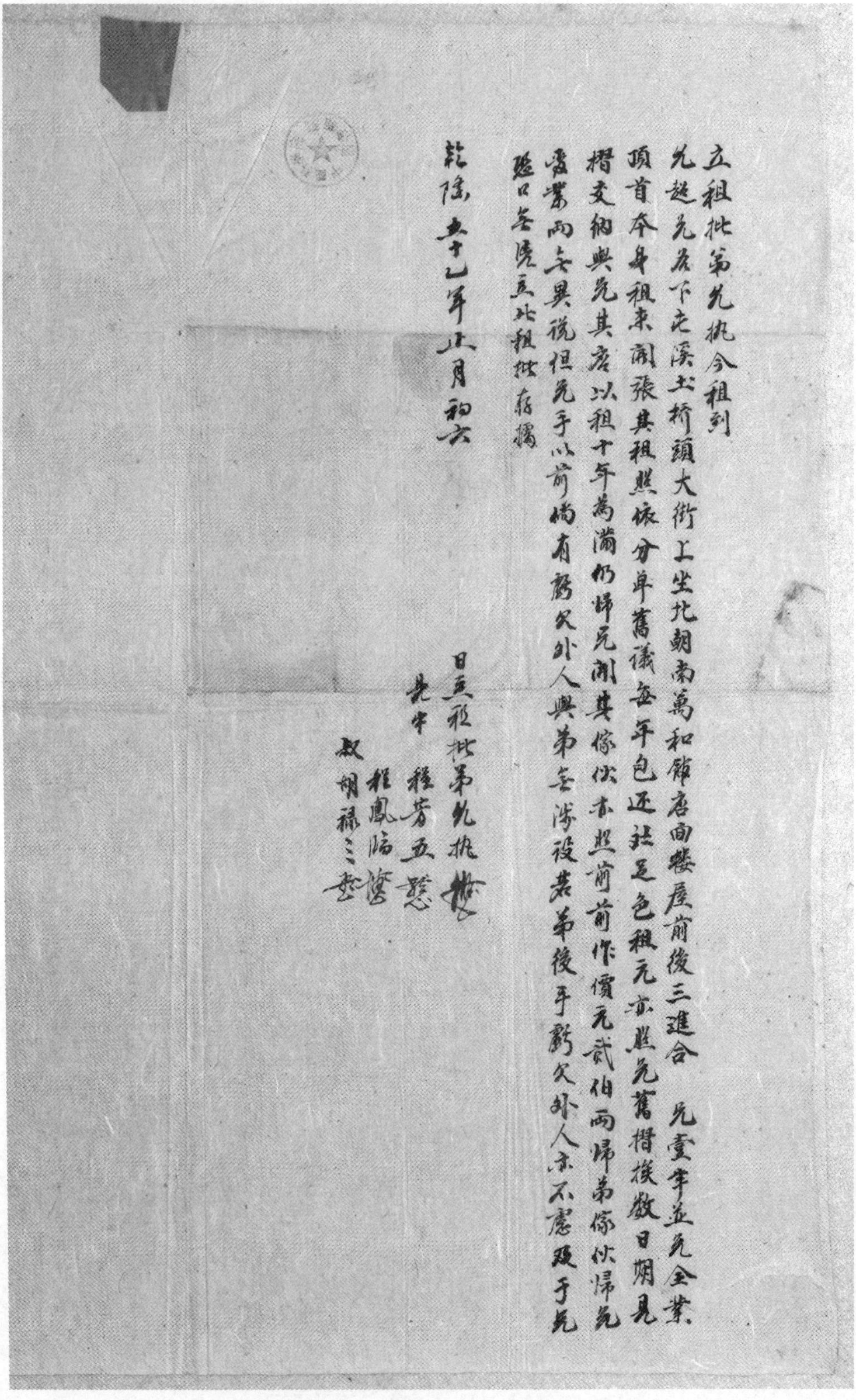

立租批弟允执今租到
兄趙兄名下屯溪上橋頭大街上坐北朝南萬和館店面樓屋前後三進合　兄壹半並兄全業
頂首本身租來開張其租照依分單舊議每年包还社足色租元亦照兄舊揹挨數日期見
揹交納與兄其店以租十年爲滿仍歸兄開其傢伙亦照前前作價元貳佰兩歸弟傢伙歸兄
處業兩無異說但兄手以前倘有虧欠外人與弟無涉設若弟後手虧欠外人亦不應及于兄
恐口無憑立此租批存據

乾隆五十一年正月初六　日立租批弟允执（押）
中　程芳五（押）
程鳳臨（押）
叔　胡福三（押）

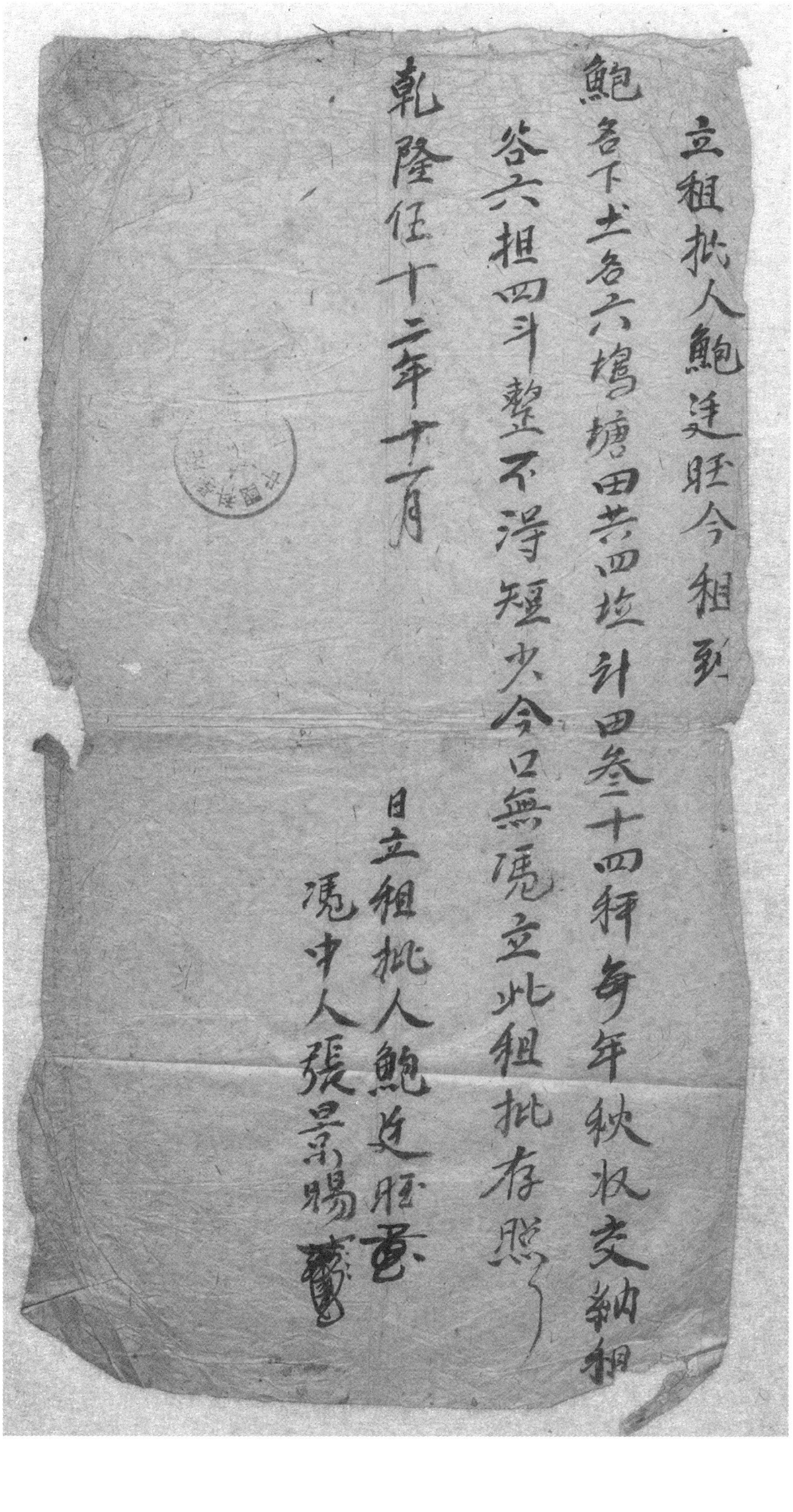

立租批人鮑廷旺今租到
鮑名下土名六塢塘田共四坵計田叁十四秤每年秋收交納租
谷六租四斗整不得短少今口無憑立此租批存照
乾隆伍十二年十一月　日立租批人鮑廷旺（押）
憑中人張景暘（押）

清乾隆五十二年十一月某某縣鮑廷旺立租田批

清乾隆五十五年六月某某縣某姓栢壽立租屋約

立承租約弟栢壽今租到兄光宗名下原買受得叔魁良敷頭溪西屋三之
壹住房壹間併堂前餘屋及樓上樓下壹併在內是身承租前去居住面議定
逐年交納租錢柒百弍拾文整其租錢作四季交付不至短少其房屋本家
要住身即行搬移出屋所有小修承租人管理其大脩出租人管理今恐無憑
立承租約存照

再批其房屋身承租居住三年照

告照

乾隆五十五年六月二十二日立承租約弟栢壽（押）

代筆兄　神壽（押）

清嘉慶九年八月某某縣吳進財立租田批

立租批人吳進財，今租到
劉
名下田壹業，土名大屋門前，三面言定每年
秋收之日交納時租浪白谷贰拾肆斗正。其
租挑送上門，不敢欠少。如有欠少，听憑起業
另召。其田本家親手交種，並無小典退業
等情。恐口無憑，立此租批存照。

嘉慶玖年八月　日立租批人　吳進財（押）
憑中人　程長元（押）
代筆人　程開萬（押）

一

清道光八年某月某某縣胡志栻立租菜園約

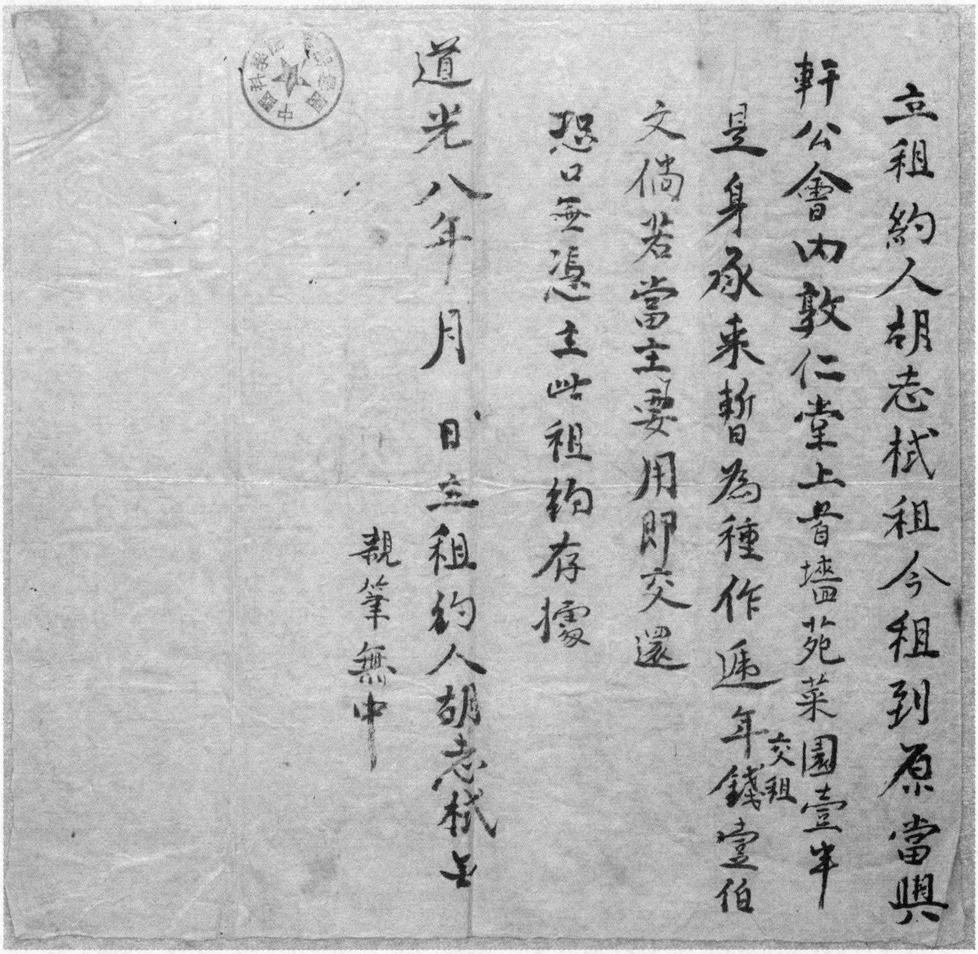

立租約人胡志栻租今租到原當與
軒公會内敦仁堂上首墻苑菜園壹半
是身承來暫爲種作逐年交租錢壹伯
文倘若當主要用即交還
恐口無憑立此租約存據
道光八年 月 日立租約人胡志栻(押)
親筆無中

一

清道光十六年三月某某縣胡聚喜立租田批

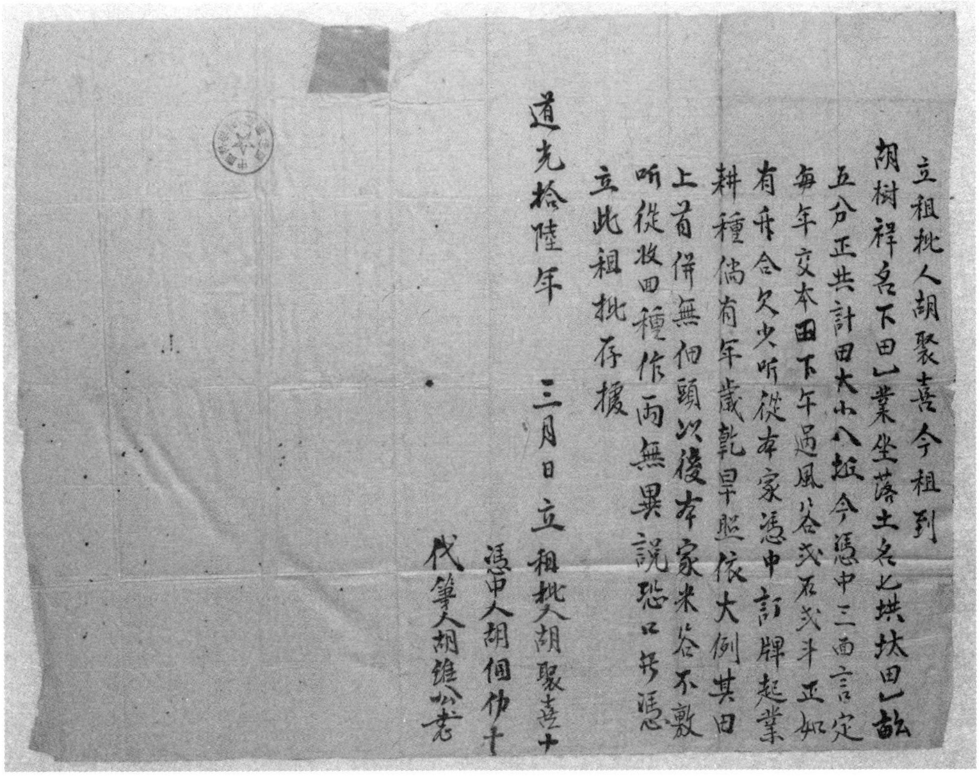

立租批人胡聚喜今租到
胡樹祥名下田山業坐落土名七拱坟田一畝
五分正共計田大小八坵今憑中三面言定
每年交本田下午遇風谷貳石貳斗正如
有升合欠少听從本家憑中訂牌起業
耕種倘有年歲乾旱照依大例其田
上首伻無佃頭以後本家米谷不敷
听從收田種作兩無異說恐口無憑
立此租批存據
道光拾陸年 三月日 立租批人胡聚喜十
憑中人胡個仂十
代筆人胡維松若

一

清道光十九年八月某某縣胡玉林立召租大買田批

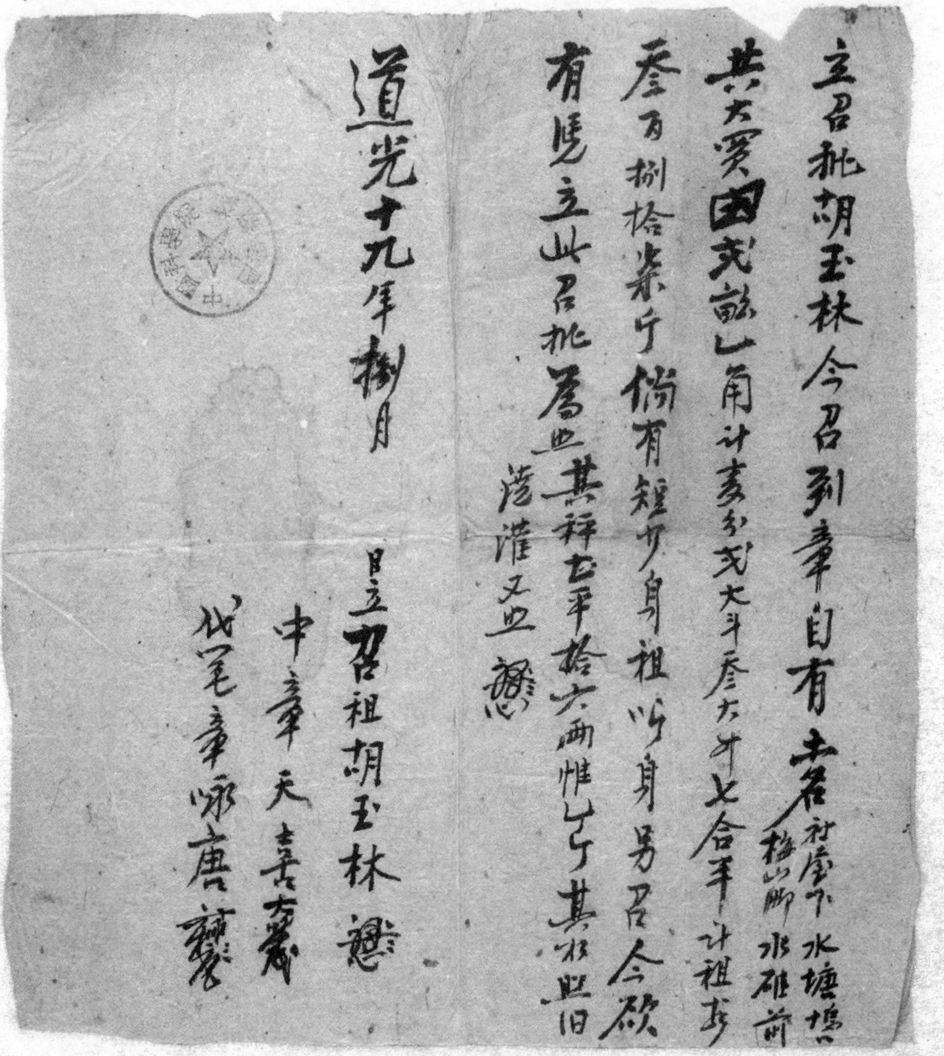

立召批胡玉林今召到章自有土名社屋下水塘塢梅山脚水碓前共大買田弍畝乙角计麦分弍大斗叁大斗七合半计租谷叁百捌拾柒斤倘有短少身租以身另召今欲有憑立此召批為照其租每年拾六两惟七斤其秋照旧蓬灌又照（押）

道光十九年捌月 日立召租胡玉林（押）

中章天喜（押）

代筆章帰唐（押）

清咸豐四年七月某某縣吴榮光立租店屋契附咸豐九年加租批

立租契人吴榮光今因缺少房屋開張貿易，自愿央中租到
鄧鎮田名下店屋壹所，の壁门板俱全，櫃台樓板俱全，開張首飾店業，言明每年租金大錢叁千文正，其錢每年の季付清，決不推遲。言定倘歇，房東自用，即愿搬移，決無異言。恐口無憑，立此租契存據。

咸丰九年起每年加租錢[illegible]文十

咸豐四年七月　日立租契人吴榮光（押）

憑中鄧玉青（押）

一

清咸豐八年正月某某縣某姓運林立租園批

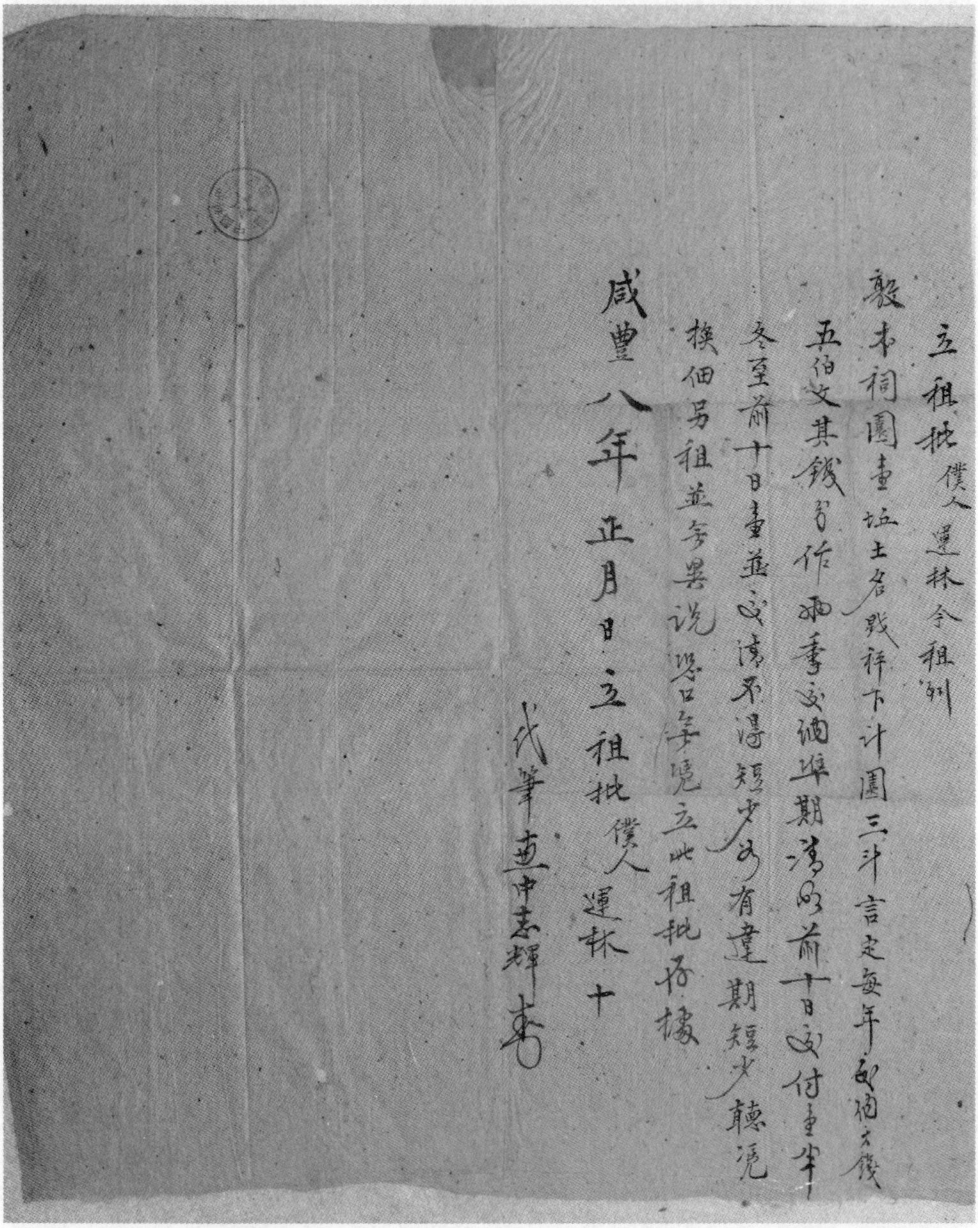

立租批僕人運林今租到
敦本祠園壹坵土名戥秤下計園三斗言定每年交納大錢
五伯文其錢分作兩季交納毋期清明前十日交付壹半
冬至前十日壹並交清不得短少分文有違期短少聽憑
換佃另租並無異說恐口無憑立此租批存據
咸豐八年正月　日立租批僕人運林　十
代筆連中志輝　押

清咸豐十一年九月某某縣鄭晉康立租厝屋批附族叔祖記咸豐十年四月出借當頭毛厠事

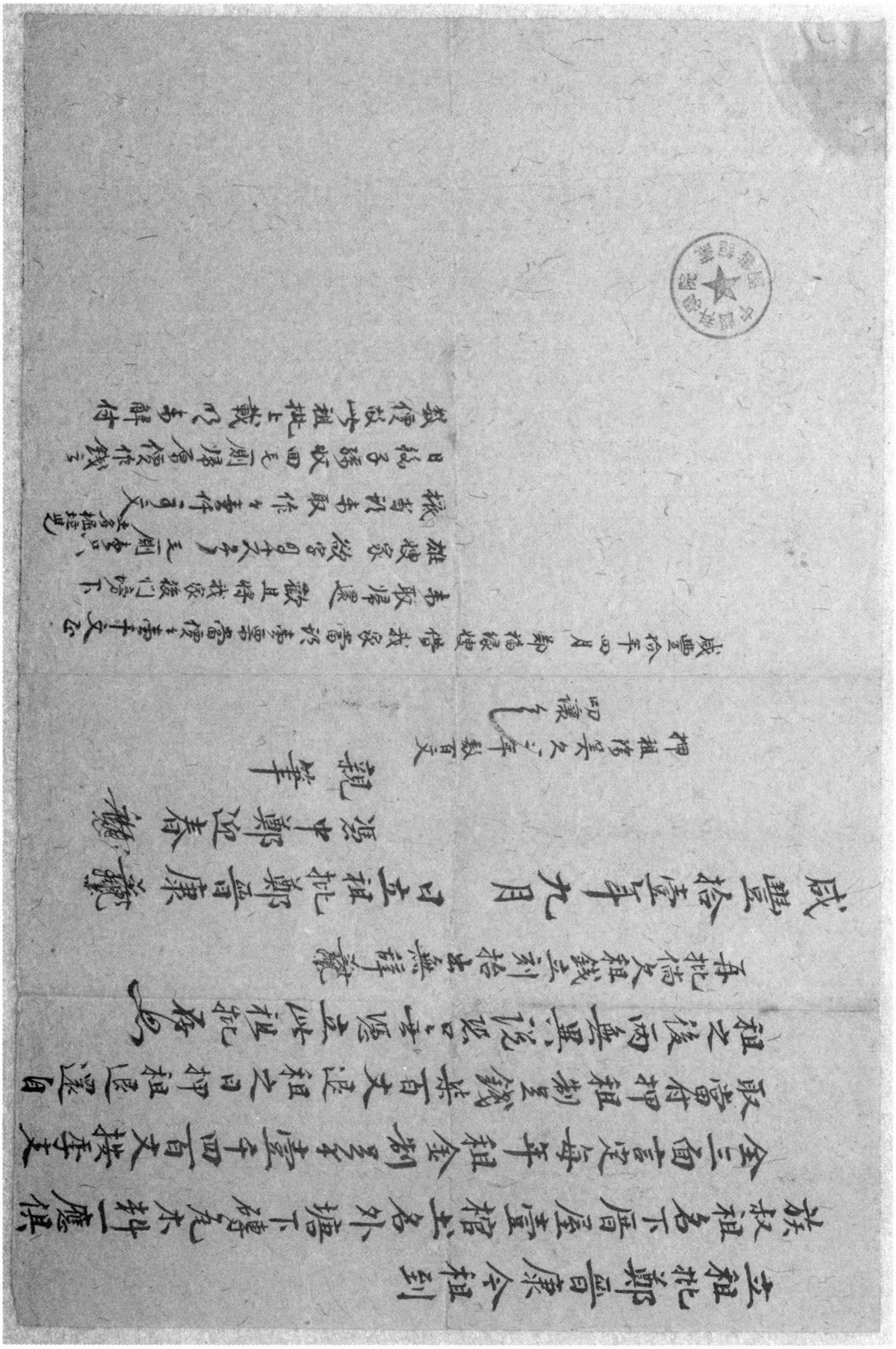

一

清同治元年十一月〔太平縣〕林觀順立租園批

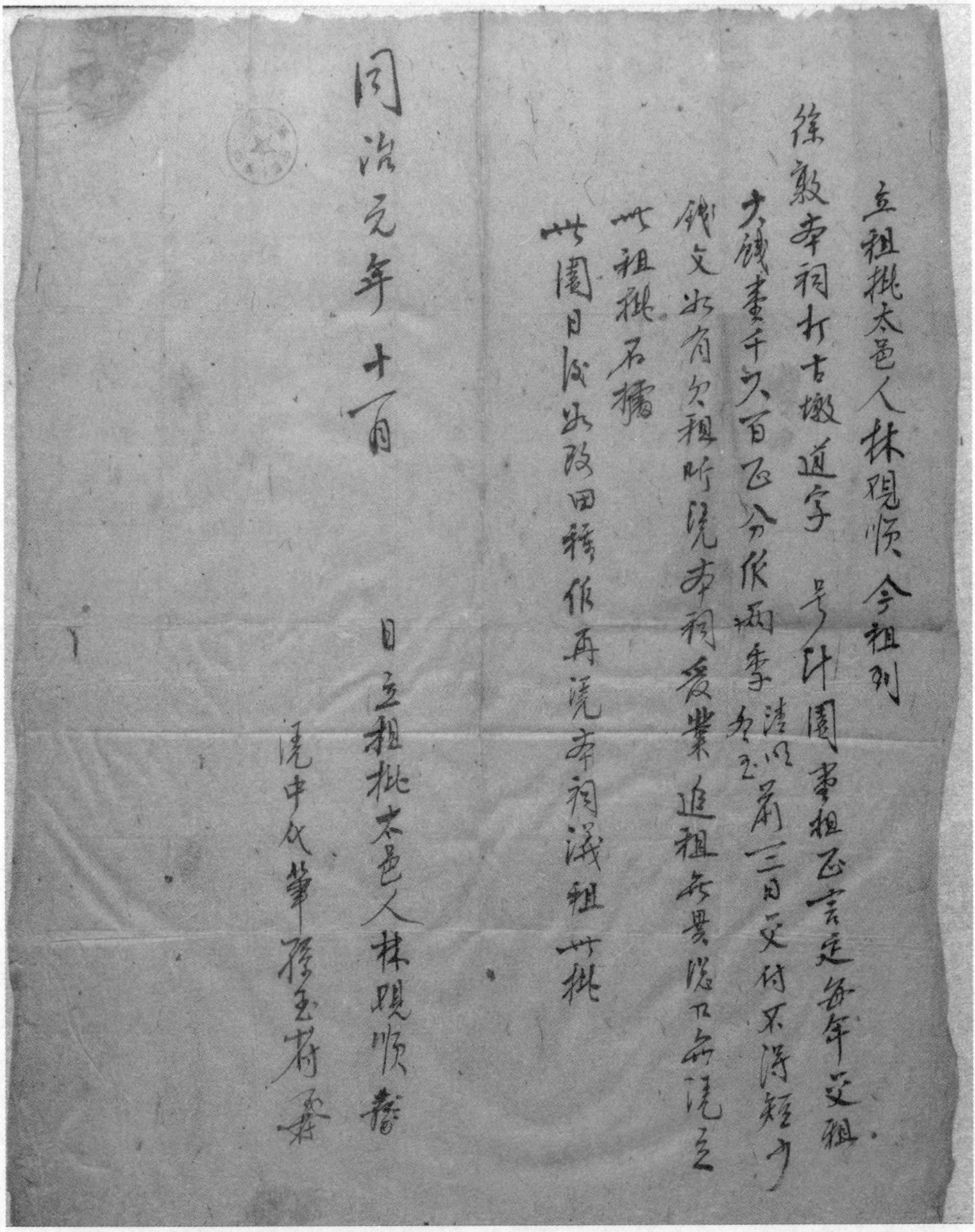
立租批太邑人林𧡪順，今租到
徐敦本祠坐落古墩道字　号計園　畝，當租定每年交租
大錢壹千六百正，分作兩季清明九月前三日交付，不得短少
錢文，如有欠租，聽憑本祠管業追租無異，恐口無憑，立
此租批存據。
此園日後改田種作，再憑本祠議租。此批。
同治元年十一月　日立租批太邑人林𧡪順（押）
憑中代筆孫玉樹（押）

一

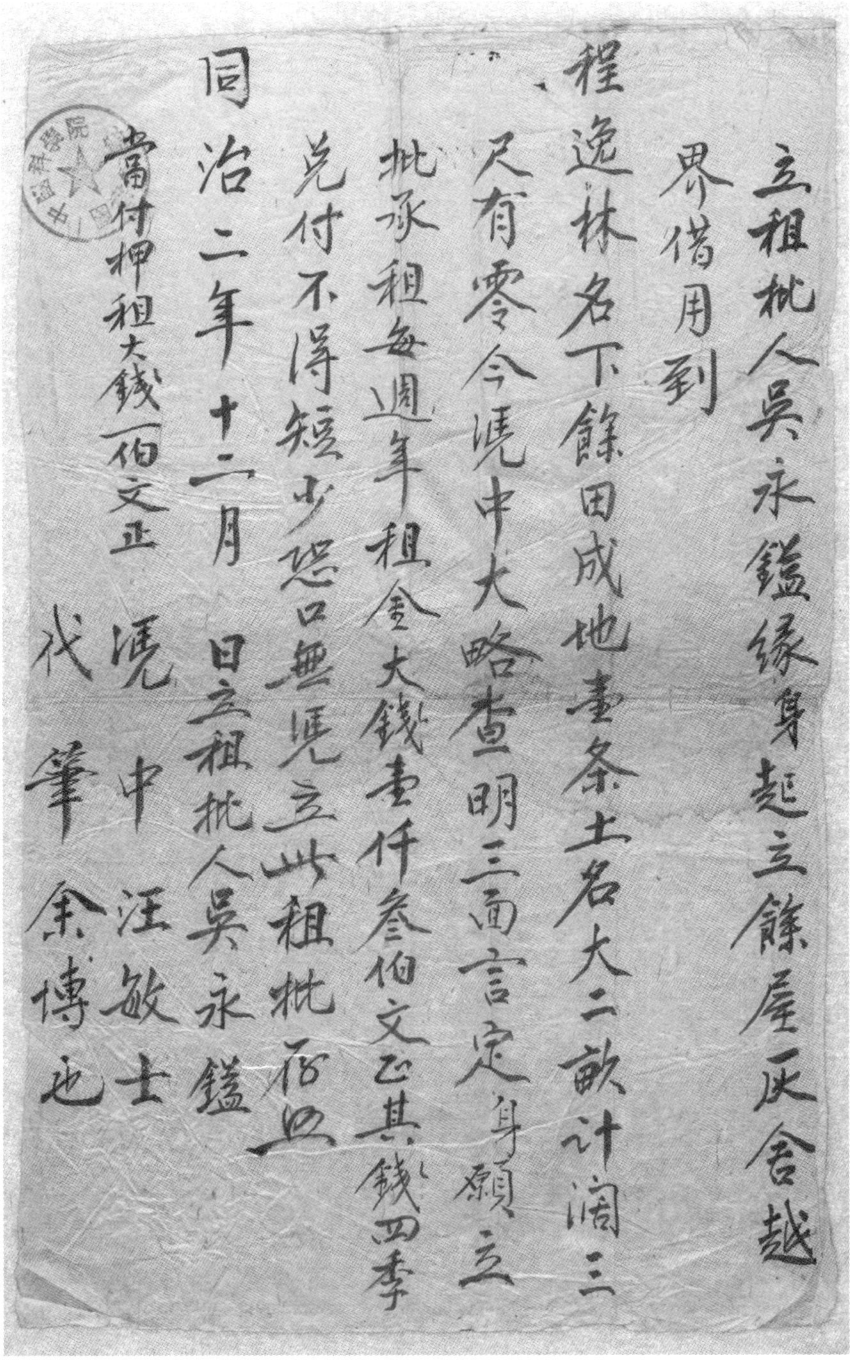

立租批人吴永鎰缘身起立餘屋一所含越
界借用到
程逸林名下餘田成地壹条土名大二畝计阔三
尺有零今凭中大略查明三面言定身願立
批承租每週年租金大錢壹仟叁伯文正其錢四季
兑付不得短少恐口無凭立此租批存照
同治二年十二月　日立租批人吴永鎰
凭中　汪敏士
當付押租大錢一伯文正
代筆　余博也

清同治二年十二月某某縣吴永鎰立租地批

清同治四年正月某某縣周興旺立租地批

租批

立租批地人周興旺今租到
胡庠基堂名下大溪坟朝字號内空地壹塊即茶號門前石塝下身今
憑中租來搭廠貿易三面言定每月計納租大錢五百文正閏月照
加其租另立京摺壹个按月照摺交付不致短少其地本東要用預月
通知即行撥讓毋得躭延生枝異說恐口無憑立此租批存據
此照

外付押租大錢叁千文正日後退租之日如不短欠照數給還

又批

同治四年正月　日立租地批人周興旺十
憑中人趙友漁十
代筆人胡吉慶憑

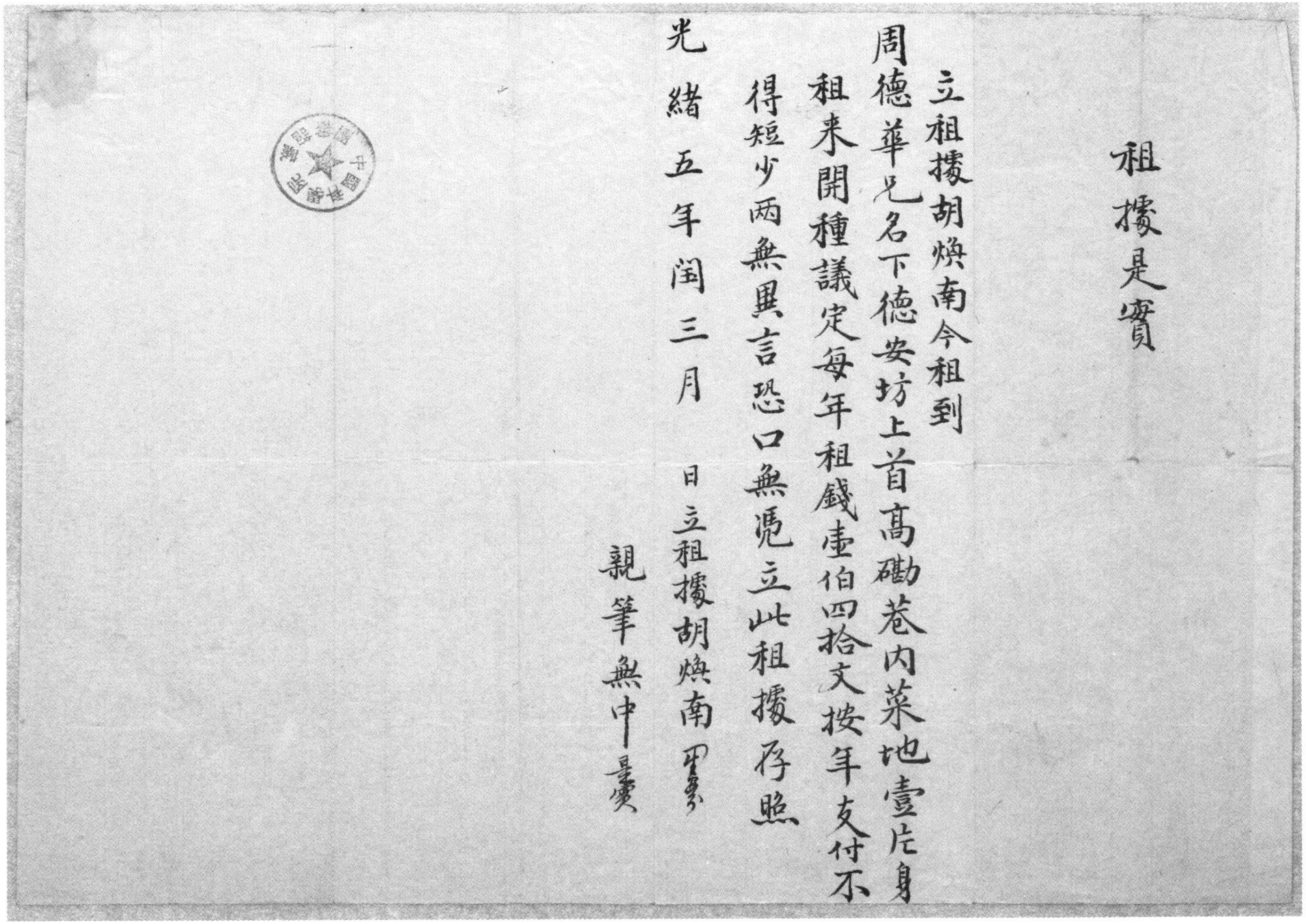

租據是實

立租據胡煥南今租到

周德華兄名下德安坊上首高磡巷内菜地壹片身

租來開種議定每年租錢壹伯四拾文按年支付不

得短少兩無異言恐口無憑立此租據存照

光緒五年閏三月　日　立租據胡煥南（押）

親筆無中（押）

清光緒五年閏三月某某縣胡煥南立租菜地據

一

清光緒十九年八月〔休寧縣〕潘志福立租屋字

立承租屋人潘志福今租到
承基兄名下東亭橋西首第二間亭屋壹間
下与本榮叔祖毗連上与身屋毗其界內今
承祖來貿易當日議定每年租金錢
弍千[illegible]文其租金限定三節交付不
得短少如有拖欠任憑辭歇倘若上漏
下濕均歸屋東修理今欲有憑立
此租存照
光緒拾九年八月　日立租字潘志福
代書鄭倬舟

一

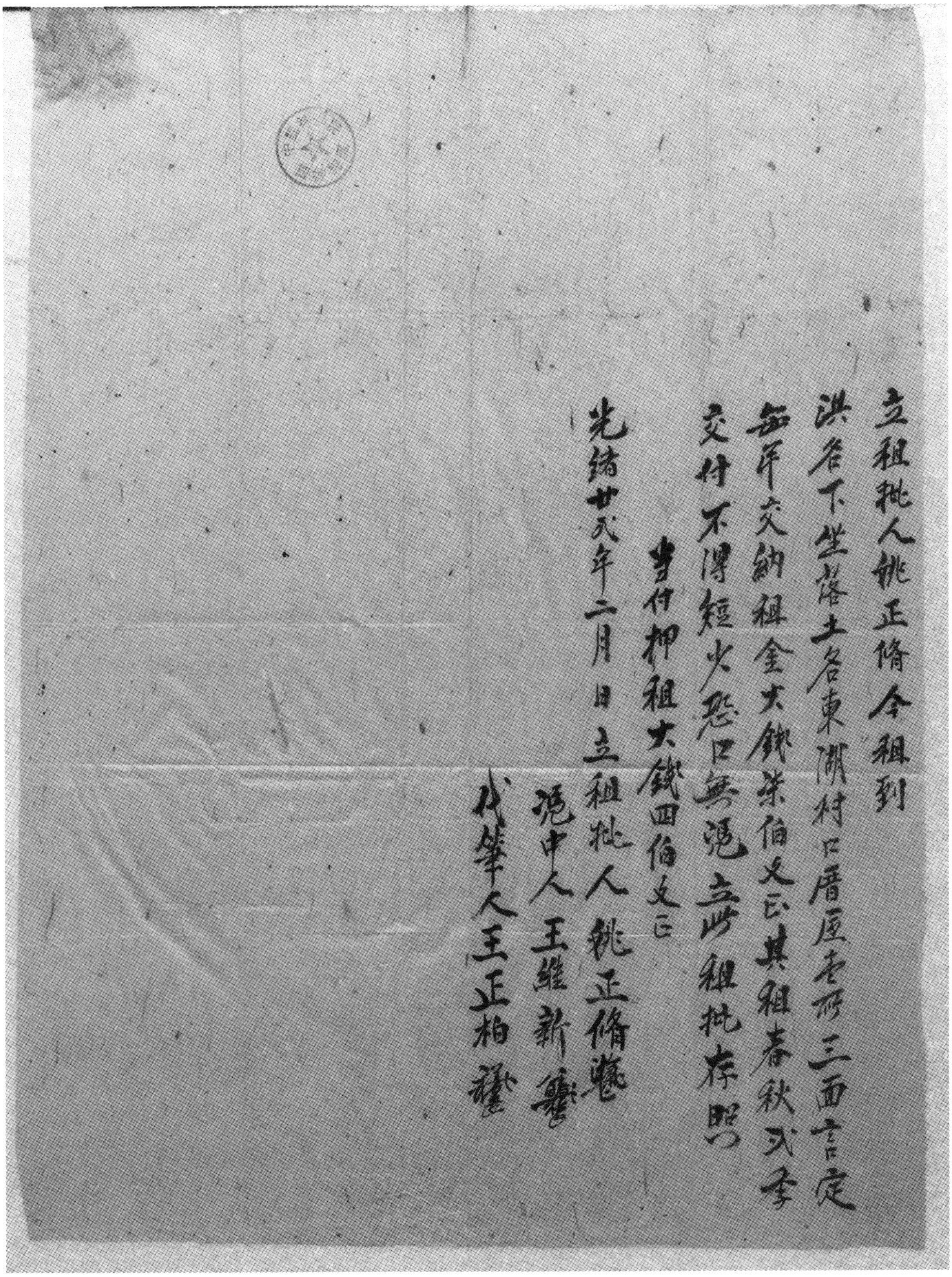

立租批人姚正脩今租到
洪名下坐落土名東湖村口厝屋壹所，三面言定
每年交納租金大錢柒佰文正，其租春秋弍季
交付，不得短少。恐口無憑，立此租批存照。
當付押租大錢四佰文正
光緒廿弍年二月　日　立租批人　姚正脩（押）
憑中人　王維新（押）
代筆人　王正柏（押）

清光緒廿二年二月〔休寧縣〕姚正脩立租厝屋批

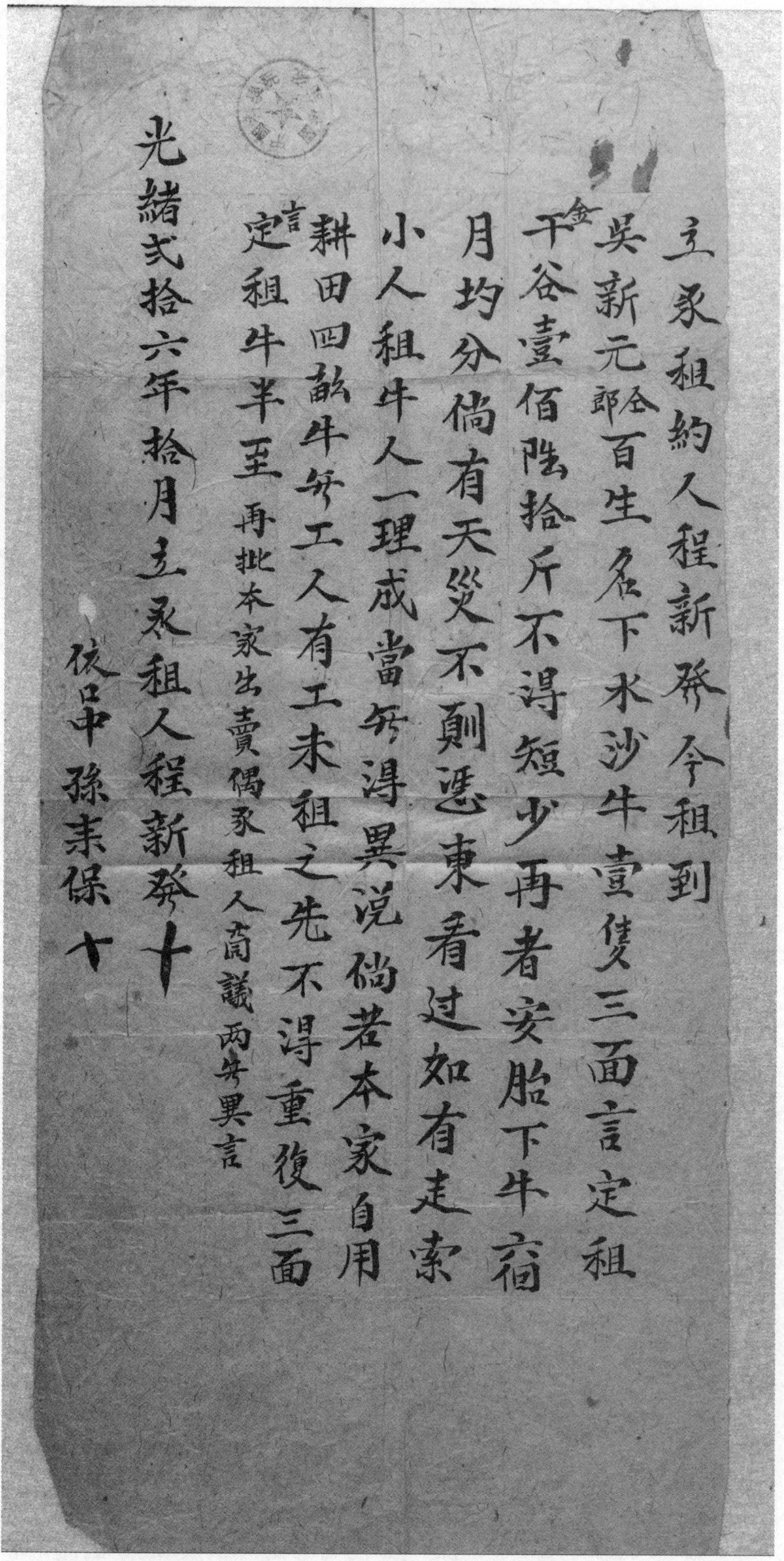
立承租約人程新發今租到
吳新元仝郎百生名下水沙牛壹隻三面言定租
金干谷壹佰陆拾斤不得短少再者安胎下牛宿
月均分倘有天災不測憑東看过如有走索
小人租牛人一理成當無得異説倘若本家自用
耕田四畝牛無工人有工未租之先不得重復三面
言定租牛半至　再批本家出賣偶承租人商議兩無異言
光緒式拾六年拾月立承租人程新發十
依口中　孫来保十

清光緒二十六年十月某某縣程新發立租牛約

一

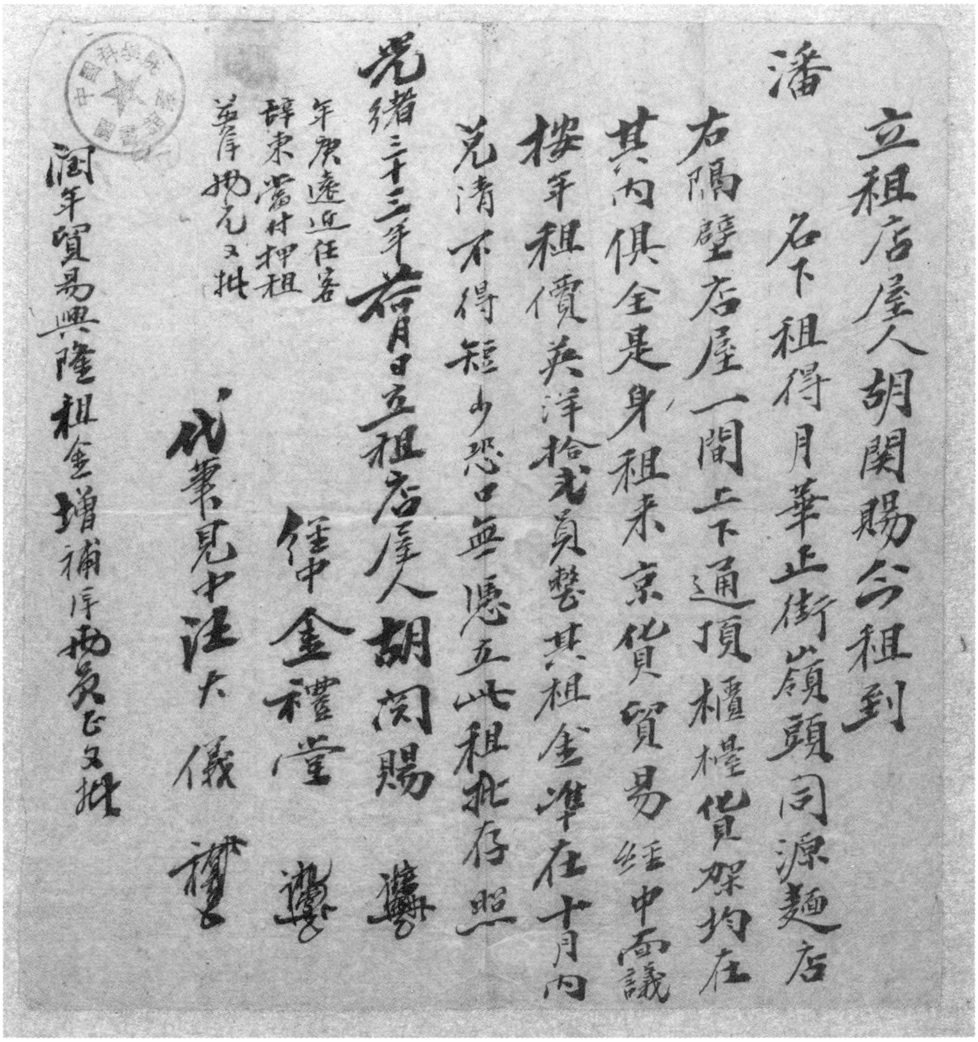
立租店屋人胡関賜今租到
潘
名下租得月華止街嶺頭同源麵店
右隔壁店屋一間上下通頂櫃檯貨架均在
其内俱全是身租來京貨貿易經中面議
按年租價英洋拾弍員整其租金准在十月内
完清不得短少恐口無憑立此租批存照
光緒三十三年六月日立租店屋人胡関賜（押）
經中金禮堂（押）
代筆見中汪大儀（押）
年庚遠近任客辭東當付押租英洋拾元又批
閏年貿易興隆租金增補洋拾員正又批

清光緒三十三年六月某某縣胡闕賜立租店屋約

一

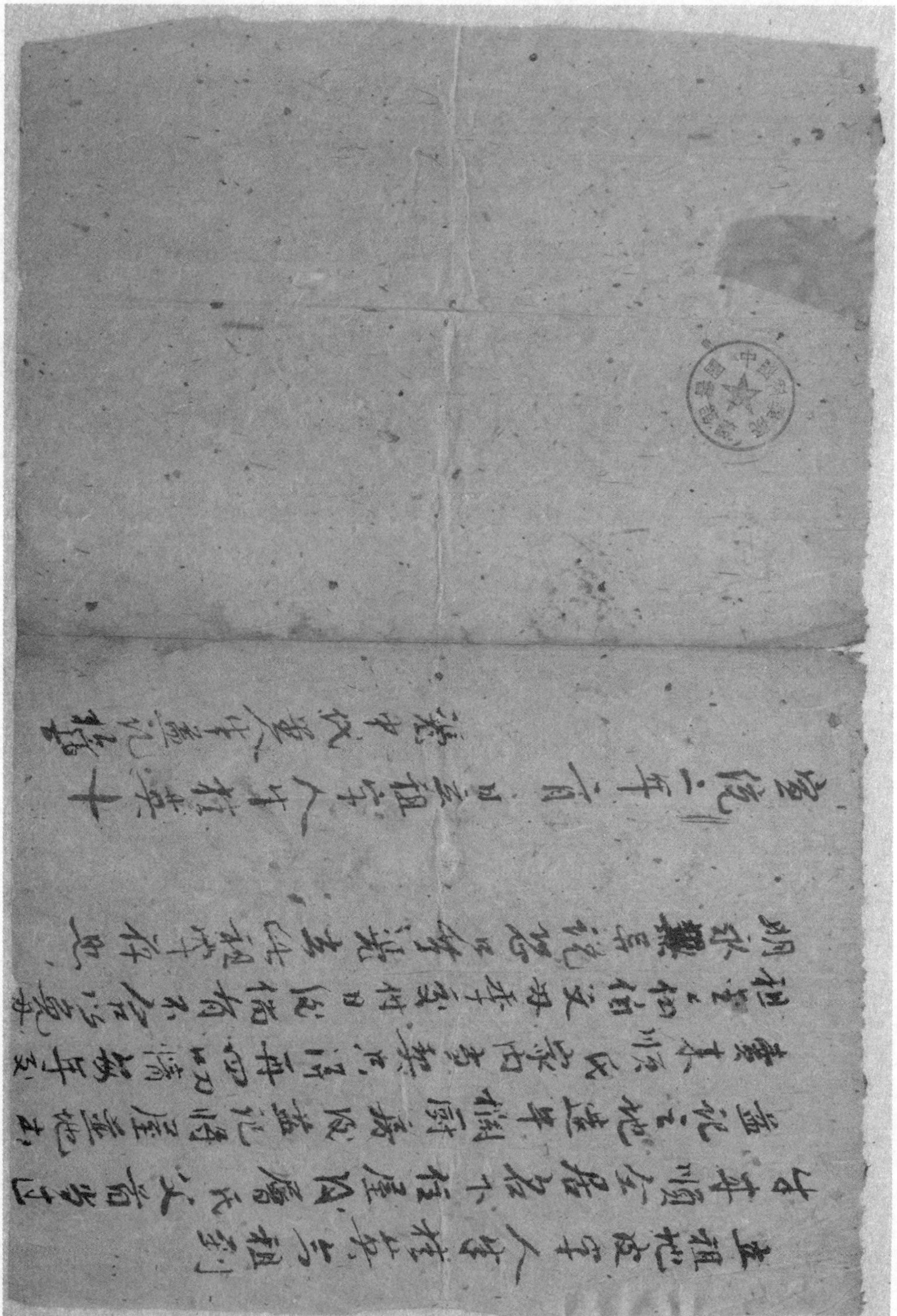

清宣統二年二月某某縣朱桂英立租住屋地皮字

民國洪憲元年二月（休寧縣）金席珍立租田批

立租批人金席珍今租到
英　名下致字弍百九號田壹坵計稅五分正原額
租八斗照甑山懸牌折交下午過風送门交納不得
推欠短少如若欠少听從起耕换佃無得异說恐口
無凭立此租批存照

洪憲元年二月　　日立租批人金席珍（押）
凭中　金耀之（押）
代筆　金殿卿（押）

二、明正德至清宣統年間佃山地田皮等契約

一

〔一〕明正德至天啓年間〔祁門縣〕十五都汪氏租佃山地契約

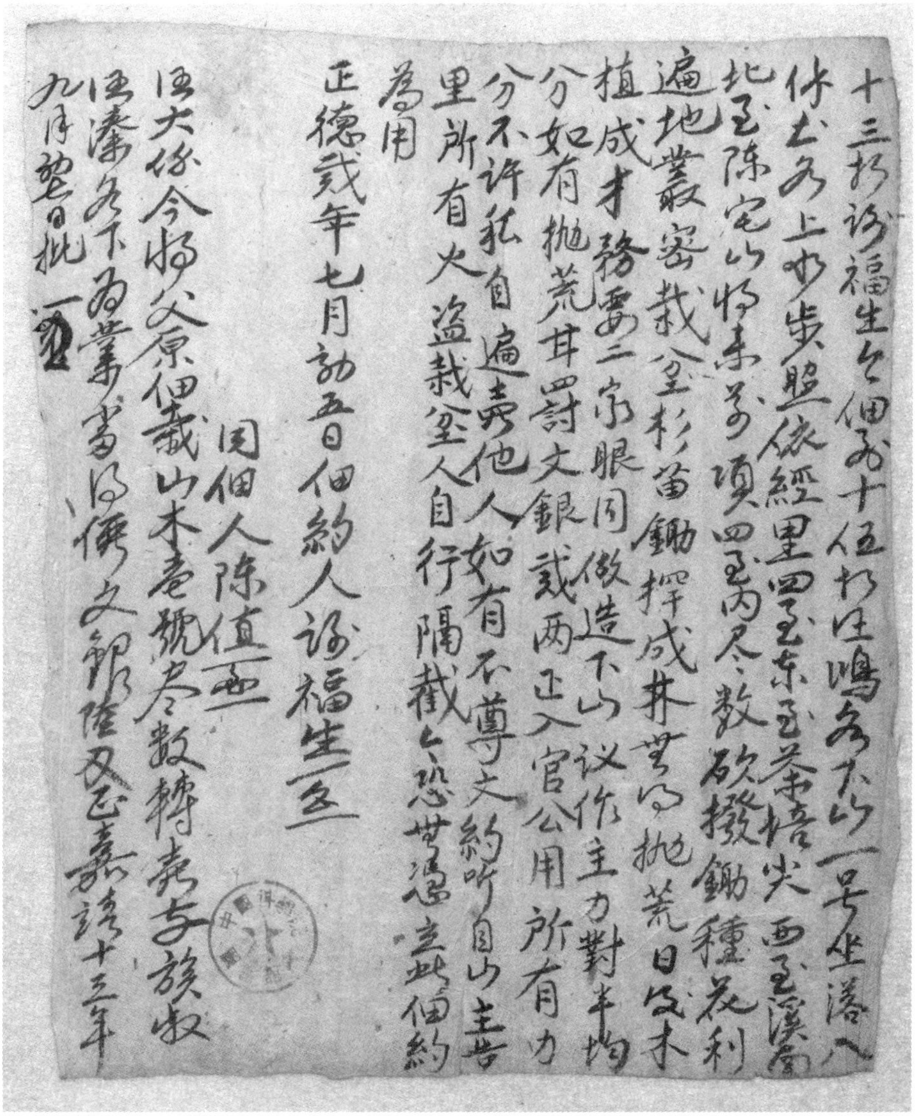
十三都謝福生今佃到十五都汪鳴鳳名下山一号坐落八
保土名上坞步照依經理四至東至茶培尖西至溪
北至陳宅山將來其項四至內尽數砍撥鋤種花利
遍地叢密栽坌杉苗鋤㧞成林其山抛荒日後木
植成材務要二家眼同做造下山议作主力對半均
分如有抛荒甘罰文銀貳兩正入官公用所有力
分不許私自遍賣他人如有不尊文約听自山主告
里所有火盗栽坌人自行隔截今恐無憑立此佃約
為用
正德貳年七月初五日佃約人謝福生（押）
同佃人陳值（押）
汪大保今將父原佃栽山木壹號尽數轉賣与族叔
汪漆名下為業當得價文銀陸及足嘉靖十三年
九月初四日批（押）

明正德二年七月〔祁門縣〕謝福生立佃山約附嘉靖十三年九月汪大保立轉賣原佃山木批

一

明嘉靖廿一年二月〔祁門縣〕江光保立佃山約

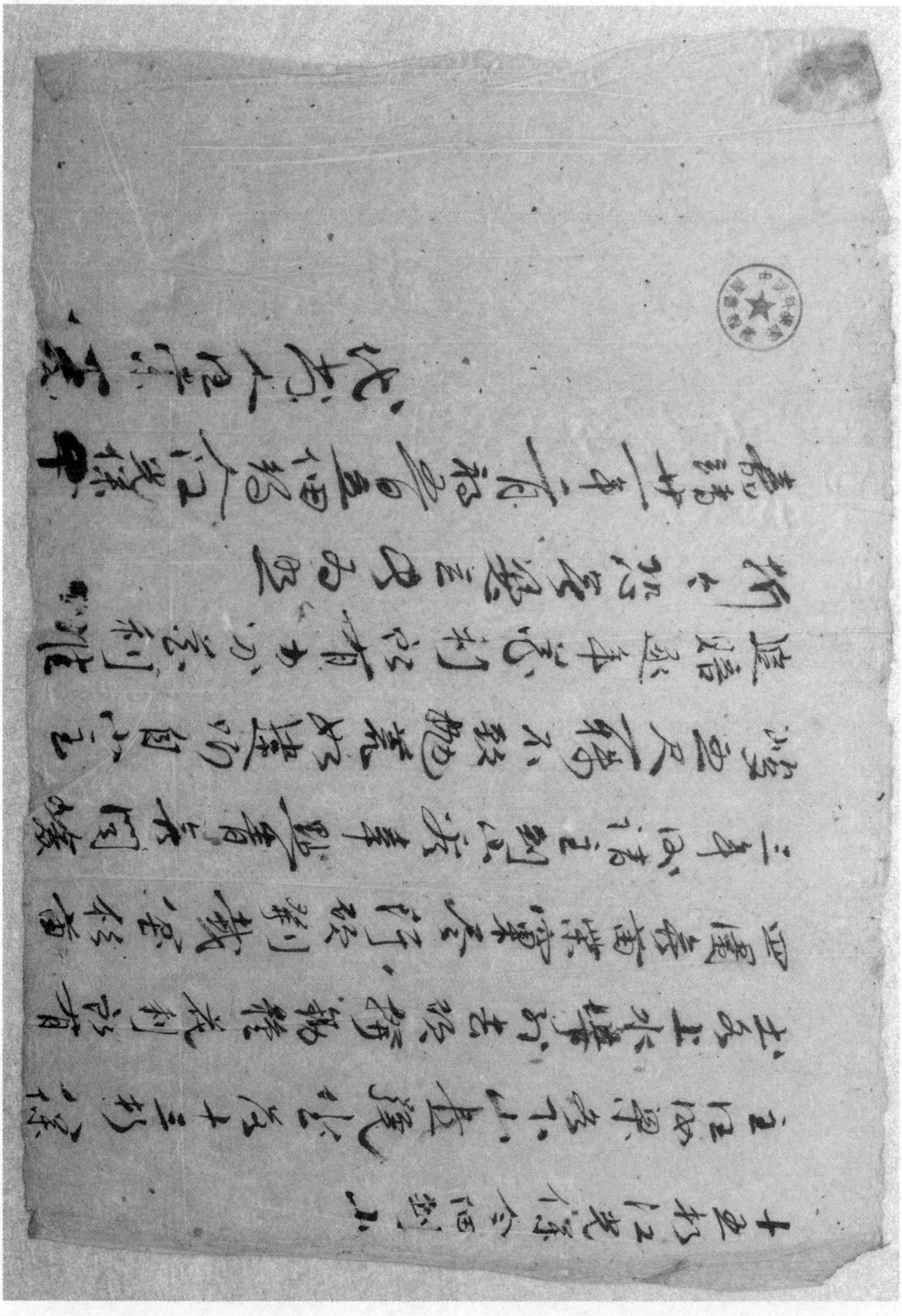

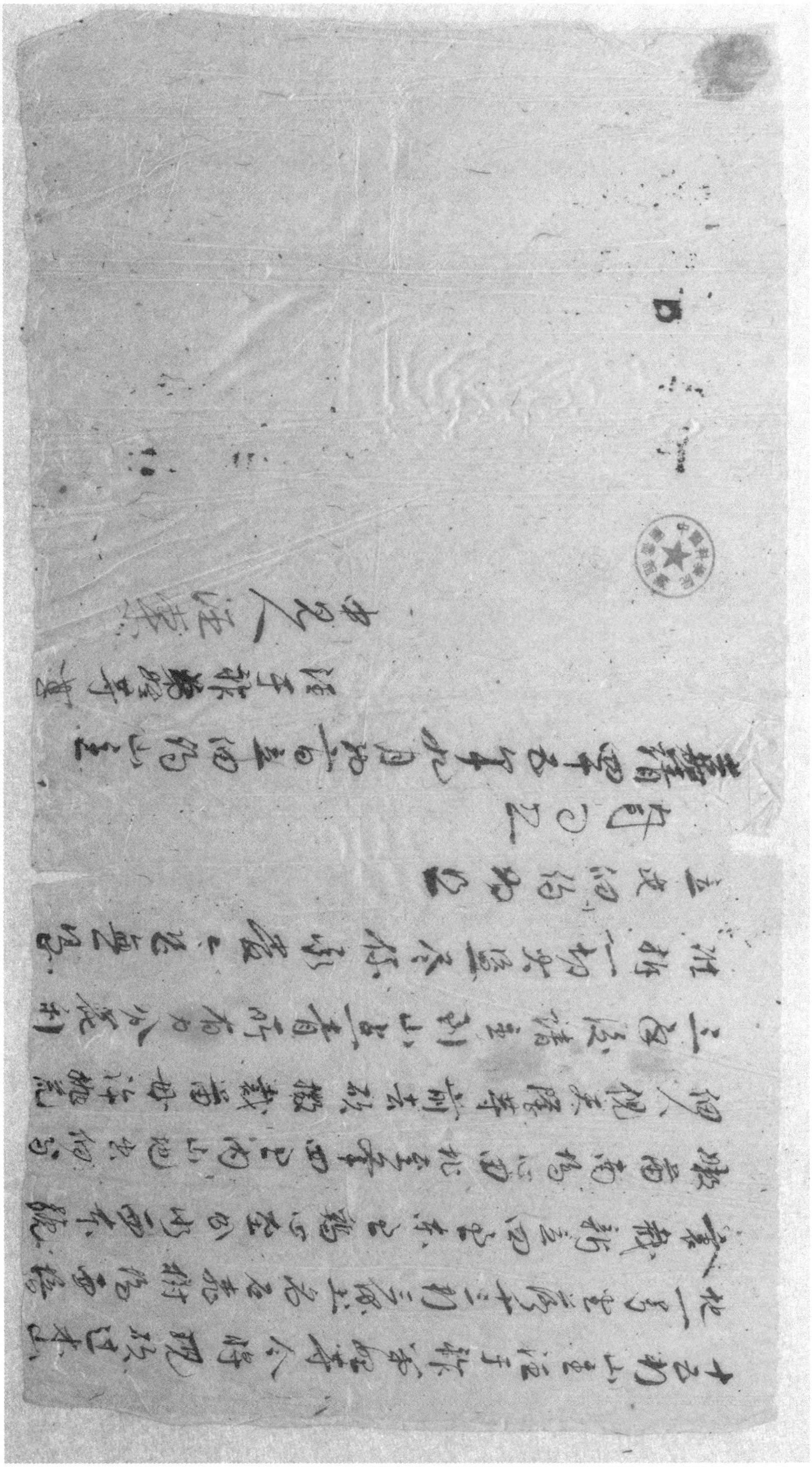

明嘉靖四十五年九月〔祁門縣〕汪于祚等立出佃山地約

一

明萬曆十三年十一月〔祁門縣〕胡旺立佃山約

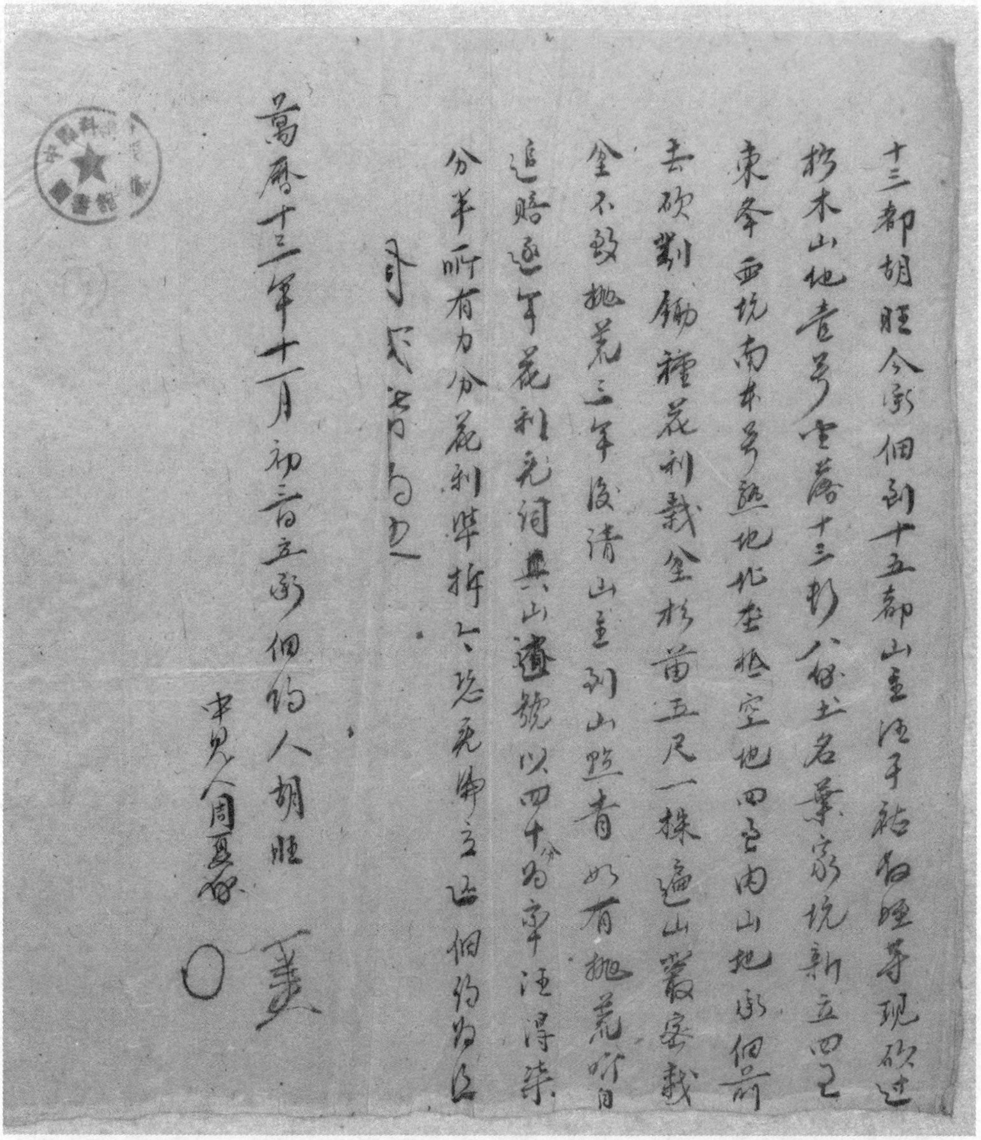

十三都胡旺今承佃到十五都山主汪子祐伯曜等現砍过
杉木山地壹号坐落十三都八保土名葉家坑新立四至
東至西坑南至本号嶺地北至坳空地四至内山地承佃前
去砍斫鋤種花利栽坌杉苗五尺一株遍山叢密栽
坌不致抛荒三年後請山主到山照青如有抛荒听自
追賠遞年花利免付與山主遞號以四十分為率汪得柒
分半所有力分花利畢拆之恐無憑立此佃約為照
[illegible]

萬曆十三年十一月初三日立承佃約人胡旺（押）

中見人周夏（押）

〔二〕明嘉靖至清乾隆年間〔祁門縣〕康氏租佃山地契約

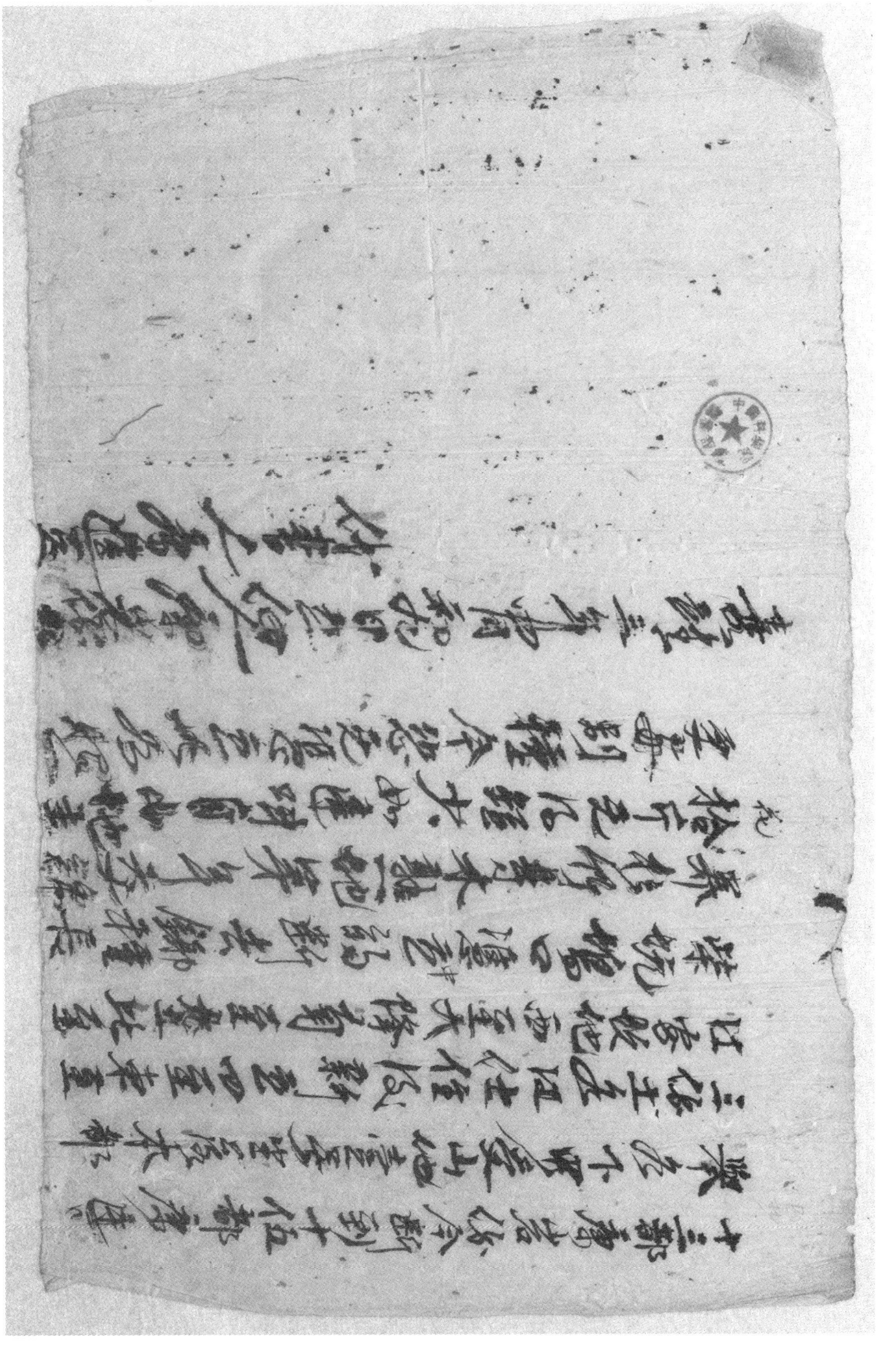

一

明嘉靖三年四月〔祁門縣〕康岩保立斷佃山地約

一

明嘉靖廿九年七月（祁門縣）汪葱等立佃山約

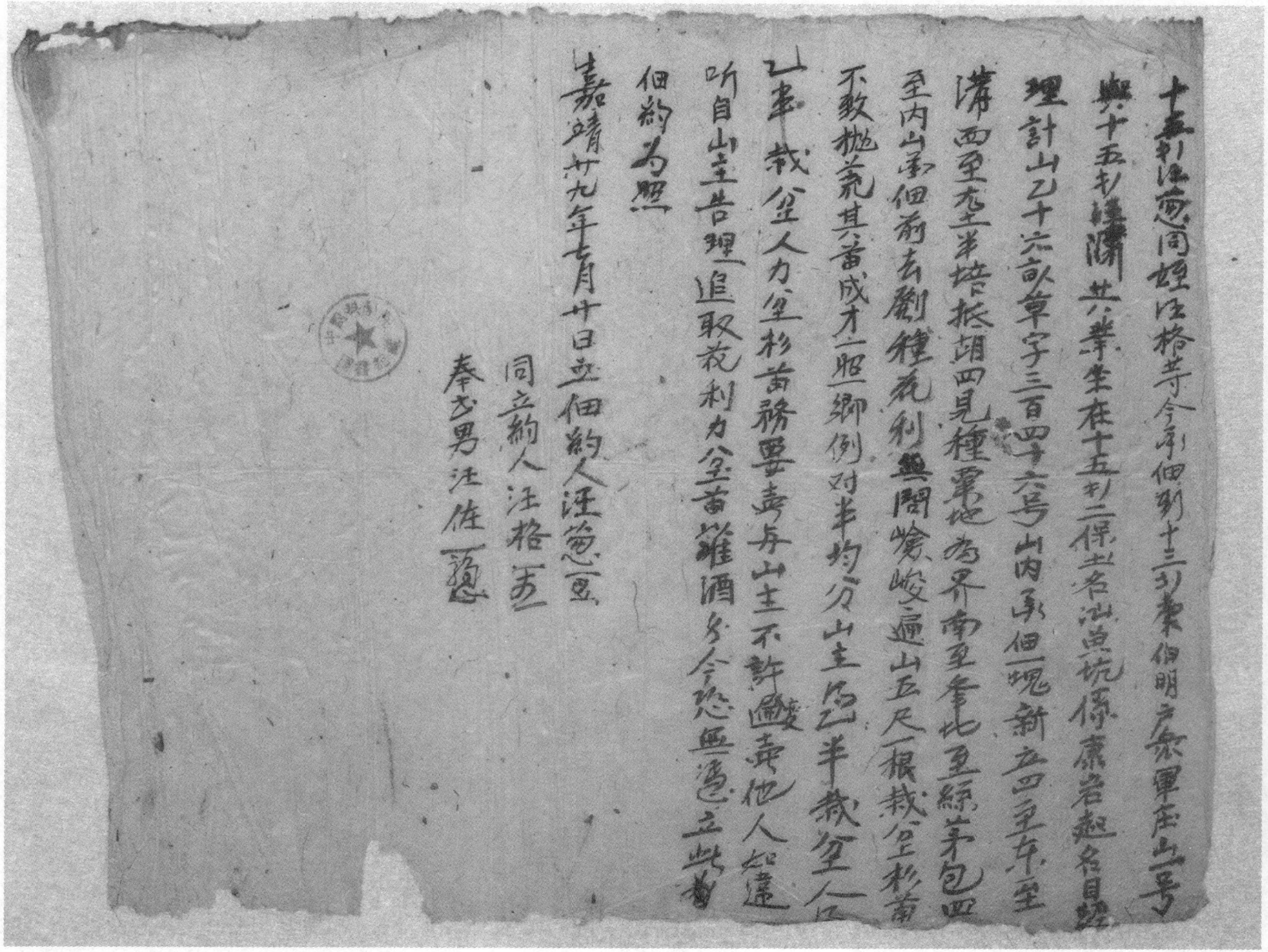
十五都汪葱同姪汪格等今承佃到十三都康伯明户衆軍庄山壹号
與十五都謝濟共業，坐落十五都三保土名汕魚坑，係康啓起名目，經
理計山乙十六畝，章字三百四十六號。山內承佃一塊，新立四至，東至
溝，西至左半培抵胡四見種竈地為界，南至奎北至綜弟包四
至內山承佃前去劉種花利，無問嶮峻遍山五尺一根栽坌杉苗，
不致拋荒。其苗成才一照鄉例對半均分，山主得一半，栽坌人得一
半。栽坌人力坌杉苗，務要壽與山主，不許變賣他人。如違，
聽自山主告理，追取花利力坌苗，雖酒多。今恐無憑，立此為
佃約為照。
嘉靖廿九年七月廿日立佃約人汪葱（押）
同立約人汪格（押）
奉書男汪佐（押）

一

明隆慶六年八月（祁門縣）宋新保等立佃山約

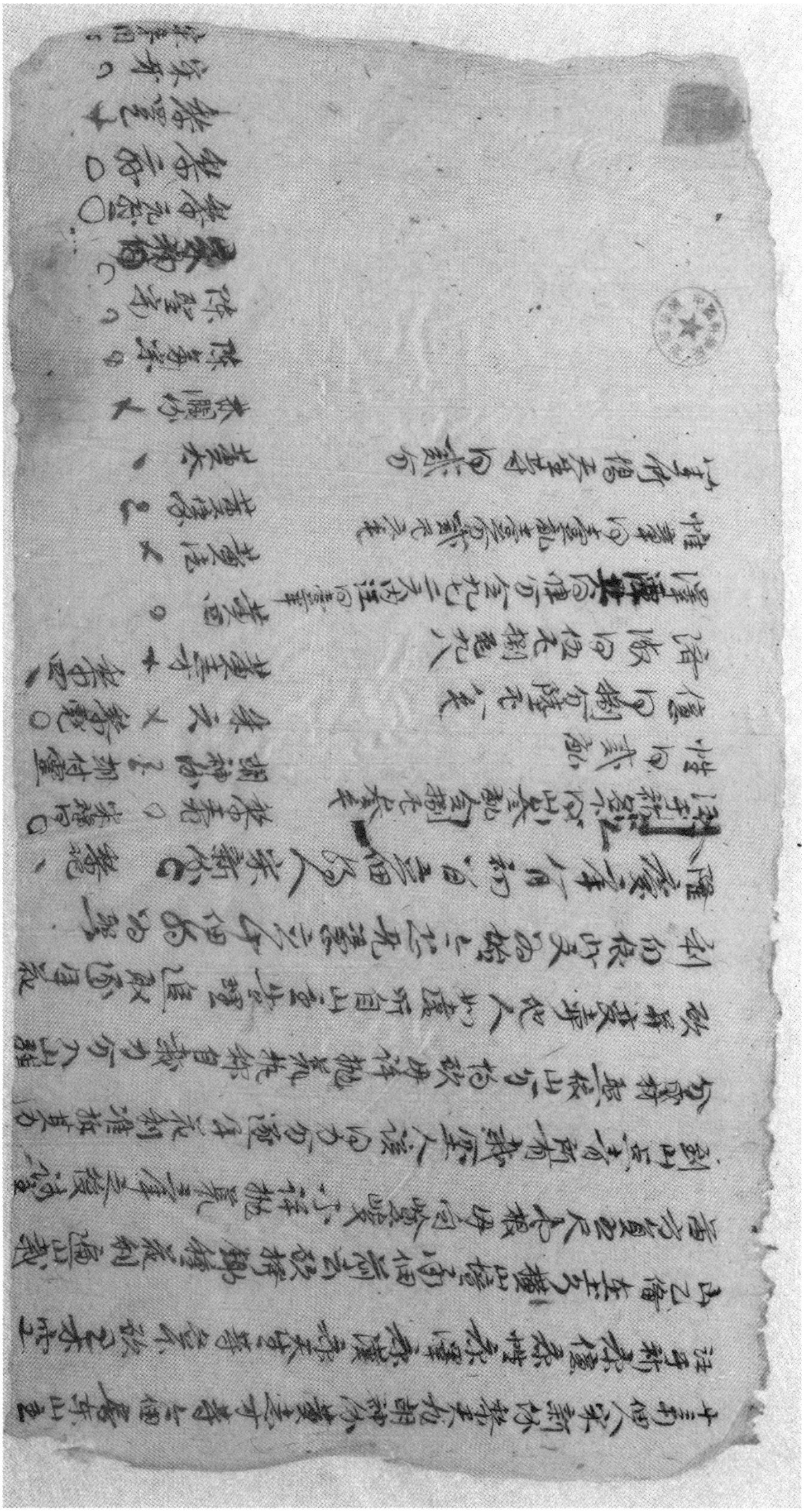

一

清乾隆二十年七月〔祁門縣〕胡君寵等立承佃山約

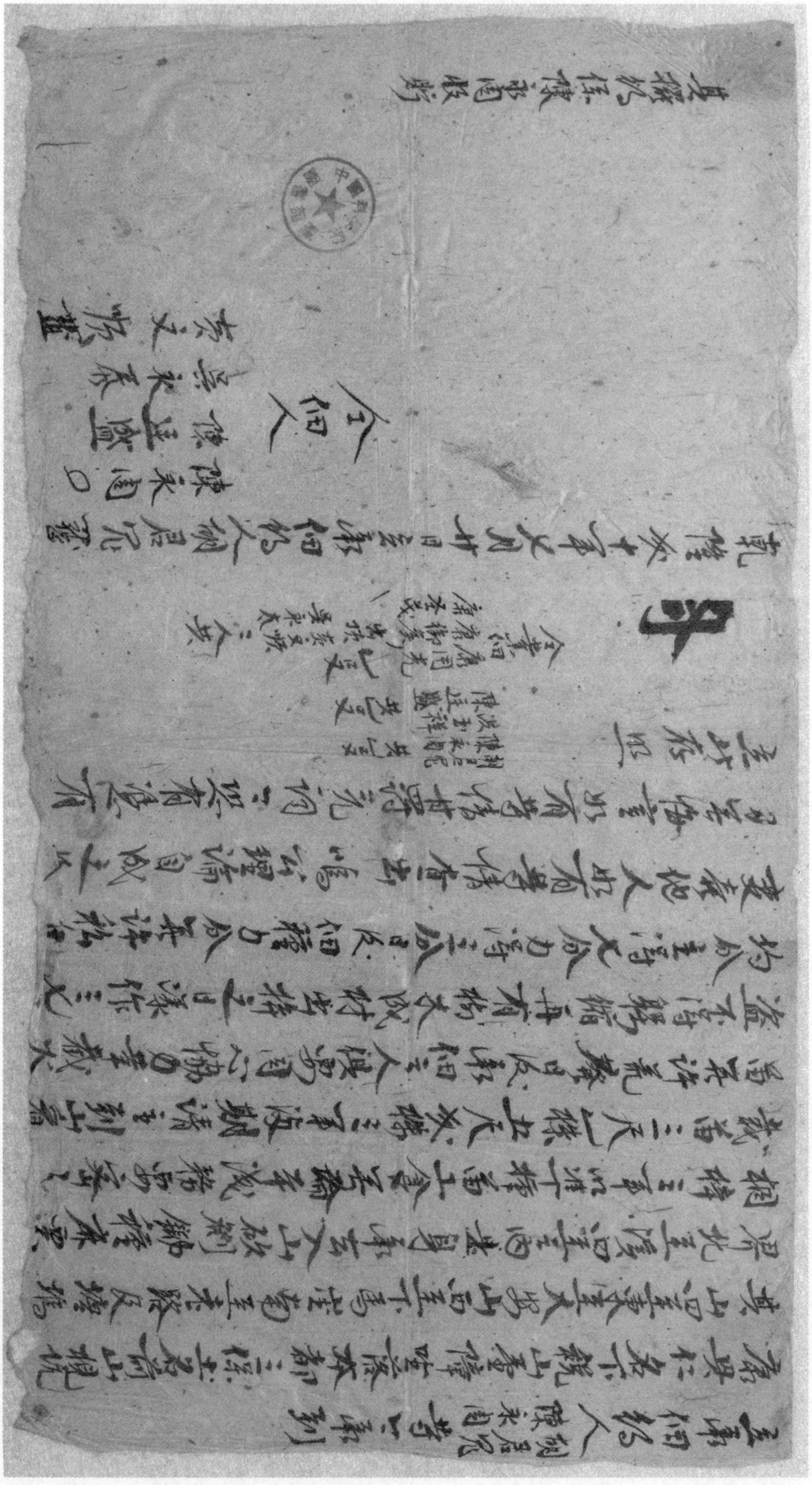
立承佃約人胡君寵、陳永周等今承到
康興仁名下親山壹障，坐落本都三保，土名前山規坑。
其山四至：東至大安山，西至下馬塞，南至老路及塘塢
界，北至濱，四至之內，盡身承去入山砍劄鋤種麻粟
桐梓，三年以准下種苗工食，其論年淺務要密之
栽苗三尺一株，五尺叁株，三年後期請主到山看
苗，其許荒蕪。日後承佃之人俱要同心協力業栽，火
盜不得縱縮，再有杉木成材出拚之日，議作三七
均分，主得七分，力得三分。日後佃種力分無許私自
變賣他人，如有等情查出，鳴公理論，自成之後
兩無悔言，如有等情，甘罰先詞，恐有憑有
立此存照。
另
今業佃康同光、康御家、康圣茂，出拚贊文峽、吳永太，三人共
胡君寵、陳永周、汝玉祥、陳廷盛，共四分
乾隆貳十年七月廿日立承佃約人胡君寵（押）
陳永周（押）
全佃人陳廷盛
吳永泰
贊文峽（押）
其撥約係陳永周收貯

〔三〕明萬曆年間〔祁門縣〕桃源洪氏出租山地契約

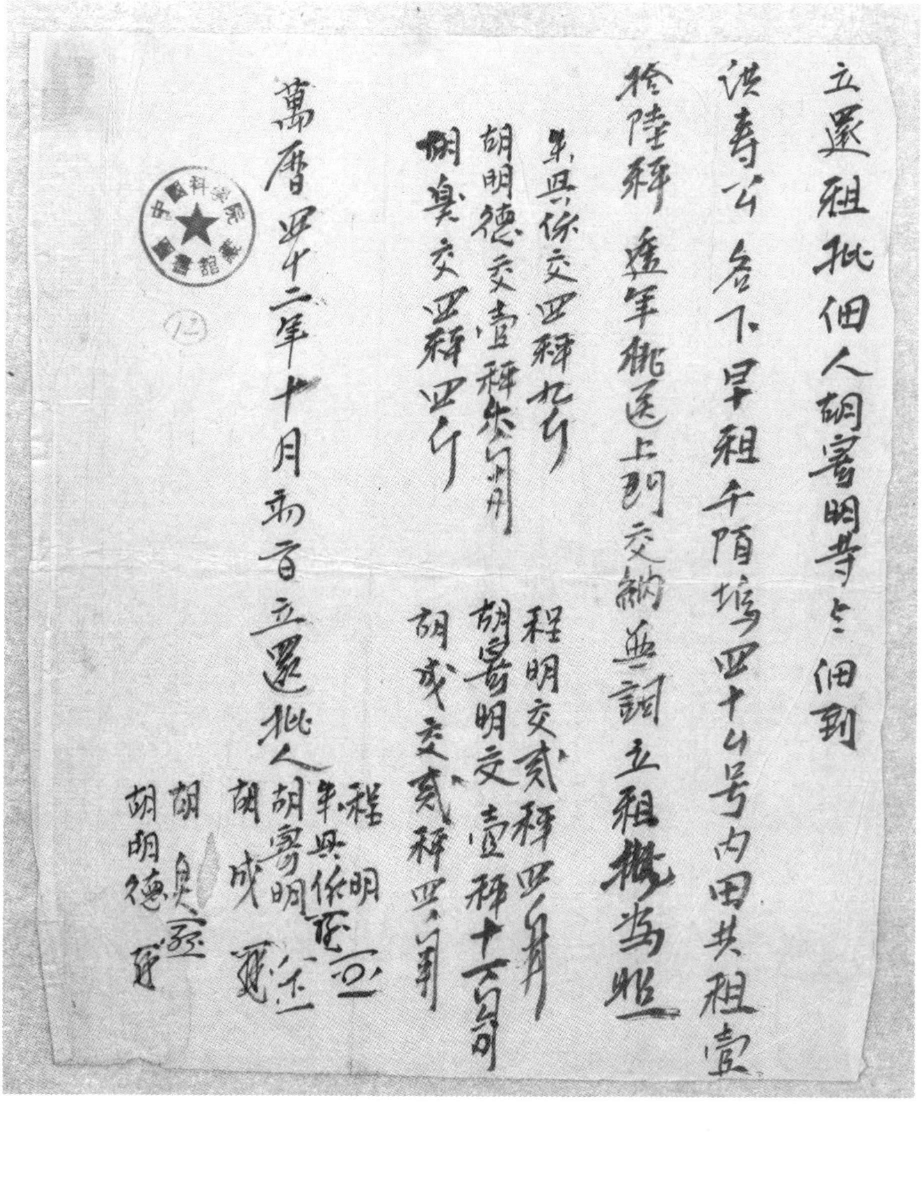
立還租批佃人胡寄明等今佃到
洪壽公名下早租千陌塢四十山号內田共租壹
拾陸秤逐年挑送上門交納無詞立租批為照
朱興保交四秤九斤　程明交貳秤四斤
胡明德交壹秤八斤　胡寄明交壹秤十六斤
胡臭交四秤四斤　胡成交貳秤四斤
萬曆四十二年十月初十日立還批人胡寄明
程明
朱興保
胡成
胡臭
胡明德

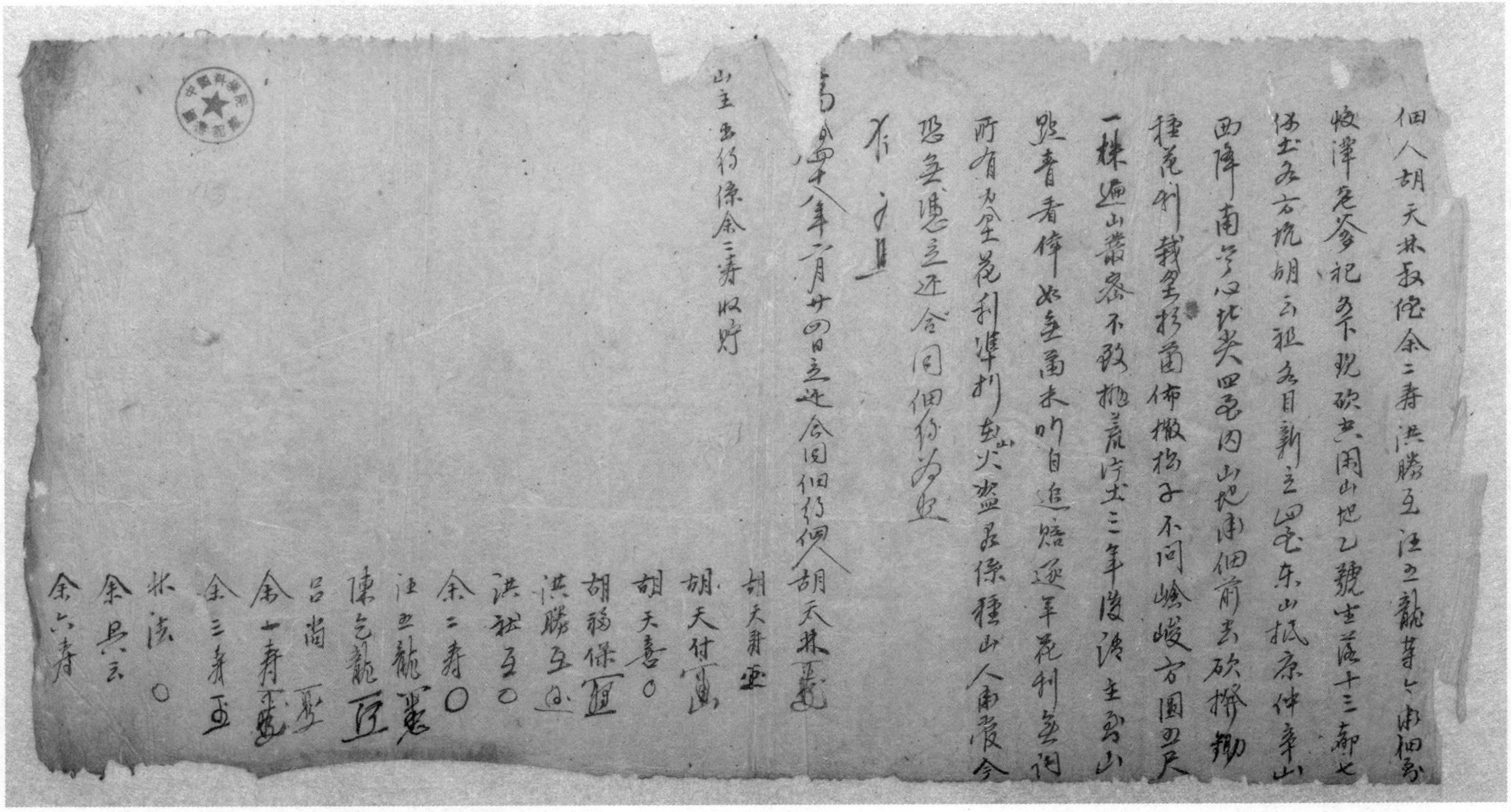

佃人胡天林、叔侄余二寿、洪勝五、汪三龍等，今佃到
峡澤龍參祀名下現砍出闲山地乙號，土名十三都七
保，土名方坑胡六祖名目，新立四至：東山，抵京仲辛山；
西降；南心；北尖。四至内山地，來佃前去砍拚鋤
種花利，栽坌杉苗，佈撒松子，不問嶮峻，方圓四尺
一株，遍山叢密，不致拋荒。付式三年後，請主到山
點青看倖。如無，苗木听自追賠。逐年花利無從
所有太坌花利準扒。如山火盗及係種山人承值。今
恐無憑，立此合同佃約為照。
存照
萬曆四十八年二月廿四日立此合同佃約佃人胡天林（押）
胡天寿（押）
胡天付（押）
胡天喜〇
胡福保（押）
洪勝五（押）
洪社五〇
余二寿〇
汪三龍（押）
陳包龍（押）
呂尚（押）
余十寿（押）
余三寿（押）
孙法〇
余具云
余六寿
山主出約係余三寿收貯

一

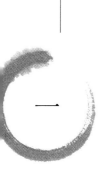

明崇禎十六年八月某某縣倪興孫等立還佃田約

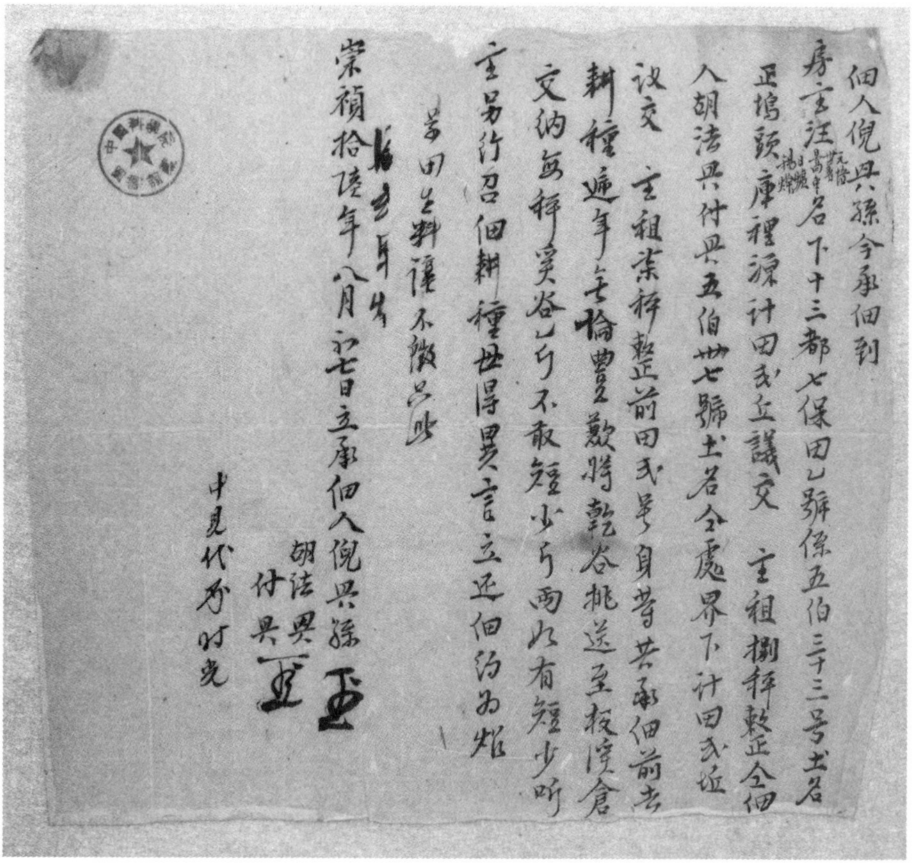

佃人倪興孫今承佃到
房主汪 名下十三都七保田山號係五伯三十三号土名
正塢頭庫裡源計田弍丘議交 主祖捌秤整正全佃
入胡法興付興五伯卅七號土名仝處界下計田弍坵
議交 主祖柒秤整前田弍号自等共承佃前去
耕種逐年至秋豐熟將乾谷挑送至板溪倉
交納無秤吳谷山斤不敢短少兩如有短少听
主另行召佃耕種毋得異言立還佃約為炤
其田去料謹不缴只此
崇禎拾陸年八月初七日立承佃人倪興孫（押）
胡法興
付興（押）
中見代書 胡时光

一

明弘光元年三月某某縣洪義郎等立還佃山約

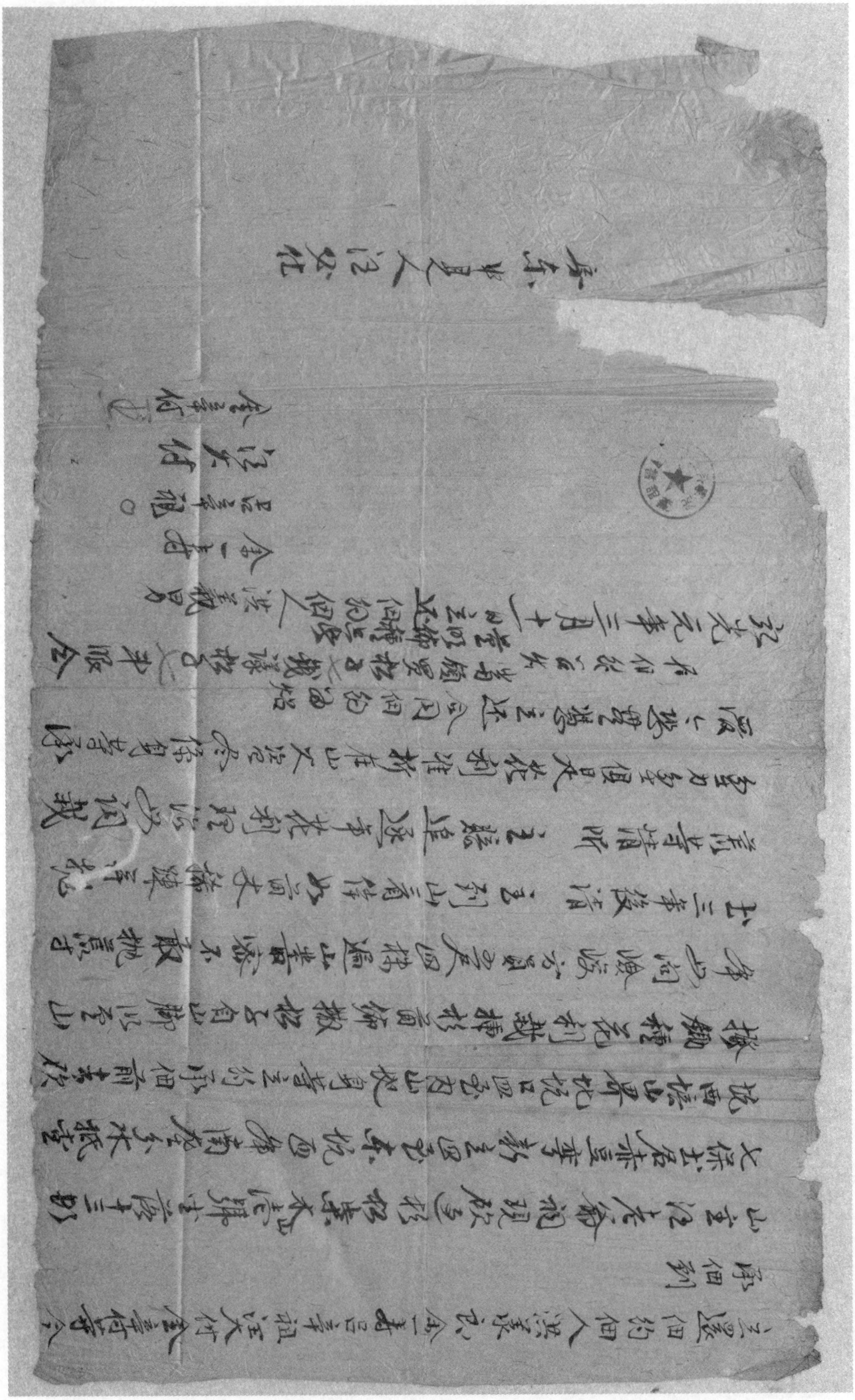

〔五〕明嘉靖至清宣統年間其他租佃田地契約

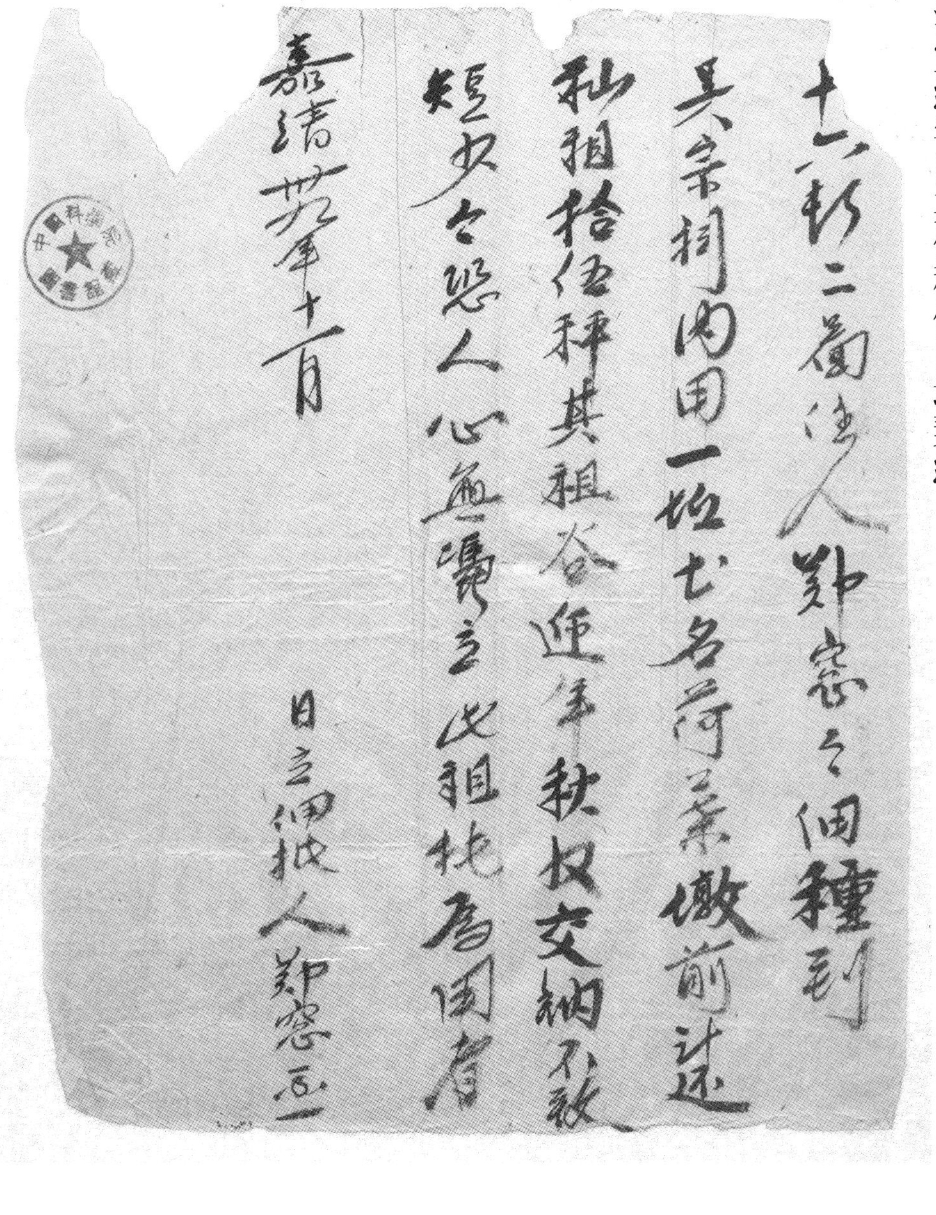
十六都二啚住人鄭窓今佃種到
其宗祠內田一坵土名荷葉墩前述
私租拾伍秤其租谷逐年秋收交納不致
短少今恐人心無憑立此佃批為照
嘉靖卅九年十一月　日立佃批人鄭窓（押）

明嘉靖卅九年十一月某某縣鄭窗立佃田批

一

明萬曆五年八月某某縣余遠等立佃山約

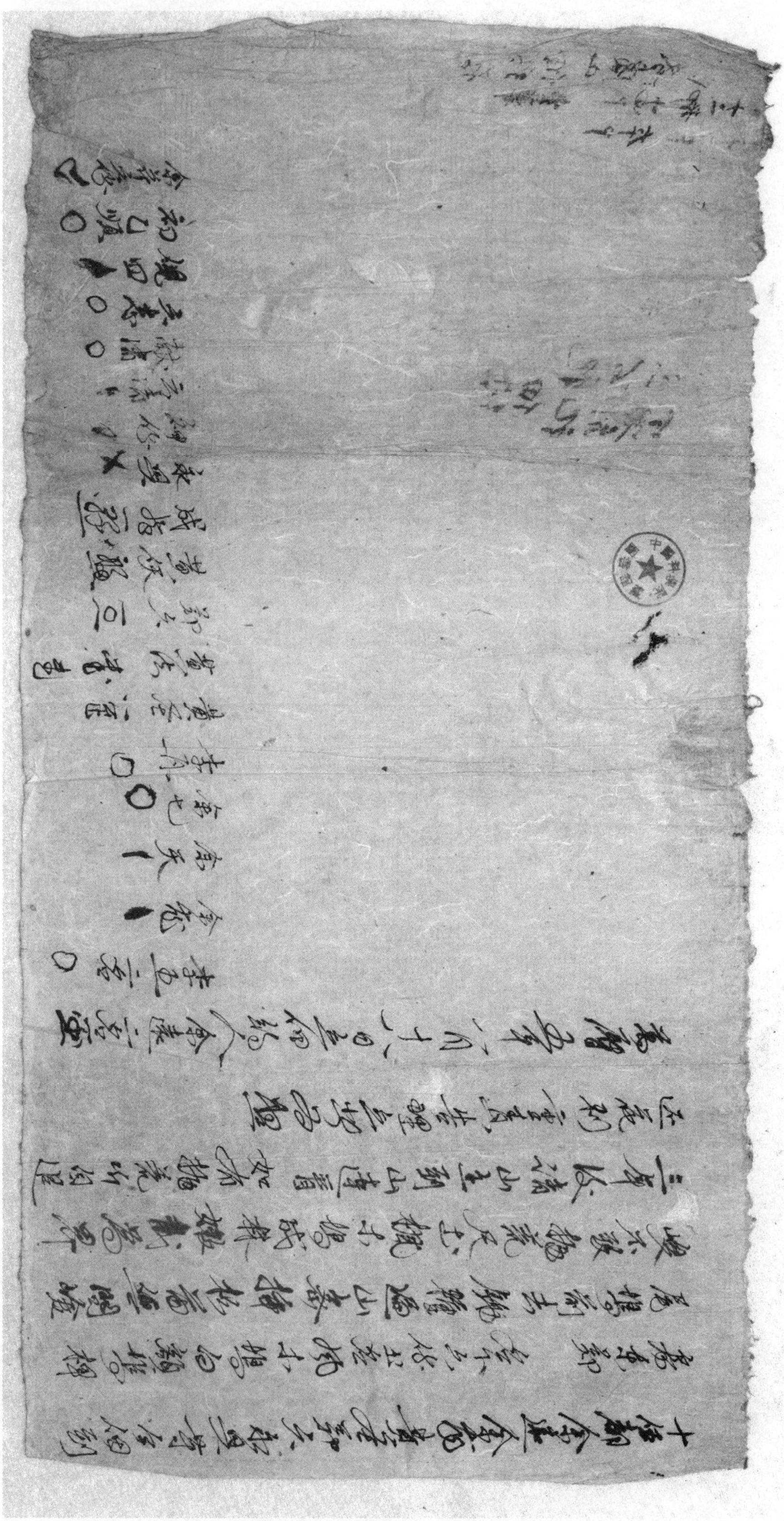

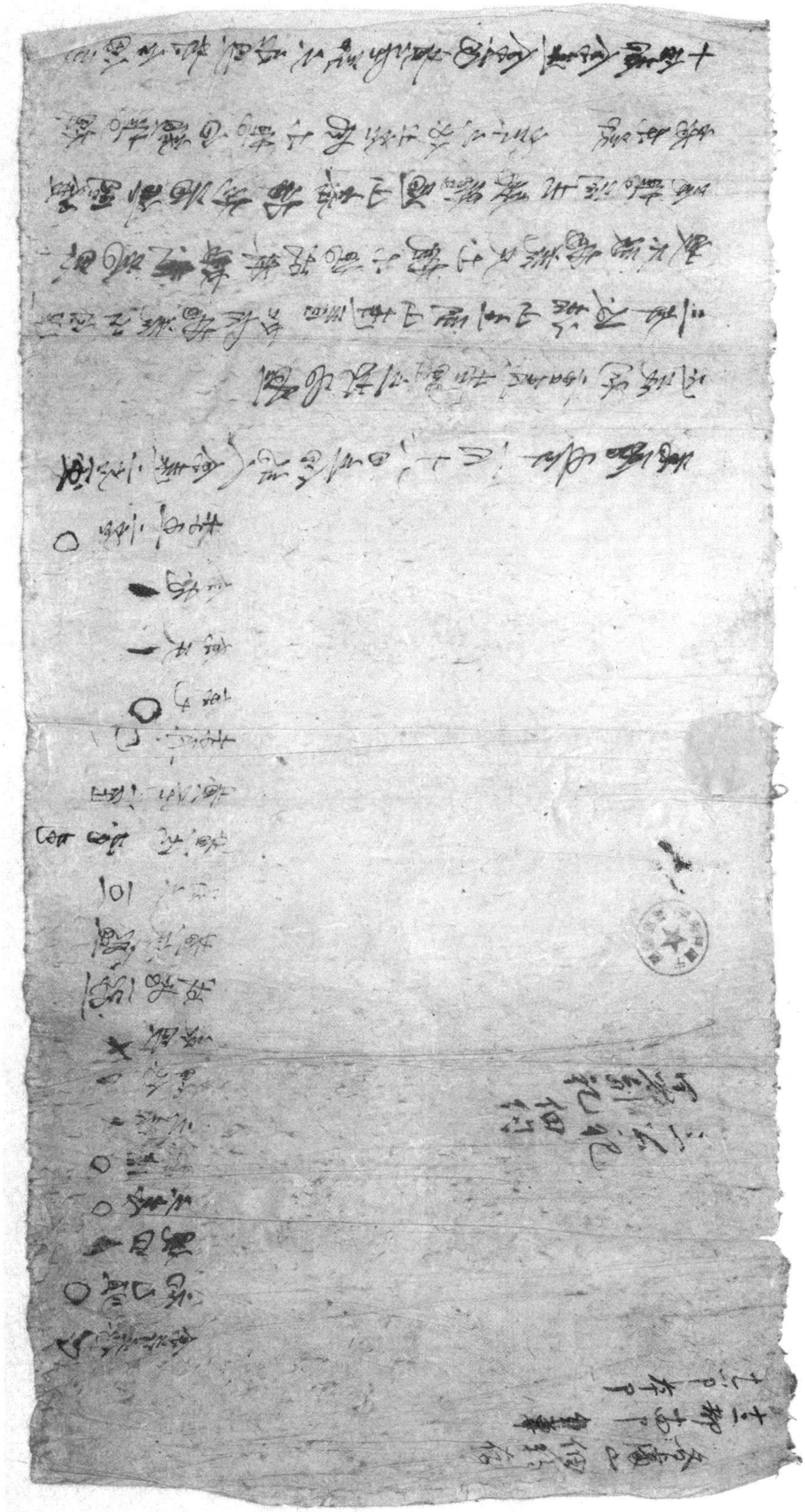

明萬曆五年八月某某縣余遠等立佃山約（背）

一

明萬曆廿五年十一月某某縣洪和等立佃山約

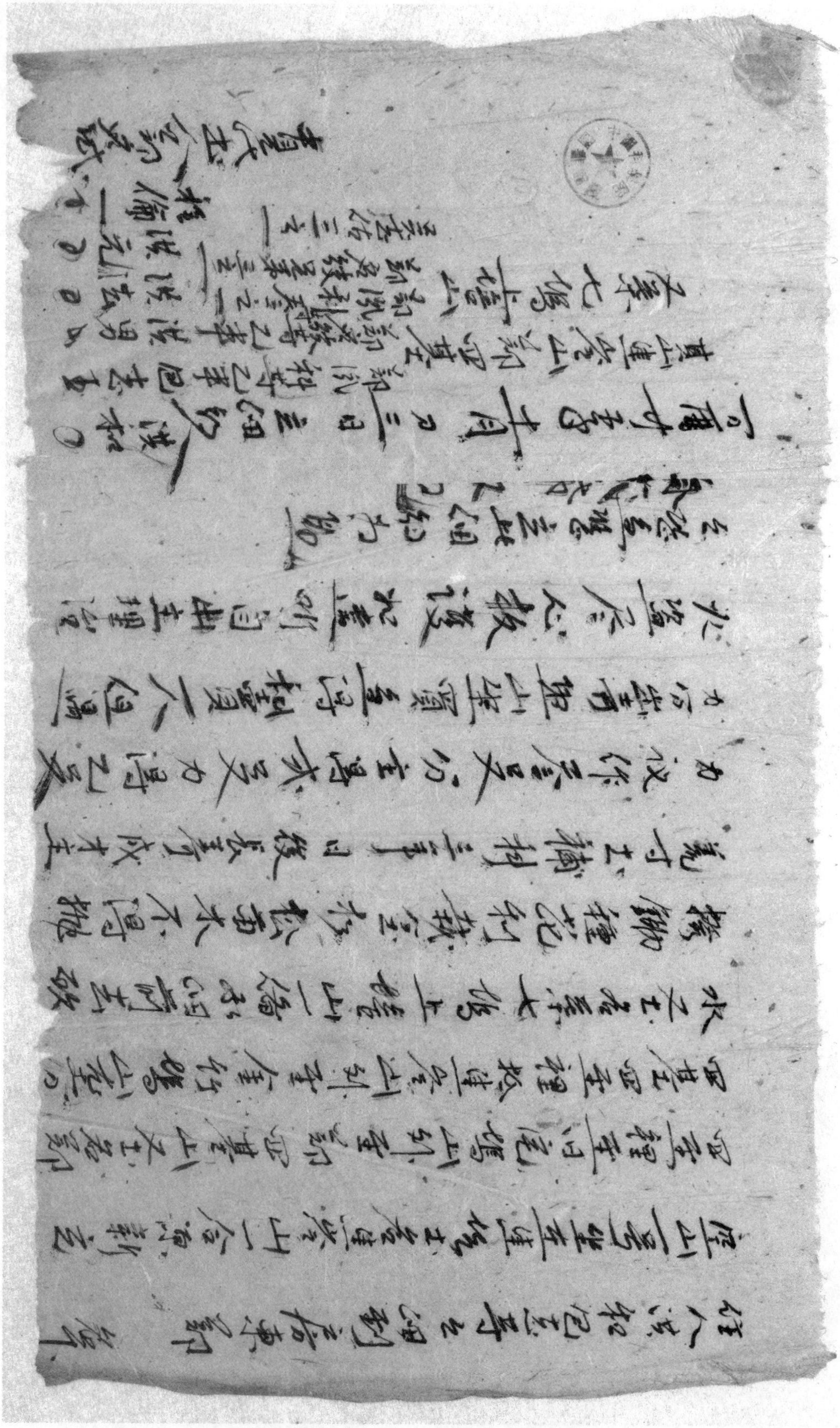

一

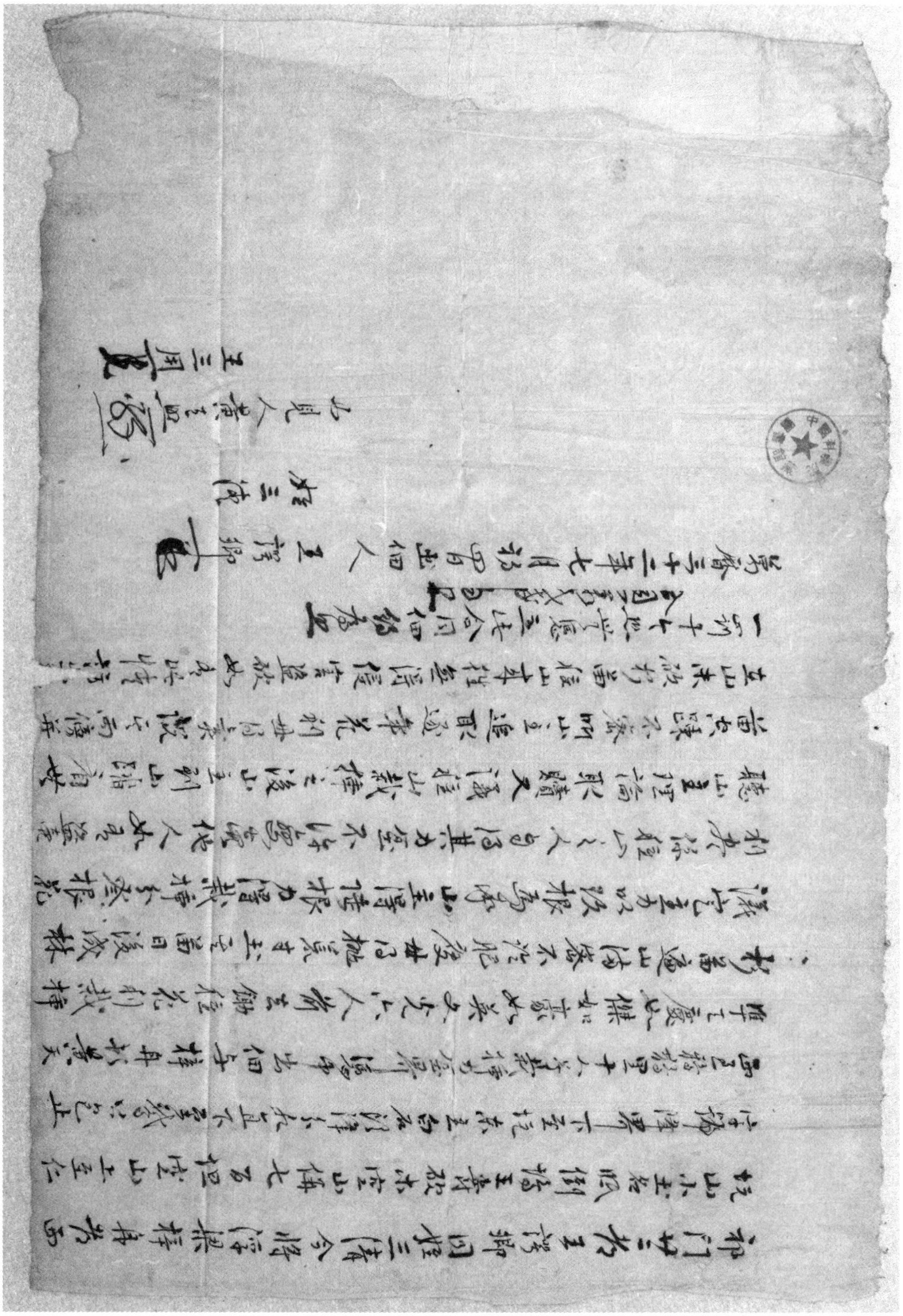

明萬曆三十二年七月祁門縣王諤卿等立出佃山地約

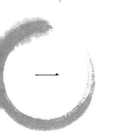

一

明天啓元年十二月（祁門縣）李才興等立佃山約

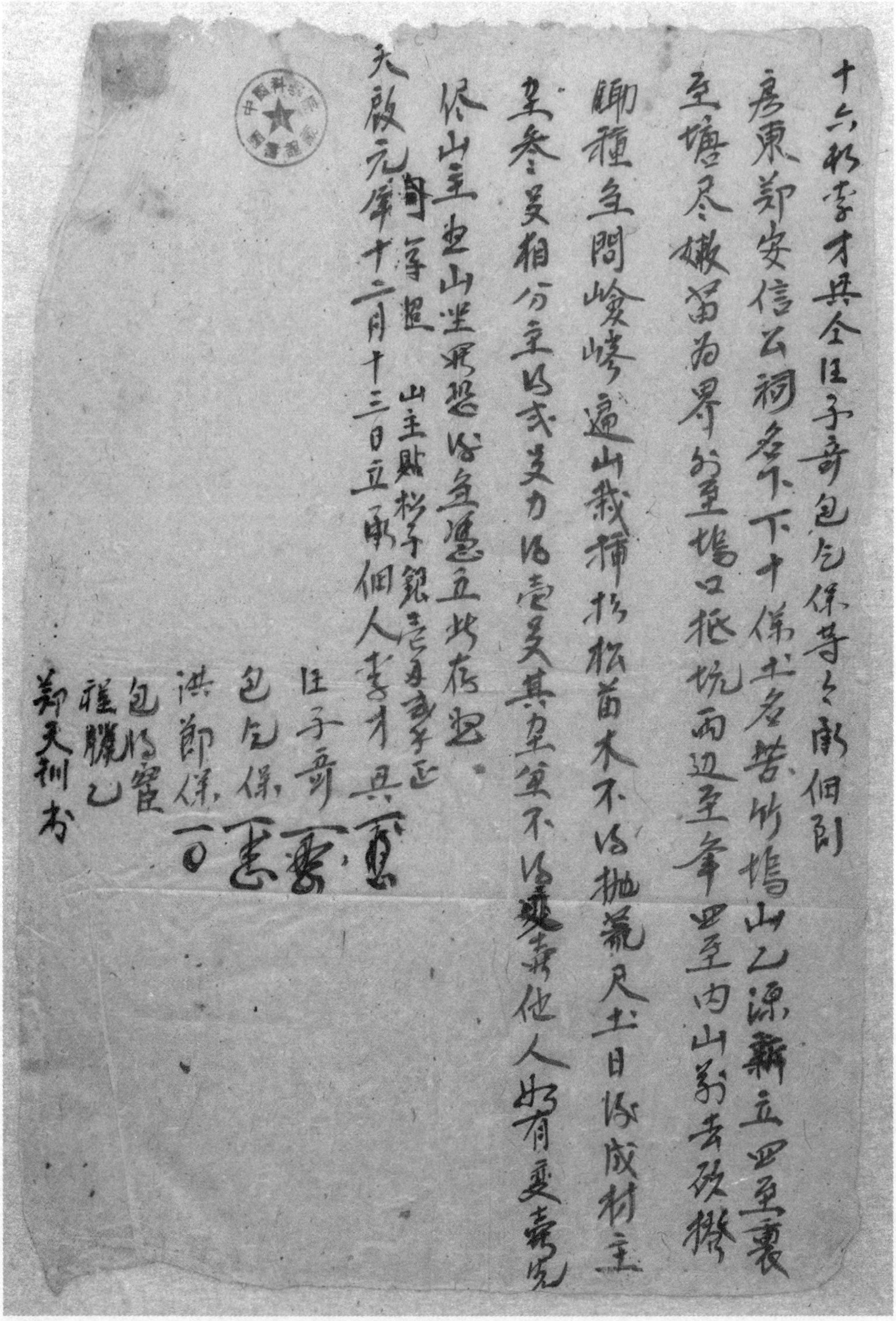

十六都李才興仝汪子奇、包乞保等今承佃到
房東鄭安信公祠名下十保土名苦竹塢山乙源，新立四至，裏
至塘尽嫩留為界，外至塢口抵坑，兩边至降，四至内山前去砍撥
鋤種，至間嶮嶢遍山栽插杉松苗木，不得拋荒尺土，日後成材，主
主叁其相分，主得弍其，力得壹其，其力坌不得變賣他人，如有變賣，先
儘山主，無山坐罪，恐後無憑，立此存照。
山主貼杉子銀壹兩貳錢正
奇等照
天啟元年十二月十三日立承佃人李才興（押）
汪子奇（押）
包乞保（押）
洪節保（押）
包得寶
程臘乙
鄭天訓书

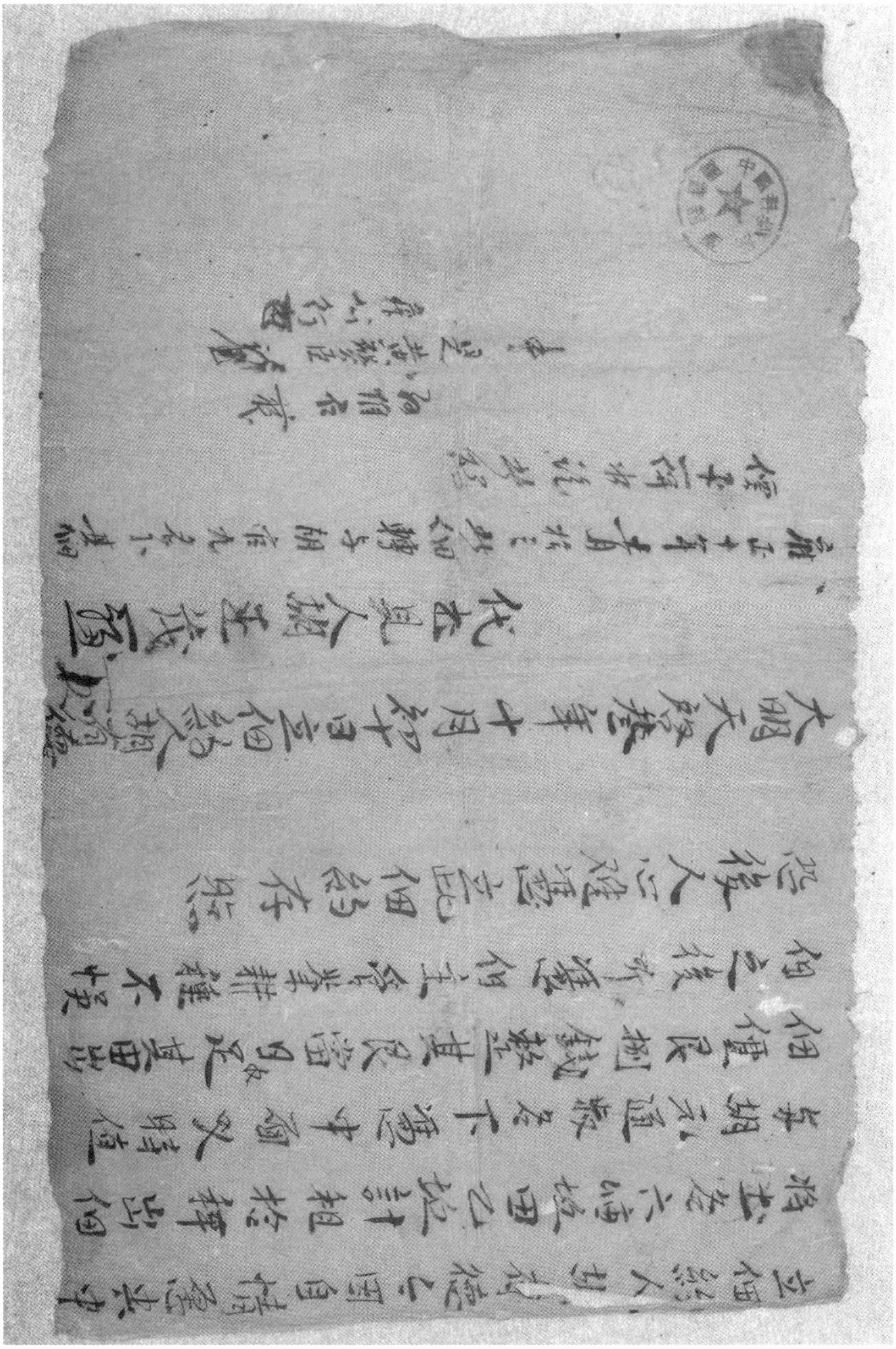

明天啓三年十月某某縣胡有德立出佃田約附雍正十年十一月孫惟石立轉佃契

明崇禎元年九月某某縣張應龍等立佃山約

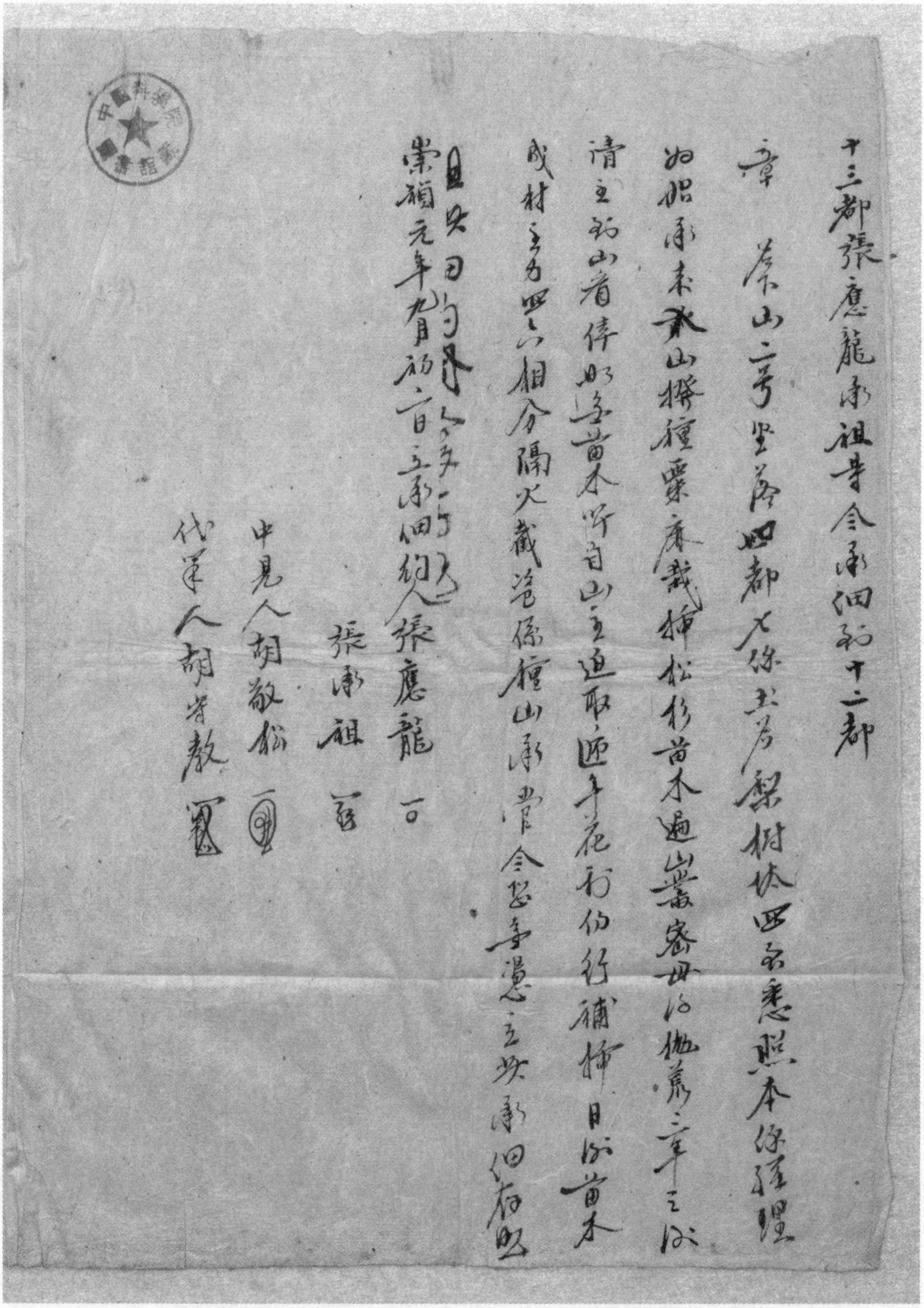
十三都張應龍承祖，今承佃到十二都
章　名下山二号，坐落四都，土名梨樹坑，四至悉照本保經理
為照。承去砍山撥種粟麻，栽插松杉苗木，遍山叢密，毋得拋荒。二年之後
請主到山看待，所有苗木聽自山主追取。四年花利，仍行補插。日後苗木
成材，主力四六相分。隔火歲遂係種山承當。今恐無憑，立此承佃為照。
山契日的[illegible]合交一併交
崇禎元年九月初一日立承佃約人張應龍（押）
張承祖（押）
中見人胡敬松（押）
代筆人胡守敬（押）

一

明崇禎六年九月某某縣胡龍等立佃山約

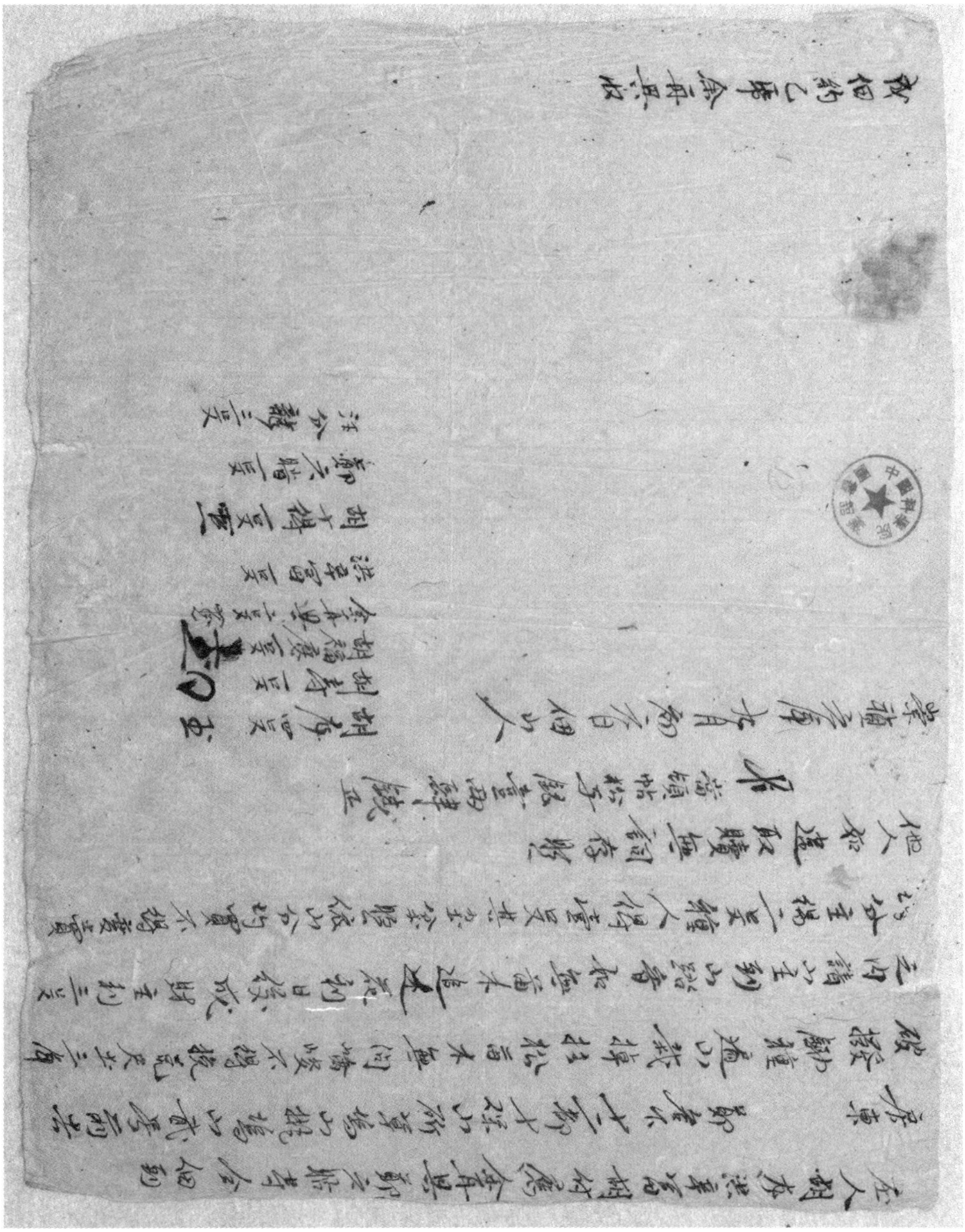

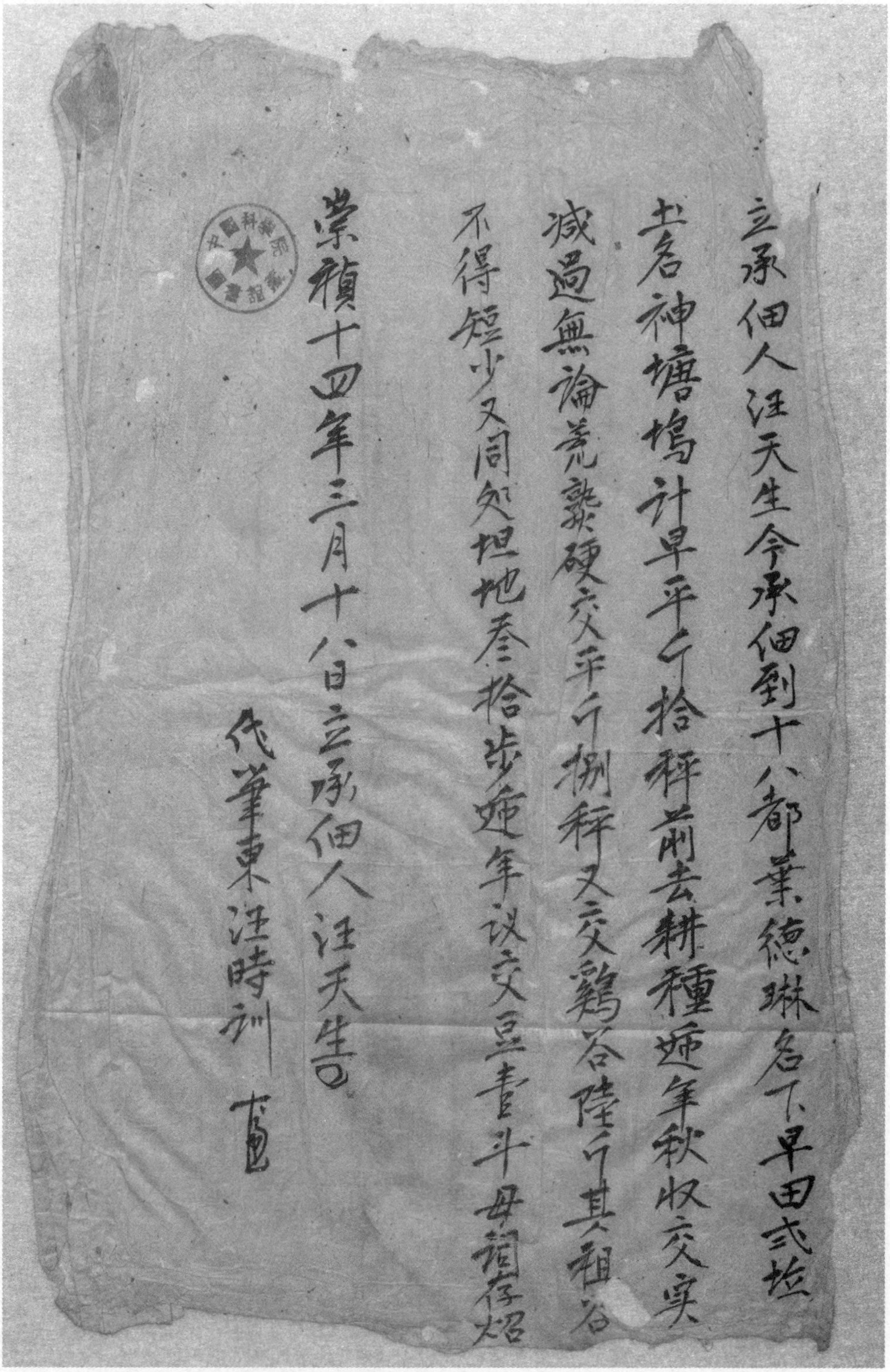
立承佃人汪天生今承佃到十八都葉德琳名下早田弍坵
土名神塘塢計早平斤拾秤前去耕種遞年秋收交实
減過無論荒熟硬交平斤捌秤又交鷄谷陸斤其租谷
不得短少又同契坦地叁拾步遞年議交豆壹斗毋詞存炤
崇禎十四年三月十八日立承佃人汪天生（押）
代筆東汪時訓（押）

一

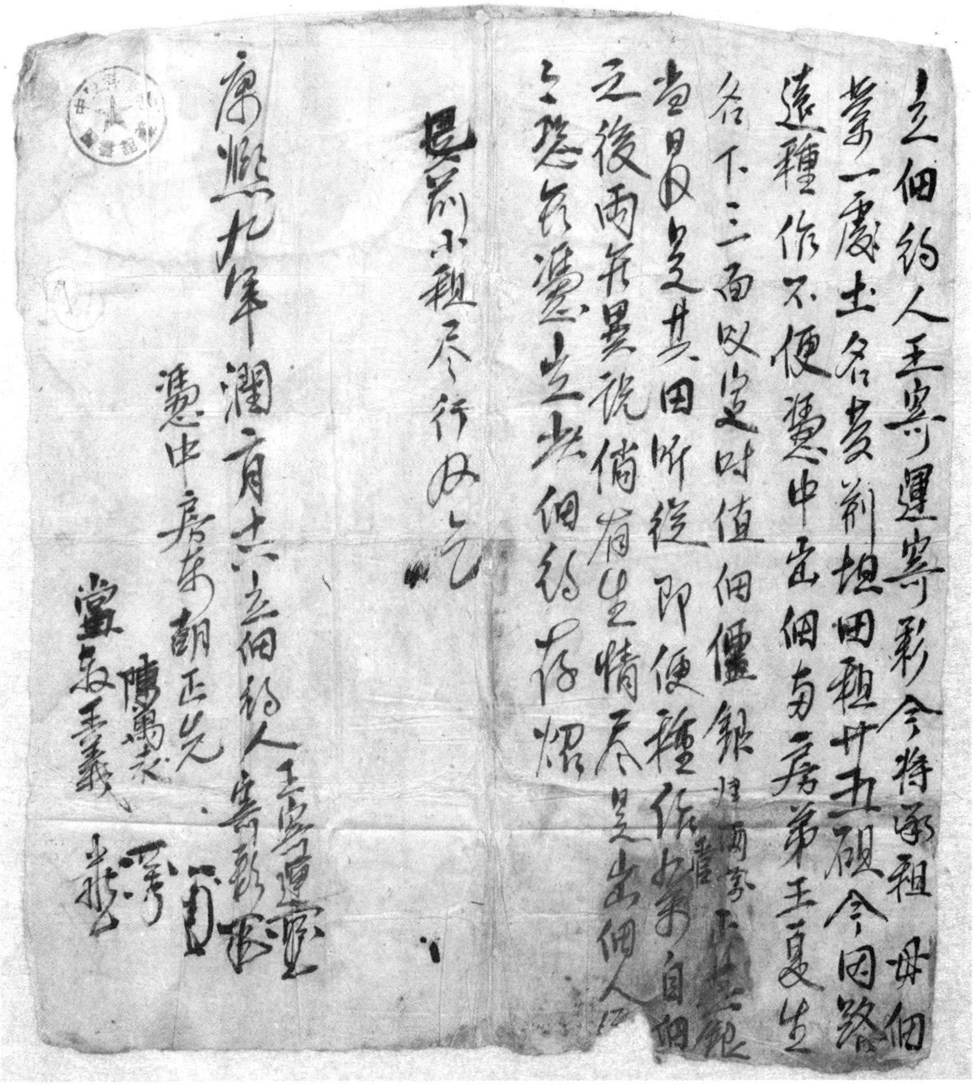

清康熙九年閏二月某某縣王寄運等立出佃田租約

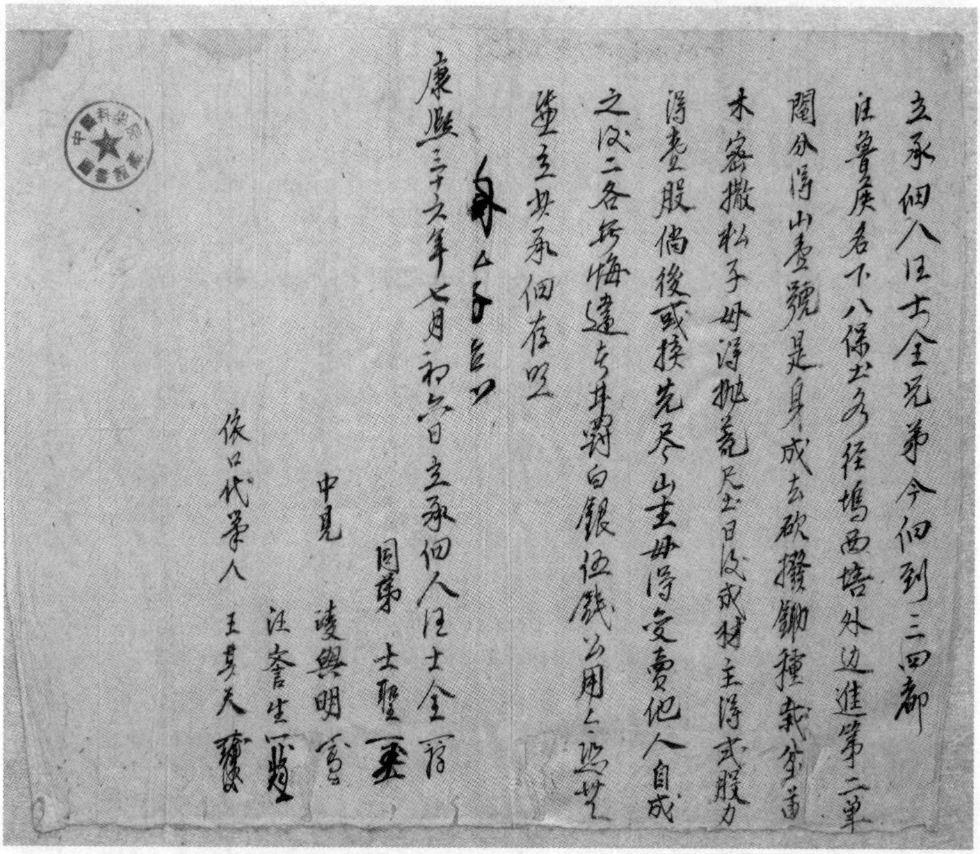

立承佃人汪士全兄弟今佃到三四都
汪魯康名下八保土名徑塢西培外边進第二單
閶分得山壹號是身成去砍撥鋤種栽插苗
木密撒松子毋得拋荒尺土日後成材主得式股力
得壹股倘後或接先尽山主毋得变賣他人自成
之後二各無悔違者甘罰白銀伍錢公用今恐無
憑立此承佃存照

身山子[illegible]

康熙三十六年七月初六日立承佃人汪士全（押）
同弟 士聖（押）
中見 陵興明（押）
汪奮生（押）
依口代筆人 王其天（押）

一

清雍正十年十二月某某縣朱德林立出佃田約

立佃約人朱德林今將毋遺下田壹號坐落土名龍王潭計租拾三砠半內該身分下壹半計租六砠零拾玖觔每砠二十伍觔自情愿央中出佃與朱　名下為業當日議定德受佃價銀貳兩玖錢整其田隨即聽從受主耕種管業本家內外人等不得生情異說恐口無憑立此佃約永遠存照

再批　其田當日言定永遠毋得取贖十　日后不得加價十

雍正拾年拾二月　日立佃約人朱德林十

憑中　劉文虎押

代書　劉公寰書

一

清雍正十二年九月某某縣邱大同立出佃佃頭田約

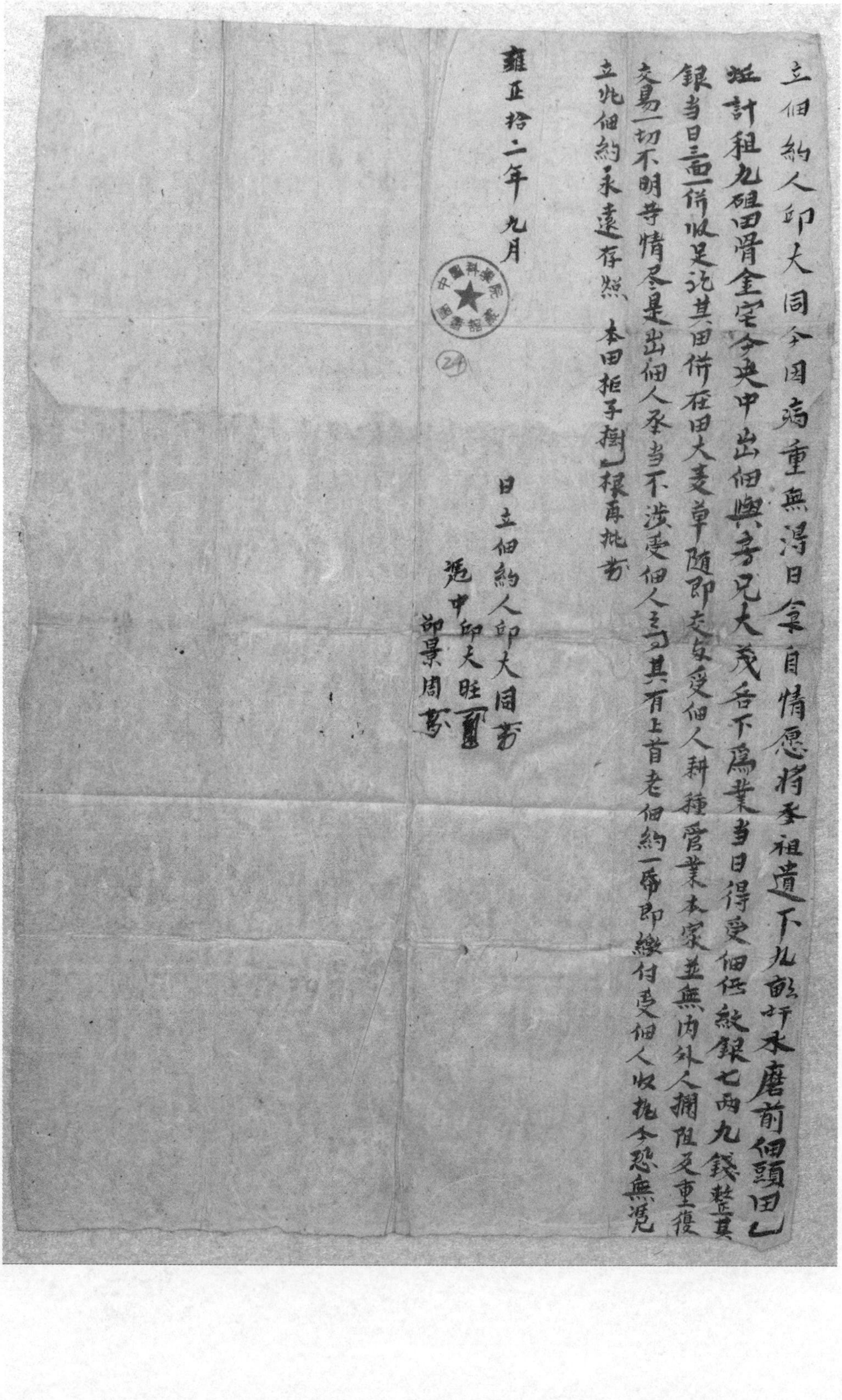
立佃約人邱大同今因病重無得日食自情愿将承祖遺下九畝圻水磨前佃頭田乙
坵計租九砠田骨全宅今央中出佃與房兄大茂名下爲業当日得受佃價紋銀七兩九錢整其
銀当日一並收足訖其田併在田大麦草随即交與受佃人耕種管業本家並無内外人攔阻及重復
交易一切不明等情盡是出佃人承当不涉受佃人之事其有上首老佃約一帋即繳付受佃人收執今恐無憑
立此佃約永遠存照　本田拒手搊根再批　[押]

雍正拾二年九月　日立佃約人邱大同[押]
凴中邱大旺[押]
邱景周[押]

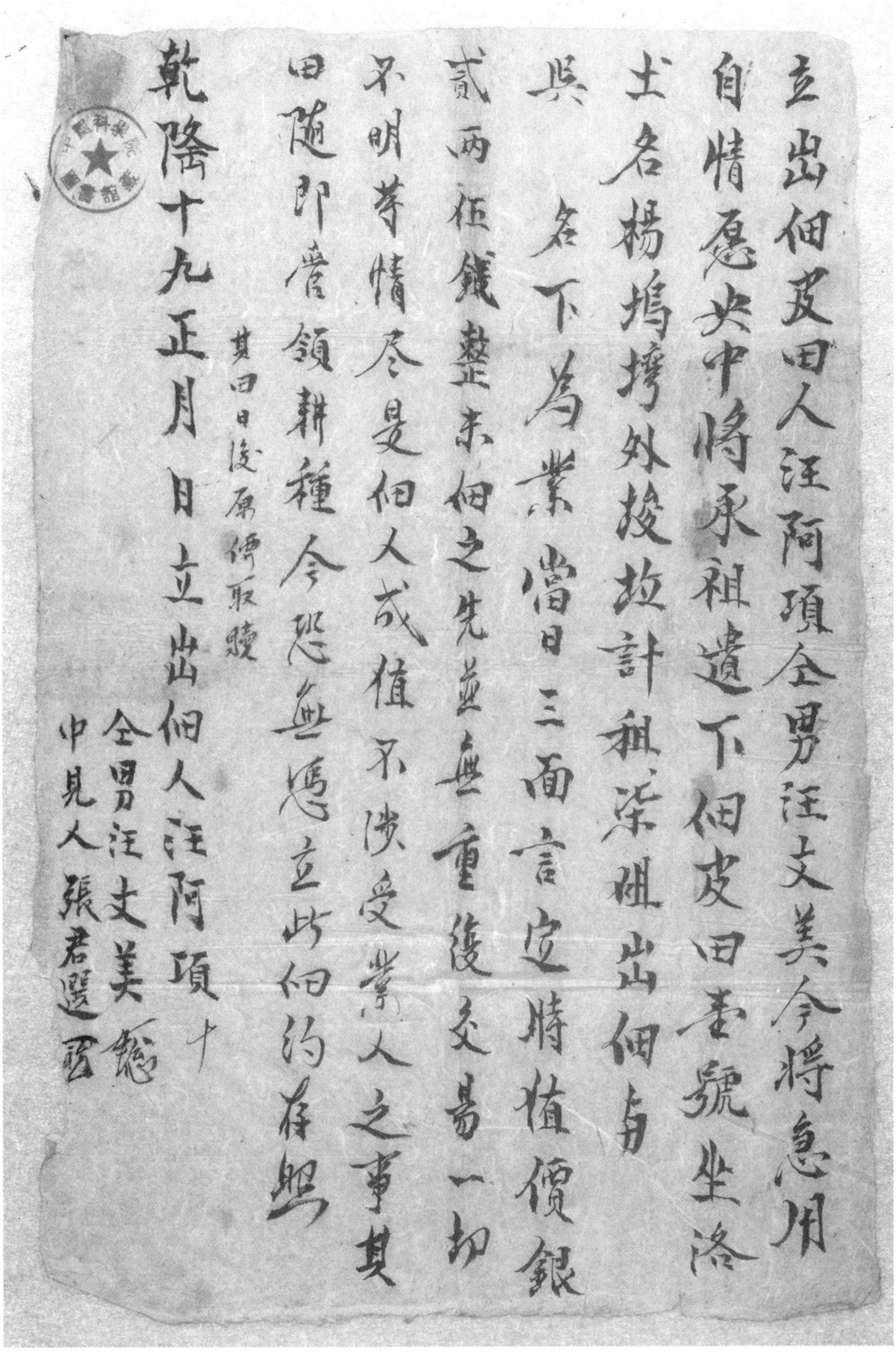
立出佃皮田人汪阿項仝男汪丈美今將急用
自情愿央中將承祖遺下佃皮田壹號坐洛
土名楊塢塝外捘垃計租柒砠出佃與
名下為業當日三面言定時值價銀
貳兩伍錢整其佃之先並無重復交易一切
不明等情盡是佃人承值不涉受業人之事其
田隨即管領耕種今恐無憑立此佃約存照
其田日後原價取贖
乾隆十九正月　日　立出佃人汪阿項　十
仝男汪丈美（押）
中見人張君選（押）

清乾隆十九年正月某某縣汪阿項等立出佃佃皮田約

一

清乾隆十九年二月某某縣張德威立出佃佃皮田約附乾隆二十五年十二月加價批

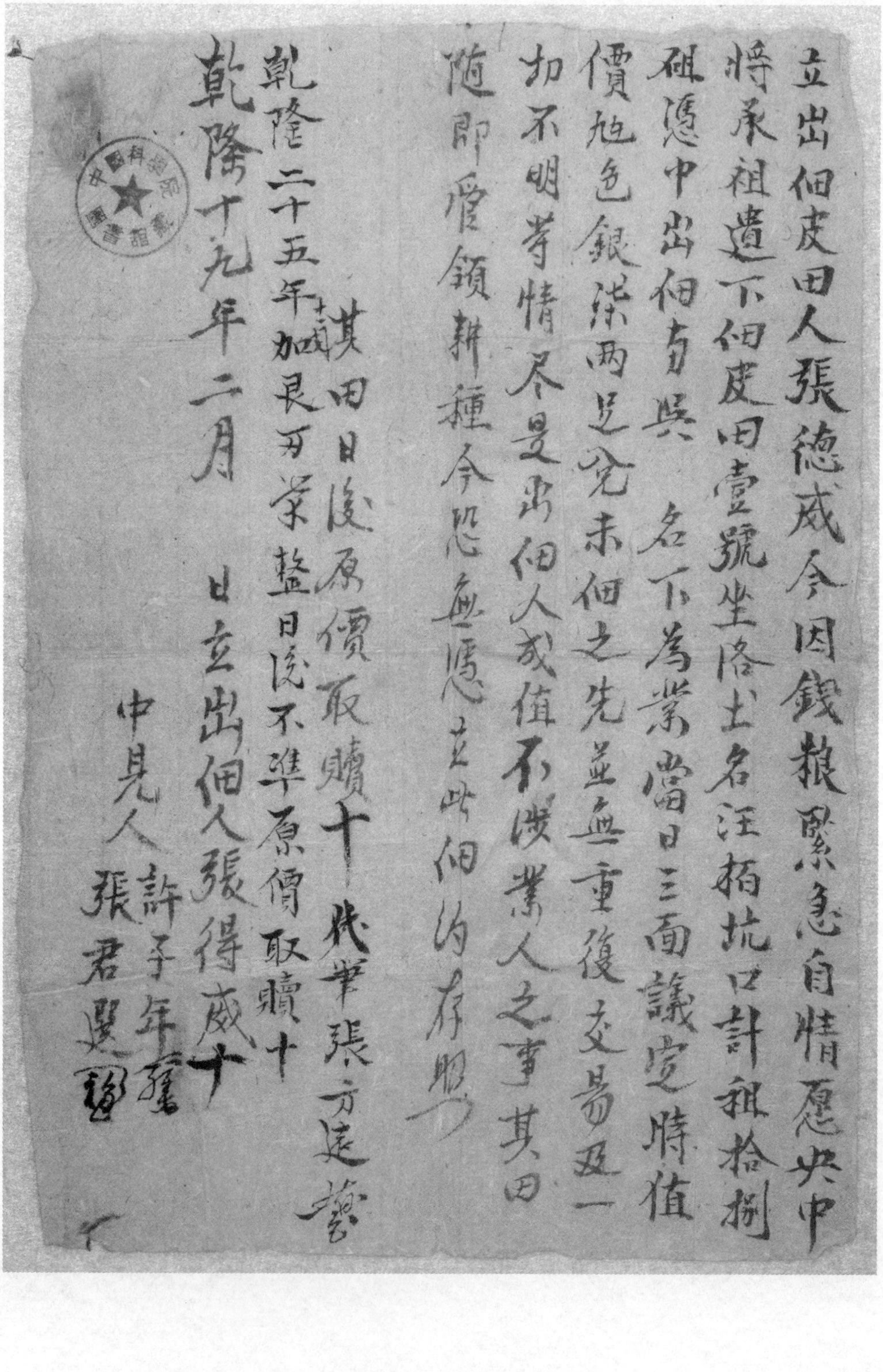
立出佃皮田人張德威今因錢粮緊急自情愿央中
將承祖遺下佃皮田壹號坐落土名汪栢坑口計租拾捌
砠憑中出佃與　名下為業當日三面議定時值
價九色銀柒兩足兌未佃之先並無重復交易及一
切不明等情盡是出佃人承值不涉業人之事其田
隨即管領耕種今恐無憑立此佃約存照
其田日後原價取贖十　代筆張方廷（押）
乾隆二十五年十二月加艮五兩整日後不準原價取贖十
乾隆十九年二月　日立出佃人張得威十
中見人許子年（押）
張君選（押）

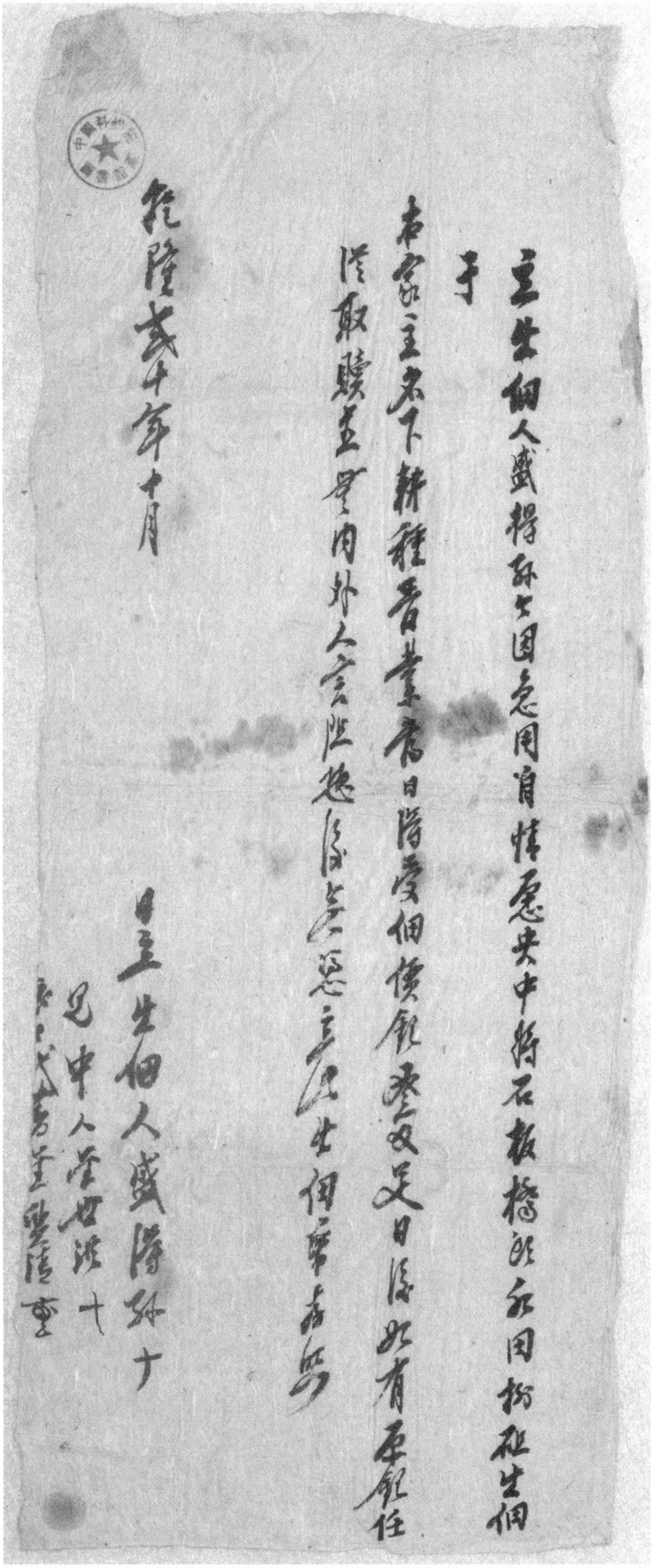

立出佃人盛得孫，今因急用，自情愿央中將石板橋所分田拗租出佃
與
本家□主名下耕種，當日得受佃價銀叁兩足，日後如有原銀任
從取贖，其田內外人言阻，恐後無憑，立此出佃字存照。
乾隆貳拾年十月　日立出佃人盛得孫（押）
見中人程世旗（押）
依口代筆人黃□德（押）

清乾隆二十年十月某某縣盛得孫立出佃田約

一

清乾隆五十一年五月某某縣汪峰萬等立出佃佃頭田斷契

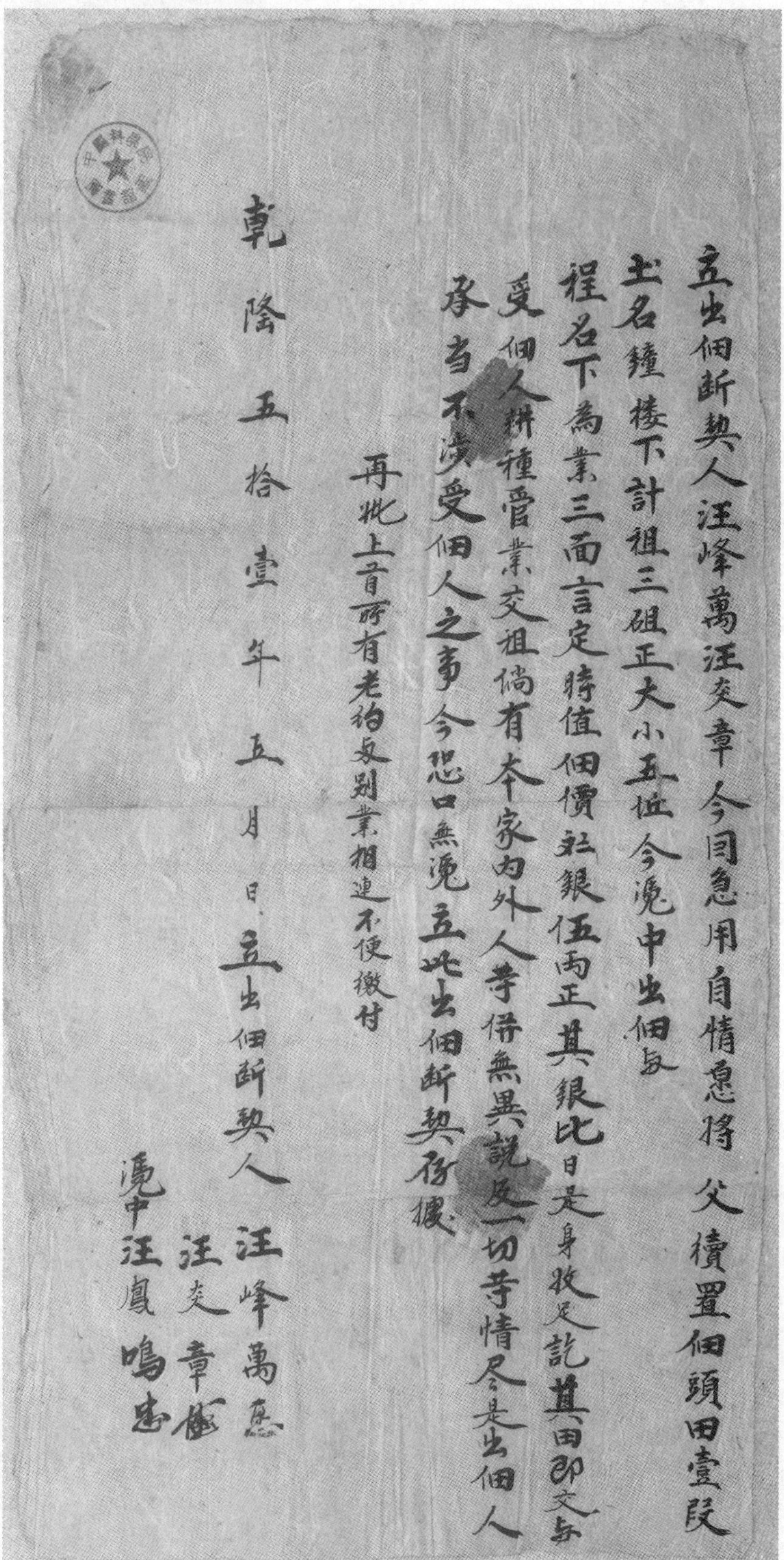
立出佃斷契人汪峰萬汪交章今因急用自情愿將父續置佃頭田壹段
土名鍾楼下計租三砠正大小五坵今凴中出佃與
程名下為業三面言定時值佃價紋銀伍兩正其銀比日是身收足訖其田即交與
受佃人耕種管業交租倘有本家內外人等倂無異說及一切等情尽是出佃人
承当不涉受佃人之事今恐口無凴立此出佃斷契存據
再批上首所有老约與别業相連不便繳付
乾隆五拾壹年五月　日立出佃斷契人汪峰萬（押）
汪交章（押）
凴中汪鳳鳴（押）

清嘉慶元年某月某某縣宋景鍾立杜賣佃皮田契

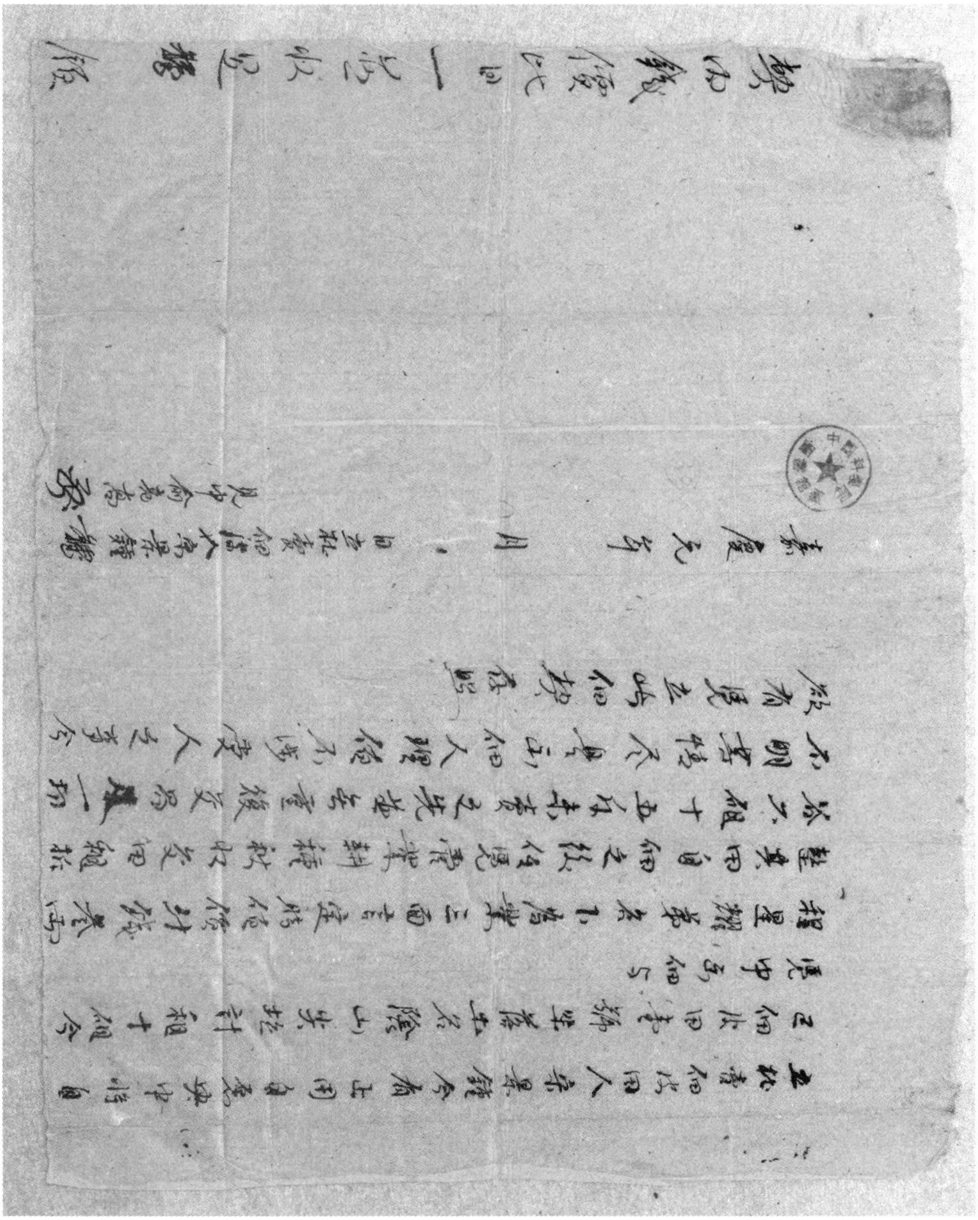

清嘉慶十年二月某某縣吳金氏等立出佃佃田皮約

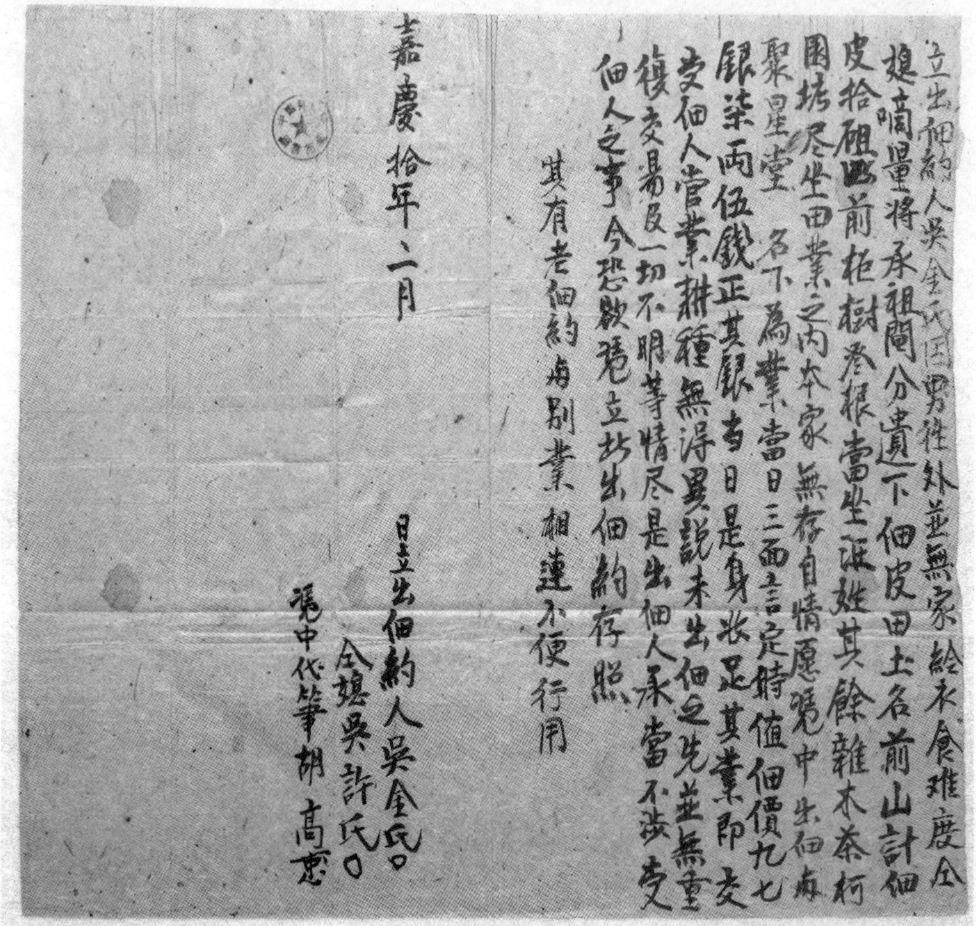

立出佃約人吳金氏因男往外並無家給衣食难度仝媳嘀量將承祖閫分遺下佃皮田土名前山計佃皮拾砠四前柁樹叁根當坐汪姓其餘雜木茶柯園坊尽坐田業之内本家無存自情愿憑中出佃与聚星堂名下為業當日三面言定時值佃價九七銀柒兩伍錢正其銀當日是身收足其業即交受佃人管業耕種無得異說未出佃之先並無重複交易及一切不明等情尽是出佃人承當不涉受佃人之事今恐歎憑立此出佃約存照

其有老佃約当別業相連不便行用

嘉慶拾年二月　日立出佃約人吳金氏（押）

仝媳吳許氏（押）

憑中代筆胡高惠

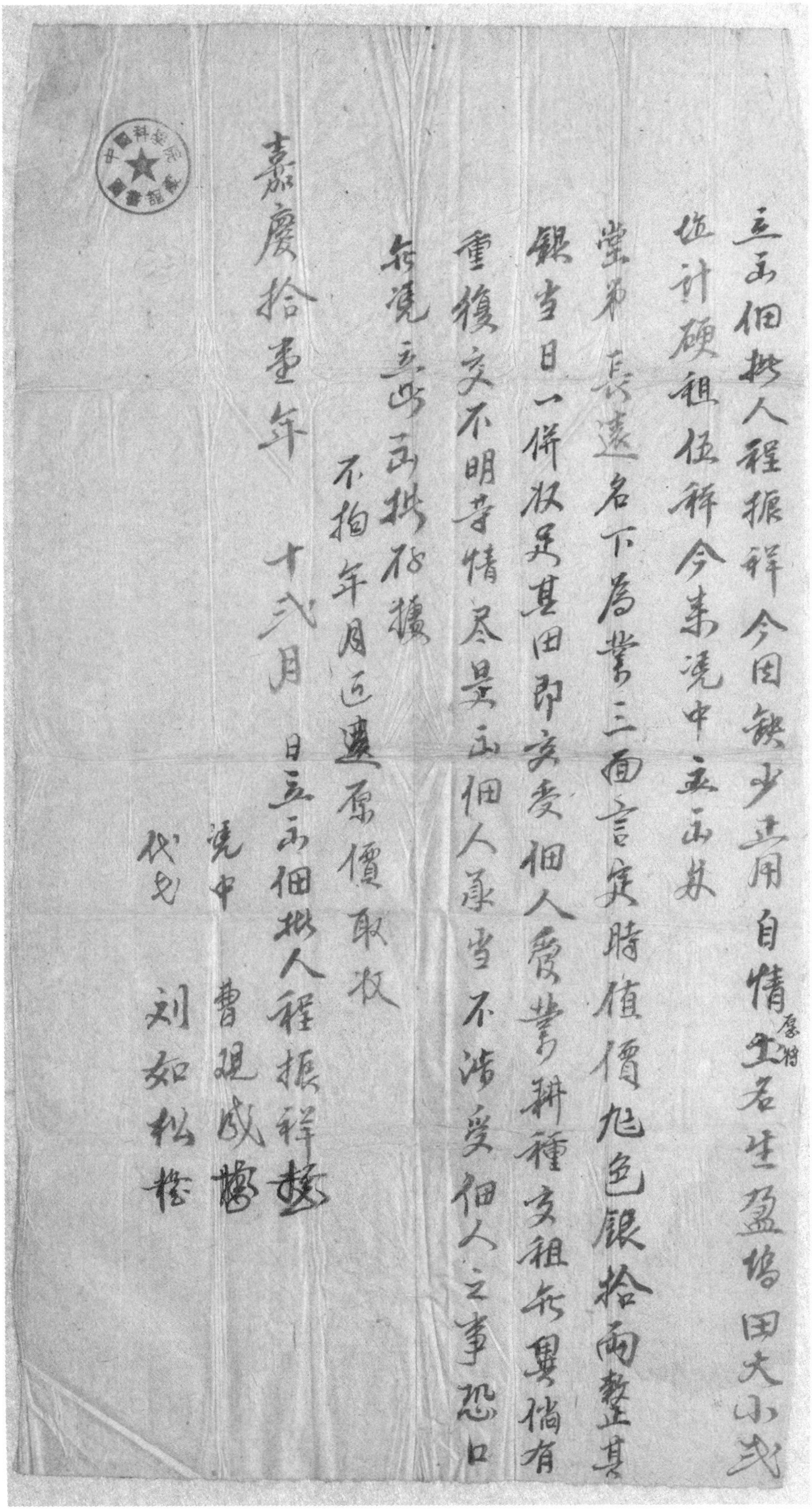

立出佃批人程振祥今因缺少正用自情愿將土名生盈塢田大小弍
坵計硬租伍秤今來憑中立出與
堂弟長遠名下為業三面言定時值價九色銀拾兩整其
銀當日一併收足其田即交受佃人管業耕種交租無異倘有
重複交不明等情盡是出佃人承當不涉受佃人之事恐口
無憑立此出批存據
不拘年月近遠原價取收
嘉慶拾壹年　十弍月　日立出佃批人程振祥（押）
憑中　曹覌成（押）
代筆　劉如松（押）

清嘉慶十一年十二月某某縣程振祥立出佃田批

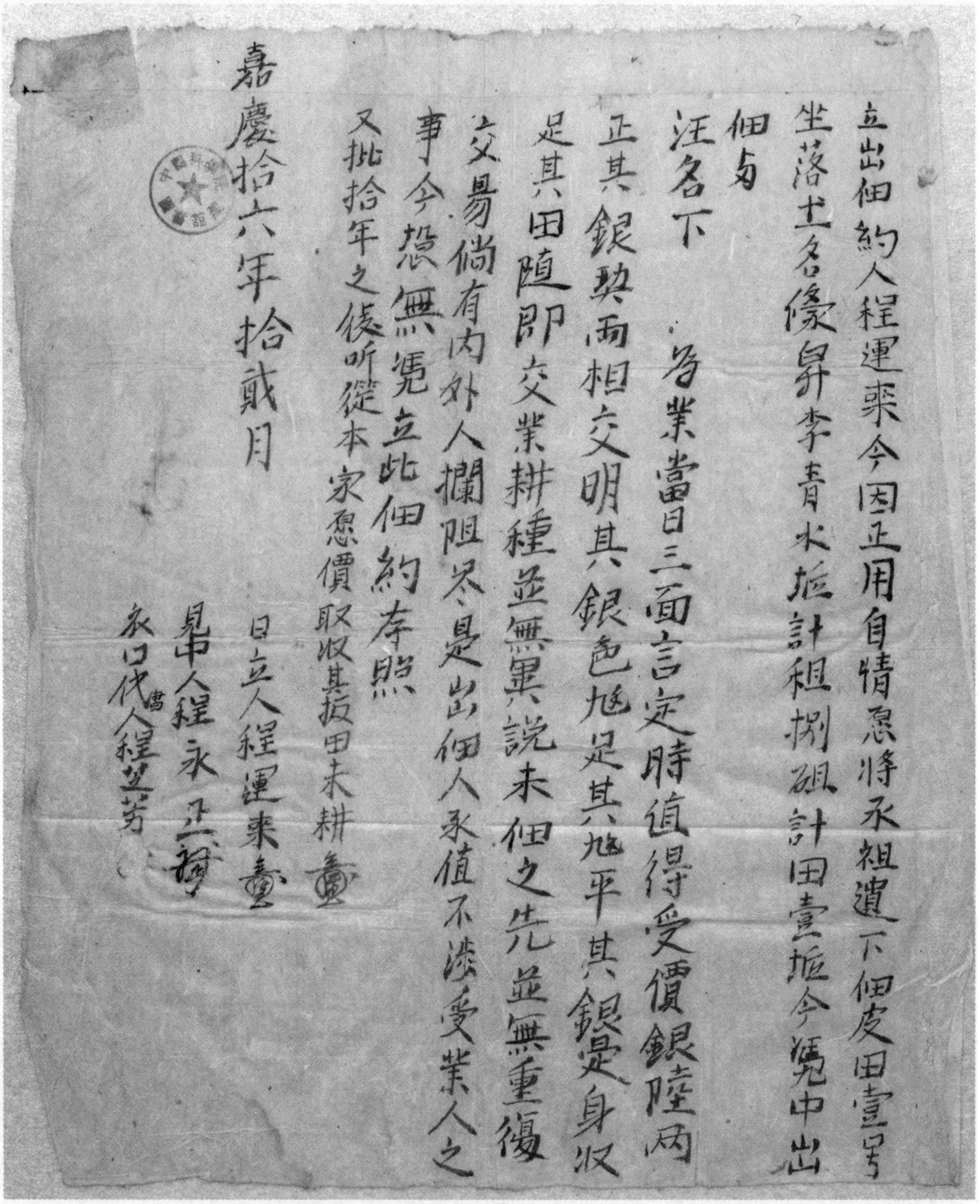

立出佃約人程運來今因正用自情愿將承祖遺下佃皮田壹号
坐落土名傢昇李青水坵計租捌砠計田壹坵今憑中出
佃与
汪名下　為業當日三面言定時值得受價銀陸两
正其銀契两相交明其銀色兌足其兌平其銀是身收
足其田隨即交業耕種並無異說未佃之先並無重復
交易倘有内外人攔阻尽是出佃人承值不涉受業人之
事今恐無憑立此佃約存照
又批拾年之後听從本家愿價取收其扳田未耕　畫
嘉慶拾六年拾貳月　日立人程運來　畫
中人程永正　押
依口代書人程些芳

清嘉慶十六年十二月某某縣程運來立出佃佃皮田約

一

清嘉慶廿五年十二月某某縣葉貴興立出佃田約

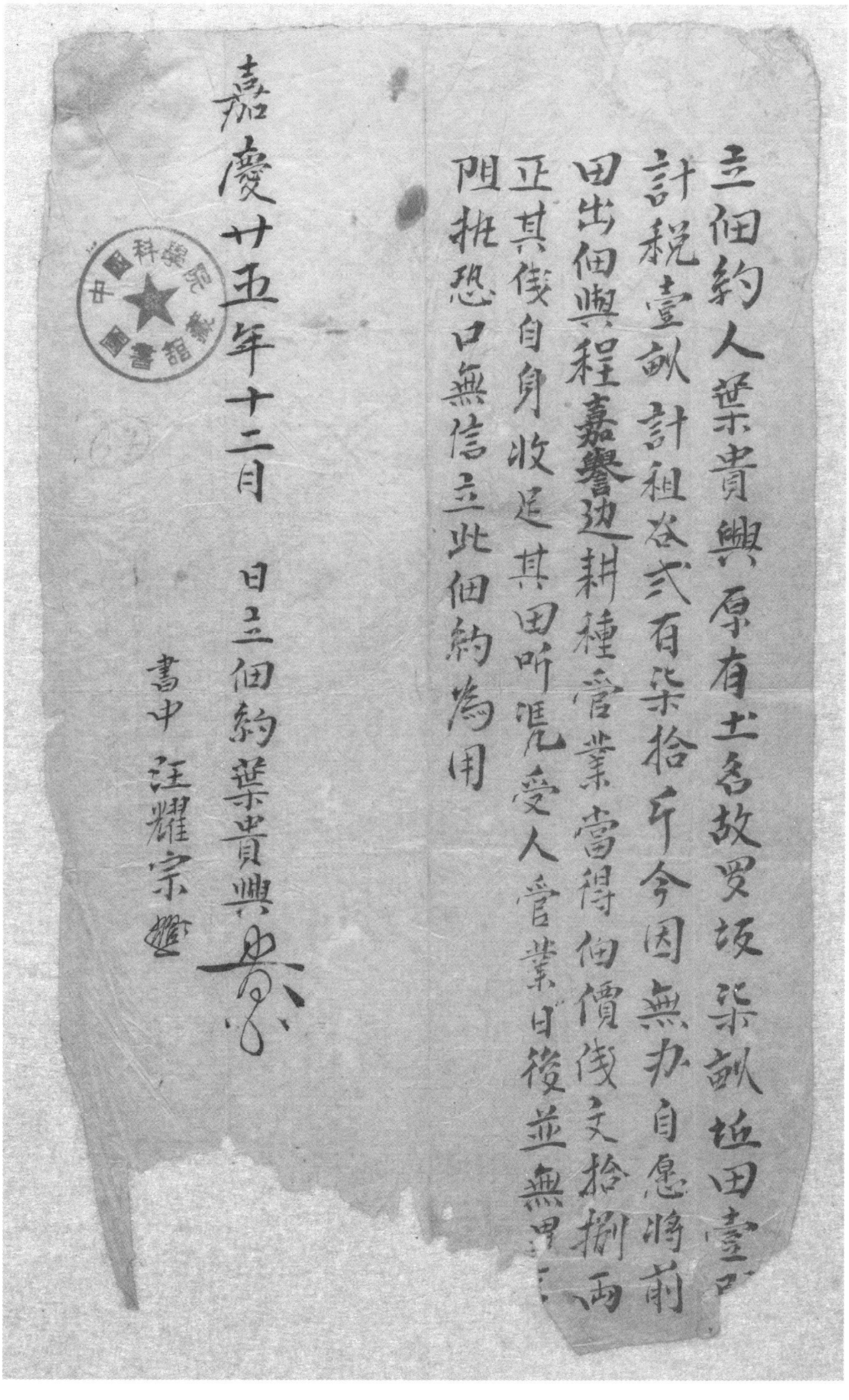
立佃約人葉貴興原有土名故罗坂柒畝坵田壹
計稅壹畝計租谷弍百柒拾斤今因無办自愿將前
田出佃與程嘉譽边耕種管業當得佃價伐文拾捌兩
正其價自身收足其田听凭受人管業日後並無異
門批恐口無信立此佃約為用

嘉慶廿五年十二月　日立佃約葉貴興（押）

書中　汪耀宗（押）

一

清道光二年十二月某某縣吴楊氏立出佃山佃皮約

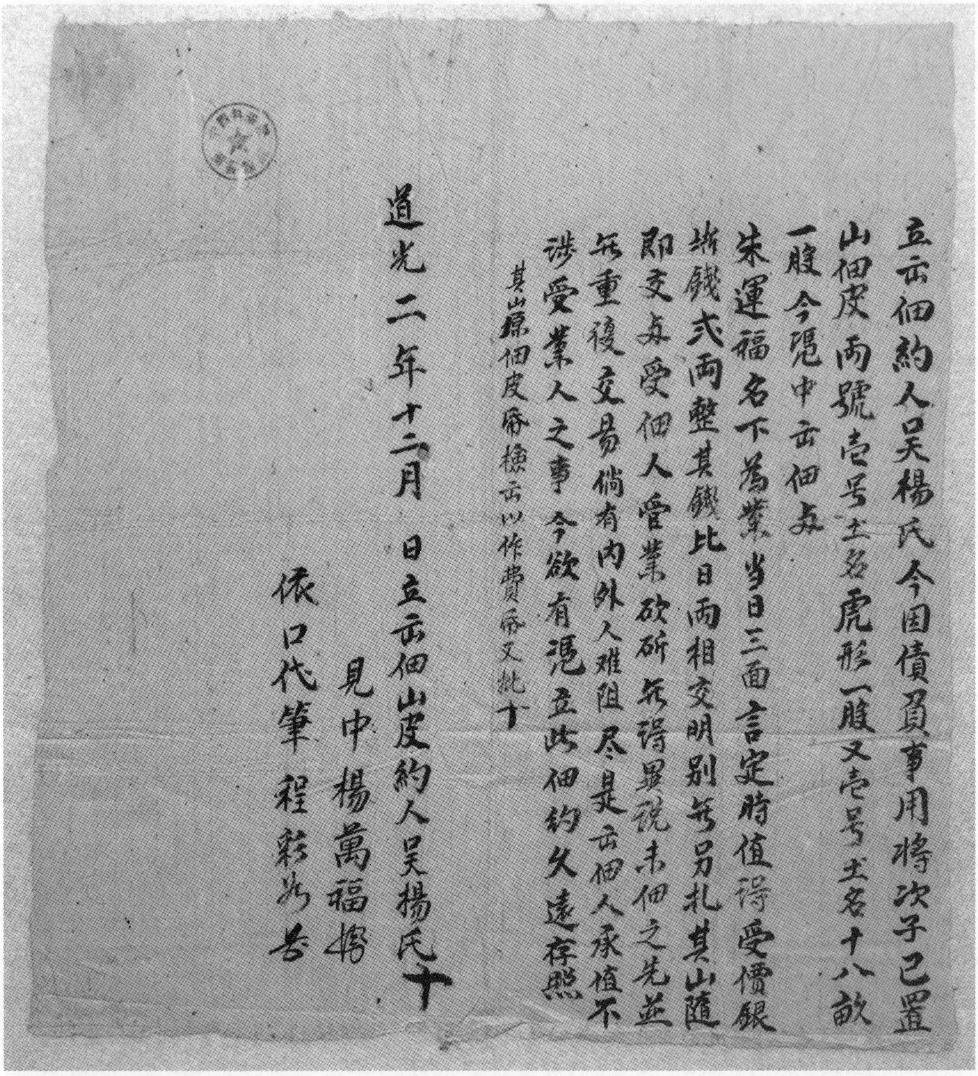
立出佃約人吴楊氏今因債負事用將次子已置
山佃皮兩號壹号土名虎形一股又壹号土名十八畝
一股今憑中出佃與
朱運福名下為業當日三面言定時值得受價銀
折錢弍兩整其錢比日兩相交明别無另扎其山隨
即交與受佃人管業砍斫無得異說未佃之先並
無重複交易倘有内外人難阻盡是出佃人承值不
涉受業人之事今欲有憑立此佃約久遠存照
其山原佃皮係標出以作費係又批十
道光二年十二月　日立出佃山皮約人吴楊氏十
見中楊萬福押
依口代筆程彩為

一

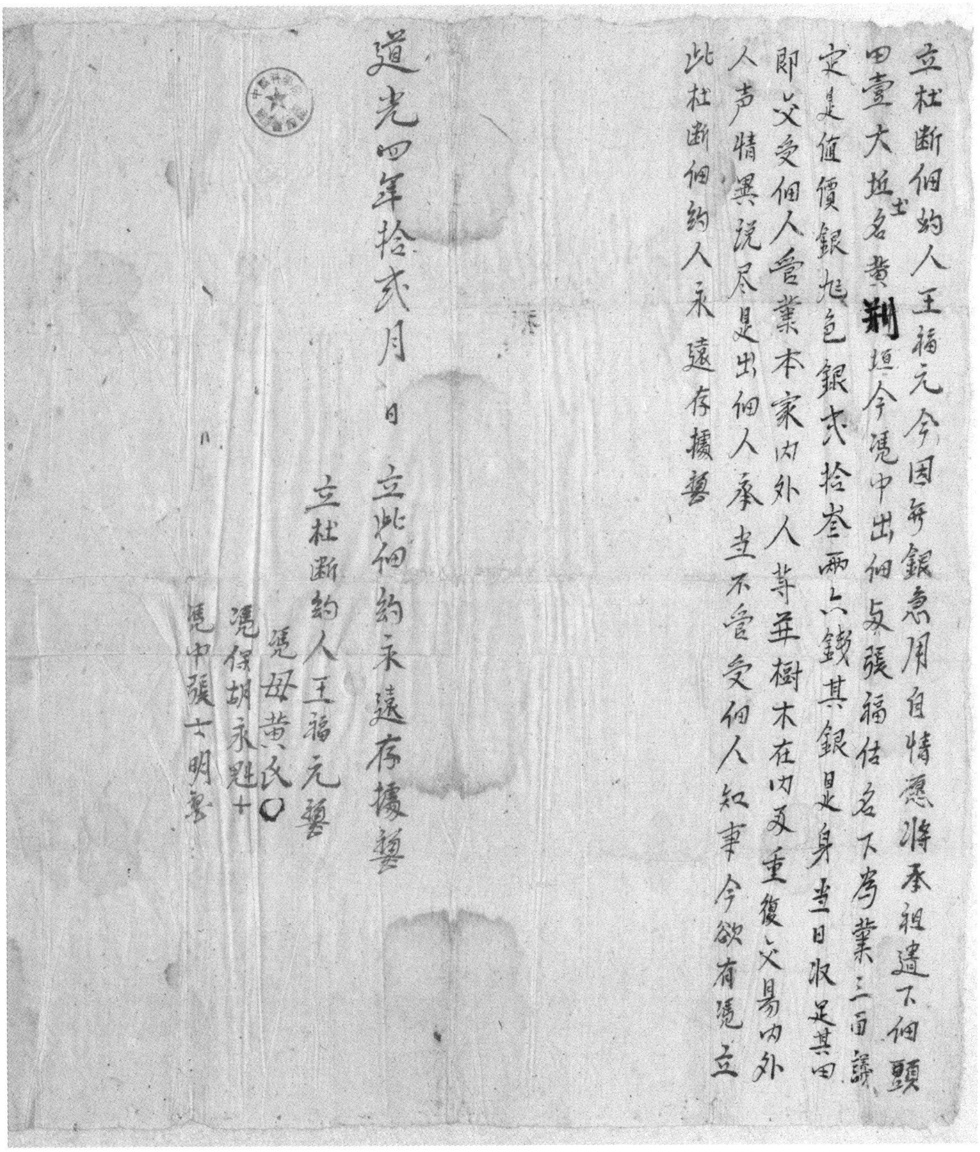
立杜斷佃約人王福元今因無銀急用自情愿將承祖遺下佃頭
田壹大坵土名黄荆坦今凴中出佃與張福佑名下為業三面議
定是値價銀九色銀式拾叁兩六錢其銀是身当日收足其田
即交受佃人管業本家内外人等并樹木在内及重復交易内外
人声情異說尽是出佃人承当不會受佃人知事今欲有凴立
此杜斷佃約人永遠存據

道光四年拾弍月　日　立此佃約永遠存據

立杜斷約人王福元

凴母黄氏

凴保胡永魁

凴中張士明

清道光四年十二月某某縣王福元立杜斷佃頭田佃約

一

清道光十年十一月某某縣柯紫如立出佃田皮約附道光二十三年十月田樹人等立出當柏子樹約

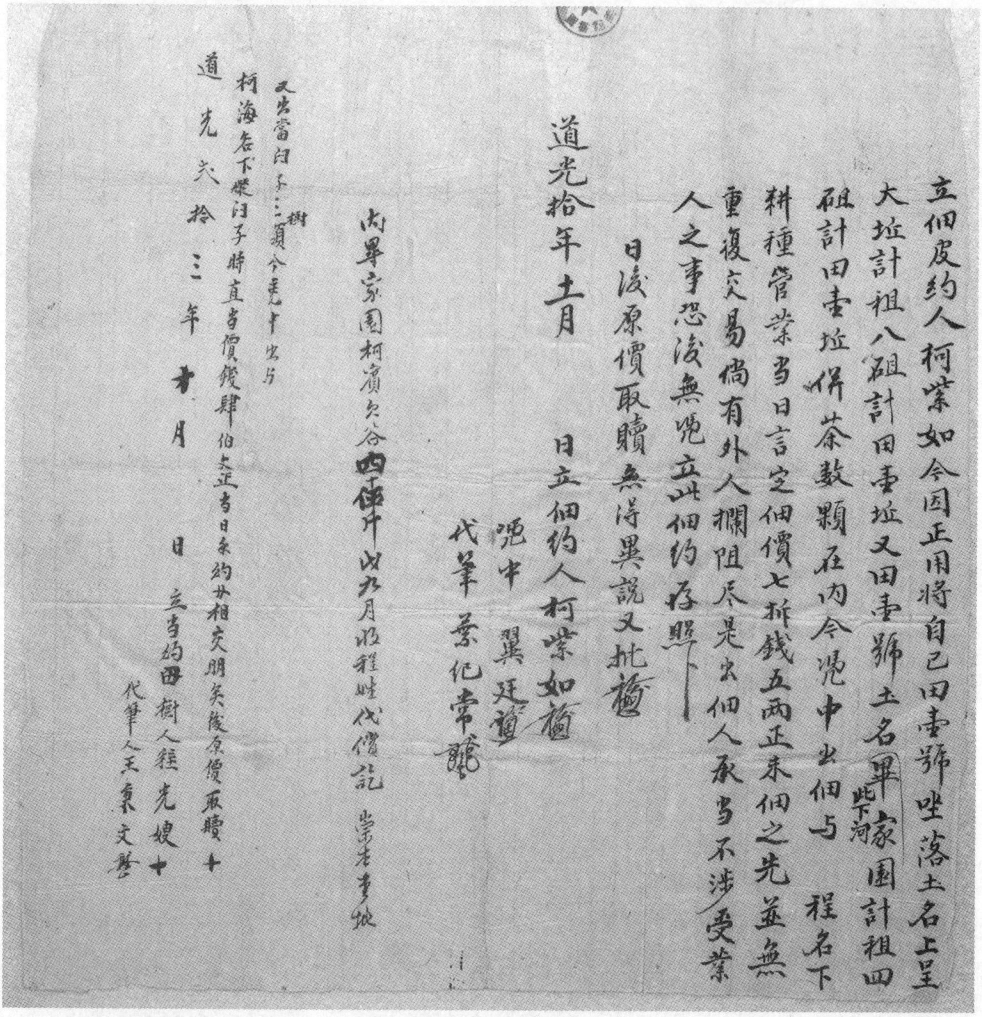
立佃皮約人柯紫如今因正用將自己田壹號坐落土名上呈大坵計租八砠計田壹坵又田壹號土名畢家園（此下河）計租四砠計田壹坵併茶數顆在内今憑中出佃与　程名下耕種管業當日言定佃價七折錢五兩正未佃之先並無重複交易倘有外人攔阻尽是出佃人承當不涉受業人之事恐後無憑立此佃約存照

日後原價取贖無得異說又批

道光拾年十一月　日立佃約人柯紫如

憑中　巽廷

代筆　葉化常

内畢家園柯賓如分合四伍千以九月收程姓代價訖　紫如手批

又出當柏子二蔸今憑中出与柯海名下柏子時直當價錢肆伯文正當日收約兩相交明其後原價取贖

道光廿拾三年十月　日立當約柏樹人程光娘

代筆人王秉文

清道光二十五年十月某某縣鄧進富立喚承佃田約

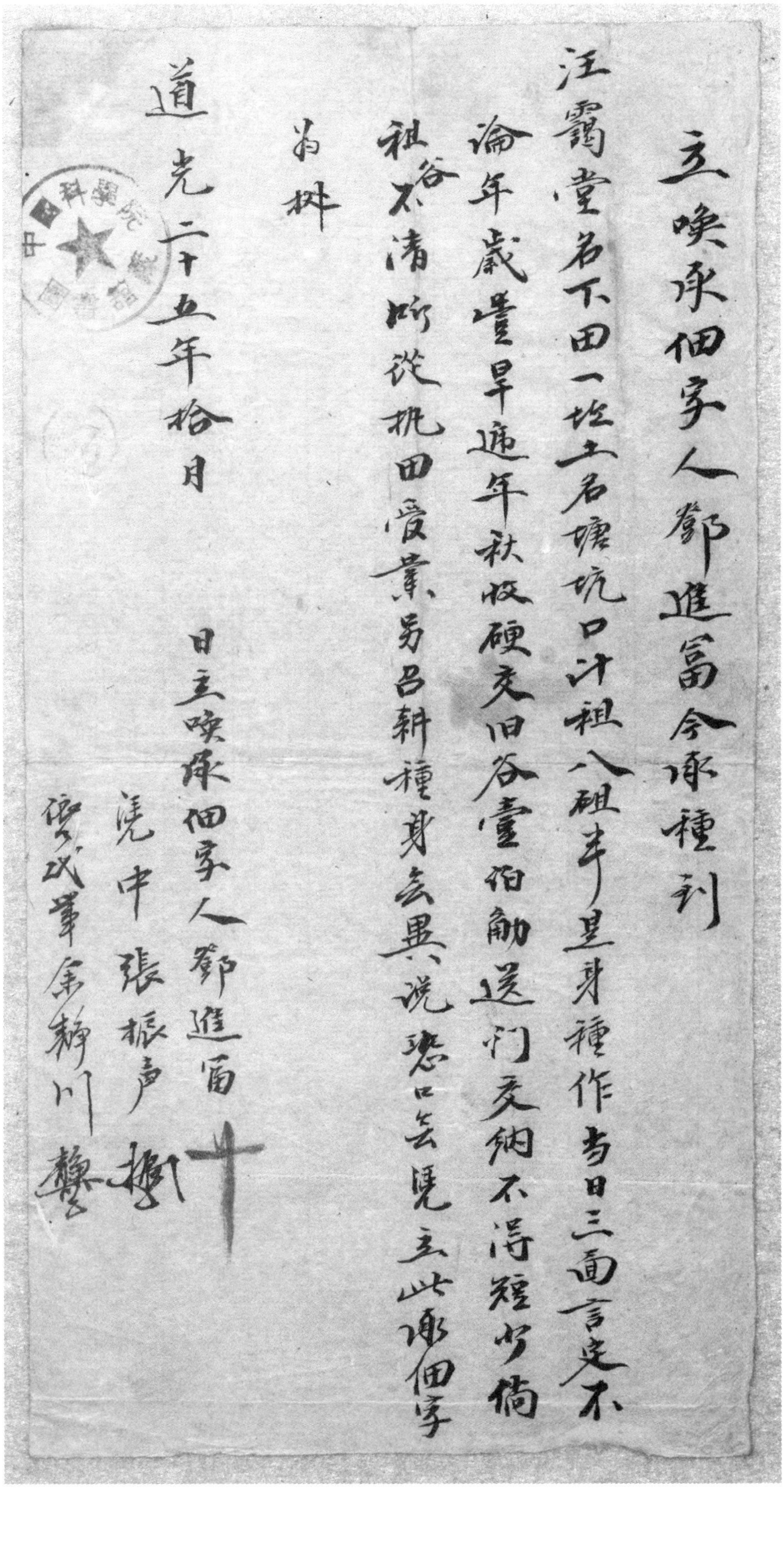

立喚承佃字人鄧進富今承種到
汪靄堂名下田一坵土名塘坑口计租八砠半是身種作当日三面言定不
論年歲豐旱递年秋收硬交旧谷壹佰觔送门交纳不得短少倘
租谷不清聽從挑田發業另召耕種身無異說恐口無憑立此承佃字
為拠

道光二十五年拾月　日立喚承佃字人鄧進富　十
憑中　張振聲（押）
依口代筆　余静川（押）

一

清道光二十九年九月某某縣王牛林立白手承佃田約

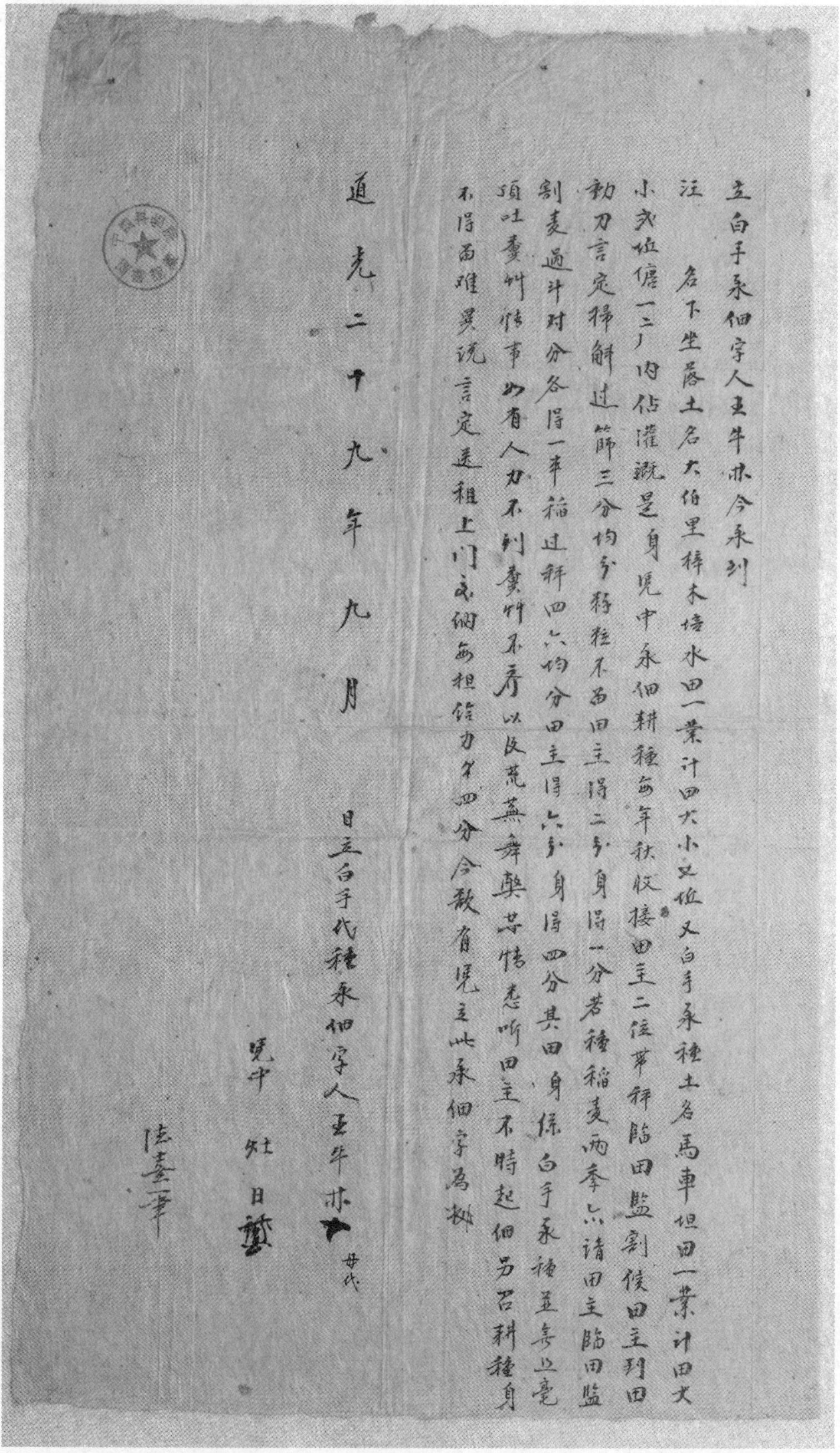

立白手承佃字人王牛林今承到

汪　名下坐落土名大伯里梓木培水田一業計田大小廿坵又白手承種土名馬車坦田一業計田大

小弍坵僖一二丿内佔灌溉是身凴中承佃耕種每年秋收接田主二位莘拜臨田監割候田主到田

動刀言定稀斛过節三分均分稻粒不留田主得二分身得一分若種稻麦兩季亦請田主臨田監

割麦過斗对分各得一半稻过拜四六均分田主得六分身得四分其田身係白手承種並無些毫

須吐費竹情事如有人力不到費竹不齊以及荒蕪弊其情恐听田主不時起佃另召耕種身

不得留难異说言定送租上門交納每担给力米四分今欲有凴立此承佃字為據

道光二十九年九月　日立白手代種承佃字人王牛林（押）　毋代

凴中　灶日（押）

法嘉筆

清道光三十年三月某某縣王德倍等立白手承佃田地字

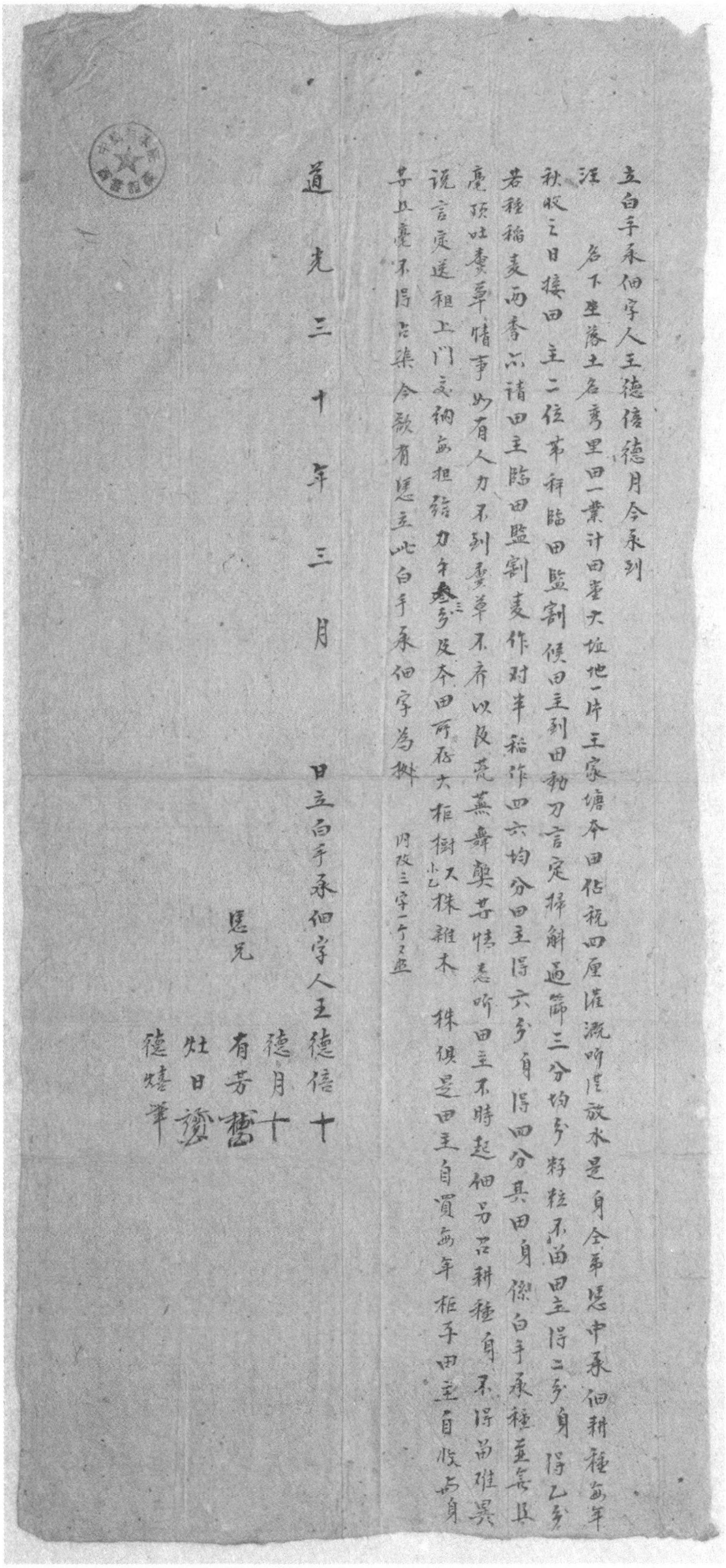

立白手承佃字人王德倍、德月，今承到
汪名下坐落土名亨里田一業，計田塘大坵地一片，王家塘本田依靠四厘灌溉，听凭放水。是身全本憑中承佃耕種，每年
秋收之日接田主二位弟拜臨田監割，候田主到田動刀，言定採斛通節三分均分，籽粒不留，田主得二分，身得乙分。
若種稻麥兩季，亦請田主臨田監割，麥作對半，稻作四六均分，田主得六分，身得四分。其田身係白手承種，並無其
虛頂吐費草情事。如有人力不到，費草不齊，以及荒蕪舞弊等情，悉听田主不時起佃另召耕種，身不得留難異
說。言定送租上門交納，無阻。結力四年叁分，及本田所在大柜樹七株、雜木　株，俱是田主自買，每年柜子田主自收，與身
并且毫不得占據。今欲有憑，立此白手承佃字為據。

內改三字，一字又並

道光三十年三月　日立白手承佃字人王德倍　十
德月　十
憑兄　有芳　押
灶日　押
德嬉　筆

一

清咸豐五年十二月某某縣汪敬宗立出佃田約

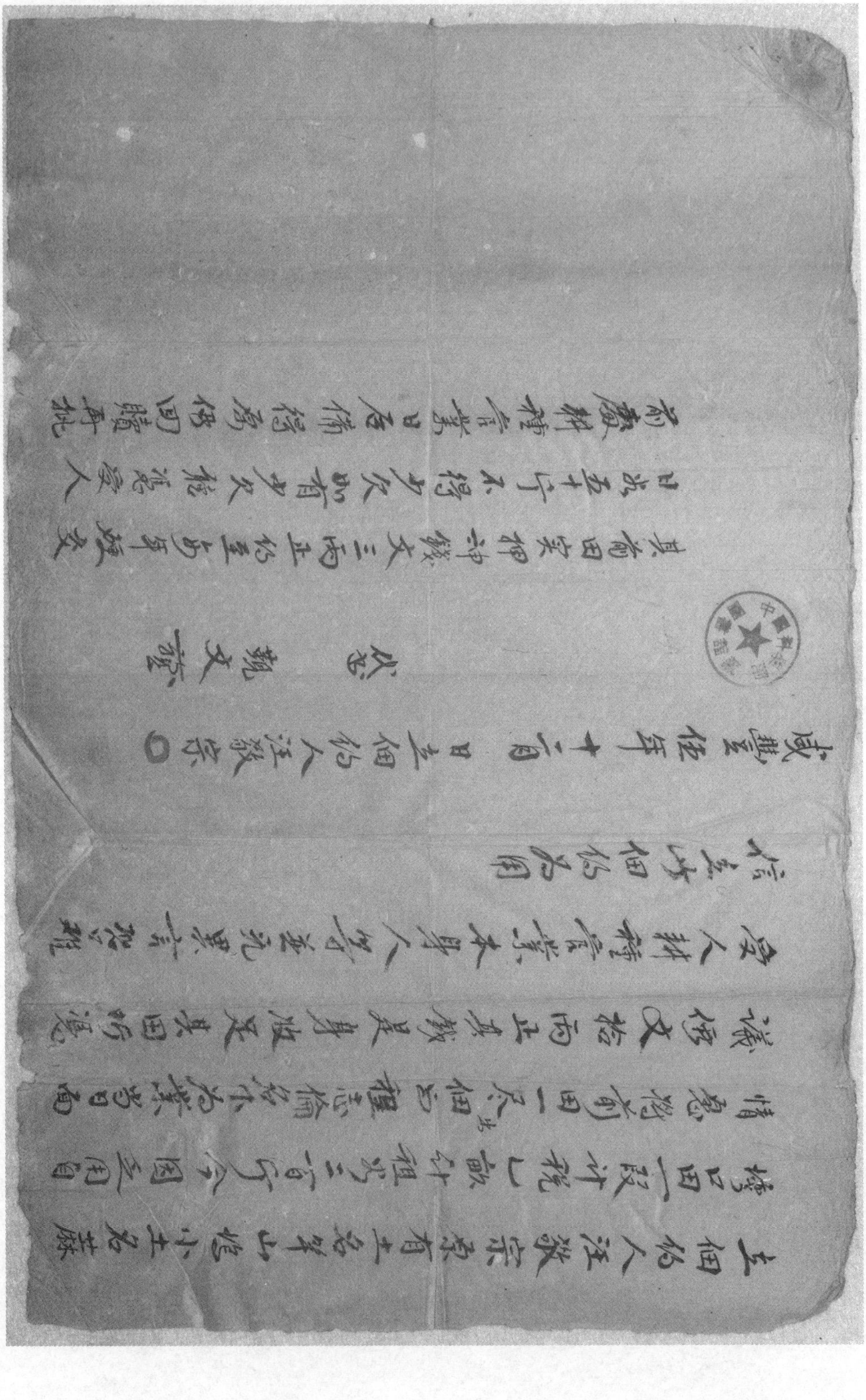
立佃約人汪敬宗，原有土名竿山塢小土名蘇
塆口田一段，計稅乙畝，計租穀二百斤，今因乏用，自
情愿將前田一尽出佃與程志倫名下爲業，當日面
議佃價文拾兩正，其錢是身收足，其田聽憑
受人耕種管業，本身人等並無異言。恐口难
信，立此佃約爲用。
咸豐伍年十二月　日立佃約人汪敬宗○
代書　親文璦
其前田實押佃錢文三兩正，約至每年硬交
日穀五十斤，不得少欠，如有少欠，聽憑受人
前處耕種管業，日后備得原價回贖再批

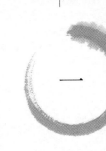

一

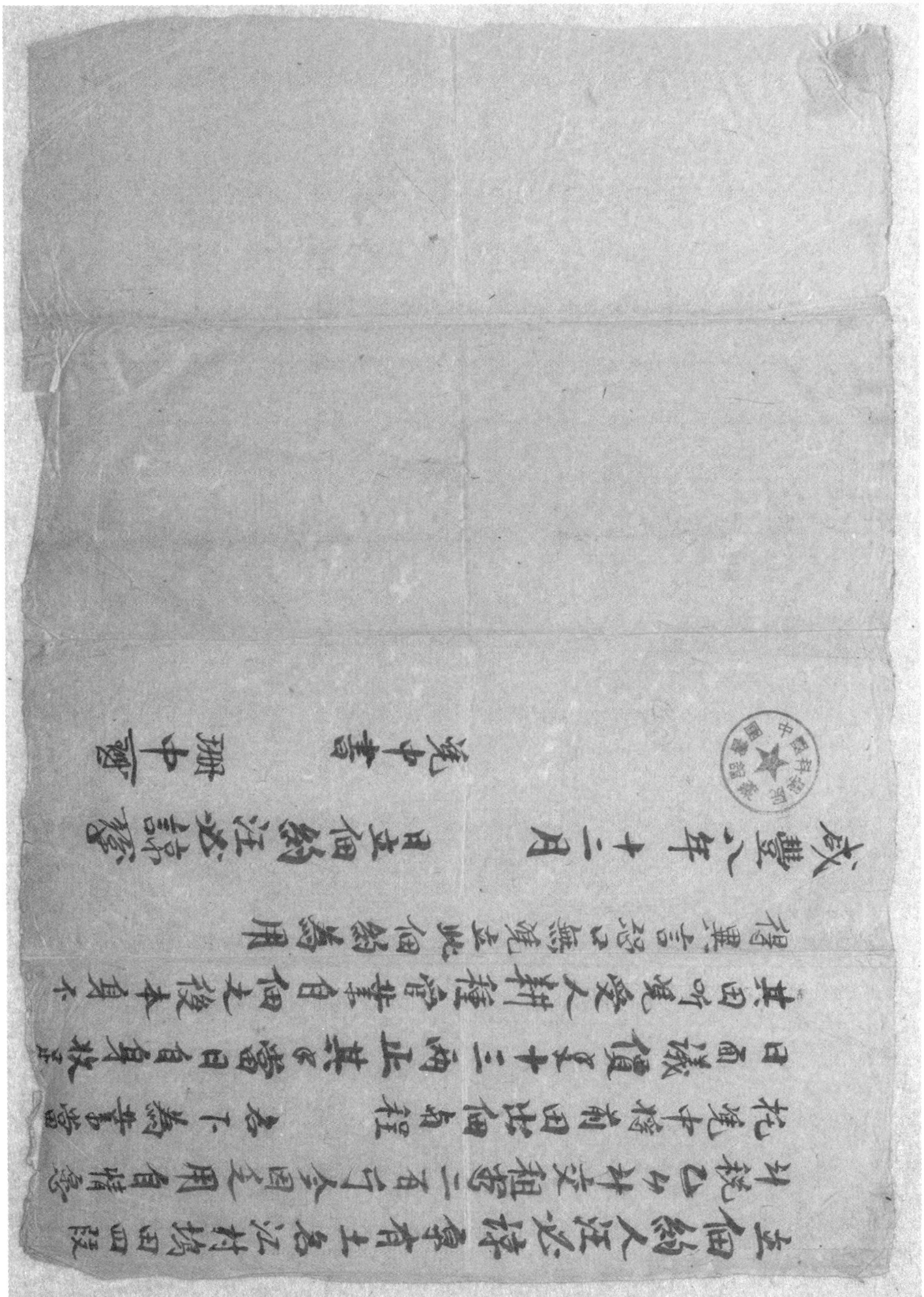
立佃約人汪必諒今有土名江村塢田四段
計稅乙分計交租谷二百斤今因乏用自情愿
托憑中將前田出佃與程　名下為業當
日面議價英洋十三兩正其洋當日自身收足
其田听憑受人耕種管業自佃之後本身不
得異言恐口無憑立此佃約為用
咸豐八年十二月　日立佃約汪必諒
憑中書　珊中

清咸豐八年十二月某某縣汪必諒立出佃田約

一

清咸豐十一年九月某某縣張永林等立杜斷佃頭田佃約

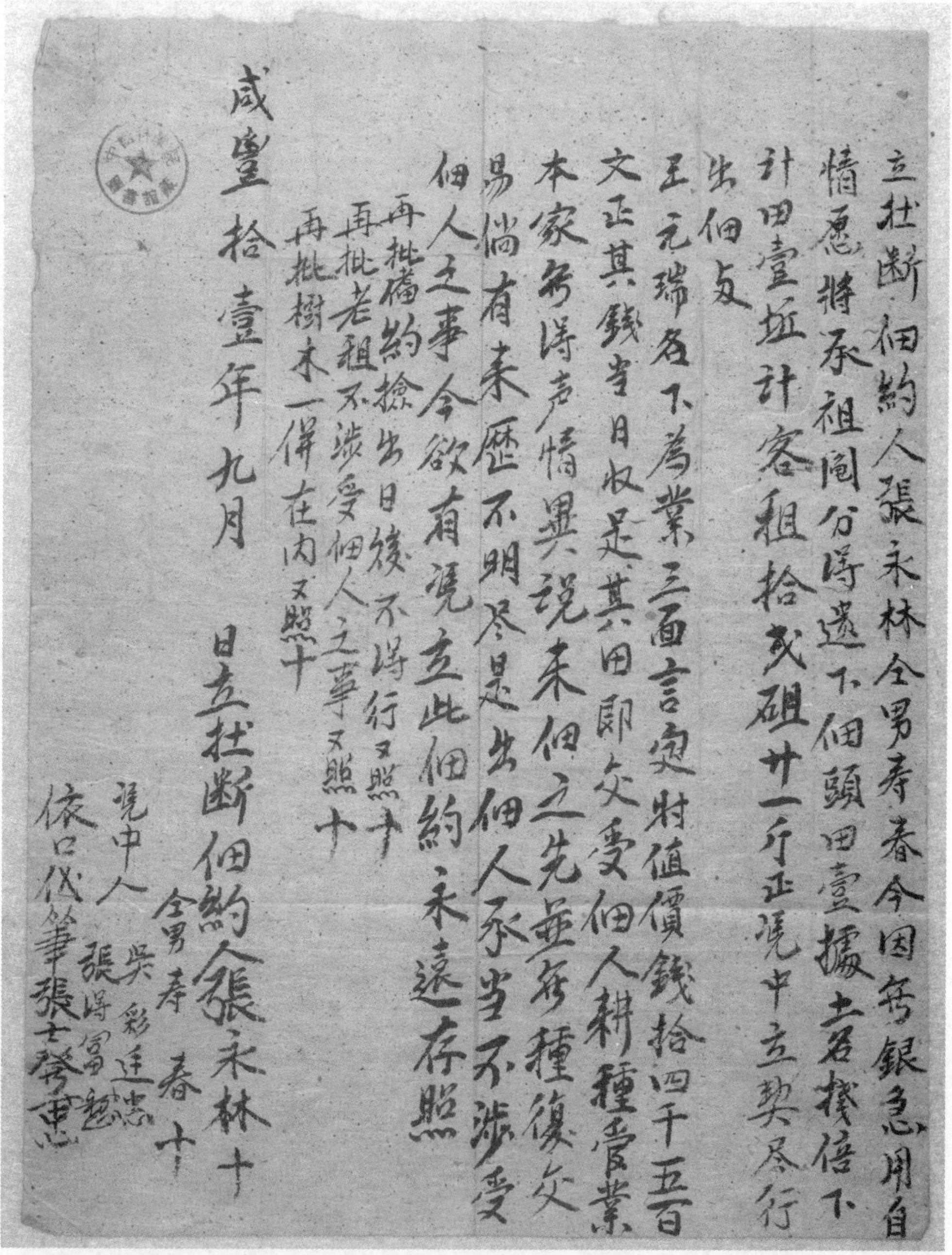
立杜斷佃約人張永林仝男寿春今因無銀急用自
情愿將承祖阄分得遗下佃頭田壹據土名擇倍下
计田壹坵計客租拾貳砠廿一斤正凴中立契尽行
出佃与
王元瑞名下為業三面言定時值價錢拾四千五百
文正其錢当日收足其田即交受佃人耕種管業
本家無得声情異説未佃之先並無重種復交
易倘有來歷不明尽是出佃人承当不涉受
佃人之事今欲有凴立此佃約永遠存照
再批備約撿出日後不得行　又照　十
再批老租不涉受佃人之事　又照　十
再批樹木一併在内　又照　十
咸豐拾壹年九月　日立杜斷佃約人張永林　十
仝男寿　春　十
凴中人　吳彩廷　押
張得富　押
依口代筆張士發　押

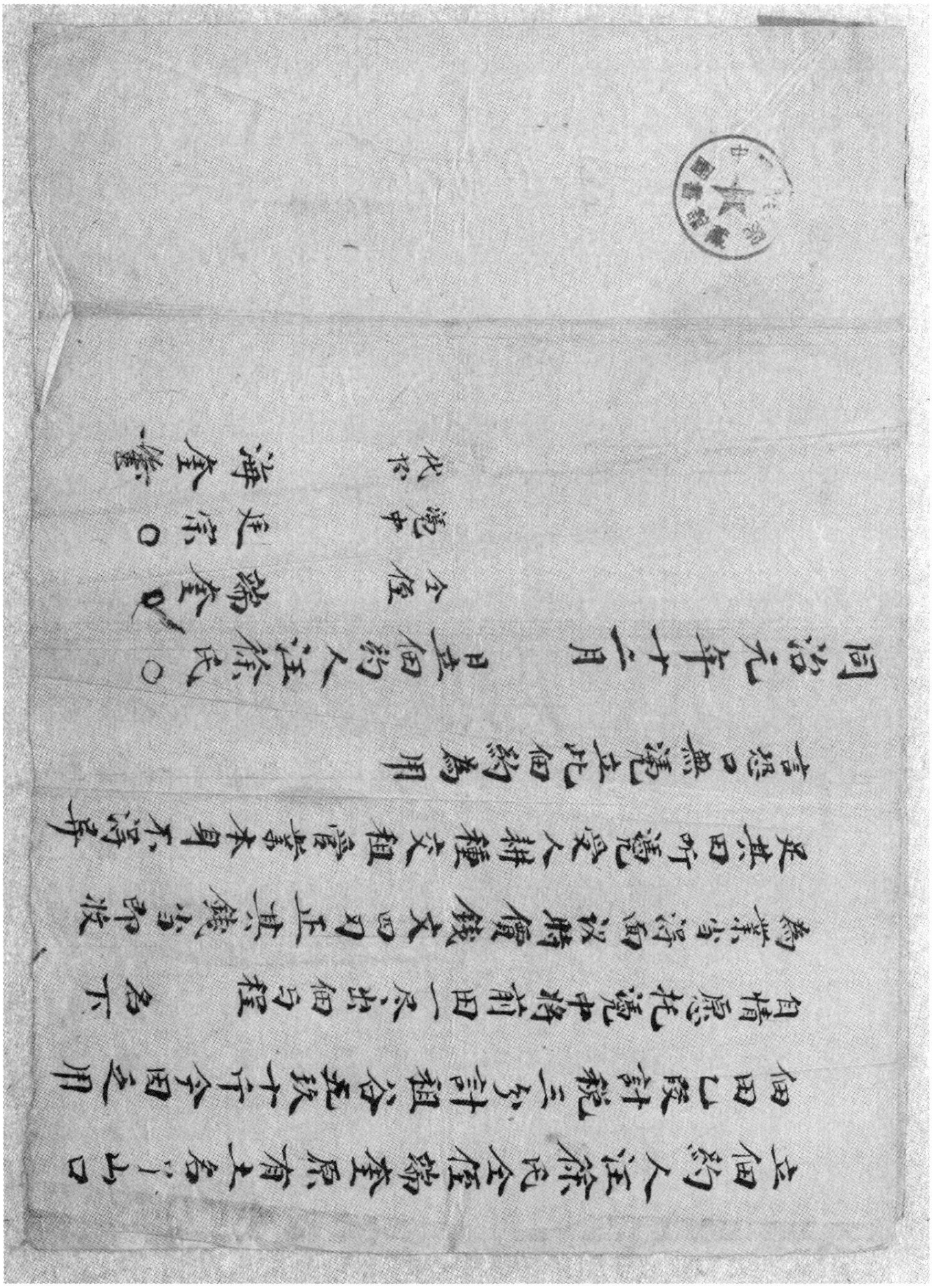

立佃約人汪徐氏仝侄端奎原有土名丫山口
佃田乙段計稅三分計租谷五秤十斤今田之用
自情愿托憑中將前田一尽出佃与程　名下
為業當得面议時價錢文四刃正其錢當即收
足其田所憑受人耕種交租管業本身不得异
言恐口無憑立此佃約為用
同治元年十二月　日立佃約人汪徐氏〇
仝侄　端奎
憑中　廷宗〇
代书　海奎

清同治元年十二月某某縣汪徐氏等立佃佃田約

清同治二年九月某某縣程阿徐氏等立佃田約

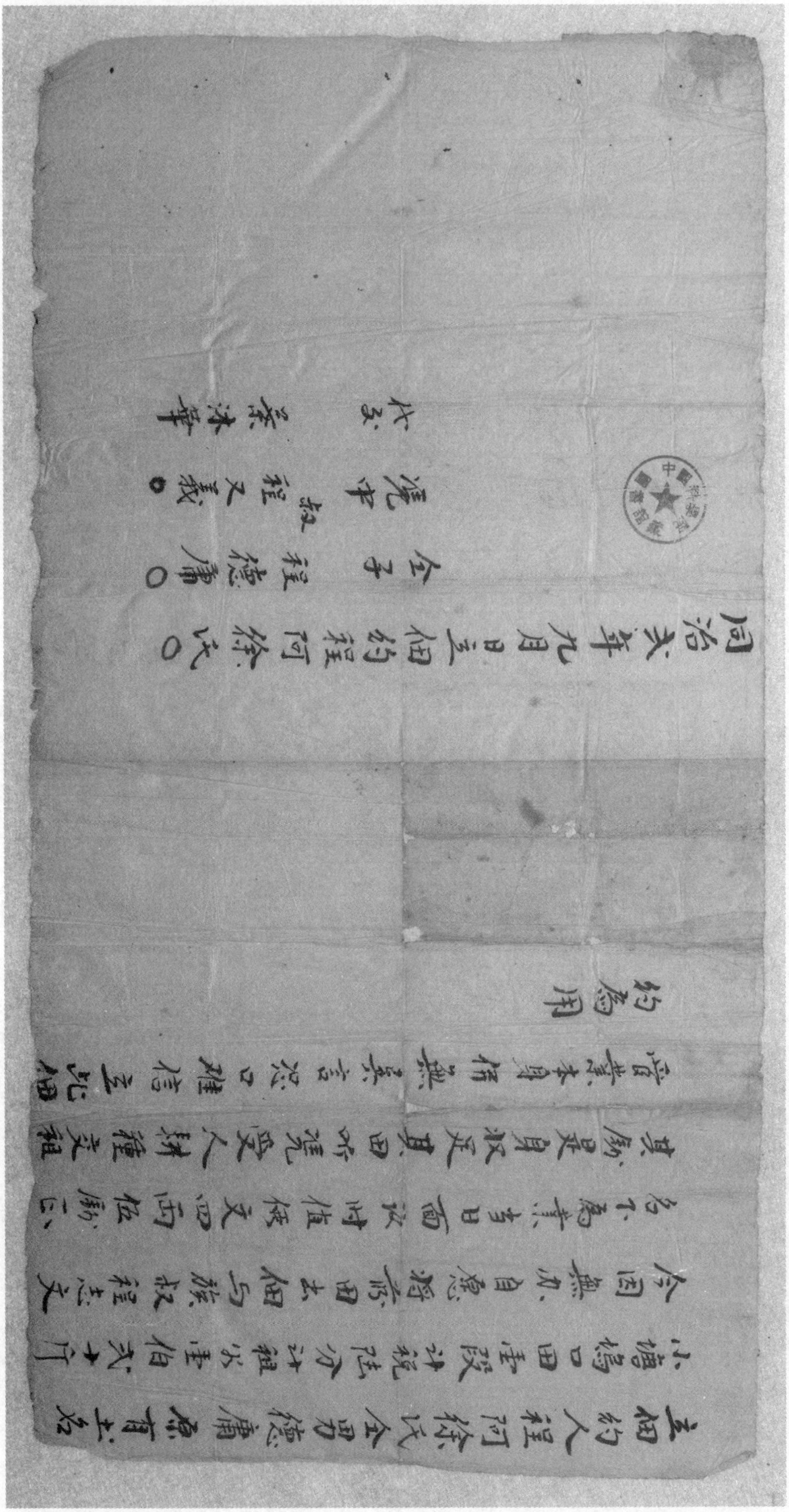

一

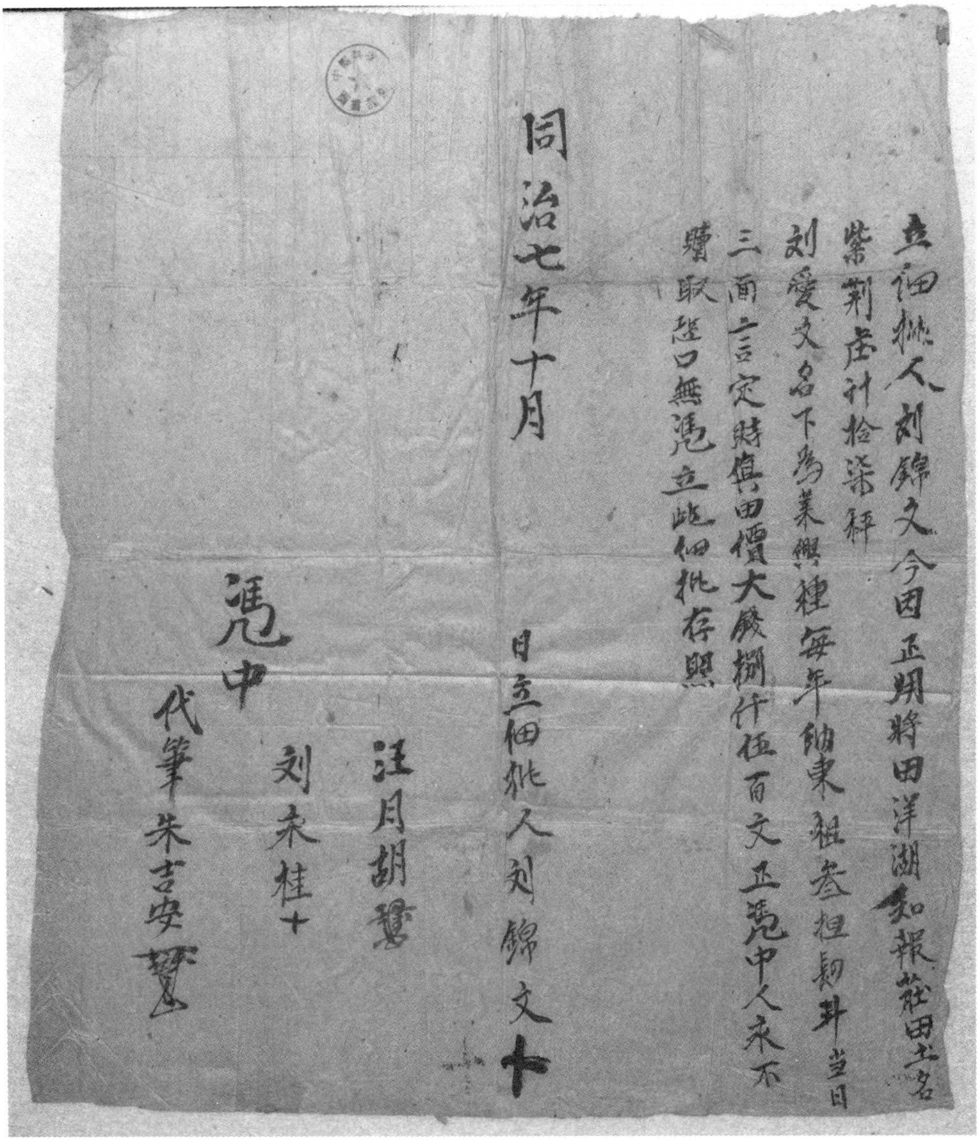

立佃批人刘錦文今因正用將田洋湖知報莊田土名
紫荊塢計拾柒秤
刘愛文名下為業興種每年納東租叁担[illegible]斗当日
三面言定時值田價大錢捌仟伍百文正憑中人來不
贖取趁口無憑立此佃批存照

同治七年十月 日立佃批人刘錦文十

憑中 汪月胡（押）
刘來桂十
代筆朱吉安（押）

清同治七年十月（休寧縣）劉錦文立出佃田批

一

清光緒五年十一月某某縣程德福立出佃田約

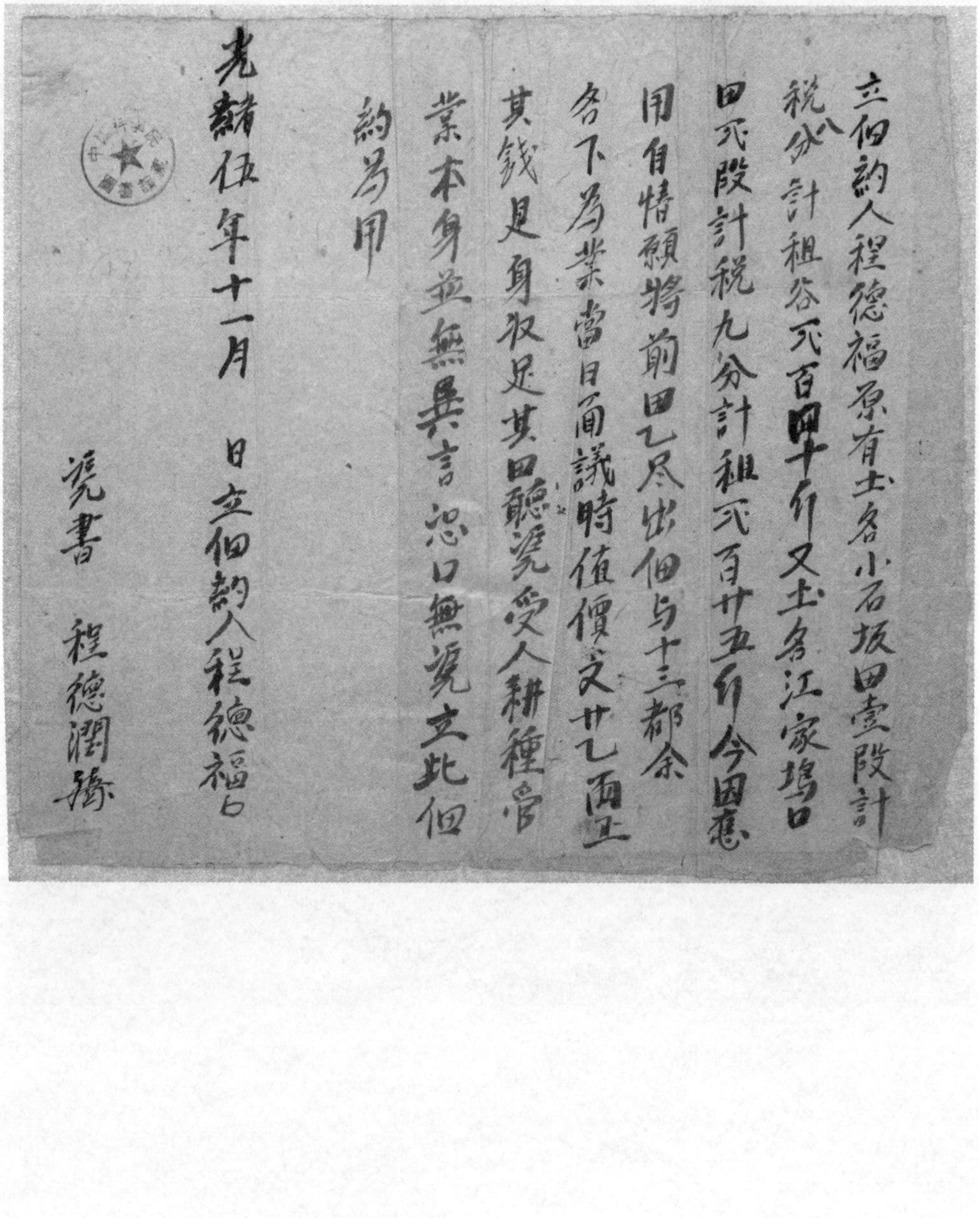
立佃約人程德福原有土名小石坂田壹段計
税八分計租谷弍百四十斤又土名江家塢口
田弍段計税九分計租弍百廿五斤今因急
用自情願將前田乙盡出佃与十三都余
名下為業當日面議時值價文廿乙兩正
其錢是身收足其田聽凭受人耕種管
業本身並無異言恐口無凭立此佃
約為用

光緒伍年十一月　日立佃約人程德福（押）

凴書　程德潤（押）

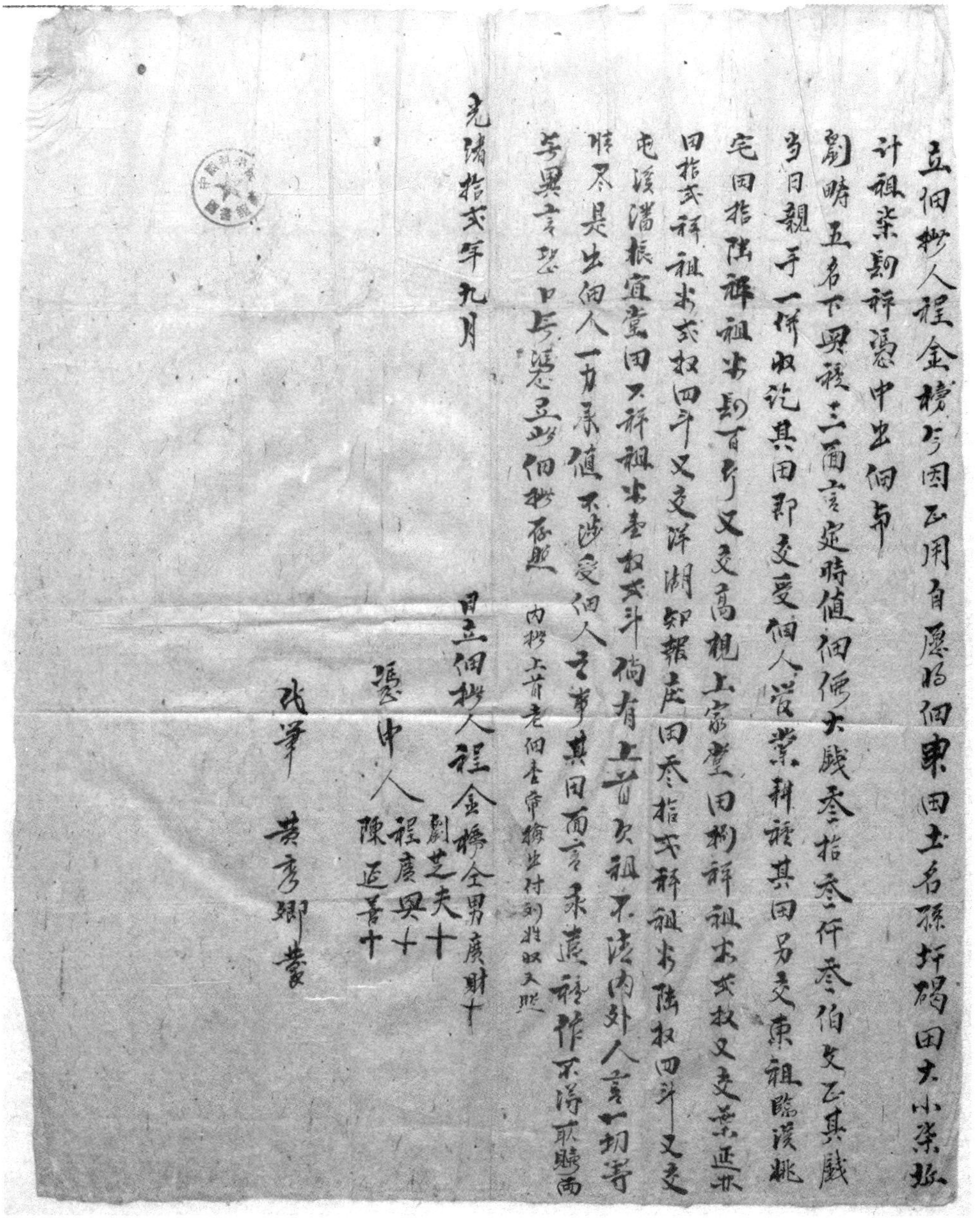

立佃批人程金榜今因正用自愿将佃東田土名孫圩塥田大小柒坵
計租柒斛秤憑中出佃与
劉晴五名下與種，三面言定時值佃價大錢叁拾叁仟叁伯文正，其錢
当日親手一併收訖。其田即交受佃人管業耕種。其田另交東祖臨溪挑
宅田拾陆秤，祖米斛百廿斤；又交高視上家塝田捌秤，祖米式拾；又交業匠林
田拾式秤，祖米式拾四斤；又交洋湖知報庄田叁拾式秤，祖米陆拾四斤；又交
屯溪潘振宜堂田六秤，祖米壹拾式斤。倘有上首交祖不清，内外人言，一切等
情，尽是出佃人一力承值，不涉受佃人之事。其田面言永遠耕作，不得取贖。两
無異言，恐口無憑，立此佃批存照。

内批上首老佃壹帋檢出付到此收又照

光緒拾式年九月　日立佃批人程金榜　全男廣財十

憑中人　劉芝夫十
程廣興十
陳廷善十

代筆　黄彥卿書

清光緒十二年九月（休寧縣）程金榜等立出佃田批

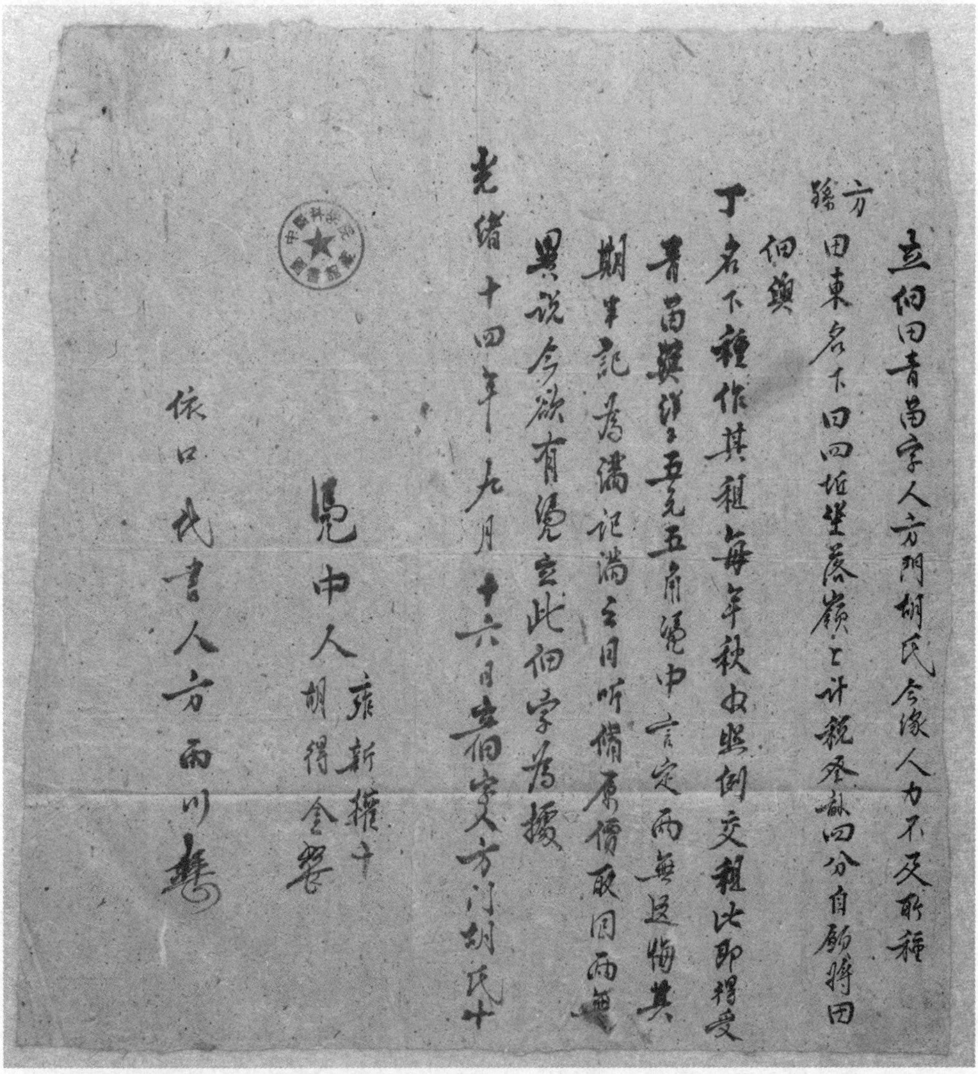

立佃田青苗字人方門胡氏今緣人力不及耕種
田東名下田四坵坐落嶺上計税叁畝四分自願將田
佃與
方孫丁名下種作其租每年秋收照例交租此即得受
青苗英洋五元五角憑中言定兩無退悔其
期未記為滿記滿之日听備原價取回兩無
異說今欲有憑立此佃字為據
光緒十四年九月十六日立佃字人方门胡氏十
憑中人　方新旺十
胡得金押
依口代書人方兩川押

清光緒十四年九月某某縣方門胡氏立出佃田青苗字

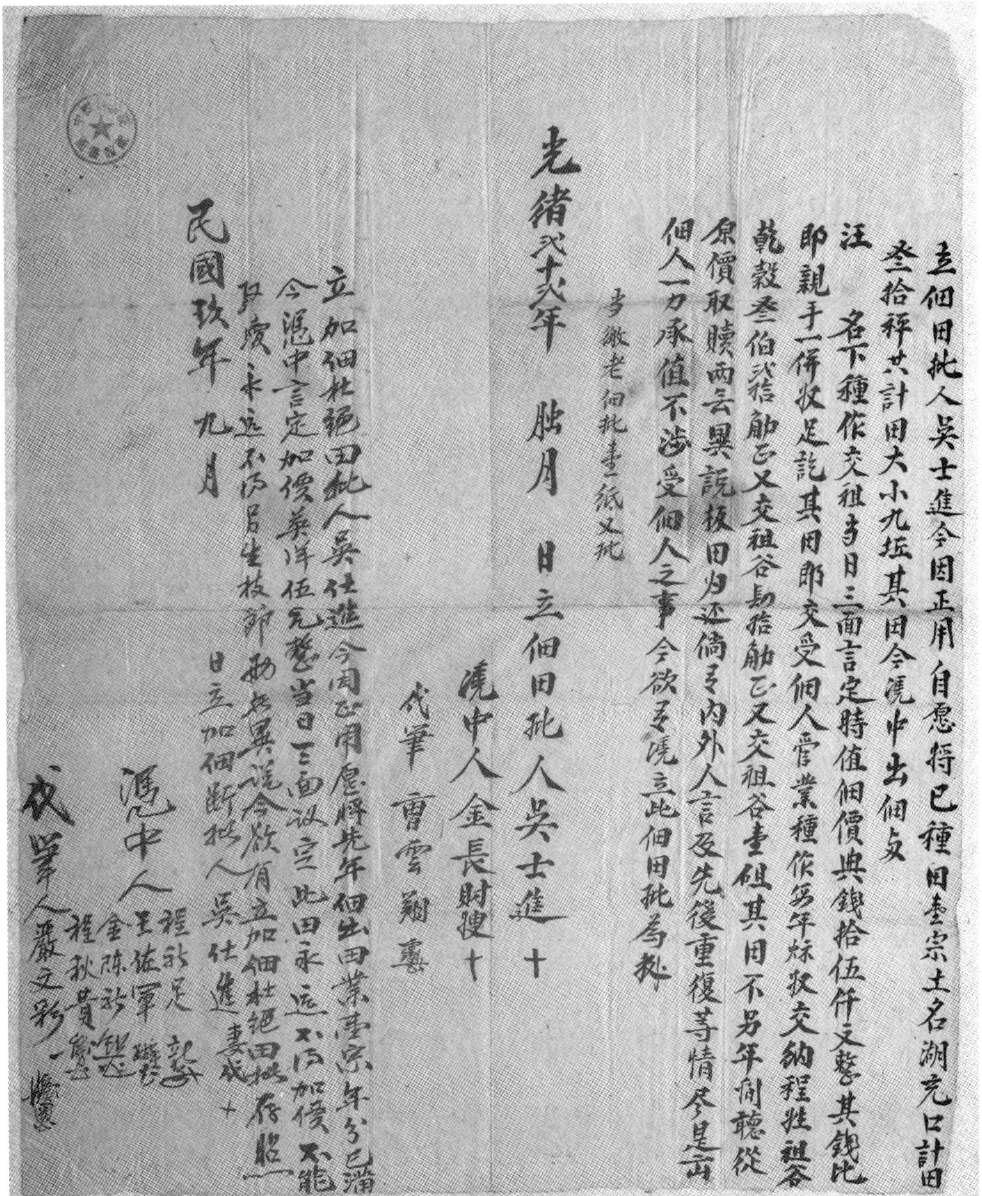

立佃田批人吴士進今因正用自愿將已種田壹宗土名湖充口計田
叁拾秤共計田大小九坵其田今憑中出佃與
汪　名下種作交租當日三面言定時值佃價典錢拾伍仟文整其錢比
即親手一併收足訖其田即交受佃人管業種作每年秋收交納程姓租谷
乾穀叁伯弍拾觔正又交租谷壹拾觔正又交租谷壹砠其田不另年尚聽從
原價取贖兩無異說接田乃还倘有内外人言及先後重復等情盡是出
佃人一力承值不涉受佃人之事今欲有憑立此佃田批為據
另繳老佃批壹紙又批
光緒弍十弍年腊月　日立佃田批人吴士進　十
憑中人金長財押　十
代筆曹雲翔（押）

立加佃杜絶田批人吴仕進今因正用愿將先年佃出田業壹宗年分已滿
今憑中言定加價英洋伍元整當日亲面收足此田永远不得加價不能
取贖永远不得另生枝節兩無異說今欲有立加佃杜絶田批存照
民國玖年九月　日立加佃斷批人吴仕進　妻代　十
憑中人　程新足（押）　王德軍（押）　金陳新（押）　程秋貴（押）
代筆人嚴文彩（押）

清光緒二十二年十二月某某縣吴士進立出佃田批附
民國九年九月吴仕進立加佃杜绝田批

一

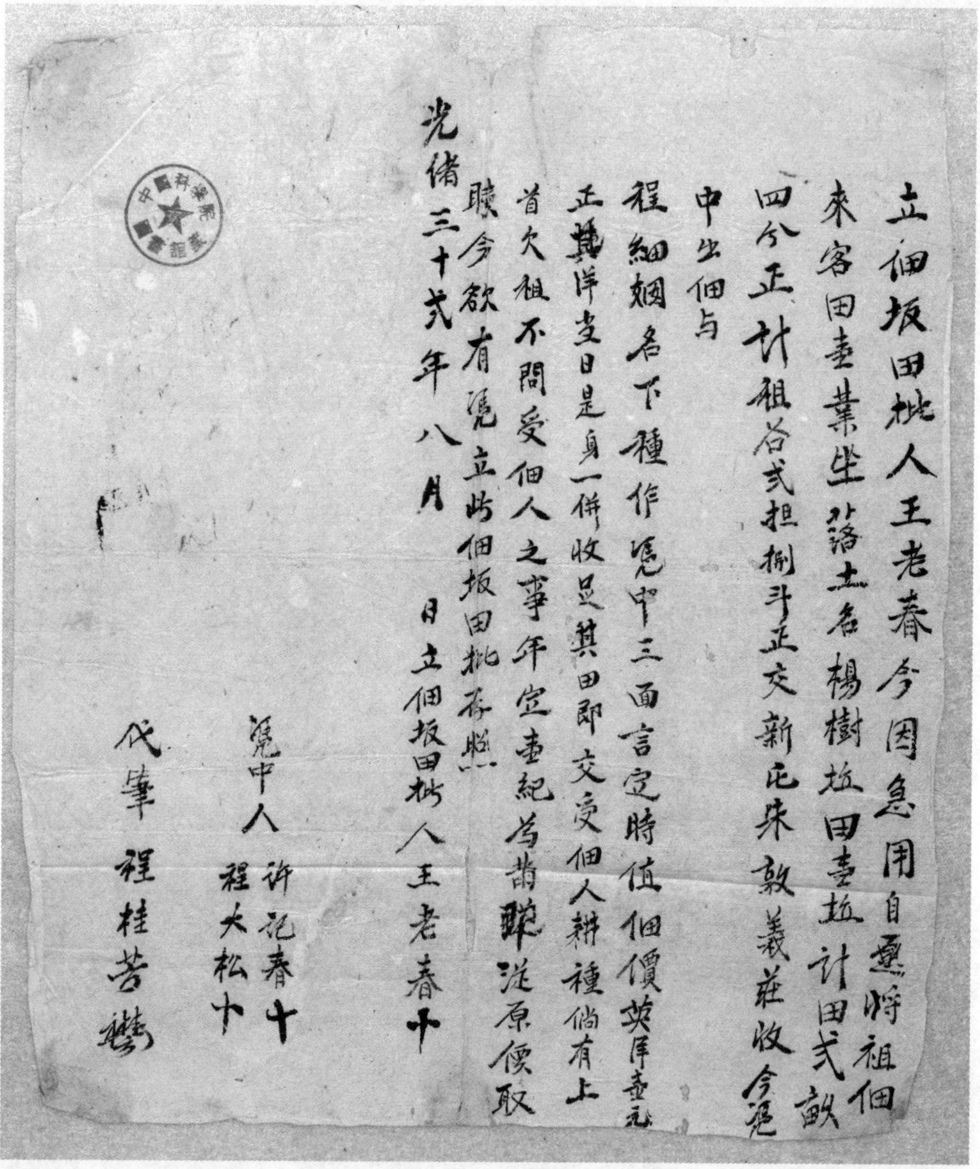
立佃坂田批人王老春今因急用自愿將祖佃
來客田土業坐落土名楊樹坵田土坵計田弍畝
四分正計租谷弍担捌斗正交新正朱敦義莊收今憑
中出佃与
程細烟名下種作憑中三面言定時值佃價英洋壹元
正其洋當日是身一併收足其田即交受佃人耕種倘有上
首欠租不問受佃人之事年定壹紀為满聽從原價取
贖今欲有憑立此佃坂田批存照
光緒三十弍年八月 日立佃坂田批人王老春十
憑中人 許祀春十
程大松十
代筆 程桂芳

清光緒三十二年八月（休寧縣）王老春立出佃坂田批

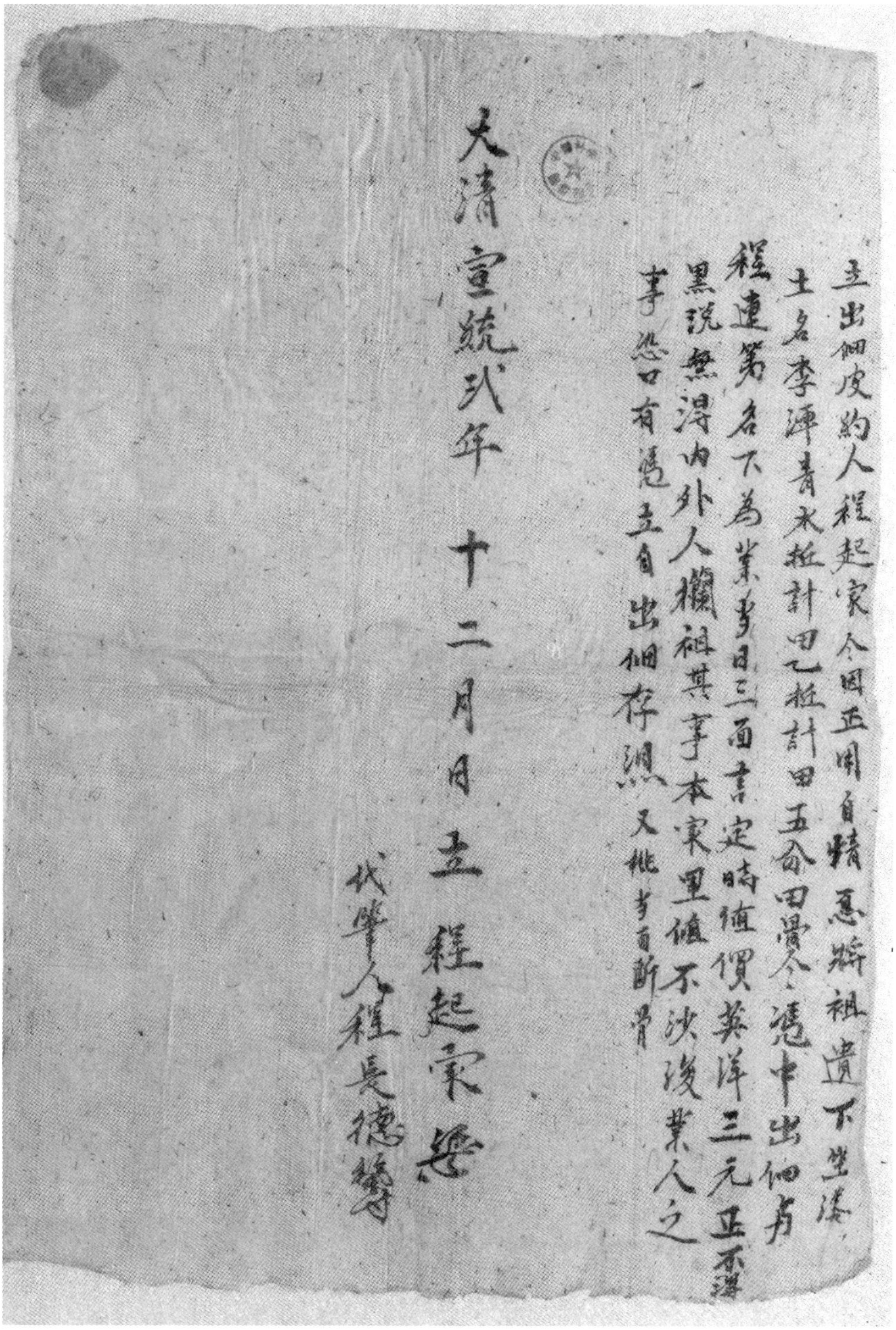
立出佃皮約人程起家，今因正用，自情愿將祖遺下坐落土名李渾青木坵，計田乙坵，計田五分，田骨今凴中出佃与程達第名下為業，当日三面言定，時值價英洋三元正，不得異說，無得內外人攔阻。其事本家里值，不涉後業人之事。恐口有憑，立此出佃存照。又批：当面斷骨。

大清宣統弍年十二月　日立　程起家（押）

代筆人程長德（押）

清宣統二年十二月某某縣程起家立出佃田皮約

三、明嘉靖至崇禎年間租田地店屋牛麻等契約

〔一〕明嘉靖至崇禎年間〔祁門縣〕桃源洪氏出租店屋契約

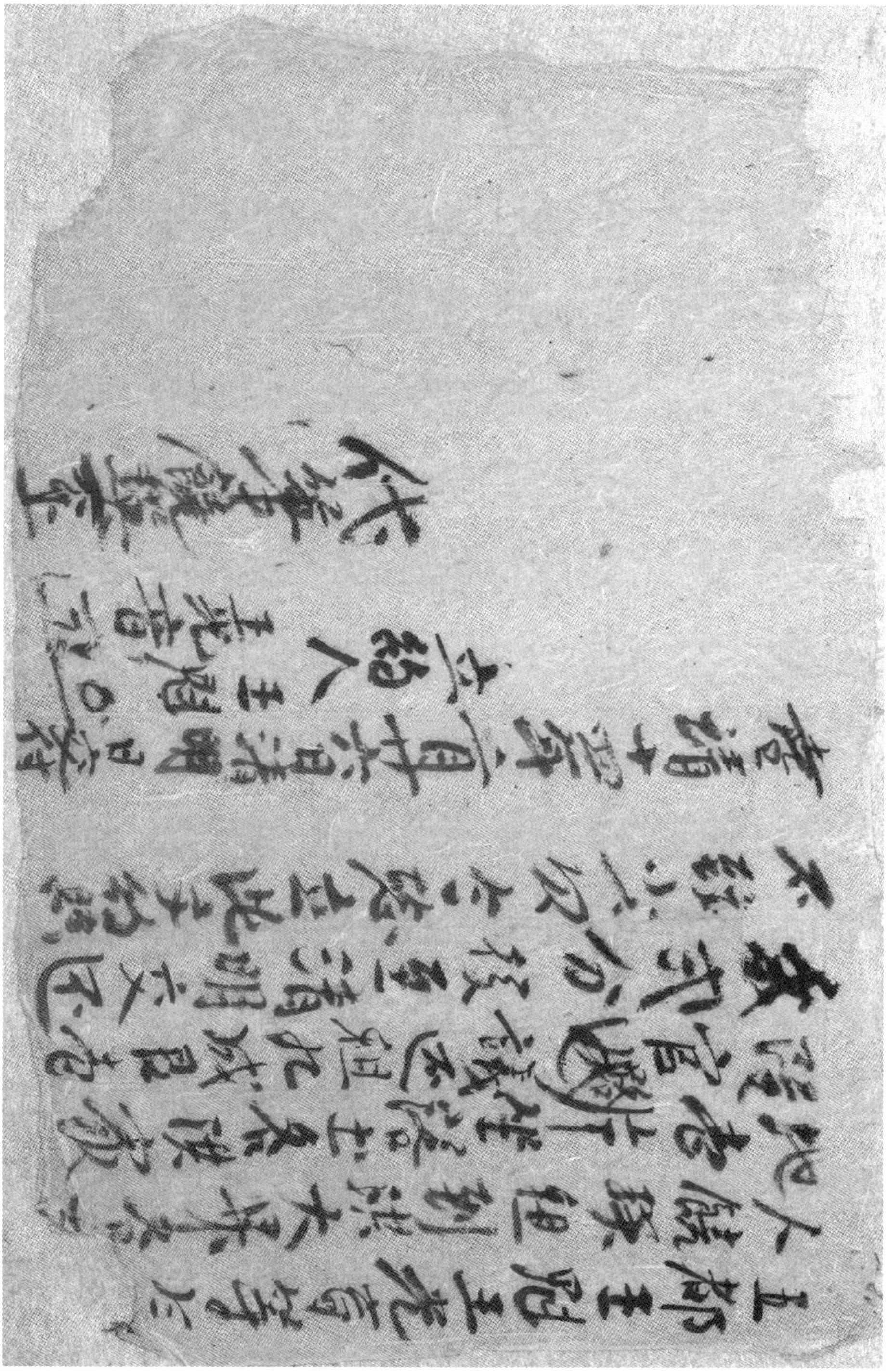

明嘉靖十四年二月〔祁門縣〕王魁等立租地約

一

明崇禎九年十二月〔祁門縣〕〔洪〕大鼎立租店屋約

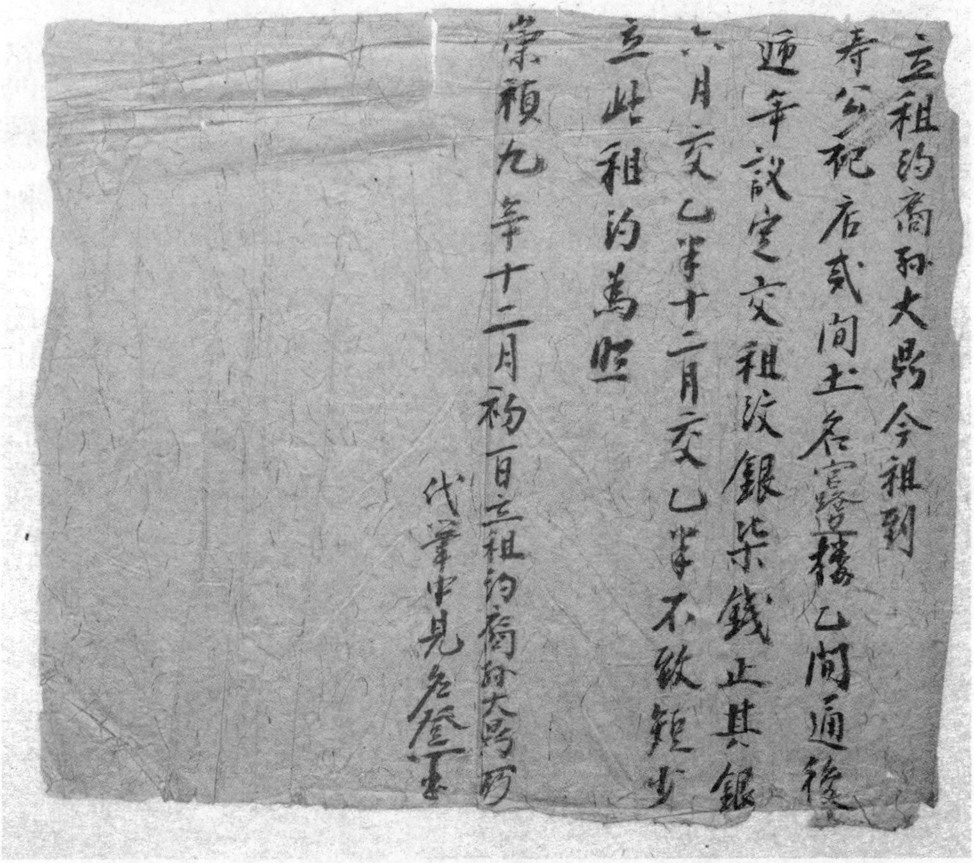
立租約裔孫大鼎今租到
壽公祀店貳間土名宫路樓乙間通後
通年議定交租紋銀柒錢正其銀
六月交乙半十二月交乙半不致短少
立此租約為照
崇禎九年十二月初百立租約裔孫大鼎（押）
代筆中見名登（押）

明崇禎十年正月（祁門縣）（洪）應中立租店屋約

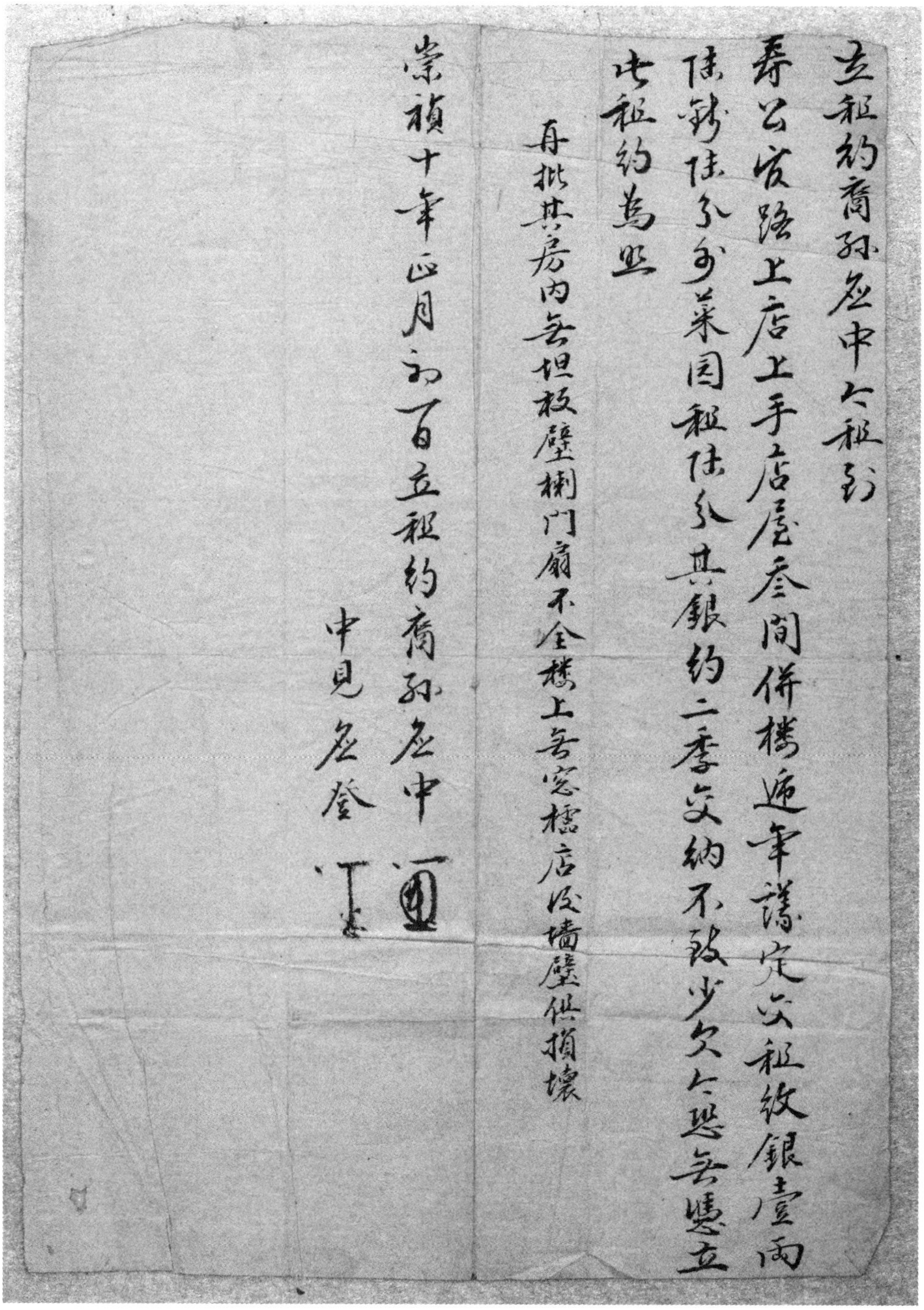
立租約喬孙应中今租到
壽公衆路上店上手店屋叁間併樓逐年議定交租紋銀壹兩
陸錢陸分并菜园租陸分其銀約二季交納不致少欠今恐無憑立
此租約為照
再批其房内無坦板壁槅门扇不全樓上無窗檔店後墻壁俱損壞
崇禎十年正月初日立租約喬孙应中（押）
中見应登（押）

〔二〕明嘉靖至崇禎年間租田地店屋麻牛等契約

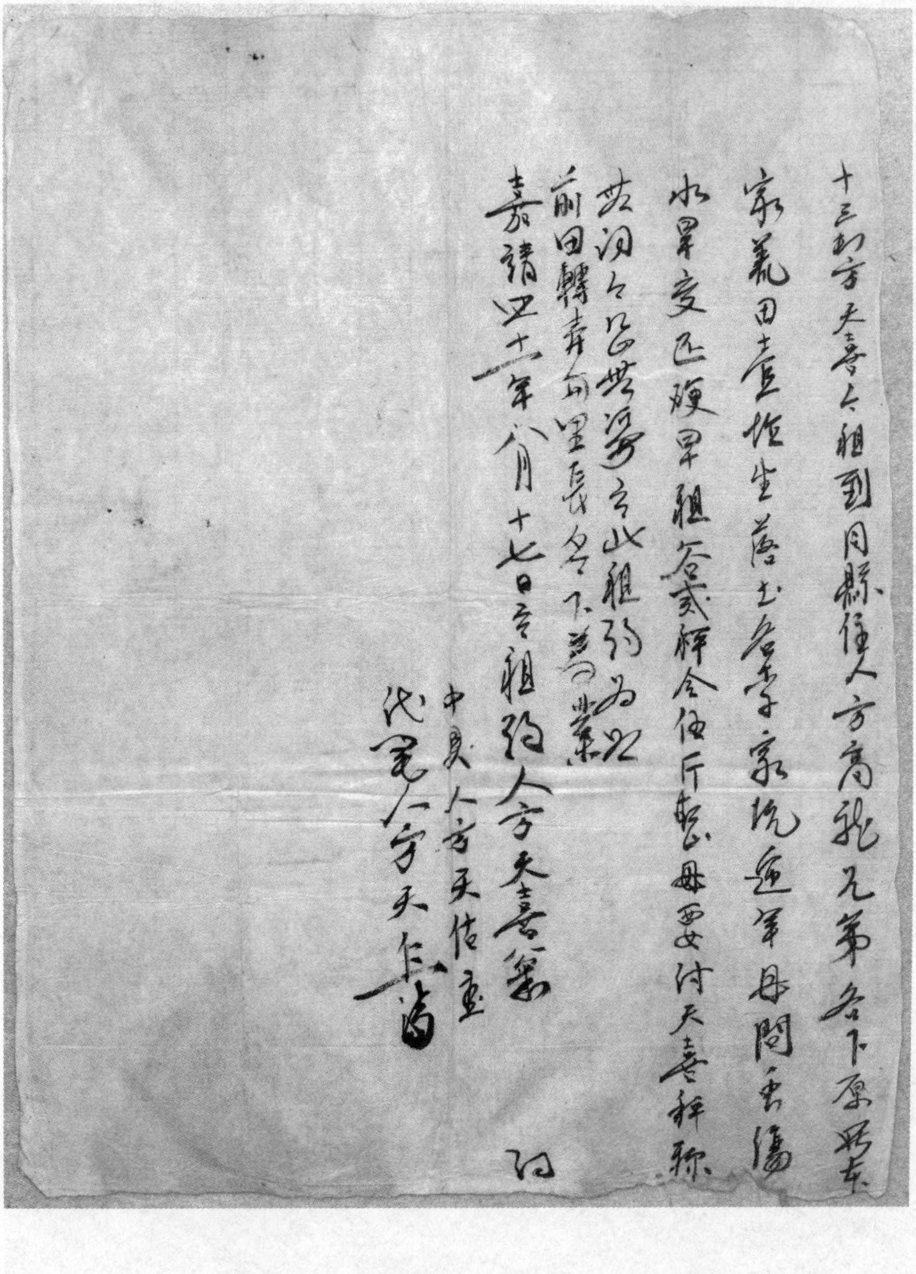
十三都方天喜今租到同縣住人方高龍兄弟名下原共
家荒田壹坵，坐落土名方家坑，逢年毋問出編
水旱交還硬早租谷貳秤今伍斤整，毋要付天喜秤称
其詞今恐無憑，立此租約為照
前田轉奉與里長名下為業
嘉靖四十一年八月十七日立租約人方天喜（押）
中見人方天佑（押）
代筆人方天仁（押）

明嘉靖四十五年五月〔祁門縣〕汪新乞立租田批

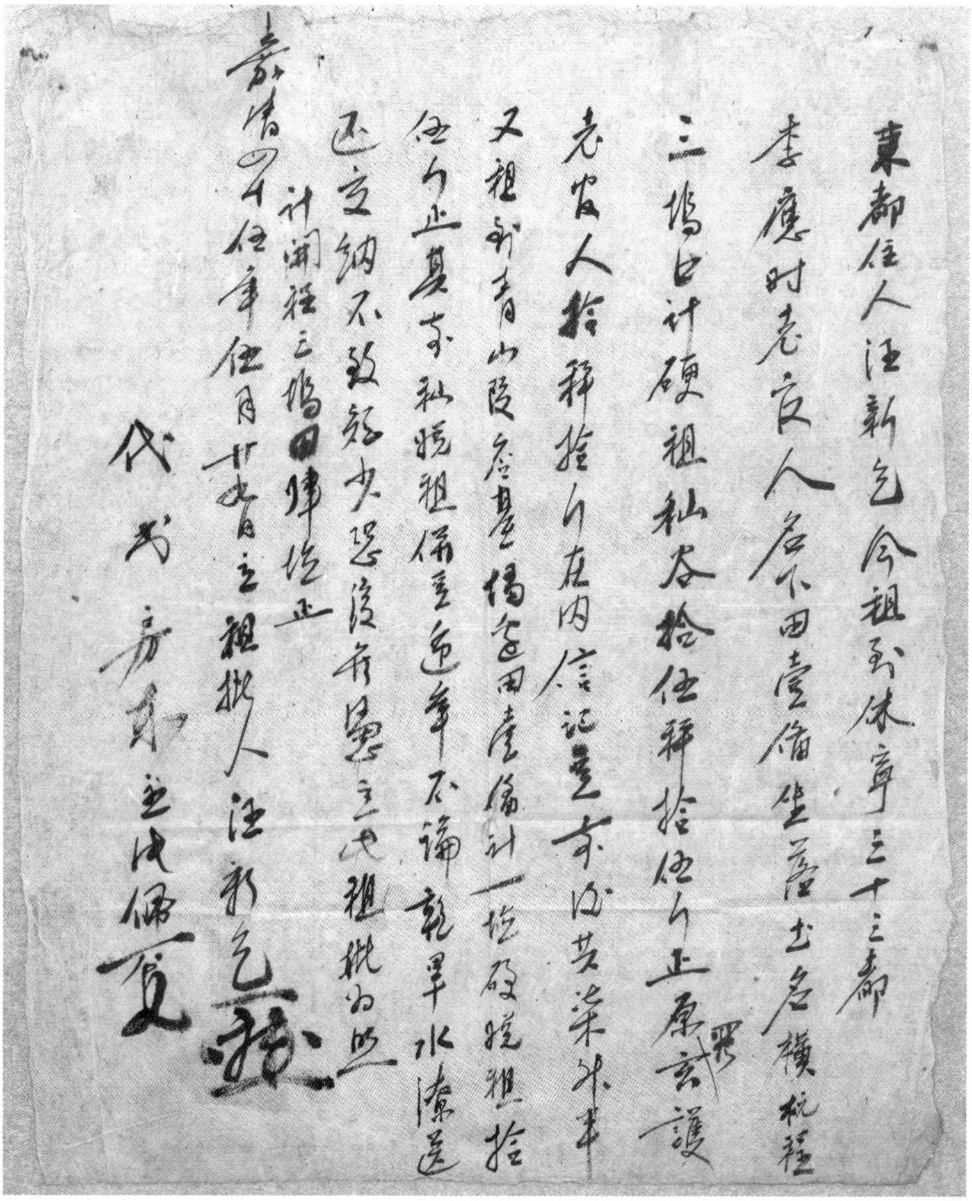

東都住人汪新乞今租到休寧三十三都
李應時名下田壹備坐落土名橫杭
三塢口計硬租私秤拾伍秤拾伍斤正原護
老發人拾秤拾斤在内 信記畫方收共柒秤半
又租到青山段名[illegible]田壹備計一坵硬租拾
伍斤正其方私秤租係多遞年不論乾旱水潦送
还交纳不致缺少恐後無憑立此租批為照
計開經三塢田肆坵正
嘉靖四十伍年伍月廿五日立租批人 汪新乞
代書 房兄 汪佛賓

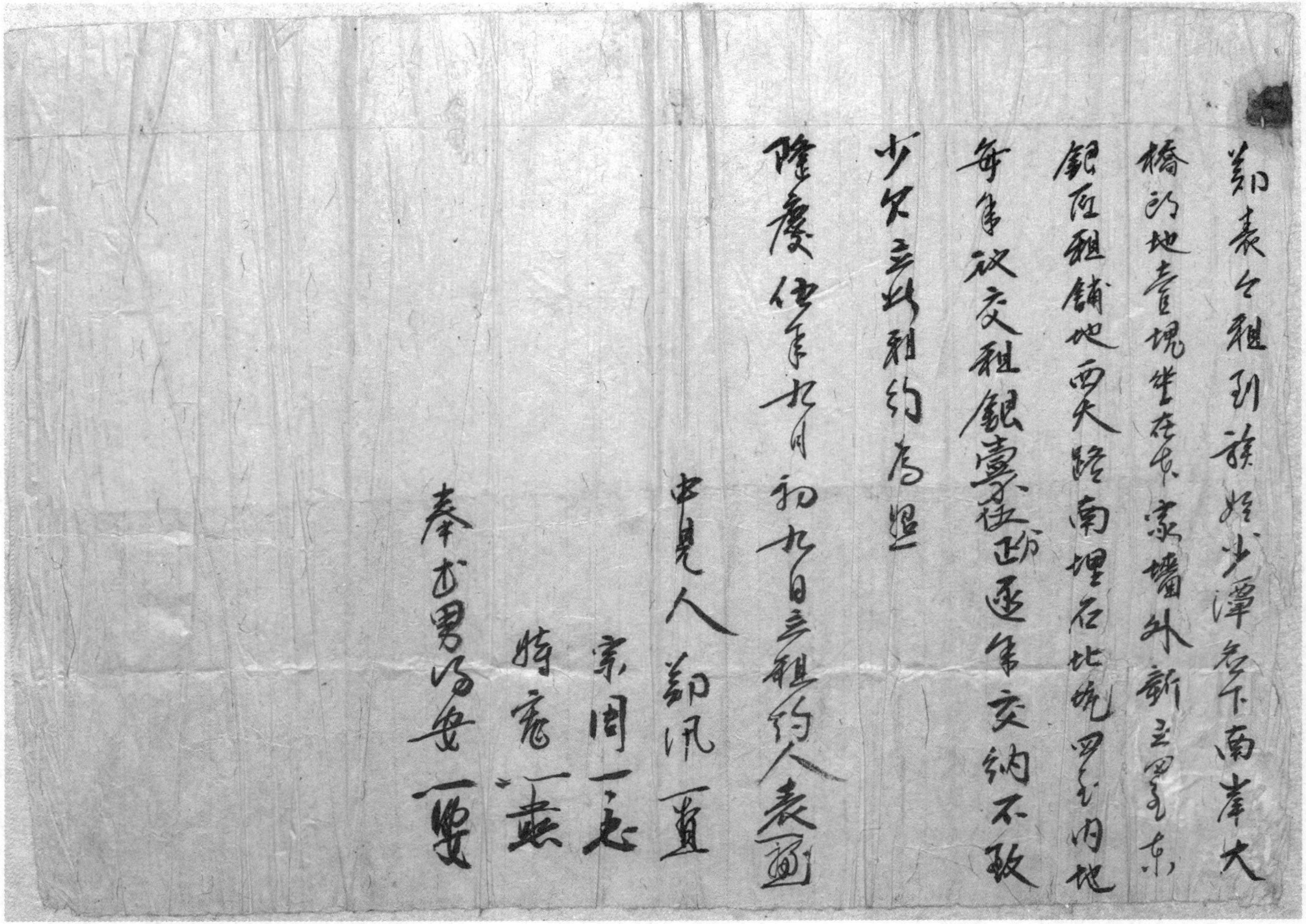

鄭表今租到族姪少潭名下南岸大
橋頭地壹塊坐在家墻外新立界東
鄰至租鋪地西至大路南埋石北埋界石內地
每年秋交租銀壹錢正遂年交納不致
少欠立此租約為照
隆慶伍年九月初九日立租約人鄭表（押）
中見人　鄭汛（押）
宗周（押）
時㢘（押）
奉書男鄭安（押）

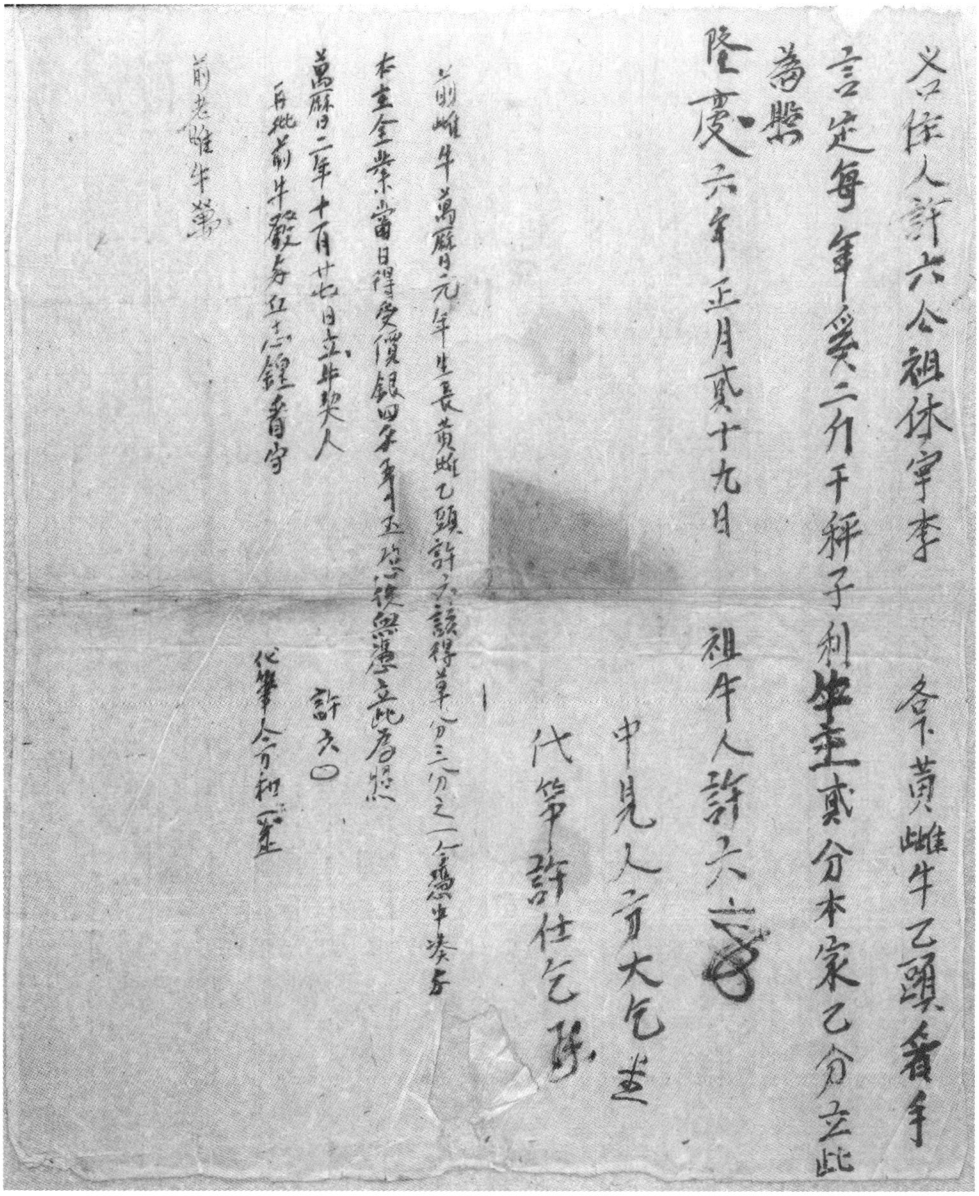

立佃人許六今租休寧李　名下黃雌牛乙頭看守
言定每年交二斤干秤子利　牛主貳分本家乙分立此
為照
隆慶六年正月貳十九日　租牛人許六（押）
中見人方大乞（押）
代筆許仕乞（押）

前雌牛萬曆元年生長黃雌乙頭許六該得草分三分之一今憑中賣與
本主全業當日得受價銀四分年十五日後無憑立此為照
萬曆二年十一月廿七日立契人　許六（押）
再批前牛發與丘志鍠看守
代筆人方相（押）
前老雌牛

明隆慶六年正月休寧縣許六立租牛照附萬曆二年十一月許六立轉讓小牛草分並將牛發與丘志鍠看守照

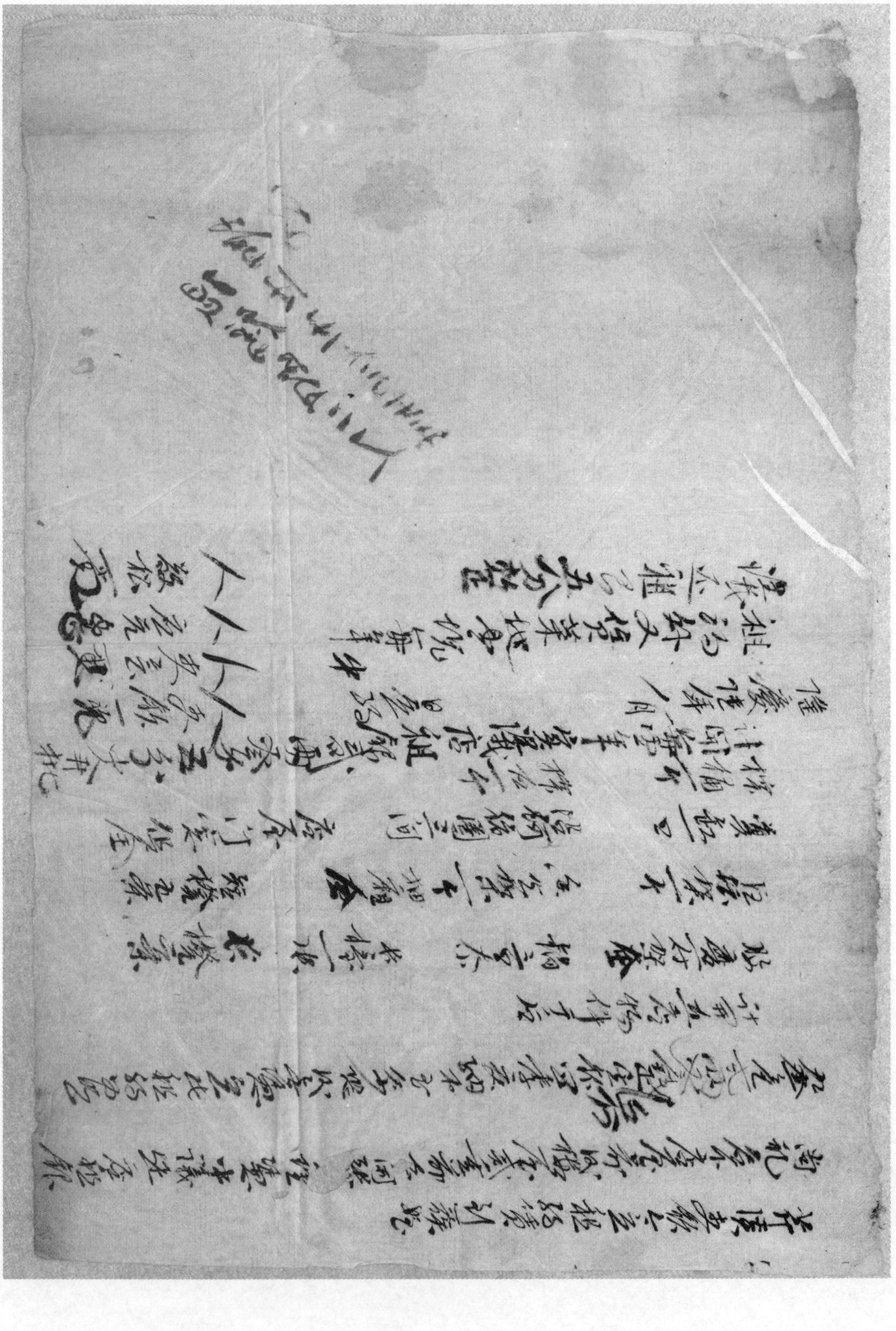

明隆慶六年八月〔休寧縣〕李欽立租店屋及菜地約

明隆慶六年八月〔休寧縣〕李欽立租店屋及菜地約〔背〕

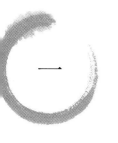

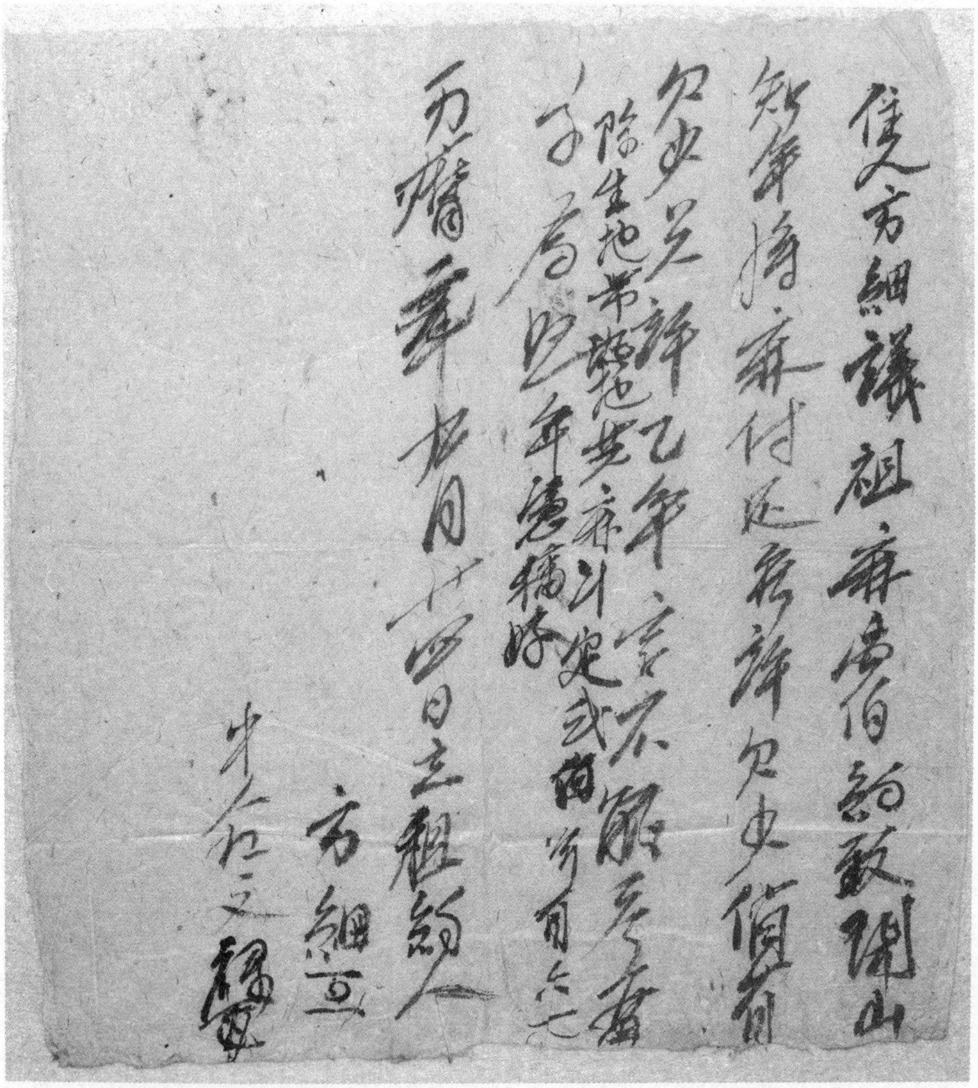
萬曆貳年九月廿四日立租約人
方細立

一

明萬曆二年九月某某縣方細立租麻約

明萬曆五年十月祁門縣汪六立租牛約

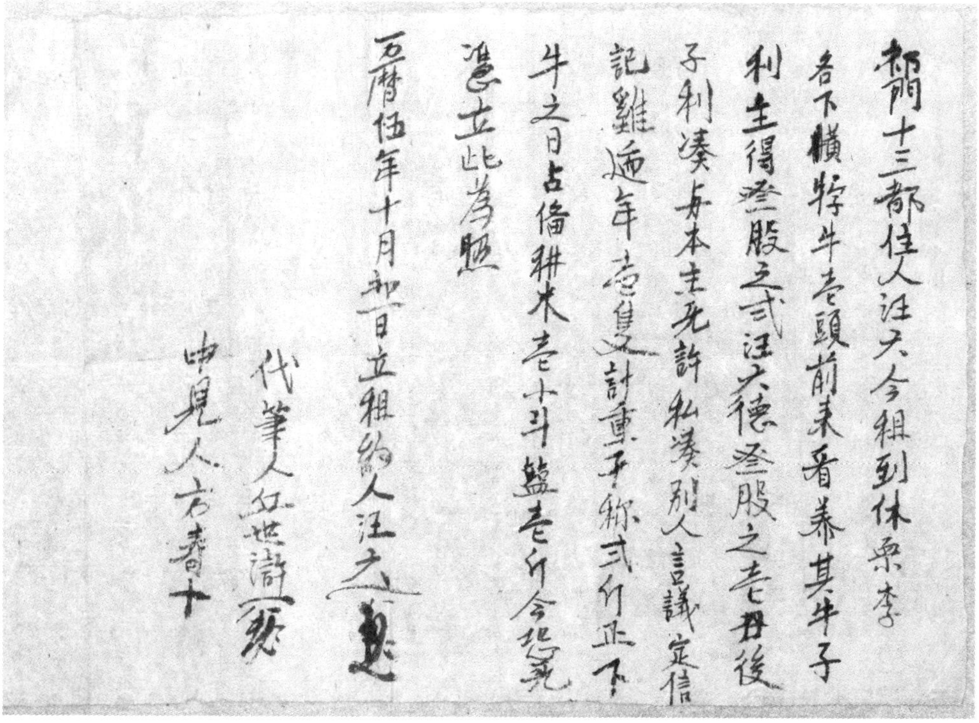

祁門十三都住人汪六今租到休寧李
名下犢牸牛壹頭前來看養，其牛子
利主得叁股之弍，汪六德叁股之壹，日後
子利湊與本主，無許私湊別人。言議定信
記雞遞年壹隻，計重平稱弍斤正。下
牛之日，占備耕米壹小斗，鹽壹斤。今恐無
憑，立此為照。
萬曆伍年十月初十日立租約人汪六（押）
代筆人江世潽（押）
中見人方春十

一

明萬曆十二年十二月某某縣唐世音立抱地約

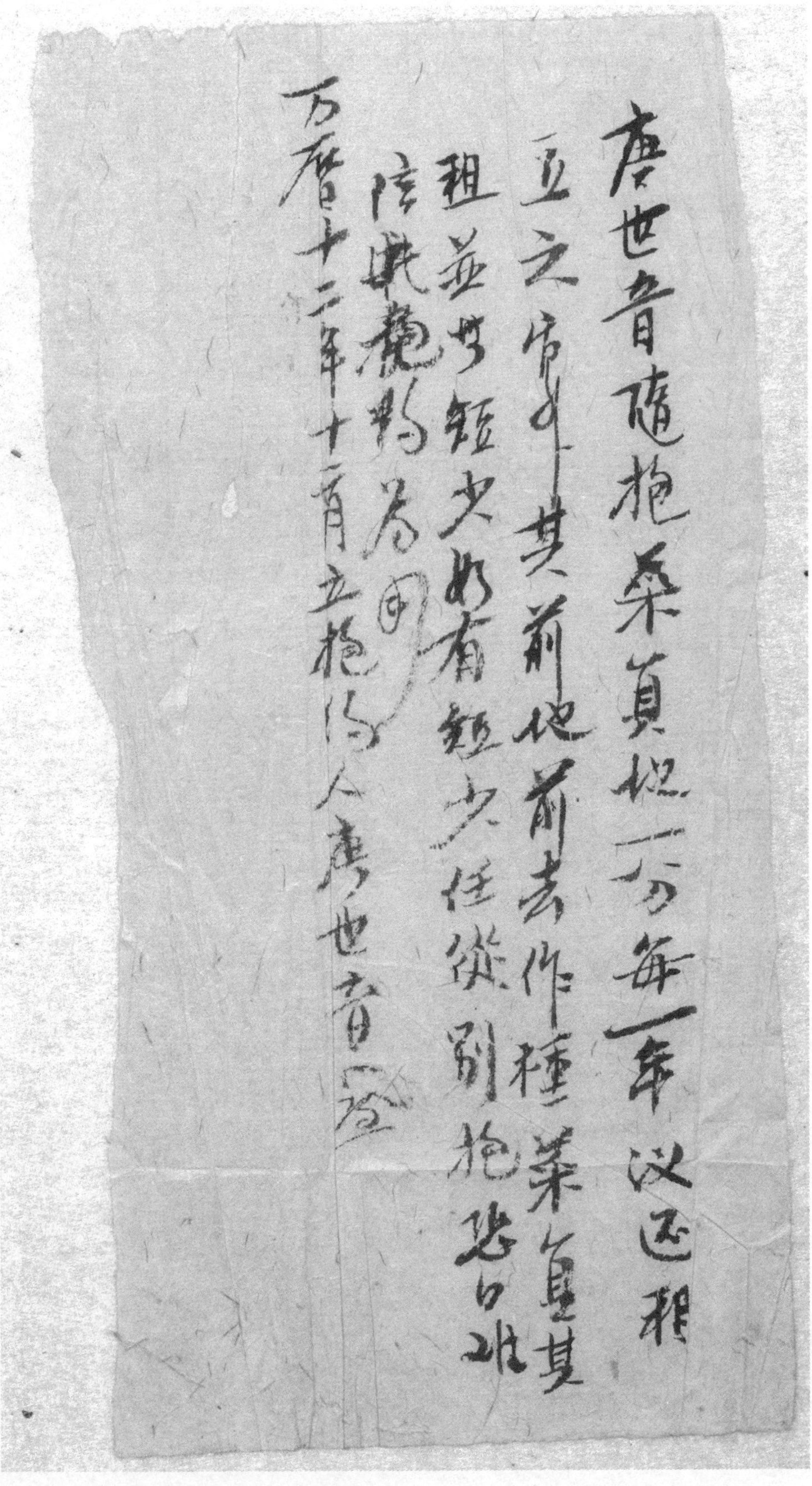
唐世音隨抱桑貢坦一分，每一年汲還租
豆之家，其前地前去作種菜食。其
租並無短少，如有短少，任從別抱。恐口無
憑，立此抱約為照。
万曆十二年十二月　立抱約人唐世音（押）

一

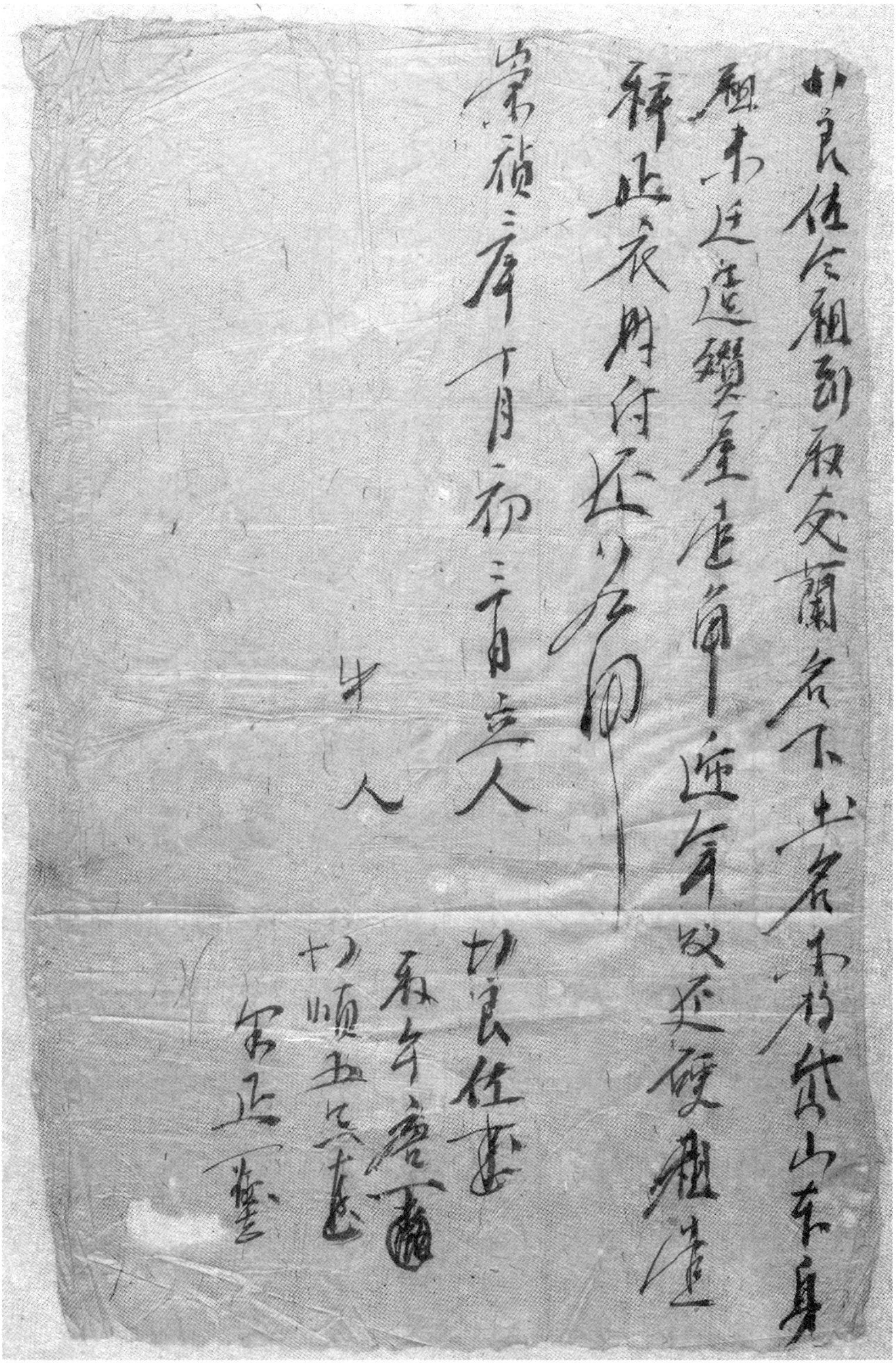
胡良佐今租到叔交蘭名下土名木杓坑山本身
種木在造鑽屋居每年交還硬租
銀其銀用付還少回
崇禎三年十月初二十日立人 胡良佐（押）
中人 叔交蘭（押）
十一月頃五兩（押）
宗正（押）

明崇禎三年十月某某縣胡良佐立租山契

一

明崇禎六年十月（祁門縣）方記冬等立租山約

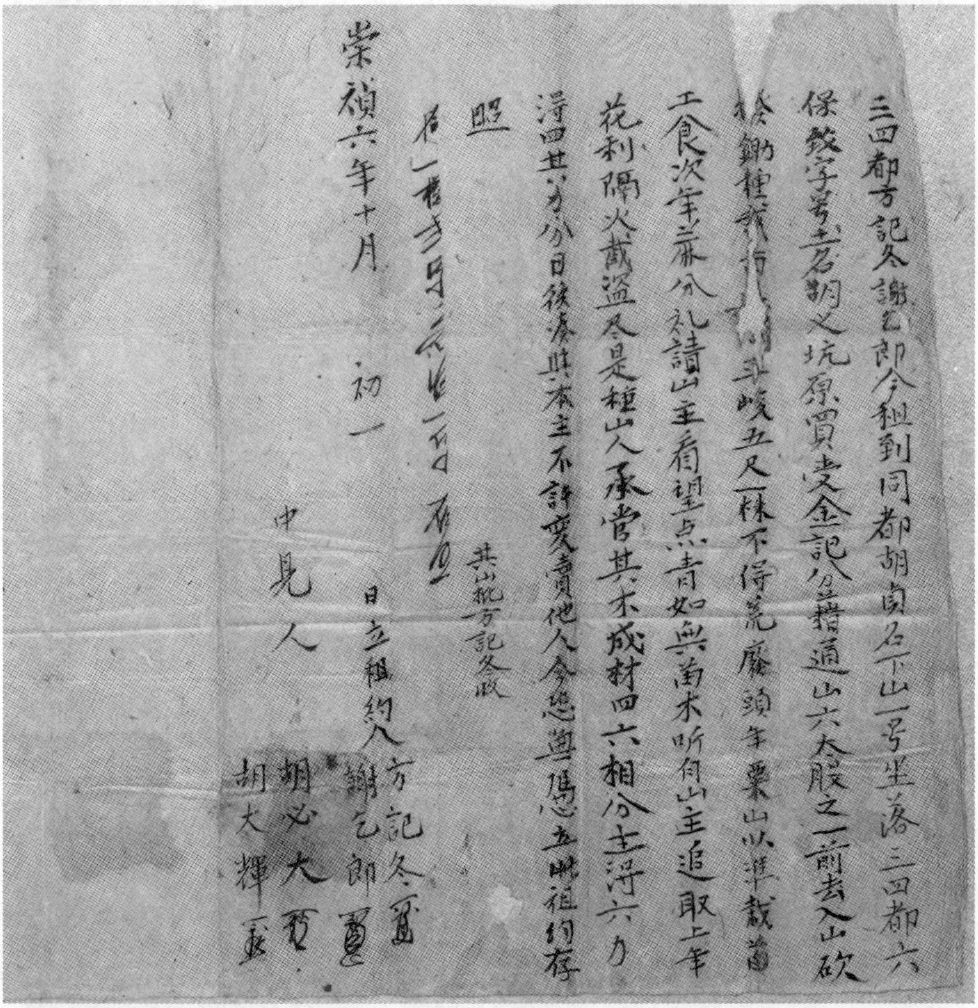
三四都方記冬、謝乞郎今租到同都胡貞名下山一号坐落三四都六
保敦字号土名胡义坑原買受金記分籍通山六大股之一前去入山砍
拨鋤種苗[illegible]其峻五尺一株不得荒廢頭年粟山以準栽苗
工食次年三麻分礼請山主看望点青如與苗木听自山主追取上年
花利隔火截盗及是種山人承管其木成材四六相分主得六力
得四其小力分日後凑與本主不許変賣他人今恐無憑立此租約存
照
右一樣弍張各收一張存照
其山批方記冬收
崇禎六年十月初一日立租約人方記冬（押）
謝乞郎（押）
中見人胡必大（押）
胡太輝（押）

一

明崇禎七年三月某某縣某姓汝珽立租餅坊家伙約

四、明嘉靖至民國年間租田地山場房屋等契約

〔一〕明嘉靖年間休寧縣三十三都李氏出租田契約

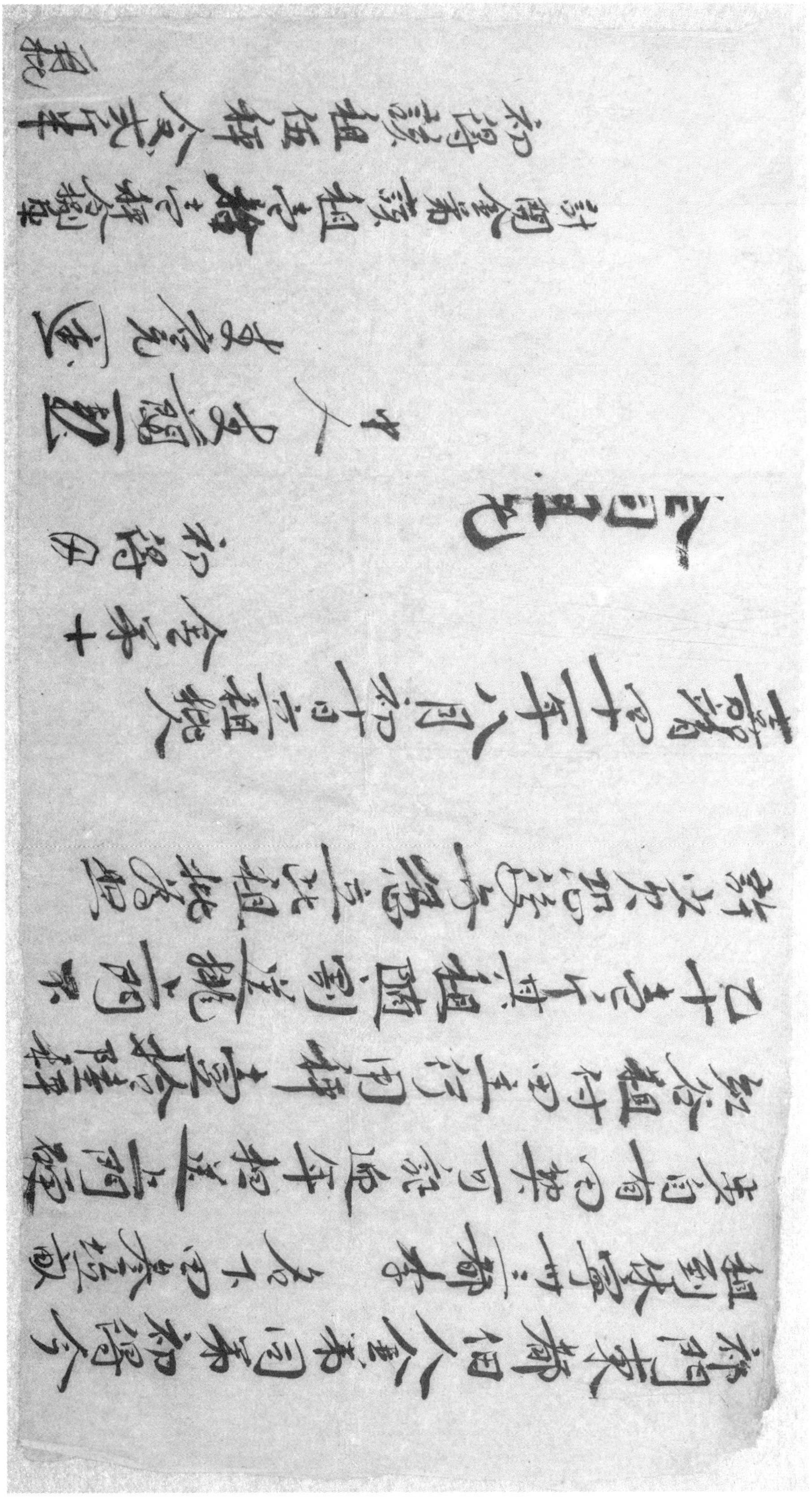

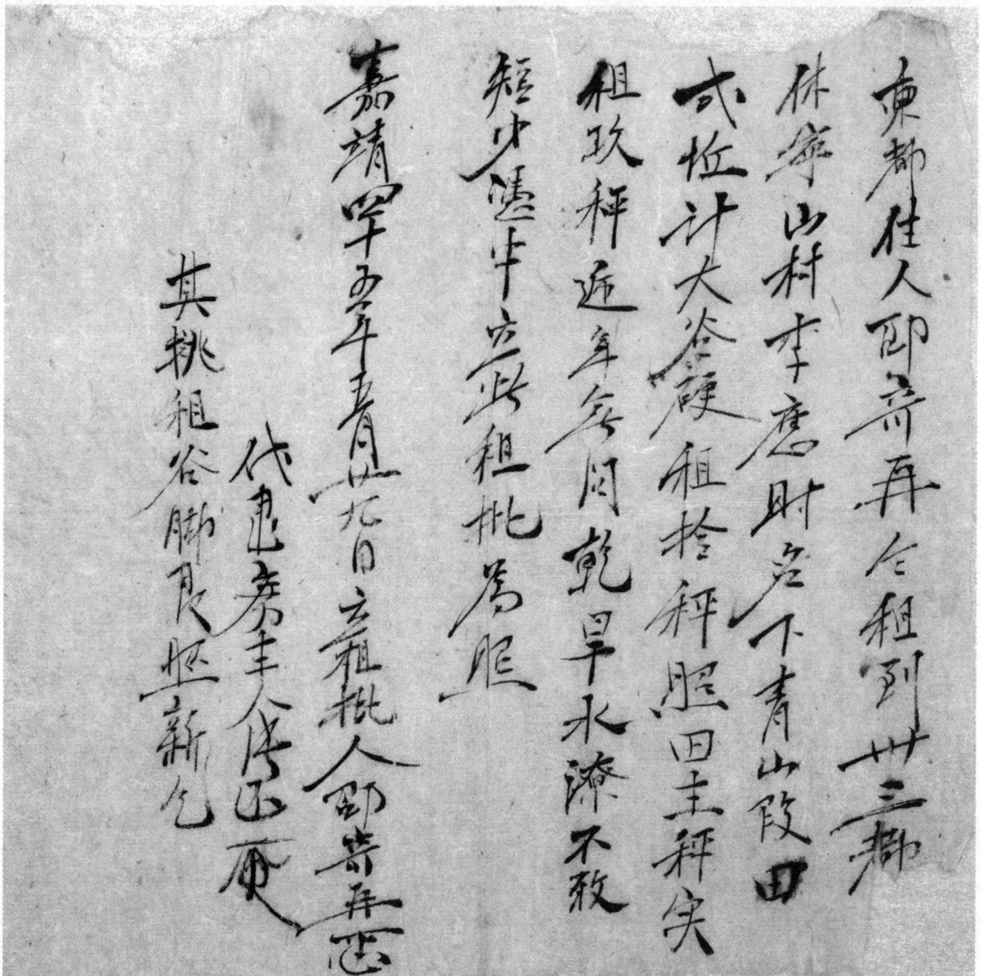
東都住人邵奇再今租到卅三都
休寧山村李應時名下青山段田
弍坵，計大谷陸租拾秤，照田主秤実
租玖秤，近年多因乾旱水滌不敷
短少，憑中立此租批為照。
嘉靖四十五年五月廿九日立租批人邵奇再（押）
代書房中人陳正（押）
其挑租谷脚限挑至新乞

明嘉靖四十五年五月（祁門縣）邵奇再立租田批

〔一二〕清嘉慶三年（湖口縣）張文廣承租土地山場契約

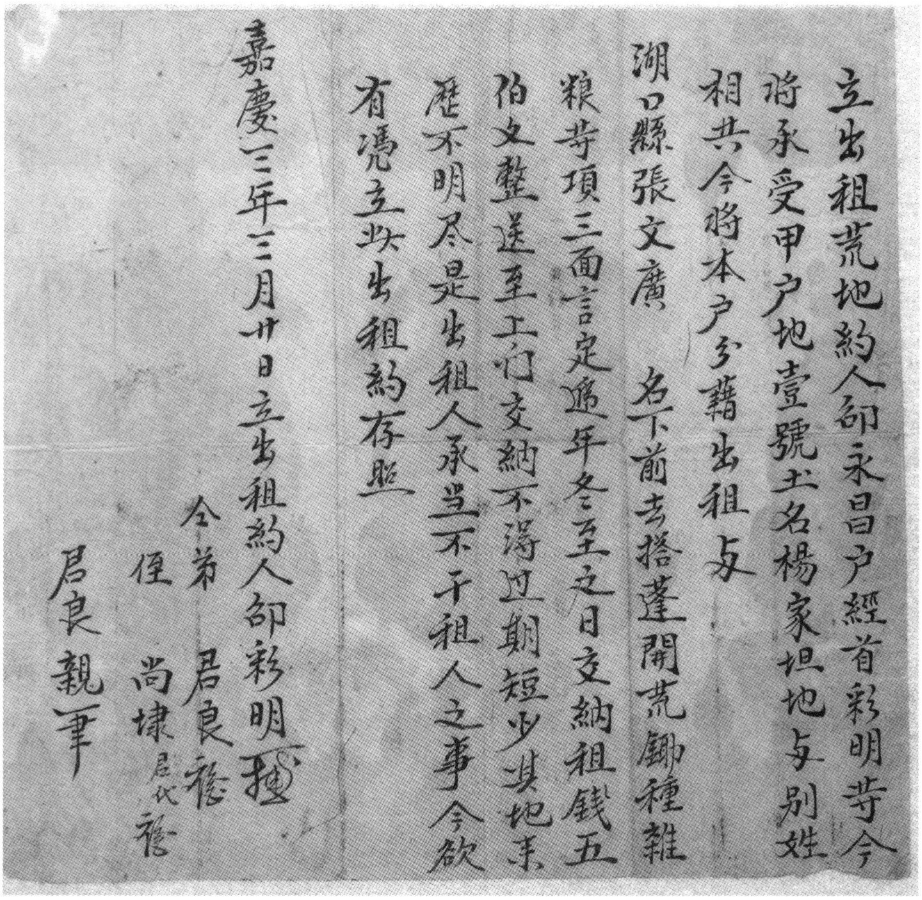

立出租荒地約人邵永昌户經首彩明等今
將承受甲户地壹號土名楊家垣地与别姓
相共今將本户分籍出租与
湖口縣張文廣　名下前去搭蓬開荒鋤種雜
粮等項三面言定逓年冬至之日交納租錢五
伯文整送至工门交納不得过期短少其地来
歷不明尽是出租人承当不干租人之事今欲
有憑立此出租約存照

嘉慶三年三月廿日立出租約人邵彩明（押）
仝弟　君良（押）
侄　尚棣　君代（押）
君良親筆

一

清嘉慶三年八月某某縣汪大興立出租地批

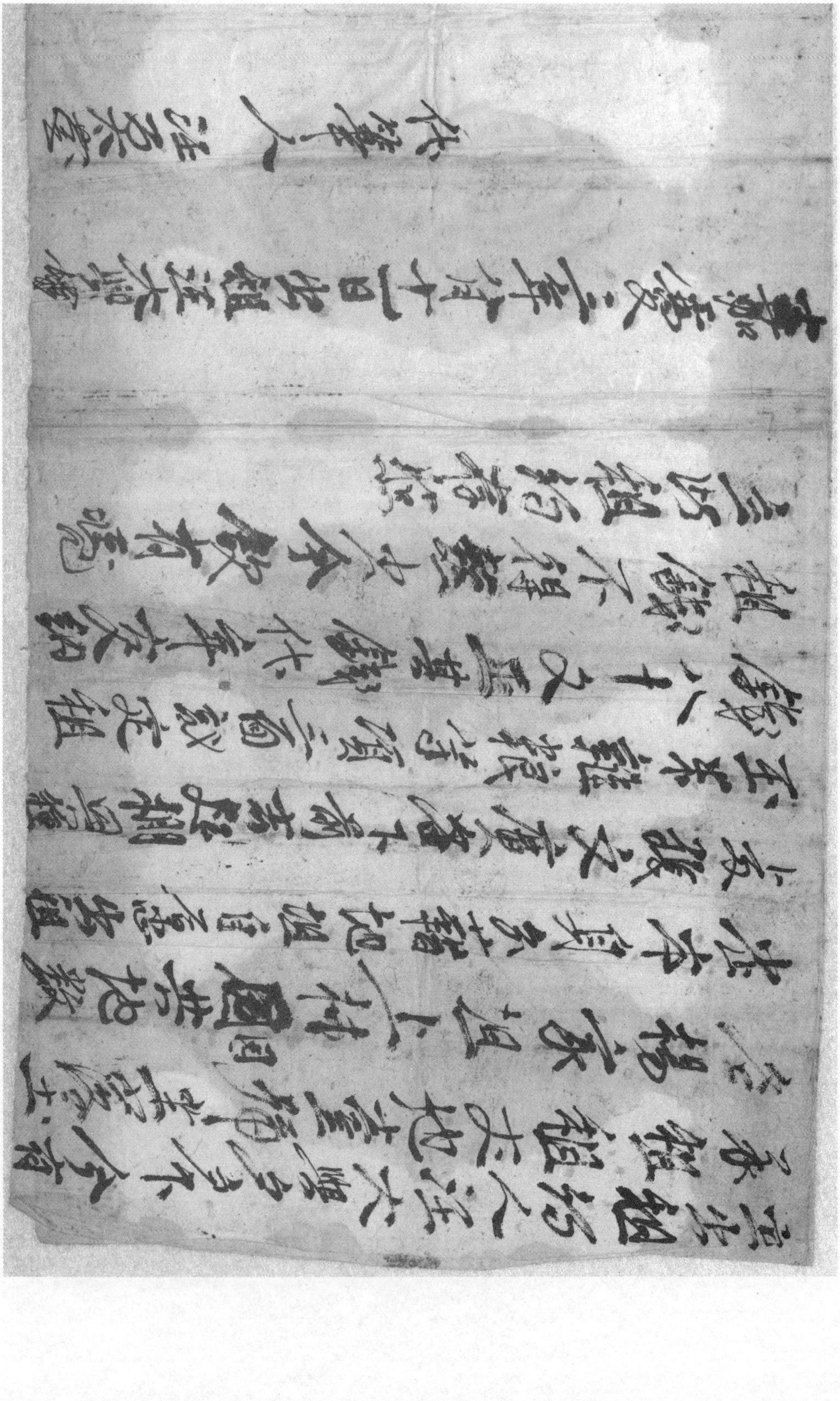

〔三〕清光緒十九年〔祁門縣〕歷溪塢王氏帖八公祀出租山場契約

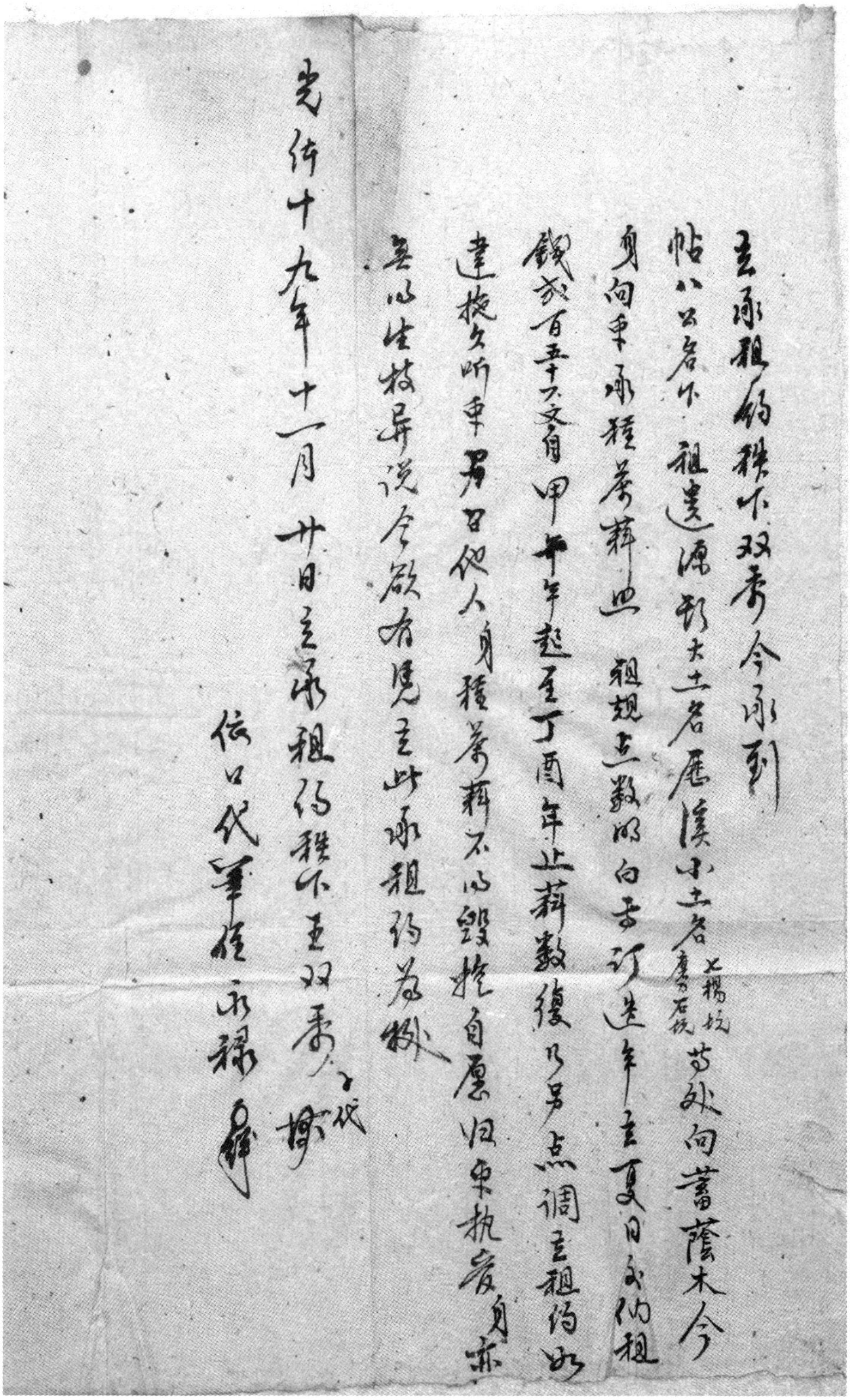

立承租約人王雙秀，今承到
帖八公名下祖遺源頭大土名歷溪小土名七楊坑、唐石坑茅塢處向蓄蔭木，今
身向東承種苞蘆地，祖規立數，照向東訂，逐年立夏日交納租
錢弍百五十文，自甲午年起至丁酉年止，蘆數復乃另點調立租約，不
違拖欠，聽東另召他人，身種苞蘆不得毀挖，自愿歸東執管，身亦
無得生枝異說。今欲有憑，立此承租約為據。
光緒十九年十一月廿日立承租約人王雙秀（代）押
依口代筆侄永祿 押

立承租約人王春時今承到帖八公祖遺源頭大土名歷溪塢山場向蓄蔭木今身向東承租兴種茶萪照祖規点數明白交租面議逐年立夏日交納租錢乙千四百文自甲午年起至丁酉年止相其中墾荒俟開萪另交過三年後又另点萪栽如違听凭另召他人身種茶萪不得挖毀自原归東執管身無得生枝異言恐口無憑立此承租約存照

光緒十九年十一月廿二日　立承租約人王春時押

代筆聖□書

〔四〕清宣統至民國年間某某縣吴敬誠堂出租田地契約

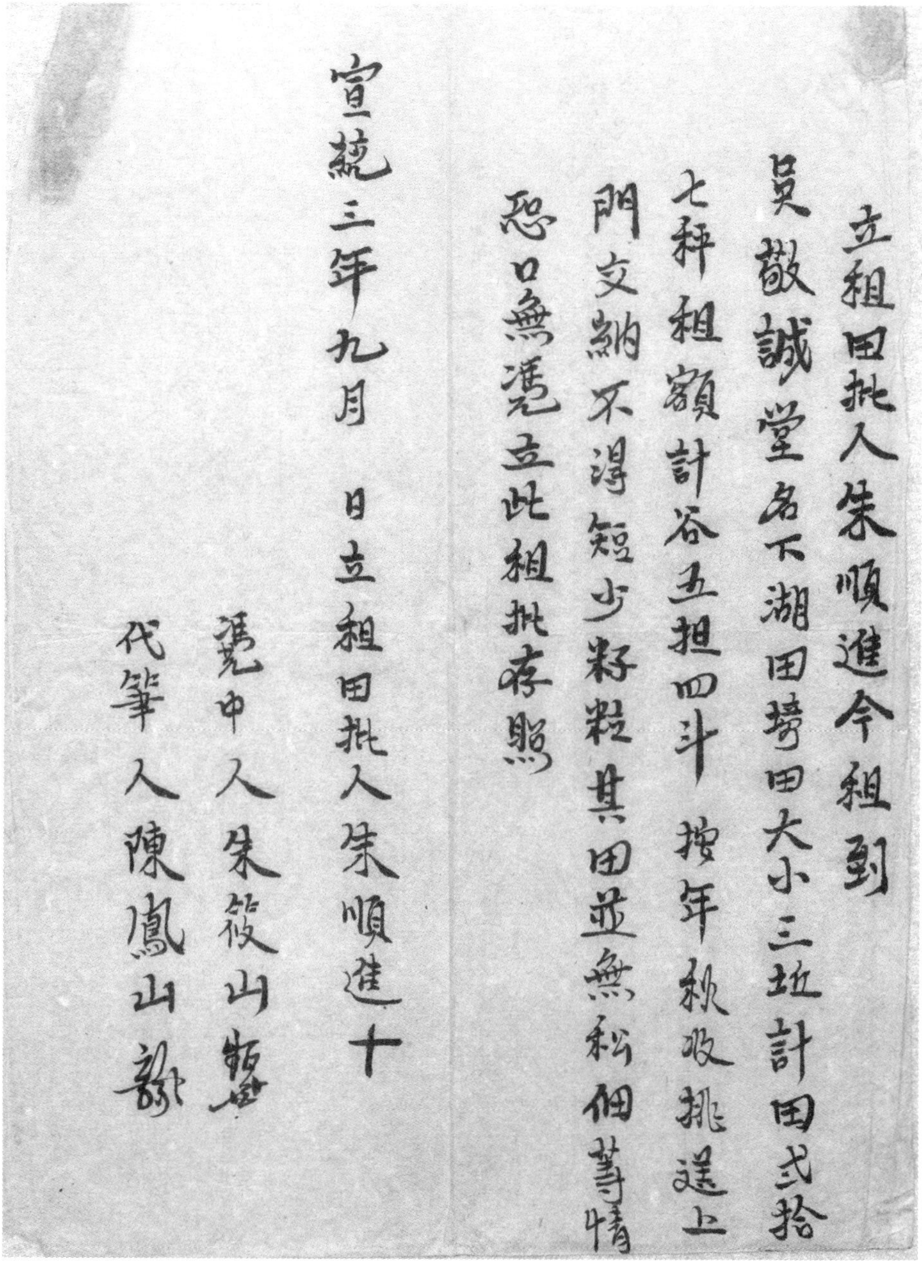

立租田批人朱順進今租到
吴敬誠堂名下湖田埼田大小三坵計田弍拾
七秤租額計谷五担四斗 按年秋收挑送上
門交納不得短少籽粒其田並無私佃等情
恐口無憑立此租批存照

宣統三年九月 日立租田批人朱順進十
憑中人朱筱山（押）
代筆人陳鳳山（押）

一

民國元年三月某某縣甘敦有立租田批

立租田批人甘敦有今租到
英名下土名鳥朗源官字三十四号田一坵計十四秤每
年交納租谷弍拾斗挑送上门籽粒不得短少其田
並無佃受等情恐口無凭立此租批存照
民國元年三月　日　立租批人甘敦有（押）
凭中人陳凤山（押）

〔五〕民國年間〔歙縣〕芳村謝氏出租山場竹園屋基等契約

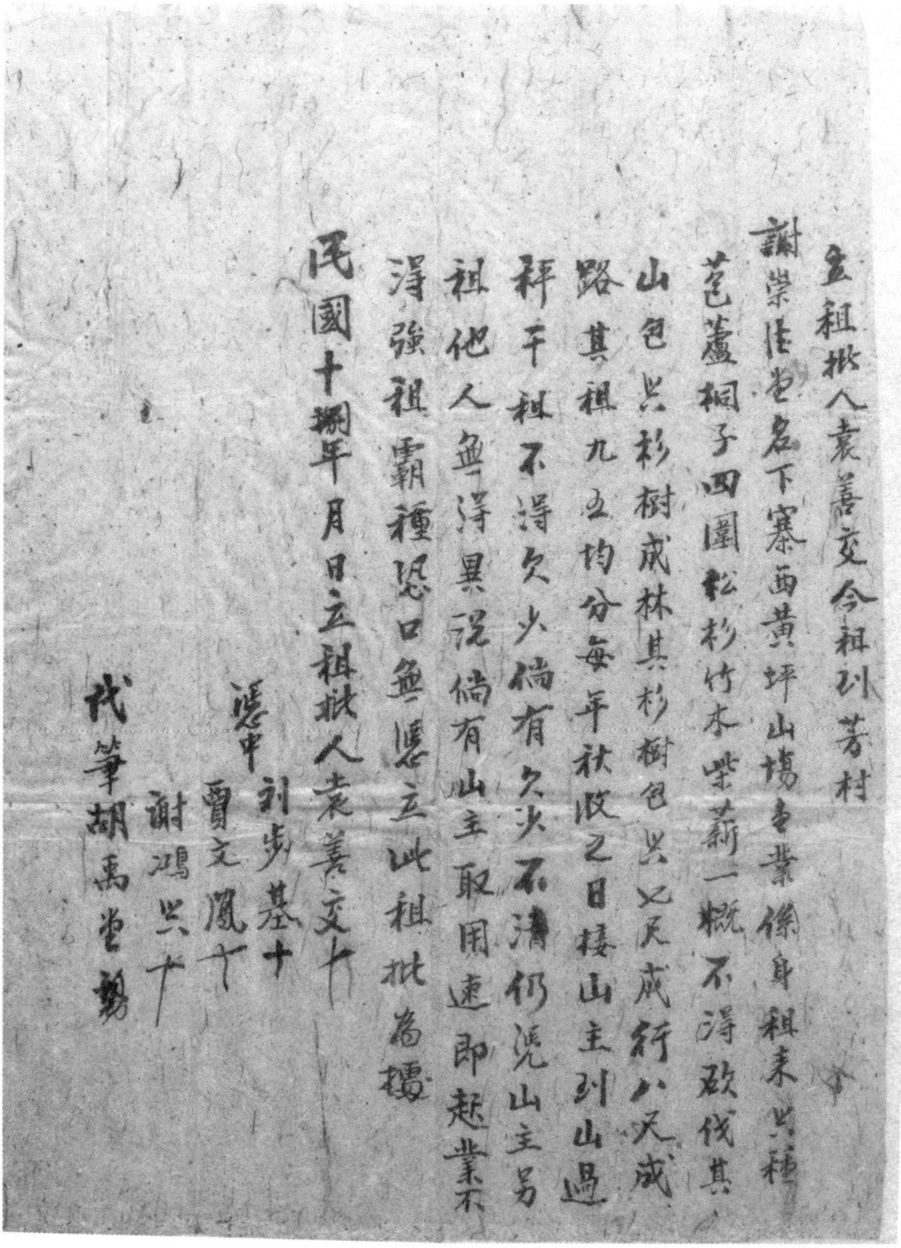
立租批人袁善交今租到芳村
謝崇佳名下寨西黄坪山塲竹業係身租來興種
苞蘆桐子四園松杉竹木柴薪一概不得砍伐其
山包興杉樹成林其杉樹包興之天成行八天成
路其租九五均分每年秋收之日接山主到山過
秤干租不得欠少倘有欠少不清仍憑山主另
租他人無得異說倘有山主取用速即起業不
得強租霸種恐口無憑立此租批為據
民國十捌年月日立租批人袁善交十
憑中 刘步基十
曹文鳳十
謝鴻興十
代筆胡禹堂書

民國十八年某月〔歙縣〕袁善交立租山場批

一

民國十九年十二月〔歙縣〕洪長生立租竹園山場批

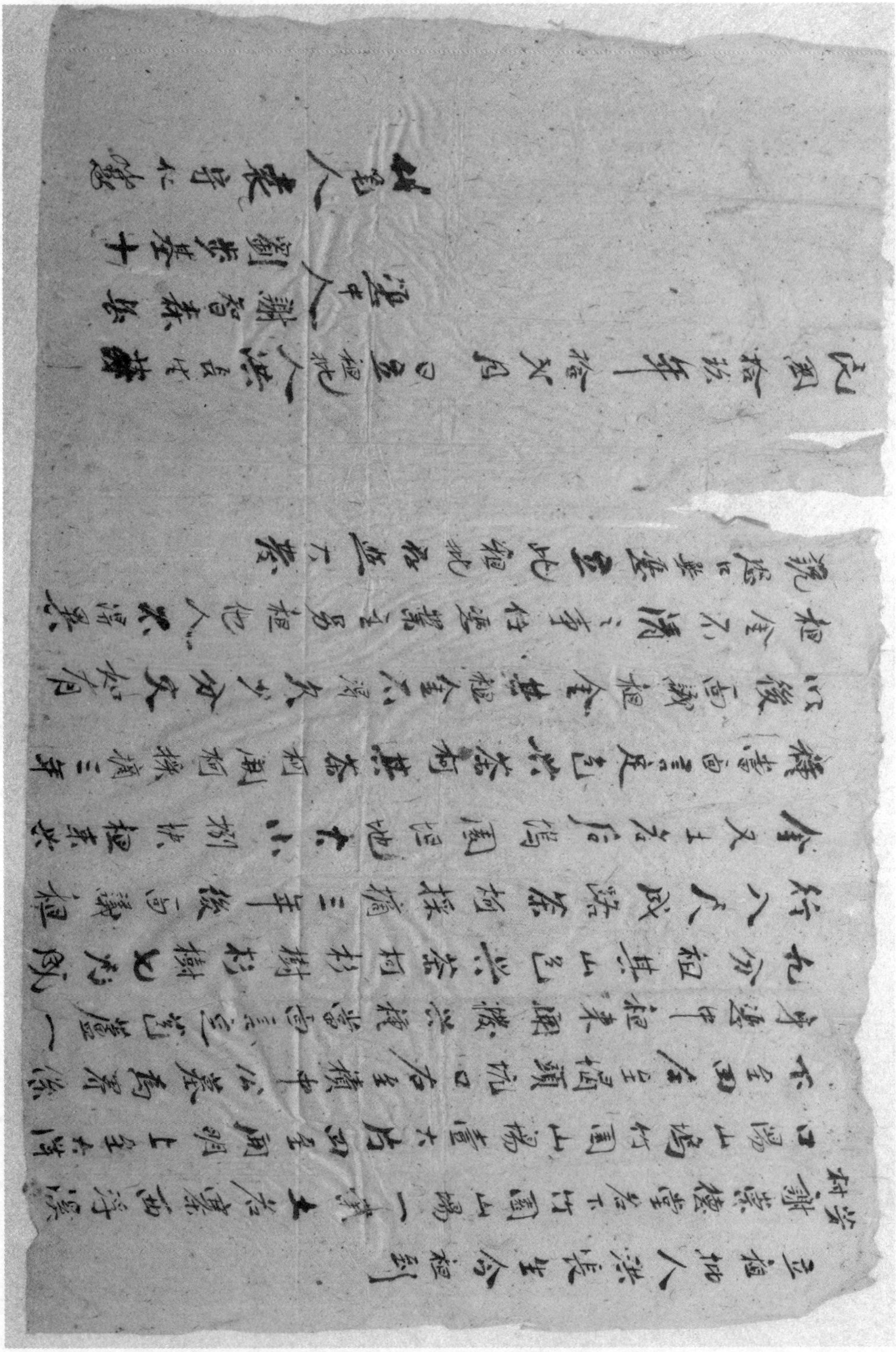
立租批人洪長生今租到
芳村謝崇德堂名下竹園山場一業，土名寨西浮溪
口陽山塢竹園山場壹大片，田至甬明，上至大降，
下至田，左至塢頭坑口，右至積中公墓為界，係
身憑中租來開墾，興種當面言定，苞蘆一
九分租，其山包興茶柯杉樹，杉樹七成
行，八人成，路茶柯採摘三年後，面議租
金。又土名后塢園坦地大小捌塊，租來興
種，當面言定，包興茶柯，其茶柯開柯採摘三年
以後面議租金，其租金不得欠少分文，如有
租金不清之事，任憑業主另租他人，不得異
說。恐口無憑，立此租批存照大吉。
民國拾玖年　拾貳月　日立租批人洪長生（押）
憑中人　謝智森（押）
劉步基（十）
代筆人　袁守仁（押）

民國二十年農曆十二月（歙縣）劉步其立租屋基地及菜園地批

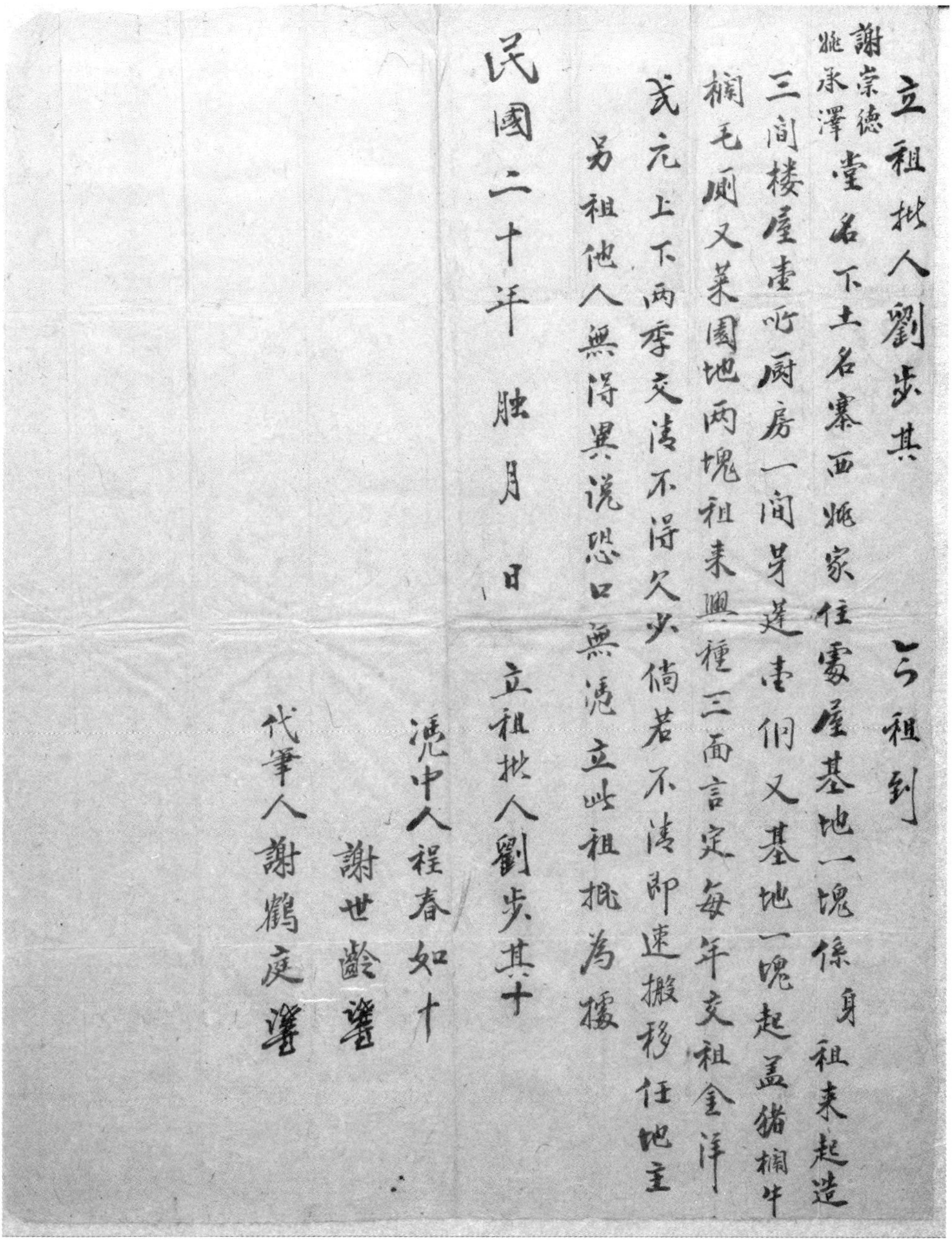

立租批人劉步其　今租到
謝崇德
邊承澤堂名下土名寨西邊家住屋基地一塊，係身租來起造
三間樓屋壹所、廚房一間、牙蓬壹個，又基地一塊，起蓋豬欄、牛
欄、毛廁，又菜園地兩塊，租來興種。三面言定，每年交租金洋
貳元，上下兩季交清，不得欠少。倘若不清，即速搬移，任地主
另租他人，無得異說。恐口無憑，立此租批為據。
民國二十年臘月　日　立租批人劉步其（十）
憑中人程春如（十）
謝世齡（押）
代筆人謝鶴庭（押）

一

民國卅二年五月〔歙縣〕汪鳳泉等立租山場批

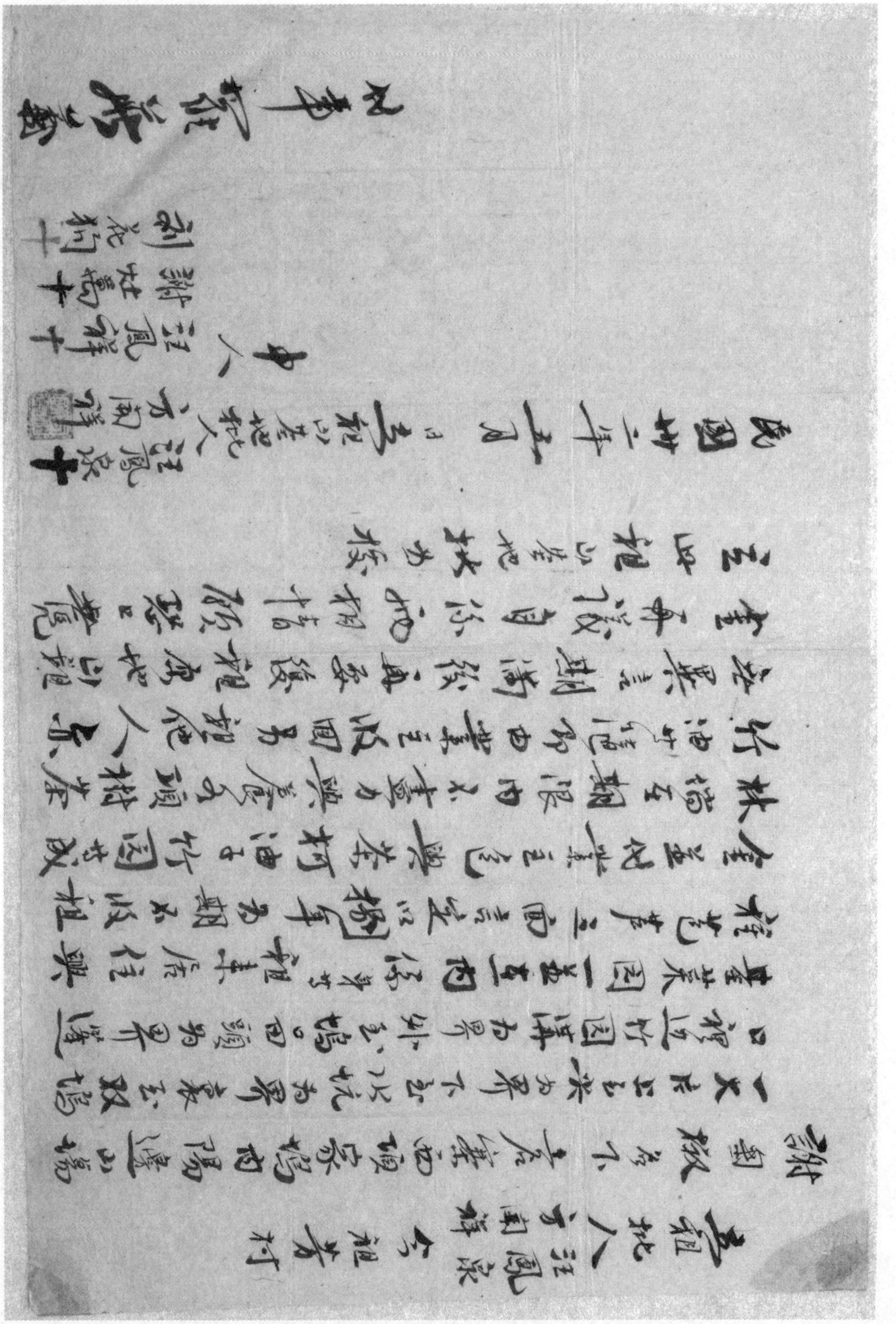

立租批人汪鳳泉、方阐祥，今租芳村
謝
謝寅椒名下土名塞西頃家塢內陽邊山場
一大片，上至尖為界，下至水坑為界，裏至双塢
口裡邊竹園溝為界，外至塢口田頭為界，逢
基菜園一並在內，係身等租来居住，與
種苞芦，三面言定以捌年為期，不收租
金，並代業主包與茶柯、油子、竹園共成
林。倘在期限內不盡力興養子項樹、茶、
竹、油等，纏即由業主收回，另租他人，東
無異言。期滿後再要復租原地山頭，
重再議。自係兩相情願，恐口無憑，
立此租山基地批為據。
民國卅二年五月　日立租山基地批人　汪鳳泉十　方阐祥
中人　汪鳳祥十　謝灶萬十　刘花狗十
代筆羅□藩

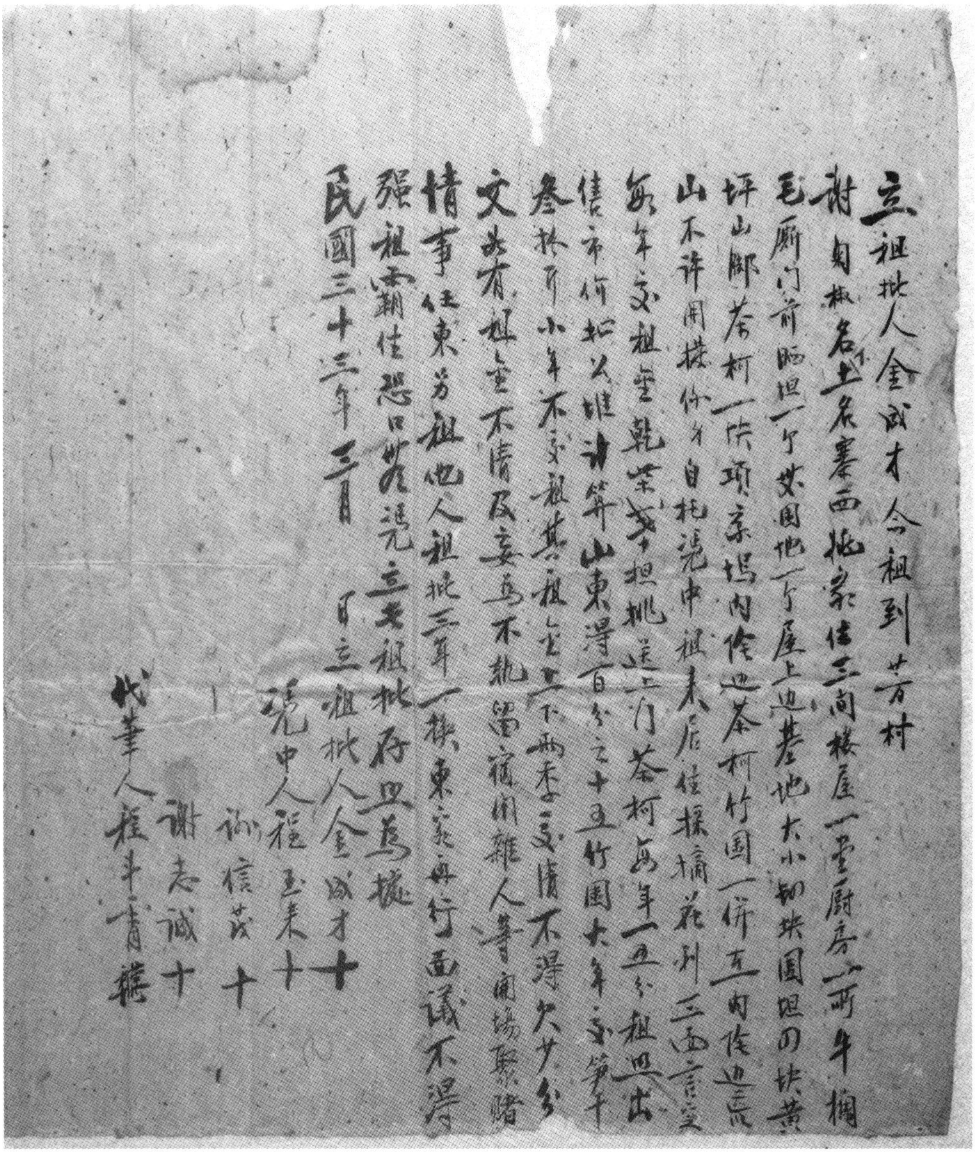

立祖批人金成才今祖到芳村
謝自淑名上名塞西批家住三間樓屋一堂廚房一所牛欄
毛廁門前晒坦一片菜園地一片屋上邊基地大小三塊園坦四塊黃
坪山腳茶柯一片項家塢內除邊茶柯竹園一併在內除邊荒
山不許開挖併自托憑中祖來居住採摘花利三面言定
每年交租乾茶廿斤担挑送上門茶柯每年一五分租但出
售市價扣公堆計算山東得百分之十五竹園大年小年第十
叁株小年不交租其祖金上下兩季交清不得欠少分
文如有祖金不清及妄為不軌留宿閑雜人等開場聚賭
情事任東另租他人祖批三年一換東家再行面議不得
强祖霸佔恐口無憑立此祖批存照為據
民國三十三年三月　日立祖批人金成才十
憑中人程玉来十
謝信茂十
謝志誠十
代筆人程斗青親

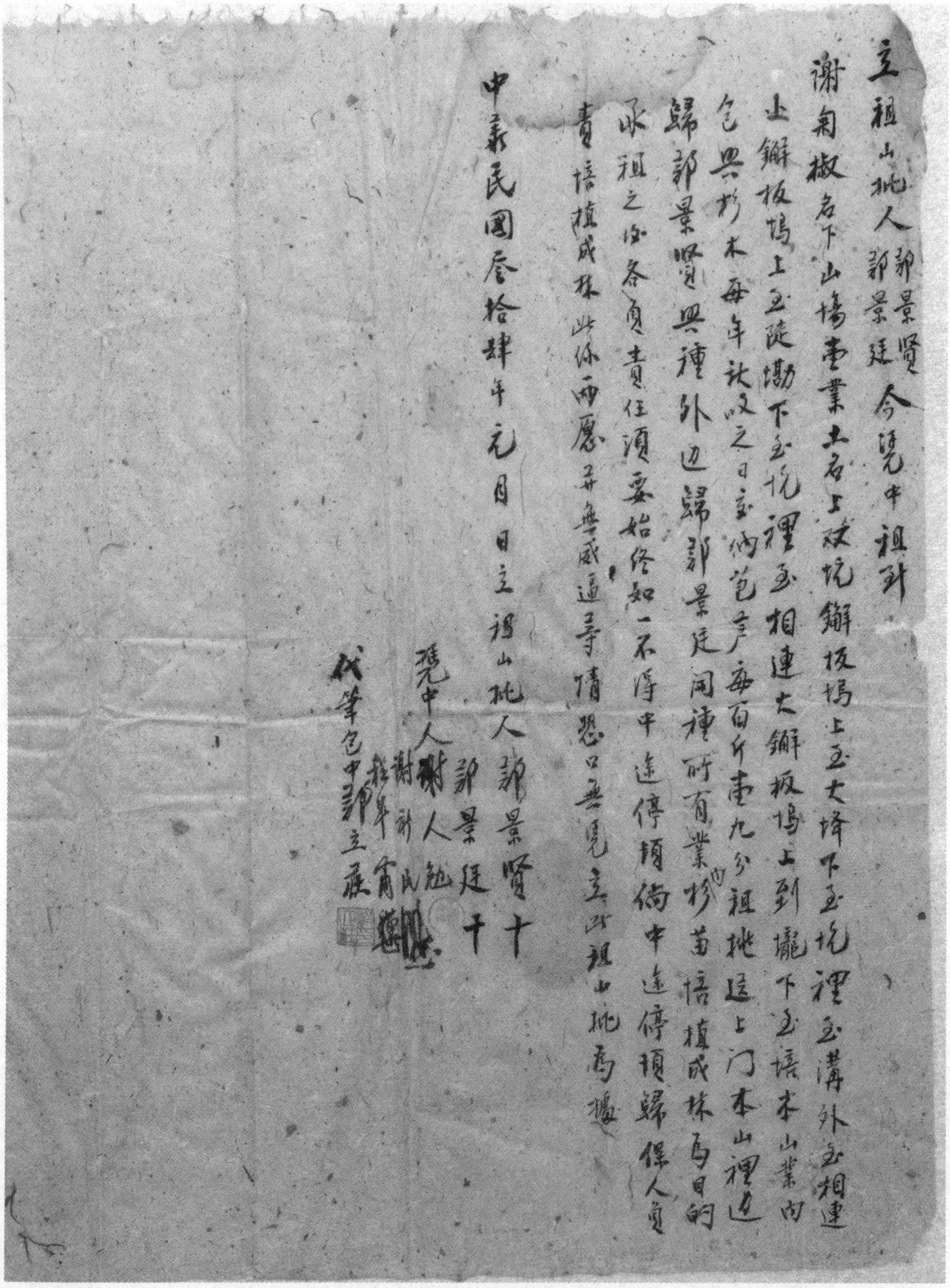

立租山批人鄭景賢、鄭景廷，今憑中租到
謝匊椒名下山場壹業，土名上双坑獅板塢，上至大降，下至坑，裡至溝，外至相連
上獅板塢，上至陡塝，下至坑，裡至相連大獅板塢，上到壟，下至墙，本山業內
包興杉木，每年秋收之日交納苞芦每百斤壹九分，祖批廷上门本山裡边
歸鄭景賢興種，外边歸鄭景廷開種，所有業內杉苗培植成林為目的
承租之後，各負責任，須要始終如一，不得中途停頓，倘中途停頓，歸保人負
責培植成林。此係兩愿，并無威逼等情，恐口無憑，立此租山批為據。

中華民國叁拾肆年元月　日立租山批人鄭景賢十
鄭景廷十
凭中人謝人勉
謝社民
代筆包中鄭立應
程季霄

民國三十四年元月（歙縣）鄭景賢等立租山場批

〔六〕民國年間〔歙縣〕黄氏出租大小買田契約

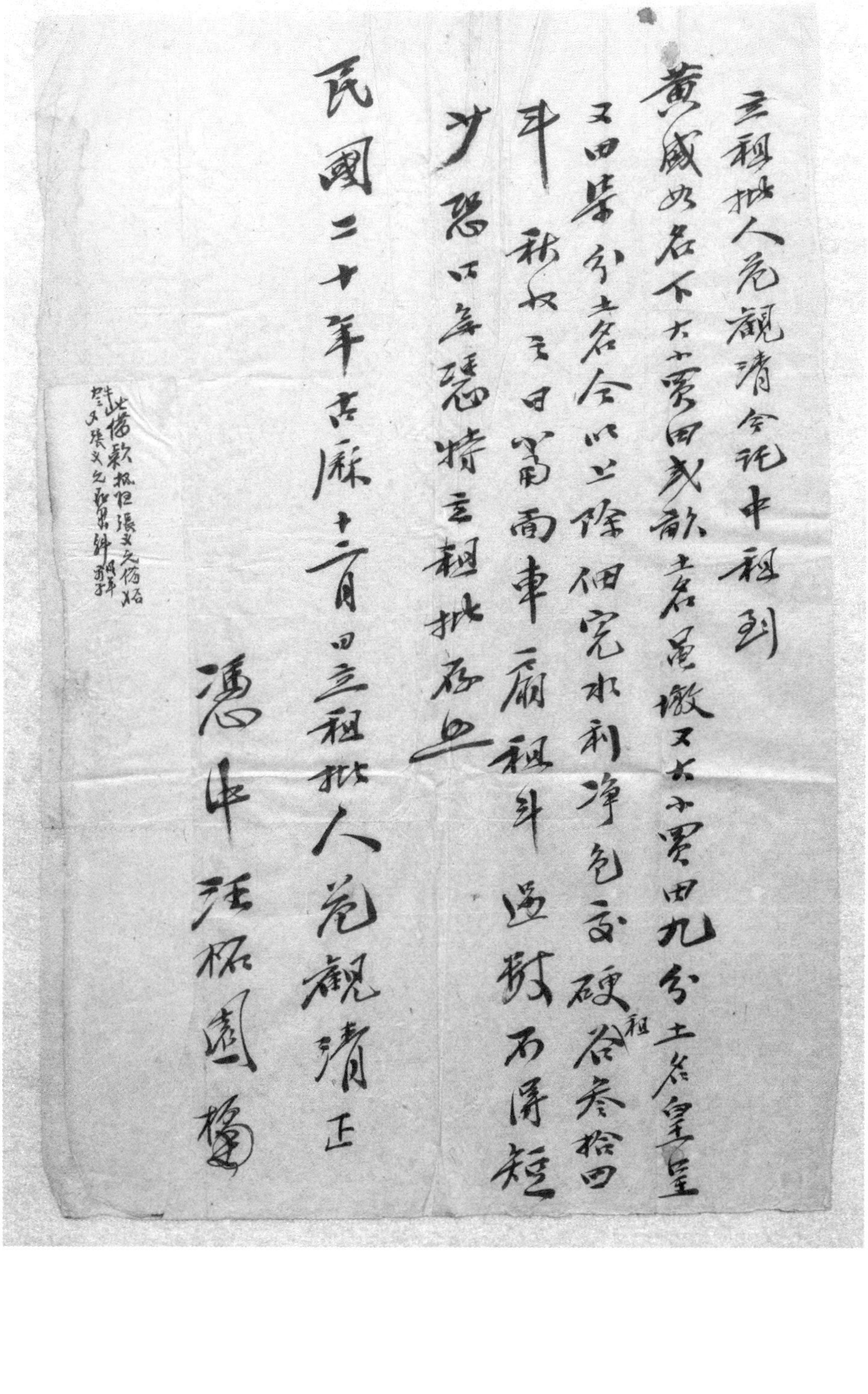

立租批人范觀清今託中租到
黄盛如名下大小買田弍畝土名黑墩又大小買田九分土名皇呈
又田柒分土名仝以上除佃完水利凈包交硬租谷叁拾四
秤秋收之日當面車扇租斗過對不得短
少恐口無憑特立租批存照
民國二十年古曆十二月　日立租批人范觀清　正
憑中　汪栢園　押

[illegible]

民國二十年古曆十二月〔歙縣〕范觀清立租大小買田批附批條

一

民國廿一年農曆三月（歙縣）王四閂立租大小買田批

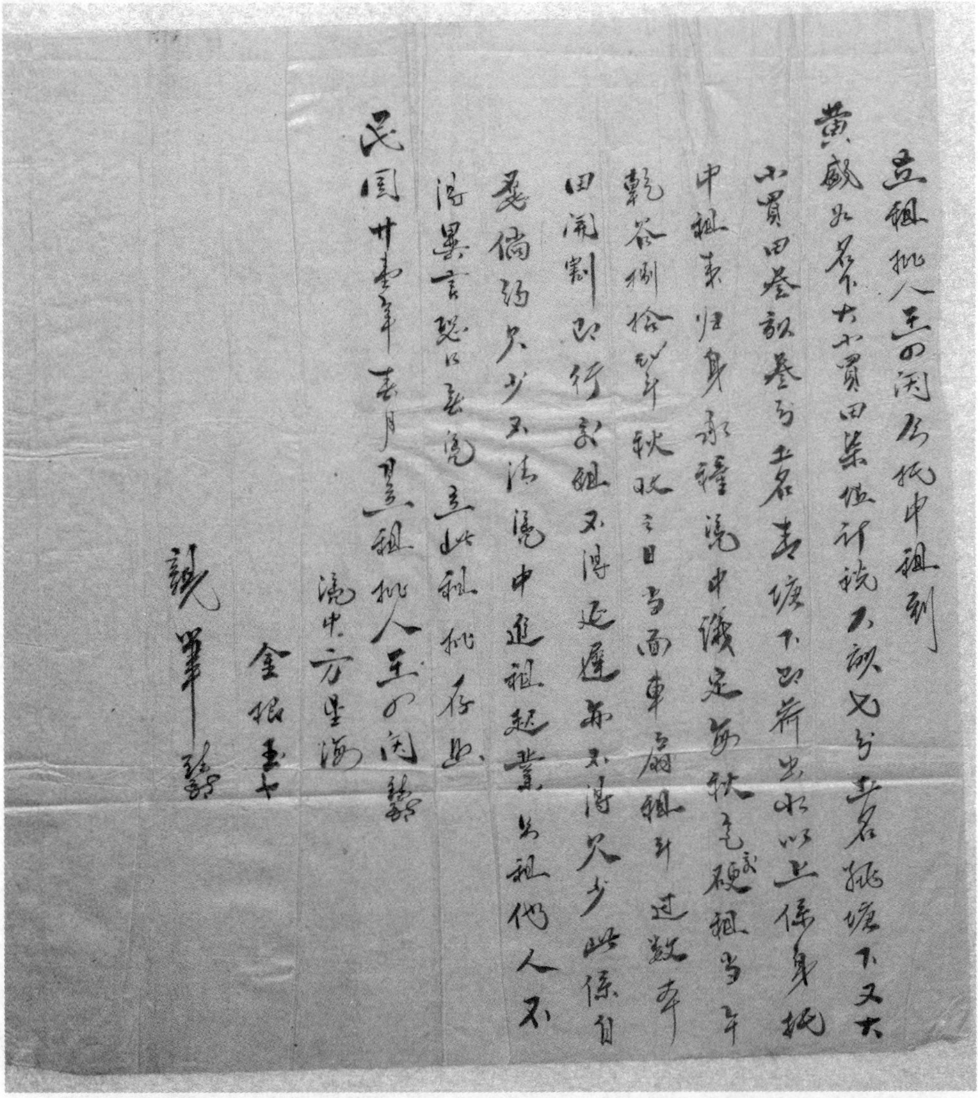
立租批人王四閂今托中租到
黃馥山名下大小買田柒伍計號大畝七分土名排塘下又大
小買田叁號叁分土名青塘下正荷出水以上係身托
中租來归身承種憑中議定每秋交硬租當年
乾谷捌拾觔 秋收之日當面車扇租斤过数本
田開割即行交租不得延遲亦不得欠少此係自
愿倘有欠少又須憑中追租起業另租他人不
得異言恐口無憑立此租批存照
民国廿壹年 叁月 日立租批人王四閂 押
憑中 方星海
金根 十
親筆 押

〔七〕明隆慶至民國年間其他租佃田地山場房屋等契約

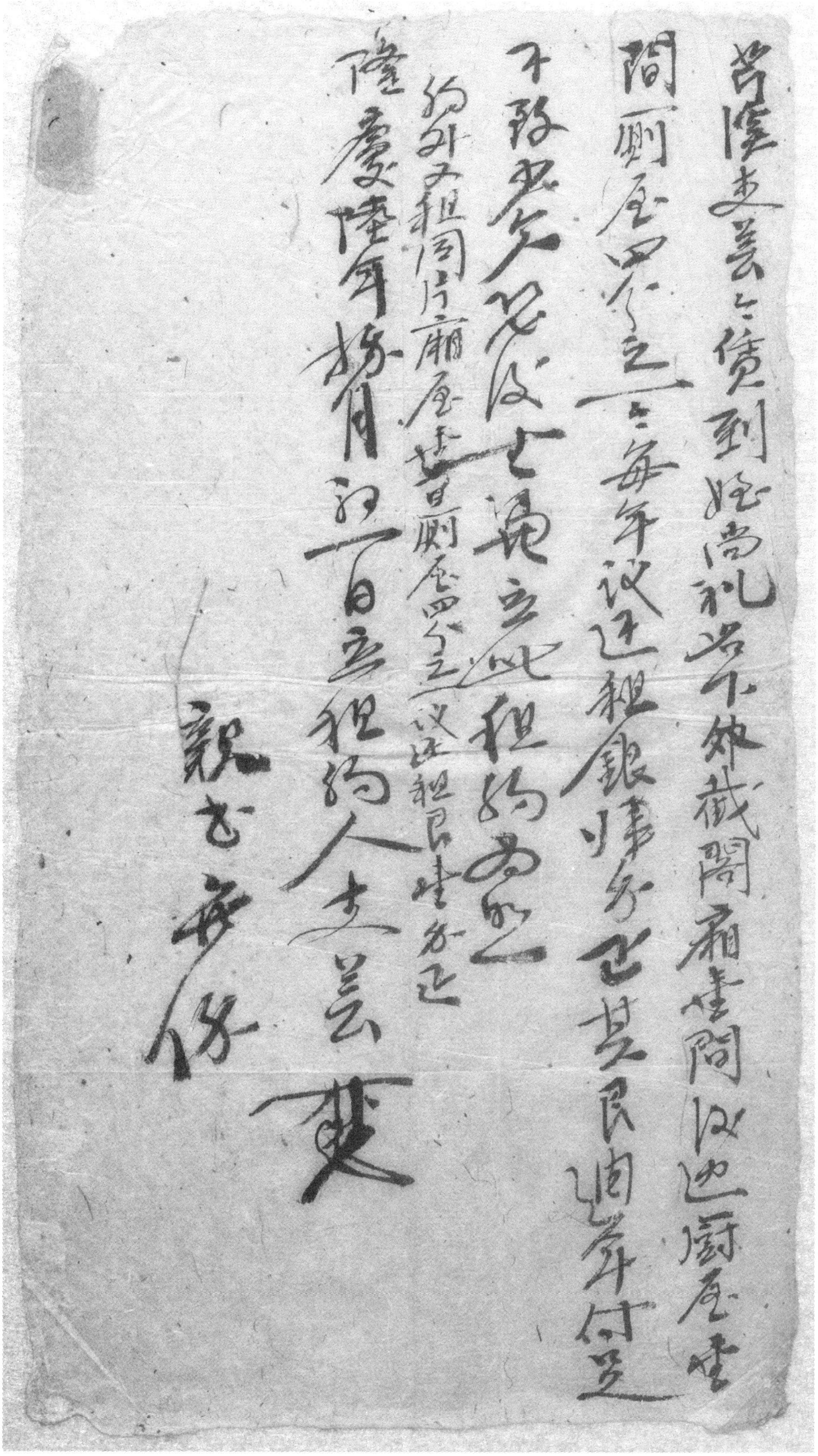

明隆慶六年八月〔休寧縣〕李芸立租屋約

明萬曆十四年十二月某某縣江彥檀立抱田約

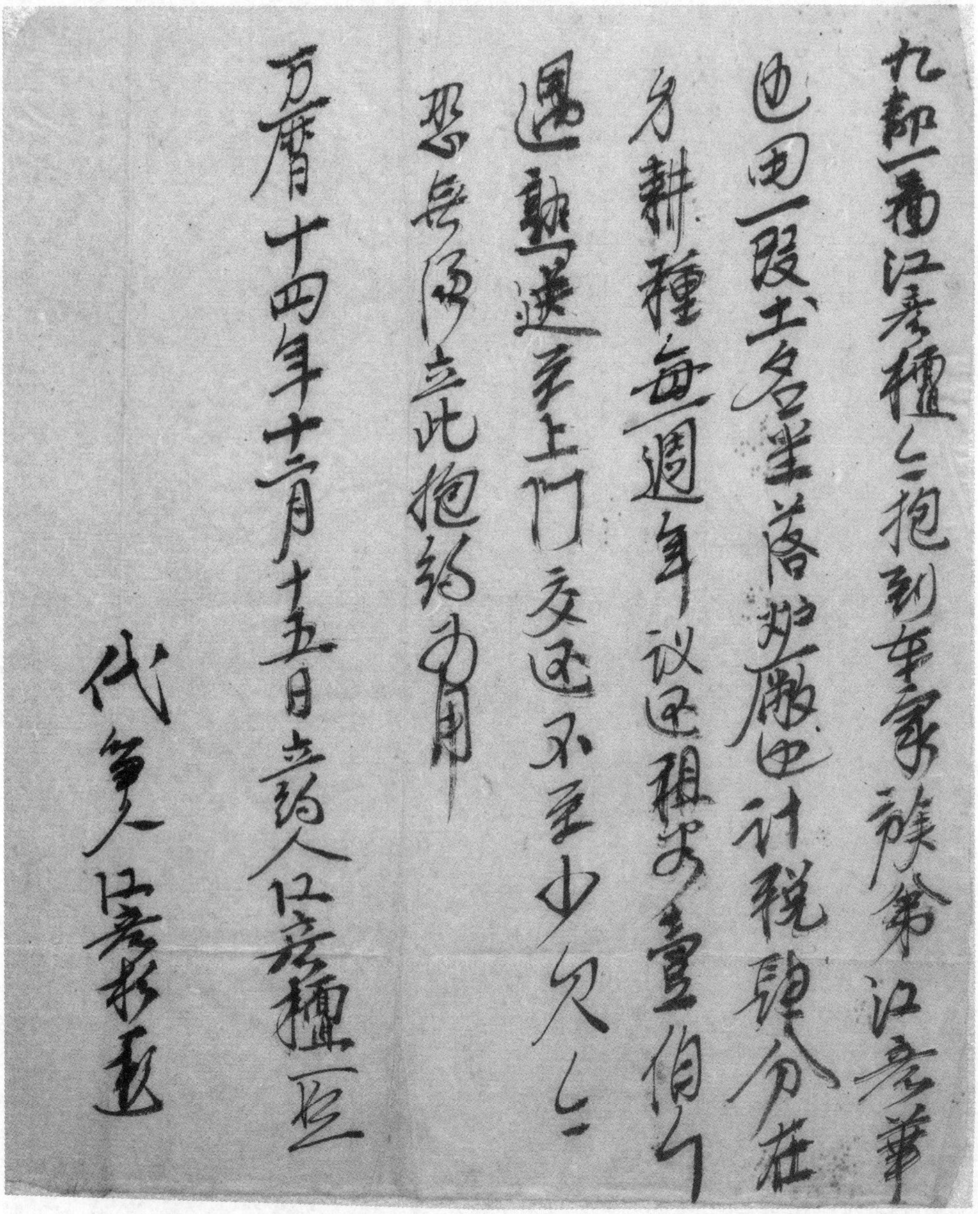

九都一圖江彥檀今抱到本家族弟江彥華
邊田一段土名坐落坵塍田計稅肆分在
身耕種每週年議還租谷壹伯斤
遇熟送至上門交還不至少欠今
恐無憑立此抱約為用
万曆十四年十二月十五日立約人江彥檀（押）
代筆人江彥彬書

一

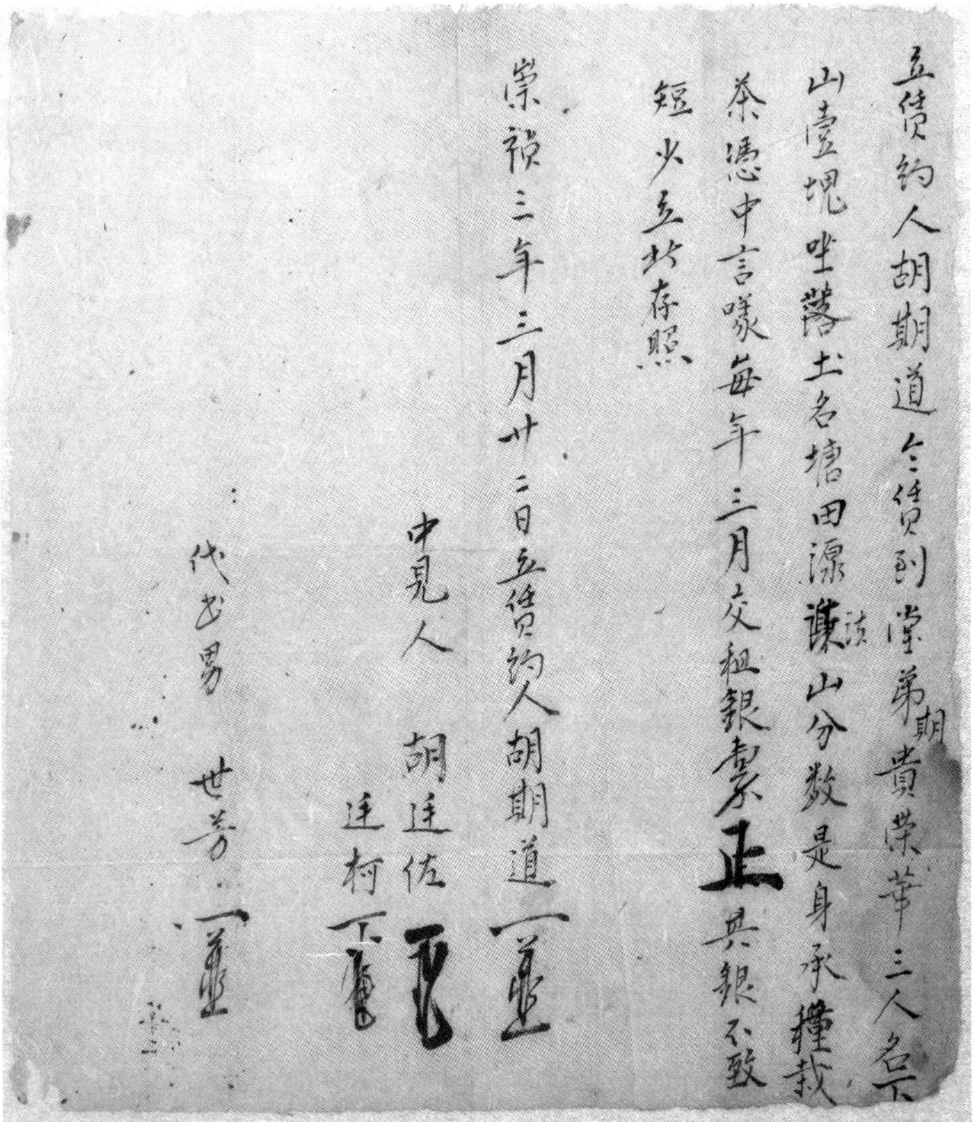
立賃約人胡期道今賃到堂弟期貴榮華三人名下
山壹塊坐落土名塘田源該山分數是身承種栽
茶憑中言議每年三月交租銀壹錢正其銀不致
短少立此存照

崇禎三年三月廿二日立賃約人胡期道

中見人 胡廷佐

廷柯

代書男 世芳

明崇禎三年三月〔黟縣〕胡期道立賃山約

一

清康熙十七年九月某某縣許景美立租田批

立租批人許景美今租到卲良村夜
汪名下田弍坵共計壹畝叁分四厘土名發禾
坵三面議定時租四十斗〇弆其租秋收每
年挑送上门風扇交還其田並無小買酒食之
費其自不種將田交還田主無許私退他人弆批

康熙十七年　九月　初六日立租批人許景美（押）
憑中　葉伯茂
汪汝厚（押）
代筆人　徐如山（押）

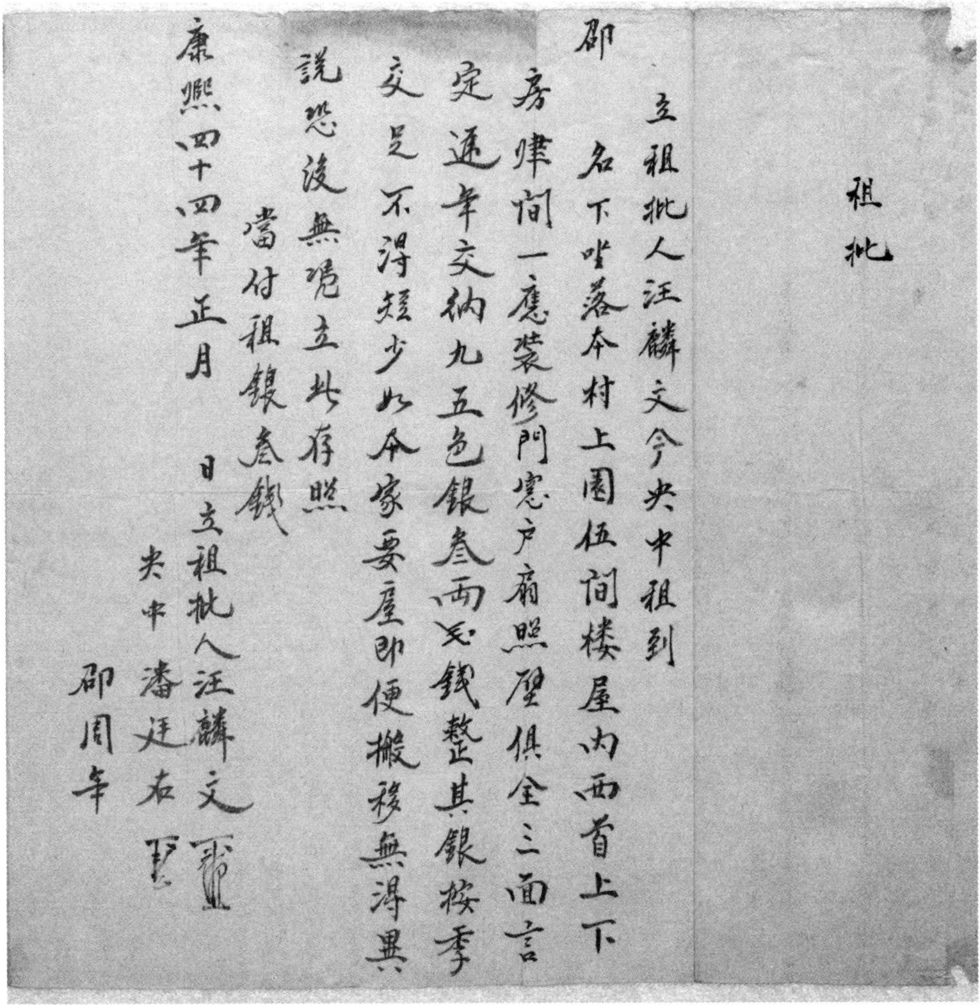
租批
立租批人汪麟文今央中租到
邵名下坐落本村上園伍間楼屋内西首上下
房肆間一應裝修門窓户扇照壁俱全三面言
定逓年交納九五色銀叁兩弍錢整其銀按季
交足不得短少如本家要屋即便搬移無得異
說恐後無憑立此存照
當付租銀叁錢
康熙四十四年正月　日立租批人汪麟文（押）
央中　潘廷右（押）
邵周年

清康熙四十四年正月某某縣汪麟文立租房間批

清康熙四十四年十二月某某縣江廷玉立租田批

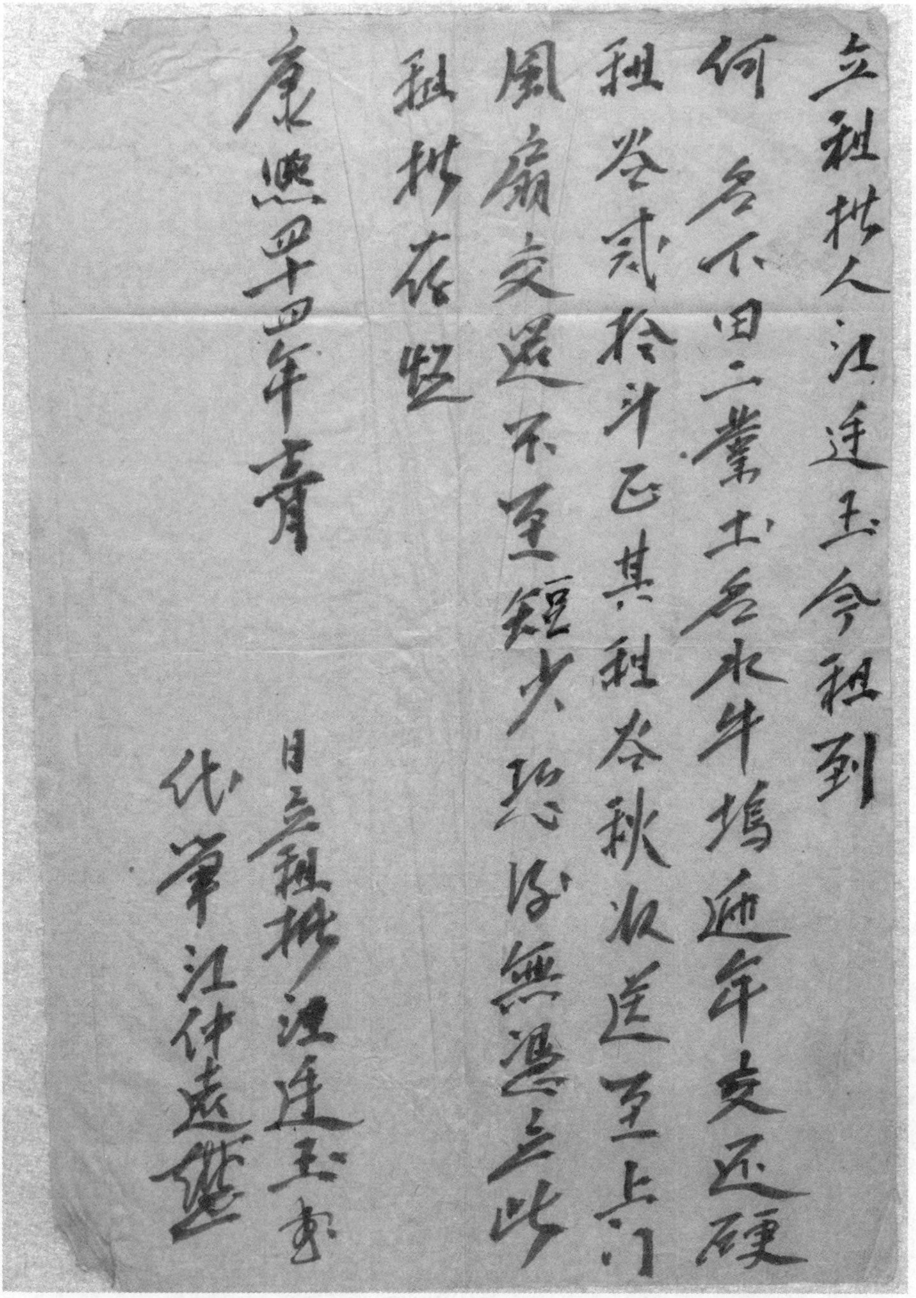
立租批人江廷玉今租到
何　名下田二業土名水牛塢近年交還硬
租谷貳拾斗正其租谷秋收送至上门
風扇交還不至短少恐后無憑立此
租批存照
康熙四十四年十二月　日立租批江廷玉（押）
代筆江仲遠（押）

清乾隆四年十二月某某縣陳天福立租房約

立租約人陳天福今憑中租到
堂叔　名下土名叙川土庫屋內後層樓下中間房壹眼居住當日三面言定
每週年交納五九色銀柒錢整不得短少倘若租銀不清聽從堂叔自行住歇不得攔
阻異說今欲有憑立此租約存照

乾隆四年十二月　　日立租約陳天福（押）
憑中　汪仲隆（押）
代筆　金贊千（押）
金惟山（押）

清乾隆四十五年四月〔休寧縣〕程灶壽立租水碓竹園約

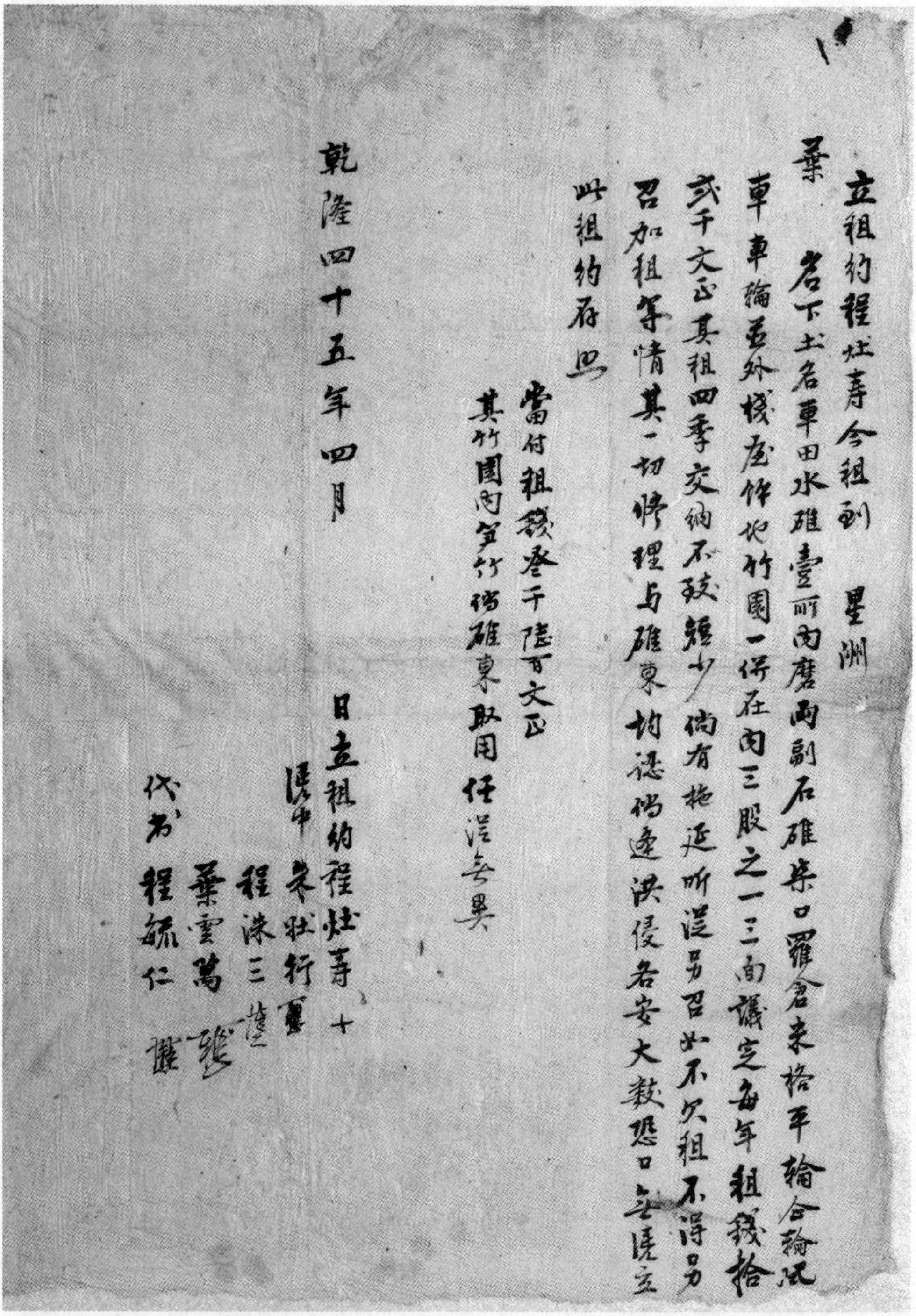
立租約程灶壽今租到 星洲
葉 名下土名車田水碓壹所，内磨兩副，石碓柒口，羅倉、米格、平輪、合輪、風
車、車輪並外棧屋、併地竹園一併在内三股之一，三面議定每年租錢拾
貳千文正，其租四季交納，不致短少。倘有拖延，聽從另召，如不欠租，不得另
召加租等情。其一切修理，与碓東無涉。倘遇洪侵，各安大數。恐口無憑，立
此租約存照。
當付租錢叁千陸百文正
其竹園内笋竹，係碓東取用，任從無異。
乾隆四十五年四月 日立租約程灶壽（十）
憑中 朱壯行（押）
程滁三（押）
葉雲篤（押）
代書 程毓仁（押）

清乾隆五十九年正月某某縣朱龍遠立租田契

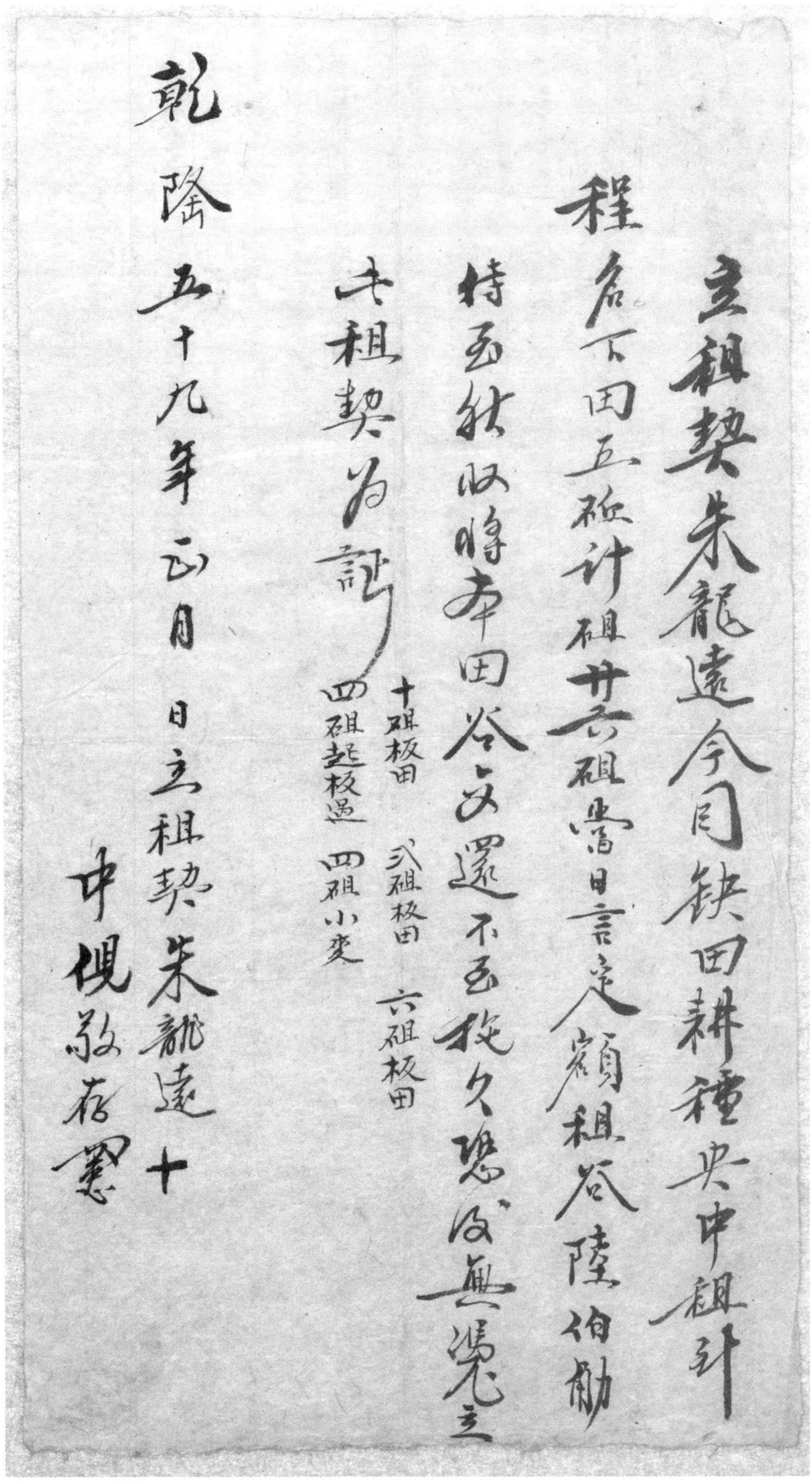

立租契朱龍遠今同鉄田耕種央中租到
程名下田五砠計租廿六砠當日言定額租谷陸伯觔
待至秋收將本田谷交還不至拖欠恐後無憑立
此租契為証

十砠板田　弍砠板田　六砠板田
四砠起板遏　四砠小麦

乾隆五十九年正月　日立租契朱龍遠十
中見叔存罴

清道光十四年六月（黟縣）詹官鳳立租園批

立租批人詹官鳳今租到
程名下大聖亭園肆斗每年不拘年歲風歉折價
錢玖伯文春秋兩季交納不得短少當日叁面
言定本東並無佃錢倘有欠租任從園東即行
管業其園不種交還園東亦不得私佃他人恐
口無憑立此租批存照
道光拾肆年　荷月　日立租批人詹官鳳十
憑中陳家瑞筆

一

清道光二十四年正月某某縣朱豐婦立租屋批約

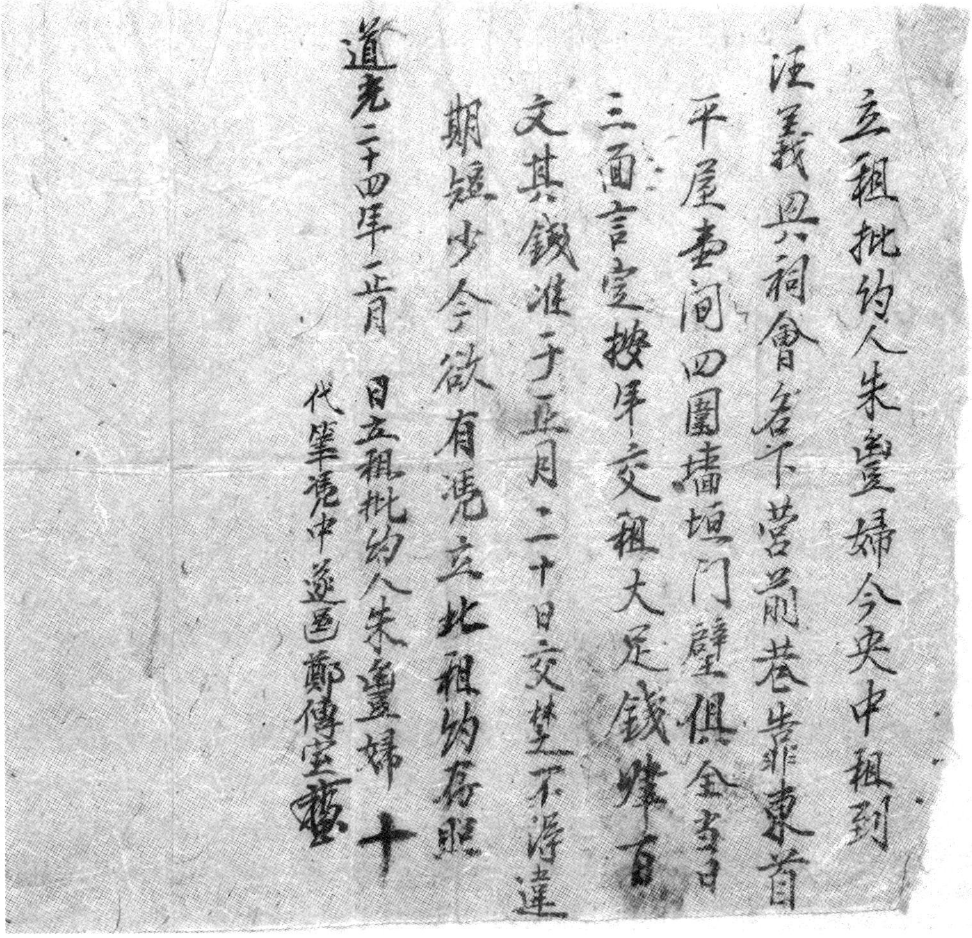
立租批約人朱豐婦今央中租到
汪義興祠會名下營前巷靠東首
平屋壹間四圍墻垣門壁俱全當日
三面言定按年交租大足錢肆百
文其錢准于正月二十日交楚不得違
期短少今欲有憑立此租約存照
道光二十四年正月　日立租批約人朱豐婦　十
代筆憑中遂邑鄭傳宝

立租批人胡成松今將方字芎號大買并頂田八秤土名大干本身自愿托中租未佃種逓年上下兩季監分上季对半分麦下季四六分谷送至上門將田不得荒廢如有荒廢听憑另召恐口無憑立此租批為用押

咸豐九年三月　日立租批人胡成松押

中人胡大順正

代筆胡在周押

一

清咸豐九年三月某某縣胡成松立租大買並頂田批

一

清咸豐九年十二月（祁門縣）王制和立復議租田約

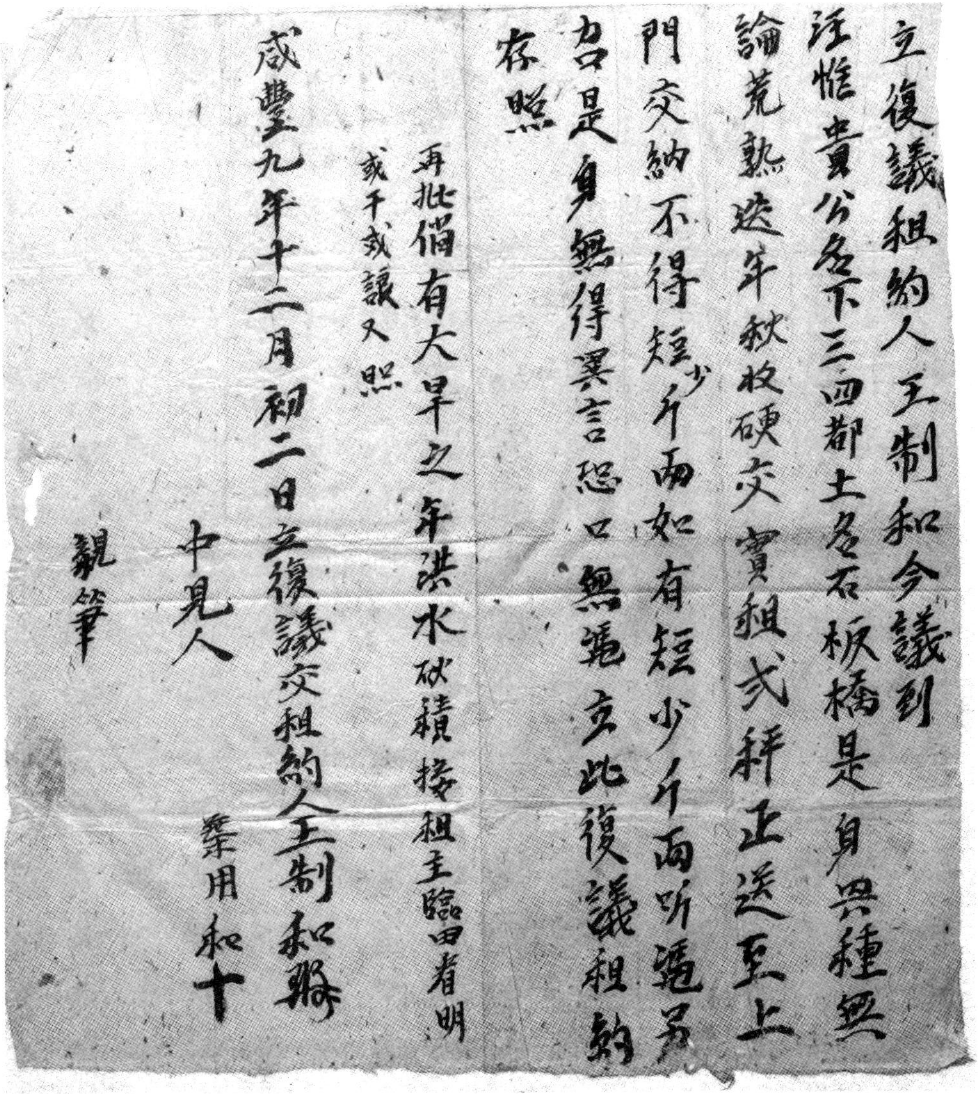

立復議租約人王制和今議到
汪惟貴公名下三四都土名石板橋是身興種無
論荒熟逐年秋收硬交實租弍秤正送至上
門交納不得短少斤兩如有短少斤兩听憑另
召是身無得異言恐口無憑立此復議租約
存照
再批倘有大旱之年洪水砍積接租主臨田看明
或千或讓又照
咸豐九年十二月初二日立復議交租約人王制和（押）
中見人　葉用和　十
親筆

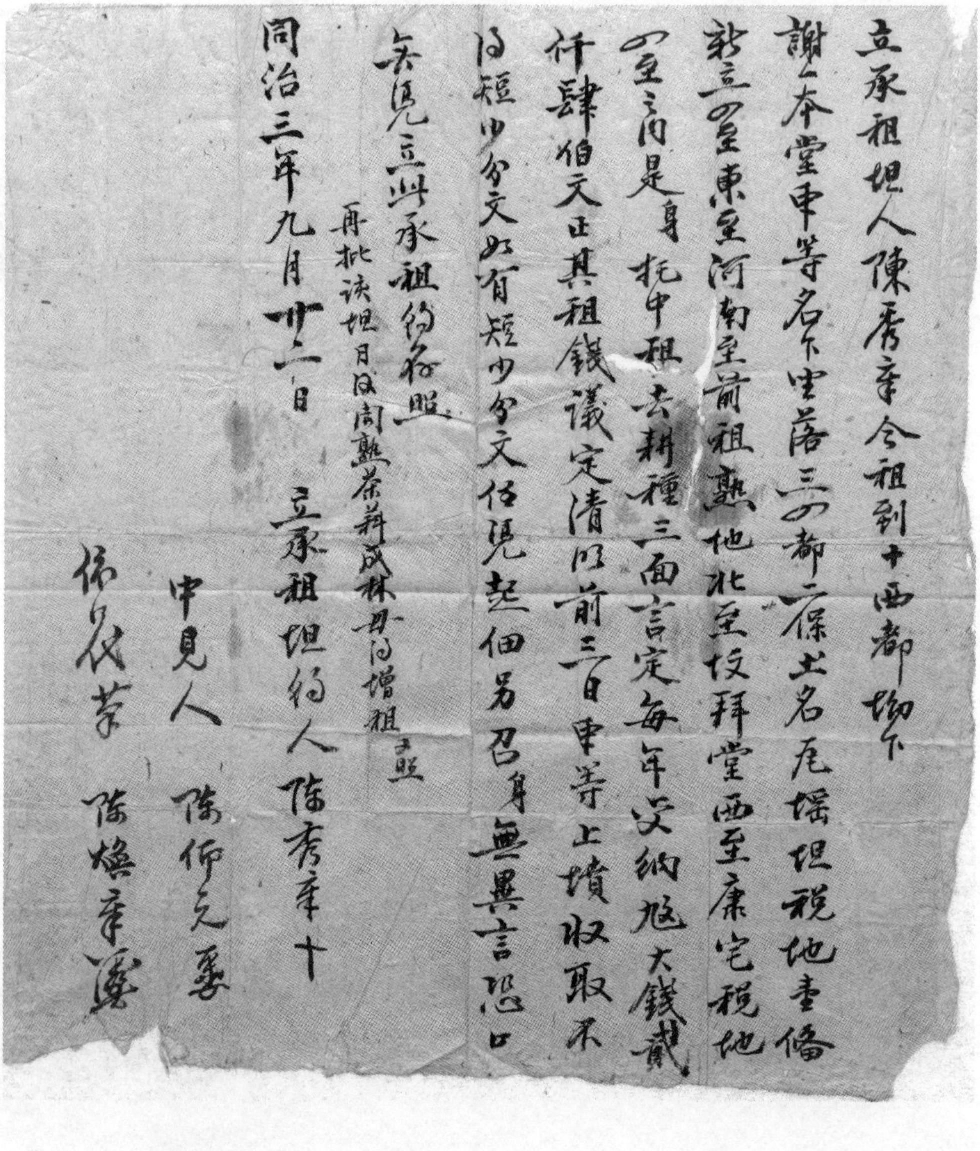

立承租坦人陳秀章今租到十西都坳下
謝〻本堂申等名下坐落三四都二保土名尾塢坦税地壹備
新立四至東至河南至前祖塋地北至枝拜堂西至康宅税地
四至〻內是身托中租去耕種三面言定每年交納租大錢貳
仟肆佰文正其租錢議定清明前三日申等上墳收取不
得短少分文如有短少分文任憑起佃另召身無異言恐口
無憑立此承租約存照
再批該坦日後闢墾茶蒔成林毋得增租 照
同治三年九月廿二日 立承租坦約人陳秀章 十
中見人 陳仰之（押）
依口代筆 陳煥章（押）

清同治三年九月（祁門縣）陳秀章立承租坦約

清同治八年十月〔祁門縣〕汪翼堂等立出租地約

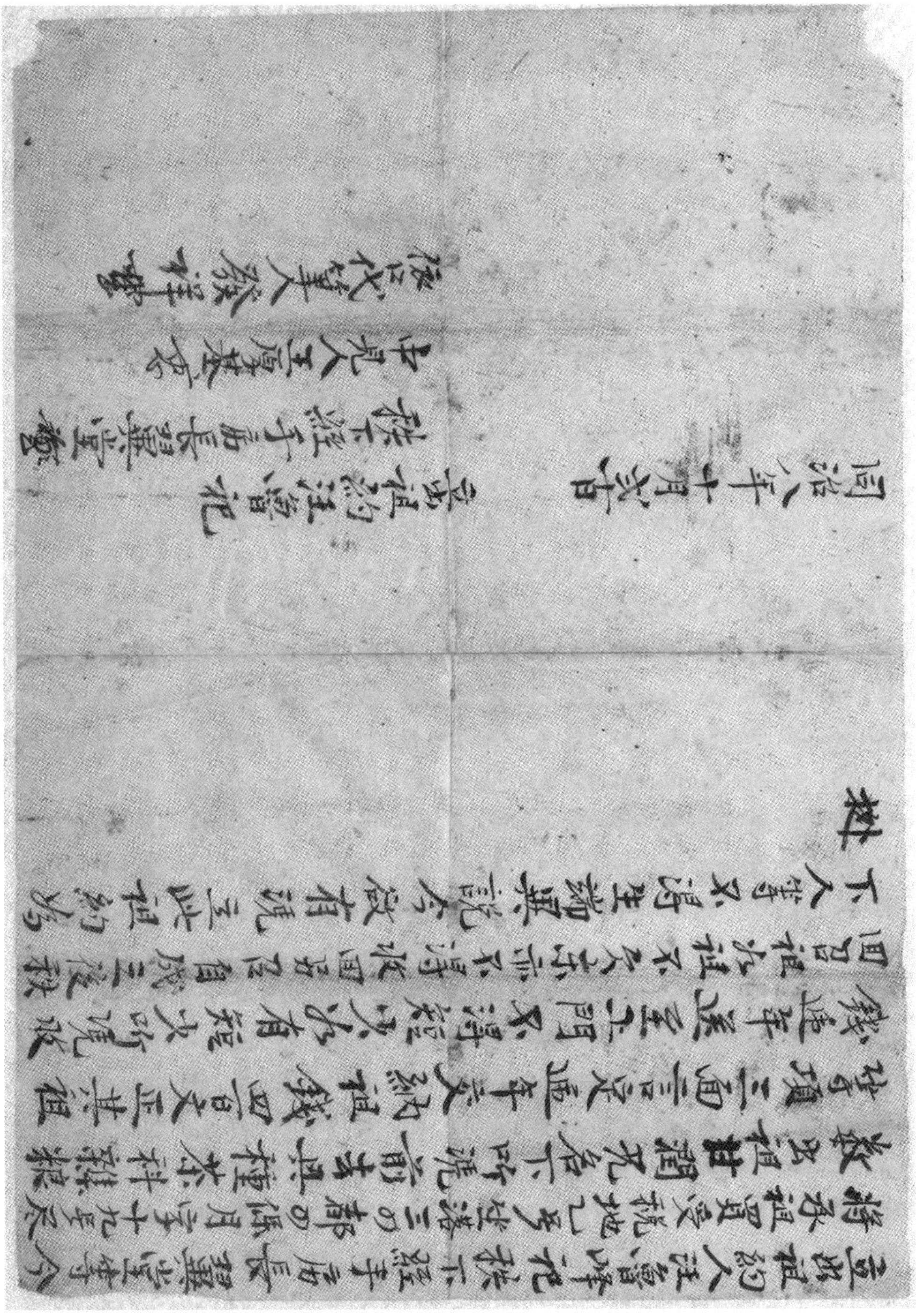
立出租約人汪魯峰祀秩下經手房長翼堂等今
將承祖買受稅地乙号坐落三四都四保月字十九号尽
數出租甘潤兄名下听憑前去興種茶科雜粮
等項三面言定遞年交納祖錢四百文正其祖
錢遞年送至上門不得短少如有短少听憑收
回另召租冰祖不欠东亦不得收回另召自成之後秩
下人等不得生端異說今欲有憑立此祖約為
據
同治八年十月弍日
立祖約汪魯祀
秩下經手房長翼堂
中見人王厚基
依口代筆人發祥

一

清光緒十一年十一月豐〔城〕縣黄金泉立租房約

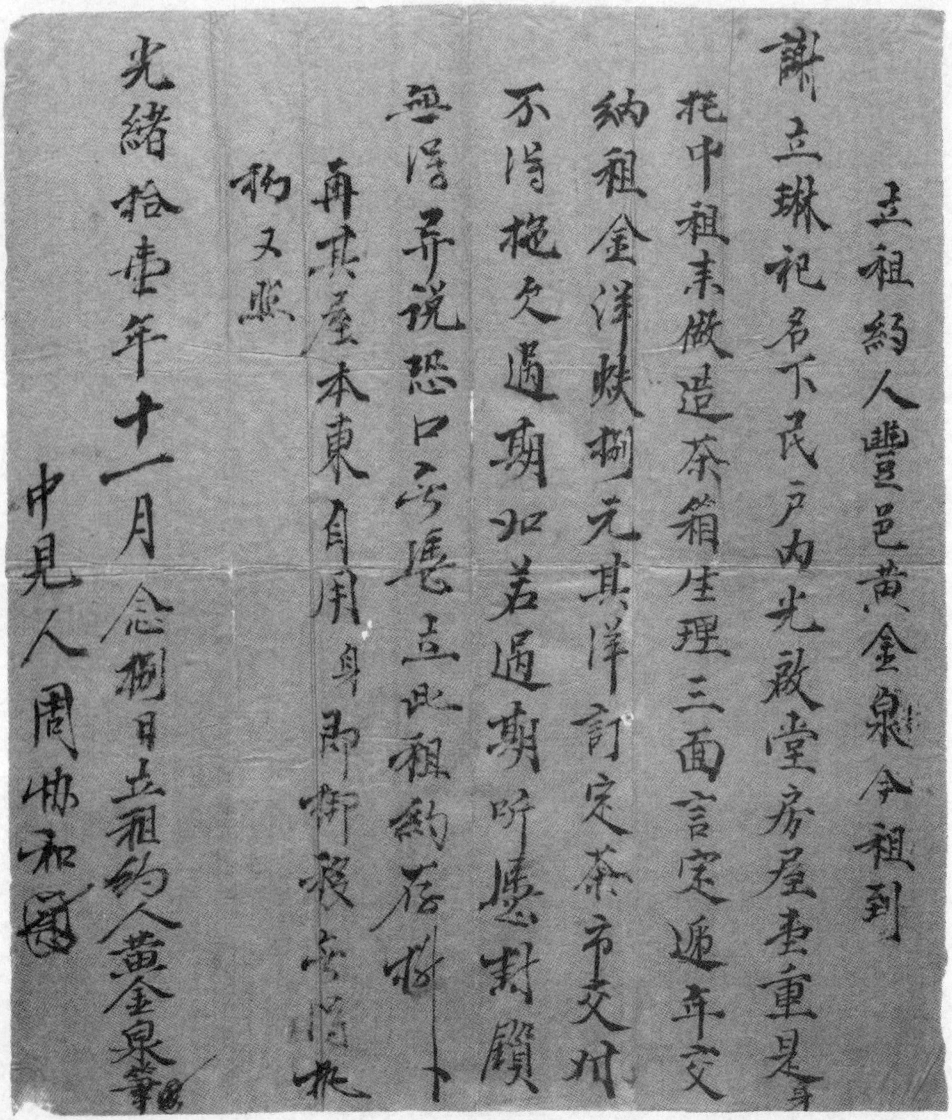
立租約人豐邑黄金泉今租到
謝立琳祀名下民户内光啟堂房屋壹重是身
挖中租來做造茶箱生理三面言定逐年交
納租金洋蚨捌元其洋訂定茶市交付
不得拖欠過期如若過期聽憑封關
無得异說恐口無憑立此租約存據
下
再其屋本東自用身即搬讓無阻批
批又照
光緒拾壹年十一月念捌日立租約人黄金泉（押）
中見人周协和（押）

一

清光緒十三年二月某某縣胡大銘立租空地批

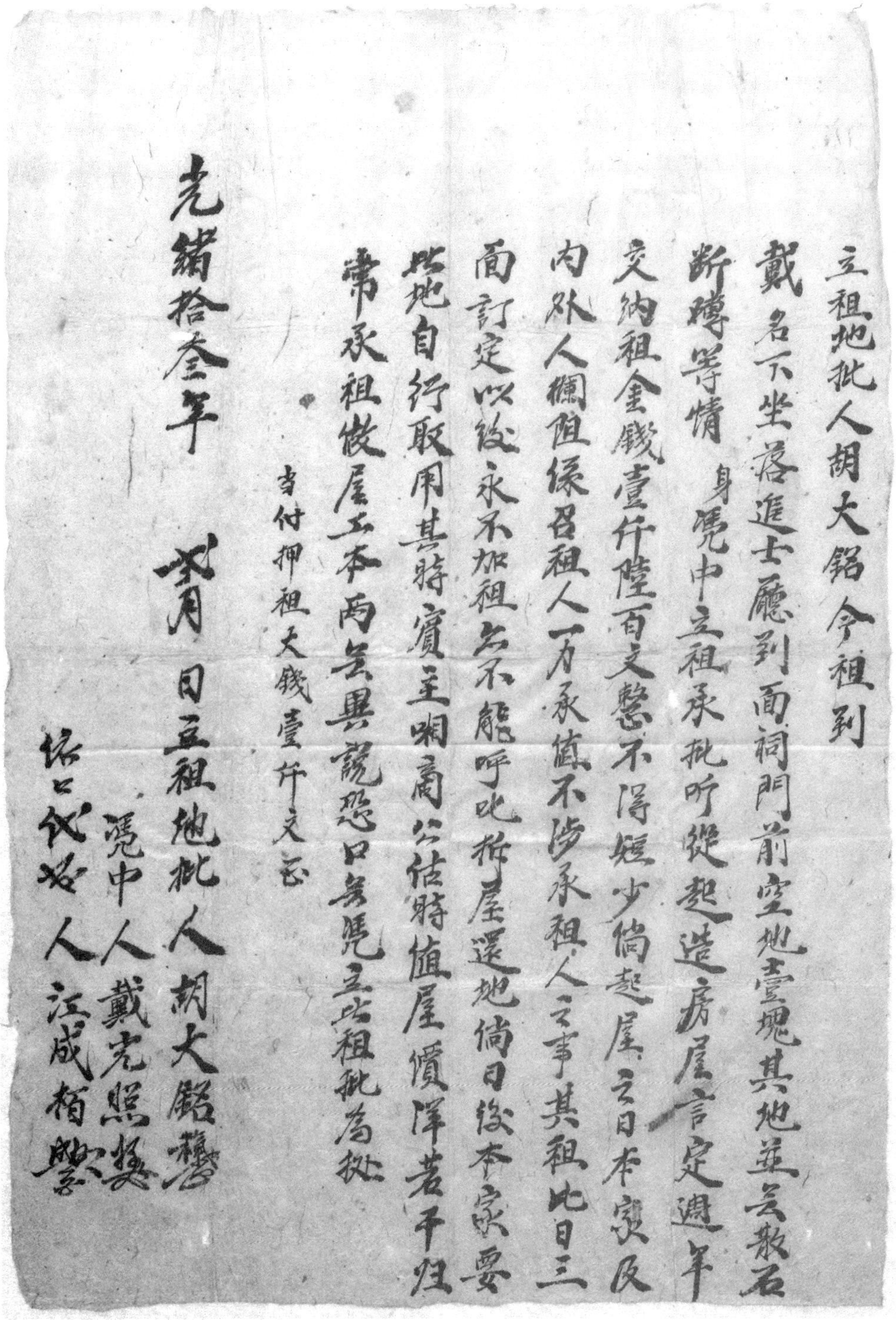

立租地批人胡大銘今租到
戴名下坐落進士廳到面祠門前空地壹塊其地並無聚石
斷磚等情　身憑中立租承批聽從起造房屋言定週年
交納租金錢壹仟陸百文整不得短少倘起屋之日本家及
内外人攔阻係召租人一力承值不涉承租人之事其租地日三
面訂定以後永不加租亦不能呼比拆屋還地倘日後本家要
此地自行取用其時賓主嘀商公估時值屋價洋若干歸
常承租做屋工本兩無異説恐口無憑立此租批為據
當付押租大錢壹仟文正
光緒拾叁年二月　日立租地批人胡大銘（押）
憑中人戴光照（押）
依口代筆人江成栢（押）

一

民國二年五月某某縣李吉開立租田批

立租批人李吉開今央中租到
蘄坐名下已業土名瓦窑山計租米叁斗言定其秋收挑送上
門不得拖欠恐口無憑立此租批存照
民國二年五月　日　立租批人李吉開十
代筆人吳雲茂　押

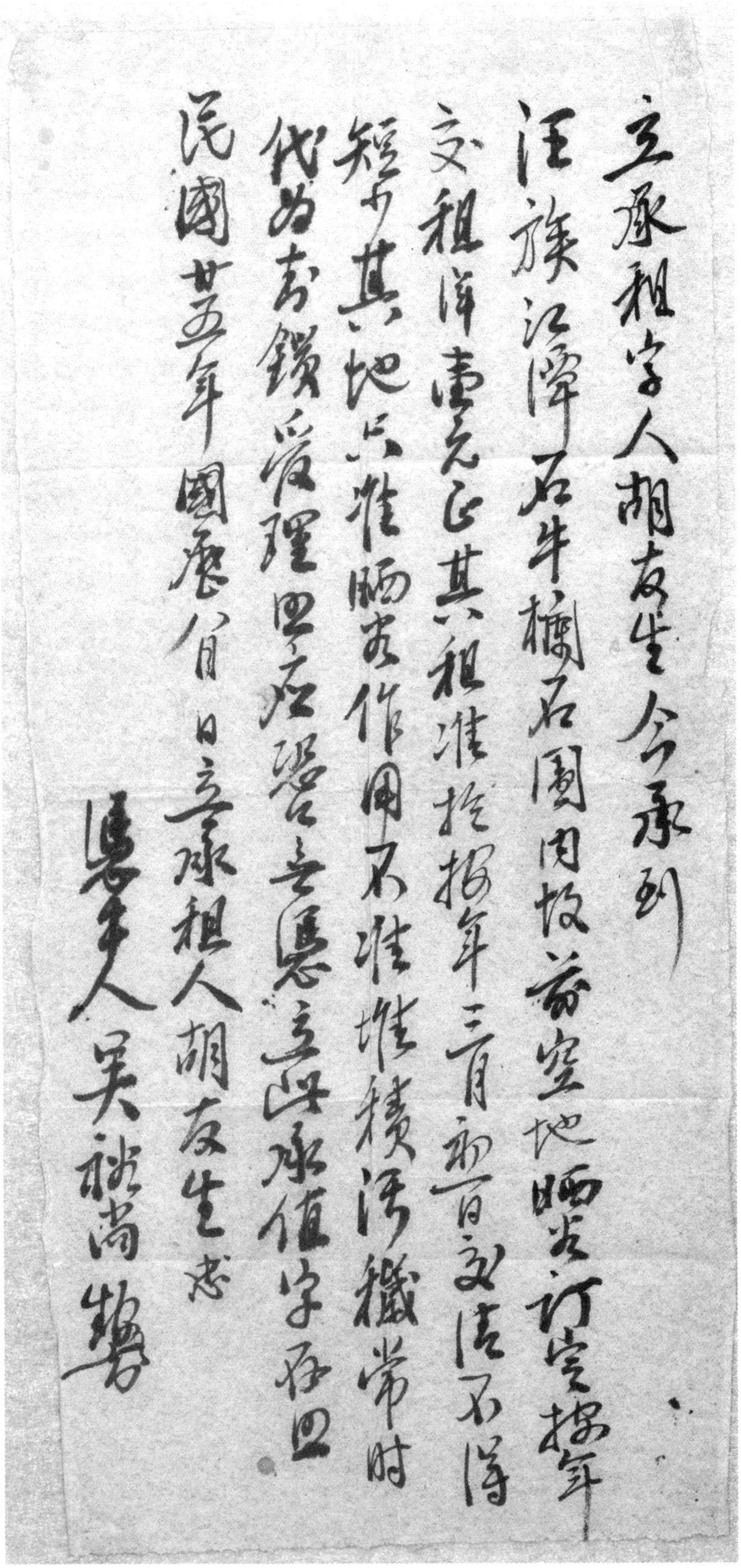
立承租字人胡友生今承到
汪族江澤石牛欄石圍内坡前空地曬穀，訂定按年
交租洋壹元正。其租准於按年三月初一日交清，不得
短少。其地只准曬穀作用，不准堆積污穢。常時
代為看鎖管理。恐后無憑，立此承值字存照。
民國廿五年國曆八月　日立承租人胡友生（押）
憑中人吳秋濤（押）

民國廿五年國曆八月（休寧縣）胡友生立承租空地曬穀字

一

民國二十八年舊曆九月某某縣孔發祥立租店屋批

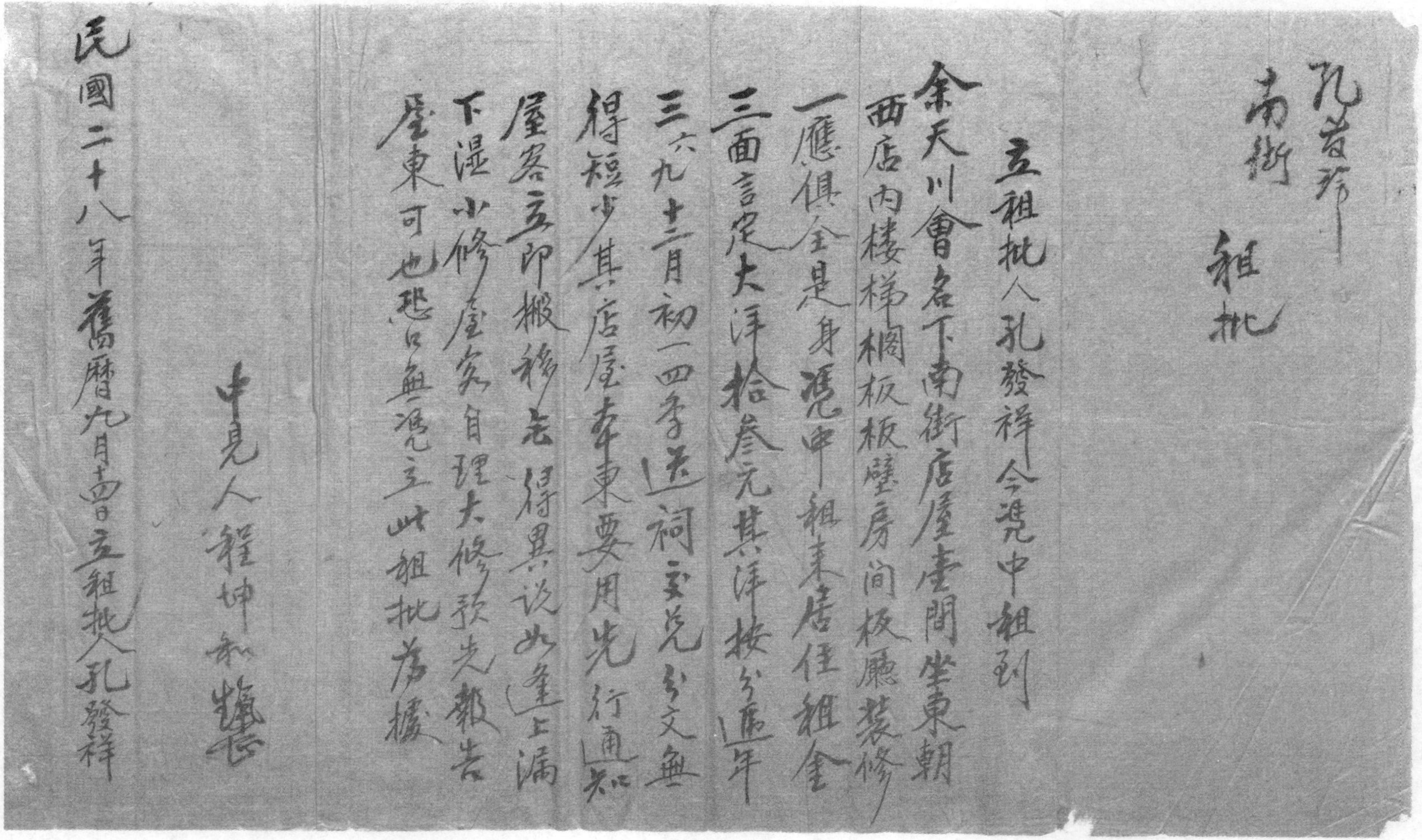
孔發祥
南街 租批
立租批人孔發祥今憑中租到
余天川會名下南街店屋壹間坐東朝
西店内樓梯欄板板壁房間板廳裝修
一應俱全是身憑中租來居住租金
三面言定大洋拾叁元其洋按季遞年
三六九十二月初一四季送祠交兑無
得短少其店屋本東要用先行通知
屋客立即搬移無得異說如逢上漏
下濕小修屋客自理大修預先報告
屋東可也恐口無憑立此租批存據
中見人程坤和（押）
民國二十八年舊曆九月十四日立租批人孔發祥

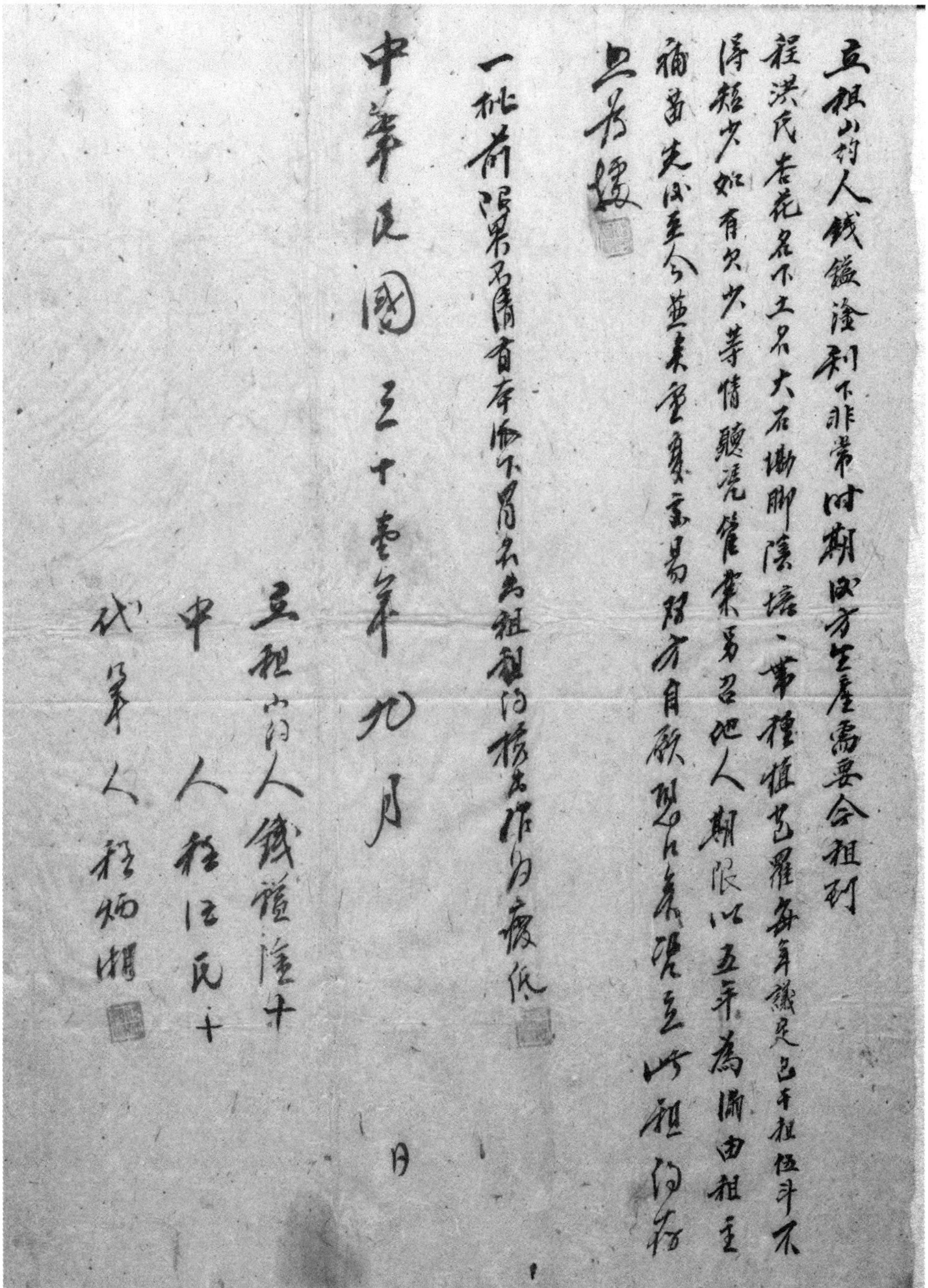
立租山約人錢鎰淦，刻下非常時期，以方生產需要，今租到
程洪氏杏花名下土名大石墈腳陰培一業，種植苞羅，每年議定包干租伍斗，不
得短少，如有欠少等情，聽憑管業另召他人，期限以五年為滿，由租主
補苗，先以至今並未重責富易，雙方自願，恐口無憑，立此租約存
照為據
一批倘限界不清，有本家不問出租人，租約內據此作為廢紙
中華民國三十壹年九月　日
立租山約人錢鎰淦十
中人程汪氏十
代筆人程炳湖

民國三十一年九月某某縣錢鎰淦立租山約

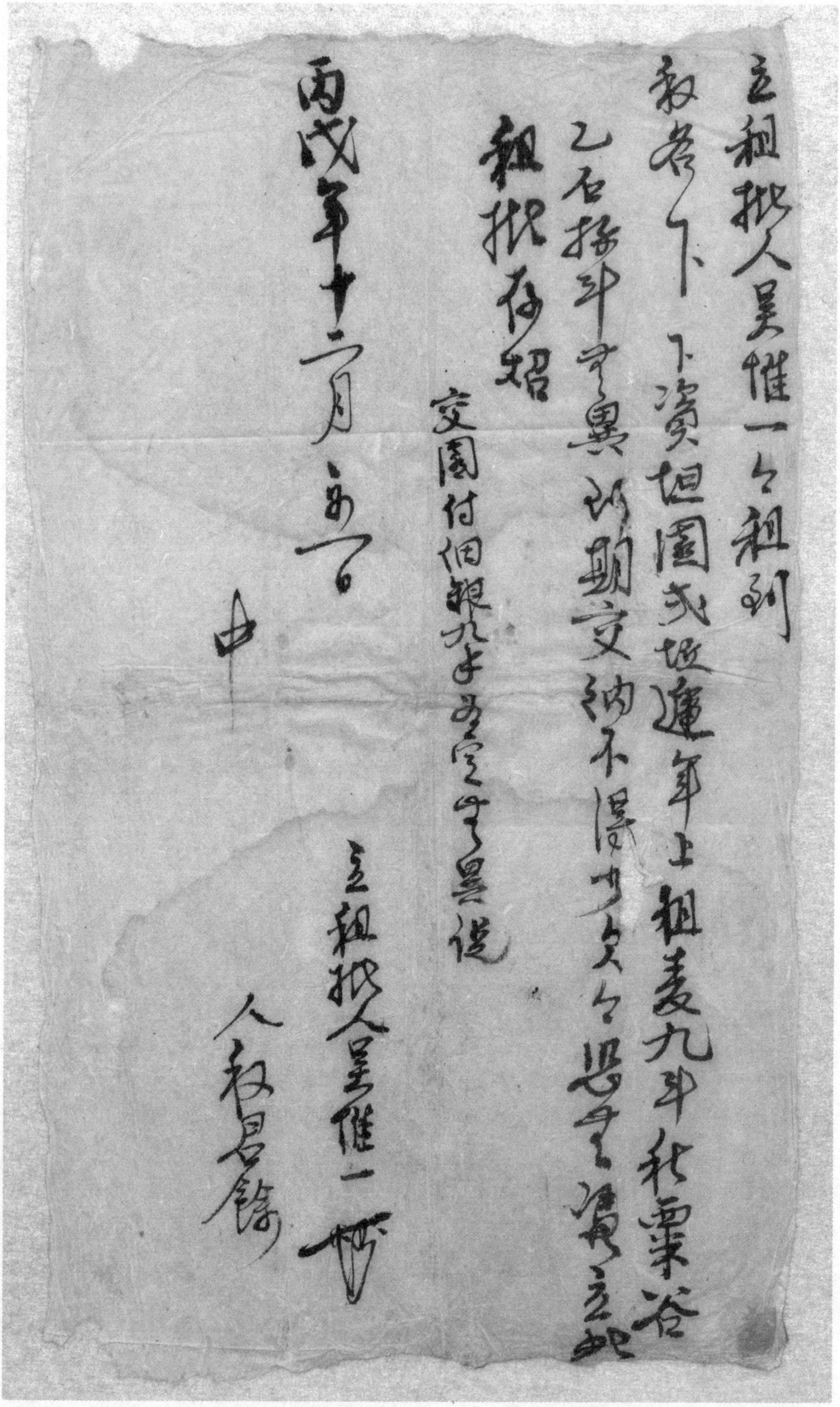
立租批人吴惟一，今租到
叔名下下資坦園弍塅，逢年上租麦九斗，秋粟谷
乙石，按年出與，所助交納，不得少欠。今恐無憑，立此
租批存炤。
交園付佃銀九錢五分收吴從
立租批人吴惟一（押）
人叔昌餘
丙戌年十二月　日
中

丙戌〔戌？〕年十二月某某縣吴惟一立租園批